Bratschitsch/Schnellinger
(Herausgeber)
Unternehmenskrisen

Unternehmenskrisen – Ursachen, Frühwarnung, Bewältigung

Herausgegeben von Rudolf Bratschitsch
und Wolfgang Schnellinger

Verband der Hochschullehrer für Betriebswirtschaft e. V.
Bericht über die Pfingsttagung in Innsbruck, Juni 1979

C.E. Poeschel Verlag Stuttgart

Herausgeber:
Dr. Rudolf Bratschitsch
o. Univ.-Professor, Institut für Industrie und Handel
der Universität Innsbruck, Vorsitzender des Programmkomitees der Tagung
und
Mag. Wolfgang Schnellinger
Univ.-Assistent, Institut für Industrie und Handel
der Universität Innsbruck, Organisationsleitung der Tagung

CIP-Kurztitelaufnahme der Deutschen Bibliothek

Unternehmenskrisen – Ursachen, Frühwarnung, Bewältigung:
Bericht über d. Pfingsttagung in Innsbruck, Juni 1979
Verb. d. Hochschullehrer für Betriebswirtschaft e. V.
Hrsg. von Rudolf Bratschitsch u. Wolfgang Schnellinger. –
Stuttgart: Poeschel, 1981.
ISBN 3-7910-0265-1

NE: Bratschitsch, Rudolf [Hrsg.]; Verband der
Hochschullehrer für Betriebswirtschaft

Satz: acomp, Wemding
Druck: aprinta, Wemding
Printed in Germany

Vorwort

Die traditionelle Pfingsttagung des Verbandes der Hochschullehrer für Betriebswirtschaft e. V. fand 1979 erneut in Innsbruck statt, nachdem diese Universität die Jahrestagung schon 1972 ausgerichtet hatte.* Der vorliegende Tagungsgesamtband soll über den Inhalt dieser Tagung informieren. Um den Eindruck der Einheit dieser Veranstaltung auch hier zu betonen, werden alle vorgetragenen Referate angeführt. Dabei ist zwischen solchen Beiträgen, die im Wortlaut abgedruckt werden, und jenen, für die lediglich eine Quellenangabe erfolgt, zu unterscheiden.

Der Gedanke, einmal eine Jahrestagung dem wichtigen Thema der Unternehmenskrisen zu widmen, wurde von den Innsbrucker Betriebswirten bereits 1975 entwickelt und in den nächsten Jahren immer mehr konkretisiert. Da ein Thema wie das ins Auge gefaßte immer auf dem Hintergrund der gesamtwirtschaftlichen Situation im näheren und weiteren Umkreis des Tagungsortes gesehen wird, beinhaltete die Rahmenvorstellung ein besonderes Risiko, weil man nicht vorzeitig absehen konnte, ob die Thematik zum Veranstaltungszeitpunkt überhaupt in die ökonomische Gesamtsituation passen würde. Dabei war insbesondere zu bedenken, daß gerade bei den Pfingsttagungen der Verband als Ganzes in den Blickpunkt der Öffentlichkeit gerückt wird.

Bei der Diskussion unter den Programmverantwortlichen setzte sich aber die Meinung durch, daß das Rahmenthema »Unternehmenskrisen« doch in einer gewissen Unabhängigkeit von der jeweiligen Konjunktursituation zu sehen sei. Zum einen kann es ja auch in guten volkswirtschaftlichen Konjunktursituationen erhebliche Krisen in einzelnen Branchen und Betrieben geben; zum anderen gilt es gerade in guten Situationen die Instrumente zur Frühdiagnose und Therapie von »Unternehmenskrankheiten« zu entwickeln.

So entschied man sich schließlich für das Tagungsthema »Unternehmenskrisen – Ursachen, Frühwarnung und Bewältigung« und brachte in der Ausschreibung zum Ausdruck, daß der thematische Schwerpunkt auf Krisen liegen sollte, die durch technologische, sektorale, gesamtwirtschaftliche oder gesellschaftspolitische Strukturänderungen an das Unternehmen herangetragen werden, wobei die angesprochenen Problemlösungen immer betriebswirtschaftlicher Art sein sollten.

Leider konnte die geplante Podiumsdiskussion mit dem Vorsitzenden des Bundesverbandes der deutschen Industrie, Prof. Dr. R. Rodenstock, und dem Vorsitzenden des Deutschen Gewerkschaftsbundes, H. O. Vetter, über die Absichten des DGB in Verbindung mit der erweiterten Arbeitnehmermitbestimmung ein eigenes Frühwarnsystem einzuführen, nicht realisiert werden. Der Praxisbezug der Tagung ließ sich aber auch hier durch die Mitwirkung einer Reihe namhafter Praktiker als Referenten und Diskussionspartner erreichen.

Ich möchte nicht versäumen, den Dank all jenen auszusprechen, die sich der inhaltli-

* Vgl. hier den Bericht über die Innsbrucker Tagung 1972 mit dem Thema »Unternehmensführung und Organisation«, Wiesbaden 1973

chen Vorbereitung dieser Tagung besonders angenommen haben. Wenn die Innsbrukker Tagung 1979 ein Erfolg wurde, ist das nicht zuletzt ihnen zu danken.

In allen wissenschaftlichen Veranstaltungen wurde profunde Arbeit geleistet, und es war für viele oft schwer, Entscheidungen für oder gegen den Besuch von Veranstaltungen zu treffen, die parallel geführt werden mußten.

Gerade die Wahl des Tagungsortes Innsbruck hat den internationalen Charakter des Verbandes besonders dokumentiert. Das Gebotene traf auch in örtlicher Hinsicht die Intentionen vieler Verbandsmitglieder, die auf einer solchen übernationalen Basis Wesentliches zur gemeinsamen Bewältigung anstehender Probleme in der Gegenwart und zur Wegleitung für die Zukunft erhofften.

Innsbruck, Mai 1980 *Rudolf Bratschitsch*

Inhaltsverzeichnis

Rudolf Bratschitsch
Vorwort V

Peter Mertens
Eröffnung der Jahrestagung 1979 des Verbandes der Hochschullehrer für Betriebswirtschaft in Innsbruck 1

Eberhard Witte
Die Unternehmenskrise – Anfang vom Ende oder Neubeginn? 7

Ernst Dürr
Konjunktur-, Struktur- oder Wachstumskrise? 25

Ludwig Berekoven
Krisenhafte Nachfrageentwicklungen in Konsumgütermärkten – Ursachen, Lösungsansätze 43

Heribert Meffert/Simone Pfeiffer
Die Akzeptanz von Produktinnovationen im Handel – Implikationen für das Marketing 63

Werner-Michael Esser
Technologiefolgen – Abschätzung und Unternehmensplanung 85

Hermann Krallmann
Das Instrumentarium des Modell-Methoden-Verbundes zur Innovations- und Investitionsplanung 123

Norbert Szyperski
Unternehmensgründungen in der Krisendynamik 149

Wilhelm Uhlenbruck
Krise, Konkurs, Vergleich und Sanierung als neue Aufgabe der Betriebswirtschaft 173

Joachim Niedereichholz
Auswirkungen des verstärkten Einsatzes von Mikropozessor-Techniken auf die Personalpolitik 215

Hans-Ulrich Küpper
Dynamische Produktionsfunktionen als Grundlage für eine Analyse von Interdependenzen in der Produktion 225

Joachim Zentes
Datenschutz: Krise der Informationsgewinnung? 241

Klaus Hansen
Medizinisch-ökonomische Entscheidungsvorbereitung mit Hilfe der Systemforschung im schrumpfenden Krankenhausbetrieb 255

Wolfgang Scholl
Der Einfluß der Mitbestimmung auf die Planung und Durchführung von Personalmaßnahmen in der Rezession 281

Wolfgang Gerke
Liquidation und Konzentration innovativer Unternehmen – Schuld der bestehenden Finanz-Institutionen 301

Peter Horváth
Einsatzmöglichkeiten des Zero-Base Budgeting als Krisenbewältigungsinstrument 319

Hans Lexa
Stagnation und Besteuerung 335

Friedrich Hanssmann
Zur Quantifizierung der Unternehmensstrategie auf der Ebene strategischer Geschäftseinheiten 341

Reinhart Schmidt
Diagnose von Unternehmensentwicklungen auf Basis computergestützter Inhaltsanalyse 353

Verzeichnis der Beiträge, die nicht in diesem Tagungsband abgedruckt sind . . . 381

Wolfgang Schnellinger
Organisatorische Aspekte der Tagung 383

Angaben zu den Autoren 387

Stichwortregister 389

Peter Mertens

Eröffnung der Jahrestagung 1979 des Verbandes der Hochschullehrer für Betriebswirtschaft in Innsbruck

Es liegt an dieser Stelle nahe, bescheiden wie wir sind, die Analogie zu Olympia zu suchen. So wie Innsbruck kurzfristig einsprang, als in Denver Schwierigkeiten auftauchten, und die Olympischen Winterspiele 1976 innerhalb kurzer Zeit zum zweiten Male ausrichtete, ist Herr Bratschitsch mit seinen Kollegen und Mitarbeitern eingesprungen, als sich das ursprüngliche Vorhaben, in Salzburg zu tagen, als nicht realisierbar erwies. Dies allein verdient schon unseren besonderen Dank in einer Zeit, wo der Vorstand zwar die Ausrichtung der Pfingsttagung nicht mehr so krampfhaft feilbieten muß wie noch vor einigen Jahren, als die deutschen Kollegen Go-ins in die Veranstaltungen befürchten mußten und wir *deshalb* meist in der Schweiz und in Österreich zusammenkamen, wo es aber immer noch nicht ganz einfach ist, auch größere betriebswirtschaftliche Fakultäten »bereitzuerklären«, die viele Arbeit auf sich zu nehmen.

Unsere Hochachtung muß sich aber noch steigern, wenn wir bedenken, daß Sie, lieber Herr Bratschitsch, in der Vorbereitungszeit in kurzer Folge von mehreren mittleren Schicksalsschlägen heimgesucht wurden. Dann haben Sie halt ohne viel Aufhebens die Vorbereitung vom Bett der Universitätsklinik aus dirigiert.

Unser Dank gilt auch Herrn Magister Schnellinger, den das Los, die Tagung als Assistent ausrichten zu helfen und die eigene Promotion zu verzögern, nun schon zum zweiten Mal trifft, obwohl er beim ersten Mal von unserem korrekten Schatzmeister arg gerügt wurde, als in der Abrechnung Soll und Haben um 20 Groschen divergierten.

Die Analogie zu Olympia hört allerdings an einer für uns Betriebswirte ehrenrührigen Stelle auf: Wir werden in Innsbruck nicht den gleichen Schuldenberg hinterlassen – womit wir die Überleitung zu unserem Krisenthema hätten.

Diesem Tagungsthema haben manche Skepsis entgegengebracht, weil es hieß: »Was machen wir mit dem Thema, wenn zu Pfingsten 1979 ein ausgesprochener Boom herrscht?«

Nun, mit der Konjunktur in den hier vor allem vertretenen Ländern ist es zwar in den letzten Monaten aufwärts gegangen, wenn auch Stimmen aus dem volkswirtschaftlichen Lager nicht zu überhören sind, daß der Aufschwung – etwa wegen der Energiekosten und des Wechselkursrisikos – von kurzer Dauer sein könnte. Dennoch habe ich die jeweils neuesten Trendmeldungen nicht mit jener Nervosität aufgenommen, mit der z. B. die Gruppe in meinem Institut, die sich mit Substanzerhaltung bei Inflation befaßt, auf die sinkenden Geldentwertungsraten des vergangenen Jahres reagierte. Und das hat folgenden Grund:

1. Wir wissen, daß die Gesamtkonjunktur, die Branchenkonjunkturen und die Unternehmenskonjunkturen immer mehr auseinanderfallen, so daß es auch in guten volkswirtschaftlichen Konjunktursituationen ernsthafte Unternehmenskrisen geben

kann, und das bestätigt sich ja z. B. darin, daß nach wie vor etwa die bedeutende Stahlindustrie oder ein so stolzes Unternehmen wie die AEG in beträchtlichen Schwierigkeiten stecken. Hier will ich aber unserem Gastreferenten, Herrn Dürr, den ich herzlich bei uns willkommen heiße, nicht vorgreifen.

2. Man kann die Tagung eines größeren Verbandes wie des unseren sicher nicht so auf Jahre vorausplanen, daß das Thema »Unternehmenskrisen« mitten in einer tiefen Depression abgehandelt wird, ganz abgesehen davon, daß es dann für die aktuellen Fälle zu spät wäre, etwa wie auf diesem Kongreß zu versuchen, den Erkenntnisstand über Frühwarnsysteme zusammenzufassen.

Daß unser Thema wichtig ist, darf wohl als unumstritten gelten, denn wenn uns an einem guten Funktionieren des Organismus »Unternehmung« gelegen ist, muß man sich automatisch auch mit den Krankheitssymptomen und mit den Todesursachen befassen. Dies vielleicht etwas mehr, als es die deutschsprachige Betriebswirtschaftslehre über viele Jahre hinweg getan hat. Es ist kein Zufall, daß der von uns eingeladene kompetente Jurist, Herr Dr. Uhlenbruck, dem ich bei dieser Gelegenheit ganz herzlich für seine Zusage danken möchte, seinen Vortrag mit »Krisen, Konkurs, Vergleich und Sanierung als *neue* Aufgabe der Betriebswirtschaft« überschrieben hat.

Vor allem ist es wichtig – und hier zeigt sich die Parallele zur Medizin – Früherkennung zu betreiben. Deshalb und weil viele Vortragsbewerbungen in diese Richtung zielten, bot es sich an, zum Thema »Frühwarnsysteme« eine begriffliche und inhaltliche Bestandsaufnahme zu machen.

Nachdem im vergangenen Jahr die öffentliche Bemerkung des DGB-Vorsitzenden Vetter, die DGB-Gewerkschaften würden ein Frühwarnsystem aufbauen, zeitweise für viele Schlagzeilen in der Wirtschaftspresse gesorgt hatte, war es unsere Absicht, auch hier zu einer Klärung beizutragen und eine Podiumsdiskussion unter Teilnahme der Herren Rodenstock als Vorsitzendem des Bundesverbandes der deutschen Industrie und Vetter zu arrangieren. Herr Rodenstock erklärte sich auch spontan bereit, zwischen zwei Sitzungen in Norddeutschland zu uns nach Innsbruck zu kommen. Was die Reaktion auf meine Einladung durch Herrn Vetter angeht, so muß ich leider feststellen, daß ich nicht nur eine Absage erhielt, sondern diese auch erst nach längerer Wartezeit.

Die Insolvenzstatistik zeigt, daß in den vergangenen Jahren allein in der Bundesrepublik bis zu 10000 Unternehmungen pro Jahr zusammengebrochen sind (Abbildung 1).

Ich, der ich ja in meinen einleitenden Worten nur einige Aspekte streifen kann, möchte mich aber jetzt nicht rückschauend den Todesursachen zuwenden, sondern eher nach vorne blickend und im weiteren Sinne der Bewältigung, die ja im Untertitel unseres Themas steht, dem Füllen der Lücke durch Nachwuchs oder noch allgemeiner ein paar Facetten unternehmerischer Betätigung in unserer Zeit überhaupt.

Dieses (Abbildung 2) ist eine Saldierung von Marktein- und -austritten von Unternehmen im Land Nordrhein-Westfalen. Die Zahlen gehen auf eine Untersuchung unter Leitung der Kollegen Klein-Blenkers und Szyperski zurück [1]. Man sieht zwar, daß sich der negative Saldo verringert, aber es bleibt wohl das Faktum eines teilweise erschreckenden Gründungsdefizits.

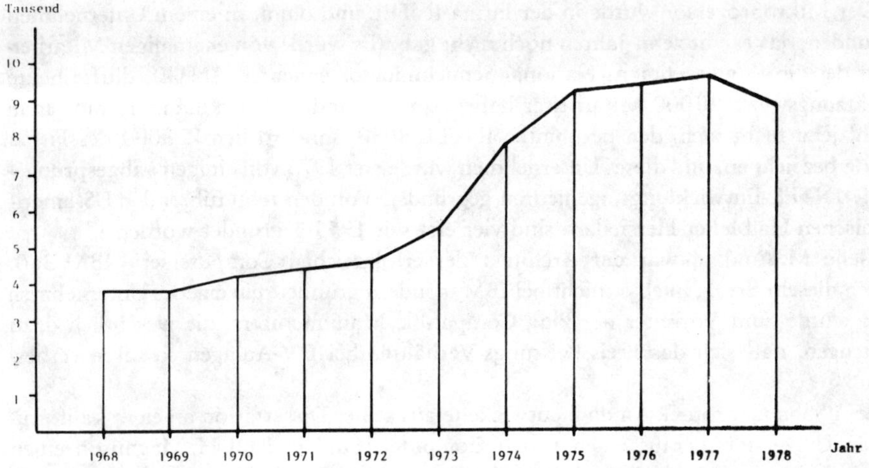

Abb. 1: Entwicklung der Unternehmens-Insolvenzen

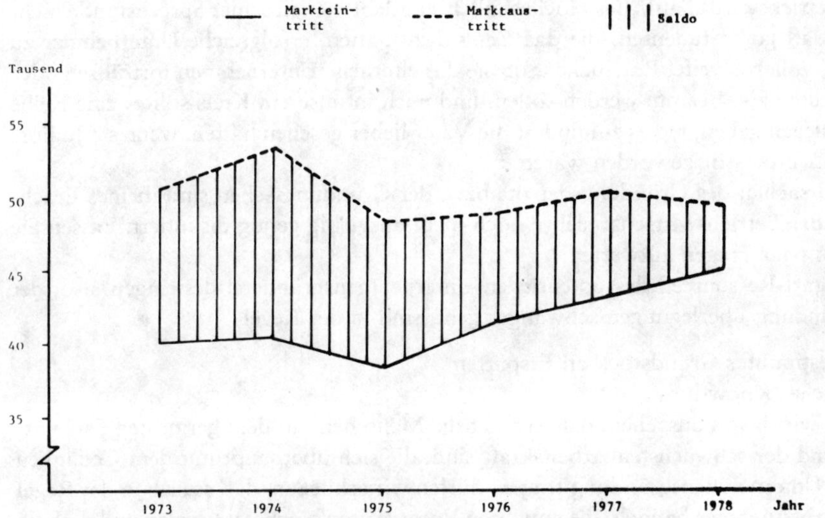

Abb. 2: Selbständige Wirtschaftseinheiten in NRW – Zu- und Abgänge

Lassen Sie mich noch ein paar Beobachtungen aus meinem engeren Arbeitsgebiet, der EDV, hinzufügen:

Hier fällt auf, wieviele Beiträge zum Fortschritt von jungen und jüngsten US-amerikanischen Unternehmen geleistet werden, die dadurch entstanden, daß eine Handvoll Leute aus Entwicklungslabors großer Unternehmen oder Forschungsinstituten der Universitäten ausschieden und kurzerhand ihren eigenen Betrieb gründeten.

Der Mikroprozessor wurde in der Firma INTEL und damit in einem Unternehmen erfunden, das es vor zehn Jahren noch nicht gab. (Es wurde von ehemaligen Mitarbeitern des Großunternehmens National Semiconductor errichtet.) INTEL dürfte heute schätzungsweise 20000 Mitarbeiter haben, aber als industriellen Standard muß man wohl jetzt nicht mehj den berühmten INTEL 8080, sondern den Z 8000 der Firma Zilog bezeichnen, und dieses Unternehmen wurde erst 1975 von einigen »abgesprungenen« INTEL-Entwicklungsingenieuren gegründet. Von den zehn führenden US-amerikanischen Halbleiter-Herstellern sind vier erst seit 1955 gegründet worden.

Gene M. Amdahl war der Architekt der erfolgreichen Computerserie IBM/360. Nach diesem Erfolg blieb er nicht bei IBM, sondern gründete ein eigenes Unternehmen und wurde zum Vorreiter der Plug Compatible Manufacturers, die wesentlich dazu beitrugen, daß sich das Preis-Leistungs-Verhältnis bei DV-Anlagen so rasch verbesserte.

Sein Sohn Carlton G. Amdahl entwickelte aus seiner Dissertation an einer kalifornischen Universität heraus einen neuen Computer, fand in Paul H. Magnuson einen Kapitalgeber und macht jetzt dem Vater und der IBM Konkurrenz.

Und in unseren Breiten? Wäre Gene Amdahl Leiter eines IBM- oder Siemens-Hauptlaboratoriums geblieben, sein Sohn auf dem Weg zum C2-Professor?

Als betriebswirtschaftlicher Hochschullehrer erlebt man in seiner Sprechstunde nicht selten, daß gute Studenten, die das Zeug dazu hätten, erfolgreiche Unternehmer zu werden, voller Zweifel Rat suchen, ob sie das elterliche Unternehmen fortführen oder Angestellte bzw. Beamte werden sollen, und auch in unserem Kreis soll es eine Reihe von Kollegen geben, wo es zumindest die Väter lieber gesehen hätten, wenn sie Juniorchef statt Professor geworden wären.

Die Ursachen des Gründungsdefizits bzw. der Gründungsscheu sind meines Erachtens in der Betriebswirtschaftslehre noch nicht ausgiebig genug diskutiert. Lassen Sie mich ein paar Fragen aufwerfen:

Die Start-Ressourcen des potentiellen Unternehmensgründers, desjenigen also, der mit Gründungsüberlegungen schwanger geht, sind in der Regel

1. ein bestimmter Grundstock an Erspartem
2. fachliches Know-how
3. wenn wir davon ausgehen, daß es nicht die Menschen mit dem geringsten Fachwissen und der schwächsten Arbeitskraft sind, die sich überhaupt mit dem Gedanken einer Unternehmensgründung tragen, dürfen wir schließen, daß es sich in der Regel um Arbeitnehmer handelt, die von ihren Vorgesetzten geschätzt werden und deshalb einen guten Arbeitsplatz in abhängiger Position mit den zugehörigen rechtlich verbrieften oder zumindest faktisch vorhandenen Sicherheiten haben.

Diesen Leuten stellt sich die Alternative:

Einsatz des Ersparten als Fremdkapital plus abhängige Tätigkeit
oder
Einsatz des Ersparten als Eigenkapital plus selbständige Tätigkeit.

Wenn man sich diese Gegenüberstellung ansieht, denkt man zunächst an die Verlagerung zur Hingabe von Fremdkapital statt echtem unternehmerischem Engagement mit risikobehaftetem Eigenkapital. Die Vorteilhaftigkeit der Fremdkapitalanlage reicht bis zu den größten Aktiengesellschaften. In der letzten Inlandsbilanz des Siemens-Konzerns [2] findet man einen Ertrag von 868 Mio. DM für festverzinsliche Wertpapiere und Schuldscheine, die der Konzern im Portefeuille hält. Das sind nach Steuern etwa 60 bis 70% des Jahresüberschusses. Würde man den Zinsaufwand dagegen saldieren und wiederum die auf den positiven Ertragssaldo entfallenden Steuern überschlägig berücksichtigen, so könnte man etwas vergröbernd feststellen, daß der Konzern etwa die Hälfte seines Jahresüberschusses den Fremdkapitalanlagen verdankt.

Die Betriebswirtschaftslehre ist in verschiedenen Untersuchungen der Vorteilhaftigkeit der Fremdkapitalanlage (und auch der damit zusammenhängenden Verschiebung zu höheren Verschuldungsgraden als wichtiger Ursache von Unternehmenskrisen) nachgegangen, wie etwa die Beiträge zum Diskussionsforum der Zeitschrift für Betriebswirtschaft in letzter Zeit zeigen. [3]

Ist aber über einzelne Anstrengungen – wie denen des Kollegen Szyperski und seiner Mitarbeiter – hinaus genug getan worden, die Attraktivität der unabhängigen gegenüber der abhängigen Tätigkeit für den potentiellen Unternehmer selbst unter z. B. bundesdeutschen ökonomischen, sozial- und gesellschaftspolitischen Bedingungen zu untersuchen? Inwieweit ist das soziale Netz, das z. B. ebenfalls in der Siemens-Bilanz zum Ausdruck kommt, wo die Sozialaufwendungen das Doppelte des Jahresüberschusses ausmachen, eine Barriere für die Gründung von Unternehmen? Inwieweit verhindert das Arbeitsrecht die Unternehmensgründung und damit die Schaffung neuer Arbeitsplätze, wenn es potentiellen Gründern zwar ihren vorhandenen Arbeitsplatz in einem bestehenden Unternehmen sichert, es aber wenig wahrscheinlich werden läßt, beim Scheitern der Gründung wieder einen vergleichbaren Platz ergattern zu können, weil sich dort inzwischen ein unkündbarer anderer Mitarbeiter etabliert hat, und es ihnen in den Gründungsjahren erschwert, einen personellen Fehlgriff bei den besonders entscheidenden ersten Mitarbeitern zu korrigieren?

Wie abschreckend wirken jene 250 bis 474 Gesetze und Verordnungen, die laut Auskunft der Industrie- und Handelskammern der angehende Unternehmer je nach Branche zu seinem technischen und betriebswirtschaftlichen Wissen hinzu kennen muß, zumal wenn schon das gleiche Gesetz vom Bundestag am gleichen Tag zweimal geändert wird und diese beiden Änderungen im Bundesgesetzblatt an zwei verschiedenen Stellen, 29 Seiten voneinander getrennt, veröffentlicht sind? [4]

Zweifellos wird in der Politik der Bundesregierung, z. B. des Bundesministeriums für Forschung und Technologie, das Bemühen deutlich, die Förderung vom Großunternehmen zum jungen, kleinen Unternehmen zu verlagern. Können aber staatliche Darlehen, Zinssubventionen, Bürgschaften und sog. Eigenkapitalhilfen im Wert bis höchstens 100000 DM, wie sie jetzt im sogenannten Existenzgründungsprogramm der Bundesregierung vorgesehen sind, und bei Berücksichtigung der bürokratischen Hürden, die aller Erfahrung nach davorgebaut sein werden, die übrigen für eine Unternehmensgründung hinderlichen gesellschaftspolitischen Entwicklungen kompensieren? Oder brauchen wir ganz andere monetäre und ideelle Wagnisprämien?

Sicherlich eine anspruchsvolle Aufgabe für die betriebswirtschaftliche Forschung, schwerer noch als die auch schon sehr diffizilen Untersuchungen zu den Eigen-Fremdkapital-Relationen, wie sie etwa Horst Albach angestellt hat. [5] Nachdem aber in unserem Fach der Umgang mit Methoden der empirischen Entscheidungsforschung und die interdisziplinäre Kooperation verfeinert worden sind, dürfen wir uns eine gute Chance ausrechnen, für die politischen Entscheidungsträger, vor allem die Ordnungspolitiker, wertvolle Hilfen zu finden. Vorbilder haben wir ja nicht nur in dem österreichischen Ökonomen Schumpeter, sondern etwa auch in Gestalt der Arbeiten McClellands und insbesondere der dort sichtbaren Verbindung von volkswirtschaftlicher, betriebswirtschaftlicher und pädagogischer Forschung. [6]

Ich möchte also an Sie appellieren: Ergänzen wir unsere Forschungen zum existierenden Unternehmen um Forschungen über solche Unternehmungen, die gar nicht gegründet wurden, wenden wir uns in der Unternehmerforschung auch einmal jenen Unternehmern zu, die es nie geworden sind!

Anmerkungen

1 Klandt, H./Nathusius, K.: Struktur und Fluktuation der Gewerbebetriebe in Nordrhein-Westfalen 1973 bis 1975, Göttingen 1977, insbes. S. 5, sowie persönliche Mitteilung zur Fortschreibung der Werte bis 1978 aufgrund von Auskünften des Landesamtes für Datenverarbeitung und Statistik NRW.

2 Siemens AG (Hrsg.): Geschäftsbericht 1978, S. 51.

3 Büschgen, H. E.: Liegt der optimale Verschuldungsgrad bei 100%?, in: Zeitschrift für Betriebswirtschaft 48 (1978) 11, S. 999ff.; Albach, H.: Zur Entwicklung der Verschuldung deutscher Industrieaktiengesellschaften, in: Zeitschrift für Betriebswirtschaft 48 (1978) 11, S. 1007ff.; Bierich, M.: Mehr Wachstum durch Stärkung der Eigenkapitalausstattung und Ausbau der Vermögensbildung, in: Zeitschrift für Betriebswirtschaft 49 (1979) 3, S. 233ff.; Döllinger, W. und Mertens, P.: Steigende Verschuldung der Unternehmen durch Inflation, in: Zeitschrift für Betriebswirtschaft 49 (1979) 3, S. 244ff.; Albach, H.: Die Verschuldung der deutschen Industrieunternehmen bei Substanzbewertung und Börsenbewertung, in: Zeitschrift für Betriebswirtschaft 49 (1979) 3, S. 249ff.

4 Bundesgesetzblatt, Jahrgang 1977, Teil I, S. 1049 und 1069.

5 Albach, H.: Zur Entwicklung der Kapitalstruktur deutscher Unternehmen, in: Zeitschrift für Betriebswirtschaft 45 (1975) 1, S. 1ff.

6 Vgl. z. B. McClelland, D. C. und Winter, D. G.: Motivating Economic Achievement, New York 1969.

Eberhard Witte

Die Unternehmenskrise – Anfang vom Ende oder Neubeginn?

A. Kennzeichnung

B. Objekt der Betriebswirtschaftslehre

C. Bausteine für eine Theorie der Unternehmenskrise

D. Strategien zur Bewältigung der Unternehmenskrise

Anmerkungen

Die Betriebswirtschaftslehre – wie auch die angelsächsische Management Science und Business Administration – verfügt nicht über eine Tradition in Forschung und Lehre zum Problem der Unternehmenskrise. Im Gegensatz zur Rechtswissenschaft, die sich bevorzugt mit der Pathologie von Rechtsverhältnissen befaßt und auch im Gegensatz zur Nationalökonomie, die sehr früh gelernt hat, sich mit dem Objekt der Wirtschaftskrise auseinanderzusetzen, stand in unserem Fach – jedenfalls im grundsätzlichen Selbstverständnis – eher der erfolgreiche Fall im Vordergrund.

Ein besonderes Gewicht gewinnt die Zuwendung der Betriebswirtschaftslehre zum Krisenphänomen in der empirischen Entscheidungsforschung. Wenn man akzeptiert, daß das Entscheidungsverhalten situationsabhängig ist, so nimmt die Grenzsituation – Unternehmenskrise – eine Schlüsselposition im situativen Forschungsprogramm ein. Andere Sozialwissenschaften wie die Soziologie und die Psychologie haben mit der Untersuchung von Grenzsituationen große Erfolge errungen. Es besteht die Hoffnung, unter Krisenbedingungen besonders scharf ausgeprägte Verhaltensformen im Entscheidungsprozeß zu ermitteln. Insbesondere gibt es Anzeichen für eine veränderte Alternativensuche und Alternativenbewertung gegenüber dem Normalfall. Hier ist der Entscheidungsforschung eine reizvolle Aufgabe gestellt. Für die Praxis sind Ergebnisse auf diesem Gebiet von existentieller Bedeutung.

A. Kennzeichnung

Der aktuelle Forschungsimpuls ging von der Analyse übernationaler politischer Krisen aus. In Anlehnung an die militärische Aufgabe, wirksame Frühwarnsysteme gegenüber plötzlichen Angriffen des Gegners zu entwickeln, wurde von der Politikwissenschaft [1] – aber auch von Vertretern der Sozialpsychologie, der Soziologie und einer im weiteren Sinne verstandenen Organisationswissenschaft – untersucht, durch welche Merkmale eine Krise gekennzeichnet ist und durch welche Verhaltensprogramme sie bewältigt werden kann.

Die Herkunft des Wortes aus dem Altgriechischen weist auf die kritische Entwicklungsphase einer Krankheit und die kritische Zuspitzung einer Handlungssituation im antiken Drama hin. Die analoge Verwendung des Krisenbegriffes in den modernen Sozialwissenschaften hat – wie Pohl [2] im einzelnen zeigt – das Merkmal der Lebensbedrohung aus der Sprache der Medizin und das Merkmal der entscheidenden Wendung aus der Dramatik übernommen.

Der Politologe Hermann [3] dessen empirische Analyse internationaler Krisen für eine Reihe weiterer Arbeiten richtungsweisend wurde, entwickelt aus der Simulation von Krisenvorgängen die folgenden Kennzeichnungsmerkmale:

(1) hochrangige Ziele der Entscheidungseinheit werden bedroht
(2) die Reaktionszeit bis zum Abschluß der Entscheidung ist eingeschränkt
(3) die Mitglieder der Entscheidungseinheit werden überrascht.

Die Definitionsmerkmale »Bedrohung«, „Entscheidungszeit« und »Voraussicht« werden als Variablen eines Situationswürfels abgebildet, so daß die Krisensituation bei hoher Bedrohung, kurzer Entscheidungszeit und geringer Voraussicht (Überraschung) gegeben ist. Damit kann der Grad einer Krise in quantitativen Größen angegeben und realwissenschaftlich erforscht werden.

Die Kritik dieser Operationalisierung richtet sich auf den Zusammenhang zwischen Entscheidungszeit und Voraussicht. Es handelt sich hierbei nicht um voneinander unabhängige Situationsmerkmale, denn die Entscheidungszeit läßt sich durch höhere Voraussicht (Antizipation der Krise) verlängern. An diesem Zusammenhang setzen ganz ausdrücklich die Strategien zur Bewältigung der Krise an. Das Frühwarnsystem soll die Voraussicht erhöhen, um dem bedrohten System die Möglichkeit einzuräumen, alternative Strategien zu entwickeln und die Auswahl der zweckmäßigsten Alternative zur Krisenbewältigung zu erleichtern. Aus der Analyse Hermanns können immerhin die beiden Definitionsmerkmale der Bedrohung und der begrenzten Entscheidungszeit entnommen werden. Damit ist der Beitrag zu einer Kontingenztheorie der Entscheidung in einer die Existenz des Unternehmens gefährdenden Situation gekennzeichnet.

Die »Gefährdung des Systems« wird auch von der Mehrzahl der in der Krisenforschung involvierten Autoren betont. [4] Während die Kennzeichnung der Krise als »Gefahr« eher auf den objektiven Tatbestand hinweist, enthält das Merkmal »Bedrohung« die Komponente der subjektiven Wahrnehmung der gefährlichen Situation. Der durch die Subjektivierung entstehende Streß, unter dem die betroffenen Entscheidungspersonen stehen, wird von Milburn [5] hervorgehoben.

Für die betriebswirtschaftliche Behandlung des Krisenphänomens geht es nicht um die Krise einer einzelnen Person oder die Gefährdung eines bipolaren Kräfteverhältnisses (wie z. B. des Verteidigungsgleichgewichtes zwischen den USA und der UdSSR). Vielmehr wird der Krisenbegriff auf eine mikro-ökonomische Einheit, d. h. auf eine selbständig wirtschaftende Unternehmung bezogen. Die Bedrohung bedeutet hier Existenzgefährdung des Gesamtunternehmens. Sie ist gegeben, wenn die Selbständigkeit im Sinne der autonomen Entscheidungseinheit in Frage gestellt ist. Nicht einzelne Teile, Sparten oder Funktionsbereiche sind Gegenstand der Betrachtung, sondern die akut gestellte Existenzfrage für das selbständige Weiterbestehen des Unternehmens als Ganzes. Wenn man sich fragt, ob hiermit eine rechtlich selbständige Einheit oder ein Konzern oder ein aus mehreren nationalen Gesellschaften bestehendes multinationales Unternehmen gemeint ist, so ist die Antwort aus einer Umkehrung der Frage zu gewinnen: Die betroffene mikroökonomische Wirtschaftseinheit wird dann zum Objekt der Krisenbetrachtung, wenn sie die Selbständigkeit besitzt, zugrundezugehen. Falls also ein Konzernunternehmen im Ernstfall vom Gesamtkonzern saniert werden würde, so kann als Objekt der Krisenbetrachtung nur der gesamte Konzern gemeint sein. Für den Fall, daß der Gefahrenausgleich nicht stattfindet, ist die einzelne, rechtlich selbständige Unternehmung zu betrachten.

Das in den Staatshaushalt integrierte (oder durch eine Ausfallgarantie) gesicherte öffentliche Unternehmen wird damit zu einem Bestandteil der makroökonomischen Einheit und kann – wie das Beispiel der Deutschen Bundesbahn zeigt – keiner autonomen mikroökonomischen Krisenbedrohung ausgesetzt werden. Das Gleiche gilt für die staatlichen und volkseigenen Betriebe der osteuropäischen Wirtschaftsordnungen.

Um zu vermeiden, daß der Krisenbegriff lediglich zur Bezeichnung beliebiger unternehmenspolitischer Probleme verwendet und dadurch verwässert wird, ist – durchaus in Übereinstimmung mit der politischen Krisentheorie – nur eine solche Bedrohung als Krise zu kennzeichnen, die eine Existenzgefährdung des Systems, hier also der selbständigen Unternehmung bedeutet.

Wir sollten Bedacht nehmen, nicht alle unerwünschten und bewältigungsbedürftigen Probleme des Unternehmens als »Krise« zu bezeichnen. Die Konsequenz würde in einer lediglich sprachlichen Umformulierung seit langem bekannter Problemfelder unseres Faches bestehen. Es bedeutet noch keine Problemlösung, wenn dasselbe Thema – wie es in den fünfziger Jahren geschah – der Unternehmenspolitik, dann der Planung und Entscheidung, schließlich der Strategie und heute dem Problemkomplex der Krise zugeordnet wird.

Das von Hermann herangezogene Merkmal der Bedrohung hochrangiger Ziele steht durchaus im Einklang mit der Kennzeichnung der Krise als Existenzbedrohung. Die »hochrangigen« Ziele sind als existenzbedingende und deshalb unverzichtbare Ziele zu verstehen. Am deutlichsten wird dies im Hinblick auf die beiden in der Konkursordnung verankerten existenzauflösenden Tatbestände der Zahlungsunfähigkeit (Illiquidität) und Überschuldung (Verluste bis zur Aufzehrung des haftenden Eigenkapitals).

Sofern diese finanziellen Erscheinungsformen der Krise ihren Ursprung im Güterstrom haben, stellen sie lediglich Indikatoren für eine tiefere Krisenursache dar. Die Krise entsteht, wenn die Kombination der Leistungsfaktoren dadurch unmöglich wird, daß einer (oder mehrere) der Faktoren überhaupt nicht mehr (also auch nicht mehr zu steigenden Preisen und anderen Bedingungen) verfügbar ist. Beispiele hierfür sind die Unbeschaffbarkeit eines Einsatzstoffes, die Aufhebung einer Lizenz, die Auflösung des soziopolitischen Umsystems, die dauerhafte Verweigerung des Arbeitseinsatzes, aber auch das Verbot der Erstellung und des Absatzes der Betriebsleistung. [6]

Die Literatur unterscheidet die Krisenursachen und die Erscheinungsformen der Krisensituationen nach endogenen und exogenen Krisen. In allen Fällen kann der Bedrohung nicht durch eine Senkung des Anspruchsniveaus (level of aspiration) im Sinne der Setzung bescheidenerer Ziele entgegengewirkt werden; die Bedrohung betrifft vielmehr das Ziel des Weiterbestehens der Unternehmung überhaupt.

Das unterste Anspruchsniveau im Sinne einer Bedingung für die Weiterexistenz des Unternehmens kann sogar mit der Forderung verknüpft werden, daß das Unternehmen eine – für Anteilseigner und Arbeitnehmer – Mindestertragskraft aufweist.

Als weiteres Merkmal zur Kennzeichnung der Unternehmenskrise füge ich die »Undeterminiertheit des Gefährdungsausgangs« hinzu. Sofern von vornherein feststeht, daß die Bedrohung unheilbar zur Existenzauflösung des Unternehmens führt, kann nicht von einer Krise gesprochen werden; es besteht keine Chance für die »kritische« Wendung; es handelt sich um den Anfang vom Ende. Ebenso sollte der Krisenbegriff vermieden werden, wenn von vornherein ersichtlich ist, daß der Fortgang der Ereignisse – ohne tiefgreifende Eingriffe – zu einem guten Ausgang führt. Durch die Ausklammerung der beiden Grenzfälle wird die Unternehmenskrise als »multivalente Entscheidungssituation unter Existenzgefährdung des Unternehmens bei begrenzter Entscheidungszeit« verstanden.

Die schwere Voraussagbarkeit der weiteren Entwicklung ist der Ansatz der krisentheoretischen Überlegungen von Ansoff. [7] Die »strategischen Diskontinuitäten« markieren das Besondere der Krisensituation. Nicht das Gleichmäßige und Planbare im Sinne eines vorausbestimmten Endes oder eines bereits determinierten guten Ausganges, sondern die Unsicherheit hinsichtlich des Fortbestandes der Unternehmung kennzeichnen den gemeinten Tatbestand und sind gleichzeitig der Ansatz für Frühwarnsysteme und Krisenbewältigungsstrategien.

B. Objekt der Betriebswirtschaftslehre

Die betriebswirtschaftliche Forschung und Praxis hat sich zu fragen, ob sie gegenüber der Unternehmenskrise dieselbe eindeutige Position einzunehmen hat, wie sie die Medizin seit dem Eid des Hippokrates entwickelt hat. Noch heute hat der Arzt nach seiner geltenden Berufsordnung [8] vor der Ärztekammer ein Gelöbnis abzulegen, in dem der folgende Satz vorkommt:

»Die Erhaltung und Wiederherstellung der Gesundheit meiner Patienten soll oberstes Gebot meines Handelns sein.«

Der Biologe weiß, daß in der übergeordneten Gesamtheit aller Menschen und darüber hinaus aller Lebewesen in der Natur ein Ausleseprozeß stattfindet, der zu Lasten des einzelnen, des Kranken und Schwachen die Erhaltung der Art als Ganzes fördert und sicherstellt. Damit wird für die Wirtschaftswissenschaft die Frage aufgeworfen, ob der Konkurrenzkampf innerhalb der marktwirtschaftlichen Ordnung auch das Absterben von Unternehmen als notwendigen Ausleseprozeß einzubeziehen hat. So erklärt Albach [9]: »Unternehmerische Tätigkeit ist also in ihrem Kern die permanente Auseinandersetzung mit dem Ernstfall. Der Kampf ums Überleben am Markt ist der Normalfall für Unternehmen in einer freiheitlichen Wirtschaftsordnung.« Albach führt diesen Gedanken im Hinblick auf das Makrosystem fort und zeigt auf, daß »die Kollektivierung des Ernstfallrisikos den Verlust von Verantwortung und von Motivation für die selbständige Bewältigung des Ernstfalles zur Folge (hat). Die Zahl der Ernstfälle von Unternehmen steigt als Konsequenz dieses Motivationsverlustes an. Die Kosten, die die Kollektivierung auch dieser Risiken verursacht, führen schließlich zum Ernstfall des marktwirtschaftlichen Systems selbst.«

Für die Volkswirtschaftslehre müßte sich aus dieser Argumentation die Verpflichtung ergeben, den marktwirtschaftlichen Ausleseprozeß zu Lasten absterbender Unternehmen zu fördern. Jedenfalls ist es makroökonomisch unter diesem Aspekt unerwünscht, das kranke Unternehmen um jeden Preis aus der Krise zu retten, weil damit die Entfaltungsmöglichkeit der vitaleren Konkurrenten behindert wird.

Allerdings zeigt sich auch der Volkswirt häufig geneigt, einzelne, wirtschaftlich schwache Unternehmen unter Übernahme von Risiken auf das Gesamtsystem zu sanieren, wenn es sich um Großunternehmen handelt, die wegen der Anzahl der gefährdeten Arbeitsplätze, der Regionalwirkungen oder wegen des Anteils an der Wettbewerbsstruktur, makroökonomische Bedeutung besitzen. Auch die Nationalökonomie bekennt sich also nicht lückenlos zum Ausleseprozeß des Makrosystems.

Für die betriebswirtschaftliche Betrachtung ist die Wirtschaftseinheit als Bezugsgröße eindeutig: das selbständig wirtschaftende Unternehmen. Dem Betriebswirt kann eine Verantwortung für die Wettbewerbsstruktur einer übergeordneten Gesamtwirtschaft nicht zugeordnet werden. Er mag sich als Person einer gesamtwirtschaftlichen Verantwortung stellen; aus seinem betriebswirtschaftlichen Argumentationsbereich heraus fehlt ihm jedoch das Mandat und die Information, einem Unternehmen die Krisenhilfe zu verweigern, um damit dem gesamtwirtschaftlichen Ausleseprozeß zu entsprechen. Damit wird für die anschließende Diskussion die Frage aufgeworfen, ob der wissenschaftlich forschende und praktisch handelnde Betriebswirt in eine ähnliche Verpflichtung genommen werden sollte, wie es der Arzt in seinem Gelöbnis zur Hilfeleistung gegenüber jedem einzelnen Patienten ablegt. Gibt es für die mikroökonomische Zweckwidmung einen dem Eid des Hippokrates analogen Satz:

»Die Erhaltung und Wiederherstellung der wirtschaftlichen Gesundheit jedes einzelnen Unternehmens soll oberstes Gebot des Bemühens sein.«

Einem solchen Postulat steht nicht die Notwendigkeit entgegen, die geltenden Gesetze zu beachten. Die Pflicht zur Krisenbewältigung kann also nicht die Aufnahme von Krediten unter Vorspiegelung unrichtiger Informationen bedeuten. Ein Alibi für den betrügerischen Bankrott kann aus der Verpflichtung des Betriebswirts nicht abgeleitet werden.

In der Betriebswirtschaftslehre ist die Erhaltung existenztragender Tatbestände des Unternehmens deutlich als Postulat formuliert worden. Die Bemühungen und Berechnungen zur Kapitalerhaltung, zur Erhaltung der Marktposition, zur Erhaltung der Leistungskapazität und der Arbeitsplätze sind seit langem Gedankengut von Forschung und Lehre. Jedoch bezog sich diese »Erhaltung« bisher nicht ausgeprägt auf den Mindestanspruch der Existenzsicherung des Unternehmens.

Das Interesse richtet sich auf die Vermeidung auch der geringsten Einbrüche in die positive Entwicklung des Unternehmens. Aus dem Schrifttum der Betriebswirtschaftslehre springt der Optimismus einer positiven Entwicklung des Unternehmens, also in gewissem Sinne eine Schönwetterpolitik, ins Auge. Das bereits erarbeitete Gedankengut der Betriebswirtschaftslehre ist also auf den Grenzfall der tödlichen Gefahr anzuwenden.

Damit stellt sich die Frage, was es in Bewältigung der Krise zu retten gilt. Sicherlich kann das Bemühen nicht darauf gerichtet sein, den Status quo des Unternehmens in allen seinen Bestandteilen beizubehalten. Denn die derzeitige Lage ist der Grund für die Krise. Wer also alles retten will, wird das Gesamtunternehmen aufs Spiel setzen.

Damit wird deutlich, daß die Bewältigung der Unternehmenskrise nicht darin bestehen kann, sämtliche Interessen der Anteilseigner, der Arbeitnehmer oder anderer am Unternehmen interessierter Gruppen zu schützen. Vielmehr ist die Unternehmung als versachlichtes Objekt der mikroökonomischen Betrachtung, als Instrument zur gemeinsamen Erzielung von Einkommen zu erhalten.

Zur Entwicklung einer Realtheorie der Unternehmenskrise sind die folgenden wissenschaftlichen Schritte vorzusehen:

(1) Die für die Krise relevanten Situationsvariablen sind zu ermitteln und zu operationalisieren (für die Messung in der Realität aufzubereiten).
(2) Der Verlauf der Krise, d. h. die Veränderung der krisenrelevanten Variablen und deren gegenseitige Abhängigkeiten, sind zu beschreiben.
(3) Die Bedingungstheorie der Krise richtet sich auf die Erfassung der Umstände, unter denen eine Krise entsteht.
(4) Die Wirkungstheorie der Krise richtet sich auf die Folgen des krisenhaften Prozesses.

Die Wirkungstheorie stellt den Ansatz zur technologischen (praxeologischen) Nutzung der Krisentheorie dar. Sofern dem Krisenablauf nicht begegnet wird, besteht die Wirkung – definitionsgemäß – aus der Aufhebung der Unternehmensexistenz. Wenn dagegen erfolgreiche strategische Maßnahmen der Krisenbewältigung ergriffen werden, dann wird nicht nur die Weiterexistenz des Unternehmens bewirkt, sondern es werden sowohl innerhalb des Unternehmens als auch im Umfeld des Unternehmens tiefgreifende Veränderungen ausgelöst, die ebenfalls Gegenstand der betriebswirtschaftlichen Forschung sind. Auch unerwünschte Wirkungen sind in die Analyse einzubeziehen.

Die Erforschung der Krisentatbestände ist besonderen Schwierigkeiten ausgesetzt, denn jeder Krisenfall wird seine charakteristischen Merkmale tragen und sich insofern nicht in die für die realwissenschaftliche Forschung erwünschte Großzahligkeit einreihen.

Hinzu tritt die für Krisen typische Diskretion des Verhaltens. Nur in den Fällen einer mißlungenen Krisenbewältigung lassen sich nachträglich die Situations- und Verlaufsparameter der Krise studieren, während im Falle des Fortbestehens der Unternehmung, also nach erfolgreichem Einsatz krisenüberwindender Strategien das Krisenerlebnis oft verdrängt und der empirischen Erfassung nicht zugänglich gemacht wird.

C. Bausteine für eine Theorie der Unternehmenskrise

1. Zur Operationalisierung der *Situationsvariablen* ist auf die Merkmale zurückzugreifen, die für die Kennzeichnung der Krise im ersten Teil dieses Vortrages herangezogen wurden. Im Vordergrund des realwissenschaftlichen Interesses steht der Grad der *Bedrohung*. Er richtet sich nach der Empfindlichkeit der Ziele. Im Falle der Liquidität kann die Gefahr der Zahlungsunfähigkeit keinesfalls, auch nicht kurzfristig eingegangen werden.

Im Falle der Existenzbedrohung durch Überschuldung des Unternehmens können Bedrohungsgrade unterschieden werden, die sich durch zunehmende Verluste dem Grenzfall der völligen Aufzehrung des Eigenkapitals nähern. Aber bereits vorher wird in Gesetz und Rechtsprechung ein Einschnitt dort gezogen, wo 50% des Grundkapitals der Aktiengesellschaft aufgezehrt sind. [10] Bei dieser Quantifizierung der Bedrohung ist allerdings einzuschränken, daß vielfältige Bewertungsprobleme und damit Ermessensspielräume bestehen, die es nicht eindeutig anzugeben erlauben, wann die Überschuldung eintritt.

Bei der Bedrohung im Sinne einer potentiellen Verunmöglichung der Faktorkombination und der Leistungserstellung, also bei einer Verhinderung des Güterstromes, ist die Quantifizierung der krisenhaften Bedrohung noch schwieriger.

Der Grad der Bedrohung kann im übrigen während der Krise schwanken. [11] Die bisherigen empirischen Analysen zeigen sowohl Fälle eines plötzlichen Ausbruchs der Gefahr als auch eines schleichenden Ansteigens und mehrgipfligen Ausschwingens der Krise. Die graphische Gestalt kann zur Ausgangsidee einer empirischen Typologie werden. Im Falle des Liquiditätsengpasses wird die Gestalt der Bedrohung durch den im Zeitablauf schwankenden Fehlbetrag zwischen notwendigen Ausgaben und der fortgeschriebenen Zahlungskraft dargestellt.

Die empirische Beschreibung der Krisensituation hat weiterhin den betroffenen Unternehmensbereich (oder die Bereiche) anzugeben. Es kann sich sowohl um Funktionsbereiche (Absatz, Beschaffung, Produktion, Forschung und Entwicklung) als auch Produktgruppen oder Regionen (insbesondere in multinationaler Betätigung) handeln.

Hier ist der Ansatz der Engpaßforschung [12] zu berücksichtigen, der in der Betriebspraxis als Schwachstellenanalyse bereits fortgeschritten ist und für eine realwissenschaftliche Theorie der Unternehmenskrise Anregungen zu vermitteln vermag.

Die Benennung des Unternehmensbereiches, der von der krisenhaften Bedrohung zuerst betroffen wird, bietet den Ansatz zur Früherkennung und Bewältigung der Krise. Durch die organisatorische Lokalisierung des ersten Einbruchs wird die Krise nicht nur ins Bewußtsein gehoben, sondern fällt gleichzeitig in die Kompetenz eines verantwortlichen Führungsbereichs. Damit ist nicht nur die sachliche, sondern auch die instanzielle Spezifizierung des Krisenausbruchs möglich.

Darüber hinaus richtet sich das Interesse auf die Sekundär- und Folgeeffekte, die von dem zunächst betroffenen Unternehmensbereich ausstrahlen. Da die Bestandteile des Unternehmens in einem Wirkungszusammenhang zueinander stehen, wird die Bedrohung des einen Bereiches eine Kette von Bedrohungsimpulsen in anderen Bereichen auslösen. Mit quantitativen und darstellenden Methoden kann die Krisensituation aufgehellt werden. Die Systemtheorie bietet hierzu eine Fülle von Anregungen.

Neben dem Grad der Bedrohung ist die Messung der verfügbaren Entscheidungszeit von wissenschaftlichem und praktischem Interesse.

Wenn man zunächst von der subjektiven Wahrnehmung der Krise absieht und auf den objektiven Zeitpunkt des Ausbruchs der Krise abstellt, dann besteht von jedem Betrachtungszeitpunkt aus gerechnet eine Zeitspanne bis zum Beginn der Krise und damit eine sachlich verfügbare Entscheidungszeit. Diese Zeitspanne wird verkürzt, je näher der Wahrnehmungszeitpunkt, also das Bewußtwerden der Bedrohung, an den Beginn der Krise heranrückt. Fallen die beiden Zeitpunkte zusammen, so verbleibt keine Entscheidungszeit. Im Falle der Illiquiditätskrise würde mit dem Ausbruch der Zahlungsunfähigkeit die Krise nicht nur beginnen, sondern auch unmittelbare Rechtsfolgen, wie die Eröffnung des Konkurs- oder Vergleichsverfahrens, nach sich ziehen.

Falls jedoch die Krise nach ihrem – oft zeitlich nicht genau präzisierbaren – Beginn noch nicht die unmittelbare Auflösung der Unternehmensexistenz zur Folge hat, sondern eine *Krisendauer* gegeben ist, in deren Verlauf Bewältigungsstrategien realisiert werden können, so verbleibt eine Entscheidungszeit selbst dann, wenn das Bewußtwerden der Krise nach deren objektivem Beginn liegt. Ob die verbleibende Entscheidungszeit ausreicht, um sowohl den Prozeß der Willensbildung bis zum krisenstrategischen Entschluß als auch dessen Realisierung zu gestatten, ist nicht allein eine Frage der Situationsvariablen, sondern der Kongruenz zwischen verfügbarer Entscheidungszeit und Dauer der krisenstrategischen Realisierung.

2. Zum Verlauf der Krise liegen bereits empirische Befunde und Impressionen vor. Allerdings beziehen sie sich weitgehend auf die Analyse politischer, insbesondere internationaler Krisen. Bemerkenswerte Beiträge wurden von Kahn und Wiener [13], Hermann [14], McClelland [15], Robinson [16], Jänicke [17], Holsti und Zinnes [18], Paige [19], Milburn [20], Gurr [21] und Deutsch [22] vorgelegt; im Fall von Organisationen Ansoff [23], Dunbar [24], Fink [25] und Pohl [26], um nur einige markante Ansätze zu nennen.

Die Krisenverlaufsforschung zeigt das Entscheidungsverhalten in Krisensituationen und kommt zu einigen exemplarischen Einsichten:

- Absetzverhalten der beteiligten Personen (Fluktuation, Ausfall)
- Anschwellen latent vorhandener Konflikte, insbesondere zwischen den Entscheidenden und den Ausführenden
- Konzentration der Macht in der hierarchischen Spitze (Rezentralisation)
- Abnahme des Gesamtumfanges der Informations- und Kommunikationsbeziehungen
- Verformung und Umgehung vorher eingehaltener organisatorischer Regelungen
- geringere Koordinierung zwischen den einzelnen Entscheidungsprozessen, die unter Streß verlaufen
- Zunahme des Fehlverhaltens bei der Erfüllung von Führungs- und Ausführungsaufgaben

(Ausführlicher Katalog in: Hermann, Ch.: International Crises, 1972, S. 306–320).

Andererseits zeigen sich positive Erscheinungen, wie:

- Konzentration der Kräfte auf das Wesentliche
- Abnahme negativer Bürokratieerscheinungen
- Zunahme der Gruppenkohäsion [27]
- Aktivierung der Betroffenen und Steigerung der persönlichen Leistungsbeiträge
- Abbau von innerorganisatorischen Gegensätzen, insbesondere auch zwischen den Sozialpartnern in der Unternehmensverfassung (hier liegt eine der positiven Effizienzhypothesen der Arbeitnehmermitbestimmung begründet) [28]
- hohe Entscheidungseffizienz, auch unter Zeitdruck. [29]

3. Die Erforschung der *Bedingungen,* unter denen eine Krise entsteht, hat insbesondere an denjenigen Fällen angesetzt, in denen die Unternehmen zugrunde gingen. Man bezeichnet deshalb diese Bedingungsanalysen der Unternehmenskrise als *Insolvenzforschung*. Die Fülle der in diesem Feld entstandenen – mit unterschiedlichem wissenschaftlichen Anspruch formulierten – Literatur wendet sich der Frage zu, welche Tatbestände im Unternehmen und seiner Umwelt existierten, bevor es zu einer die Insolvenz hervorrufenden Krise kam. In anfechtbarer Formulierung wird auch häufig von den »Ursachen« der Insolvenz gesprochen. Als Bedingungstatbestände der Unternehmenskrise treten aus den vorgelegten Arbeiten hervor:

- Mismanagement im Sinne grundlegender Entscheidungsfehler der Unternehmensführung [30]
- Rechtsform des Unternehmens mit begrenztem Haftungskapital [31]
- Unternehmensalter (jünger als 8 Jahre und älter als 20 Jahre) [32] und Unternehmensgröße [33]
- Zugehörigkeit des Unternehmens zu einer krisengefährdeten Branche [34]
- Einflüsse vom Absatz- [35] und Beschaffungsmarkt [36]
- Mängel der Produktionskapazität und der Finanzstruktur. [37]

Aus dem makroökonomischen Umfeld des Unternehmens werden genannt:

- Konjunktur (Abnahme des Bruttosozialproduktes und der Brutto-Inlandsinvestitionen) [38]
- staatlicher Einfluß
- Verhalten der Konkurrenten [39]
- Verhalten der Banken und anderen Kreditgeber. [40]

Die krisenbedingenden Tatbestände werden in den Untersuchungen zumeist nur kursorisch genannt, oft aus Befragungen von Konkursverwaltern gewonnen, oder aus Sekundärstatistiken von Informationsdiensten entnommen. Trotz der methodischen und inhaltlichen Bedenken des bereits erreichten Forschungsstandes ist dieser Zweig der Krisen-Bedingungsforschung der am weitesten vorangetriebene Bestandteil der Krisentheorie. Es ist zu begrüßen, daß sich in fortschreitendem Maße wissenschaftliche Fachvertreter der Betriebswirtschaftslehre mit exakten empirischen Forschungsmethoden diesem Problem annehmen. Hinzutreten sollte allerdings die Analyse derjenigen Fälle, die ihre Krise überlebten, also in der Insolvenzstatistik nicht zu finden sind. Soweit die bereits genannten Schwierigkeiten einer großzahligen realwissenschaftlichen Erfassung behindernd im Wege stehen, kann hier auch ein Betätigungsfeld für die betriebswirtschaftliche Aktionsforschung gesehen werden.

4. Die Erforschung der *Krisenwirkungen* muß – wie bereits gesagt – die Konsequenzen von krisenbewältigenden Strategien einbeziehen. Ohne derartige Eingriffe würde die Krise zur Aufhebung der Unternehmensexistenz führen. Wenn also im folgenden die Alternativen zur Überwindung der Krise diskutiert werden, so sollte gleichzeitig im Auge behalten werden, daß die Eingriffsparameter und die Wirkungsparameter einer exakten empirischen Operationalisierung unterworfen werden müssen, um zu einer realwissenschaftlichen Wirkungstheorie zu gelangen.

D. Strategien zur Bewältigung der Unternehmenskrise

Die Grundeinstellung des Betriebswirts zu den Problemen seines Faches beschränkte sich nicht auf das Erkennen und Erklären von Zusammenhängen, sondern zielte auf die Entwicklung von Instrumentarien zur Problembewältigung.

1. Soweit eine Theorie der Unternehmenskrise – und wenn auch zunächst nur in Bausteinen – vorhanden ist, bietet die Wissenschaft allein durch ihren kognitiven Beitrag eine Orientierungshilfe für das praktische Verhalten an. Solange diese wissenschaftliche Aufgabe ungelöst bleibt, ist der mit einer Krise konfrontierte Wirtschaftspraktiker veranlaßt, pragmatisch Instrumente einzusetzen, die ihm aus der eigenen

persönlichen Erfahrung – einer besonderen Form der ad hoc-Theorie – und aus der gesammelten Erfahrung praxisnaher Autoren zur Verfügung stehen. Unter dem Stichwort »Sanierungspraxis« behandelt z. B. Baur [41] die Ursachen, Erscheinungsformen und Bewältigungsmöglichkeiten von Krisen. Die Erfahrung aus praktischen Einzelfällen und deren Bewältigung ist als heuristischer Fundus auch für die wissenschaftliche Untersuchung nicht zu unterschätzen. Es werden Ursache-Wirkungs-Zusammenhänge deutlich, die für eine pragmatische Krisentechnologie – wie etwa die häufig vorgeschlagenen Checklisten [42] – genutzt werden.

2. Den Grenzfall der Krisen-»Bewältigung« stellt die Abwicklung des Konkurs- bzw. Liquidationsverfahrens dar. Die Betriebswirtschaftslehre sollte diesen – immerhin noch geordneten – Prozeß der Beendigung des Unternehmensgeschehens nicht ausschließlich der Rechtswissenschaft überlassen. Auch die Entscheidungsprobleme des Konkursverwalters und des Liquidators gehören unserem Fach an und verlangen »optimale« Lösungen, wenn auch in diesem Falle lediglich die »am wenigsten schlechte« Maßnahme als Variante des Optimierungsdenkens in Frage kommt.

Versteht man jedoch unter Krisenbewältigung nur diejenigen Maßnahmen, die das Unternehmen oder wesentliche Teile des Unternehmens zu retten vermögen, so rückt die Strategie der Teilliquidation in das Zentrum der Betrachtung.

Soweit das Unternehmen als Ganzes nicht gerettet werden kann, besteht die Möglichkeit, Teilunternehmungen, einzelne Sparten, Produktionsstätten, Marktanteile etc. zu veräußern und aus dem damit gewonnenen ökonomischen Potential das Rumpfunternehmen zu sanieren. Angesichts dieser Möglichkeiten stellt sich die grundsätzliche Frage, wann von einem »Ende« des Unternehmens gesprochen werden kann und welches Objekt, welche mikroökonomische Einheit erhalten bleiben muß, um von einer Krisenbewältigung zu sprechen. Denn in hochkomplexen Unternehmenssystemen bestehen oft viele für sich allein lebensfähige Faktorkombinationen. Der vom Steuerrecht her bekannte Begriff des Teilwertes, der einen Vermögenskomplex dann als »Betrieb« ansieht, wenn ihn ein Erwerber fortführen kann, läßt die krisenstrategische Maßnahme zu, vitale Einheiten durch Teilliquidation abzustoßen, gleichsam in andere Unternehmen zu transplantieren, um den Zusammenbruch des Ganzen zu vermeiden.

Hier zeigt sich – wie bei der Liquiditätspolitik zur Überwindung eines Liquiditätsengpasses – , daß im Falle der Gefahr Teilopfer zu bringen sind, um das Gesamtopfer abzuwenden. Die betriebswirtschaftliche Forschung hat unter diesem Aspekt die Aufgabe, die Lebensfähigkeit von partiellen Faktorkombinationen und partiellen Leistungskonzeptionen zu ermitteln, um die Varianten der Überlebensfähigkeit im Sinne einer vorbereitenden Analyse für die Krisenstrategie zu entwickeln. Darüber hinaus ist zu prüfen, welches Ausmaß an Krisenopfern entsteht und vom Gesamtsystem getragen werden kann.

Es stellt durchaus eine Krisenbewältigung dar, wenn die Existenzgefährdung durch die vorstehend beschriebenen Maßnahmen zunächst aufgeschoben wird. Allerdings ist Bedacht zu nehmen, daß die dadurch gewonnene Zeit einen erweiterten Handlungsspielraum anbieten muß, um die verzögerte Krise schließlich endgültig zu überwinden. Ein Aufschaukeln der Krise zu einer größerwerdenden Gefahr, die schließlich nur noch den Konkurs oder die Fusion des Unternehmensrestes erlaubt, stellt nur den »Anfang vom Ende« dar.

3. Ein weiterer Problemkomplex zur Bewältigung der Unternehmenskrise ist der Erhaltung des Gesamtunternehmens gewidmet.

Voraussetzung zur Krisenbewältigung ist ein geschultes Krisenbewußtsein, das aus Lernprozessen hervorgeht und die Entscheidungspersonen mit der Fähigkeit zur Krisenbewältigung ausrüstet. Auch die Organisation des Unternehmens muß insofern krisenfähig sein, als sie hinreichende formale Flexibilität entwickelt, um ein Krisenmanagement (Krisenstäbe, Task forces etc.) zu ermöglichen. [43]

Innerhalb des Führungssystems wird der Innendruck angesichts der Existenzgefährdung des Unternehmens geringer und schafft die Bereitschaft, die bisher nicht voll ausgeschöpften Möglichkeiten der Kostensenkung und Leistungssteigerung zu mobilisieren.

Das krisenstrategische Instrumentarium besteht zunächst aus der von Gutenberg [44] beschriebenen Anpassung der Unternehmenssektoren an den Engpaßsektor, um schließlich auch diesen selbst zu sanieren. Dabei handelt es sich um einen Ausgleich innerhalb des bisherigen Systems der Leistungskonzeption und der Faktorenkombination. Erst wenn die Möglichkeiten des Sektorenausgleichs ausgeschöpft sind und nicht zur Bewältigung der Unternehmenskrise ausreichen, werden tiefere Eingriffe in die Struktur des Unternehmens zu erwägen sein, z. B. eine Folge von Reorganisationsprozessen. [45] Die Veränderungen können dabei eine solche Breitenwirkung entfalten, daß auch verbundene Unternehmen in dieses »Reorganisationskarussell« einbezogen werden (z. B. Neckermann AG, Karstadt AG).

Zur Bewältigung von tiefgreifenden Umstrukturierungen und Reorganisationen hat sich die Unternehmensverfassung [46] als krisenfähig zu bewähren. Innerhalb des Einflußsystems der Unternehmung sind Vorstand, Anteilseigner und Arbeitnehmer herausgefordert, ihre besonderen Interessen zurückzustellen und sich der – von allen bejahten – Gesamtaufgabe der Unternehmenserhaltung zu widmen.

Als einer der Gründe für die Arbeitnehmermitbestimmung wurde genannt, daß die canalized power gegenüber der floating power den Vorteil hat, im Ernstfall die Verantwortung mitzutragen. [47] Aus den Erfahrungen der Unternehmens- und Betriebsverfassung von 1951–1978 läßt sich diese Vermutung im wesentlichen abstützen. Nach den vorliegenden Untersuchungen zeigte sich im Falle der Unternehmenskrise ein besonders enges informatives und beratendes Miteinander zwischen den Geschäftsleitungen und den Vertretern der Arbeitnehmer. Ob sich diese Bewährung der Unternehmensverfassung auch unter dem neuen Mitbestimmungsgesetz von 1976, das erst jetzt in seine volle Realisierung hineinwächst, bewähren wird, bleibt abzuwarten.

4. Die im vorstehenden Abschnitt dargelegten Eingriffe in die Grundstruktur des Unternehmens lassen sich vermeiden, wenn bereits vorausschauend Strategien zum Risikoausgleich realisiert werden. [48] Die produktdifferenzierten, funktionsbezogenen und regionalen Problemfälle des Unternehmens werden in den sie determinierenden Variablen so gestaltet, daß sich Risikoverursachungen gegenseitig aufheben oder

doch im Saldo mindern. Eine solche auf Sicherheit abstellende Unternehmenspolitik hat allerdings ihren Preis, denn die Unternehmensressourcen werden nicht voll ausgeschöpft. Es wird bewußt auf Chancen verzichtet, um die gegenseitige Aufhebung von Risikoverläufen zu erreichen. [49]

Wenn eine auf Selbst- [50] oder Fremdversicherung unter Chancenverzicht operierende Krisenstrategie vermieden werden soll, bietet sich die Überwälzung der Risikowirkungen auf übergeordenete Systeme, also auf die Ebene der Gesamtwirtschaft, der Region, des Wirtschaftszweiges oder der Kreditwirtschaft an. Subventionen, Risikopool, Moratorien etc. stellen Beispiele für diese Risikoübertragung dar. Sie sind vor allem gemeint, wenn man die Erhaltung einzelner Unternehmen zu Lasten der Gesamtwirtschaft als eine das Wettbewerbssystem verzerrende Erscheinung bezeichnet.

5. Neben dem internen oder externen Risikoausgleich spielt auch die Abfederung von Gefahren durch Unternehmensreserven [51] eine bedeutende Rolle. Die von mir [52] unter Bezug auf die Liquiditätsreserve vorgeschlagene Unterscheidung in errechnete, erwogene und ignorierte Gefahren führt zu der Konsequenz, daß die errechneten Gefahren in den Unternehmensplan eingehen und nicht von Unternehmensreserven aufzufangen sind. Auf der anderen Seite werden die ignorierten Gefahren für so unwahrscheinlich gehalten, daß zu ihrer Abfederung keine Reserven bereitgehalten werden. Nur die erwogenen Gefahren sind in ihrem Eintreten hinreichend wahrscheinlich, um einen Abfederungsschutz als notwendig erscheinen zu lassen. [53]

6. Die Differenzierung zwischen erwogenen und ignorierten Gefahren deutet bereits daraufhin, daß das Bewußtwerden der Krise eine bedeutende Rolle für die Krisenbewältigung spielt. Ansoff [54] zeigt, daß die zunächst ignorierten Gefahren im Lebensverlauf eines Unternehmens immerhin so häufig auftreten, daß man sie nicht völlig vernachlässigen kann. Damit wird das Augenmerk auf die von der neueren wissenschaftlichen Diskussion intensiv behandelten Entwicklung von Frühwarnsystemen gerichtet. [55] Man sollte allerdings besser von Früherkennungssystem sprechen, denn auch das zeitlich vorausgreifende Erkennen von Chancen wird vom strategischen Planungssystem umschlossen.

Soweit das Früherkennungssystem eine hinreichende Entscheidungszeit schafft, um Reserven aufzubauen oder andere Strategien zu entwickeln, ist auch der Bereich der ignorierten Gefahren, der sich aus grundlegenden Diskontinuitäten ergibt und aus der bisherigen Erfahrung nicht abgeleitet werden kann, bewältigungsfähig. Insgesamt zeigt sich die Notwendigkeit und die Möglichkeit, ignorierte Gefahren in den Bereich der erwogenen Gefahren zu überführen und erwogene Gefahren fortschreitend in errechnete Gefahren einzubeziehen.

Die von Ansoff [56] angestellten Überlegungen zur Diskontinuität im Sinne einer Nicht-Fortsetzung des erwarteten Entwicklungspfades sollen

– die Tatsache der Bedrohung (oder Chance)
– die Quelle oder Ursachenkomplexe von Bedrohungen (oder Chancen)
– die Kennzeichnungsmerkmale der Bedrohung (oder Chance)

– die problembewältigenden Handlungsalternativen
– die zu erwartenden Wirkungen der Handlungsalternativen

durch möglichst exakte Darstellung von – zunächst schwachen – Signalen im Hinblick auf die zu bewältigende Zukunft aufdecken. Müller-Merbach, Kirsch, Berg, Reichmann, Hahn, Gernert, Uhlir und Hansen haben diesen Denkansatz fortgeführt. [57]

Dabei gilt es, das Erfassungssystem empfindlich genug auszulegen, um schwache Signale zu empfangen, andererseits aber eine »Alarmneurose« des betroffenen Managements zu vermeiden. Problematisch ist die Festlegung von Schwellwerten, das Filtern und Selektieren der Signale und das Abschätzen ihrer Wirkungsrelevanz, insbesondere im Fall der Kombinationswirkung von zunächst als unerheblich eingestuften Veränderungen.

Instrumentale Ansätze finden sich u. a. in permaneten Kennzahlenanalysen [58], der Positionierung im Portfolio [59] und den Indikatorkonstrukten zur wirtschaftlichen und politischen Lage. [60]

Soweit das Früherkennungssystem die Probleme der Zukunft rechtzeitig offenlegt, können die betriebswirtschaftlichen Entscheidungsinstrumentarien – durchaus im Sinne der bewährten Optimierung – eingesetzt werden. Der strategischen Planung folgt die gezielte Unternehmensstrategie.

Dabei werden auch Zielkorrekturen vorgenommen. Sie betreffen durchaus »hochrangige«, »dominante« Ziele, nicht jedoch die bei der Kennzeichnung der Unternehmenskrise genannten Mindestziele, die für den Fortbestand des Unternehmens unverzichtbar sind. Erst wenn diese bedroht sind, wird die Strategie zur Bewältigung der Unternehmenskrise mit letztem Ernst ausgelöst.

7. Soweit ein funktionstüchtiges Früherkennungssystem vorliegt, kann aus dem »Krisenmanagement« ein »Chancenmanagement« [61] entwickelt werden.

Die Krise kann nicht nur als eine negative, pessimistische Erscheinung gedeutet werden, sondern bietet gleichzeitig die Möglichkeit zur Umkehr, zum Neubeginn. [62] Es wird sogar erwogen, die Krise bewußt herbeizuführen und als Führungsinstrument einzusetzen, um einen Neubeginn durchsetzen zu können.

Die aus der Analyse von Krisen gewonnene Erkenntnis, daß die beteiligten Personen angesichts einer Existenzgefährdung – soweit sie nicht nach dem ersten Schock abwandern – eine erhöhte Bereitschaft zur Leistung, zur Koordination und zur Annahme neuer Gedanken aufweisen, kann Ausgangspunkt eines grundlegenden Systemwandels sein. Was in Zeiten der Optimierung des Normalfalles unerreichbar ist, wird nun möglich: Die Transformation des nicht mehr lebensfähigen Systems in ein neues System. Der Neubeginn des Unternehmens zeigt sich insbesondere in der Bereitschaft zur Realisierung neuer Technologien, neuer Produkte, aber auch Innovationen im Bereich des organisatorischen, des sozialen sowie des Markt- und Finanzverhaltens.

Der Zusammenhang des krisenstrategischen Instrumentariums wird an dieser Stelle besonders deutlich: Wenn eine Krise durch grundlegende Innovationsentscheidungen gelöst werden soll, dann bedarf es der dazu unerläßlichen Entscheidungszeit. Unter dem zeitlichen Streß einer akut zutage getretenen Existenzkrise läßt sich ein Neubeginn nur schwer planen und realisieren. Die dargelegten Alternativen der Krisenbewältigung stehen also nicht nebeneinander, sondern ergänzen sich gegenseitig. Sie dienen gemeinsam der Aufgabe, die Unternehmenskrise nicht zum Anfang vom Ende werden zu lassen, sondern zu einem Neubeginn.

Anmerkungen

1 Z. B. World Event/Interaction Survey (WEIS)-Datenbank (Mc Clelland) und Comparative Research on Events of Nations (CREON)-Datenbank (Hermann)
2 H. Pohl: Krisen in Organisationen (Diss.), Mannheim 1977
3 Ch. Hermann: International Crises, New York 1972
4 Vgl. z. B. M. Jänicke: Herrschaft und Krise, Opladen 1973; K. Deutsch: Zum Verständnis von Krisen und politischen Revolutionen; in: Jänicke, M., a.a.O., 1973; T. Gurr: Vergleichende Analyse von Krisen und Rebellionen; in: Jänicke, M., a.a.O., 1973
5 T. Milburn: The Management of Crisis; in: Hermann, Ch., a.a.O., 1972
6 U. a. Conterganaffäre, Stillegung der Times
7 I. Ansoff: Managing Surprise and Discontinuity – Strategic Response to Weak Signals; in: ZfbF 1976, S. 129–152 und Management of Strategic Surprise and Discontinuity: Problem of Managerial Decisiveness, EIASM, Paper 75–29, 1975
8 W. Spann: Ärztliche Rechts- und Standeskunde, München 1962
9 H. Albach: Kampf ums Überleben – Der Ernstfall als Normalfall für Unternehmen in einer freiheitlichen Wirtschaftsordnung; Vortrag aus der Reihe: Ernstfall, Siemens Stiftung, München 1978, S. 24
10 AktG § 92
11 T. Gurr: Vergleichende Analyse von Krisen und Rebellionen; in: Jänicke: Herrschaft und Krise, Opladen 1973
12 Vgl. Gutenberg, E.: Unternehmensführung, Organisation und Entscheidung, Wiesbaden 1962, S. 70 ff.
13 J. Wiener/H. Kahn: Crisis and Arms Control, New York 1962
14 Ch. Hermann: International Crises: Insights from Behavioral Research, New York 1972 (Ohio State University Columbus)
15 Mc Clelland: The Beginning Duration and Abatement of International Crises; in: Hermann, Ch., a.a.O., 1972, (University of Southern California)
16 Krisensimulation im Projekt Michelson der United States Navy, 1970
17 M. Jänicke: Herrschaft und Krise, Beiträge zur politikwissenschaftlichen Krisenforschung, Opladen 1973
18 Mitarbeiter an den »Stanford Studies in Conflict and Integration«, (Untersuchungen zum 1. Weltkrieg) 1963
19 G. Paige: Comparative Case Analysis of Crisis Decisions: Korea and Cuba; in: Hermann, Ch., a.a.O., 1972
20 T. Milburn: The Management of Crisis; in: Hermann, Ch., a.a.O., 1972
21 T. Gurr: Vergleichende Analyse von Krisen und Rebellionen; in: Jänicke, M., a.a.O., 1973
22 K. Deutsch: Zum Verständnis von Krisen und politischen Revolutionen; in: Jänicke, M., a.a.O., 1973
23 I. Ansoff: Managing Surprise and Discontinuity – Strategic Response to Weak Signals; in: ZfbF 28, 1976, S. 129–152
24 R. Dunbar/W. Goldberg: Crises Development and Strategic Response in European Corporations, Wissenschaftszentrum Berlin, 1978
25 S. Fink: Organizational Crisis and Change; in: Journal of Applied Behavioral Science, Vol. 7, 1971, S. 15–37
26 H. Pohl: Krisen in Organisationen (Diss.), Mannheim 1977

27 Vgl. Lazarus R. S.: Psychological Stress and the Coping Process, New York 1966; Shepard H. A.: Changing Interpersonal and Intergroup Relationsships in Organizations; in: J. Marck: Handbook of Organizations, Chicago 1965

28 Vgl. Deutscher Bundestag, Mitbestimmung im Unternehmen, Drucksache VI, 334, Bochum 1970

29 Vgl. Bronner, R.: Entscheidung unter Zeitdruck, Tübingen 1973

30 Schimmelpfeng-Marktforschung (Hrsg.): Ergebnisse der Befragung von Konkursverwaltern über Konkursursachen; in: Aktuelle Beiträge über Insolvenzen, Frankfurt 1977; R. Dunbar/ W. Goldberg: Crisis Development and Strategic Response in European Corporations, Paper dp 78/2, Wissenschaftszentrum Berlin 1978; Keiser H.: Betriebswirtschaftliche Analyse von Insolvenzen bei mittelständischen Einzelhandlungen, Köln 1966; Reske W.: Insolvenzursachen mittelständischer Betriebe – Eine empirische Analyse, Beiträge zur Mittelstandforschung, Göttingen 1976; Hahn, G.: Ursachen von Unternehmermißerfolgen, Köln 1958

31 Creditreform (Hrsg.): Jahresbericht 77/78; in: Wirtschafts- und Steuermagazin, Juli/August 1978

32 Statistisches Bundesamt (Hrsg.): Fachserie I, Wiesbaden, lfd. Jg.; Mayer K./Goldstein S.: The First Two Years: Problems of Small Firm Growth and Survival; in: Small Business Research, No. 2, Washington 1961, S. 5 ff.; Weibel P.: Die Aussagefähigkeit von Kriterien zur Bonitätsbeurteilung im Kreditgeschäft der Banken, Bern 1973; Bellinger, B.: Unternehmenskrisen und ihre Ursachen, in: Handelsbetrieb und Marktordnung, Festschrift für C. Ruberg, Wiesbaden 1962

33 Creditreform (Hrsg.), a.a.O. 1978; Altman E.: Corporate Bankruptcy in America, Lexington, Mss. 1971; Woodruff A.: Success and Failure in Small Manufactoring, o.O. 1958

34 Langen W./Naujoks W.: Strukturanalyse von Insolvenzen in der Bundesrepublik Deutschland, Beiträge zur Mittelstandsforschung, Göttingen 1977; Weibel P., a.a.O. 1973

35 Dun & Bradstreet (Jährliche Insolvenzstatistik für die USA); Reske W., a.a.O., 1976

36 Keiser H., a.a.O., 1966

37 Schimmelpfeng-Marktforschung, a.a.O. 1977; Kreutle, H.: Analyse von Vergleichs- und Konkursfällen im Baugewerbe, München 1969

38 Brockhoff K.: Unternehmenszusammenbrüche und Konjunktur; in: Zeitschrift für die gesamte Staatswissenschaft, 1967, S. 661 ff.; Weibel P., a.a.O. 1973; Heuser S.: Insolvenzen in der BRD; in: Konjunkturpolitik, Nr. 6, 1973, S. 343 ff.; Zarnowitz V./Larner L.: Cyclical Changes in Business Failures and Corporate Profits; in: Moore (ed.): Business Cycle Indicators, Vol. I, Princeton 1961, S. 350 ff.; Altman E., a.a.O. 1971; Keiser H., a.a.O., 1966; Langen W./Naujoks W., a.a.O., 1977

39 Schimmelpfeng-Marktforschung, a.a.O., 1977

40 v. Wysocki K.: Das Postulat der Finanzkongruenz als Spielregel, Stuttgart 1962; Reske W.: Kreditinstitute mitschuldig am Insolvenzprozeß mittelständischer Unternehmen? in: Schimmelpfeng (Hrsg.), a.a.O. 1977

41 Baur W.: Sanierungen – Wege aus Unternehmenskrisen, Wiesbaden 1978

42 Vgl. Haberland G.: Checklisten für das Krisenmanagement, München 1975

43 Vgl. z. B. Röthig, P.: Organisation und Krisenmanagement, in: Zeitschrift für Organisation, 1976, S. 13–20; Smart, C. Vertinsky, I.: Design for Crisis Decision Units, in: ASQ, Vol. 22, 1977, S. 640–657; Becker, H.: Unternehmenskrisen und Krisenmanagement, in: ZfB, 1978, S. 672–685

44 Gutenberg, E., a. a. O., 1962

45 Vgl. Kirsch W., Esser W.M., Gabele E.: Reorganisation, Theoretische Perspektiven des geplanten organisatorischen Wandels, München 1978

46 Witte, E.: Die Verfassung des Unternehmens als Gegenstand betriebswirtschaftlicher Forschung, in: Die Betriebswirtschaft, 1978, Nr. 3, S. 331–340

47 Z. B. Deutscher Bundestag, Mitbestimmung in Unternehmen. Bericht der Sachverständigenkommission zur Auswertung der bisherigen Erfahrungen bei der Mitbestimmung, Bochum 1970; Mulder M., Power Equalization through Participation?, in: ASQ, 16, 1971, S. 31 ff.

48 Albach, H.: Strategische Unternehmensplanung bei erhöhter Unsicherheit; in: ZfB 1978, S. 702–728
49 Kupsch, P.: Risiken als Gegenstand der Unternehmenspolitik, in: WiSt, 1975, Nr. 4, S. 153 ff.
50 Hitzig, R.: Formen und Wirkungen des risikopolitischen Instruments der Selbstversicherung unter besonderer Berücksichtigung der internen Selbstversicherung, Berlin 1977
51 Wossidlo, P.: Unternehmenswirtschaftliche Reservierung – Eine realtheoretische und praxeologische Untersuchung, Berlin 1970
52 Witte, E.: Die Liquiditätspolitik der Unternehmung, Tübingen 1963
53 Vgl. Witte, E.: Zur Bestimmung der Liquiditätsreserve, in: ZfB, 34, 1964, S. 763 ff.; Straub, H.: Optimale Finanzdisposition, Meisenheim 1974; Walther, A.: Bilanzreserven und wirkliche Reserven, in: Die Unternehmung, 1954, S. 1 ff.
54 Ansoff, I.: From Strategic Planning to Strategic Management, London 1976
55 Z. B. Müller-Merbach: Frühwarnsysteme zur betrieblichen Krisenerkennung und Modelle zur Beurteilung von Krisenabwehrmaßnahmen, in: Plötzeneder H., (Hrsg.): Computergestützte Unternehmensplanung, Stuttgart 1977; Hahn D., Krystek U.: Betriebliche und überbetriebliche Frühwarnungsysteme für die Industrie; in: ZfbF 1979, S. 76–88; Schimmelfpeng-Marktforschung (Hrsg.), Frühsignale zum Erkennen von Insolvenzen, a. a. O. 1977; Rummel R./Heemann D.: How Multinationals Analyse Political Risk, in: HBR 1978, S. 67–76. Roventa, P.: Portfolio-Analyse und strategisches Management – Ein Konzept zur strategischen Chancen- und Risikohandhabung, Diss. München 1979; Rieser, I.: Frühwarnsysteme, in: Die Unternehmung 1978, S. 51–68
56 Ansoff I.: Managing Surprise and Discontinuity, a. a. O., 1976
57 Anmerkung: Wesentliche Beiträge zu Frühwarnsystemen auf der Hochschullehrertagung in Innsbruck 1979
58 Vgl. Reichmann, T./Lachnit, L.: Das Rechnungswesen als Management-Informationssystem zur Krisenerkennung und Krisenüberwindung, in: BFuP 1978, S. 203–219; Müller-Merbach, H., a. a. O., 1977; Berg, C.: Die Unternehmenskrise – Organisatiorische Probleme und Ansätze zu ihrer Lösung, in: ZfB 1979, S. 459–473
59 Vgl. Ansoff, H.I./Leontiades, J.C.: Strategic Portfolio Management in: Journal of Gerneral Management, 1976, S. 13–31; Boston Consulting Group, Die Erfahrungskurve – Ein Überblick, IV. Das Portfolio, in: Perspektiven Nr. 19, München 1977; Foster, R.N./Wood, P.M.: Linking R&D to strategy, in: McKinsey Comp., Strategic Leadership: The Challenge to Chairman, London 1978; Roventa, a. a. O., 1979
60 Vgl. Rummel, R./Heemen, D., a. a. O., 1978, oder den »Business Environment Risk Index« von Hauer, University Delaware, USA
61 Schwaab K.: Chancen-Management, Düsseldorf 1976
62 Gantzel K./Kress G./Rittberger V. (Hrsg.): Konflikt – Eskalation – Krise, Düsseldorf 1972; Jänicke M., a. a. O. 1973

Ernst Dürr

Konjunktur-, Struktur- oder Wachstumskrise?

A. Konjunkturkrisen
I. Das Erscheinungsbild der Depression
II. Die Erklärung der Depression
1. Die Unterkonsumtionstherorie
2. Die Überinvestitionstheorien
3. Inflation, Kostenerhöhung und falsche Wechselkurse als depressionsverschärfende Faktoren
4. Die Fehler der Geldpolitik
a. Geldpolitische Erfahrungen
b. Die Ursachen falscher Geldpolitik
III. Die Lehren für Gegenwart und Zukunft

B. Strukturkrisen
I. Die Unterscheidung zwischen konjunktureller und struktureller Arbeitslosigkeit
II. Strukturkrisen und ihre Ursachen
III. Strukturpolitik

C. Der dynamische Unternehmer als Motor der wirtschaftlichen Entwicklung
I. Die Bedeutung der Konstanz der Wirtschaftspolitik
II. Die Entfaltungsmöglichkeit dynamischer Unternehmer
III. Die Bedeutung des Wettbewerbs
IV. Leistungsbedürfnis und wirtschaftliche Entwicklung

D. Langfristige Prognosen der wirtschaftlichen Entwicklung

Anmerkungen

A. Konjunkturkrisen

I. Das Erscheinungsbild der Depression

Wenn wir unter einer Depression einen absoluten Rückgang des Sozialprodukts verstehen, so haben wir in der Bundesrepublik Deutschland seit der Währungsreform von 1948 zwei Depressionen gehabt: 1967 ging das reale Bruttosozialprodukt um 0,1%, 1975 um 2,0% zurück. [1]

Österreich hatte in dieser Zeit nur eine echte Depression, und zwar im Jahre 1975, als das Bruttosozialprodukt um 2,0% sank. [2] Allerdings hatte Österreich 1952 mehr oder weniger eine Stagnation: das reale Bruttosozialprodukt stieg lediglich um 0,3%. In diesem Jahr verzeichnete die Bundesrepublik Deutschland ein reales Wirtschaftswachstum von 9%. [3] Die Schweiz hat seit dem Zweiten Weltkrieg, wie die Bundesrepublik Deutschland, zwei Depressionen erlebt, allerdings die erste nicht im Jahre 1967, sondern im Jahre 1958, als das reale Bruttosozialprodukt um 1,8% zurückging. [4] Die zweite Nachkriegsdepression war in der Schweiz schwerer und länger als in der Bundesrepublik Deutschland oder in Österreich: 1975 ging in der Schweiz das reale Bruttosozialprodukt um 7,4% und 1976 um 2,1% zurück. [5] Andere Länder, insbesondere außerhalb Europas, haben seit dem Zweiten Weltkrieg eine größere Zahl von Depressionen gehabt: In den Vereinigten Staaten sank das reale Bruttosozialprodukt in den Jahren 1949, 1954, 1958, 1970 und 1974. [6] Das Ausmaß des Produktionsrückgangs war in diesen Depressionen ähnlich wie das in den beiden Depressionen in der Bundesrepublik Deutschland seit dem Zweiten Weltkrieg.

Generell kann man sagen, daß alle Depressionen seit dem Zweiten Weltkrieg wesentlich leichter waren als vor dem Zweiten Weltkrieg, insbesondere wenn wir die Nachkriegsdepressionen mit der Weltwirtschaftskrise der dreißiger Jahre vergleichen. In Deutschland sank damals das reale Bruttosozialprodukt von 1929 bis 1932 um 16%. [7]

In allen Depressionen ist der Rückgang der industriellen Produktion wesentlich stärker als der Rückgang des Sozialprodukts. So sank in Deutschland die industrielle Produktion von 1929 bis 1932 um 41%, [8] 1967 um 2,4% und 1975 um 8,2%. [9]

Dem geringeren Ausmaß der Produktionsrückgänge in der Zeit seit dem Zweiten Weltkrieg entsprechend, war die Arbeitslosigkeit in den Depressionen der Nachkriegszeit wesentlich geringer als in der Zeit zwischen den beiden Weltkriegen. In der Bundesrepublik Deutschland betrug die Arbeitslosigkeit 1967 2,1%, 1975 4,8% [10] gegenüber 30% in Deutschland im Jahre 1932. [11]

II. Die Erklärung der Depression

Haben wir nun eine befriedigende Erklärung der Depressionen? Bereits bei Karl *Marx* finden wir Ansätze zur Unterkonsumtions- und Disproportionalitätstheorie, welche Grundlage der modernen Akzelerator-Multiplikator-Modelle ist. Hinzu kamen durch *Hawtrey* die monetären Konjunkturtheorien, die auch der Erklärung konjunktureller Schwankungen durch die Monetaristen zugrunde liegen.

1. Die Unterkonsumtionstheorie

Die Unterkonsumtionstheorie wird noch heute von marxistischen Nationalökonomen herangezogen, um die Depression zu erklären. Allerdings wird die Depression von marxistischen Nationalökonomen nicht ausschließlich durch die Unterkonsumtionstheorie erklärt. *Wolf* [12] schrieb: »Eine der wichtigsten Krisenursachen ist der Widerspruch zwischen der großen Produktionskraft und der beschränkten Konsumtionskraft der Massen«. Das empirische Material stützt allerdings diese Hypothese nicht. In der Weltwirtschaftskrise der dreißiger Jahre ging die Investitionsgüterproduktion in Deutschland um 46%, die Konsumgüterproduktion dagegen nur um 15% zurück. Ähnlich war die Entwicklung in USA und in Großbritannien. [13] Auch in der Depression von 1967 finden wir einen wesentlich schwächeren Rückgang der Konsumgüterproduktion gegenüber der Investitionsgüterproduktion. Besonders ausgeprägt war die Depression 1967 im Maschinenbau. Bis zum 1. Quartal 1973 stiegen die Auftragseingänge in der Verbrauchsgüterindustrie der Bundesrepublik Deutschland stärker als die Umsätze in diesem Wirtschaftszweig, [14] was ebenfalls gegen eine mangelhafte Konsumtionskraft spricht. Mit der Unterkonsumtionstheorie ist schlecht vereinbar, daß die bereinigte Lohnquote in der Bundesrepublik Deutschland bis 1974 stieg und 1975 konstant blieb. Ähnlich entwickelte sich die unbereinigte Lohnquote. [15]

2. Die Überinvestitionstheorien

Dagegen ist die besondere Krisenanfälligkeit der Investitionsgüterindustrie mit den verschiedenen Formen der Akzeleratortheorie vereinbar. Wenn die Produktionsausweitung durch Engpässe am Arbeitsmarkt und/oder durch restriktive Geld- und Finanzpolitik eingeschränkt wird, sinkt die Nachfrage nach Investitionsgütern schon dann, wenn die gesamte Produktion, wenn auch abgeschwächt, noch weiter steigt. Beide Bedingungen waren im jüngsten Konjunkturzyklus gegeben:

(1) 1973 war bei einer Arbeitslosenquote von 1,2% in der Bundesrepublik Deutschland die Zahl der offenen Stellen mehr als doppelt so hoch wie die Zahl der Arbeitslosen, obwohl die Zahl der Gastarbeiter in der Bundesrepublik Deutschland mit 2,4 Millionen ihr Maximum erreichte. [16]
(2) Nach jahrelanger Zulassung einer sich verschärfenden Nachfrageinflation wurde 1973 verspätet eine stark restriktive Geldpolitik betrieben, die durch eine starke Verminderung der Defizite der öffentlichen Haushalte im Jahre 1973 unterstützt wurde.

Der Engpaß am Arbeitsmarkt und die plötzliche Beendigung der expansiven Geld- und Finanzpolitik haben die Investitionstätigkeit gedämpft und die Krise eingeleitet.

3. *Inflation, Kostenerhöhung und falsche Wechselkurse als depressionsverschärfende Faktoren*

Außerdem wurde durch die bis 1973 betriebene Inflationspolitik die Wohnungsbauproduktion unabhängig vom Bedarf ausgeweitet, da die Bevölkerung angesichts des Geldwertschwunds ihr Vermögen in zunehmendem Maße in Häusern und Wohnungen anlegte. Nach Beginn der restriktiven Geld- und Finanzpolitik stellten sich viele Investitionen im Wohnungsbau als Fehlinvestitionen heraus. Hinzu kam die plötzliche Berichtigung der lange Zeit falschen Wechselkurse. Erst mit dem Übergang der Bundesrepublik Deutschland und anderer Länder zu flexiblen Wechselkursen im Frühjahr 1973 wurde die Unterbewertung der Deutschen Mark beendet. Die Unternehmen hatten sich aber an den falschen Wechselkursen der vorhergehenden Jahre orientiert. Nach der Aufwertung von 1973 wurde eine wesentliche Grundlage der Kalkulation verändert: Es kam zu Schwierigkeiten in der Exportindustrie und zu einem zusätzlichen Konkurrenzdruck vom Import her.

In dieser schwierigen Absatzsituation der Jahre 1973/74 kam es zu einer starken Erhöhung der Kosten:

(1) Die Ölkrise vom Herbst 1973 führte zu einer beträchtlichen Erhöhung der Energiekosten.
(2) Trotz des Umbruchs der Konjunktur wurden in den Jahren 1973 und 1974 inflatorisch aufgeblähte Lohnerhöhungen durchgesetzt: Die Stundenlöhne in der Industrie stiegen 1973 um 12,8%, 1974 um 14,7%. [17] In Verbindung mit der Verringerung der Produktivitätssteigerung erhöhten sich die Lohnstückkosten 1974 um 11,5%. [18]

Die Deutsche Bundesbank war nicht bereit, durch eine weitere Aufblähung der Geldmenge die Überwälzung der Erhöhung der Kosten auf die Preise zuzulassen. Daher kamen die Unternehmen in die Zange zwischen stark steigenden Kosten und einer Verminderung der Nachfrageexpansion. Hierdurch wurde die Krise verschärft. Durch eine inflatorische Geldpolitik hätte die Krise allerdings nur kurzfristig vermieden werden können. Eine Verstärkung der Inflation hätte zu noch stärkeren Lohnforderungen geführt, deren Überwälzung auf die Preise nur bei einer weiteren inflatorischen Erhöhung der Geldmenge möglich gewesen wäre, so daß der Prozeß schließlich in einer galoppierenden Inflation geendet hätte. In Großbritannien war die Erhöhung der Inflationsrate von 16% auf 24% im Jahre 1974 mit einer Verstärkung der Lohnerhöhungen von 15% auf 34% verbunden. Mit dieser Zulassung steigender Inflationsraten erreichte man jedoch nicht etwa eine Verminderung der Arbeitslosigkeit, vielmehr stieg die Zahl der Arbeitslosen um 49%. [19]

Die Verschärfung der Krise durch Lohnerhöhungen, die der Arbeitsmarktsituation entgegen durchgesetzt wurden, bedeutet allerdings nicht, daß die Gewerkschaften die Hauptschuld an der jüngsten Depression in der Bundesrepublik Deutschland trügen. Bei jahrelanger Zulassung steigender Inflationsraten ist es verständlich, daß sich Gewerkschaften am Inflationstrend der Vergangenheit orientieren und eine in der Vergangenheit erlebte Verstärkung der Inflationsraten in die Zukunft extrapolieren, zumal die Gewerkschaften in den vergangenen Jahren immer wieder durch Stabilitätsbekenntnisse der Regierung irregeführt worden waren.

4. Die Fehler der Geldpolitik

Die Hauptursache unserer jüngsten Depression wie auch der vorhergehenden Depressionen ist die falsche Geldpolitik in der Hochkonjunktur, die der Krise vorausgeht. Nach den Erkenntnissen der Konjunkturtheorie ist es Aufgabe der Konjunkturpolitik, den Konjunkturaufschwung so frühzeitig zu bremsen, daß keine Disproportionalitäten im Aufbau der Wirtschaft und keine Engpässe am Arbeitsmarkt entstehen. Der frühzeitige Einsatz der restriktiven Konjunkturpolitik soll ferner eine Nachfrageinflation und die sich meistens hieran anschließende Kosteninflation verhindern. In diesem Zusammenhang können wir auf die monetären Konjunkturtheorien zurückgreifen. Danach kommen Engpässe und falsche Investitionssignale durch die prozyklische expansive Geldpolitik in der Hochkonjunktur zustande. Die anschließende Stabilisierungskrise wird auf die verspätete restriktive Geldpolitik zurückgeführt, die erst eingesetzt wird, wenn die Wirtschaft infolge von Disproportionalitäten und inflatorisch aufgeblähten Lohnforderungen schon krisenanfällig geworden ist.

a. Geldpolitische Erfahrungen

In der zweiten Hälfte der zwanziger Jahre hat man auf Konjunkturbremsung weitgehend verzichtet, wenn wir von der Deflationspolitik der zwanziger Jahre in Großbritannien absehen. [20] Allerdings ist Großbritannien in dieser Zeit ein Sonderfall, weil dieses Land infolge der Überbewertung seiner Währung nach dem Ersten Weltkrieg ohne Rücksicht auf das sehr niedrige Wirtschaftswachstum und auf die hohe Zahl von Arbeitslosen eine restriktive Geldpolitik betreiben mußte, um Kapital aus dem Ausland anzuziehen und hierdurch die Zahlungsbilanz auszugleichen. [21] Sowohl die Vereinigten Staaten als auch das Deutsche Reich haben in den zwanziger Jahren trotz Hochkonjunktur eine relativ expansive Geldpolitik betrieben. Hierdurch kam es zu Überkapazitäten in der Investitionsgüterindustrie, sobald die Wachstumsraten des Sozialprodukts zurückgingen. Der durch die niedrigen Zinsen geförderte Bauboom, insbesondere in den Vereinigten Staaten, führte zu leerstehenden Wohnungen und dazu, daß in der Weltwirtschaftskrise auch niedrige Kapitalmarktzinsen die Bautätigkeit nicht anregen konnten. Krisenverschärfend kam Anfang der dreißiger Jahre hinzu, daß mitten in der Depression in den meisten Ländern eine restriktive Geldpolitik betrieben wurde, und zwar in Deutschland und in Großbritannien zum Ausgleich der Zahlungsbilanz. [22]

Auch seit dem Zweiten Weltkrieg finden wir meistens eine verspätete Dämpfung des Konjunkturaufschwungs. Trotz wachsendem Nachfrageüberhang wurde in der Bundesrepublik Deutschland von 1961 bis 1965 keine restriktive Geldpolitik betrieben. Die Folge war die Rezession von 1966/67. Trotz Hochkonjunktur, Arbeitskräftemangel und steigenden Inflationsraten wurde in der Zeit von 1968 bis 1973 die Geldpolitik nicht restriktiv eingesetzt. Notwendig folgte auf diese Zeit prozyklischer Geldpolitik und verspätetem Umschwung zu einer scharf restriktiven Geldpolitik im Jahre 1973 die Depression von 1974/75. Ähnlich war die Entwicklung in anderen Ländern.

b. Die Ursachen falscher Geldpolitik

Welches ist nun die Ursache der falschen Geldpolitik? Regierungen und Unternehmen sind im allgemeinen an reichlicher und billiger Kreditversorgung interessiert. Dieses Interesse von Regierungen und Unternehmen ist allerdings von geringerer Bedeutung in Ländern mit unabhängiger Notenbank, wie insbesondere in der Bundesrepublik Deutschland, in Österreich und in der Schweiz. [23] Jedoch sind auch die von der Regierung unabhängigen Notenbanken bei festen Wechselkursen vom Ausland abhängig. Die prozyklische Geldpolitik in der Bundesrepublik Deutschland in den Jahren 1961 bis 1965 und 1968 bis 1973 kann durch die Notwendigkeit erklärt werden, die Geldpolitik statt an der konjunkturellen Entwicklung am Ausgleich der Zahlungsbilanz zu orientieren. 1960 versuchte die Deutsche Bundesbank noch, den Konjunkturaufschwung durch restriktive Maßnahmen zu bremsen, doch mußte sie nach der Einführung der Konvertibilität der Währungen im Jahre 1958 feststellen, daß ihre restriktiven Maßnahmen lediglich zu einer Verstärkung des Auslandsgeldzuflusses und damit zu einer Erhöhung der inländischen Geldmenge führten. Daraufhin gab die Deutsche Bundesbank im Laufe des Jahres 1960 ihre Versuche, die Konjunktur durch restriktive Maßnahmen zu steuern, wieder auf. Die weltweite Inflation von 1969 bis 1973 kann auf die Verdoppelung der Währungsreserven der Mitgliedsländer des Internationalen Währungsfonds zurückgeführt werden. Diese Verdoppelung der Währungsreserven kam trotz eines Rückgangs der Wachstumsraten der Goldreserven zustande, weil sich die Dollarbestände außerhalb der Vereinigten Staaten verdreifachten. Diese Dollarschwemme wurde durch die hohen amerkanischen Zahlungsbilanzdefizite verursacht, die teilweise auf die Finanzierung des Vietnamkrieges zurückgeführt werden können.

Restriktive Finanzpolitik ist kein Ersatz für restriktive Geldpolitik:

(1) Die restriktive Finanzpolitik ist politisch schwer durchsetzbar, da die Regierungen in demokratischen Staaten von den Wählern abhängig sind, die zwar an Geldwertstabilität mehr oder weniger interessiert sind, aber weder auf Transferzahlungen noch auf Steuervergünstigungen verzichten wollen.

(2) Langfristig führt eine erfolgreiche, d. h. preisdämpfende restriktive Finanzpolitik gerade wegen ihres Erfolgs zu einer Erhöhung der Handels- und Dienstleistungsbilanzüberschüsse mit einer entsprechenden Erhöhung des Devisenzuflusses und damit des Geldumlaufs, der seinerseits die Inflation wieder verstärkt.

III. Die Lehren für Gegenwart und Zukunft

Aus den Depressionen der Vergangenheit kann für Gegenwart und Zukunft die Lehre gezogen werden, daß ein neuer Konjunkturaufschwung frühzeitig durch den Einsatz restriktiver Geldpolitik gefämpft werden muß. Die Geldpolitik im Konjunkturaufschwung nach der Depression von 1975 ist allerdings unter diesem Gesichtspunkt nicht ermutigend. Besonders im Jahre 1978, in dem die Investitionen real bereits um 6,3% stiegen (gegenüber einem Anstieg um 4% im Vorjahr), überschritt die Deutsche Bundesbank ihr Geldmengenziel von 8%, das bereits eine erhebliche Inflationskomponente enthielt, um $3^1/_2$ Prozentpunkte. Die überhöhte Wachstumsrate des Zentralbankgeldes von 11,5% kam durch die umfangreichen Devisenkäufe der Bundesbank zustande. [24] Ob die beabsichtigte Bremsung der DM-Aufwertung in längerfristiger Betrachtung sinnvoll war, kann angesichts des kräftigen Anstiegs der Auftragseingänge aus dem Ausland um real 8% (Januar 1979 gegenüber Januar 1978) [25] bezweifelt werden. Da sich die Ausweitung der Geldmenge erst mit einer zeitlichen Verzögerung von bis zu 2 Jahren voll auf das Preisniveau auswirkt, erschien diese expansive Geldpolitik im Jahre 1978 harmlos: Die Inflationsrate, gemessen am Preisindex für die Lebenshaltung, sank auf 2,5%. Es deutete sich jedoch bereits im Jahre 1978 eine Tendenzwende an: Die Erzeugerpreise industrieller Produkte stiegen nach vorübergehender Stabilisierung von der Jahresmitte an immer stärker an, gefolgt von einer Erhöhung der Steigerungsrate des Lebenshaltungskostenindex ab Herbst 1978. Die Beschleunigung der Preissteigerung im Jahre 1979, forciert durch die Iran-Krise, veranlaßte schließlich die Deutsche Bundesbank im Frühjahr 1979 zu einer scharfen Drosselung der Wachstumsrate des Zentralbankgeldes: Die Zuwachsraten sanken von 12,5% im Dezember 1978 auf 3% im November 1979 (Veränderung in den jeweils letzten 6 Monaten auf Jahresrate umgerechnet) [26] Die Verlangsamung der Wachstumsrate der Auftragseingänge im verarbeitenden Gewerbe aus dem Inland im zweiten Halbjahr 1979 und der absolute Rückgang im Frühjahr 1980 können wesentlich auf die verspätete und daher ruckartige Dämpfung der Geldmengenexpansion zurückgeführt werden. Die konjunkturelle Situation wird im Jahre 1980 noch verschärft durch die ölpreisbedingte Strukturkrise im Kraftfahrzeugbau.

Die stabilitätsinkonforme Geldpolitik und ihre Wirkungsverzögerung kommen besonders deutlich in einem Schaubild der Gemeinschaft zum Schutz der deutschen Sparer zum Ausdruck (siehe Abbildung) S. 33.

Die monetäre Konjunktursteuerung setzt entweder eine internationale Koordinierung der Konjunkturpolitik oder aber die Beibehaltung flexibler Wechselkurse voraus. Nach den bisherigen Erfahrungen, auch im Rahmen der mittelfristigen Wirtschaftspolitik der Europäischen Gemeinschaft, halte ich es für utopisch, in absehbarer Zeit auf die Möglichkeit einer internationalen Koordinierung der Konjunkturpolitik zu vertrauen. Innerhalb des Europäischen Währungssystems sind die flexiblen Wechselkurse vom Beginn des Jahres 1979 an bereits aufgegeben worden. Ob die in diesem System mögliche Änderung der Wechselkurse frühzeitig genug erfolgt, um den Konjunkturaufschwung rechtzeitig zu bremsen, ist fraglich. Die Aufwertung der DM im EWS im September 1979 war jedenfalls verspätet und zu schwach.

GELDÜBERHANG VERURSACHT INFLATION

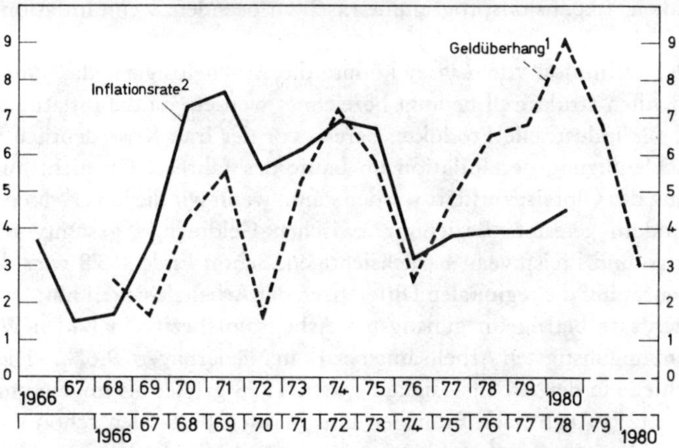

Eigene Berechnungen und Schätzungen nach Angaben der Deutschen Bundesbank und des Sachverständigenrates.– 1) Differenz zwischen dem Anstieg der Zentralbankgeldmenge und des Produktionspotentials in Prozent.– 2) Preisindex des Bruttosozialprodukts, um zwei Perioden nach links verschoben.

Quelle: Mitteilungen und Kommentare zur Geldwertstabilität. Hrsg. von der Gemeinschaft zum Schutz der deutschen Sparer. Nr. 3/1980, S. 2

B. Strukturkrisen

I. Die Unterscheidung zwischen konjunktureller und struktureller Arbeitslosigkeit

Es ist umstritten, inwieweit die Anfang 1979 in der Bundesrepublik Deutschland ausgewiesene Arbeitslosigkeit konjunktureller bzw. struktureller Art war.

(1) Wenn wir als konjunkturelle Arbeitslosigkeit denjenigen Teil der Arbeitslosigkeit bezeichnen, der nach Abzug der Zahl der offenen Stellen von der Gesamtzahl der Arbeitslosen übrigbleibt, [27] bestand die Arbeitslosigkeit in der Bundesrepublik im Frühjahr 1979 zur Hälfte aus konjunktureller Arbeitslosigkeit. Diese Abgrenzung der konjunkturellen Arbeitslosigkeit ist allerdings problematisch, da offene Stellen das Wirtschaftswachstum selbst bremsen und damit die weitere Beseitigung der konjunkturellen Arbeitslosigkeit behindern.

(2) Nach *Lipsey* [28] ist konjunkturelle Arbeitslosigkeit der Teil der Arbeitslosigkeit, der durch Nachfrageexpansion beseitigt werden kann, ohne daß andere Ziele der Wirtschaftspolitik, insbesondere die Stabilität des Preisniveaus, beeinträchtigt werden. Die Arbeitslosigkeit, die am Beginn der Inflationsverstärkung noch übrigbleibt, ist demnach strukturelle Arbeitslosigkeit. Ein Herantasten an diesen Zeitpunkt bedeutet allerdings die Inkaufnahme von Inflation wegen der time lags der

Expansionspolitik und des verspäteten Eingangs der Preisstatistiken sowie der Unmöglichkeit, Expansionsprogramme rasch zu beenden, wenn Inflation bemerkbar wird.

Nach der Definition von *Lipsey* könnte die Arbeitslosigkeit des Jahres 1979 als hauptsächlich strukturell bedingt bezeichnet werden, da die Inflationsrate, insbesondere für industrielle Produkte, bereits vor der Iran-Krise deutlich anstieg und die Beschleunigung der Inflation im Laufe des Jahres 1979 nicht nur durch die Erhöhung des Ölpreises erklärt werden kann, wenn wir die in verschiedenen Zeiten und Ländern getestete Beziehung zwischen Geldmenge, gesamtwirtschaftlicher Nachfrage und Preisniveau berücksichtigen. Schon Ende 1978 wies der Sachverständigenrat auf die regionalen Differenzen der Arbeitslosigkeit hin: Der Arbeitslosenprozentsatz betrug im günstigsten Arbeitsamtsbezirk in Baden-Württemberg 1,7%, im ungünstigsten Arbeitsamtsbezirk in Niederbayern 9,6%. »Die regionalen Unterschiede in der Arbeitslosigkeit waren 1978 größer als im Tiefpunkt der Rezession.« [29] Auch nach Branchen und Berufen bestanden schon damals große Unterschiede. »...vor allem für Bauarbeiter und Metallarbeiter ist die Nachfrage nach Arbeitskräften weiter gestiegen und kann immer weniger befriedigt werden. Im Bauhauptgewerbe klagten im Sommer dieses Jahres (1978, Anm. d. Verf.) nahezu 30 v. H. der Unternehmen über Arbeitskräfteknappheit; ein solch hoher Mangel an Arbeitskräften wurde zuletzt im Boomjahr 1970 gemeldet.« [30] Unabhängig von der allgemeinen Absatzlage einzelner Branchen hatte sich der Facharbeitermangel verschärft, wie auch aus dem im Frühjahr 1979 publizierten Jahresbericht des Deutschen Industrie- und Handelstags hervorging. [31]

II. Strukturkrisen und ihre Ursachen

Jede Konjunkturkrise ist gleichzeitig Strukturkrise, da im ungebremsten Aufschwung zu große Investitionen in Branchen durchgeführt werden, die bei geringerem Wirtschaftswachstum stagnieren. Das trifft besonders für die Investitionsgüter- und Grundstoffindustrie zu. Bis 1974 bestand die Furcht vor einer weltweiten Stahlknappheit. Entsprechend wurden hohe Investitionen in der Stahlindustire zahlreicher Länder in der Zeit von 1969 bis 1974 durchgeführt. [32] Seit der Depression von 1975 haben wir in der Stahlindustrie zahlreicher Länder bei verringertem Wirtschaftswachstum Überkapazitäten. Für den Schiffbau wurden bis Anfang der siebziger Jahre optimistische Prognosen über die künftige Entwicklung der Nachfrage nach Schiffen aufgestellt, wobei diese Prognosen auf dem hohen Wirtschaftswachstum der damaligen Zeit basierten. [33] Seit der Abschwächung des Wirtschaftswachstums haben wir auch in diesem Wirtschaftszweig starke Überkapazitäten.

Nicht konjunkturell bedingt sind Strukturkrisen, die

(1) durch die Änderung der internationalen Wettbewerbssituation herbeigeführt werden. Die starke Aufwertung der Deutschen Mark im Jahre 1973 sowie die zunehmende Konkurrenz aus Entwicklungsländern verschlechterten die Absatzsituation zahlreicher Branchen in der Bundesrepublik Deutschland. Die deutsche Automo-

bilindustrie erholte sich von der Exportkrise rasch, bis auf den in- und ausländischen Märkten die Benzinpreiserhöhung im Jahre 1980 zu einer Umstrukturierung der Automobilnachfrage führte. Ständige Krisenherde sind die Textil-, Bekleidungs- und Schuhindustrie sowie Teile der elektrotechnischen Industrie. In diesen Branchen bestehen in der gesamten Europäischen Gemeinschaft Absatzschwierigkeiten, besonders durch die Konkurrenz der sogenannten Niedrigpreisländer (Entwicklungsländer) sowie durch die wachsende Konkurrenz der Japaner auf dem Gebiet der Unterhaltungselektronik. In der Bundesrepublik Deutschland wurden diese Schwierigkeiten bis 1973 durch die Unterbewertung der Deutschen Mark verdeckt, nach der Freigabe des Wechselkurses traten sie jedoch offen zutage. Die Aufwertung der Deutschen Mark im Jahre 1973 hat die konjunkturbedingte Krise in der Stahlindustrie und im Schiffbau verstärkt.

(2) Nicht konjunkturell bedingt sind ferner Strukturkrisen, die auf technologischen Umwälzungen beruhen. Als Beispiel nenne ich hier nur die Schwierigkeiten in der Uhrenindustrie, soweit sie sich den Innovationen nicht angepaßt hat.

III. Strukturpolitik

Strukturänderungen, die die Folge von Änderungen der internationalen Wettbewerbssituation und von technischem Fortschritt sind, hat es seit Beginn der industriellen Revolution immer gegeben. Es gibt drei Alternativen, den Strukturänderungen zu begegnen:

(1) Die Länder können versuchen, durch protektionistische Maßnahmen des Staates an der alten Produktionsstruktur festzuhalten.
(2) Der Staat kann die Anpassung an Änderungen der internationalen und technologischen Situation fördern.
(3) Die Schwierigkeiten können durch die Ingangsetzung eines neuen Entwicklungsprozesses durch Innovationen überwunden werden.

In der Europäischen Gemeinschaft und teilweise auch in der Bundesrepublik Deutschland wurden primär wirtschaftspolitische Maßnahmen zur Konservierung der alten Strukturen ergriffen, und zwar Mindestpreise für Stahl, Subventionen und Staatsaufträge für den Schiffbau sowie Einfuhrbeschränkungen für Textilien und Bekleidung. [34] Durch solche Maßnahmen werden Strukturanpassungen allerdings nur aufgeschoben; schlechtem Geld wird gutes Geld nachgeworfen. Es kommt zu einer Fehlallokation von Produktionsfaktoren, wodurch die gesamtwirtschaftlichen Wachstumschancen verringert und die Wachstumsmöglichkeiten in zukunftsträchtigen Branchen beeinträchtigt werden.

Wenn die Anpassung der Produktionsstruktur nur dem Markt überlassen wird, können soziale Probleme auftreten. Auch in einer Marktwirtschaft sind staatliche Anpassungshilfen gerechtfertigt. Der Staat kann Zinssubventionen und Kreditbürgschaften zwecks Produktionsumstellung in den bestehenden Betrieben gewähren. [35] Wenn bestehende Betriebe nicht aufrechterhalten werden können, ist es Aufgabe des Staates, die Beschäftigungschancen der betroffenen Arbeitskräfte durch Umschulungs- und Umsiedlungsbeihilfen zu verbessern.

Der entscheidende Durchbruch zu neuem Wirtschaftswachstum kommt jedoch von Innovationen, die von dynamischen Unternehmern durchgeführt werden, die neue Marktchancen entdecken und ausnutzen. Nachahmer sorgen für die Ausbreitung des technischen und organisatorischen Fortschritts.

Kann der Staat diesen Entwicklungsprozeß fördern? Der Staat kann nicht bestimmte Innovationen und Branchen fördern oder gar durch sektorale Investitionslenkung, die wir heutzutage vorausschauende Strukturpolitik nennen, die »richtige« künftige Produktionsstruktur herbeiführen. Hierzu wären Entwicklungsprognosen erforderlich, für die, jedenfalls gegenwärtig, noch jede theoretische Grundlage fehlt. Die Tätigkeit dynamischer Unternehmer kann nicht vom Staat übernommen werden. Daher ist auch die branchen- und projektbezogene Forschungs- und Entwicklungsförderung problematisch, die bisher in der Bundesrepublik Deutschland überwog. Eher geeignet ist eine allgemeine staatliche Förderung von Forschung und Entwicklung ohne Festlegung auf bestimmte Branchen, Projekte und Unternehmen. [36]

C. Der dynamische Unternehmer als Motor der wirtschaftlichen Entwicklung

I. Die Bedeutung der Konstanz der Wirtschaftspolitik

Da alle Innovationen risikoreich sind, weil für neue Entwicklungen die Erfahrung fehlt, ist es notwendig, daß die Unternehmen von zusätzlichen Risiken durch eine Änderung der Wirtschaftspolitik entlastet werden. Bereits Walter *Eucken* [37] hat darauf hingewiesen, daß die Konstanz der Wirtschaftspolitik eine wesentliche Bedingung für die Funktionsfähigkeit der Marktwirtschaft ist. Mit dieser Konstanz der Wirtschaftspolitik ist allerdings nicht die Konstanz des Einsatzes wirtschaftspolitischer Mittel gemeint, also nicht etwa ein konstanter Diskontsatz. Vielmehr bedeutet Konstanz der Wirtschaftspolitik insbesondere die konsequente Verfolgung der einmal als erstrebenswert bezeichneten wirtschafts- und gesellschaftspolitischen Ziele. Der Staat darf die Unternehmen nicht dadurch verunsichern, daß er einmal Inflation zuläßt, und sie dann bekämpft, um sie anschließend erneut wieder zuzulassen oder sogar zu verstärken. Auch das Wechselkurssystem sollte nicht immer wieder verändert werden: Die unternehmerische Kalkulation wird erschwert, wenn der Staat einmal den Wechselkurs freigibt, um ihn schließlich wieder zu fixieren und dann doch wieder eine Auf- oder Abwertung durchzuführen. Auch die Steuergesetze sollen, unter Umständen nach einer erforderlichen Steuerreform, nicht ständig geändert werden. Der Staat darf nicht einmal eine Politik des liberalen Außenhandels betreiben, um dann schließlich doch für einzelne Produkte Einfuhrhemmnisse aufzubauen. Drohende Eingriffe des Staates in Preise und Privateigentum lähmen Investitionsneigung und Innovation.

II. Die Entfaltungsmöglichkeit dynamischer Unternehmer

Dem Risiko der Innovation muß eine entsprechende Gewinnchance gegenüberstehen. Der Staat muß also gegenüber Gewinnen, die auf Leistung und nicht auf Einschränkung des Wettbewerbs beruhen, positiv eingestellt sein. [38] Ferner muß der Staat die Entscheidungsfreiheit der Unternehmensleitung gewährleisten. Diese Entscheidungsfreiheit würde durch Investitionsmeldestellen oder gar staatliche Investitionslenkung eingeschränkt. Inwieweit die Mitbestimmung die Entscheidungsfreiheit der Unternehmensleitung beeinträchtigt und insbesondere die Entscheidungen verzögert, muß abgewartet werden. [39] Die Entfaltung dynamischer Unternehmer und Nachahmer erfordert die Freiheit des Zugangs zu Produktionsfaktoren und Devisen. Diese Freiheit ist in der Bundesrepublik Deutschland gegenwärtig (noch) nicht gefährdet. Ein vielfältiges Kreditsystem mit intensivem Wettbewerb unter den Banken erleichtert den neu am Markt auftretenden Unternehmen bzw. den Innovatoren die Verwirklichung ihrer Pläne, da sich bei intensivem Wettbewerb die Banken um neue Kunden bemühen müssen. Dagegen wird die Realisierung von Investitionsplänen neuer Unternehmen oder die Durchführung von Neuerungen durch bestehende Unternehmen erschwert, wenn die Kreditnachfrager, die von einem Kreditinstitut abgewiesen worden sind, nicht die Möglichkeit haben, auf Konkurrenzbanken auszuweichen. Daher hemmt die Verstaatlichung der Banken die Innovationstätigkeit und die Gründung neuer Unternehmen.

III. Die Bedeutung des Wettbewerbs

Die Erfahrung zeigt, daß Wettbewerb zu Innovation und Nachahmung zwingt. Daher ist die Aufrechterhaltung des Wettbewerbs und die Verhinderung monopolistischer Praktiken wesentliche Bedingung für hohes Wirtschaftswachstum. [40] Insofern ist Wettbewerbspolitik ein Mittel der Wachstumspolitik. [41] Auch Rationalisierungskartelle sind unter wachstumspolitischen Gesichtspunkten problematisch, da sie den Wettbewerb einschränken. Es sind keine produktivitätssteigernden Wirkungen von Rationalisierungskartellen bekannt, die nicht auch der Wettbewerb herbeiführen könnte. Innovationen kommen kaum durch ein Kartell zustande.

IV. Leistungsbedürfnis und wirtschaftliche Entwicklung

Die hier aufgeführten Ansatzpunkte der Wachstumsförderung können auf Schumpeters Theorie der wirtschaftlichen Entwicklung zurückgeführt werden. *Schumpeter* [42]bringt zum Ausdruck, daß er nicht die Bedingungen untersuchen will, unter denen Unternehmerpersönlichkeiten auftreten. Hier müssen wir auf religionssoziologische und sozialpsychologische Theorien zurückgreifen. Max *Weber* [43] kam aufgrund der Analyse badischer Einkommens- und Steuerstatistiken zu der Theorie, daß die wirtschaftliche Entwicklung wesentlich durch das religiöse Bekenntnis beeinflußt wird. Es kommt darauf an, inwieweit eine Religion die wirtschaftliche Betätigung fördert oder hemmt. *Müller-Armack* [44] hat die religionssoziologischen Hypothesen von Max *Weber* in Europa und Nordamerika empirisch getestet und bestätigt gefunden. *McClelland* [45] hat die Theorie von Max *Weber* als Spezialfall in eine Theorie höherer Ordnung eingebaut, wonach das Leistungsbedürfnis entscheidend ist für das Auftreten von Unternehmern. Das Leistungsbedürfnis hängt nach *McClelland* von der Erziehung zu Selbständigkeit und Leistung ab, die wiederum durch das Wertsystem der Eltern bedingt ist. Das Wertsystem der Eltern schließlich kann auf religiöse Überzeugungen, aber auch auf Ideologien zurückgeführt werden. *McClelland* hat bei seinen empirischen Untersuchungen eine enge Beziehung zwischen dem Leistungsbedürfnis und dem Wirtschaftswachstum und der Entwicklung der Kapitalproduktivität, gemessen am reziproken Wert des marginalen Kapitalkoeffizienten, festgestellt. Demnach ist längerfristig ein Rückgang der unternehmerischen Betätigung zu erwarten, wenn in Schulen und Kommunikationsmitteln die Leistung im allgemeinen und die unternehmerische Leistung im besonderen abgewertet werden. [46] Es gibt bereits Schulbücher zur Gemeinschaftskunde, in denen unternehmerische Leistung herabgesetzt und der Unternehmer als Ausbeuter hingestellt wird. [47] Eine Untersuchung des Allensbach-Instituts [48] hat ergeben, daß von 1962 bis 1972 die leistungsbezogenen Werte besonders in der jungen Arbeiterschaft der Bundesrepublik Deutschland in den Hintergrund getreten sind.

Danach könnte der Unternehmer zum Engpaß der Zukunft werden, wenn dieser Tendenz nicht entgegengewirkt wird. Jedenfalls ist der Arbeitsmarkt bis zum Jahre 1990 in der Bundesrepublik Deutschland aufgrund der Bevölkerungsentwicklung kein Engpaß. Auch die Kapitalbildung wird insofern kaum zum Engpaß werden, als ein Rückgang der Sparquote in Zukunft nicht anzunehmen ist. Wenn jedoch der Staat einen zunehmenden Teil des Konsumverzichts zur Finanzierung seiner Ausgaben in Anspruch nimmt, sinkt die private Investitionsfähigkeit und verschlechtert sich damit eine notwendige, wenn auch nicht hinreichende Bedingung für Innovation und Wirtschaftswachstum. Das Wirtschaftswachstum kann auch nicht dadurch aufrechterhalten werden, daß anstelle privater Unternehmen der Staat Investitionen durchführt. Die allgemeine Beziehung zwischen Investitionsquote und Wachstumsrate des realen Sozialprodukts ist recht unsicher. [49] Entscheidend für die wirtschaftliche Entwicklung ist der dispositive Faktor. [50] Wenn dieser Produktionsfaktor knapp wird, ist es besonders wichtig, daß die seltener auftretenden dynamischen Unternehmer freie Entfaltungsmöglichkeiten haben und daß Wettbewerb besteht, der zu Innovation und Nachahmung führt. Eine empirische Untersuchung von *Görgens* [51] zeigt, daß nur bei intensivem Wettbewerb eine engere positive Beziehung zwischen Investitionsquote und Wachstumsrate des realen Sozialprodukts festgestellt werden kann.

D. Langfristige Prognosen der wirtschaftlichen Entwicklung

Es besteht allerdings kein Grund, an einen 25jährigen *Kondratieff*-Abschwung zu glauben, da die *Kondratieff*-Theorie zwei Probleme aufwirft: Erstens ist es fraglich, ob die von *Kondratieff* behaupteten etwa 50jährigen langen Wellen überhaupt jemals existiert haben. Zweitens wird nach der *Kondratieff*-Theorie die Abschwungsphase durch mangelnde Innovationen »erklärt«, doch sagt die Theorie nicht, warum es in einer 25jährigen Periode immer wieder zu mangelnden Innovationen kommt. [52]

Einigermaßen sichere Prognosen können nur über die künftige demographische Entwicklung aufgestellt werden. Danach können wir für die Zukunft in der Bundesrepublik Deutschland drei Phasen unterscheiden: [53]

- In der ersten Phase bis zum Ende der achtziger Jahre wird die Bevölkerung bei steigender Zahl der Erwerbspersonen zurückgehen. In dieser Phase ist hohes Wirtschaftswachstum erforderlich, um Vollbeschäftigung zu erreichen und zu erhalten. Jedenfalls wird bis zum Ende der achtziger Jahre der Arbeitsmarkt global gesehen kein Engpaß sein. Das bedeutet allerdings nicht, daß in einzelnen Berufen und Branchen Engpässe ausgeschlossen wären. Hier ist es Aufgabe der Bildungspolitik, der Umschulung und der Förderung der regionalen Mobilität der Arbeitskräfte, das Angebot am Arbeitsmarkt der Nachfrage anzupassen.
- Die zweite Phase dauert bis ca. 2015. In dieser Phase wird die Bevölkerung weiter zurückgehen und auch die Zahl der Erwerbspersonen wird sinken. Da die Zahl der Rentner wächst, wird der Alterslastquotient steigen. Arbeitskräfte können knapp werden. Bei sinkender Bevölkerung reicht allerdings ein geringeres Wachstum des Sozialprodukts aus, um ein befriedigendes Wachstum des Sozialprodukts pro Kopf der Bevölkerung zu sichern. Die Verminderung der Zahl der Erwerbspersonen erfordert jedoch eine Erhöhung der Arbeitsproduktivität und damit vermutlich eine Erhöhung der Kapitalintensität. Eine Verminderung der Investitions- und Sparquote wird also kaum möglich sein, ohne das Wachstum des Sozialprodukts pro Kopf der Bevölkerung zu beeinträchtigen und die Lösung des Rentenproblems zu erschweren.
- In der dritten Phase nach 2015 wird die Bevölkerung beschleunigt zurückgehen; auch der Rückgang der Zahl der Erwerbstätigen verstärkt sich. Der Alterslastquotient nimmt immer rascher zu. Dem wachsenden Konsumbedarf der Rentner muß ein entsprechender Konsumverzicht der Erwerbspersonen gegenüberstehen. Das hierdurch aufgeworfene Problem könnte etwas entschärft werden, wenn aufgrund des starken Bevölkerungsrückgangs eine Stagnation des Sozialprodukts ausreichen würde, um ein befriedigendes Wachstum des Pro-Kopf-Einkommens zu erreichen. Dann wäre eine Erhöhung der Konsumquote auf Kosten der Investitionsquote möglich. Eine solche Veränderung auf der Verwendungsseite des Sozialprodukts würde natürlich eine entsprechende Anpassung auf der Entstehungsseite erfordern: Die Investitionsgüterindustrie müßte sich auf die Erzeugung langlebiger Konsumgüter konzentrieren; die landwirtschaftliche Produktion müßte eingeschränkt werden,

wenn es nicht gelingt, den Export landwirtschaftlicher Erzeugnisse zu erhöhen. Darüber hinaus können Prognosen über die Entwicklung einzelner Branchen nicht gemacht werden.

Es bleibt auch in Zukunft Aufgabe der Unternehmen, sich Strukturänderungen der Nachfrage flexibel anzupassen. Der Wirtschaftspolitiker kann dem Unternehmer diese Aufgabe erleichtern, er kann sie ihm aber nicht abnehmen. Wesentliche Aufgabe der Betriebswirtschaftslehre ist es, der Unternehmensführung das Rüstzeug für diese schwierige Aufgabe zu geben.

Anmerkungen

1 Berechnet nach: Wachstum und Währung. Jahresgutachten 1978/79 des Sachverständigenrats zur Begutachtung der gesamtwirtschaftlichen Entwicklung. Stuttgart und Mainz 1978. S. 241.
2 H. Frisch: Economic Policy in Austria. In: Economic Policy in West-Germany, Switzerland, and Austria. Hrsg. v. d. Zentralsparkasse der Gemeinde Wien. Wien 1979. S. 48.
3 G. J. Tichy: Konjunkturschwankungen. Berlin-Heidelberg-New York 1976. S. 9.
4 Tichy, a. a. O., S. 9.
5 Economic Policy in West Germany, Switzerland, and Austria, a. a. O., S. 38.
6 Tichy, a. a. O., S. 9.
7 Statistisches Bundesamt (Hrsg.): Bevölkerung und Wirtschaft 1872–1972. Stuttgart und Mainz 1972. S. 260.
8 E. Wagemann (Hrsg.): Konjunkturstatistisches Handbuch 1936. Berlin 1935. S. 52.
9 Wachstum und Währung, a. a. O., S. 277.
10 Wachstum und Währung, a. a. O., S. 234.
11 K. Borchardt: Zwangslagen und Handlungsspielräume in der großen Wirtschaftskrise der frühen dreißiger Jahre: Zur Revision des überlieferten Geschichtsbildes. In: Bayerische Akademie der Wissenschaften, Jahrbuch 1979. München 1979. S. 18.
12 W. Wolf: Westdeutsche Wirtschaftskrise 1974/75 und der Bankrott sozialdemokratischer Politik. In: E. Mandel und W. Wolf, Weltwirtschaftsrezession – BRD – Krise 1974/75. Frankfurt 1976. S. 97.
13 L. Robbins: The Great Depression. London 1934. S. 211.
14 Statistische Beihefte zu den Monatsberichten der Deutschen Bundesbank, Reihe 4: Saisonbereinigte Wirtschaftszahlen, Februar 1976, Nr. 2, Tabellen 12 und 16.
15 Wachstum und Währung, a. a. O., S. 76.
16 Wachstum und Währung, a. a. O., S. 234.
17 Institut der deutschen Wirtschaft (Hrsg.): Zahlen zur wirtschaftlichen Entwicklung der Bundesrepublik Deutschland, Köln 1978, Tabelle 46.
18 Zahlen zur wirtschaftlichen Entwicklung der Bundesrepublik Deutschland, a. a. O., Tabelle 47.
19 Jeweils Vergleich der Werte des II. Quartals. Quelle: OECD (Hrsg.), Main Economic Indicators, November 1975, S. 118ff. – Kommission der Europäischen Gemeinschaften, Generaldirektion Wirtschaft und Finanzen (Hrsg.), Die Wirtschaftslage der Gemeinschaft, Heft 4/1975, S. 13.
20 Vgl. E. Dürr: Wirkungsanalyse der monetären Konjunkturpolitik. Frankfurt 1966. S. 58ff. und 125ff.
21 Dürr, a. a. O., S. 167ff.
22 Vgl. Dürr, a. a. O., S. 175ff., 190ff. und 220ff.
23 O. Hahn: Die Währungsbanken der Welt. Bd. II: Die Abhängigkeiten der Zentralbankleitung. Stuttgart 1968. S. 230.

24 Hierauf hat der Sachverständigenrat besonders hingewiesen. Vgl.: Herausforderung von außen. Jahresgutachten 1979/80 des Sachverständigenrats zur Begutachtung der gesamtwirtschaftlichen Entwicklung. Stuttgart und Mainz 1979. Ziffer 177.
25 Statistische Beihefte zu den Monatsberichten der Deutschen Bundesbank. Reihe 4, Saisonbereinigte Wirtschaftszahlen. Juli 1980, Nr. 7. Tabelle 14.
26 Ebenda, Tabelle 32.
27 R. Perlman: Labor Theory. New York – London 1969.
28 R. G. Lipsey: Structural and Deficient-Demand Unemployment Reconsidered. In: A. M. Ross (Hrsg.): Employment Policy and Labor Market. Berkeley 1967. S. 210ff.
29 Wachstum und Währung, a. a. O., Tabelle 13 und Ziffer 113.
30 Ebenda, Ziffer 115.
31 Deutscher Industrie- und Handelstag, Bericht 1978. Bonn 1979.
32 B. Nowzad: The Rise in Protectionism. Hrsg. v. International Monetary Fund. Washington 1978. S. 43f.
33 Nowzad, a. a. O., S. 45f.
34 Nowzad, a. a. O., S. 13 und 18f. – W. Köhler: Ordnungspolitik im Ausnahmezustand. Arbeitsgemeinschaft für Rationalisierung des Landes Nordrhein-Westfalen. Dortmund 1978. S. 8ff. – EG-Protektionismus – Dokumentation des Bundesverbandes des deutschen Groß- und Außenhandels (BGA). Bonn 1978.
35 Der Entwurf eines Gesetzes über die Gewährung von Finanzhilfen auf dem Gebiet der regionalen und sektoralen Wirtschaftsförderung, der vom Land Nierdersachsen ausgearbeitet worden ist, sieht in § 4 vor, daß »wirtschaftsfördernde Maßnahmen sektoraler Art angebracht sein können, wenn anderenfalls unerwünschte volkswirtschaftliche und sozialpolitische Konsequenzen zu befürchten sind.« Diese Finanzhilfen zur Anpassung an sektorale Strukturänderungen werden jedoch an die Bedingung geknüpft, daß alle Hilfen zeitlich befristet und degressiv gestaltet werden. In der Begründung zu § 4 wird darauf hingewiesen, daß durch die sektoralen Hilfen die Wettbewerbsfähigkeit der geförderten Unternehmen gestärkt und der gesamtwirtschaftliche Wettbewerb verbessert werden soll. »Sie sollen nicht das Ziel verfolgen, die unter Anpassungsdruck geratenen Unternehmen zu schützen. Weder soll der Wettbewerb zwischen den begünstigten Unternehmen eingeschränkt werden, weil sonst der notwendige marktwirtschaftliche Prozeß der Auslese von Grenzbetrieben unterbunden würde, noch soll hierdurch der Wettbewerb mit Unternehmen anderer Volkswirtschaften beschränkt werden, weil sonst die internationale Arbeitsteilung beeinträchtigt würde.«
36 Vgl. O. Issing: Innovationsförderung und Ordnungspolitik. »List Forum«, Bd. 10, 1979/80, Heft 1, S. 33ff.
37 W. Eucken: Grundsätze der Wirtschaftspolitik. Hamburg 1959. S. 174ff.
38 Nach einer empirischen Untersuchung von Probst ist der Wachstumseffekt von Investitionen um so höher, je niedriger die Gewinnsteuersätze sind. Dieser Befund entspricht der Hypothese, daß durch hohe Gewinnaussichten angeregte Innovationen die Kapitalproduktivität steigern. (J. Probst: Investition und Wachstum. Wachstumswirkungen der Investitionen in Industriestaaten und Entwicklungsländern. Bad Honnef 1978. S. 144ff.)
39 Auf die Gefahr der entscheidungsverzögernden, konzentrationsfördernden, umstellungs- und innovationshemmenden Wirkung der Mitbestimmung hat Hamm hingewiesen: W. Hamm: Mitbestimmung und Wettbewerb. »Wirtschaft und Wettbewerb«, Heft 1 (1976), S. 7ff. Vgl. auch: G. Prosi: Volkswirtschaftliche Auswirkungen des Mitbestimmungsgesetzes 1976. Köln 1978.
40 Vgl. E. Görgens: Wettbewerb und Wirtschaftswachstum. Freiburg 1969.
41 Vgl. E. Dürr: Wachstumspolitik. Bern-Stuttgart 1977.
42 J. Schumpeter: Theorie der wirtschaftlichen Entwicklung. 2. Aufl. München-Leipzig 1926, S. 93, Fußnote 3.
43 M. Weber: Gesammelte Aufsätze zur Religionssoziologie. Tügingen 1920. Bd. I.
44 A. Müller-Armack: Religion und Wirtschaft. Geistesgeschichtliche Hintergründe unserer europäischen Lebensform. Stuttgart 1959.
45 D. C. McClelland: The Achieving Society. Toronto-New York-London 1961.

46 Andreae bringt eine Fülle von Beispielen, die eine zunehmend unternehmerfeindliche Haltung in Parteien und Gewerkschaften in der Bundesrepublik Deutschland an Hand der publizierten Äußerungen ihrer Vertreter dokumentieren. (C. A. Andreae: Tatsachen und Reflektionen. In: C. A. Andreae und B. Freudenfeld, Sündenbock Unternehmer? Das Risiko der Freiheit im Wandel der Gesellschaft. Köln 1973. S. 9–96.)

47 H. Michalak: Das Unternehmerbild in Schulbüchern. Köln 1978. Insbes. S. 47, 53, 59, 60, 66 und 84. – Vgl. auch die Analyse von Schulbüchern in »Freiheit der Wissenschaft«, Heft 5/1979.

48 E. Noelle-Neumann: Werden wir alle Proletarier? Ungewöhnliche Wandlungen im Bewußtsein der Bevölkerung. »Die Zeit«, Nr. 25 vom 13. 6. 1975.

49 Dürr: Wachstumspolitik, a. a. O., S. 42 ff.

50 Vgl. E. Gutenberg: Grundlagen der Betriebswirtschaftslehre. 1. Bd. Die Produktion. 1. Aufl., Berlin-Göttingen-Heidelberg 1951. S. 103 ff. – Zur Wiederentdeckung der Bedeutung des dynamischen Unternehmers für die wirtschaftliche Entwicklung vgl. H. Albach: Zur Wiederentdeckung des Unternehmers in der wirtschaftspolitischen Diskussion. »Zeitschrift für die gesamte Staatswissenschaft«, Bd. 135 (1979), S. 533 ff.

51 E. Görgens: Wachstumseffekte der Wettbewerbspolitik. »Wirtschaftsdienst«, 52. Jg. (1972), Heft 1, S. 42. – Vgl. auch E. Heuß: Wachstum und Wettbewerbsbeschränkungen. In: Wettbewerb als Aufgabe. Nach zehn Jahren Gesetz gegen Wettbewerbsbeschränkungen. Hrsg. von E.-J. Mestmäcker. Bad Homburg v. d. H.-Berlin-Zürich 1968. S. 31 ff. (Beide Aufsätze wieder abgedruckt in E. Dürr (Hrsg.): Wachstumstherorie. »Wege der Forschung«, Bd. CDLXXII. Darmstadt 1978, S. 403 ff. und 367 ff.)

52 Vgl. G. Imbert: Des mouvements de longue durée Kondratieff. Aix-en-Provence 1959. – V. Weinstock: Gibt es lange Konjunkturwellen? Tatsachen und Meinungen zu den Kondratieff-Zyklen. »Ifo-Studien«, 8. Jg. (1962). – Derselbe: Das Problem der Kondratieff-Zyklen. Berlin 1964. – I. Adelman: Long-Cycles – Fact or Artifact? »The American Economic Review«, Vol. LV (1965). – H. Dupriez: 1945 bis 1971 als Aufschwungsphase eines Kondratieff-Zyklus? »Ifo-Studien«, 18. Jg. (1972). – Eine ausführliche kommentierte Literaturübersicht über die Theorie der langen Wellen gibt K. Barr: Lang Waves: A Selective, Annotated Bibliography. »Review«, Journal of the Fernand Braudel Center for the Study of Economies, Historical Systems, and Civilizations. Vol. II (1979), S. 675–718.

53 Vgl.: Wirtschaftspolitische Implikationen eines Bevölkerungsrückgangs. Gutachten des Wissenschaftlichen Beirats beim Bundesministerium für Wirtschaft. »Studien«, Reihe 28. Hrsg. vom Bundesministerium für Wirtschaft. Bonn 1980

Ludwig Berekoven

Krisenhafte Nachfrageentwicklungen in Konsumgütermärkten – Ursachen, Lösungsansätze

A. Einleitung
I. Konjunkturell bedingte Ursachen
II. Strukturell bedingte Ursachen
III. Wettbewerbsbedingte Ursachen

B. Abschließende Betrachtung

Anmerkungen

Literaturverzeichnis

A. Einleitung

In unserer gegenwärtig erfreulich ansteigenden Konjunktur erscheint mein Thema z. Zt. nicht gerade aktuell. Ich beuge mich damit aber den Wünschen der Programmgestalter, die das Krisen-Thema als Generalanliegen der diesjährigen Tagung gewählt wissen wollten. Betrachtet man das zu behandelnde Anliegen nicht lediglich unter konjunkturellen Aspekten, so läßt es sich auch durchaus als aktuell bezeichnen, denn inzwischen sind in vielen Märkten die Zeiten des gewohnten kräftigen Wachstums vorbei. Oft stagniert die Nachfrage oder ist sogar rückläufig. Dies alles erfolgt bei erheblich gestiegenen und weiter steigenden Kosten und bei Kapazitäten, deren Umfang vom Optimismus besserer Zeiten geprägt ist. Mithin sind schwierige Absatzgegebenheiten für die Unternehmer heute vielfach zu einer Art Dauerzustand geworden und die Darstellung von Ursachen und Lösungsansätzen ist eigentlich eine bändefüllende Angelegenheit.

Ich möchte mich deshalb im folgenden auch nicht länger beim Bedeutungsinhalt von »krisenhaft« aufhalten, Herr Kollege *Witte* hat diesen Begriff u. a. in subtiler Weise ja bereits in seinem Festvortrag behandelt. Zweifellos handelt es sich dabei um eine Situation, die für ein Unternehmen bedrohlichen Charakter hat; sinkende Umsätze, Marktanteile und Gewinne laufen letztendlich auf eine Existenzgefährdung des Unternehmens heraus.

Im Grunde sind Unternehmenskrisen selbst verschuldet, denn zum *dauerhaften* Erfolg sind nicht zuletzt auch Voraussicht und Vorsorge und damit Anpassung an wechselnde Wirtschafts- und Marktverhältnisse erforderlich. Insofern kann in unserer Zeit die vermehrte Suche nach Krisenursachen nicht verwundern. Am idealsten wäre natürlich das Auffinden vorausweisender Indikatoren, am besten zusammengefaßt in einer Art Frühwarnsystem [1], wo es dann im Computer automatisch klingelt, wenn die Situation für das Unternehmen brenzlig wird.

Es gibt bekanntlich viele Gründe, wie sich ein Unternehmer ruinieren kann; Scherzbolde behaupten, am schnellsten ging's am Roulett, am angenehmsten mit Frauen und am sichersten mittels Computer. Aber nicht diese haben wir im weiteren Verlauf zu betrachten, sondern lediglich die nachfragebedingten Krisenursachen, also alles jenes, was letzten Endes vom Markt her an Einflüssen negativer Art auf ein Unternehmen zukommt. Sie lassen sich gliedern in *konjunkturell* bedingte – *strukturell* bedingte und *wettbewerbs*bedingte Ursachen.

I. Konjunkturell bedingte Ursachen

Hierunter verstehen wir Nachfrageeinbußen, die durch eine negative gesamtwirtschaftliche Entwicklung einer Volkswirtschaft ausgelöst werden.

Konkret werden solche bewirkt durch eine entsprechende Kaufzurückhaltung der privaten Haushalte, die ihrerseits primär auf tatsächlichen bzw. befürchteten Einkommensrückgängen aufgrund der allgemeinen Wirtschaftslage basiert. U. U. können dafür auch gewisse Preiserwartungen maßgebend sein, so wenn man annimmt, daß infolge der schlechten Wirtschaftlage die Preise (weiter) nachgeben werden. Seit langem wird bekanntlich versucht, durch Konsumentenbefragungen eben diese Ursachen zu eruieren. In den USA sind es vor allem das Survey Research Center an der Universität Michigan, das Census Bureau, das National Industrial Conference Board und die Sindlinger Companie. [2]

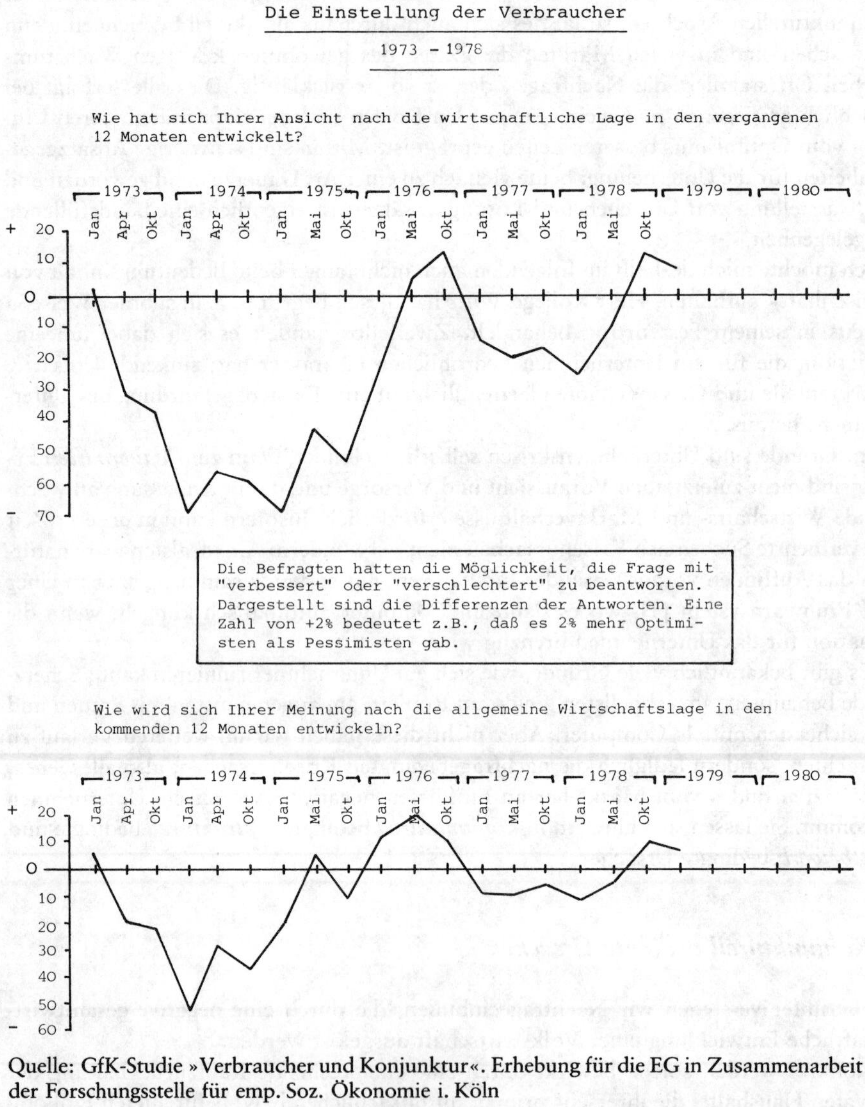

Quelle: GfK-Studie »Verbraucher und Konjunktur«. Erhebung für die EG in Zusammenarbeit mit der Forschungsstelle für emp. Soz. Ökonomie i. Köln

Abb. 1: Die Einstellung der Verbraucher (1973–1978)

In der Europäischen Gemeinschaft werden seit 1972 in regelmäßigen Abständen Umfragen zum Thema »Verbraucher und Konjunktur« durchgeführt. Federführend in der Bundesrepublik Deutschland sind dafür das Schmölders-Institut in Zusammenarbeit mit der GfK-Nürnberg (Gesellschaft für Konsum-, Markt- und Absatzforschung e. V.). Die besonders interessierende Frage ist hier die Beurteilung der zukünftigen wirtschaftlichen Lage. Gefragt wird darüber hinaus

- zur Arbeitslosigkeit
- zur vergangenen Preisentwicklung
- zu den Preiserwartungen
- zur zukünftigen (12 Monate) finanziellen Lage des Haushalts
- zur »guten Zeit« für Anschaffungen
- und schließlich ob es sinnvoll sei, jetzt zu sparen.

Die folgende Abbildung gibt einen Eindruck von der Beurteilung der vergangenen und zukünftigen Beurteilung der wirtschaftlichen Lage seitens der Verbraucher in der Bundesrepublik Deutschland.

Das Interesse des einzelnen Anbieters konzentriert sich natürlich auf die Verhältnisse bei seinem Produkt bzw. seiner Produktgruppe. Die erste Frage lautet also, wie konjunkturabhängig ist das betreffende Produkt? Die nächste Abbildung gibt einen Eindruck von der Größen *Konsumklima* und *Arbeitslosigkeit* und *Verbrauchsgüterabsatz* im Zeitverlauf. Wie sich zeigt, tangierte das schlechte Konsumklima und die ungewohnt hohe Arbeitslosenquote in den Jahren 1974/75 die Verbrauchsgüternachfrage erst mit zeitlicher Verzögerung und auch dann nur in sehr abgeschwächtem Maße.

Die beiden nächsten Abbildungen (3 und 4) zeigen beispielhaft die Entwicklung bei Elektro-Kleingeräten bzw. Elektro-Großgeräten. Letztere werden fast nur mengenmäßig von der Konjunkturentwicklung nennenswert berührt. Bei Elektro-Kleingeräten dagegen erfolgt ein wert- und mengenmäßiger Einbruch zeitlich versetzt, ganz offenbar sind es andere Gründe als konjunkturelle, die hier eine Rolle spielten.

Diese und andere Nachfrageverläufe sowie subtilere Analysen über diesen Problemkreis ergeben im Hinblick auf die Konjunktureinflüsse z. Zt. etwa folgendes Fazit: Bei relativ hohem Wohlstand und vergleichsweise mäßigen Konjunkturausschlägen, die ja in der Vergangenheit unser Wirtschaftsgeschehen prägten, reagiert die Gesamtnachfrage relativ wenig. Leider reagiert sie allerdings auch nicht antizyklisch. Es läßt sich vielmehr beobachten, daß z. B. in Zeiten der Depression die falschen Leute (nämlich Beamte, leitende Angestellte, Rentner usw.) zur falschen Zeit sparen. [3]

Konjunkturell anfälliger sind, wie wir alle beobachten konnten, sog. Großanschaffungen. Das gilt insbes. für den Hausbau in Zeiten übermäßig steigenden Zinsniveaus sowie für komplette Wohnungseinrichtungen; das gilt natürlich auch für den Automobilabsatz, wobei durch den sog. Ölschock eine zusätzliche Komponente ins Spiel kam. Bei mittleren Anschaffungen verläuft die Nachfrage dagegen relativ gleichmäßig, wenn auch von Branche zu Branche mit Unterschieden. Hier auftretende Einbrüche scheinen zuvörderst nicht auf Konsumverzicht zu beruhen, sondern in dem Hinausschieben von Ersatzbeschaffungen.

Insgesamt betrachtet ist die sog. wirtschaftspolitische Meinungsforschung zur Pro-

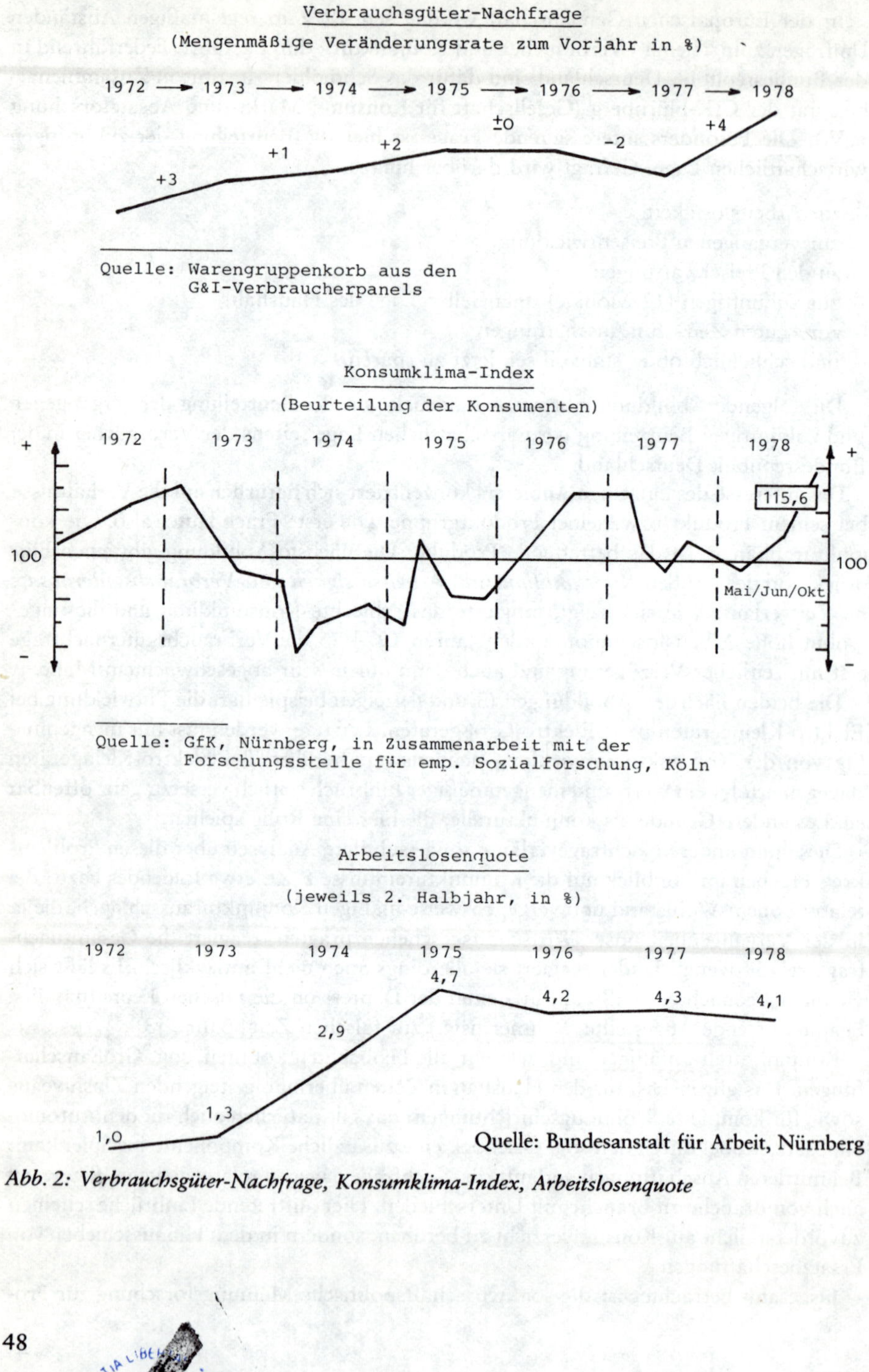

Abb. 2: Verbrauchsgüter-Nachfrage, Konsumklima-Index, Arbeitslosenquote

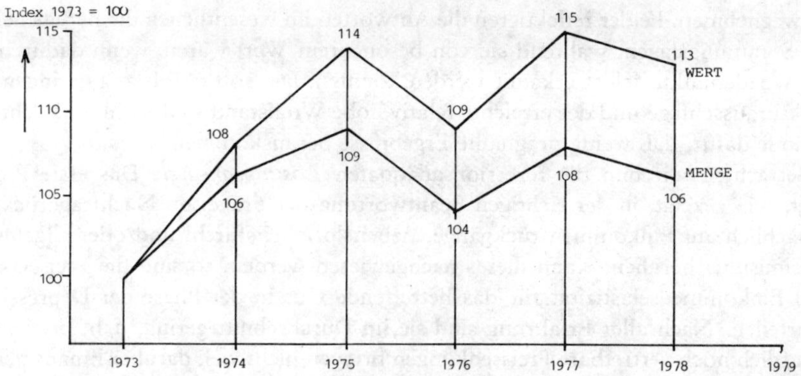

BASIS:

	1973	1974	1975	1976	1977	1978	1979
Mrd. DM	1,07	1,15	1,22	1,16	1,24	1,21	
Mio. Stück	16,5	17,6	18,0	17,2	17,8	17,4	
Ø PREIS in DM	64,85	65,35	67,75	67,45	69,65	69,55	

Quelle: G&I, Forschungsgemeinschaft für Marketing, 10000er Haushalt Panel

Abb. 3: Absatz-/ Umsatzentwicklung »Elektro-Kleingeräte« (1973–1979)

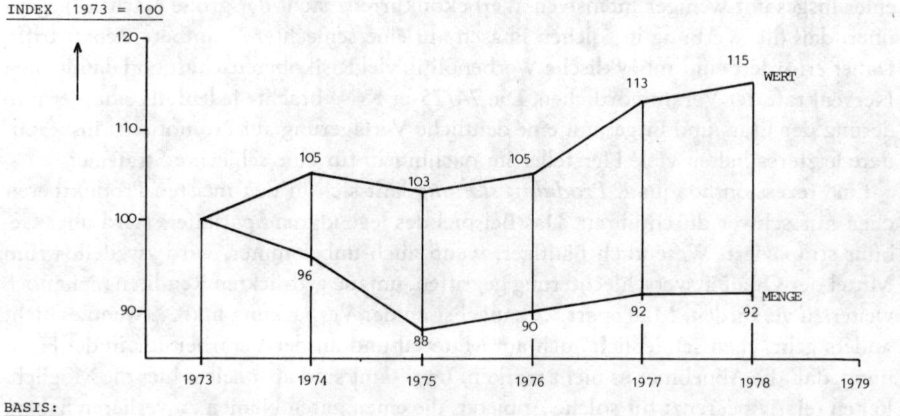

BASIS:

	1973	1974	1975	1976	1977	1978	1979
Mrd. DM	3,85	4,06	3,95	4,06	4,35	4,41	
Mio. Stück	6,06	5,81	5,35	5,47	5,59	5,57	

Quelle: G&I, Forschungsgemeinschaft für Marketing, 10000er Haushalt Panel

Abb. 4: Absatz-/Umsatzentwicklung »Elektro-Großgeräte« (1973–1979)

gnose von Warengruppenentwicklungen nur sehr bedingt tauglich, insbes. wegen der Diskrepanz zwischen den geäußerten Meinungen und Absichten und dem tatsächlichen Handeln. Als Frühwarnindikator ist die Tauglichkeit bisher also nur mäßig, wobei Kaufstimmungen noch besser als Kaufabsichten die künftige Nachfrageentwicklung vorwegnehmen. Leider reflektieren die Antworten im wesentlichen die bereits bekannten Stimmungslagen, während sie von besonderem Wert wären, wenn dadurch auch die Wendepunkte selbst erkannt werden könnten. Die gottlob bislang geringen Konjunkturausschläge und der erreichte relativ hohe Wohlstand sind wohl die wichtigsten Gründe dafür, daß wenig prägnante Ergebnisse herauskommen.

Betrachten wir nun die rezessionsadäquaten *Lösungsansätze:* Das erste Problem liegt, wie gezeigt, in der richtigen Beantwortung der Frage, ob Nachfragerückgänge tatsächlich auf Einkommensrückgänge, Arbeitslosigkeitsfurcht und/oder allgemeinem Pessimismus beruhen. Kann dieses nachgewiesen werden, so sind die Preiselastizität und Einkommenselastizität für das betreffende Gut in der Phase der Depression zu beurteilen. Nach aller Erfahrung sind sie im Durchschnitt gering, d. h. betriebswirtschaftlich noch vertretbare Preissenkungen bringen nicht viel, darüber hinaus befürchten speziell Markenartikel Imageverluste bei ihren Produkten. Gezielte *Preis- und Konditionenpolitik* als rezessionsadäquate geplante Lösung wird meist nur in der Literatur empfohlen. In praxi drücken bei sich verengenden Märkten die Einkäufer im Handel aufgrund des härteren Wettbewerbs zwar die Fabrikabgabepreise, nicht selten werden aber die Einkaufsvorteile nicht einmal an den Verbraucher weitergegeben, so daß über den Preis eine Nachfrageausweitung ohnedies nicht erfolgen kann.

Ähnlich verhält es sich mit der antizyklischen *Werbepolitik* als rezessionsadäquatem Vorgehen. Sie wird oft empfohlen, jedoch wesentlich seltener gehandhabt. Dem Vorteil einer insgesamt weniger intensiven Werbekonkurrenz steht der große Nachteil gegenüber, daß die Werbung in solchen Phasen auf eine schlechtere Kaufbereitschaft trifft. Daher erfordert eine antizyklische Werbepolitik viel Risikobereitschaft und damit auch Nervenkraft der Verantwortlichen. Die 74/75-er Krise brachte jedenfalls eine Verminderung der Etats und insgesamt eine deutliche Verlagerung auf Promotions. Insbesondere letzteres halten viele Hersteller im nachhinein für eine schlechte Strategie.

Eine rezessionsadäquate *Produktgestaltung* läßt sich in den meisten Produktbereichen nur schwer durchführen. Das Beispiel des legendären Sparkäfers wird über Gebühr strapaziert. Wesentlich häufiger, wenn auch unbekannter, wird zweifellos zum Mittel der Qualitätsverschlechterung gegriffen, um die gedrückten Renditen nicht noch weiter zu gefährden. Man spart ... zunächst an der Verpackung und ... wenn es nicht anders geht, eben schließlich auch am Material und an der Verarbeitung in der Hoffnung, daß die Abnehmer es nicht merken. Insgesamt sind aber selbst hier die Möglichkeiten relativ begrenzt für solche Anbieter, die einen guten Namen zu verlieren haben.

II. Strukturell bedingte Ursachen

Hierunter sollen alle bedarfs- bzw. nachfragehemmenden Faktoren *langfristig* wirkender Art verstanden werden, also keine solchen, die auf konjunkturellen »Tiefs« beruhen. Zunächst einmal muß sich der Unternehmer also die Frage stellen, welche externen Wirkungen künftig auf die Höhe der Haushaltsnettoeinkommen und der gesamten Verbrauchsausgaben ausgehen. Im wesentlichen zeichnen sich dabei folgende negativen Einflüsse ab:

- langsamere Nettoeinkommenszuwächse aufgrund geringerer Produktivitätszuwächse und höherer Steuerprogressionen
- stärkere steuerliche Einkommensumverteilung, mithin also eine zunehmende Nivellierung der Einkommen
- Abnahme der Einkommensbezieher aufgrund des Bevölkerungsrückgangs
- Verteuerungserscheinungen (Rohstoffe/Umweltschutz).

Wenn also, wie abzusehen, beispielsweise die Energiekosten beträchtlich zunehmen werden, so hat dieses, um nur ein Beispiel zu nennen, ganz zweifellos Wirkungen auf das Budget jedes einzelnen Haushaltes; die Belastungen dieser Seite schmälern selbstverständlich die Ausgabemöglichkeiten bei anderen Gütern, denn bei begrenztem Einkommen konkurrieren die verschiedensten Bedarfsbereiche bekanntlich untereinander. Wilhelm Vershofen sprach in diesem Zusammenhang sehr plastisch von der totalen Konkurrenz.

Bisher wurde versucht, die Aspekte der allgemeinen konjunkturellen Entwicklung und der langfristigen Strukturwandlungen in bezug auf die Nachfrage darzustellen. Es ging dabei im wesentlichen um die Fragen:

- Wie wird sich die Zahl der Einkommensbezieher entwickeln?
- Welche Einkommen (und Einkommenserwartungen) werden die Haushalte haben?
- Welche Ausgabenzwänge werden in Zukunft die Nachfrage bzw. die Ausgabenverteilung beeinflussen?

Aus der Fülle der Aspekte seien hier einige beispielhaft angeführt und Lösungsansätze aufgezeigt.

Zu untersuchen ist etwa, ob das betreffende Produkt durch die *Bevölkerungsentwicklung* unmittelbar oder mittelbar betroffen wird (weniger Baby-Puder, Spielzeug, Jeanshosen). Als ebenso naheliegender wie billiger Rat gilt hier das Bemühen, die *Konkurrenz* auf schrumpfenden Märkten zu *verdrängen*, sich also von dem schmäleren Kuchen ein gleiches oder gar größeres Stück auch in Zukunft herauszuschneiden. Eine weitere Möglichkeit bietet sich durch *Qualitäts-* und damit auch *Preiserhöhung* an. Viele Anbieter von Nahrungsmitteln sehen darin allein noch eine Möglichkeit, ihr Terrain zu behaupten oder gar noch zu wachsen.

Mitunter gelingt es auch, durch *Werbung* die *Verbrauchsintensität* zu erhöhen. Schließlich erzwingt eine solche Situation oft ein *Ausweichen* auf andere Märkte mit verwandten Produkten, wie dies etwa im Spielwarenbereich mit seiner Hinwendung auf den Erwachsenenmarkt zu beobachten ist.

Nachhaltige Markteinbußen werden aber häufig nicht durch Bevölkerungsschrumpfung, sondern durch Änderungen der *Verbrauchsgewohnheiten* verursacht. Das Produkt oder die Produktgruppe liegt sozusagen nicht mehr im Trend der Zeit. Ein Beispiel ist das erhöhte *Gesundheitsbewußtsein* der Bevölkerung, also eine höhere Sensibilität dafür, was gesundheitsfördernd und gesundheitsschädlich ist. Hiervon sind viele Warenbereiche unmittelbar oder mittelbar betroffen. Das gilt für besonders kalorienhaltige Nahrungsmittel, insbes. aber für Genußmittel mit gesundheitsschädigenden Wirkungen bei hohem Verbrauch.

Solche Trends sind auf Dauer gefährlicher; die Anbieter versuchen, ihnen im wesentlichen in zweierlei Weise zu begegnen. Zum einen durch eine *werbliche* Beeinflussung in Richtung auf Abschwächung der negativen Folgen bis hin zum trotzigen »dennoch«. Zum anderen durch *Produktanpassung*, also weniger Alkohol, weniger Nikotin, weniger Kalorien. Oft dient letzteres eigentlich nur der Gewissensentlastung beim Konsumenten; wo man früher einen harten Klaren trank, trinkt man jetzt – so jedenfalls die Gesamtzahlen – offenbar dafür drei milde Apfelkorn.

So steigt in der Bundesrepublik Deutschland z. B. der Spirituosenverbrauch noch immer leicht, wobei Nachfrageeinbrüche durch höhere Steuern nach einer gewissen Zeit mehr als ausgeglichen werden. Interessant ist hierbei die Reaktion der Industrie: Unter Beachtung der »DM 10,– Endverbraucherpreisschwelle« wird der Durchschnittsprozentsatz der Spirituosen ständig verringert, wie die Abbildung 5 zeigt.

Die Zigarettenindustrie kämpft übrigens mit ähnlichen Schwierigkeiten, aber auch

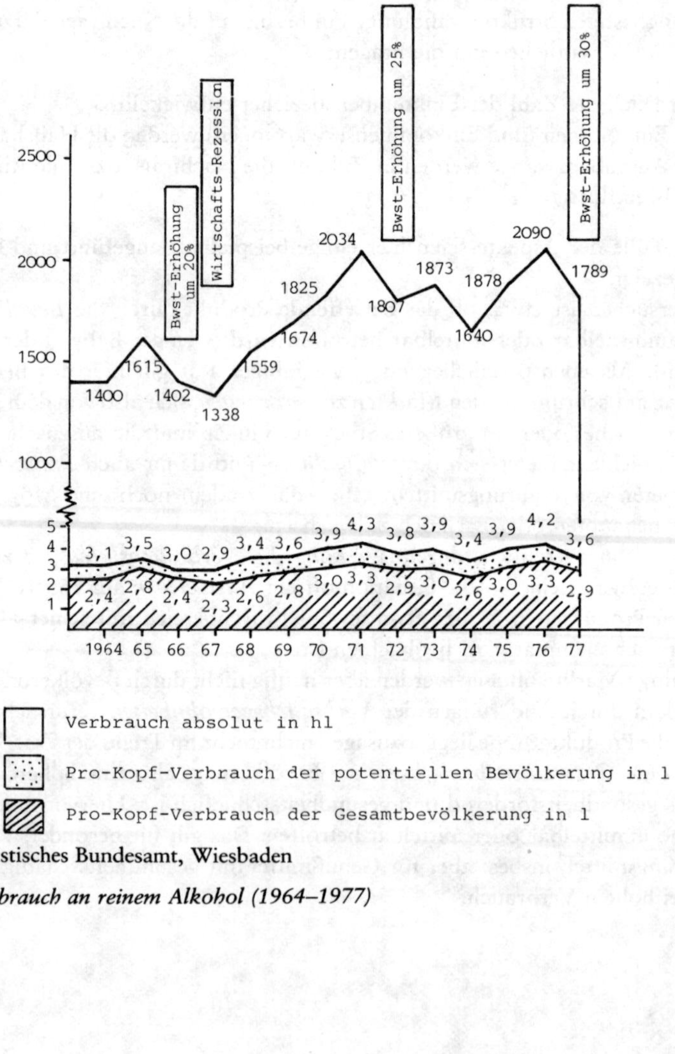

Quelle: Statistisches Bundesamt, Wiesbaden

Abb. 5: Verbrauch an reinem Alkohol (1964–1977)

hier steigen die Umsätze, wenn auch langsam, weiter, darüber hinaus ist inzwischen sogar wieder ein gewisser Anstieg nikotinhaltigerer Zigaretten zu verzeichnen.

Ein weiterer interessanter Aspekt ist das Problem *Rohstoffverknappung*, wie es wohl in absehbarer Zeit vermehrt auf die Wirtschaft zukommt. Die Frage stellt sich, wie weit hier Verknappungserscheinungen und damit erhebliche Preiserhöhungen zu Einbußen im Markt führen. Die Reaktionen der Verbraucher sind in solchen Fällen – bislang zumindestens – unerwartet gering. So zeigte die Kartoffelkrise 1976 in der Bundesrepublik Deutschland trotz enormer Preissteigerungen nur einen sehr geringfügigen Rückgang des Verkaufs, wie die Abbildung 6 deutlich zeigt.

Das gleiche Phänomen, nämlich eine überraschend geringe Preisempfindlichkeit bei solchen Gütern, deren Verbrauch im Haushalt stark integriert ist, kann man auch bei Kaffee beobachten. Ganz offenbar murrt der Verbraucher nicht, wenn ihm nahege-

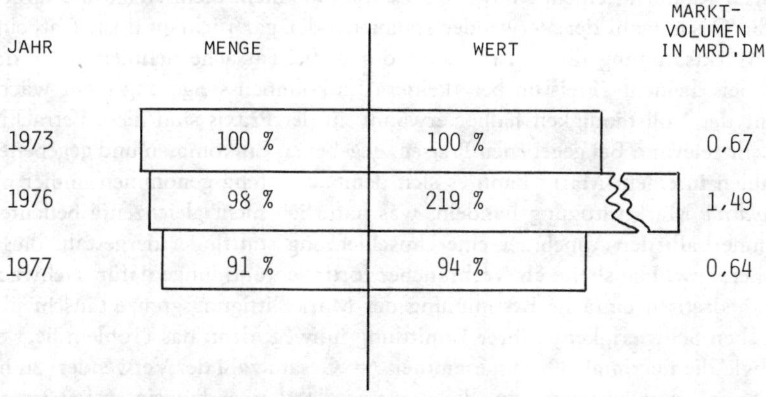

Quelle: GfK-Nürnberg Der Einzelhandel 1978/80 – Versuch einer Standortbestimmung, s. 16

Abb. 6: Kartoffel-Verbrauch in der Bundesrepublik Deutschland

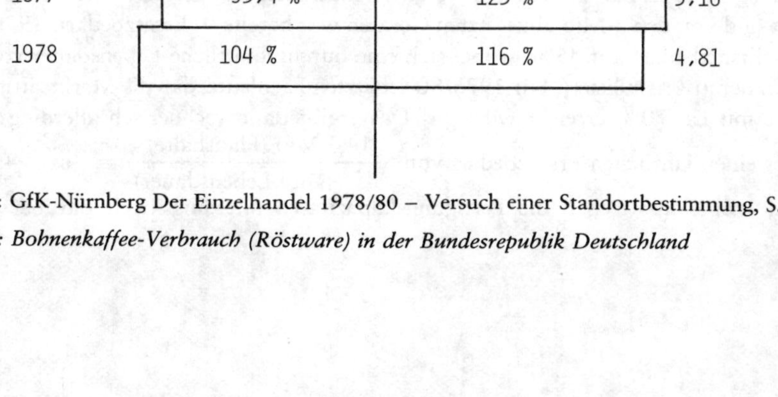

Quelle: GfK-Nürnberg Der Einzelhandel 1978/80 – Versuch einer Standortbestimmung, S. 18

Abb. 7: Bohnenkaffee-Verbrauch (Röstware) in der Bundesrepublik Deutschland bracht wird, daß die Verteuerung auf von außen kommende und vom heimischen Anbieter nicht zu beeinflussende Faktoren zurückzuführen ist. Immerhin bleibt erstaunlich, daß, wie Abbildung 7 zeigt, der deutsche Kaffeetrinker im Jahr 1977 rund 1 Mrd. DM mehr für sein gewohntes Getränk auszugeben bereit war.

Daß solches jedoch nicht zwangsläufig so sein muß, zeigt der Schokoladenmarkt; infolge der Rohkakao-Hausse mußte der Endverbraucherpreis für Tafel-Schokolade auf DM 1,50 und mehr steigen, jedoch zog hier der Verbraucher nicht mehr mit; infolgedessen war die Industrie gezwungen, vermehrt auf gefüllte Ware überzugehen, die sich mit einem Hauch von Schokoladenüberzug begnügen muß.

Als Ursache für krisenhafte Nachfrageentwicklungen wird vielfach die sog. *Marktsättigung* gesehen. Stagnierung oder gar Rückgang des Absatzes haben dabei ihre Ursache bekanntlich darin, daß der Prokopfverbrauch bzw. -gebrauch (Intensität) der bisherigen Käufer in einem Markt pro Zeitperiode nicht mehr steigt und ferner, daß auch die Gesamtzahl der Verwender stagniert oder gar rückläufig ist. Daß eine sog. totale Marktsättigung theoretisch exakt durch die Tatsache definiert wird, daß der Markt bei »keinem« Preis un bei »keiner« Einkommenssteigerung mehr wächst, sei hier nur der Vollständigkeit halber erwähnt, in der Praxis sind diese Betrachtungen nicht sehr relevant. Bei gegebenen Preisen, gegebenen Einkommen und gegebenen Prokopfzahlen in einem Markt kann es sich demnach streng genommen immer nur um eine *relative* Marktsättigung handeln, was natürlich nicht gleichzeitig bedeutet, daß nicht innerhalb der Abnehmer eine Umschichtung stattfindet dergestalt, daß ältere Menschen bzw. Haushalte als Verbraucher fortfallen und junge dafür nachwachsen.

Die theoretisch einfache Bestimmung der Marktsättigungsgrenze täuscht über die praktischen Schwierigkeiten ihrer Ermittlung hinweg, denn das Problem liegt einmal darin, wie die maximale Grundgesamtheit (= Gesamtzahl der Verwender) zu bestimmen ist, und zum weiteren, wo deren maximale Verwendungsintensität tatsächlich liegt. Besonders einleuchtend läßt sich der Marktsättigung am Beispiel der *Gebrauchs*güter darstellen und begreifen, weil hier die vorhandenen Bestände ziemlich eindeutig darauf hindeuten, daß ihre Besitzer vorerst als Nachfrager nicht mehr in Frage kommen, weil sie sozusagen für Jahre »bevorratet« sind. Expandieren solche Märkte sehr schnell, kommt es daher gerade dort zu unvermeidlichen Absatzeinbußen in späteren Phasen, insbes. wieder bei geringer Gebrauchsintensität und/oder langer Haltbarkeit der Produkte.

Abbildung 8 zeigt das Beispiel »Kaffeemaschinen«. Lag 1971 der jährliche Absatz noch unter 1 Mio Stück, so war er im Jahre 1973 auf fast 3 Mio Stück jährlich angestiegen. 1976 hatten bereits 60% aller Haushalte, nämlich 13,6 Mio, ein solches Gerät und von den 3 Mio abgesetzten Geräten war bereits $^1/_3$ Ersatzbedarf. 1978 stieg dieser Ersatzbedarf auf 45%, wobei sich eine durchschnittliche Lebensdauer von 3–4 Jahren herauskristallisiert. Für 1978/80 schätzten Fachleute, daß die Marktsättigungsgrenze mit ca. 70% erreicht wird. [4] Das ergibt dann rechnerisch allerdings noch immer einen jährlichen Ersatzbedarf von $\frac{\text{14,7 Mio (Haushalte)}}{\text{3,5 (Jahre Lebensdauer)}}$ = ca. 4 Mio Stück, wobei inzwischen die Fertigungskapazitäten allerdings weit darüber liegen sollen.

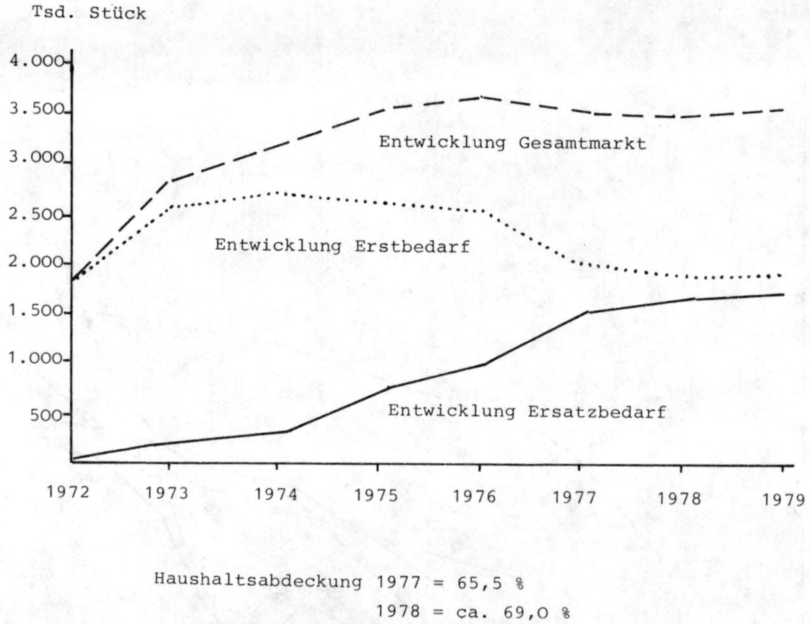

Quelle: food + nonfood, Heft 5/79, S. 24

Abb. 8: Entwicklung Gesamtmarkt Kaffeemaschinen

Obgleich noch sehr jung, ist der Markt für Kaffeemaschinen ein typisches Beispiel für einen Gebrauchsgütermarkt, der schnell an die Aufnahmefähigkeitsgrenzen des Marktes stößt. Welche Lösungsansätze bieten sich in solchen Fällen an. Hier wie anderswo wäre es opportun, das restliche Marktdrittel darauf hin zu analysieren, warum nicht auch diese Haushalte das betreffende Objekt nachfragen. Im Falle Kaffeemaschinen sind es nach vorliegenden Untersuchungen offenbar die Kleinhaushalte und besonders 1-Personen-Haushalte. Hierfür wäre dann ggf. ein Gerät zu entwickeln, das den Anforderungen dieses Segments besser entspricht .

Ein anderer Weg wäre, die technische oder auch modische *Lebensdauer* des Gutes herabzusetzen. Daß er insbes. von den Marktführern, also den großen Marken, sehr ungern gegangen wird, liegt auf der Hand. In vielen Fällen, wenn auch vielleicht nicht gerade bei Kaffeemaschinen, läßt sich u. U. auch auf eine *Mehrfachausstattung* der Haushalte hinarbeiten, die damit zu einer Marktausweitung führt. Schließlich verbleibt noch als weiterer Lösungsansatz der Schritt über die Grenzen; viele *Auslandsmärkte* sind erst am Anfang und lassen starke Nachfrage über viele Jahre erwarten. [5]

Ein Blick auf die Auslandsmärkte ist auch in anderer Hinsicht interessant. Die nächste Abbildung zeigt die Bestandentwicklung für elektrische Waschmaschinen in einigen europäischen Ländern. Sehr deutlich läßt sich hierbei die bei diesen technischen Gütern typische Angleichung der verschiedenen Märkte ersehen. Man kann also in etwa abschätzen, wann bzw. in welchem Zeitraum in bestimmten Auslandsmärkten die praktisch erzielbaren Sättigungsgrenzen erreicht sein werden.

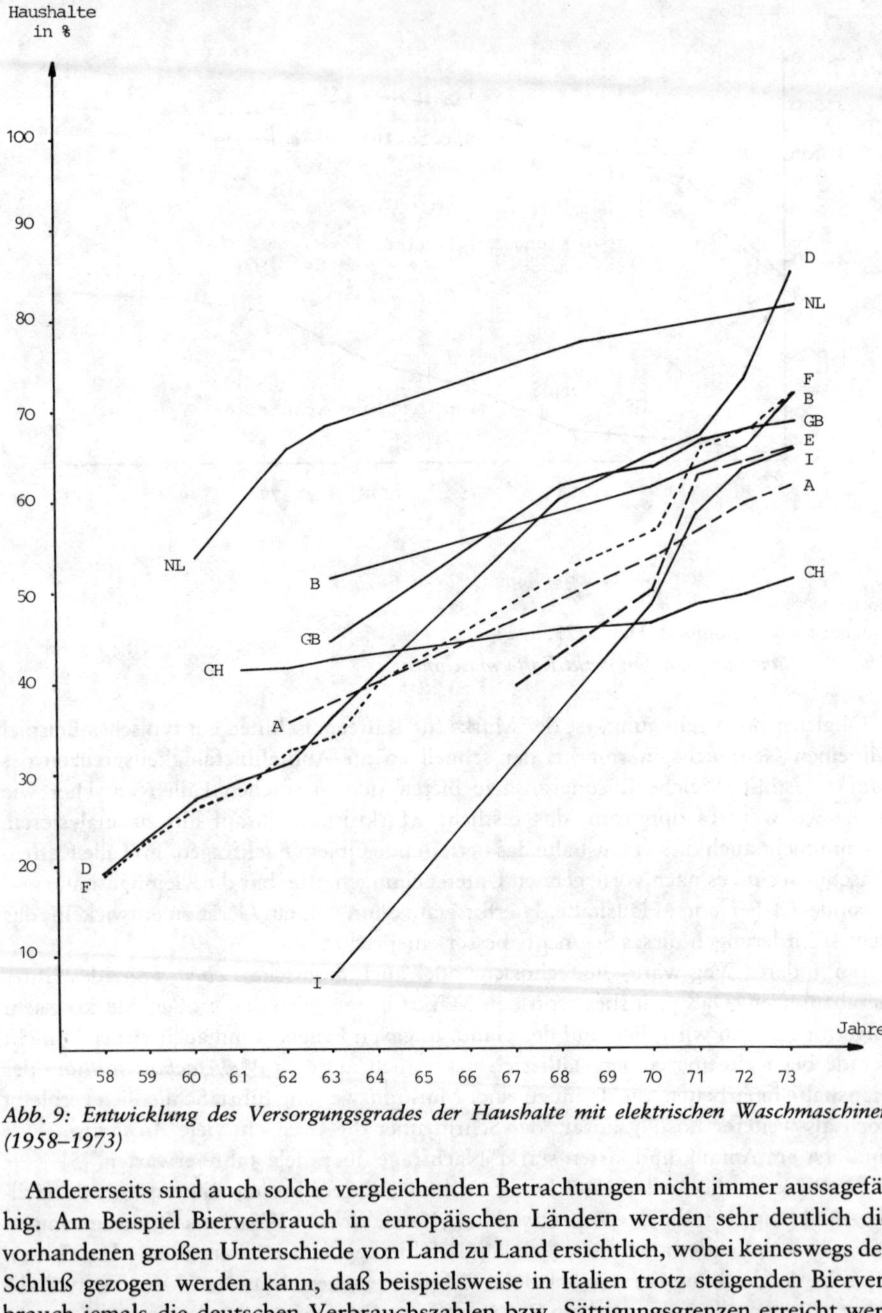

Abb. 9: Entwicklung des Versorgungsgrades der Haushalte mit elektrischen Waschmaschinen (1958–1973)

Andererseits sind auch solche vergleichenden Betrachtungen nicht immer aussagefähig. Am Beispiel Bierverbrauch in europäischen Ländern werden sehr deutlich die vorhandenen großen Unterschiede von Land zu Land ersichtlich, wobei keineswegs der Schluß gezogen werden kann, daß beispielsweise in Italien trotz steigenden Bierverbrauch jemals die deutschen Verbrauchszahlen bzw. Sättigungsgrenzen erreicht werden. Das bedeutet nichts anderes, als daß auch bei vergleichenden Länderbetrachtun-

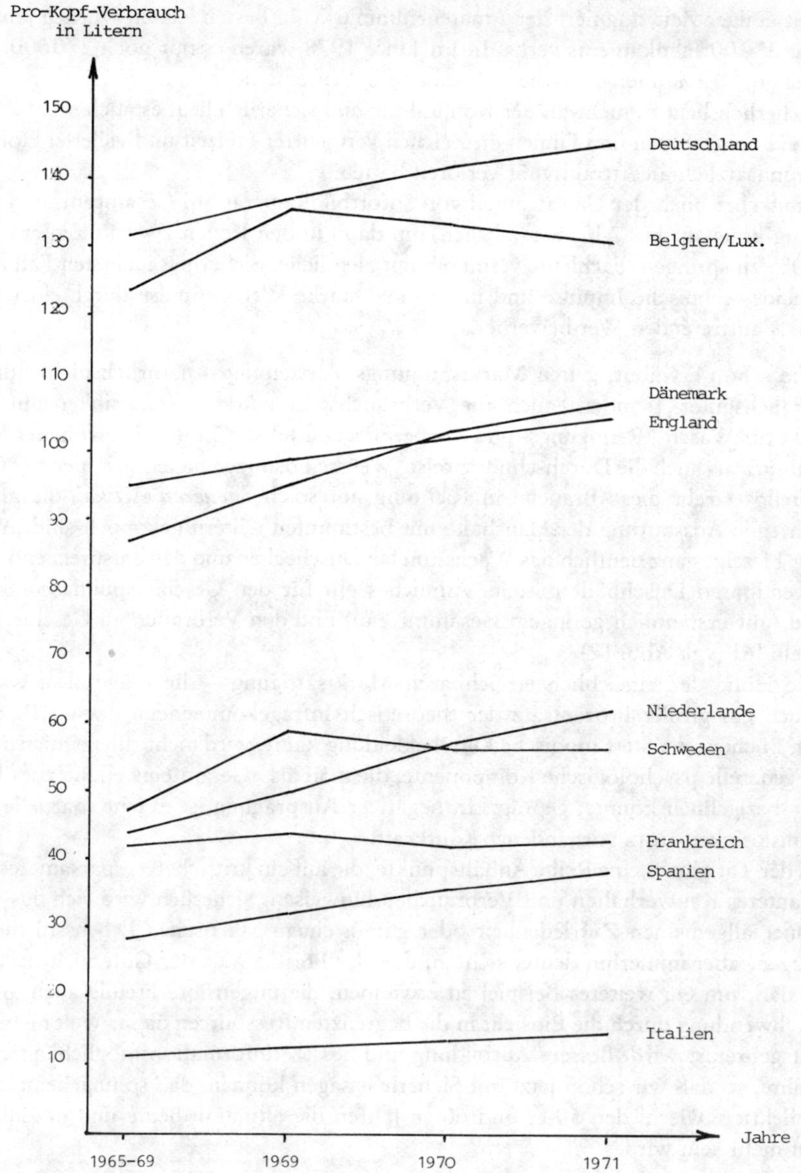

Abb. 10: Ländervergleich Produktgruppe Bier

gen das insgesamt vorhandene Marktpotential nicht auf diese Weise auch nur mit einiger Sicherheit exakt bestimmt werden kann.

Wo die Grenzen eines Marktes liegen (bzw. nicht liegen) können und wie schwer es ist, dies im vorhinein zu prognostizieren, zeigen zwei Beispiele aus der Photo-Branche:

- Seit einiger Zeit stagniert der Amateurfilmmarkt. In besten Zeiten wurden jährlich ca. 33000 Filmkameras verkauft. Im Jahre 1978 waren es nur noch 270000. Erst (schon?) 12% aller deutschen Haushalte haben eine oder mehrere Filmkamera(s). Sicherlich liegt es nicht an der Konjunktur und sicherlich liegt es auch nicht daran, daß Fotografieren und Filmen im Zeichen vermehrter Freizeit und vielerlei Hobbies grundsätzlich an Attraktivität verloren hätten.
- Umgkehrt blieb der Umsatzanteil von Sofortbildkameras am Gesamtumsatz jahrelang konstant bei 7 bis 9% jährlich, um dann in den letzten zwei Jahren auf über 20% zu springen. Fachleute vermuten mit ziemlicher Sicherheit im ersten Fall mangelnde technische Impulse und im zweiten starke Werbeimpulse durch einen erstmals auftretenden Wettbewerber.

Wie schon erwähnt, gelten Marktsättigungs-Vorstellungen natürlich nicht nur für Gebrauchsgüter-, sondern auch für Verbrauchsgütermärkte. Z. B. sinken auf dem Markt für Wasch-, Reinigungs- und Körperpflegemittel seit 1974/75 sowohl der Mengenabsatz als auch die Durchschnittspreise. Welche Lösungen bieten sich hier an? Ganz zweifellos strebt diese Branche in Richtung auf solche *neueren Artikel*, die an die wachsende Ausstattung der Haushalte mit bestimmten Gütern gekoppelt sind. Abbildung 11 zeigt ganz deutlich das Wachstum bei Duschecken und den entsprechend dazu verwendbaren Duschbädermitteln. Ähnliches gilt für den Geschirrspülmaschinenbestand (mit erstaunlich geringem Gesamtniveau) und den Verbrauch an Geschirrspülmitteln [6] (vgl. Abb. 12).

Die Höhe der tatsächlich erreichbaren Marktsättigung – die Frage also, warum vielfach ein großer Prozentsatz der theoretisch Infragekommenden noch z. B. nicht filmt, Bücher oder stets modische Oberbekleidung kauft, wird nicht zuletzt auch durch eine generelle psychologische Komponente, die man als »Gesamteinstellung zum Konsum« bezeichnen könnte, geprägt. In negativer Ausprägung ist es eine (partielle) Bedürfnislosigkeit trotz vorhandener Kaufkraft.

In der Tat gibt es eine Reihe Anhaltspunkte, die auf ein kritischeres, sparsameres und geplanteres Kaufverhalten und Verbrauchen hinweisen. Sicherlich wird sich das nicht in einer allgemeinen Zufriedenheit oder gar in einem asketischen Lebensstil niederschlagen, aber immerhin deutet sich an, daß der Prestigewert der Güterwelt nachläßt und daß, um ein weiteres Beispiel zu erwähnen, die ungetrübte Freude auch an der Verschwendung durch die Einsicht in die begrenzten Ressourcen dieser Welt mehr und mehr gebremst wird. Bessere Ausbildung und bessere Informationsmöglichkeiten tun das ihre, so daß wir schon jetzt mit Sicherheit sagen können, daß so ungehemmt und unreflektiert wie in den 50-er und 60-er Jahren die Situation heute und in Zukunft nicht mehr sein wird.

III. Wettbewerbsbedingte Ursachen

Zum Schluß noch zum dritten Aspekt, den wettbewerbsbedingten Ursachen, die hier allerdings nur noch gestreift werden können. Hierunter sollen alle Absatzkrisen des *einzelnen* Unternehmens verstanden werden, die eintreten, obgleich die Nachfrage im

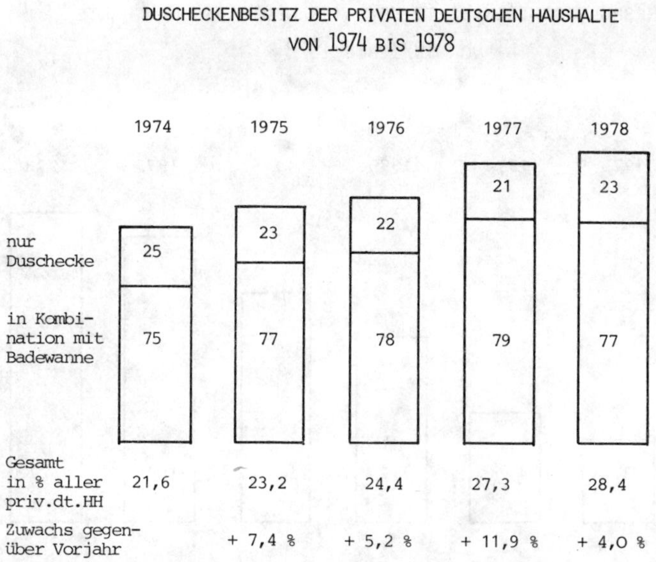

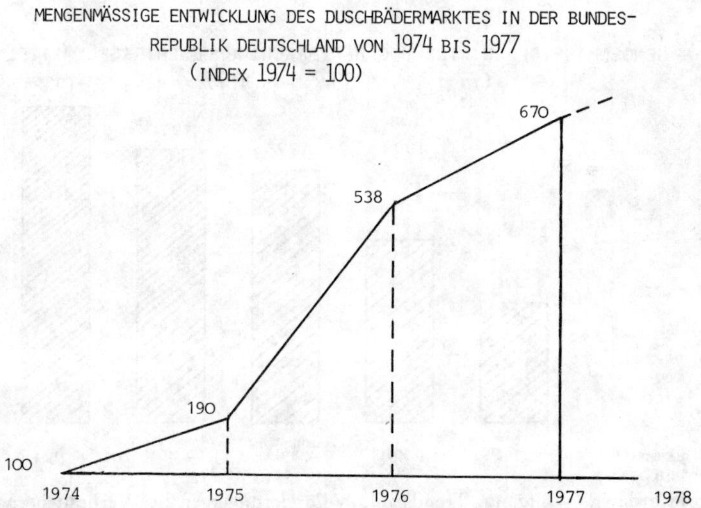

Quelle: Twardawa, Wolfgang: Trends und Veränderungen in der Verbrauchernachfrage nach Wasch-, Reinigungs- und Körperpflegemitteln. In: Kosmetik und Aerosole, Februar 1979

Abb. 11: Duscheckenbesitz der privaten deutschen Haushalte von 1974 bis 1978 u. Entwicklung des Duschbädermarktes

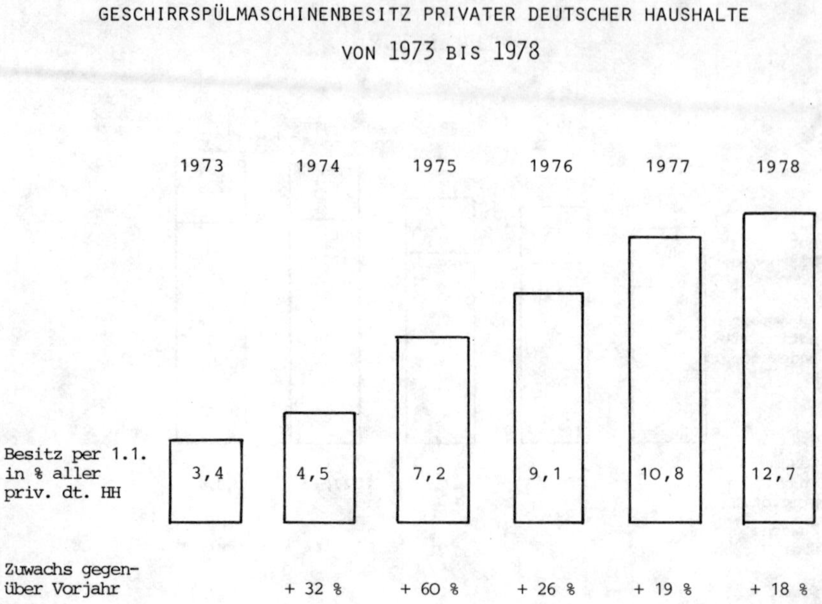

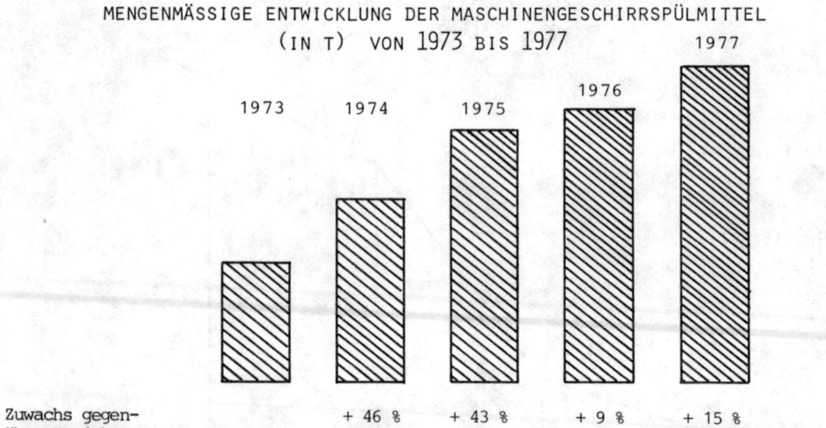

Quelle: Twardawa, Wolfgang: Trends und Veränderungen in der Verbrauchernachfrage nach Wasch-, Reinigungs- und Körperpflegemitteln. In: Kosmetik und Aerosole, Februar 1979

Abb. 12: Geschirrspülmaschinenbesitz privater deutscher Haushalte von 1973 bis 1978 u. Entwicklung der Maschinengeschirrspülmittel betreffenden Markt gut oder leidlich floriert; es sind gleichsam die hausgemachten Krisen.

Im Prinzip weisen hier die Lösungsansätze auf eine Überprüfung und anschließende Korrektur der gesamten Marketin-Politik hin: Produkt-, Preis-, Werbe-, Promotions-, insbes. auch die Distributionspolitik sind auf ihre Wirksamkeit am Markt und insbes. in bezug auf die Aktivitäten der Konkurrenz zu überprüfen. Insbes. beim Markenartikel erfordert dies eine klare Positionierung beim Verbraucher und eine entsprechende Durchsetzung im Handel.

B. Abschließende Betrachtung

Um Absatzkrisen zu vermeiden und Lösungsansätze längerfristiger Art zu entwickeln, sind viele Informationen über die nachfragebestimmenden Faktoren erforderlich. Eine Menge davon läßt sich inzwischen mit einiger Sicherheit durch die Marktforschung ermitteln, vieles andere bleibt aber im spekulativen Bereich. Nicht einmal die Jahrgangsstärken der z. B. in 20 Jahren in der Bundesrepublik Deutschland Lebenden sind bekannt, da z. B. nicht übersehen werden kann, wie sich im Zeichen der Europäischen Gemeinschaft der Ausländeranteil in der Bundesrepublik Deutschland entwickeln wird.

Oberflächlich betrachtet wird sich unsere Konsumgesellschaft in 10 Jahren mutmaßlich sehr ähnlich darbieten wie heute, aber eine Prognose 1970 für das Jahr 1980 hätte sicherlich nicht gezeigt, welche beträchtlichen Veränderungen in diesem Zeitraum auf die anbietende Wirtschaft zukommen würden.

Wenn der unternehmerische Erfolg – anknüpfend an die Einleitung – nicht zuletzt auf einer ständigen Anpassung an wechselnde Marktverhältnisse beruht, dann läßt sich, vielleicht etwas überspitzt, formulieren: Es gibt keine Nachfragekrisen, sondern eigentlich nur Unternehmenskrisen und diese sind wiederum zu großen Teilen verursacht durch mangelnde Informationen.

Eines dürfte sich darüber hinaus gezeigt haben. Der einzelne Anbieter deckt heute Bedarfe, bei denen in zunehmendem Maße Zusatznutzen-Vorstellungen über Erolge oder Mißerfolge den Ausschlag geben. Insofern gilt der Satz Wilhelm *Vershofens*, den er bereits vor 4 Jahrzehnten niederschrieb, heute und in Zukunft in vermehrtem Maße:

Das Eingangsproblem aller Verbrauchsforschung ist die Frage, wie sich seelisches in wirtschaftliches umzusetzen vermöge.

Anmerkungen

1 Vgl. Uphues, Peter: Unternehmerische Anpassung in der Rezession. Bochumer Beiträge zur Unternehmensführung und Unternehmensforschung, Band 21, wiesbaden 1979. Vgl. Hahn, Dietger und Krystek, Ulrich: Betriebliche und überbetriebliche Frühwarnsysteme für die Industrie. In: ZfbF, Nr. 31/1979, S. 76ff.

2 Bonhoeffer/Strigel: Amerikanische Unternehmer- und Verbraucherbefragungen. Berlin/München 1966
3 Vgl. Benad, Günther: Veränderungen im Verbraucherverhalten durch wirtschaftliche Wechsellagen. In: Jahrbuch der Absatz- und Verbrauchsforschung 4/1978
4 Vgl. o. V.: Kaffeemaschine – ein Konsumartikel. Ersatzbedarf im gesättigten Markt. In: food + nonfood, H. 5/1979.
5 Vgl. o. V.: Kaffeemaschine – ein Konsumartikel ... a. a. O.
6 Twardawa, Wolfgang: Trends und Veränderungen in der Verbrauchernachfrage nach Wasch-, Reinigungs- und Körperpflegemitteln. In: Kosmetik und Aerosole, Februar 1979, S. 45 ff.

Literaturverzeichnis

Benad, Günther: Veränderungen im Verbraucherverhalten durch wirtschaftliche Wechsellagen. In: Jahrbuch der Absatz- und Verbrauchsforschung, H. 4/1978

Berekoven, Ludwig: Internationale Verbrauchsangleichung. Eine Analyse europäischer Länder. Wiesbaden 1978

Bonhoeffer/Strigel: Amerikanische Unternehmer- und Verbraucherbefragungen. Berlin/München 1966

Hahn, Dietger und Krystek, Ulrich: Betriebliche und überbetriebliche Frühwarnsysteme für die Industrie. In: ZfbF, Nr. 31/1979

Twardawa, Wolfgang: Trends und Veränderungen in der Verbrauchernachfrage nach Wasch-, Reinigungs- und Körperpflegemitteln. In: Kosmetik und Aerosole, Februar 1979

Uphues, Peter: Unternehmerische Anpassung in der Rezession. Bochumer Beiträge zur Unternehmensführung und Unternehmensforschung, Band 21, Wiesbaden 1979

o. V.: Kaffeemaschine – ein Konsumartikel. Ersatzbedarf im gesättigten Markt. In food + nonfood, H. 5/1979

Heribert Meffert/Simone Pfeiffer

Akzeptanz von Produktinnovationen im Handel – Implikationen für das Marketing –

A. Produktinnovationen als Problem des vertikalen Marketing
I. Durchsetzung von Produktinnovationen im Handel
II. Erklärungsansätze der Akzeptanzforschung und Problemstellung

B. Analyse des Innovationsverhaltens des Handels – Empirische Ergebnisse einer Untersuchung in der Lebensmittelbranche
I. Zur Konzeption der Untersuchung
1. Aufbau und Vorgehensweise der Befragung
2. Auswahl und Operationalisierung der Untersuchungsvariablen
3. Diffusionsverlauf der untersuchten Produkte
II. Bestimmungsfaktoren des Adoptionsverhaltens des Handels
1. Handelsbezogene Variablen
a) Merkmale der Unternehmung
b) Merkmale der Organisation des Einkaufs
c) Merkmale der Entscheidungsbeteiligten
2. Herstellerbezogene Variablen
a) Merkmale der Innovation
b) Ausprägungen der Marketingaktivitäten
III. Implikationen für das Herstellermarketing
1. Erklärungswert der Variablengruppen als Ausgangspunkt
2. Ansatzpunkte für das Produktmarketing

C. Zum Aussagewert der verhaltenswissenschaftlichen Akzeptanzforschung im Handel

Anmerkungen

A. Produktinnovationen als Problem des vertikalen Marketing

I. Durchsetzung von Produktinnovationen im Handel

Zunehmend gesättigte Märkte, die ständig wachsende Wettbewerbsintensität, der rasche technologische Fortschritt und die damit verbundene Verkürzung der Produktlebenszyklen zwingen heute mehr als je zuvor die Hersteller zu einer marktorientierten Innovationspolitik. Ihr Erfolg ist nicht nur durch die Aufnahmebereitschaft der neuen Produkte beim Konsumenten, sondern zunehmend von der Akzeptanz des Handels abhängig.

Das Problem der Aufnahme von Produktinnovationen auf der Handelsebene wird um so deutlicher, wenn man die aktuellen Entwicklungen auf den Konsumgütermärkten betrachtet. Konzentrationsprozesse und damit einhergehende Machtverschiebungen im Absatzkanal haben den Handel zu einem wichtigen Engpaßfaktor bei der Einführung neuer Produkte werden lassen. Im Rahmen des Neuproduktmarketing bei Markenartikeln wird bereits offen vom *»Handel als Nadelöhr«* gesprochen. Allein im Lebensmittelbereich der Bundesrepublik werden jährlich mehr als 1000 neue Produkte eingeführt. Der Handel lehnt jedoch weit mehr Produkte ab, als er aufzunehmen bereit ist. So konnten sich 1978 von insgesamt 1011 Neuprodukten nur ca. 8% einen Stammplatz in den Regalen der Händler sichern. Das besondere Gewicht des Handels bei Produktinnovationen macht deshalb eine differenzierte Analyse von Bestimmungsgründen des Akzeptanzverhaltens erforderlich.

In diesem Zusammenhang bedarf es keiner Begründung, daß der Begriff der *Produktinnovation* durch die subjektive Wahrnehmung von Inhalt, Ausmaß und zeitlicher Dimension des Neuprodukts konkretisiert werden muß. [1] Er reicht von »echten Innovationsprodukten«, die einen völlig neuen Markt eröffnen, bis zu einer Vielzahl nur geringfügig geänderter Produkte, sog. Pseudoinnovationen. Gerade der letztgenannte Aspekt stellt – wie empirisch nachgewiesen wurde – einen zentralen Konfliktbereich im vertikalen Marketing dar. [2]

II. Erklärungsansätze der Akzeptanzforschung und Problemstellung

Angesichts dieser Entwicklung verwundert es, daß der Problembereich der Akzeptanz von Innovationen im Handel – abgesehen von wenigen, auf Teilfragen ausgerichteten Studien – in der Forschung bislang so wenig Beachtung gefunden hat. Dies betrifft einerseits Erklärungsansätze, die im Rahmen der *Diffusionsforschung* auf aggregierter Ebene die Diffusionsraten und Dynamik der Übernahme neuer Produkte im Handel nachvollziehen. Andererseits besteht vor allem ein Defizit im Bereich der *Adoptionsforschung.* [3] Es fehlen Untersuchungen über die Adoptionsbereitschaft und den Verlauf der Adoptionsprozesse in Handelsunternehmungen, in denen explizit auf verschiedene verhaltenswirksame Ebenen Bezug genommen wird.

Handelsunternehmungen verfolgen als Mittler in Absatzkanälen arteigene Ziele.

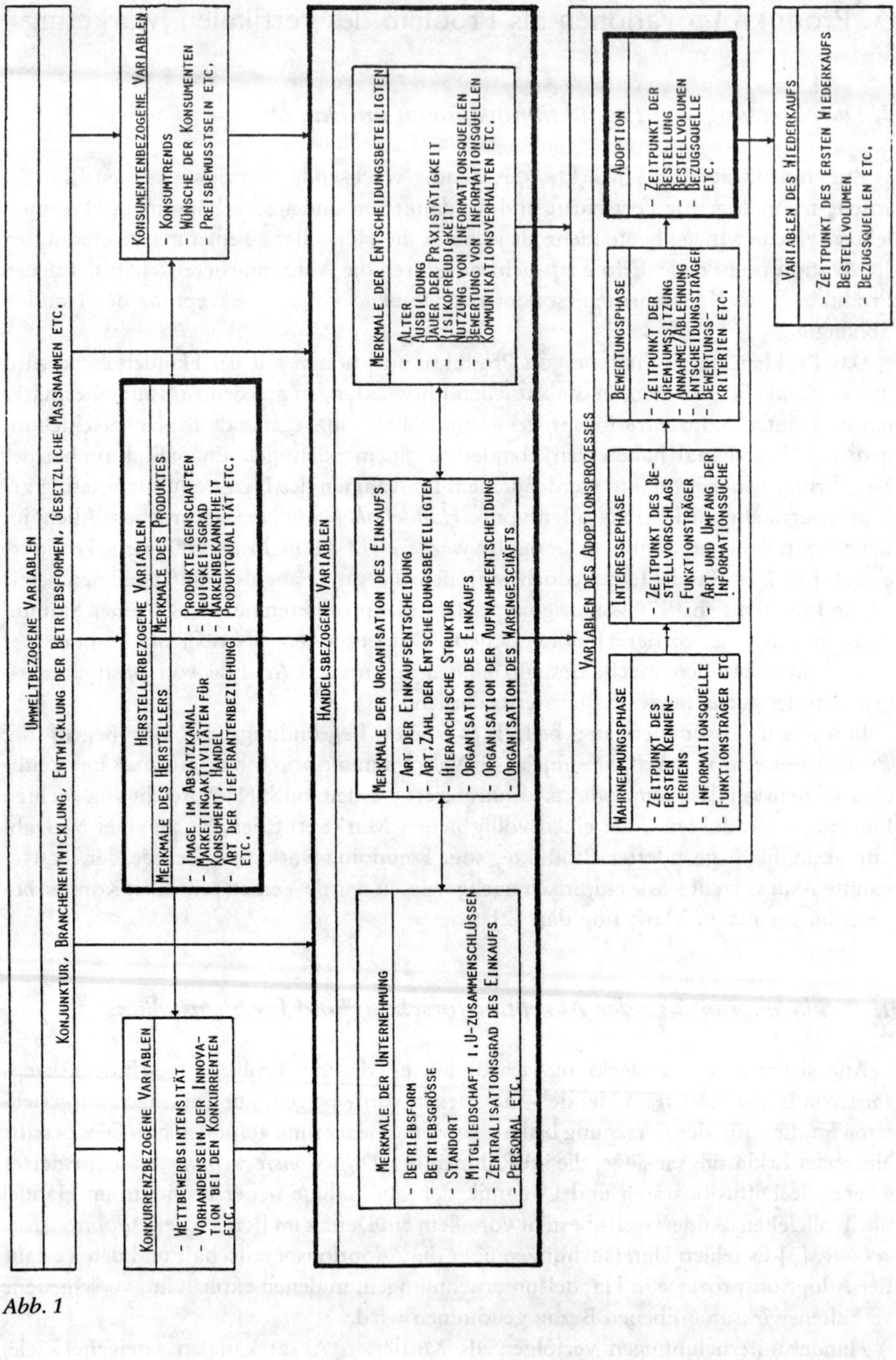
Umweltbezogene Variablen
Konjunktur, Branchenentwicklung, Entwicklung der Betriebsformen, Gesetzliche Massnahmen etc.
Konkurrenzbezogene Variablen
- Wettbewerbsintensität
- Vorhandensein der Innovation bei den Konkurrenten etc.
Herstellerbezogene Variablen
Merkmale des Herstellers
- Image im Absatzkanal
- Marketingaktivitäten für Konsument, Handel
- Art der Lieferantenbeziehung etc.
Merkmale des Produktes
- Produkteigenschaften
- Neuigkeitsgrad
- Markenbekanntheit
- Produktqualität etc.
Konsumentenbezogene Variablen
- Konsumtrends
- Wünsche der Konsumenten
- Preisbewusstsein etc.
Handelsbezogene Variablen
Merkmale der Unternehmung
- Betriebsform
- Betriebsgrösse
- Standort
- Mitgliedschaft i.U-zusammenschlüssen
- Zentralisationsgrad des Einkaufs
- Personal etc.
Merkmale der Organisation des Einkaufs
- Art der Einkaufsentscheidung
- Art, Zahl der Entscheidungsbeteiligten
- Hierarchische Struktur
- Organisation des Einkaufs
- Organisation der Aufnahmeentscheidung
- Organisation des Warengeschäfts
Merkmale der Entscheidungsbeteiligten
- Alter
- Ausbildung
- Dauer der Praxistätigkeit
- Risikofreudigkeit
- Nutzung von Informationsquellen
- Bewertung von Informationsquellen
- Kommunikationsverhalten etc.
Variablen des Adoptionsprozesses
Wahrnehmungsphase
- Zeitpunkt des ersten Kennenlerners
- Informationsquelle
- Funktionsträger etc
Interessephase
- Zeitpunkt des Bestellvorschlags
- Funktionsträger
- Art und Umfang der Informationssuche
Bewertungsphase
- Zeitpunkt der Gremiumssitzung
- Annahme/Ablehnung
- Entscheidungsträger
- Bewertungskriterien etc.
Adoption
- Zeitpunkt der Bestellung
- Bestellvolumen
- Bezugsquelle etc.
Variablen des Wiederkaufs
- Zeitpunkt des ersten Wiederkaufs
- Bestellvolumen
- Bezugsquellen etc.

Abb. 1

Trotzdem liegt die Vermutung nahe, daß sich einige grundlegende Erkenntnisse des Adoptionsverhaltens der Konsumenten einerseits und der Übernahme von Innovationen in Organisationen andererseits – etwa beim Kauf neuer Investitionsgüter – auch auf den Handel mit Konsumgütern übertragen lassen. Dies am Beispiel des Lebensmittelhandels nachzuweisen, war letztlich das Hauptanliegen einer umfassenden Studie unseres Institutes.

Gegenstand der Untersuchung waren solche Produktinnovationen, die vom Handel bei der Sortimentsentscheidung als neu wahrgenommen wurden. Ausgangspunkt der Untersuchung bildete dabei das in Abbildung 1 wiedergegebene Grundmodell des Adoptionsverhaltens im Handel. In Anlehnung an *Webster* und *Wind* wird zwischen verschiedenen Variablengruppen unterschieden, welche das Adoptionsverhalten im Handel beeinflussen. [4] Es sind dies bekanntlich die verschiedenen Ausprägungen der Umwelt, der Konkurrenz, der Konsumenten, des innovierenden Herstellers und der übernehmenden Handelsorganisation. Im Mittelpunkt der vorliegenden Untersuchung standen vor allem die handelsbezogenen und die herstellerbezogenen Variablen (stark umrandet), weil sie einen wesentlichen Erklärungsbeitrag für das Adoptionsverhalten versprechen und darüber hinaus zentrale Ansatzpunkte für ein handelsgerichtetes Marketing bieten.

Das skizzierte Erklärungsmodell liefert so bei gegebener Umweltsituation das Hypothesengerüst der vorliegenden verhaltenswissenschaftlichen Untersuchung. Im Bereich der *handelsbezogenen Variablen* interessieren dabei – in mehrstufiger Betrachtung – die Merkmale der Handelsorganisation, der Organisation des Einkaufs sowie der beteiligten Entscheidungsträger. Die *herstellerbezogenen Variablen* beinhalten dagegen vor allem die Wahrnehmung von Merkmalen der Innovation und der Marketinginstrumente des Herstellers durch die Einkaufsbeteiligten. Ausgehend von diesem Ansatz geht es im folgenden darum, zu prüfen,

(1) ob und in welcher Weise Merkmale der Handelsunternehmung die Adoptionsbereitschaft fördern bzw. hemmen,
(2) ob und inwieweit die wahrgenommenen Ausprägungen des Produkts und der Marketingaktivitäten von Herstellern den Handel zur Aufnahme von Neuprodukten bewegen;
(3) den Erklärungsbeitrag der verschiedenen Variablengruppen im Hinblick auf das Adoptionsverhalten aufzudecken und daraus einige Implikationen für das Herstellermarketing aufzuzeigen und damit letztlich
(4) den Aussagewert mehrstufiger verhaltenswissenschaftlicher Studien kritisch zu überprüfen.

B. Analyse des Innovationsverhaltens des Handels – Empirische Ergebnisse einer Untersuchung in der Lebensmittelbranche

I. Zur Konzeption der Untersuchung

Lassen Sie mich zunächst einige Bemerkugen zur Konzeption unserer Studie, insbesondere zum Aufbau und zur Vorgehensweise der Befragung, zur Operationalisierung der Variablen und zum Diffusionsverlauf der untersuchten Produkte machen.

1. Aufbau und Vorgehensweise der Befragung

Im Gegensatz zu den bisher bekannten Studien kommerzieller Marktforschungsinstitute, die mehr oder weniger *extensiv* Handelsunternehmungen nach den Gründen und ihrer Bedeutung für die Aufnahme von Neuprodukten befragten, war die vorliegende Studie auf eine *intensive* Analyse der Innovationsdeterminanten im Lebensmittelhandel ausgerichtet. [5]

Im Mittelpunkt standen drei Produktinnovationen aus verschiedenen expandierenden Warengruppen im Markenartikelbereich. Für die Auswahl der Produkte waren ein möglichst hoher wahrgenommener Innovationsgrad, eine intensive Distribution in allen Betriebsformen des Handels, die weitgehend gleichzeitige nationale Einführung und die Überschaubarkeit des Diffusionsprozesses maßgeblich. Produkt A wurde mit dem Ziel der Sortimentsabrundung von einem Marktführer zur Ausnutzung neuer Konsumtrends auf den Markt gebracht. Produkt B entstammt einer neuen Warengruppe und wurde zum Zweck des Angriffs auf eine führende Marke mit einer innovativen Verpakkungsidee unter einer bekannten Dachmarke eingeführt. Produkt C schließlich war eine Marktneuheit im Sinne einer Convenience-Problemlösung.

Die für die Bundesrepublik *repräsentative Befragung* erfolgte in Kooperation mit der A. C. Nielsen Company im Rahmen der routinemäßigen Panelerhebungen. Im Herbst 1978 wurden in 443 Einzelhandelsbetrieben und 76 Großhandelsbetrieben die für die Neuaufnahme von Produkten zuständigen Personen in ca. einstündigen strukturierten Interviews befragt. Die Auswertung des Datensatzes erfolgte mit Hilfe multivariater statistischer Verfahren.

2. Auswahl und Operationalisierung der Untersuchungsvariablen

Damit ist zugleich auch der Problembereich der Auswahl und Operationalisierung der untersuchten Variablen angesprochen. Zur Erfassung der *Adoptionsbereitschaft* des Handels als *abhängige Variable* werden in der Literatur drei Konzeptionen, nämlich eine zeitliche, produktbezogene und personenbezogene Messung verfolgt [6] (vgl. Abb. 2).

In der *zeitlichen* Konzeption wird die Adoptionsbereitschaft durch die Adoptionsdauer gemessen. Die *Adoptionsdauer* ist der Zeitraum von der Einführung eines Pro-

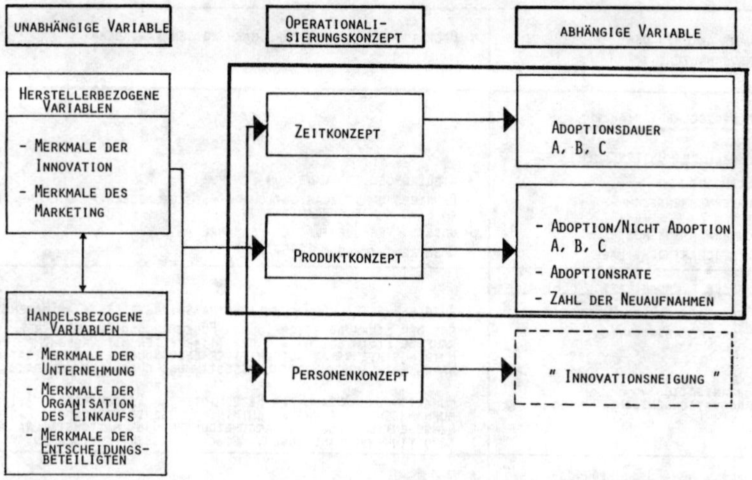

Abb. 2: Untersuchungskonzeption zur Akzeptanz von Neuprodukten im Handel

dukts bis zum Zeitpunkt, in dem das Produkt von einer Handelsunternehmung adoptiert, d. h. wiedergekauft wird.

In der *produktbezogenen* Konzeption bestimmt die Adoptionsrate die Adoptionsbereitschaft. Die *Adoptionsrate* wird gemessen durch den Anteil an Neuprodukten, die ein Handelsunternehmen von den gesamten eingeführten Neuprodukten eines Marktes des letzten Jahres adoptiert hat.

Die Annahme einer produktunabhängigen, generellen Adoptionsbereitschaft führte in den letzten Jahren in verstärktem Maße zur Anwendung *personenbezogener* Meßkonzeptionen. Die Adoptionsbereitschaft wird dabei über die Selbsteinschätzung der Befragten, ihre Kaufabsichten und die Wahrnehmung des Neuheitsgrades von Innovationen als sog. *Innovationsneigung* erfaßt. In Ermangelung einer objektiven Nachprüfbarkeit auf der Basis von Kaufakten wirft dieses Vorgehen jedoch erhebliche methodische Probleme auf. Aus diesem Grunde wurde die Innovationsneigung lediglich als Kontrollgröße miterhoben.

Die vorliegende Untersuchung konzentriert sich also auf die beiden ersten Meßkonzeptionen. Als Indikatoren der Adoptionsbereitschaft des Handels fanden die folgenden Größen Verwendung:

(1) Die *Adoption/Nicht-Adoption* der drei untersuchten Produkte (A, B, C) zum Befragungszeitpunkt.
(2) Die *Adoptionsrate* für die drei untersuchten Produkte zum Befragungszeitpunkt.
(3) Die *Zahl der Neuaufnahmen* im letzten Jahr.
(4) Die *Adoptionsdauer* bei den drei untersuchten Produkten A, B, C.

Diese Variablen sind folglich auch Grundlage für die Bildung von zwei Adopterkategorien, welche aufgrund des Mittelwertes der Größen gebildet wurden.

Die Auswahl der *unabhängigen Variablen* erfolgte nach

Bestimmungsfaktoren des Adoptionsverhaltens	Operationalisierung der unabhängigen Variablen
1. Handelsbezogene Variablen	
1.1. Merkmale des Unternehmens	
- Standort	- Nielsen-Gebiet, Lage zum Zentrum
- Unternehmensform	- Betriebsform, Organisationsform, Mitgliedschaft und Umsatzbindung an eine Handelsorganisation
- Unternehmensgrösse	- Umsatz, Verkaufsfläche, Personal
- Wirtschaftliche Lage	- Umsatzentwicklung 1976-77
1.2. Merkmale d. Organisation d. Einkaufs	
- Organisation des Warengeschäfts	- Aufgabenverteilung, Funktionsträger, Beteiligte am Warengeschäft
- Einkaufsorganisation	- Art der Einkaufsentscheidung, Funktion und Anzahl der am Einkauf Beteiligten, Anteil der Mitarbeiter mit Orderkompetenz, Nutzungsintensität alternativer Bezugsquellen, Organisation der Warenbestellung, Sortimentsbestimmung durch die Zentrale
- Organisation von Innovationsentscheidungen	- Funktion und Anzahl der Beteiligten an Produktpräsentationen, Aufnahmeentscheidungen, Eliminierungsentscheidungen, Einführungsmengenentscheidungen, Entscheidungen über Aktionsteilnahmen, Konditionenverhandlungen, Beibehaltungsentscheidungen
1.3. Merkmale der Entscheidungsbeteiligten	
- Demographische Merkmale	- Alter, Position, Schul-, Berufsausbildung, Dauer der Berufstätigkeit, Jahre in jetziger Position
- Persönlichkeitsmerkmale	- Risikobereitschaft, Innovationsneigung, Prestigebewusstsein, Umweltoffenheit, Selbstbewusstsein, Meinungsführerschaft
- Informationsverhalten	- Nutzung und Bewertung alternativer Informationsquellen, Nutzungsintensität von Informationsquellen bei Aufnahmeentscheidungen
- Medienverhalten	- Nutzung und Bewertung alternativer Medien, von Fach- und Massenmedien, Nutzungsintensität von Medien bei Aufnahmeentscheidungen
- Kommunikationsverhalten	- Nutzung und Bewertung alternativer Kommunikationsquellen, Kommunikationsintensität mit dem Hersteller /den Kollegen bei Aufnahmeentscheidungen
2. Herstellerbezogene Variablen	
2.1. Merkmale des Produkts	Beurteilung des Produkts hinsichtlich:
- relativer Vorteil	- Neuigkeitsgrad, Produktqualität, Preis, Produktvorteil, Neuverwender
- Kompatibilität	- Kundeninteresse, Sortimentsabrundung
- Komplexität	- Selbstverkäuflichkeit
- Teilbarkeit	- Packungsgrössen, Verpackungseinheiten
- Mitteilbarkeit	- Produktausstattung, Markenbekanntheit
2.2. Merkmale des Marketing	Beurteilung des Herstellers und seines Marketing hinsichtlich:
- Image	- Zuverlässigkeit, Gesamterfahrungen in der Zusammenarbeit
- Marketingaktivitäten	- Konditionen, Rabatte, Handelsspanne, Verkaufsförderung, Konsumentenwerbung, Ladenwerbung, Aussendienst, Service, Belieferung

Abb. 3: Operationalisierung der unabhängigen Variablen des Adoptionsverhaltens im Handel

– ihrer Verhaltensrelevanz im Adoptionsprozeß aufgrund vorliegender Studien sowie
– ihrer Bedeutung für Marktbearbeitungsmaßnahmen im Rahmen eines handelsgerichteten Marketing.

Ihre Operationalisierung orientiert sich dabei an der empirischen Erfaßbarkeit. Abbildung 3 zeigt die wichtigsten Indikatoren zur Messung im Überblick.

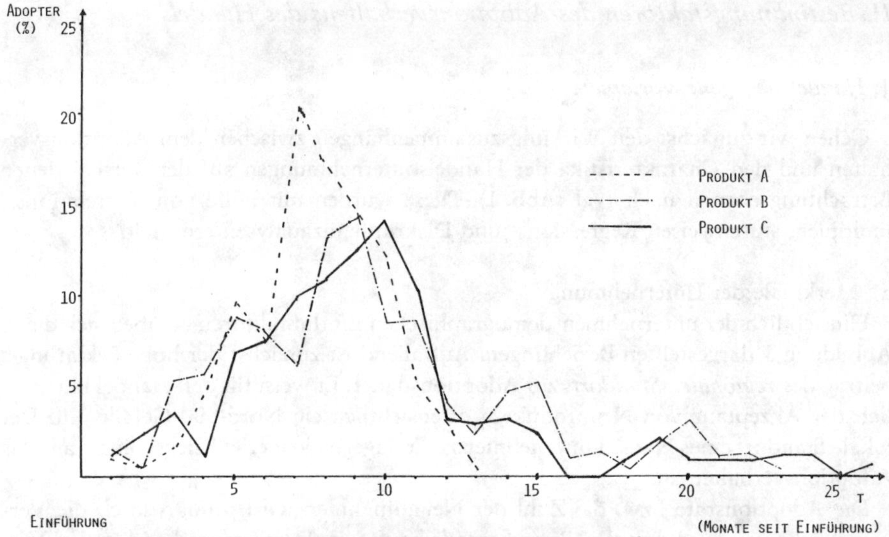

Abb. 4: Diffusionsverlauf der Produktinnovationen im Einzelhandel

3. Diffusionsverlauf der untersuchten Produkte

Zunächst möchte ich Ihnen einige Informationen zum Diffusionsverlauf der drei untersuchten Produkte vorstellen. Zum Untersuchungszeitpunkt verfügten die Produkte über unterschiedliche *Diffusionsraten*, d. h. den Anteil von Unternehmen, die die Produkte adoptiert haben (Produkt A: 67%, Produkt B: 83%, Produkt C: 73%). Bis zum Befragunszeitpunkt wiesen die Produkte die in Abbildung 4 dargestellten Diffusionsverläufe auf. Auffallend ist der gleichartige, nahezu idealtypische Kurvenverlauf. [7] Darüber hinaus ist erkennbar, daß der eigentliche Diffusionsprozeß für alle drei Produkte nach etwa 13 Monaten abgeschlossen ist.

Im einzelnen verweist der steile Anstieg der Adopterzahl bei Produkt A vor allem auf die Marktführerschaft des Herstellers in dieser Produktgruppe, auf eine besonders forcierte Einführungskampagne und produktabhängige Saisoneinflüsse. Der atypische Rückgang der Adoption bei Produkt B im 5. bis 7. Monat nach Einführung wurde wesentlich durch einen zwischenzeitlich behobenen Produktfehler verursacht. Bemerkenswert ist schließlich, daß Produkt C – gekennzeichnet durch eine relativ langsamere Diffusionsgeschwindigkeit – zum Befragungszeitpunkt eine geringere Adoption als Produkt B aufweist, obwohl es sich am längsten am Markt befindet.

Bis zum Befragungszeitpunkt haben 8% der Unternehmungen keines der Produkte, 11% ein Produkt, 31% zwei Produkte und 50% alle drei Produkte übernommen. Lassen Sie mich im folgenden untersuchen, welche Einflußgrößen für diese unterschiedliche Adoptionsraten bestimmend sind.

II. Bestimmungsfaktoren des Adoptionsverhaltens des Handels

1. Handelsbezogene Variablen

Gehen wir zunächst den Wirkungszusammenhängen zwischen dem Adoptionsverhalten und den Charakteristika der Handelsunternehmungen auf den verschiedenen Betrachtungsebenen nach (vgl. Abb. 1). Diese wurden mit Hilfe von Korrelations-, multiplen, stufenweisen Regressions- und Diskriminanzanalysen ermittelt.

a) Merkmale der Unternehmung

Hinsichtlich der unternehmensdemographischen Einflußfaktoren ergaben sich die in Abbildung 5 dargestellten Beziehungen. Auffallend ist zunächst der hohe Erklärungsbeitrag des *regionalen Standorts* zur Adoptionsdauer. Er weist für den Handel hinsichtlich der Akzeptanz von Neuprodukten offensichtlich ein Nord-Süd-Gefälle auf. Der lokale Standort eines Handelunternehmens läßt dagegen keinerlei Rückschlüsse auf das Adoptionsverhalten zu.

Die Adoptionsrate bzw. die Zahl der Neuaufnahmen wird primär durch die Verkaufsfläche als Ausdruck der *Betriebsgröße* bestimmt. Dementsprechend stellen Verbrauchermärkte, Filialisten, große und supergroße SB-Märkte besonders vielen Neuprodukten Regalfläche zur Verfügung. Unter dem Aspekt der Adoptionsdauer zeichnen sich demgegenüber mittelgroße Geschäfte durch eine hohe sortimentspolitische Flexibilität aus. Im Vergleich zu kleinen Unternehmen, die Neueinführungen eher abwartend gegenüberstehen, können sie das mit Aufnahmeentscheidungen verbundene Sortimentsrisiko naturgemäß leichter verkraften.

Schließlich muß die Adoptionsdauer auch in Zusammenhang mit dem *Grad der*

	Adoptionsdauer						Adoptionsrate	Richtung	Zahl der Neuaufnahmen	Richtung
	Produkt A	Richtung	Produkt B	Richtung	Produkt C	Richtung				
Variablen der Regressionsgleichung	Hessen/Rhld-Pfalz	+	Nordrhein-Westf.	+	Hessen/Rhld-Pfalz	+	Verkaufsfläche	+	Verbrauchermarkt	+
	Grosse SB-Geschäfte	-	Hessen/Rhld-Pfalz	+	Verkaufsfläche	-	Nicht-Organisierte	-	Verkaufsfläche	+
	Nicht-Organisierte	+	Grosse Filialen	+	Grosse SB	-	Discounter	-	Filialbetriebe	+
	Berlin	-	Kleine Coop	+	Spar-Geschäfte	-	Grosse SB-Geschäfte	+	Super SB-Geschäfte	+
			Spar-Geschäfte	-	Umsatzbindung an die Zentrale	+	Umsatz	+		
			Umsatz	-	Edeka-Geschäfte	-	Baden-Württemberg	+		
			Discounter	+			Bayern	-		
			Rewe-Geschäfte	+			Berlin	+		
			Grosse SB-Geschäfte	-			Mittlere SB-Geschäfte	+		
			Mitgliedschaft in einer Handelsorganisation	+			Personal	+		
			Grosse Coop	-						
			Personal	-						
Erklärte Varianz	6,522%		50,767%		55,248%		29,907%		24,849%	

Abb. 5: Regressionsanalysen auf der Basis unternehmensbedingter Variablen

Anbindung an verschiedene Handelszentralen gesehen werden. Insbesondere weniger zentralisierte Unternehmen mit einer weitreichenden sortimentspolitischen Eigenständigkeit (z. B. Geschäfte der Spar und Edeka) reagieren schneller auf Produktinnovationen als dies bei Filialen oder filialähnlich geführten Betrieben und sogar beim nicht organisierten Einzelhandel der Fall ist.

Auch die Diskriminanzanalysen auf der Ebene dieser Variablengruppe zeigen, daß sich Adopter bzw. Nichtadopter oder Unternehmungen mit mehr oder weniger Neuproduktaufnahmen vor allem durch die Größe der Verkaufsfläche unterscheiden. Über eine frühe oder spätere Übernahme entscheidet daneben in erster Linie der Grad der *umsatzmäßigen Bindung* an eine Zentrale.

Insgesamt gesehen leisten die unternehmensbedingten Variablen einen nicht unerheblichen Beitrag zum Adoptionsverhalten des Handels. Dies trifft – abgesehen von Produkt A – insbesondere für die Adoptionsdauer zu. Allerdings lassen sich die Adoptionsrate sowie die Zahl der Neuaufnahmen anhand dieser Variablen offensichtlich nicht befriedigend erklären. Es bleibt daher zu untersuchen, ob die Ergebnisse durch Informationen über die Organisation des Einkaufs verbessert werden.

b) Merkmale der Organisation des Einkaufs

Im Zusammenhang mit dieser zweiten Gruppe von Einflußgrößen werden in der Adoptionsforschung insbesondere der Standardisierungs-, Formalisierungs-, Spezialisierungs- und Zentralisationsgrad diskutiert. [8] Während die drei erstgenannten Größen bekanntlich die Verteilung der Aufgaben und Aktivitäten in der Adoptionseinheit kennzeichnen, bestimmt der Zentralisationsgrad das Ausmaß der Entscheidungskonzentration. Diese Konstrukte müssen bei einer Analyse des Handels sowohl innerbetrieblich als auch zwischenbetrieblich – im Rahmen der Kooperation der verschiedenen Handelsstufen – analysiert werden. Die Operationalisierung dieser Größen erfolgte über Fragen zur Organisation des Warengeschäfts insgesamt, des Einkaufs und speziell der Neuaufnahmeentscheidung.

Die Ergebnisse multipler Regressionsanalysen auf der Basis dieser Variablengruppe gibt Abbildung 6 wider. Wie auch bei entsprechenden Diskriminanzanalysen zeigt sich hier ein recht heterogenes Bild. Dennoch zeichnen sich einige deutliche Tendenzen ab.

So verzögert sich der Adoptionszeitpunkt offensichtlich, je mehr unterschiedliche Funktionsträger an den verschiedenen Phasen der Neuaufnahmeentscheidung beteiligt sind. Dies bestätigt bekannte Ergebnisse der Organisationstheorie, wonach ein wachsender *Spezialisierungsgrad* durch die notwendige Koordination und Konsensbildung den Entscheidungsprozeß verlängert. Desgleichen führt ein weitreichendes Engagement der Zentrale im Bereich sortimentspolitischer Entscheidungen als Ausdruck eines hohen *Zentralisationsgrades* zu einer längeren Adoptionsdauer. Dies begünstigt andererseits die Zahl der Neuaufnahmen. Sind bei Aufnahmeentscheidungen auch die für den Verkauf im Handel zuständigen Personen beteiligt, so sinkt generell die Adoptionsbereitschaft. Offensichtlich übt der Verkauf durch seine Verbrauchernähe eine spezifische Filterfunktion bei der Sortimentsgestaltung aus.

Auch im Hinblick auf den *Formalisierungsgrad* lassen die Ergebnisse deutliche Tendenzen erkennen: je häufiger Ordersätze zur Anwendung kommen, um so höher ist die

	Adoptionsdauer									
	Produkt A	Richtung	Produkt B	Richtung	Produkt C	Richtung	Adoptionsrate	Richtung	Zahl der Neuaufnahmen	Richtung
Variablen der Regressionsgleichung	Beteiligte/Konditionen	+	Genutzte Bezugswege	-	Regelmässige Bezugswege	-	Ordersätze	+	Präsentation/Zentrale	+
	Beteiligte/Aufnahme	-	Beteiligte/Aktion	-	Zentrale im BC	-	Warengeschäft/Abteilungsleiter	+	Einkauf/Abteilungsleiter	+
	Orderkompetenz	+	Beteiligte/Konditionen	+	Präsentation/Zentrale	+	Genutzte Bezugswege	+	Aktion/Abteilungsleiter	+
			Verkauf im BC	+	Neugeschäft/Zentrale	+	Warengeschäft/Verkäufer	+	Genutzte Bezugswege	+
			Telefonbestellung	-	Aktion/Inhaber	-	Präsentation/Verkäufer	-	Warengeschäft Inhaber	+
			Präsentation/Zentrale	+	Konditionen/Zentrale	+	Warengeschäft/Beteiligte	+	Aufnahme/Inhaber	-
			Aktion/Abteilungsleiter	+	Ordersätze	-	Verkauf im BC	-	Warengeschäft/Beteiligte	+
			Vertreter-bestellung	-	Sortimentsbindung	-	Selbstabholer	-	Einzel-entscheidung	-
			Konditionen/Abteilungsleiter	-			Präsentation/Inhaber	-	Warengeschäft/Verkäufer	+
							Aktion/Zentrale	+	Aufnahme/Beteil.	+
							Neugeschäft/Einkäufer	+	Aufnahme/Zentrale	+
							Gremiums-entscheidung	-	Warengeschäft/Zentrale	+
									Zentrale im BC	+
									Aufnahme/Zentrale	+
									Konditionen/Zentrale	+
									Warengeschäft/Einkäufer	+
Erklärte Varianz	6.0%		15,2%		13,4%		18,2%		32,5%	

Abb. 6: Regressionsanalysen auf der Basis organisationsbedingter Variablen

Adoptionsrate. Aufnahmeentscheidungen können so zwar routinisiert, eine schnellere Diffusion jedoch nicht erreicht werden. Diese wird eher durch eine wachsende Zahl genutzter Bezugswege gefördert, weil sich die Kontaktchancen mit neuen Produkten erheblich erhöhen. Unterschiedliche Kontaktquellen vermitteln dem Einzelhändler vermutlich den Eindruck einer breiten Distribution und Akzeptanz der Innovation und schränken sein wahrgenommenes sortimentspolitisches Risiko ein.

Insgesamt betrachtet ist der Erklärungsbeitrag der Merkmale der Organisation des Einkaufs bezüglich der Adoptionsdauer geringer als derjenige der unternehmensbedingten Merkmale. Der hohe Aussagegehalt dieser Variablengruppe hinsichtlich der Zahl der Neuaufnahmen steht jedoch außer Zweifel.

c) Merkmale der Entscheidungsbeteiligten

Wenn es sich bei Adoptionsprozessen im Handel auch um organisationale Entscheidungen handelt, so sind es doch letztlich Individuen, welche Neuprodukte akzeptieren oder ablehen. Deshalb hat die Diffusionsforschung seit jeher den *personenbedingten* Variablen, d. h. den demographischen und psychografischen Merkmalen der Entscheidungsträger, besondere Aufmerksamkeit geschenkt. Neben dem Alter, der Ausbildung, den Funktionen im Unternehmen interessieren vornehmlich persönlichkeitsorientierte

	Adoptionsdauer									
	Produkt A	Richtung	Produkt B	Richtung	Produkt C	Richtung	Adoptionsrate	Richtung	Zahl der Neuaufnahmen	Richtung
Variablen der Regressionsgleichung	Genutzte Fachmedien	-	Vertreterbesuch Bewertung	-	Bewertung von Informationsquellen	-	Nutzung von Informationsquellen	+	Position	+
	Bewertung/Messen	-	Berufsausbildung	+	Schulausbildung	+	Nutzung Massenmedien	+	Bewertung Messen	+
	Kollegenkontakte	-	Position	+			Nutzung Fachmedien	+	Nutzung Fachmedien	+
	Bewertung Kommunikation	-	Bewertung Kundengespräche	+			Positionserfahrung	-	Bewertung Handelsvertreter	-
			Plakat/Nutzung				Risikobereitschaft	+	Schulausbildung	+
			TV - Nutzung	-			Innovationsneigung	+	Bewertung Radio	-
			Schulausbildung	-			Information der Zentrale/Bewertung	+	Positionserfahrung	-
			Alter	-			Berufsausbildung	-	Berufsausbildung	-
							Umweltoffenheit	+		
							Kollegenkontakte	+		
erklärte Varianz	9,7%		17,8%		4,4%		31,8%		20,0%	

Abb. 7: Regressionsanalysen auf der Basis personenbedingter Variablen

Variablen wie Risikobereitschaft, Umweltoffenheit, Prestigebewußtsein etc. Darüber hinaus wird das Informationsverhalten generell sowie das Medien- und Kommunikationsverhalten speziell zur Charakterisierung von Adopterkategorien verwendet. [9]

Die Ergebnisse der Regressionsanalysen, die in Abbildung 7 wiedergegeben sind, bestätigen den dominanten Einfluß des Informationsverhaltens auf die Adoptionsbereitschaft. Insgesamt sind die Einstellungen des Einzelhandels zu den verschiedenen *Informationsquellen* überwiegend positiv. [10] Dabei werden herstellerunabhängige Quellen, wie z. B. Informationen der Zentrale, Fachzeitschriften, Kollegen- und Kundengespräche als besonders nützlich eingestuft; sie genießen offenbar eine höhere Glaubwürdigkeit. Bei den Informationskanälen der Hersteller gilt das Interesse in erster Linie den persönlichen Kontakten durch den Außendienst oder auf Messen und Ausstellungen. Es ist festzustellen, daß mit wachsendem Interesse und zunehmender Nutzung von Informationsquellen auch die Adoptionsbereitschaft steigt. Dabei ist Vertreterbesuchen – trotz relativ geringerer Glaubwürdigkeit – eine besonders hohe Wirkung zuzuschreiben (vgl. im einzelnen Abb. 8).

Im *Medienverhalten* zeigen sich vornehmlich zwischen der Nutzung von Fachmedien sowie in geringerem Umfang der Nutzung von Massenmedien und dem Adoptionsverhalten positive Korrelationen. Schließlich weist auch ein ausgeprägtes *Kommunikationsverhalten* auf eine hohe Adoptionsbereitschaft hin. Entscheidungsträger mit ausgeprägter *Innovationsneigung* suchen im Rahmen von Neuaufnahmeentscheidungen den Kontakt zu Kollegen. In jener Gruppe finden sich demzufolge auch die Meinungsführer, die unter dem Aspekt der überdurchschnittlich positiven Bewertung kollegialer Kommunikation bekanntlich eine erhebliche diffusionsbeschleunigende oder -verzögernde Kraft besitzen.

Auf der Ebene dieser Variablen diskriminiert die Zahl der *Herstellerkontakte* im

Adoptionsverhalten / Kommunikationsverhalten	Adoptionsdauer A	Adoptionsdauer B	Adoptionsdauer C	Adoptionsrate	Zahl der Neuaufnahmen
Bewertung persönlicher Kommunikation					
- Gespräche mit den Herstellervertretern	-	-	-	0,0877*	-
- Gespräche mit Kunden	-	-	-	-	-
- Gespräche mit Kollegen	-	-	- 0,1262*	-	-
- Persönliche Kommunikation insgesamt	-	-	- 0,1537*	0,0946*	-
Nutzung persönlicher Kommunikation					
- mit dem Hersteller	-	0,2532**	-	0,1021*	-
- mit Kollegen	0,1551**	-	-	0,1082*	0,1169*
- bei der Aufnahmeentscheidung					

Abb. 8: Wirkungszusammenhänge zwischen dem Kommunikations- und Adoptionsverhalten

Rahmen der Aufnahmeentscheidung am besten. Bei den persönlichkeitsorientierten Merkmalen läßt eine ausgeprägte *Risikoneigung* auf eine hohe Adoptionsbereitschaft schließen. Darüber hinaus spricht ein starkes Selbstbewußtsein für eine schnelle Produktaufnahme. Demgegenüber spielen demographische Variablen bei der Trennung unterschiedlicher Adoptergruppen eher eine untergeordnete Rolle. Die Korrelationsanalyse erbrachte hier die bekannten Zusammenhänge: Jüngere Entscheidungsträger mit kürzerer Berufs- und Positionserfahrung zeichnen sich durch eine höhere Innovationsneigung aus und weisen gleichzeitig einen besonders hohen Grad an Risikobereitschaft, Umweltoffenheit, wahrgenommener Meinungsführerschaft sowie Prestigebewußtsein auf.

2. Herstellerbezogene Variablen

Wenden wir uns nun dem zweiten Komplex der Bestimmungsfaktoren des Adoptionsverhaltens, den herstellerbezogenen Variablen, nämlich den Merkmalen der *Produktinnovation* und der *Marketingaktivitäten* zu. Es muß hier vorweggenommen werden, daß die regressionsanalytische Auswertung bezüglich der Adoptionsdauer keinen zufriedenstellenden Erklärungsbeitrag lieferte. Demzufolge beruhen die nachfolgenden Schlußfolgerungen in erster Linie auf Ergebnissen der Korrelationsanalyse.

a) Merkmale der Innovation

Innovationsbedingte Variablen bringen in erster Linie die von den Entscheidungsträgern wahrgenommenen Eigenschaften des neuen Produktes z. B. hinsichtlich Neuigkeitsgrad, Qualität, Verpackung, Markenbekanntheit, Selbstverkäuflichkeit etc. zum Ausdruck. Die Befunde vieler Diffusionsstudien zeigen übereinstimmend, daß Innovationen mit bestmöglichen Ausprägungen der Variablen relativer Vorteil, Kompatibilität und Mitteilbarkeit besonders häufig und schnell übernommen werden. Auf der

Variablen der Innovation / Adoptionsverhalten	Adoption / Nicht-Adoption			Adoptionsdauer		
	Produkt A	Produkt B	Produkt C	Produkt A	Produkt B	Produkt C
1. Produktwahrnehmung						
- Neuigkeitsgrad	-	++	-	-	0.1947*	-
- Produktqualität	+	++	++	-	0.1745*	-
- Produktausstattung	++	++	++	-	-	-
- Packungsgrösse	++	-	++	-	-	-
- Produktvorteil	+	-	++	-	-	-
- Selbstverkäuflichkeit	-	++	+	-	0.1437*	-
- Markenbekanntheit	++	+	-	-	0.1420*	-
- Kundeninteresse	++	++	++	-	0.1279*	-
- Neuverwender	-	+	+	-	0.1302*	-
- Einpassung ins Sortiment	++	++	++	-	0.1698*	-
- Relativer Vorteil	++	++	++	-	0.2147**	-
- Kompatibilität	++	++	++	-	0.1593*	-
- Komplexität	-	++	+	-	-	-
- Teilbarkeit	++	-	++	-	0.1437*	-
- Mitteilbarkeit	++	++	+	-	0.1279*	-
Gesamturteil Produkt	++	++	++	-	0.1849*	-
2. Produktwissen						
Anzahl erinnerter Merkmale	++	+	++	-	0.2385**	0.1461**
3. Konkurrenzumfeld						
Anzahl vorrätiger Konkurrenzprodukte	-	++	++	-	-	-

Abb. 9: Wirkungszusammenhänge zwischen den innovationsbedingten Variablen und dem Adoptionsverhalten

Basis dieser Erkenntnisse gingen die Produktwahrnehmung, das Produktwissen und das Konkurrenzumfeld innerhalb der einzelnen Warengruppe mit den in Abbildung 9 wiedergegebenen Teilaspekten in die Untersuchung ein.

Die Vielzahl hochsignifikanter Zusammenhänge zwischen einer positiven *Produktwahrnehmung* und der Adoptionsentscheidung beweist, daß der Handel offensichtlich besonderen Wert auf hohe Qualität, eine wirkungsvolle Produktgestaltung, ein ausgeprägtes Kundeninteresse sowie eine sinnvolle Ergänzung zum vorhandenen Sortiment legt. Dementsprechend weisen auch die Indikatoren relativer Vorteil, Kompatibilität und Mitteilbarkeit eine hohe Signifikanz zum Adoptionsverhalten auf. Die Größen Komplexität und Teilbarkeit lassen indes keinen so eindeutigen Einfluß erkennen, was angesichts des Untersuchungsbereichs Lebensmittel auch nicht verwundert.

Im übrigen ist das *Produktwissen* in Form erinnerter Produktmerkmale bei den Übernehmern erheblich größer, so daß man für Nichtadopter ein Informationsdefizit vermuten kann. Betrachtet man das *Konkurrenzumfeld* innerhalb der einzelnen Warengruppen, dann fällt auf, daß Betriebe mit einer mittleren Anzahl vergleichbarer

Adoptionsverhalten / Ebene des Marketing	Adoption / Nicht-Adoption			Adoptionsdauer		
	Produkt A	Produkt B	Produkt C	Produkt A	Produkt B	Produkt C
1. Kontrahierung						
- Verkaufspreis	++	++	++	-	0,1426*	-
- Handelsspanne	+	+	-	-	-	-
- Rabatte / Konditionen	-	+	-	-	-	-
- Gesamturteil	-	+	-	-	-	-
2. Kommunikation						
- Ladenwerbematerial	-	-	-	0,1231*	0,1310*	-
- Konsumentenwerbung	-	+	-	-	0,1707*	0,1362*
- Verkaufsförderung	-	-	-	-	0,1309*	-
- Gesamturteil	-	+	-	-	0,1718*	-
3. Distribution						
- Aussendienst	+	-	++	0,1345*	-	-
- Belieferung	+	-	-	-	-	-
- Service	-	-	-	-	-	-
- Gesamturteil	++	-	-	-	-	-
4. Marketing-Aktivitäten						
- Beurteilung insg.	++	++	+	0,1530*	-	-
- Wissen (freie Nennung)	++	++	++	-	0,1817**	-
5. Image						
- des Herstellers	-	+	+	-	-	-
- des Konkurrenten	-	-	-	-	-	-
- Imagevor-/-nachteile	-	-	+	-	0,1467*	-
6. Herstellerbeziehung						
- Hersteller i. Sortim.	++	++	++	++	-	-
- zentrale Listung der Innovation	++	++	++	-	-	-

Abb. 10: Wirkungszusammenhänge zwischen den marketingbedingten Variablen und dem Adoptionsverhalten

Produkte am häufigsten adoptierten. Zu viele Konkurrenzprodukte erschweren demnach die Eroberung der knappen Regalfläche. Damit ist bereits der Einfluß des Herstellermarketing angesprochen.

b) Ausprägungen der Marketingaktivitäten

Die zweite Variablengruppe im Herstellerbereich bezog sich einmal auf sämtliche handels- und konsumentengerichteten Marketingaktivitäten. Daneben wurde das Image des Herstellers und die Variable »Herstellerbeziehungen« in die Betrachtung einbezogen. Letztere sollte prüfen, inwieweit bestehende Herstellerkontakte sowie eine Listung auf der Zentralen-Ebene den Markteintritt erleichtern bzw. beschleunigen.

Für diese Einflußgrößen ergaben sich die in Abbildung 10 wiedergegebenen Wirkungszusammenhänge zum Adoptionsverhalten. Insgesamt ist ihr Einfluß auf die Aufnahmeentscheidungen weit weniger ausgeprägt, als dies für die produktbedingten Merkmale zutrifft. Im Rahmen des *Kontrahierungsmix* spielen insbesondere der Verkaufspreis und erst in zweiter Linie Rabatte, Konditionen und die Handelsspanne eine adoptionsfördernde Rolle. Dies erstaunt angesichts der vielfältigen Diskussionen über ständig wachsende Konditionenforderungen des Handels. Freilich werden Lieferungs- und Zahlungsbedingungen in vielen Fällen auf der Ebene der Zentrale verhandelt. Damit sind sie für die Aufnahmeentscheidung der befragten Einzelhändler weniger von Bedeutung.

Zwischen der Wahrnehmung der *konsumentengerichteten Kommunikation* des Herstellers und der Aufnahmeentscheidung ergeben sich kaum signifikante Zusammenhänge. Dies mag nicht zuletzt darin begründet liegen, daß der Handel die oft wenig innovativen Kommunikationskonzepte im Lebensmittelsektor als selbstverständlich empfindet. Die Ergebnisse für Produkt B beweisen jedoch, daß eine besonders positiv wahrgenommene werbliche Unterstützung die Markteinführung beschleunigen kann. Ähnliches gilt für den Bereich der Distributionspolitik.

Alle drei Hersteller erfreuen sich im Absatzkanal eines überwiegend positiven *Images.* Dennoch eröffnet eine positive Einstellung zum Hersteller nicht unbedingt den Weg in Regal. Dies beweist ein weiteres Mal die ausgeprägte Nachfrageorientierung bei Sortimentsentscheidungen im Handel.

Diskriminanzanalysen auf der Grundlage herstellerbezogener Variablen erbrachten insgesamt für die Aufnahme bzw. Ablehnung einer Innovation die vergleichsweise höchsten Werte. Demnach unterscheiden sich Übernehmer und Ablehner in besonderem Maße durch die *Wahrnehmung der Innovation.* Die Eigenschaften der jeweiligen Innovation und die spezifische Markteinführungsstrategie des Herstellers bestimmen letztlich die Trennschärfe der einzelnen Variablen.

III. Implikationen für das Herstellermarketing

Im Anschluß an die Analyse adoptionsfördernder und -hemmender Einflußgrößen stellt sich die Frage nach den Implikationen für das Marketing. Aus der Fülle der Einzelinformationen können hier nur einige wesentliche Gesichtspunkte – gewissermaßen als Schlaglichter – herausgestellt werden. Diese lassen sich am besten aus dem relativen Erklärungsbeitrag der hersteller- und handelsbezogenen Variablen herleiten.

1. Erklärungswert der Variablengruppen als Ausgangspunkt

Aufschluß über die Erklärungsbeiträge aller Variablengruppen geben die Abbildungen 11 und 12. Sie fassen die Ergebnisse der Regressions- und Diskriminanzanalysen für die verschiedenen Untersuchungsebenen und Variablen des Adoptionsverhaltens zusammen. Der Aussagewert wird durch die erklärte Varianz bzw. die Trefferquote, d. h. die Anteile korrekter Klassifikationen, gemessen. Demnach lassen sich aus unserer Untersuchung vor allem drei Tendenzaussagen ableiten:

Adoptionsverhalten / Variablengruppen	Adoptionsdauer Produkt A	Produkt B	Produkt C	Adoptionsrate	Zahl der Neuaufnahmen
Handelsunternehmen	6,522	50,767	55,248	29,908	24,849
Organisation des Einkaufs	6,031	15,216	13,386	18,212	32,417
Entscheidungsbeteiligte	9,740	17,843	4,435	31,840	19,963
Handelsebene gesamt	25,896	70,908	58,406	57,55	49,899

Signifikanzniveau: mind. 90%

Abb.11: Regressionsanalysen auf der Basis unterschiedlicher Variablengruppen
(Anteil erklärter Varianzen in %)

Variablen	Adoptionsverhalten	Adoptionsdauer Produkt A	Adoptionsdauer Produkt B	Adoptionsdauer Produkt C	Adoptionsrate	Zahl der Neuaufnahmen	Adoption/Nicht-Adoption Produkt A	Adoption/Nicht-Adoption Produkt B	Adoption/Nicht-Adoption Produkt C
Handelsbezogene Variablen	Merkmale des Unternehmens	3,39 (56,87)	31,14 (74,37)	21,18 (78,41)	12,25 (60,00)	14,44 (72,19)	9,55 (63,75)	10,82 (66,25)	11,36 (63,75)
	Merkmale der Organisation des Einkaufs	10,56 (60,88)	14,60 (71,43)	15,37 (72,45)	33,64 (71,77)	25,40 (82,99)	23,81 (72,45)	23,25 (81,29)	22,09 (75,51)
	Merkmale der Entscheidungsbeteiligten	16,73 (70,24)	9,06 (65,48)	15,29 (71,73)	42,64 (81,85)	15,37 (72,32)	49,14 (87,20)	29,92 (83,93)	33,76 (79,76)
	Handelsbezogene Merkmale insgesamt	15,60 (67,14)	14,66 (66,90)	16,89 (75,10)	38,31 (78,87)	27,88 (79,39)	52,99 (88,69)	55,95 (94,72)	51,20 (90,66)
Herstellerbezogene Variablen	Merkmale des Produkts	1,93 (57,80)	3,24 (58,48)	1,66 (58,03)	- (-)	- (-)	15,21 (76,60)	9,92 (78,65)	9,86 (77,70)
	Merkmale des Marketing	0,64 (52,98)	6,35 (60,14)	9,18 (64,41)	- (-)	- (-)	11,77 (73,51)	8,70 (88,51)	22,85 (89,83)
	Herstellerbezogene Merkmale insgesamt	6,40 (60,43)	11,83 (67,61)	13,03 (73,04)	- (-)	- (-)	27,88 (90,65)	25,50 (95,77)	29,05 (90,43)

Abb. 12: Diskriminanzanalysen auf der Basis der unterschiedenen Variablengruppen

(1) Die *handelsbezogenen Variablen* besitzen generell für die Erklärung und Prognose des Adoptionsverhaltens des Handels eine hohe Bedeutung. Dies gilt gleichermaßen für alle abhängigen Variablen als Ausdruck der Adoptionsbereitschaft.

(2) Die *herstellerbezogenen Variablen* sind für die Übernahme oder Ablehnung einer Produktinnovation besonders wichtig. Für eine Prognose der Adoptionsdauer eignen sie sich dagegen kaum.

(3) Innerhalb der handelsbezogenen Variablen besitzen in erster Linie die Merkmale der Handelsorganisation einen hohen Prognosewert für die *Adoptionsdauer*. Hin-

sichtlich der *Adoptionsrate* sowie der *Zahl der Neuproduktaufnahmen* leisten die übrigen handelsbezogenen Variablengruppen einen wesentlichen zusätzlichen Erklärungsbeitrag.

Damit ist bereits ein wesentlicher Unterschied hinsichtlich der Eignung der Variablen-Ebenen für das Neuproduktmarketing der Hersteller angesprochen.

2. Ansatzpunkte für das Produktmarketing

Im Hinblick auf die zentrale Zielsetzung bei Neueinführungen, möglichst schnell einen hohen Distributionsgrad zu erreichen, spielt die Segmentierung von Handelsbetrieben zur Identifikation früher Adopter eine besondere Rolle. In diesem Zusammenhang sind für die *Informationsgewinnung* der Hersteller drei Aspekte besonders hervorzuheben:

(1) Der Handel präsentiert sich nicht als geschlossener, monolithischer Block. Es ist möglich und zweckmäßig, – analog zum Konsumentenverhalten – differenzierte Handelssegmente auf der Basis des Adoptionsverhaltens zu erfassen.

(2) Zur Ermittlung von Akzeleratoren der Diffusionsgeschwindigkeit eignen sich vor allem die unternehmensdemographischen Merkmale der Handelsbetriebe. Informationen über Zentralisations- und Formalisierungsgrad können ebenso wie Kenntnisse über die Entscheidungsbeteiligten, insbesondere ihr Medien- und Kommunikationsverhalten, zu einer diffusionsbeschleunigenden Zielung des Marketing beitragen.

(3) Lassen sich die Zielgruppen schnell identifizieren, dann könnte ein Innovatoren-Panel die Funktion eines Frühwarnsystems übernehmen. Durch die Bildung von Adoptionskennziffern (vergleichbar dem Distributionsgrad) ist das Scheitern von Produkten schneller zu prognostizieren (»FF« = Flop-Feuermelder).

Für segmentspezifische Marktbearbeitungsmaßnahmen sind die folgenden fünf Gesichtspunkte besonders beachtenswert:

(1) Ein profiliertes konsumentengerichtetes Marketing ist eine notwendige Voraussetzung für die Akzeptanz der Innovationen im Handel. Der Diffusionsprozeß kann hierdurch jedoch kaum beschleunigt werden.

(2) Dem persönlichen Verkauf kommt auf der Einzelhandelsebene eine Schlüsselfunktion zu. Entgegen so mancher Auffassung und Entwicklung ist ein schlagkräftiger Außendienst gerade zur Durchsetzung von Innovationen im Handel – verbunden mit empfängerbezogenen Argumenten – unabdingbar.

(3) Die Verkaufspreise spielen für Sortimentsentscheidungen des Handles eine zentrale Rolle. Die anderen Maßnahmen der Konditionenpolitik verlieren demgegenüber an Bedeutung. Die Wirkung der Rabattpolitik und ein sog. »Hineinverkaufen über die Konditionen« wird also von vielen Herstellern offensichtlich überschätzt.

(4) Die handelsgerichtete Marktkommunikation übernimmt eine wesentliche diffusionssteuernde Wirkung. Dieses Ergebnis findet sich auch in anderen Studien wieder, wonach eine breitere, über den Einkauf hinausreichende Ansprache der Funktionsträger im Handel anzustreben ist. [11]

(5) Der Beeinflussung der Konsumentennachfrage – erzeugt durch eine breit angelegte Werbekampagne in den Massenmedien – kommt nach wie vor eine erhebliche Sogwirkung zu. Damit erweist sich auch die Koordination handels- und konsumentengerichteter Marketingmaßnahmen als unabdingbar.

C. Zum Aussagewert der verhaltenswissenschaftlichen Akzeptanzforschung im Handel

Lassen Sie mich abschließend noch einige Bemerkungen zum Aussagewert dieser Studie und der verhaltenswissenschaftlichen Akzeptanzforschung im Handel machen.

Selbstverständlich können die Ergebnisse der vorliegenden Untersuchung nur bedingt verallgemeinert werden. Für abgesicherte Aussagen war es notwendig, »starke« *Markenartikel* in die Studie einzubeziehen. Zweifellos wäre es aufschlußreich, die Untersuchung auf eine größere Zahl von Artikeln auszudehnen und darüber hinaus Versager sowie markenlose Produkte in der Betrachtung zu berücksichtigen.

Hinsichtlich der verschiedenen *Meßkonzeptionen* des Adoptionsverhaltens zeigt sich, daß die zeitbezogene Betrachtung (Adoptionsdauer) vergleichsweise unsichere Ergebnisse liefert. Die produktbezogene Messung des Adoptionsverhaltens (*Adoption/Nicht-Adoption; Adoptionsraten)* sind als abhängige Variablen eher geeignet. Interessanterweise brachte die als Kontrollgröße erhobene *Innovationsneigung* eine weitgehend negative Einstellung zu Neuprodukten zum Ausdruck.

Was die *unabhängige Variablen* anbetrifft, so bedarf es keiner Begründung, daß die Akzeptanz von Innovationen im Handel zusätzlich durch die rechtlich-politische, soziale, wirtschaftliche und technologische Umwelt wesentlich beeinflußt wird. Es sei in diesem Zusammenhang nur auf die adoptionsfördernde bzw. -hemmende Wirkung gesetzlicher Regelungen, wie etwa der Flächenbeschränkung, Verbraucherschutz-Aktivitäten, technologische Neuerung der Warenpräsentation und nicht zuletzt auf die Rezession verwiesen.

Welche Auswirkungen gerade die im Rahmen dieser Tagung besonders interessierende wirtschaftliche Rezession auf die Neuproduktaufnahme zeitigt, sei wiederum am Beispiel aus dem Lebensmittelsektor belegt. [12] Die Entwicklung der Neuprodukteinführungen zeigt ein deutlich prozyklisches Verhalten. Die Zahl der Neueinführungen (inklusive veränderte Produkte bzw. Packungsgrößenvariationen) sank im Rezessionsjahr von 1127 auf 1058, blieb während der Rezession auf niedrigem Niveau und stieg mit beginnendem Aufschwung wieder stark an. Zahlreiche Indikatoren sprechen für die Vermutung, daß hierfür nicht nur das Verhalten der Hersteller, sondern die in Krisenzeiten kritischere Einstellung des Handels gegenüber Neuprodukten ausschlaggebend ist.

Die Untersuchung dieser umweltbezogenen Einflußgrößen wäre ebenso wünschenswert wie eine explizite Berücksichtigung des Konkurrenz- und Konsumentenverhaltens. Beide Sachverhalte wurden hier nur aus der Perspektive der Wahrnehmung des

Handels erfaßt. Damit ist auch die Notwendigkeit weitergehender Auswertungen des vorliegenden Datenmaterials angesprochen. Eine differenzierte Analyse der Interdependenzen zwischen den einzelnen Ebenen, die Einbeziehung von Prozeßvariablen, die Validierung der Daten mit Informationen aus dem Nielsen-Panel und vor allem der Vergleich der Ergebnisse mit dem Adoptionsverhalten auf der Großhandelsebene wird weitere Einsichten in das Akzeptanzverhalten der Absatzmittler ermöglichen.

Allein die bereits vorliegenden Ergebnisse erlauben einige generelle Bemerkungen zum Aussagewert der verhaltenswissenschaftlichen Akzeptanzforschung im Handel. Die Untersuchung bestätigt nicht nur, daß sich zahlreiche Erkenntnisse der konsumenten- und organisationsbezogenen Adoptionsforschung unmittelbar auf das Akzeptanzverhalten des Handels übertragen lassen. Vielmehr beweist der durch eine mehrstufige Modellbetrachtung gewonnene zusätzliche Erklärungsgehalt die Notwendigkeit einer verhaltenswissenschaftlichen Akzeptanzforschung im Handel. Freilich ist der Prognosegehalt solcher Forschungsansätze derzeit eher als kritisch zu bezeichnen. Dies beruht in erster Linie auf den erheblichen Problemen der Informationsbeschaffung. Die zukünftige Diffusionsforschung auf dem Gebiet des Handels muß daher sicherlich eine Synthese zwischen der mikroanalytischen verhaltenswissenschaftlichen und der makroanalytischen ökonomischen Betrachtungsweise anstreben. [13]

Anmerkungen

1 Zum Innovationsbegriff vgl. Schmitt-Grohè, J.: Produktinnovation. Verfahren und Organisation der Neuproduktplanung, Wiesbaden 1972, S. 25f.; Robertson, T. S.: The New Product Diffusion Process. In: Product Planning, hrsg. v. A. E. Spitz, Princeton-Philadelphia – New York – London 1972, S. 405ff., Böhnisch, W.: Personale Widerstände bei der Durchsetzung von Innovationen, Stuttgart 1979, S. 8ff.

2 Vgl. Meffert, H./Steffenhagen, H.: Konflikte zwischen Industrie und Handel. Empirische Untersuchungen im Lebensmittelsektor der BRD, Wiesbaden 1976; Steffenhagen, H.: Konflikt und Kooperation in Absatzkanälen – Ein Beitrag zur verhaltensorientierten Marketingtheorie, Wiesbaden 1975, S. 71ff.; Meffert, H./Steffenhagen, H.: Produkt- und Sortimentsinnovationen als Problem des vertikalen Marketing. In: Marketing heute und morgen – Entwicklungstendenzen in Theorie und Praxis, hrsg. v. H. Meffert, Wiesbaden 1975, S. 331ff.

3 Zum Stand der Adoptions- und Diffusionsforschung vgl. den Überblick bei Rogers, E. M.: New Product Adoption and Diffusion. In: Journal of Consumer Research, Vol. 2, 1976, S. 290ff.; stellvertretend seien folgende Standardwerke genannt: Kaas, K. P.: Diffusion und Marketing, Stuttgart 1973; Robertson, T. S.: Innovative Behavior and Communication, New York 1971; Rogers, E. M.: Diffusion of Innovation, New York and London 1962.

4 Vgl. Webster, F. E./Wind, Y.: Organizational Buying Behavior, Englewood Cliffs, N. J., 1972; in Anlehnung an dieses Modell vgl. die Weiterentwicklung bei Gröne, A.: Marktsegmentierung bei Investitionsgütern. Analyse und Typologie des industriellen Einkaufsverhaltens als Grundlage der Marketingplanung, Wiesbaden 1977; Steffenhagen, H.: Industrielle Adoptionsprozesse als Problem der Marketingforschung. In: Marketing heute und morgen, a. a. O., S. 109ff.; Ozanne, U. B./Churchill, G. A.: Five Dimensions of the Industrial Adoption Prcess. In: Journal of Marketing Research 1971, S. 322; Peters, M. P./Venkatesan, M.: Exploration of Variables Inherent in Adopting an Industrial Product. In: Journal of Marketing Research 1973, S. 312ff.

5 Vgl. GfK-Nürnberg, Der mündige Einzelhandel, Nürnberg 1977; A. C. Nielsen Co.: Das

Verhalten des Handels bei der Aufnahme von Produkten. Eine Untersuchung im Lebensmitteleinzelhandel. Unveröffentlichte Studie, Frankfurt 1978.

6 Einen Überblick über die verschiedenen Untersuchungskonzepte gibt Midgley, D. F./Dowling, G. R.: Innovativeness: The Concept and Its Measurement. In: Journal of Consumer Research, Vol. 4, 1978, S. 229ff.

7 Vgl. Rogers, E. M.: Diffusion of Innovations, a. a. O., S. 59ff.; Kiefer, K.: Die Diffusion von Neuerungen, Tübingen 1967, S. 80ff.; Topritzhofer, E.: Absatzwirtschaftliche Modelle des Kaufentscheidungsprozesses – Unter besonderer Berücksichtigung des Markenwahlaspektes, Wien 1974, S. 196ff.

8 Vgl. Lutschewitz, H./Kutschker, M.: Die Diffusion von innovativen Investitionsgütern. Theoretische Konzeption und empirische Befunde, München 1977, S. 54ff.; Baumberger, J./Gmür, U./Käser, H.: Die Ausbreitung und Übernahme von Neuerungen. Ein Beitrag der Diffusionsforschung, Bern und Stuttgart 1973, S. 860ff.

9 Vgl. Rogers, E. M.: a. a. O., S. 159ff.; Rogers, E. M./Shoemaker, F. F.: Communications of Innovations, New York und London 1971; Wüstendörfer, W.: Die Diffusion von Neuerungen, Erlangen 1974, S. 56ff.

10 Vgl. Dichtl, E./Bauer, H. H.: Hersteller-Handels-Kommunikation bei neuen Produkten auf dem Prüfstand – Ergebnisse einer empirischen Untersuchung. In: Lebensmittel-Zeitung 1978, Nr. 22; Lebensmittel-Zeitung (Hrsg.), Das Informationsverhalten des Lebensmittelhandels, Frankfurt 1977; vgl. o. V., Wie der Handel sich über neue Angebote informiert. In: Marketing Journal 1979, S. 150.

11 Vgl. Lebensmittel-Zeitung (Hrsg.): Die anoyme Macht, Einkaufsgreminen im Lebensmittelhandel, Frankfurt 1975.

12 Die Zahlen entstammen den laufenden Erhebungen der Lebensmittelzeitung.

13 Vgl. Sabel, H.: Zur Preispolitik bei neuen Produkten. In: Zur Theorie des Absatzes, hrsg. von H. Koch, Wiesbaden 1973, S. 415ff.; Schmalen, H.: Marketing-Mix für neuartige Gebrauchsgüter, Wiesbaden 1979, S. 39ff.; Bass, F. M.: A New Product Growth Modell for Consumer Durables. In: Management Science, Vol. 15, 1969, S. 215ff.

Werner-Michael Esser

Technologiefolgen-Abschätzung und Unternehmensplanung

A. Technologische Innovationen: Gesellschaftliche Relevanz und Konsequenzen für die Unternehmensplanung

B. Das Konzept der Technologiefolgen-Abschätzung
  I. Zielsetzung und Begriff der Technologiefolgen-Abschätzung
  II. Merkmale der Technologiefolgen-Abschätzung
  III. Der Prozeß der Technologiefolgen-Abschätzung

C. Gesellschaftsbezogene Unternehmensplanung und externe Effekte
  I. Zur Leitidee einer Gesellschaftsbezogenen Unternehmensplanung
  II. Technologiefolgen-Abschätzung im Lichte einer gesellschaftsbezogenen Unternehmensplanung
  III. Technologiefolgen-Abschätzung und Strategische Frühaufklärung

D. Probleme der praktischen Realisierbarkeit von Technologiefolgen-Abschätzungen
  I. Methodische Fragen
  II. Fragen der Einführung und Durchsetzung

Anmerkungen

Literaturverzeichnis

Seit einiger Zeit mehren sich die Stimmen, die fordern, neue Produkte und Produktionsverfahren nicht allein unter dem Gesichtspunkt zu beurteilen, welchen technischen Fortschritt sie verkörpern. Vielmehr sollten innovative Technologien auch auf ihre möglichen Folgen für die Gesellschaft überprüft werden. Ausdruck dieser Sichtweise sind Bemühungen, Konzepte für eine umfassende Prognose und Bewertung der Technologiefolgen zu entwickeln. Wir wollen im folgenden diesen Gedanken aufgreifen und ihn in den größeren Zusammenhang der Unternehmensplanung stellen. Dabei geht es uns insbesondere darum zu zeigen, welchen Beitrag das Konzept der Technologiefolgen-Abschätzung für eine strategische Unternehmensplanung zu leisten vermag und wie realistisch eine Verwirklichung der wesentlichen Elemente dieses Konzepts einzuschätzen ist.

A. Technologische Innovationen: Gesellschaftliche Relevanz und Konsequenzen für die Unternehmensplanung

Es läßt sich neuerdings eine zunehmende Sensibilität breiter Bevölkerungskreise für die Gefahren und Risiken erkennen, die sich aus der Anwendung neuer Technologien ergeben können. Im Rahmen staatlicher Technologiepolitik setzten schon seit einiger Zeit Bemühungen ein, Frühwarnsysteme für die Schäden und Gefahren zu entwickeln, die der Gesellschaft aufgrund staatlicher Technologieplanungen drohen. Insbesondere in den Vereinigten Staaten, aber auch in anderen westlichen Ländern ist mittlerweile eine Vielzahl staatlich veranlaßter Studien über die gesellschaftlichen Auswirkungen neuer Technologien durchgeführt worden. [1]

Offenkundig aber reichen diese zunächst allein der staatlichen Administration überlassenen Bemühungen nicht aus. Zum einen zeigt Lawless in einer Sammlung von 45 Fällen aus der jüngsten Vergangenheit, wie schnell mangelhafte oder fehlende Untersuchungen über mögliche Auswirkungen innovativer Technologien zu einem »gesellschaftlichen Schock« führen. [2] Zum anderen können derartige mögliche gesellschaftliche Schocks für die Unternehmen erhebliche Konsequenzen haben. Sie rechtzeitig zu erkennen, würde dann bedeuten, bei einer Analyse des Portfolios der eigenen Produkte bzw. Produktionsverfahren deren Marktattraktivität erheblich vorsichtiger zu beurteilen. [3] Ein Beispiel aus diesen Tagen mag dies erhellen.

Noch vor Jahren schätzten die Energieversorgungsunternehmen die Marktattraktivität für die Verwendung von Kernenergie recht positiv ein. Die Lage hat sich jedoch grundlegend gewandelt.

Die Auseinandersetzung über die Verwendung von Kernenergie hat in jüngster Zeit eine Reihe von Bürgerinitiativen ins Leben gerufen und zu einer Vielzahl von Protestaktionen geführt. Es mehren sich Meldungen, wonach aufgrund heftigen Widerstands verschiedener Kreise der Gesellschaft projektierte bzw. in Bau befindliche Kernkraftwerke nicht fertiggestellt werden können oder schon betriebsbereite Kernkraftwerke (vorübergehend) stillgelegt werden müssen. Unbesehen der Auswirkungen auf die gesamte Energieversorgung und möglicher damit zusammenhängender gesamtwirtschaftlicher Probleme gehen allein die daraus resultierenden Baukostensteigerungen und Betriebsverluste in mehrstellige Millionenbeträge. Ganz sicherlich würde man es sich zu einfach machen, den Protest und die teilweise recht streitfertige Stimmung allein als Demonstration einiger weniger Linksextremisten und uneinsichtiger Chaoten anzusehen, denen es weniger um die Sache als solche als um einen Angriff auf die staatliche Ordnung geht. Gewiß spielt dies bei manchen Aktionen gegen Kernkraftwerke eine Rolle, wenn auch u. E. nicht die entscheidende. Entscheidend scheint vielmehr zu sein, daß viele der dabei vorgebrachten Argumente bei einem Teil der Bevölkerung auf einen offenbar fruchtbaren Boden fallen. Sie werden von der betroffenen Bevölkerung als eine akzeptable Artikulation der eigenen Ängste verstanden.

Das Beispiel der Kernenergie-Debatte und ihrer Konsequenzen für die Energieversorgungsunternehmen steht jedoch nicht allein. Schon werden etwa Stimmen laut, die vor der Verwendung von Mikroprozessoren und ihren Arbeitsplatz vernichtenden Wirkungen warnen. Man geht wohl nicht fehl in der Annahme, daß es nur noch bestimmter prominenter Ereignisse bedarf, um die breite Öffentlichkeit zu mobilisieren und das Thema in ähnlicher Weise zu politisieren.

Diese und andere Beispiele zeigen: Es besteht ein zunehmend sensibilisiertes Bewußtsein der Öffentlichkeit für die Gefahren und Risiken, die sich aus der Verwendung neuartiger Technologien für die verschiedensten Lebensbereiche der Gesellschaft ergeben können. Die Folgen sind kaum mehr kalkulierbare Gegenreaktionen, erbitterte Konflikte und heftige Widerstände. Fast scheint es, daß man in der wissenschaftlichen Diskussion ebenso wie im praktischen Unternehmenshandeln zu lange primär die positiven Wirkungen technologischer Innovationen für wirtschaftliches Wachstum und ökonomische Wohlfahrt der Gesellschaft sah, weniger aber die damit verbundenen negativen Folgen für die betroffenen gesellschaftlichen Gruppen. Aktuelle Schlagworte wie »Qualität des Lebens«, [4] »Humanität in der Arbeitswelt«, [5], und »Konsumerismus« [6] sind nicht nur Ausdruck für eine zunehmend aufgeklärte Mündigkeit des Bürgers. [7] Sie sind auch Sinnbild für die Weigerung, Folgen von Entscheidungen, an deren Zustandekommen man nicht beteiligt war, gegen sich gelten zu lassen. Man ist, mit anderen Worten, immer weniger dazu bereit, die externen Nachteile unternehmerischer Planungen und Entscheidungen zu tragen.

Für die Unternehmen bedeutet dies, ihre Planungen nicht allein an ökonomischen Erfolgsgrößen auszurichten, sondern auch die gesamtgesellschaftlichen Bezüge ihres Handelns zu beachten. Dabei werden es sich die Unternehmer auf Dauer nicht leisten können, sich auf die möglicherweise prinzipiell anerkannte Verantwortung ihres Unternehmens gegenüber der Gesellschaft zu berufen. [8] Vielmehr wird es darauf ankommen, der Gesellschaftsbezogenheit unternehmerischer Planungs- und Entscheidungsprozesse dadurch sichtbaren Ausdruck zu verleihen, daß man die Auswirkungen des eigenen Handelns auf die verschiedenen Bereiche der Gesellschaft frühzeitig erfaßt und explizit ins Kalkül setzt. [9] Dies ist nicht nur der tatkräftigste Beweis für eine wirkliche »corporate social responsibility«. Es scheint auch eine geeignete Methode zu sein, im Sinne einer strategischen Frühaufklärung Diskontinuitäten im gesellschaftlichen Umfeld des Unternehmens rechtzeitig zu erkennen und die sich daraus ergebenden Bedrohungen abwehren und Chancen nutzen zu lassen.

Mit dem Konzept der Technologiefolgen-Abschätzung wird im folgenden ein Instrumentarium erörtert, welches nach Konstruktion und Intention seiner Verfechter einen Beitrag für eine derartige frühzeitige Erfassung und Bewertung gesellschaftlicher Auswirkungen von Technologieentscheidungen zu leisten verspricht. [10] Inwieweit freilich dieses Versprechen tatsächlich einzulösen ist, wird im Anschluß an eine mehr skizzenhafte Darstellung der wesentlichen Merkmale dieses Konzepts zu diskutieren sein.

B. Das Konzept der Technologiefolgen-Abschätzung

Die seit der zweiten Hälfte der sechziger Jahre insbesondere von den Vereinigten Staaten ausgehenden Bestrebungen, ein Instrumentarium zur frühzeitigen Abschätzung von Technologiefolgen zu entwickeln, hat mittlerweile auch in anderen Ländern ein starkes Echo hervorgerufen. Sichtbarer Ausdruck hierfür ist eine Fülle von Publikationen und Einrichtungen, die sich mit derartigen Technologiefolgen-Abschätzungen (Technology Assessment; im folgenden auch TA abgekürzt) auseinandersetzen. [11] Trotz dieser vielfältigen Bemühungen zeichnet sich ein gewisser »harter Kern« dieses Konzepts ab. Er soll nachfolgend in der gebotenen Kürze referiert werden.

I. Zielsetzung und Begriff der Technologiefolgen-Abschätzung

Technology Assessment geht im wesentlichen auf das zunehmende Interesse an den direkten und indirekten Folgen von innovativen Technologien für die Gesellschaft und ihre einzelnen Bereiche zurück. [12] Eine maßgebliche Rolle spielt dabei die Erkenntnis, daß aufgrund der hohen Interdependenzen gesellschaftlicher, ökologischer und ökonomischer Prozesse neue Technologien erhebliche Auswirkungen auf eine Vielzahl von Bereichen der menschlichen Gesellschaft haben, die unübersehbar und indirekt sowie aus individueller bzw. gesamtgesellschaftlicher Sicht unerwünscht oder unbeabsichtigt sind. Hinzu kommen eine Ausweitung und teilweise Umorientierung der gesellschaftlichen Wertvorstellungen: Technologische Neuerungen lassen sich nicht mehr und in erster Linie allein an *ökonomischen* einzel- und gesamtwirtschaftlichen Zielen messen. Sie sind in einem multidimensionalen Zielsystem etwa auch hinsichtlich ihres Beitrags für die Erhöhung des gesellschaftlichen Nutzens (»Qualität des Lebens«), der Erhaltung eines ökologischen Gleichgewichts und der langfristigen Rohstoffsicherung zu beurteilen.

Die Nichtübereinstimmung des Kreises der an unternehmerischen Entscheidungen Beteiligten mit den von den Entscheidungskonsequenzen Betroffenen führt meist zu einer unvollständigen Interessenberücksichtigung, die in zentralen gesellschaftlichen Bereichen nicht widerspruchslos hingenommen wird: »Die Aufmerksamkeit von Massenmedien, Konsumentenorganisationen und Meinungsführern richtet sich zunehmend auf gesellschaftliches Defizit der Interessenberücksichtigung bei Entscheidungen von Subsystemen und erzwingt eine umfangreiche Berücksichtigung sekundärer und tertiärer Nebenfolgen«. [13]

Für die Unternehmensplanung bedeutet dies dann, bei Entscheidungen über neuartige Technologien (z. B. innovative Produktionsverfahren, neue Produkte und neue Organisationsformen) auch die externen Effekte, die sich aus dem Einsatz dieser Technologien für die zentralen gesellschaftlichen Bereiche (Wirtschaft, Allgemeinheit, Umwelt) ergeben, zu prognostizieren und zu bewerten. Die im Mittelpunkt der hier vorgetragenen Überlegungen stehende Technologienfolgen-Abschätzung ist als ein Konzept anzusehen, welches über die Analyse externer Effekte die Sensibilität der Unternehmen gegenüber den Interessen der Betroffenen erhöhen und die Konsensbildung fördern soll.

Verhältnismäßig übereinstimmend wird Technology Assessment definiert

»als die integrierte und systematische Analyse, Voraussage und Bewertung der wesentlichen (positiven und negativen, direkten und indirekten, unmittelbaren und verzögerten) Auswirkungen und Konsequenzen in den zentralen Bereichen einer Gesellschaft (Wirtschaft, Umwelt, Institutionen, Politik, Allgemeinheit, spezielle Gruppen), die bei Einführung oder Veränderung einer Technologie auftreten.« [14]

Entsprechend ihrem Anlaß werden in der Literatur bisweilen problem-, technologie- und projektinduzierte TA-Untersuchungen unterschieden. [15] *Probleminduzierte* Studien prüfen alternative technische Möglichkeiten zur Lösung akuter oder zukünftiger Probleme der Gesellschaft. *Technologieinduzierte* Studien untersuchen die vielfältigen Folgewirkungen neuer oder bereits bekannter Technologien. *Projektinduzierte* Studien sollen schließlich die Folgewirkungen eines ganz spezifischen Beispiels einer Technologieanwendung aufdecken, z. B. den Bau eines Kernkraftwerks an einem bestimmten Standort. Betriebswirtschaftlich relevant dürften vor allem die beiden letztgenannten Einsatzbereiche von Technologiefolgen-Abschätzungen sein. Nimmt man aber die Idee von einer fortschrittsfähigen, gesellschaftsbewußten Organisation ernst, zu einer verstärkten Befriedigung der Bedürfnisse ihrer gesellschaftlichen Umwelt beitragen zu wollen [16], so werden auch probleminduzierte Technologiestudien zunehmend an Bedeutung gewinnen und den Unternehmen neue Tätigkeitsgebiete eröffnen. [17]

Technologiefolgen-Abschätzungen können reaktiv, projektiv und historisch-retrospektiv durchgeführt werden. [18] *Projektive* Studien erfassen die wahrscheinlichen Folgewirkungen von Technologien *vor* ihrer Anwendung. Sie sind die eigentliche Domäne des TA-Konzepts. Demgegenüber untersuchen *reaktive* Studien die Folgewirkungen *nach* bereits erfolgter Anwendung. Sie können zwar sicherlich genauer als projektive Untersuchungen die Technologiefolgen erfassen und bewerten sowie Möglichkeiten aufzeigen, negative Folgen abzuwenden oder einzuschränken, was hinsichtlich einer geplanten verstärkten Anwendung bestimmter Technologien wichtig sein kann. Dabei darf jedoch nicht übersehen werden, daß derartige reaktive Studien leicht einen frühere Entscheidungen rechtfertigenden Charakter annehmen können. Insbesondere aber entsprechen sie nicht der Grundforderung der Technologiefolgen-Abschätzung, »daß Technologien, soweit möglich, bereits vor ihrer Anwendung im Hinblick auf ihre potentiellen Folgewirkungen untersucht werden, damit nicht bedeutende Investitionen getätigt werden, die durch eventuell erforderliche nachträgliche Modifikationen oder gar durch Stillegung wirtschaftlich sinnlos werden.« [19] *Historisch-retrospektive* Untersuchungen sollen schließlich anhand von Fallstudien kritische Entscheidungsverläufe nachzeichnen, um auf diese Weise Anhaltspunkte über den notwendigen Informationsbedarf sowie über geeignete Methoden und Prozeduren zu erhalten. [20] Diese Art von Studien kann von großem wissenschaftlichen Interesse insbesondere für die Verwendung von Technologiefolgen-Abschätzungen als Frühaufklärungssysteme sein. Die Forschung befindet sich hier allerdings noch im Anfangsstadium.

Auf die sowohl hinsichtlich ihres Anlasses als auch ihrer zeitlichen Perspektive wesentlichen Anwendungsgebiete reduziert kann – betriebswirtschaftlich gesehen – das TA-Konzept als zukunftsorientierte, auf wichtige Einzelentscheidungen ausgerichtete Komponente eines gesellschaftsbezogenen Informations- und Rechnungswesens des Unternehmens aufgefaßt werden. [21] Da die Folgewirkungen technologischer Entscheidungen der Unternehmen für diese außer mit möglichen Chancen insbesondere auch mit beträchtlichen Gefahren verbunden sein können, sollen TA-Studien dazu beitragen, »die ›neuen‹ Risiken aus der sozialen und politischen Umwelt durch Verbesserung des Umfangs und der Qualität der als Basis für die unternehmerische Entscheidung dienenden Informationen zu reduzieren.« [22]

Es sollen systematisch alle Sekundär- und Tertiäreffekte einer Entwicklung, Anwendung und Verbreitung neuer Produkte bzw. Produktionsverfahren oder tiefgreifender organisatorischer Veränderungen herausgearbeitet und analysiert werden, bevor eine Nutzung oder Veränderung der Technologie geplant bzw. beschlossen wird. Ziel ist es dabei, negative Sekundär- und Tertiäreffekte wenn schon nicht zu vermeiden, so doch zu reduzieren. Im Sinne einer gesellschaftlichen Verantwortung des Unternehmens ist dann bei mehreren zur Auswahl stehenden Alternativen diejenige mit den geringsten Folgekosten oder den höchsten Folgenutzen zu wählen. Im Rahmen der Unternehmensplanung kommt dem Technology Assessment somit die Aufgabe zu, »nach Vorgabe der allgemeinen Firmenstrategie die zukünftigen Markt- und Umweltbedingungen zu untersuchen und danch Zielvorstellungen über die anzuwendenden Technologien zu entwickeln.« [23]

II. Merkmale der Technologiefolgen-Abschätzung

Als ein Konzept zur Unterstützung technologischer Entscheidungen weist das Technology Assessment sehr enge Beziehungen zur Systemanalyse (im Sinne der Rand Corporation) auf. Sie kann als ein spezielles Teilgebiet bzw. als eine auf Technologieplanung spezialiserte Verfeinerung der Systemanalyse angesehen werden. Die Hauptmerkmale des Technology Assessment lassen sich wie folgt zusammenfassen [24]:

(1) Die zu lösenden Probleme sind äußerst schlecht-strukturiert. Dies bedeutet, daß sich weder optimale Lösungen noch eindeutige Lösungswege angeben lassen. Die Identifikation und Bewertung der Auswirkungen einer Technologie sind stets mit erheblichen Ungewißheiten verbunden. Die vorhandenen und zu gewinnenden Informationen sind in der Regel unvollständig. Als Folge davon können die zu prognostizierenden und zu bewertenden Folgen immer nur vor dem gegenwärtigen Erkenntnisstand Gültigkeit beanspruchen.

(2) Die Abschätzung der Technologiefolgen umfaßt neben den direkten, unmittelbaren Auswirkungen auch indirekte, mittelbar und verzögert auftretende sekundäre, tertiäre und höherrangige Auswirkungen.

(3) Bei der Beurteilung einer Technologie werden ihre Konsequenzen für alle wichtigen Bereiche der Gesellschaft erfaßt. Die im gesellschaftlichen System vorhandenen Interdependenzen werden ausdrücklich berücksichtigt.

(4) Eng mit diesen Merkmalen verbunden ist meist die Tatsache, daß eine Technologie oder deren Auswirkungen mehr als einen Personenkreis berührt. Es sind daher die unterschiedlichen betroffenen Interessen transparent zu machen. Um die Durchsetzbarkeit von Entscheidungen über die Entwicklung und Anwendung neuer Technologien richtig einzuschätzen, sind die einzelnen Interessengruppen daraufhin zu überprüfen, inwieweit sie derartige Entscheidungen unterstützen, ablehnen oder neutral betrachten. Technology Assessment ist damit mehr als ein Konzept der Entscheidungsvorbereitung. Es ist auch ein Instrument zur Durchsetzung politischer Entscheidungen.

(5) Entsprechend der vagen Definition des Problems und der Ungewißheit über die Konsequenzen neuer Technologien ist die Anwendung exakter, quantitativer Methoden des Operations Research und der Ökonometrie begrenzt. Der Einsatz inexakter Verfahren ist üblich. Da damit Orientierungshinweise und Empfehlungen sehr stark von Expertenurteilen und subjektiven Einschätzungen der Beteiligten und Betroffenen geprägt sind, können Technologiefolgen-Abschätzungen »keine wissenschaftliche Objektivität im Sinne intersubjektiver Überprüfbarkeit für sich in Anspruch nehmen.« [25]

(6) Es soll aber gewährleistet sein, daß die in die Untersuchung eingegangenen Prämissen und die daraus gezogenen Schlußfolgerungen offen und vollständig dargelegt werden. Eine entsprechende Transparenz soll nicht nur den eigentlichen Entscheidungsträgern, sondern auch den Betroffenen ermöglichen, sich ein Urteil über das Ergebnis der TA-Untersuchung unter Berücksichtigung der getroffenen Annahmen zu bilden. Angesichts der vielfältigen subjektiven Entscheidungen (etwa im Zusammenhang mit der Zusammensetzung des Untersuchungsteams, der Auswahl der Daten und Methoden sowie der bei der Bewertung der Technologie und ihrer Auswirkungen zugrunde gelegten Wertsysteme) müssen Vorgehen und Zustandekommen der Ergebnisse nachvollziehbar sein.

Neben den in diesen Merkmalen sichtbar werdenden Zusammenhängen der Technologiefolgen-Abschätzung mit der *Systemanalyse* bestehen darüber hinaus auch enge Beziehungen insbesondere zu solchen – letztlich schwer voneinander abgrenzbaren – Forschungsrichtungen, die sich mit der Prognose technischer und gesellschaftlicher Entwicklungen befassen. Dies gilt zum einen für das Gebiet des *Technological Forecasting,* dessen Hauptzweck darin besteht, wahrscheinliche Verfügbarkeit und Verwendung technologischer Innovationen in der Zukunft abzuschätzen. Technologievorhersagen und die zu ihrem Zweck entwickelten Methoden sind insofern Voraussetzung bzw. wesentlicher Bestandteil von Technologiefolgen-Abschätzungen. [26] Soweit der Aufgabenbereich des Technological Forecasting auch auf die Vorhersage wahrscheinlicher ökonomischer, sozialer und politischer Auswirkungen wissenschaftlich-technischer Entwicklungen ausgedehnt wird, sind beide Forschungsrichtungen nahezu deckungsgleich. Zum zweiten bestehen auch Zusammenhänge zwischen Technology Assessment und den Versuchen, gesellschaftliche Entwicklungen und den Wandel gesellschaftlicher Wertsysteme zu prognostizieren *(Social Forecasting* und *Bedürfnisprognose).* [27] Dies gilt insbesondere für den ganzen Fragenbereich der Bewertung von zukünftigen Technologiefolgen. Schließlich ist auch noch auf die Verwandtschaft mit der *Diffusions- und Innovationsforschung* zu verweisen, welche Anhaltspunkte für mögliche fördernde oder hemmende Faktoren bei der Umsetzung und Verbreitung wissenschaftlich-technischer Erkenntnisse geben kann. Insgesamt zeigt sich somit, daß das Konzept der Technologiefolgen-Abschätzung nicht nur einen multidisziplinären und multimethodischen Ansatz verkörpert, sondern auch enge Zusammenhänge zu anderen Forschungsgebieten aufweist. Die trotz dieser Beziehungen weitgehende Eigenständigkeit dieses Konzepts offenbart sich vornehmlich im eigentlichen Ablauf des TA-Prozesses.

III. Der Prozeß der Technologiefolgen-Abschätzung

Zur Analyse, Prognose und Bewertung unbeabsichtigter, indirekter und mit zeitlichen Verzögerungen auftretender Auswirkungen neuer Technologien wird im allgemeinen die von OST/MITRE entwickelte Vorgehensweise als ein geeignetes Rahmenkonzept angesehen. [28] Dieses beinhaltet sieben Arbeitsstufen, wobei die einzelnen Stufen nicht als Folgeschritte aufzufassen sind, da der Prozeß Simultanschritte und Iterationen durchläuft. Im einzelnen umfassen diese Schritte folgende Aktivitäten [29]:

(1) Definition der Assessmentaufgabe nach Inhalt, Reichweite, Untersuchungstiefe, Planungshorizont, Art der Einflüsse und verfügbaren Ressourcen.
(2) Beschreibung aller relevanten technischen Entwicklungen und ihrer gesellschaftlichen Implikationen.
(3) Feststellung der Wechselwirkungen zwischen technologischen und nicht-technologischen (gesellschaftlichen) Faktoren.
(4) Identifizierung der Bereiche einer Gesellschaft, die von den untersuchten Technologien positiv oder negativ beeinflußt werden.
(5) Analyse der Auswirkungen in den einzelnen gesellschaftlichen Bereichen unter Berücksichtigung der zwischen den Bereichen bestehenden Interdependenzen.
(6) Feststellung alternativer Maßnahmenprogramme für die einzelnen Technologien, um deren negative Wirkungen zu unterbinden und deren günstige Auswirkungen zu unterstützen.
(7) Abschließende Bewertung der verschiedenen Technologien, wobei die möglichen Veränderungen der in Schritt (5) antizipierten Auswirkungen durch die in Schritt (6) festgestellten Maßnahmenprogramme zu berücksichtigen sind. Die Ergebnisse sollen »in einer jedem Laien verständlichen Sprache« [30] abgefaßt als Grundlage einer Entscheidung zwischen alternativen Technologien dienen bzw. zu einer eindeutigen Technologiefolgen-Abschätzung führen.

Ganz auf der Linie dieses Rahmenkonzepts einer Prozeßgestaltung liegen die mittlerweile diskutierten Vorschläge eines erweiterten Ablaufschemas. Dabei sind es insbesondere drei Gründe, die eine Ergänzung bzw. Modifikation des OST/MITRE-Konzepts sinnvoll erscheinen lassen:

»– die Einbeziehung betroffener gesellschaftlicher Gruppen in die Phase der Auswirkungsanalyse und der Bewertung,

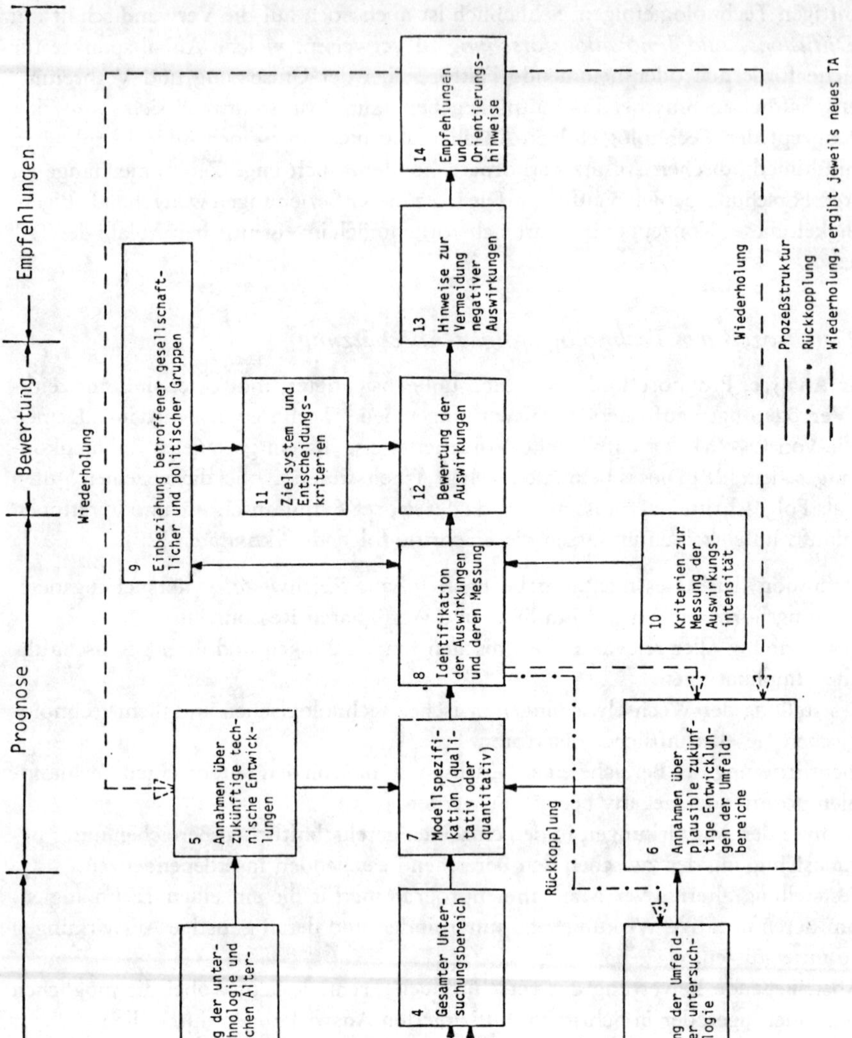

Abb. 1: Prozeß der Technologiefolgen-Abschätzung nach Battelle (1976)

- die Klarstellung, daß es beliebig viele TA zu einem vorgegebenen Problem gibt und daß das Ergebnis einer TA-Studie von den Annahmen (Szenarien) abhängt,
- Hinweise auf die Vermeidung negativer Auswirkungen.« [31]

Eine Berücksichtigung dieser für Technologiefolgen-Abschätzungen wesentlichen Elemente führt dann notwendigerwiese zu einer Ausweitung der formalen Prozeßstrukturen. Wir wollen im folgenden den von einem Sachverständigengremium erarbeiteten Entwurf eines solchermaßen ausgeweiteten Prozeß-Konzepts aufgreifen und in seinen wesentlichen Zügen skizzieren. Danach läßt sich der Prozeß in 14 Ablaufschritte mit einer Vielzahl von Rückkopplungen und Iterationen zerlegen [32] (siehe Abb. 1).

Im Rahmen der *Analyse* sind zunächst die Intentionen und Randbedingungen, d. h. die eigentliche Aufgabenstellung der Technology Assessment-Studie zu definieren (1). Bei der Abgrenzung des Untersuchungsgegenstandes tritt jedoch das Problem auf, daß die Ziele noch weitgehend vage sind und über Art und Umfang der Auswirkungen der zu untersuchenden Technologie noch große Unsicherheiten bestehen. Das Problem weist in diesem Stadium noch eine Vielzahl von offenen Beschränkungen auf, die im Laufe des Prozesses zu schließen und dem veränderten Erkenntnisstand anzupassen sind. Dennoch empfiehlt es sich, den Untersuchungsablauf zumindest in den Grundzügen konzeptionell festzulegen. Anhaltspunkte für eine derartige Festlegung bestehen in einer ersten Analyse der tangierten Umfeldbereiche und der zwischen ihnen bestehenden Interdependenzen. Diese Systembeschreibung ist zu ergänzen um eine Feststellung der zur Verfügung stehenden zeitlichen, finanziellen und personellen Gegebenheiten sowie der anwendbaren Untersuchungsmethoden. Schließlich ist in dieser Stufe bereits eine erste Klärung der Frage herbeizuführen, welche ökonomischen, sozialen oder politischen Faktoren in welcher Tiefe zu untersuchen sind.

An die Definition der Aufgabenstellung schließt sich eine Beschreibung der zu untersuchenden Technologien (2) sowie der tangierten Umfeldbereiche an (3). Dies führt zu einer zumindest vorläufigen Abgrenzung des gesamten Untersuchungsfeldes (4), die jedoch im Verlauf des Prozesses durch die identifizierten Auswirkungen (Schritt 8) verändert werden kann.

Der Analyse folgt eine Reihe *prognostizierender* Aktivitäten. In erster Linie sind hier Annahmen über zukünftige technische Entwicklungen (5) und über zukünftige soziale, wirtschaftliche und politische Veränderungen zu generieren (6). Zusammen mit der in den Schritten 2, 3 und 4 analysierten Ausgangssituation bilden diese Annahmen die wesentlichen Elemente eines qualitativ oder quantiativ zu formulierenden Modells (7). Dieses Modell bildet die Grundlage für eine Prognose der zukünftigen Entwicklungen und die Identifikation ihrer Auswirkungen auf die Technologien und die tangierten Umfeldbereiche (8). Dabei kommt es gemäß dem selbst gestellten Anspruch darauf an, bei Prognose und Identifikation der Auswirkungen subjektive Voreingenommenheiten des Untersuchungsteams dadurch zu überwinden, daß auch die Perspektiven der von innovativen Technologien betroffenen gesellschaftlichen Gruppen als relevante Informationen einbezogen werden (9). Sind die mutmaßlichen Auswirkungen als solche herausgearbeitet, so sind geeignete technische, ökonomische und soziale Meßeinheiten festzulegen (10).

An die Prognose schließt sich sodann die *Bewertung* der Auswirkungen an. Im

Vordergrund steht dabei zunächst das Problem, angesichts der in aller Regel heterogenen Zielvorstellungen der Interessengruppen ein von allen Beteiligten und Betroffenen als verbindlich akzeptiertes Zielsystem zu erarbeiten (11). Häufig wird einem dabei nichts anderes übrig bleiben, als zunächst versuchsweise Ziele zu formulieren, um sie dann im weiteren Verlauf des Prozesses eventuell zu modifizieren oder zu revidieren. Das als jeweils gültig angesehene Zielsystem und die je nach Interessenlage durchaus unterschiedliche Gewichtung der darin enthaltenen Ziele dienen als Grundlage für eine Bewertung der Technologiefolgen (12). Hierzu bedarf es allerdings einheitlicher Bewertungsmechanismen, welche die aufgrund unterschiedlicher Präferenzsysteme sich ergebenden differierenden Bewertungen vergleichbar machen.

Den Abschluß einer Technologiefolgen-Abschätzung bildet die Interpretation der Ergebnisse im Lichte der zu Anfang definierten Aufgabenstellung. Dies schließt im allgemeinen *Empfehlungen* und Orientierungshinweise an die Entscheidungsträger mit ein (14) und eröffnet die Möglichkeit, Anregungen zu geben, wie prognostizierte negative Technologiefolgen zu reduzieren bzw. ganz zu vermeiden und positive Auswirkungen der betrachteten Technologien zu verstärken sind (13). Es ist allerdings nicht zu übersehen, daß die grundsätzliche Frage, ob überhaupt Empfehlungen für die Entscheidungsträger abgegeben werden sollen, kontrovers diskutiert wird. [33] So werden von Seiten der mit Technology Assessment-Untersuchungen beauftragten Forschungseinrichtungen Empfehlungen mit dem Hinweis abgelehnt, daß Technologiefolgen-Abschätzungen eine Entscheidungs*hilfe* seien, welche das Urteil für oder gegen eine bestimmte Technologie den zuständigen Entscheidungsträgern nicht abnehmen könne. Diesen Befürwortern einer rein analytisch-prognostisch orientierten Technologiebewertung wird von anderer Seite entgegengehalten, daß angesichts der Komplexität des Problems und des hierfür im allgemeinen nur unzureichenden Sachverstandes der Entscheidungsträger die Gefahr von Fehlinterpretationen der Ergebnisse groß sei. Letzlich mündet dieses Problem in die Frage nach Möglichkeiten und Grenzen wissenschaftlicher Beratung der politischen Entscheidungsträger.

Es kann im vorliegenden Zusammenhang darauf verzichtet werden, die mit den einzelnen Arbeitsschritten verbundenen Fragen und Problembereiche tiefergehend zu diskutieren. Es leuchtet unmittelbar ein, daß mit Technologiefolgen-Abschätzungen eine Reihe von Identifkations-, Prognose-und Bewertungsproblemen verbunden ist. Zur Handhabung dieser Probleme lassen sich in den einzelnen Prozeßabschnitten die in der Literatur bekannten vielfältigen qualitativen und quantitativen Methoden und Techniken der Ideenfindung, Strukturierung, Prognose und Bewertung einsetzen. [34] Wenn sich auch im Rahmen der Entwicklung und Verfeinerung des Technology Assessment-Konzepts das Interesse weniger auf die Entwicklung völlig neuer Methoden konzentrierte [35] und man statt dessen vorrangig auf bereits bekannte und bewährte Methoden zurückgreift, so lassen sich dennoch gewisse Schwerpunkte bei der Methodenanwendung feststellen. Überblickt man die Literatur zur Technologiefolgen-Abschätzung, so scheint folgenden Methoden die größte Bedeutung zuzukommen: Delphi-Methode, Relevanzbaumverfahren, Szenario-Writing, Cross-Support-Matrix, Cross-Impact-Analyse, Kosten-Nutzen-Analyse und Nutzwert-Analyse. [36]

Aber nicht der eigentliche Einsatz von quantitativen und qualitativen Methoden macht das Charakteristische des Technology Assessment aus. Neu ist vielmehr, daß diese Methoden für die Untersuchung der unbeabsichtigten, indirekten und zeitlich verzögerten Auswirkungen von Technologieanwendungen eingesetzt werden. Diese Technologiefolgen, die auf lange Sicht weit bedeutender sein können als die unmittelbar beabsichtigten Effekte, angemessen und unter Einbeziehung aller betroffenen gesellschaftlichen Interessengruppen vorausschauend zu berücksichtigen, macht das eigentliche Planungsprobleme aus.

Auch in der Literatur zur Technologiefolgen-Abschätzung wird kein Zweifel daran gelassen, daß manche mit diesem Ansatz verbundenen Erwartungen bislang unerfüllbar geblieben sind. Auch lassen die mit jedem einzelnen Prozeßschritt auftretenden organisatorischen und methodischen Probleme die praktische Realisierbarkeit dieses Konzepts im einzelnen Anwendungsfall eher zurückhaltend beurteilen. Wenn somit die anfangs verbreitete Euphorie mittlerweile selbst bei den Vertretern dieses Konzepts einer eher nüchternen Betrachtung gewichen ist, so gilt dies insbesondere auch für den Einsatz von TA-Analysen im Rahmen der Unternehmensplanung. Wir wollen dies im folgenden anhand einiger, uns vordringlich erscheinenden Problemfelder kurz aufzeigen. Dabei geht es zunächst darum zu zeigen, welchen Beitrag Technologiefolgen-Abschätzungen für eine erweiterte gesellschaftsbezogene Unternehmensplanung zu leisten vermögen. Es wird ferner zu diskutieren sein, in welchem Maße dieses Konzept für eine strategische Frühaufklärung relevanter gesellschaftlicher Vorgänge geeignet ist. Schließlich sind Fragen der praktischen Realisierbarkeit von Technologiefolgen-Abschätzungen in der Unternehmensplanung zu erörtern.

C. Gesellschaftsbezogene Unternehmensplanung und externe Effekte

Aus zum Teil ganz unterschiedlichen Positionen heraus wird – wie etwa im bekannten Davoser Manifest [37] – gefordert, die Unternehmen sollten gesellschaftliche Verantwortung übernehmen. Was auch immer man darunter im Einzelfall verstanden wissen will, wird mit dieser Forderung sehr leicht die abwegige Vorstellung verbunden, Unternehmen würden grundsätzlich »verantwortungslos« handeln und es wäre nun an der Zeit, sie an ihre Pflichten gegenüber der Gesellschaft zu erinnern. Neben den in diesen Bestrebungen bisweilen vermuteten kollektivistischen und grundsätzlich umstürzlerischen Tendenzen [38] und Versuchen einer »Auflösung bürgerlich-liberaler Ordnungsvorstellungen« [39] kann der »corporate social responsibility« der Vorwurf eines theoretisch unergiebigen, leerformelhaften Konzepts [40] nicht erspart bleiben. Will man umgekehrt den »gesellschaftlichen Veränderungen für die Willensbildung im Unternehmen« [41] Rechnung tragen, so sind Konzepte zu entwickeln, deren Grundlagen stärker theoriegeladen sind. Der Ansatz einer gesellschaftsbezogenen Unternehmensplanung, deren Leitidee über die Forderung nach gesellschaftlicher Verantwortung hinausgeht, soll diesem Gedanken Rechnung tragen.

I. Zur Leitidee einer gesellschaftsbezogenen Unternehmensplanung

Ausgangspunkt der Konzeption einer gesellschaftsbezogenen Unternehmensplanung ist das durch vielfältige ökonomische, soziale, politische usw. Interdependenzen gekennzeichnete Beziehungsfeld zwischen dem Unternehmen und seinem gesellschaftlichen Umfeld. [42] Nur ein Teil dieser Interdependenzen schlägt sich etwa durch Vermittlung des Marktes oder durch administrative Regelung praktischer Politik in den unternehmerischen Planungsprozessen und Maßnahmen nieder und findet dort ihre entsprechende Berücksichtigung. Ein nicht unbeträchtlicher Teil dieser Interdependenzen bleibt jedoch insoweit kritisch, als bestimmte Planungen für einzelne Bereiche der Gesellschaft mit Konsequenzen verbunden sind, welche – aus welchen Gründen auch immer – zunächst nicht bei ihren Verursachern internalisiert werden. Solche sogenannten *externen Effekte* [43] sind somit Ausdruck von Interdependenzen zwischen den Verhaltensweisen verschiedener Wirtschaftssubjekte, deren vollständige Vermeidung »nur um den Preis vollständig gekappter sozialer, will sagen: interindividueller Beziehungen erreicht werden könnte«. [44] Externe Effekte sind allgemein als Entscheidungskonsequenzen zu verstehen, von denen jene betroffen werden, die an der Entscheidungsfindung nicht beteiligt waren bzw. deren Werte, Bedürfnisse oder Interessen auch bei Entscheidungsbeteiligung nicht in ausreichendem Maße berücksichtigt wurden.

Externe Effekte sind also einerseits der Preis dafür, nicht isoliert und beziehungslos in einer Gesellschaft von anderen stehen zu müssen. Als Maßstab für die unberücksichtigten Interessen und Bedürfnisse sind sie andererseits auch Ursache für das bisweilen feststellbare Unbehagen des Individuums an der Gesellschaft, ihren Institutionen und insbesondere den Unternehmen und für die damit zusammenhängende Entfremdung: »Das Individuum fühlt sich in der Befriedigung der Bedürfnisse, von denen es nicht genau weiß, ob es die seinen sind, von den Entscheidungen anderer abhängig«. [45]

Von Planungen betroffen zu sein, an denen man nicht beteiligt war, bzw. Pläne zu erstellen, deren Konsequenzen auch Unbeteiligte treffen, kann aus gesamtgesellschaftlicher Sicht nicht ohne weiteres akzeptiert werden. Die Duldung von externen Effekten ist nicht nur theoretisch unbefriedigend, sie verletzt auch grundlegende Vorstellungen von Gerechtigkeit in unserer Gesellschaft und stellt damit die Legitimität unternehmerischer Planungsprozesse in Frage. Ferner werden Autonomie und Souveränität der einzelnen Elemente einer Gesellschaft mit allen ihren Folgen für ein geordnetes Funktionieren gesellschaftlicher Prozesse ernsthaft gefährdet. Wenn darüber hinaus sich Planungsprozesse an einseitigen Interessenstandpunkten orientieren, muß die Forderung nach gesamtgesellschaftlicher Rationalität unternehmerischer Willensbildungsprozesse unerfüllbar bleiben.

Anerkennt man diese Position, so dürfte es keine Schwierigkeiten bereiten, auch die Leitidee einer gesellschaftsbezogenen Unternehmensplanung zu akzeptieren. Die Idealvorstellung läuft darauf hinaus, die Trennung von Beteiligten und Betroffenen, von Planern und Beplanten bzw. von Binnen- und Außenraum der Planung im Sinne einer umfassenden Interessenberücksichtigung zu überwinden. Soweit nicht überhaupt ganz auf Planung verzichtet werden soll – eine sicherlich unrealistische Forderung – bestehen nur zwei logische Möglichkeiten, diese Trennung aufzuheben: Entweder werden die an Planungsprozessen Beteiligten auch zu den von Planungskonsequenzen einzig Betroffenen oder die von Planungswirkungen Betroffenen werden auch an den Planungsprozessen beteiligt. [46]

Die Leitidee einer gesellschaftsbezogenen Planung zerfällt somit in zwei programmatische Richtungen:

(1) Die Forderung, daß die Beteiligten auch die einzig Betroffenen sein sollen, läuft auf das *Ideal eigen- bzw. selbstverantwortlicher Planungsträger* hinaus:

»Jedes Individuum in einer Gesellschaft soll *in vollem Umfang* die positiven und die negativen Folgen jener Entscheidungen tragen, die es getroffen hat (Eigenverantwortlichkeit), es soll – und dies ist nur eine Umformung des gleichen Gedankens, falls er für alle Individuen einer Gesellschaft gelten soll – *nur* von jenen positiven Konsequenzen profitieren und *nur* unter jenen negativen Folgen leiden, die es selbst verursacht hat (Selbstverantwortlichkeit). Es sollen also keine externen Effekte – weder positive noch negative – existieren.« [47]

Es fällt nicht schwer, in der Selbstverantwortlichkeit eine auch den herrschenden ordnungspolitischen Vorstellungen entsprechende Präzisierung und sich auf die eigentliche Aufgabendomäne des Unternehmens beschränkende Konkretisierung der Forderung nach gesellschaftlicher Verantwortung des Unternehmens zu sehen. Die Verantwortung gegenüber der Gesellschaft besteht dann darin, externe Kosten zu vermeiden. Dies impliziert umgekehrt aber auch, jedwede externe Nutzenstiftungen zu unterlassen. Es leuchtet nun unmittelbar ein, daß für eine derartige Internalisierung externe Effekte bei ihren Verursachern bestimmte Voraussetzungen gegeben sein müssen. Soweit es sich um *marktlich* vermittelte externe Planungskonsequenzen handelt, werden diese Voraussetzungen, wie auch Picot am Beispiel der Absatz- und Beschaffungsrente zeigt, nicht in dem notwendigen Umfang gegeben sein. [48] In noch größerem Maße dürften derartige Beschränkungen für technologische, *außermarktlich* vermittelte Externalitäten zutreffen. Dies gilt nicht nur, weil es meist keinen natürlichen funktionierenden Markt gibt, der sicherstellen könnte, daß diese Planungskonsequenzen nur bei denen anfallen, die sie verursacht haben. Dies gilt insbesondere auch, soweit die aus unternehmerischen Planungsprozessen resultierenden Handlungswirkungen die Lage der nicht-beteiligten Beplanten verändern und diese Wirkungen von vornherein nur dadurch ausgeschlossen werden könnten, daß man auf entsprechende Pläne verzichtet.

(2) Die andere generelle Möglichkeit, die Trennung zwischen Planern und Beplanten (zumindest in der Wahrnehmung der Planer) aufzuheben, besteht nun darin, durch faktische oder symbolische *Beteiligung der Betroffenen* deren Interessen zu berücksichtigen. Mit der *faktischen* Beteiligung der Betroffenen sind die grundsätzlichen Probleme kollektiver Zielbildungs- und Planungsprozesse sowie die Voraussetzungen und Bedingungen der Bildung von Planungskollektiven angesprochen. Diese werden in der Betriebswirtschaftslehre schon seit längerer Zeit diskutiert und haben etwa in der Koalitionstheorie von *Cyert* und *March* [49] ihren expliziten Niederschlag gefunden. In neuerer Zeit kennzeichnet auch Steinmann in diesem Zusammenhang das Unternehmen als Verbund pluralistischer Interessen und schlägt das Koalitionskozept als neue Leitidee der Unternehmensverfassung vor.

[50] Eine im Vergleich zur faktischen mehr *symbolische* Beteiligung der Betroffenen kann demgegenüber etwa darin gesehen werden, einen generellen Grundkonsens der Betroffenen mit den Unternehmensplänen als gegeben vorauszusetzen bzw. Interessen der Betroffenen zu erforschen und als Prämissen der Unternehmensplanung so zu behandeln, als ob die Betroffenen tatsächlich am Planungsprozeß teilnähmen.

Inwieweit freilich überhaupt die Voraussetzungen für eine derartige Beteiligung der Betroffenen gegeben sind bzw. hergestellt werden können, soll hier nicht diskutiert werden. Unbeantwortet soll auch die Frage bleiben nach dem Verhältnis der Konsensbildungskosten zu den externen Kosten und damit nach dem Nutzen einer Interessenberücksichtigung für das Unternehmen und die Betroffenen. Soweit aber auch immer eine authentische Beteiligung von betroffenen Interessengruppen für denkbar und machbar gehalten wird, ist darin der Versuch zu sehen, Planer und Beplante einander näher zu bringen und zu einem Fortschritt in der Verwirklichung der Leitidee einer gesellschaftsbezogenen Unternehmensplanung beizutragen.

Fassen wir die bis hierher vorgetragenen Überlegungen zu einer Aufhebung der Trennung zwischen Beteiligten und Betroffenen als Leitidee einer gesellschaftsbezogenen Unternehmensplanung zusammen: Die Verwirklichung dieser Leitidee hängt in jedem Falle davon ab, wie gut es gelingt, die externen Effekte unternehmerischer Planungen bei ihren Verursachern zu internalisieren, sei es dadurch, daß nur Entscheidungen ohne Konsequenzen für Unbeteiligte getroffen werden, sei es dadurch, daß mögliche direkt oder indirekt Betroffene am Planungsprozeß faktisch oder symbolisch beteiligt werden. Eine neben vielen anderen hier nicht zu diskutierenden Voraussetzungen für eine Internalisierung externer Effekte ist es jedoch, die durch Planungsprozesse möglicherweise anfallenden externen Effekte überhaupt offen zu legen. Genau dieser Zweck wird – wie bereits gezeigt wurde – mit dem Konzept der Technologiefolgen-Abschätzung verfolgt. Inwieweit jedoch dieser Ansatz tatsächlich geeignet ist, die im Sinne der von uns vorgetragenen Leitidee einer gesellschaftsbezogenen Planung zu beachtenden externen Effekte zu bestimmen und zu erfassen, soll im folgenden untersucht werden.

II. Technologiefolgen-Abschätzung im Lichte einer gesellschaftsbezogenen Unternehmensplanung

Aus der Sicht einer gesellschaftsbezogenen Unternehmensplanung besteht der wesentliche Beitrag der Technologiefolgen-Abschätzung darin, mögliche externe Effekte unternehmerischer Aktivitäten zu erfassen und zu bewerten. Anders als in den traditionellen Planungsansätzen, in denen üblicherweise in erster Linie die unmittelbaren und direkten Planungskonsequenzen berücksichtigt werden, geht das TA-Konzept weiter. Es versucht ausdrücklich, auch die mittelbaren und indirekten Auswirkungen der Planung auf sämtliche relevanten Bereiche der Gesellschaft offen zu legen. Dieses Vorgehen scheint geeignet zu sein, die bisher im wesentlichen an ökonomischen Erfolgsgrößen orientierte Beurteilung der Unternehmenstätigkeit in Richtung auf eine umfassendere, die gesellschaftlichen Interdependenzen beachtende Bewertung unternehmerischen Handelns außerhalb bilanzieller Erfolgskontrolle auszudehnen. Technologiefolgen-Abschätzung kann insofern als das in die Zukunft des Unternehmens gerichtete Pendant einer in neuerer Zeit verstärkt diskutierten gesellschaftsbezogenen Rechnungslegung gesehen werden. [51]

Eine mit dem TA-Konzept bisweilen verfolgte kritische Beurteilung neuartiger Technologien auf ihre Wünschbarkeit und ihren Beitrag zur Erhöhung der Lebensqualität der Gesellschaft kann im Augenblick jedoch nur bedingt erreicht werden: »Die Bedeutung des Technology Assessment dürfte ... mehr in seiner Funktion zur Problemerkennung und Problemstrukturierung bisher nicht beobachteter Technologie-Folgewirkungen liegen als in einer eindeutigen Problemlösung im Sinne der angestrebten Lebensqualität.« [52] Umgekeht läßt sich von Technologiefolgen-Abschätzung, wie umfassend und stringent sie auch immer im Einzelfall durchgeführt werden, eine grundsätzlich kritischere Einstellung des Unternehmens gegenüber technologischen Fortschritten erwarten. Insofern scheint auch die Hoffnung nicht unbegründet, daß das Technology Assessment »allmählich eine Änderung der Mentalität in der Bewertung technischer Fortschritte bewirken wird, die letztlich dazu führt, daß diejenigen Stellen, die technische Neuerungen einführen wollen, selbst die notwendigen Bewertungen der möglichen indirekten Konsequenzen durchführen.« [53]

Diese erwartete Bewußtseinsänderung gegenüber den Folgen innovativer Technologien für die Gesellschaft sagt freilich noch nichts darüber aus, inwieweit die aus TA-Studien gewonnenen Erkenntnisse zu Prämissen der Unternehmensplanung werden. Technologiefolgen-Abschätzungen können nur Hinweise auf zu erwartende externe Effekte geben. Wie angesichts dieser Externalitäten die jeweilige Entscheidung ausfallen wird, ist dann eine Frage, die sicherlich auch von einer Reihe ganz anderer Faktoren abhängt. Die in der Leitidee einer gesellschaftsbezogenen Unternehmensplanung geforderte Internalisierung externer Effekte ist letztlich eine politische Entscheidung, zu deren Unterstützung sich Technologiefolgen-Abschätzungen insofern hilfreich erweisen können, als sie mögliche externe Planungskonsequenzen aufdecken. Der Dialog zwischen Unternehmen und betroffenen gesellschaftlichen Gruppen zur Ermittlung und Bewertung externer Effekte im Rahmen eines Technology Assessment kann allerdings den Dialog im eigentlichen Plaungsprozeß nicht ersetzen. Inwieweit freilich die in TA-Studien offengelegten Planungskonsequenzen und die damit verbundenen Fragen der Plandurchsetzung gegenüber dem gesellschaftlichen Umfeld für die zu treffenden Planungsbeschlüsse präjudizierend wirken, mag dahingestellt bleiben.

Nach unserer Auffassung liegt das TA-Konzept durchaus auf der Linie der Anforderungen, die an eine gesellschaftsbezogene Unternehmensplanung zu richten sind. Insoweit es zu einer Handhabung der vielfältigen Konflikte zwischen einzelwirtschaftlich und gesamtgesellschaftlich rationalem Verhalten des Unternehmens beizutragen in der Lage ist, kann dieses Konzept den Plänen des Unternehmens den notwendigen Konsens des relevanten gesellschaftlichen Umfeldes sichern. Dabei darf jedoch nicht übersehen werden, daß – wie auch die bisherige Praxis des Technology Assessment zeigt – Vergabe und Durchführung entsprechender Studien eine Reihe von Fragen aufwerfen.

Diese lassen nicht nur die gesamte Leistungsfähigkeit dieses Konzepts, sondern auch seinen Beitrag für eine gesellschaftsbezogene Unternehmensplanung zurückhaltend beurteilen. Umgekehrt ist das Konzept sicherlich in Richtung einer Unterstützung gesellschaftsbezogener Planungsprozesse ausbaufähig. Dabei wird es ganz maßgeblich von den Erfahrungen abhängen, die man mit diesem Instrumentarium in der unternehmerischen Praxis machen wird. Diese entscheiden auch darüber, ob es gelingt, sowohl bei den Unternehmen selbst als auch bei den mitwirkenden gesellschaftlichen Interessengruppen jene Mentalität zu wecken, die notwendig ist, externe Effekte vorbehaltlos offenzulegen und realistisch zu bewerten. Allzu leicht nämlich könnte dieses Konzept im Mahlwerk pluralistischer Interessengegensätze zu einem Instrument monistischer Interessendurchsetzung, Selbstdarstellung und Rechtfertigung geplanter bzw. geforderter Unternehmensaktivitäten degenerieren. Diese Gefahr scheint freilich aus der Sicht der Unternehmensplanung in dem Maße weniger erheblich zu sein, wie dem Unternehmen selbst daran gelegen ist, von den Reaktionen des gesellschaftlichen Umfelds ausgehende Chancen und Bedrohungen für das Unternehmen frühzeitig zu erkennen.

III. Technologiefolgen-Abschätzung und Strategische Frühaufklärung

Im Zusammenhang mit möglichen Reaktionen des sozio-ökonomischen Umfeldes auf unternehmerische Aktivitäten stellen sich für die Strategische Planung drei grundsätzliche Fragen:

(1) Ist es überhaupt möglich, zukünftige Reaktionen des Umfeldes einigermaßen zuverlässig zu prognostizieren?
(2) Inwieweit kündigen sich zukünftige Reaktionen und Veränderungen im sozio-ökonomischen Umfeld frühzeitig an?
(3) Welche methodischen und organisatorischen Voraussetzungen sind zu schaffen, um selbst vage Hinweise auf möglicherweise relevante zukünftige Ereignisse wahrnehmen und interpretieren zu können?

Ohne hier ins Einzelne gehen zu können, machen diese Fragen deutliche, daß sich Strategische Planung bei der Prognose wahrscheinlicher Zukünfte nicht allein auf Trendextrapolationen aus Vergangenheitsdaten beschränken kann. Vielmehr wird man stets auch mit Überrachschungen zu rechnen haben, die sich aus der Sicht von Trendextrapolationen als *Diskontinuitäten* erweisen. Nach Ansoff ist es Aufgabe einer Strategischen Frühaufklärung, solche Diskontinuitäten im sozio-ökonomischen Umfeld des Unternehmens möglichst rechtzeitig zu erkennen, um die daraus für das Unternehmen resultierenden Gelegenheiten nutzen und Gefahren vermeiden zu können. [54]

Das eigangs genannte Beispiel der Kernenergiedebatte zeigt nachdrücklich, daß sich die Energieversorgungsunternehmen von den gesellschaftlichen Reaktionen praktisch unvorbereitet überraschen ließen. Es scheint, man verließ sich – auch im Vertrauen auf die staatliche Energiepolitik – allzusehr darauf, daß die Gesellschaft den Betrieb von Kernkraftwerken akzeptiere, und übersah dabei die sich allmählich abzeichnende Reaktanz der Bevölkerung. Die Folge war, daß die Unternehmen vielfach keine oder aber nur wenig adäquate strategische Gegenmaßnahmen parat hatten. Dabei kam die Krise, die sich in einem Verlust an Unterstützung durch relevante gesellschaftliche Gruppen ausdrückte, freilich nicht schlagartig. Sie kündigte sich – wie auch eine Rekonstruktion des historischen Ablaufs zeigt – von langer Hand mit schwachen Signalen an. [55]

Allgemein ausgedrückt besteht ein grundsätzliches Problem für die Unternehmen darin, die *schwachen Signale,* die häufig nur ein vages Gefühl für mögliche Chancen und Bedrohungen vermitteln, systematisch und kontinuierlich aufzugreifen. Entsprechend der Konkretheit der auf Diskontinuitäten verweisenden Informationen und der diesen Informationen beigemessenen Relevanz für das Unternehmen sind dann entsprechend abgestufte strategische Antworten zu finden. [56] Vor Illusionen ist jedoch zu warnen: Noch so umfangreiche Frühaufklärungssysteme können nicht in jedem Falle gewährleisten, alle relevanten schwachen Signale aufzuspüren. Kommunikationsstörungen, psychologische und strukturelle Wahrnehmungsbarrieren sowie organisatorische Informationspathologien sind häufig die Gründe dafür, daß die aus dem Umfeld gesendeten schwachen Signale nicht adäquat empfangen, verarbeitet und interpretiert werden. [57] Wenn trotz dieses Einwands der Aufbau eines funktionierenden strategischen Frühaufklärungssystems sinnvoll erscheint, dann verbindet sich damit die Erwartung, bis zu einem gewissen Grad durch geeignete methodische und institutionelle Vorkehrungen schwache Signale verstärken und das Unternehmen gegenüber schwachen Signalen sensibilisieren zu können. Das vom Battelle-Institut neuerdings vorgeschlagene »Soziale und politische Frühwarnsystem zur Erkennung von Veränderungen im Umfeld der Unternehmen« [58] ist in diesem Zusammenhang ebenso als ein konzeptioneller Beitrag zu nennen wie der von Kirsch und Trux zur Diskussion gestellte Vorschlag, die Portfolio-Methode in den Dienst einer Strategischen Frühaufklärung zu stellen. [59] Auf dieser Linie liegt auch der im folgenden dargestellte Versuch, Technologiefolgen-Abschätzungen für eine Strategische Frühaufklärung nutzbar zu machen.

Soweit für Diskontinuitäten im gesellschaftlichen Umfeld externe Effekte verantwortlich sind, kommt es im Rahmen einer Strategischen Frühaufklärung darauf an, diese Externalitäten möglichst frühzeitig zu bestimmen und ihre Relevanz für das Unternehmen zu beurteilen. Wendet man sich zunächst der Frage der *Bestimmung* externer Effekte zu, so sind damit im wesentlichen drei Problembereiche angesprochen: das Verursachungsproblem, das Zurechnungsproblem und das Problem der Nichtbeteiligung der Betroffenen. [60]

1. Beim *Verursachungsproblem* geht es – vereinfacht ausgedrückt – darum, durch Vermutungen über die zugrunde liegende Kausalität von den Wirkungen externer Effekte auf deren Verursacher zurückzuschließen. Ungeachtet der generellen Schwierigkeiten, kausale Zusammenhänge zwischen Ursachen und Wirkungen festzustellen, wäre es Aufgabe einer Strategischen Frühaufklärung, aus den jeweils subjektiv geformten Kausalitätsvermutungen über die Verursachung externer Effekte Hinweise darauf zu erhalten, in welchem Maße aus der Sicht bestimmter Bereiche des sozio-ökonomischen Umfeldes das Unternehmen (ob zu Recht oder zu Unrecht) als Verursacher dieser externen Effekte zu gelten hat. Derartige Kausalitätsvermutungen und Verursacher-

Behauptungen sind in der Gesellschaft häufig recht uneinheitlich, ja geradezu konkurrierend, wie auch Picot für die unterschiedlichen Vermutungen über die Ursachen ökologischer Umweltgefährdung zeigt. [61] Hinzu kommt, daß die Kausalitätsvermutungen im Zuge etwa eines Wandels der öffentlichen Meinung selbst Veränderungen im Zeitablauf unterworfen sein können. Dabei hängt es zum Teil auch von der Politisierung und Aktualisierung eines bestimmten Themas ab, ob das Unternehmen als Verursacher oder (nur) als Entstehungsort der externen Effekte betrachtet wird, was natürlich ganz unterschiedliche Konsequenzen für das Unternehmen hinsichtlich möglicher Chancen und Bedrohungen hat.

Bei der Frage, welchen Beitrag Technology Assessment zur Frühaufklärung möglicher Verursacher-Behauptungen und deren Veränderungen im gesellschaftlichen Umfeld zu leisten vermag, ist zunächst festzustellen, daß Unternehmen, sollten sie TA-Untersuchungen durchführen, sich selbst als Verursacher, zumindest aber als Entstehungsort von Externalitäten sehen. Dabei ist freilich nicht ausgeschlossen, daß im Rahmen von TA-Studien bei bestimmten betroffenen gesellschaftlichen Gruppen weitere Hinweise auf latente Verursacher-Vermutungen gegenüber dem Unternehmen aufgedeckt werden können. Dies ist allerdings mehr ein Nebenprodukt als eigentlicher Zweck des Technology Assessment.

2. Beim *Zurechnungsproblem* geht es um die Frage, welche Konsequenzen eine bestimmte Entscheidung hat, und um Möglichkeiten, diese Konsequenzen zu prognostizieren. Je nach Bedingungskonstellation liegen unterschiedliche Situationen vor. Geht man zunächst von der Kenntnis der zugrunde liegenden Gesetzmäßigkeiten hinsichtlich der Wirkung von bestimmten Entscheidungen aus, so lassen sich deterministisch und stochastisch zurechenbare Planungskonsequenzen unterscheiden. Deterministisch zurechenbare Planungsfolgen finden sich vor allem im technisch-naturwissenschaftlichen Bereich, in dem mit bestimmten Aktivitäten genau angebbare Folge verbunden sind. Konsequenzen von Planungsprozessen und damit auch mögliche Auswirkungen der Planung auf die Betroffenen lassen sich hier ex ante durch TA-Studien im allgmeinen sicher abschätzen. Jedoch verweist *Picot* darauf, daß auch bei dieser Klasse von externen Effekten eine sichere Zuordnung häufig nicht gelingen wird, »da die technologischen wie auch die Verhaltensbedingungen für eine Zurechnung unter Sicherheit nur selten vorliegen und manche … externen Effekte nicht eindeutig und allgemein akzeptiert definiert sind«. [62]

Bei mehrdeutigen stochastischen Planungskonsequenzen wird ex ante eine Bestimmung von externen Effekten auch dann nur quasi-sicher möglich sein, wenn man bei Entscheidungen, die immer wieder getroffen werden, die stochastischen Gesetzmäßigkeiten und damit – nach dem Gesetz der großen Zahl – den Prozentsatz kennt, in dem diese Entscheidungen bestimmte Folgen nach sich ziehen. Bei Entscheidungen über innovative Technologien sind derartige stochastische Gesetzmäßigkeiten im allgemeinen im vorhinein nicht oder nur für einzelne Teilbereiche von Folgen bekannt. Im Rahmen von Technologiefolgen-Abschätzungen wäre daher der Versuch zu unternehmen, in ähnlichen Fällen bekanntgewordene stochastische Gesetzmäßigkeiten zumindest hilfsweise für eine Prognose möglicher externer Effekte heranzuziehen. Dabei bleibt selbstverständlich ein erhebliches Maß an Unsicherheit, welche externen Effekte den unternehmerischen Entscheidungen tatsächlich zuzurechnen sind.

Häufig hängt jedoch das Auftreten von externen Effekten »nicht nur von der Wahl der Alternative durch den Aktor (ab), sondern auch von den Wahlhandlungen anderer Aktoren, die ihrerseits die Konsequenzen ihrer Alternativen vorauszuschätzen versuchen«. [63] Im Rahmen des Technology Assessment wären daher nicht nur jene externen Effekte zu prognostizieren, die sich mit Sicherheit oder mit Quasi-Sicherheit dem unternehmerischen Handeln zuordnen lassen. Es wäre vielmehr auch »vor allem Fernwirkungen und Verbundeffekte, die durch die Verhaltensweisen anderer Wirtschaftssubjekte mit erzeugt werden« [64] und im Bewußtsein der Betroffenen ausschlaggebend für das Wirksamwerden externer Effekte sind, zu prognostizieren. Dies trifft insbesondere für die indirekten und zeitlich verzögerten externen Planungsfolgen zu. Diese werden von den Betroffenen häufig überhaupt erst dadurch wahrgenommen, daß sie kumuliert mit den Planungskonsequenzen anderer Wirtschaftssubjekte auftreten und dadurch die Spürbarkeitsschwelle bei den Betroffenen überschreiten. Strategische Frühaufklärung hat sich somit nicht nur auf eine Prognose der im unmittelbaren Entscheidungsfeld des Unternehmens wirksamen Entscheidungskonsequenzen zu erstrekken. Es sind auch aus dem möglichen Verhalten anderer Wirtschaftssubjekte Rückschlüsse darüber zu ziehen, inwieweit die von diesen verursachten Externalitäten bestimmte Verbundeffekte bewirken, welche die eigenen externen Effekte verstärken und Reaktionen aus dem sozio-ökonomischen Umfeld wahrscheinlich werden lassen. Technologiefolgen-Abschätzungen könnten hierzu grundsätzlich insofern ein geeignetes Mittel sein, als die mit diesem Konzept angestrebte umfassende Analyse und Prognose der Auswirkungen auch die sekundären, tertiären und höherrangigen Folgewirkungen beinhalten sollten.

Zusammenfassend ist festzustellen, daß in bestimmten Grenzen externe Effekte ex ante unternehmerischen Entscheidungen zugerechnet werden können. Die auf diesem Wege vorgenommene Bestimmung zukünftiger Entscheidungskonsequenzen stellen Basisinformationen dafür dar, ob und in welchem Umfang bestimmte Entscheidungen möglicherweise sich in externen Effekten niederschlagen. Soweit von derart bestimmten Externalitäten Reaktionen aus dem sozio-ökonomischen Umfeld zu erwarten sind, können Zurechnungsüberlegungen bereits recht frühzeitig auf mögliche Chancen und Bedrohungen für das Unternehmen verweisen. Angesichts der vielfältigen Entscheidungsinterdependenzen und der mit zunehmender Entfernung von ihrem Entstehungsort größer werdenden Unbestimmtheit der externen Effekte wird eine Zurechenbarkeit jedoch immer problematischer und auch durch ein Technology Assessment nur bedingt zu erreichen sein.

3. Eine Strategische Frühaufklärung möglicher Diskontinuitäten, die aus der Existenz externer Effekte resultieren, hat auch die Frage mit einzubeziehen, *wessen Interessen durch bestimmte Entscheidungen verletzt werden bzw. wer durch Konsequenzen betroffen wird, an deren verursachender Entscheidung er nicht beteiligt war.* Dabei zeigt sich allerdings, daß eine an den Definitionsmerkmalen »Betroffenheit« und »Nichtbeteiligung« ansetzende Prognose externer Effekte nicht unerhebliche Abgrenzungs- und

Operationalisierungsschwierigkeiten mit sich bringt. Vergegenwärtigt man sich die unterschiedlichen Formen direkter, indirekter und symbolischer Beteiligung an kollektiven Planungsprozessen sowie die durch das Abstimmungsverhalten aller wie auch jedes einzelnen Betroffenen verwirklichte Interessenberücksichtigung, so sind die Grenzen zwischen »betroffenen Beteiligten« und »betroffenen Nichtbeteiligten« fließend. Strebt man dennoch eine Operationalisierung des Begriffs der externen Effekte an, so lassen sich einer Bestimmung von Externalitäten allenfalls Wirkungsvermutungen zugrunde legen:

»Als Richtschnur ließe sich anführen, daß immer dann, wenn die von Nebenfolgen Betroffenen nicht an dem verursachenden Entscheidungsprozeß unmittelbar teilgenommen und der Entscheidung dabei nicht ausdrücklich zugestimmt haben, außermarktliche externe Effekte vorliegen. Im Falle von indirekter Beteiligung ist jeweils die Qualität der Repäsentanz zu beurteilen, bevor die Externalität einer Entscheidung bestimmt werden kann.« [65]

Die Frage der Beteiligung reicht u. E. allerdings für die Entstehung externer Effekte nicht aus. Es kommt auch auf Maß und Wahrscheinlichkeit an, mit denen Betroffene – unabhängig von der Beteiligungsfrage – ihre Interessen in den kollektiven Planungsprozeß einbringen und durchsetzen können. Die definitorische Grundlage für die Entstehung externer Effekte wird somit insofern vage, als es »im Falle kollektiver Entscheidungen nicht nur externe und interne Effekte gibt, sondern daß ein Zwischenbereich existiert, in welchem Entscheidungskonsequenzen einzuordnen sind je nach ihrem mehr oder weniger ausgeprägten Externalitätscharakter«. [66] Verfolgt man diesen Gedanken weiter, so löst sich die Frage nach der Entstehung externer Effekte immer stärker von dem Problem der jeweils vorfindbaren Form einer Beteiligung potentiell Betroffener. An seine Stelle tritt das Problem einer authentischen Berücksichtigung der möglicherweise betroffenen Interessen. Die Frage lautet dann nicht mehr in erster Linie, welche Form der Beteiligung in welchem Umfang externe Effekte erwarten läßt, sondern in welchem Maße bestimmte Interessen im unternehmerischen Planungsprozeß unberücksichtigt bleiben. Die Existenz externer Effekte ist dann aufs engste mit einem Mangel an Responsiveness [67], d. h. dem Versäumnis des Unternehmens verbunden, die Interessen der von Planungsfolgen direkt oder indirekt Betroffenen authentisch zu berücksichtigen. Auf welche Weise Mechanismen einer Empfänglichkeit gegenüber betroffenen Interessengruppen im unternehmerischen Willensbildungsprozeß verankert sind, d. h. ob man mehr eine Partizipation der Betroffenen oder eine auf Bedürfniserforschung beruhende Interessenberücksichtigung vorzieht [68], ist dann letztlich auch eine Frage der zu erwartenden Auswirkungen auf die Handlungsfähigkeit des Unternehmens.

Folgt man diesen Überlegungen und sieht in den nicht-berücksichtigten Interessen potentiell Betroffener die zentrale Frage der Entstehung externer Effekte, so ist eine Aufgabe der Strategischen Frühaufklärung darin zu sehen, Planungskonsequenzen bzw. die sie verursachenden Planungsprozesse auf ihre Responsiveness gegenüber den Betroffen zu überprüfen. Dabei sind nach Möglichkeit auch Hinweise auf Veränderungen gesellschaftlicher Wertvorstellungen zu beachten. In diesem Bereich könnte ein wesentlicher Beitrag von Technologiefolgen-Abschätzungen für eine Strategische Frühaufklärung liegen.

Erklärter Zweck des Technology Assessment ist es ja, nicht nur die Konsequenzen von Entscheidungen zu identifizieren (dies ist in erster Linie ein Problem der Zurechenbarkeit), sondern auch zu prognostizieren, wer in der Durchsetzung seiner Interessen durch die Konsequenzen dieser Entscheidungen tangiert wird. Es geht mit anderen Worten beim Technology Assessment also auch um eine Feststellung und Prognose der Betroffenen. Eine wesentliche Schwierigkeit dürfte freilich darin liegen, daß man in eine derartige Untersuchung nicht nur die artikulierbaren und konfliktfähigen Interessen einbezieht, sondern insbesondere auch jene schwachen Signale erkennt, die auf unvollkommen oder inauthentisch artikulierte und (noch) nicht konfliktfähige Interessen verweisen. Dies setzt allerdings eine Sensibilität gegenüber schwachen Signalen voraus, die vielfach nicht gegeben sein dürfte. Die Hoffnung, durch *systematische* Analyse der Technologiefolgen auch auf ansonsten nur vage erkennbare Betroffene aufmerksam zu werden, scheint indes nicht unbegründet.

4. Eine Strategische Frühaufklärung hat sich freilich nicht nur auf die eigentliche Bestimmung von externen Folgen zu beschränken. Sie hat vielmehr auch Angaben darüber zu beinhalten, welche Externalitäten für das Unternehmen *relevant* sein könnten, d. h. Folgewirkungen für die langfristige unternehmerische Zielerreichung haben, und eine entsprechende Auswahl zu treffen. Ganz offensichtlich nämlich ist es zum einen wenig sinnvoll, angesichts der großen Menge von Entscheidungsinterdependenzen alle bestimmbaren externen Effekte im unternehmerischen Willensbildungsprozeß zu berücksichtigen. Zum anderen unterliegt die Menge der Externalitäten in Abhängigkeit von sozialen, politischen, ökonomischen und technischen Veränderungen einem steten Wandel. Nach *Picot* muß daher »eine problembezogenen Auswahl ... auf Wertungen fußen, die prinzipiell angreifbar sind und intersubjektiv unterschiedlich interpretiert werden. Nimmt man dabei einen gesamtgesellschaftlichen Standpunkt ein, so dürften Wertungen anders ausfallen, als bei einem unternehmensbezogenen Standpunkt«. [69]

Seiner ursprünglichen Idee nach steht beim Technology Assessment der gesamtgesellschaftliche, an der individuellen bzw. sozialen Wohlfahrt orientierte Standpunkt bei der Relevanzfrage im Vordergrund. Versucht man aber, dieses Konzept auch für die unternehmerische Willensbildung nutzbar zu machen, so werden sich die Wertungen sicherlich in Richtung auf eine mehr unternehmenspolitisch orientierte Auswahl relevanter externer Effekte verlagern. Dabei hängt es freilich sehr stark von dem gesellschaftlichen Bewußtsein der unternehmerischen Entscheidungsträger und dem in externen Effekten begründeten Potential an Chancen und Bedrohungen ab, inwieweit eine Auswahl auch unter gesellschaftspolitischen Gesichtpunkten getroffen wird.

Allgemeingültige Angaben, wie die Relevanz externer Effekte zu bestimmen ist, finden sich im TA-Konzept allerdings nicht. Es wird dazu üblicherweise unterstellt, daß die zu Beginn der Studie vorgenommene Abgrenzung des Untersuchungsbereichs und die Einbeziehung betroffener Interessengruppen gewissen problemabhängigen Relevanzüberlegungen folgen. Für eine Strategische Frühaufklärung bedeutet dies dann nichts anderes, als daß Technologiefolgen-Abschätzung zwar die Auswirkungsbereiche und die darin anfallenden externen Effekte erfassen und prognostizieren können. Fragen der Relevanz dieser Externalitäten können aber nur insoweit indirekt beantwortet werden, als eine Identifizierung der Betroffenen und die von ihnen vorgenommene Bewertung der externen Effekte Hinweise auf mögliche unternehmens- bzw. gesellschaftspolitisch relevante Rückwirkungen geben. Wie ernst und bedeutend diese Hinweise von den Entscheidungsträgern dann tatsächlich genommen und zu Prämissen nachgelagerter Planungsprozesse gewählt werden, entzieht sich dem eigentlichen TA-Konzept.

Zusammenfassend zeigt sich, daß Technologiefolgen-Abschätzungen in gewissem Umfang sehr wohl einen wesentlichen Beitrag zu einer Strategischen Frühaufklärung leisten können. Neben den im folgenden noch anzusprechenden mehr prinzipiellen methodischen und organisatorischen Problemen sind noch einige einschränkende Bemerkungen angebracht, welche die Verwendung und Praktikabilität dieses Konzepts für eine Strategische Frühaufklärung relativieren: Zunächst gilt es zu beachten, daß Technologiefolgen-Abschätzungen angesichts des damit verbundenen Aufwands eher fallweise durchgeführt werden können und in erster Linie auf die Konsequenzen innovativer Einzelentscheidungen ausgerichtet sind. Eine kontinuierliche und auf laufende Veränderungen abgestellte Beobachtung des gesellschaftlichen Umfelds im Sinne eines »Environmental Scanning« [70] wäre für eine Strategische Frühaufklärung zwar erwünscht, in diesem Umfang aber durch Technology Assessment nicht machbar. Weiter wäre darauf hinzuarbeiten, mehr als im eigentlichen Konzept vorgesehen die Sensibilität gegenüber unvollkommen oder inauthentisch artikulierten Interessen zu erhöhen und die Relevanz auch schwacher Signale systematisch zu prüfen. Dies impliziert ferner, die bei der Bewertung der Auswirkungen bisweilen feststellbare Saldierung von negativen und positiven externen Effekten zugunsten eines Bruttoausweises der Planungskonsequenzen zu unterlassen. Schließlich hätten sich Technologiefolgen-Abschätzungen nicht nur auf die Erfassung und Bewertung möglicher *Gefahren,* sondern ebenfalls auf die systematische Prognose von *Chancen* und günstigen Gelegenheiten zu erstrecken, d. h. sie wären weniger als Früh*warn*system denn als Früh*aufklärung*system zu konzipieren.

D. Probleme der praktischen Realisierbarkeit von Technologiefolgen-Abschätzungen

Die vorangegangenen Ausführungen lassen das Konzept der Technologiefolgen-Abschätzungen als ein prinzipiell akzeptables Instrumentarium für eine Prognose und Bewertung externer Effekte ansehen. Die Darlegungen haben aber auch deutlich gemacht, daß sich hinter den konzeptionellen Grundgedanken noch eine Vielzahl ungeklärter methodischer und organisatorischer Fragen verbirgt. Erst eine befriedigende Beantwortung dieser Fragen liefert die Voraussetzungen, dieses Instrumentarium in größerem Umfang auch in der unternehmerischen Praxis einzusetzen. Wir wollen im folgenden einige uns besonders wesentlich erscheinende Fragen herausgreifen, ohne allerdings damit die Vorstellung zu verbinden, diese auch befriedigend beantworten zu können.

I. Methodische Fragen

Neben organisatorischen Problemen, die am Schluß dieses Beitrags noch anzusprechen sein werden, sind es insbesondere methodische Schwierigkeiten, die sich auf die für die Erfassung und Bewertung von Technologiefolgen unerlässliche Datenbasis sowie auf die Datenerhebungs- und Auswertungtechniken beziehen. Sie sollen im folgenden kurz skizziert werden. [71]

(1) Technologische Änderungen stellen bisweilen derart tiefgreifende Einschnitte in die Lebens- und Verhaltensgewohnheiten der Menschen dar, daß ihre Auswirkungen weder von den Benutzern der Technologien noch von den durch diese Technologien in irgendeiner Form betroffenen Gruppen erfaßt und prognostiziert werden können. Mit Recht wird darauf verwiesen, daß die klassischen Datenerhebungstechniken der Sozialwissenschaften hierbei nur mit unbefriedigenden Ergebnissen eingesetzt werden können:

> »Analogieschlüsse sind nur selten möglich und Expertenrunden wie auch Delphi-Befragungen müssen als nur unbefriedigende Substitute angesehen werden. Feldexperimente mit größeren Stichproben, die vor der Einführung neuer Konsumgüter oft angewandt werden und zuverlässigere Ergebnisse erbringen, sind bei größeren technologischen Vorhaben oft aus ethischen Gründen vor allem im Hinblick auf tiefgreifende negative Auswirkungen nicht möglich bzw. werden als zu kostspielig oder zeitraubend angesehen.« [72]

Identifizierung und Bewertung von Technologiefolgen mit Hilfe eindimensionaler und intuitiv-subjektiver Methoden (wie z. B. Investitionsrechnungen, Delphi- oder Relevanzbaumverfahren) erscheinen hier also nicht ausreichend. Unbeabsichtigte indirekte und zeitlich verschobene Auswirkungen werden nur zufällig erfaßt, wobei die Zufälligkeit in starkem Maße von dem Systemverständnis des TA-Teams, der befragten Experten oder der beteiligten Gruppen abhängt, und lassen sich mit diesen Methoden nur in beschränktem Maße abschätzen. [73]

(2) Zum Teil prinzipielle Probleme der Informationsbeschaffung und Messung der Auswirkungen ergeben sich hinsichtlich der Spät- und Kumulationseffekte der Unternehmensplanung, der Intensität der Betroffenheit sowie der Auswirkungen dieser Planung auf die verschiedenen Umfeldbereiche. [74] Seit einiger Zeit versucht man jedoch, diese Auswirkungen durch soziale bzw. unternehmensbezogene Indikatoren zu erfassen. [75] Angesichts der bekannten Schwierigkeiten, derartige Indikatorensysteme zu entwickeln, wird es allerdings noch einige Zeit dauern, bis man hier zu befriedigenden Ergebnissen bei der Abschätzung der Auswirkungen gelangen wird.

Vollständigkeit und Exaktheit der Identifikation der Auswirkungen bestimmen nicht nur das Ausmaß an Zuverlässigkeit und Akzeptanz des Technology Assessment, sondern sind Voraussetzung für eine Identifikation der Betroffenen und damit überhaupt erst der Möglichkeit, deren Ziele, Werte und Interessen zu berücksichtigen. Damit wird man mit einem Dilemma konfrontiert, welches sich durch den ganzen TA-Prozeß zieht: Voraussetzung für eine Feststellung insbesondere der nur mittelbaren und zeitlich verzögerten Betroffenheit ist es, die Auswirkungen der untersuchten Technologien möglichst umfassend und exakt zu prognostizieren. Umgekehrt lassen sich die Technologiefolgen nur dann hinreichend genau erfassen, wenn man auch Vorstellungen über die potentiellen Betroffenen hat. Diesem Dilemma ist wohl nur durch ständige Rückkopplungen und Iterationen im Ablauf des TA-Prozesses zu begegnen.

Dabei dürfte es freilich nicht einfach sein, angemessene Stoppregeln zu formulieren, um die Identifikation der Auswirkungen und Betroffenheiten nicht zu lange auszudehnen, aber auch nicht zu früh abzubrechen.

(3) Ein weiteres Problem hängt damit zusammen, daß die Bewertung der prognostizierten Technologiefolgen vom jeweiligen Standpunkt bzw. Wertsystem des Bewertenden abhängt. Grundsätzlich wird man davon auszugehen haben, daß angesichts der Pluralität der Gesellschaft ein allgemein akzeptiertes Wertsystem nicht existiert. Man steht dann vor der Wahl, (a) seine eigenen Wertvorstellungen oder die einer anderen relevanten sozialen Gruppe zugrunde zu legen oder (b) eine pluralistische Bewertung anzustreben. Wählt man den ersten Weg, bedeutet dies eine technokratische Folgenabschätzung, die »im demokratischen Interessenkampf eines Entscheidungsvorgangs in vielen Fällen als Papierabfall untergehen wird«. [76] Der zweite Weg einer pluralistischen Bewertung wirft demgegenüber aber das Problem auf, die Technologiefolgen nach verschiedenen Wertsystemen zu bewerten und diese Bewertungen vergleichbar zu machen. Mit einem Ausweis der verschieden bewerteten Folgewirkungen wird man zwar dazu beitragen, die betroffenen Interessenstrukturen transparenter zu machen. [77] Es bleibt aber dann immer noch die Frage zu klären, welche Interessengruppen zu berücksichtigen sind und welche abweichenden Beurteilungsstandpunkte aufzunehmen oder zu vernachlässigen sind.

Es taucht ferner die Frage auf, in welcher Weise Werte, Einstellungen und Verhaltensweisen solcher Gruppen von Betroffenen in die Bewertung einbezogen werden können, die nach traditioneller Vorstellung nur wenig oder überhaupt nicht in unternehmerischen Planungsprozessen repräsentiert sind. Aus Mangel an geeigneten Methoden für eine pluralistische Bewertung, die auch die Asuwirkungsbereiche bei nicht- oder schlecht-repräsentierten betroffenen Gruppen einigermaßen adäquat erfassen können, wird meist gefordert, die betroffenen Gruppen unmittelbar in den Assessmentprozeß einzubeziehen. Dabei sollte man jedoch nicht übersehen, daß – ungeachtet der organisatorischen Schwierigkeiten – derartige partizipative Konzepte »das Problem nur von der Datenbasis auf die Auswahl der zu repräsentierenden Gruppen verlagern«. [78] Es erscheint daher notwendig und an der Zeit, bessere methodische Konzepte zu entwickeln, die eine nicht-partizipative Interessenberücksichtigung der betroffenen Gruppen ermöglichen und damit auch die Aussagefähigkeit von Technologiefolgen-Abschätzungen erhöhen.

(4) Soweit mit Technologiefolgen-Abschätzungen im Rahmen der Unternehmensplanung zukünftige Problemfelder prognostiziert werden sollen, reicht es nicht aus, die positiven und negativen Auswirkungen der heute getroffenen Entscheidungen im Lichte der gegenwärtigen Wertvorstellungen und der aktuell wahrgenommenen Problembereiche zu bewerten. Häufig wird damit zu rechnen sein, daß sich innerhalb eines weiten Planungshorizonts auch die Werte und Interessen der Betroffenen

verändern bzw. aufgrund geänderter Interessen neue Betroffene auftreten. Es wären daher den Technologiefolgen-Abschätzungen die in Zukunft relevanten Interessenstrukturen zugrunde zu legen. Diese zukünftigen Wertvorstellungen sind Voraussetzung dafür, »die zukünftige, sich unter Umständen von der gegenwärtigen unterscheidende Relevanz heute als wichtig angesehener Folgewirkungen bestimmen zu können«. [79] Ohne ihre Kenntnis würden TA-Untersuchungen zukünftige Folgewirkungen innerhalb des *gegenwärtigen* Wertsystems und nicht zukünftige Technologiefolgen im Kontext *zukünftiger* Wertstrukturen, Einstellungen und Verhaltensweisen bewerten. Was notwendig ist, wäre also eine Prognose der zukünftigen Wertvorstellungen der Gesellschaft und der die Technologie benutzenden oder der davon betroffenen Gruppen. Selbst unter den Verfechtern des Technology Assessment ist eine weit verbreitete Skepsis festzustellen, ob die sozialwissenschaftliche Grundlagenforschung jemals geeignete Methoden für die Prognose des Wandels gesellschaftlicher Wertvorstellungen bereitzustellen in der Lage ist. [80] Einen Weg allerdings, diese methodische Lücke zu füllen, sehen wir in den Bemühungen, Instrumente für eine soziale Prognose (Social Forecasting) zu entwickeln. Aber auch dabei muß die Frage unbeantwortet bleiben, ob ein Social Forecasting schon vor 20 Jahren etwa das heute geschärfte Umweltbewußtsein hätte prognostizieren können.

Nicht zuletzt diese methodischen Probleme lassen es ratsam erscheinen, das TA-Konzept hinsichtlich seiner Fähigkeit zu Erfassung und Bewertung externer Effekte nüchtern und illusionslos zu beurteilen.

II. Fragen der Einführung und Durchsetzung

Seit Aufkommen der Idee des Technology Assessment wird immer wieder gefordert, Technologiefolgen-Abschätzungen nicht allein den staatlichen Stellen zu überlassen. Vielmehr sollten die Unternehmen selbst derartige Untersuchungen durchführen. Erste Anfänge sind hier in Teilbereichen bereits gemacht, etwa auf dem Gebiet der Pharmazie und des Lebensmittelrechts. [81] Dabei steht jedoch außer Frage, daß die dort durchgeführten Untersuchungen nur beschränkt den Vorstellungen einer integrierten Technologiefolgen-Abschätzung gerecht werden. Umgekehrt werden für solche »harten« Technologien wie Mikroprozessoren oder Kernenergie von den Verwenderunternehmen keine entsprechenden Untersuchungen verlangt. [82] Dabei zeigt doch gerade das eingangs genannte Beispiel der Kernkraftwerke, daß Nuklearpolitik nicht mehr – wie in den vergangen Jahren – allein von staatlicher Bürokratie und Wissenschaft verhandelt werden kann. Vielmehr sind angesichts der Dimensionen und weitreichenden Folgen, des Gefahrenpotentials und der wirtschaftlichen Ausstrahlungen dieser Technologie die Entscheidungen vom demokratischen Konsens der Mehrheit der Bevölkerung zu tragen. Die Unternehmen hätten dann in einem Dialog mit der Öffentlickeit auch zu einem derartigen Konsens beizutragen. Das Problem lautet also nicht so sehr, *ob* ein Konsens nötig ist, sondern *wie* dieser Konsens herbeizuführen ist. Wenn – wie behauptet wird – Technologiefolgen-Abschätzungen ein Instrument der Konsensbildung sein könnten, dann muß man doch fragen, warum dieses Konzept bislang so gut wie gar nicht in der unternehmerischen Praxis Anwendung findet. Aus der Vielzahl möglicher Bedenken der Praxis gegen dieses Konzept wollen wir nur drei Gesichtspunkte herausgreifen.

(1) Zunächst ist der große Bedarf an zeitlichen, personellen und finanziellen Ressourcen für die Durchführung von TA-Studien zu nennen. Erfahrungen mit bisherigen Untersuchungen zeigen, daß mit durchschnittlich einem Jahr Bearbeitungszeit und Kosten von DM 500000 gerechnet werden muß. [83] Nun mag man einwenden, daß ein derartiger Aufwand – verglichen mit möglicherweise drohenden finanziellen Verlusten, wenn keine TA-Studien durchgeführt würden – gering sein kann. Dann bleibt aber immer noch die Frage offen, ob dieser Aufwand von einem einzelnen Unternehmen, welches den Einsatz innovativer Technologien plant, allein getragen werden muß bzw. welche rechtlichen und praktikablen Möglichkeiten bestehen, diesen Aufwand zumindest teilweise auf andere Unternehmen, den Staat oder generell die Gesellschaft abzuwälzen. Anders ausgedrückt: Muß es aus der Sicht des Unternehmens – unbesehen eines möglichen Eigennutzens – nicht legitim erscheinen, die Gesellschaft, zu deren Schutz vor möglichen Gefahren diese Studien letztlich ja auch gedacht sind, an den Kosten dieser Studien zu beteiligen? [84] Solange diese Frage nicht geklärt ist, ist die Zurückhaltung der Unternehmen verständlich, mehr als die bisher staatlich vorgeschriebenen Untersuchungen (etwa bei Betriebsgenehmigungsverfahren) durchzuführen.

(2) Eine Reihe weiterer ungeklärter Probleme findet sich auch im Bereich der organisatorischen Gestaltung von Technologiefolgen-Abschätzungen. Neben der Frage nach zweckmäßigen Formen einer institutionellen Einordnung und Verankerung des Technology Assessment in die Unternehmensorganisation [85] sind hier insbesondere die vielfältigen Probleme zu nennen, die mit der Beteiligung der Betroffenen an TA-Untersuchungen zusammenhängen. Mangels »objektiver« bzw. allgemein akzeptierter Bewertungsstandards wird im TA-Konzept grundsätzlich gefordert, den Betroffenen echte Partizipationschancen einzuräumen, um Manipulationen und die Durchsetzung parteiischer Interessen auszuschließen:

> »Ohne die Beteiligung der Betroffenen besteht die Gefahr, daß die Untersuchung über die Verteilung der positiven und negativen Auswirkungen auf die verschiedenen Gruppen nicht sorgfältig genug durchgeführt wird, und zwar sowohl hinsichtlich der Existenz, Stärke und Bewertung der Auswirkungen als auch hinsichtlich möglicher Umverteilungen der Vor- und Nachteile (Nutzen und Kosten) in Abhängigkeit beispielsweise von Modifikationen der betrachteten Technologie bzw. ihrer Anwendungsmodalitäten, und daß die Ergebnisse solcher Analysen, einschließlich der eventuell divergierenden Auffassungen, nicht ausreichend publiziert werden.« [86]

Die Realisierung der Forderung nach Partizipation der Betroffenen am TA-Prozeß wirft allerdings eine ganze Reihe von Durchführungsproblemen auf:

(a) Soweit neue Technologien und deren Folgen zu analysieren und zu prognostizieren sind, bereitet es häufig – wie wir bereits gesehen haben – Schwierigkeiten, die von den Folgen der Technologie betroffenen Gruppen zu identifizieren und als Folge davon in den Assessment-Prozeß aktiv mit einbeziehen zu können.

(b) Auch wenn eine Identifikation der Betroffenen hinreichend genau gelingen sollte, werden häufig jedoch diese Interessengruppen kaum in der Lage sein, ihre Interessen authentisch zu artikulieren. Auch wird es bisweilen an der Motivation fehlen, an einem Technology Assessment teilzunehmen und dabei in einem bereits sehr frühen Stadium über zukünftige Probleme nachzudenken, von denen man einmal betroffen werden könnte.

(c) Die Einräumung von Partizipationschancen führt regelmäßig zu einer Ausweitung des Problemlösungssystems und damit zu einer Erhöhung der Lösungssystemkomplexität. [87] Pluralisierung und Demokratisierung des Assessment-Prozesses sind dann zwar geeignet, die Responsiveness in der Unternehmensplanung zu erhöhen, führen umgekehrt aber leicht zu einer Gefährdung der Handlungsfähigkeit des Unternehmens. [88]

Über diese grundsätzlichen Fragen können auch nicht die vielfältigen Vorschläge zur Realisierung einer Partizipation der Betroffenen hinweghelfen. Diese reichen von Hearings über anwaltschaftliche Vertretung der Betroffenen (»advocacy planning«) bis zum Modell einer Planungszelle [89], wobei freilich die jeweiligen technischen Realisierungsmöglichkeiten selbst noch weitgehend ungeklärt sind.

(3) Schließlich dürfte auch die wohl nicht ganz unbegründete Furcht der Unternehmen, durch eine frühzeitige öffentliche Diskussion möglicher Folgen neuartiger Technologien »schlafende Hunde« zu wecken, einer freiwilligen Durchführung von Technologiefolgen-Abschätzungen eher entgegenstehen. Allzu schnell nämlich werden in der öffentlichen Meinung die möglichen Risiken überbetont, die technischen, ökonomischen und gesellschaftlichen Chancen einer Innovation dagegen heruntergespielt bzw. unbeachtet gelassen.

Hiermit zusammen hängt auch der Einwand, Technologiefolgen-Abschätzungen könnten den technischen Fortschritt hemmen und auf Innovatoren abschreckend wirken, oder, um es in einem Wortspiel auszudrücken: Technology Assessment könnte in ein Technology Arrestment umschlagen. [90] Ob diese Furcht allerdings begründet ist, soll dahingestellt bleiben. Zumindest der jüngste Fall des Gorleben-Hearings zeigt nämlich, daß durch eine Diskussion in der Öffentlichkeit neue Technologien nicht völlig blockiert werden müssen. Vielmehr wurden angesichts des politischen Widerstands technische Varianten entwickelt, die ohne solchen Druck aus der Öffentlichkeit vorher für nicht machbar erklärt worden wären.

Anmerkungen

1 Zu einer Bestandsaufnahme vgl. u. a. Battelle-Institut (1976); Cetron und Bartocha (1973); Jones (1973); OECD (1975); Paschen et al. (1978); Quick (1976); Stöber und Schumacher (1973). In der Bundesrepublik Deutschland werden TA-Studien u. a. durchgeführt vom Karls-

ruher Institut für Systemtechnik und Innovationsforschung der Fraunhofer-Gesellschaft (Leitung: Prof. Dr. H. Krupp) sowie vom Lehrstuhl für Allgemeine Betriebswirtschaftslehre, Organisations- und Innovationsforschung an der Universität Stuttgart (Prof. Dr. W. Bierfelder)

2 Vgl. Lawless (1977)

3 Zur Portfolio-Analyse als Instrument einer strategischen Frühaufklärung vgl. den Beitrag von Kirsch und Trux (1979) und die dort angeführte Literatur zur Portfolio-Analyse; vgl. ferner Roventa (1979)

4 Vgl. z. B. Specht (1974)

5 Vgl. z. B. Kreikebaum (1977)

6 Vgl. z. B. Meffert (1975)

7 Daß es mit dieser Mündigkeit allerdings nicht gerade gut bestellt ist, zeigt Raffée (1979), S. 42 ff.

8 Zur gesellschaftlichen Verantwortung des Unternehmens vgl. u. a. Ackerman und Bauer (1976); Carroll (1977); Schröder (1978)

9 Vgl. z. B. für die Berücksichtigung des Umweltschutzes bei der Investitionsplanung Hanssmann (1977); ferner Sieben und Goetzke (1976)

10 Über Art und Umfang von TA-Studien in der Privatwirtschaft liegen keine verläßlichen Angaben vor. Allerdings zeigen Äußerungen in der Literatur, daß zumindest vereinzelt Technologiefolgen-Abschätzungen als Grundlage für langfristige Planungen durchgeführt wurden. Vgl. hierzu die Stellungnahmen von Vertretern der Wirtschaft bei einem Hearing vor dem US-Congress (OTA 1977) ferner Altenpohl (1975), S. 143 ff. Zu einer entgegengesetzten Meinung vgl. Geschka und Schaude (1973)

11 So erscheint seit 1972 eine eigene Zeitschrift »Technology Assessment«. Seit 1973 gibt es ein beim US-Congress angesiedeltes Office of Technology Assessment. Ähnliche Bemühungen sind in der Bundesrepublik Deutschland bisher gescheitert. Vgl. hierzu ausführlich Quick (1976).

12 Zur Entstehungsgeschichte des TA vgl. u. a. Geschka (1975); Medford (1973); Oberkampf (1977); Paschen et al. (1978); Quick (1976)

13 Weihe (1976), S. 181

14 Battelle-Institut (1976), S. 9 (im Orig. teilw. hervorgehoben); zu ähnlichen Begriffsfassungen vgl. Coates (1973) S. 271; Dierkes und Staehle (1973), S. 5; Enzer (1974), S. 486; Geschka (1975), S. 23; Jochem (1975), S. 58; Paschen (1975), S. 45; Strasser (1973), S. 905.

15 Vgl. z. B. Paschen et al. (1978), S. 17; ähnlich Encel et al. (1976), S. 121

16 Zur Idee der fortschrittsfähigen Organisation vgl. Kirsch, Esser und Gabele (1979), S. 128 ff; Kirsch (1979)

17 Zu dieser »Prognose« wird der Verfasser durch Erfahrungen ermutigt, die er im Rahmen des Kooperationsprojektes zwischen der Fichtel & Sachs AG, Schweinfurt, und dem Lehrstuhl für Betriebswirtschaftliche Planung an der Universität München gewinnen konnte. Ohne ausdrücklich als Technologiefolgen-Abschätzungen bezeichnet zu werden, laufen bei der genannten Firma Untersuchungen über die Entwicklung neuer Technologien, welche zur Handhabung drängender Probleme unserer Gesellschaft beitragen können. Zum Kooperationsprojekt vgl. Götzen und Kirsch (1979); Trux und Kirsch (1979); Kirsch und Trux (1979)

18 Vgl. Paschen et al. (1978), S. 17 ff.; Ayres und Simon (1973), S. 737

19 Paschen et al. (1978), S. 18

20 Vgl. z. B. die Studie von Jochem und Herz (1976)

21 Vgl. Dierkes (1974), S. 118 ff.

22 Dierkes und Staehle (1973), S. 5

23 Blum und Altenpohl (1975), S. 34

24 Vgl. Oberkampf (1977), S. 179 f.

25 Oberkampf (1977), S. 180

26 Vgl. Kiefer (1973), S. 941 ff.; Medford (1973), S. 197 ff.; anders aber Albach (1979), S. 46 ff.

27 Zur Wandelbarkeit von Bedürfnissen vgl. z. B. Leitherer (1974), S. 116 ff. Trotz einer Vielzahl von Hinweisen auf soziale Trends für die nächsten Jahrzehnte liegt eine Methodologie für die Prognose des Wandels gesellschaftlicher Wertvorstellungen u. W. nur rudimentär vor, findet

aber in neuerer Zeit zunehmend Aufmerksamkeit. Vgl. u. a. Bell (1976); Croft (1977); Freeman et al. (1976); Hargreaves (1978); Morasky und Amick (1978); Redmond (1978); Wilson (1974b)

28 Dieses Rahmenkonzept wurde in fünf Pilotprojekten entwickelt, die sich auf die Folgen von Automobilabgaskontrollen, Computerkommunikationsnetzwerken, Einsatz von Enzymen in der industriellen Produktion, Meeresnahrungsgewinnung und Wasserverschmutzung bezogen.
OST = Office of Science and Technology
MITRE = MIT-Rand Engineering

29 Vgl. Jones (1971, 1973); Arnstein und Christakis (1975), S. 197ff; Dierkes und Staehle (1973), S. 8ff; Enzer (1974) S. 490ff. Eine sehr ausführliche Darstellung eines TA, bei dem ähnlich vorgegangen wurde, findet sich bei Dickey et al. (1973)

30 Haas (1974), S. 81

31 Battelle-Institut (1976), S. 27

32 Vgl. zum folgenden Battelle-Institut (1976), S. 27ff. Ähnlich auch Enzer (1974), S. 490ff.

33 Vgl. Battelle-Institut (1976), S. 67ff; ferner Arnstein und Christakis (1975), S. 162f.

34 Zu einer Methodenübersicht vgl. allgemein Kirsch, Bamberger, Gabele und Klein (1973); zu einer Zuordnung verschiedener Methoden zu einzelnen Abschnitten des TA-Prozesses vgl. Battelle-Institut (1976), S. 43

35 Eine Ausnahme stellt die Arbeit von Pestel (1973) dar, der auf der Grundlage der Theorie der hierarchischen Mehrebenensysteme nach Mesarovic et al. (1970) eine umfassende Methodologie des TA anstrebt.

36 Zu der weniger bekannten Cross-Impact-Analyse bzw. zu Verflechtungsmatrizen vgl. insb. Blohm (1979); Cetron (1973); Gordon und Becker (1973); Helmer (1977). Zum Verhältnis von Technology Assessment zur Kosten-Nutzen-Analyse vgl. Dierkes und Geschka (1974), S. 405; Encel et al. (1976), S. 116ff; Medford (1973) S. 124ff. TA wird dabei stets als das breitere Konzept angesehen.

37 Vgl. den Abdruck bei Steinmann (1973), S. 472f.

38 Vgl. Friedman (1971), S. 205f.

39 Steinmann (1973), S. 468

40 Zu dieser Kritik vgl. auch Picot (1977), S. 23ff.

41 Zu einem Überblick vgl. den Sammelband gleichen Titels von Albach und Sadowski (1976)

42 Vgl. z. B. Weihe (1976); Wilson (1974); Utz (1978); zur strategischen Umweltanalyse vgl. u. a. Ansoff et al. (1976), S. 51ff; Hinterhuber (1977), S. 40ff.

43 Zu einem Überblick über die Theorie externer Effekte vgl. Bössmann (1979); Kapp (1971); Knappe (1974); Michalski (1965). Zu einer betriebswirtschaftlichen Betrachtung vgl. z. B. Budäus (1976); Jäger (1976); Heinen und Picot (1974); Picot (1977), S. 69ff.

44 G. Kirsch (1974), S. 50

45 Ebenda, S. 30; vgl. hierzu auch Etzioni (1975), S. 625ff.

46 Zu dieser hier auf Unternehmensplanung angewendeten Leitidee vgl. die konzeptionellen Darstellungen bei G. Kirsch (1974) sowie Buchanan und Tullock (1962)

47 G. Kirsch (1974), S. 48 (Hervorh. im Original)

48 Vgl. Picot (1977), S. 76ff.

49 Vgl. Cyert und March (1963)

50 Vgl. Steinmann (1976); Steinmann und Gerum (1978)

51 Vgl. u. a. Brockhoff (1975); Budäus (1977); Dierkes (1974); Eichhorn (1974); Faltlhauser (1978); Fischer-Winkelmann (1979); Heinen (1978); Mintrop (1976); von Wysocki (1975)

52 Utz (1978),S. 193

53 Haas (1974), S. 75

54 Vgl. Ansoff (1976)

55 Zur Früherkennung von Krisen vgl. auch Berg und Treffert (1979)

56 Vgl. Ansoff (1976)

57 Vgl. Kirsch, Esser und Gabele (1979), S. 353ff.

58 Battelle-Institut (1978); vgl. ferner Rieser (1978); Hahn und Krystek (1979)

59 Vgl. Kirsch und Trux (1979)
60 Vgl. zum folgenden Picot (1977, S. 135ff), der die Bestimmungsproblematik für eine gesellschaftsbezogene Erfolgsrechnung diskutiert.
61 Vgl. Picot (1977), S. 138ff
62 Picot (1977), S. 143
63 Gäfgen (1974), S. 106
64 Picot (1977), S. 145
65 Picot (1977), S. 153
66 G. Kirsch (1974), S. 169
67 Vgl. zur Responsiveness Etzioni (1975), S. 445ff. und passim; ferner Kirsch (1976), S. 188ff; Paul (1977)
68 Vgl. Kirsch, Esser und Gabele (1979), S. 302ff
69 Picot (1977), S. 154f.
70 Vgl. Terry (1977)
71 Vgl. zum folgenden u. a. Dierkes und Geschka (1974), S. 414ff.
72 Dierkes und Geschka (1974), S. 415
73 Vgl. Jochem (1975), S. 60
74 Die Diskussion über Messung und Bewertung externer Effekte durchzieht die gesamte Literatur zum TA. Zu einer grundsätzlichen Auseinandersetzung mit diesem Problembereich vgl. von Wysocki (1976); Picot (1977), S. 164ff.
75 Vgl. Eichhorn (1976); Overly (1973); Picot (1977); Utz (1978)
76 Jochem (1975), S. 64
77 Vgl. dazu auch die dem TA-Ansatz ähnliche Konzeption des BASYC (Benefit Assessment for System Change) von Mumford et al. (1978). Eine Kurzdarstellung dieses Konzepts findet sich bei Seibt (1978)
78 Dierkes und Geschka (1974), S. 415
79 Paschen (1975), S. 47
80 Vgl. u. a. Dierkes und Geschka (1974), S. 415; Jochem (1975), S. 65
81 Zur Kontroverse über den Nutzen von Arzneimitteltests vgl. Greiser (1978)
82 Der Bundesforschungsminister V. Hauff hat aber die baldige Durchführung von entsprechenden Untersuchungen in der Zeit vom 30. 3. 1979 angekündigt.
83 Vgl. z. B. die Fallzusammenstellung bei Battelle-Institut (1976) und Coates (1973), S. 287f.
84 Aber nicht nur aus finanziellen, sondern grundsätzlichen Durchführungsüberlegungen werden *staatliche* Assessments bisweilen vorgezogen, (vgl. z. B. Geschka und Schaude (1973) bzw. eine Art unabhängiger technischer Gerichtshof gefordert (Vgl. Steinbuch 1978, S. 243ff)
85 Vgl. Battellle-Institut (1976), S. 77ff; Dierkes und Geschka (1974), S. 417ff
86 Paschen (1975), S. 51
87 Zur Handhabung komplexer Probleme vgl. Kirsch (1978), S. 140ff.
88 Vgl. Kirsch und Scholl (1977)
89 Diese Vorschläge werden überwiegend im Bereich der öffentlichen Planung diskutiert; vgl. u. a. Dittrich (1975); Mayntz (1972); Dienel (1971)
90 Vgl. Coates (1973), S. 283f; Dierkes (1974), S. 119; Haas (1974), S. 84; Oberkampf (1977), S. 182; Paschen et al. (1978), S. 19 sowie insgesamt Medford (1973)

Literaturverzeichnis

Ackerman, R. W. und Bauer, R. A. (1976): Corporate Social Responsiveness: The Modern Dilemma, Reston/Vir. 1976

Albach, H. (1979): Beiträge zur Unternehmensplanung, 3. Aufl., Wiesbaden 1979

Albach, H. und Sadowski, D. (Hrsg., 1976): Die Bedeutung gesellschaftlicher Veränderungen für die Willensbildung im Unternehmen, Berlin 1976

Altenpohl, D. (1975): TP, die Zukunftsformel. Möglichkeiten und Grenzen der Technologie-Planung, Frankfurt/M. 1975

Ansoff, H. I. (1976): Managing Surprise and Discontinuity – Strategic Response to Weak Signals, Die Bewältigung von Überraschungen – Strategische Reaktionen auf schwache Signale, in: Zeitschrift für betriebswirtschaftliche Forschung 1976, S. 129–152

Ansoff, H. I./Declerck, R. P. und Hayes, R. L. (1976): From Strategic Planning to Strategic Management, in: Ansoff, H. I. et al. (Hrsg., 1976), S. 39–78

Ansoff, H. I. et al. (Hrsg., 1976): From Strategic Planning to Strategic Management, London usw. 1976

Arnstein, S. R. und Christakis, A. N. (1975): Perspectives on Technology Assessment, Jerusalem 1975

Ayres, R. U. und Simon, S. C. (1973): Technology Assessment and Policy-Making in the United States, in: Cetron, M. J. und Bartocha, B. (Hrsg., 1973), S. 733–763

Battelle-Institut (1976): Technology Assessment, Frankfurt/M. 1976

Battelle-Institut (1978): Soziales und Politisches Frühwarnsystem zur Erkennung von Veränderungen im Umfeld der Unternehmen – Ein Radar zur strategischen Unternehmensplanung, Frankfurt/M. 1978

Bell, D. (1976): The Coming of Post-Industrial Society: A Venture in Social Forecasting, Harmondsworth 1976

Berg. C. C. und Treffert, J. C. (1979): Die Unternehmenskrise – Organisatorische Probleme und Ansätze zu ihrer Lösung, in: Zeitschrift für Betriebswirtschaft 1979, S. 459–473

Blohm, H. (1979): Methoden zur Prognose technischer Entwicklungen, in: Wirtschaftstudium 1979, S. 115–12o und S. 167–173

Blum, W. und Altenpohl, D. (1975): Warum Technology Assessment in der Industrie?, in: Haas, H. (Hrsg., 1975), S. 31–43

Bössmann, E. (1979): Externe Effekte, in: Wirtschaftstudium 1979, S. 95–98 und S. 147–151

Bratschitsch, R. und Heinen, E. (Hrsg., 1978): Absatzwirtschaft – Marketing – Betriebswirtschaftliche Probleme und gesellschaftlicher Bezug, Wien 1978

Brockhoff, K. (1975): Zur externen gesellschaftsbezogenen Berichterstattung deutscher Unternehmen – Eine Auswertung deutscher Geschäftsberichte aus dem Jahr 1973, Veröffentlichungen der Stiftung Gesellschaft und Unternehmen, Heft 3, Köln 1975

Buchanan, J. W. und Tullock, G. (1962): The Calculus of Consent – Logical Foundations of Constitutional Democracy, Ann Arbor/Mich. 1962

Budäus, D. (1976): Externe Effekte unternehmerischer Aktivitäten, in: Die Unternehmung 1976, S. 225–243

Budäus, D. (1977): Sozialbilanzen – Ansätze gesellschaftsbezogener Rechnungslegung als Ausdruck einer erweiterten Umweltorientierung?, in: Zeitschrift für Betriebswirtschaft 1977, S. 183–202

Carroll, A. B. (Hrsg., 1977): Managing Corporate Social Responsibility, Boston/Mass. 1977

Cetron, M. J. (1973): The Trimatrix – An Integration Technique for Technology Assessment, in: Cetron, M. J. und Bartocha, B. (Hrsg., 1973), S. 673–707

Cetron, M. J. und Bartocha, B. (Hrsg., 1973): Technology Assessment in a Dynamic Environment, London-New York-Paris 1973

Coates, J. F. (1973): Interdisciplinary Considerations in Sponsoring Technology Assessments, in: Cetron, M. J. und Bartocha, B. (Hrsg., 1973), S. 271–293

Croft, W. (1977): Values and Future‘s Research, in: Long Range Planning, Dez. 1977, S. 51–56

Cyert, R. M. und March, J. G. (1963): A Behavioral Theory of the Firm, Englewood Cliffs/N. J. 1963

Dickey, J. W./Glancy, D. M. und Jennelle, E. M. (1973): Technology Assessment, Lexington/Mass. usw. 1973

Dienel, P. C. (1971): Wie können die Bürger an Planungsprozessen beteiligt werden? Planwahl und Planungszelle als Beteiligungsverfahren, in: Bürger im Staat 1971, S. 151–156

Dierkes, M. (1974): Die Sozialbilanz, Frankfurt/M. 1974

Dierkes, M. und Geschka, H. (1974): Technology Assessment – gesellschaftsbezogene Steuerung des technischen Fortschritts, in: IFO-Institut (Hrsg., 1974), S. 397–425
Dierkes, M. und Staehle, K. W. (1973): Technology Assessment. Bessere Entscheidungsgrundlagen für die unternehmerische und staatliche Planung, 2. Aufl., (Battelle-Institut) Frankfurt/M. 1973
Dittrich, G. (Hrsg., 1975): Demokratisierung der Planung, Nürnberg 1975
Eichhorn, P. (1974): Gesellschaftsbezogene Unternehmensrechnung, Göttingen 1974
Eichhorn, P. (1976): Gesellschaftsbezogene Unternehmensrechnung und betriebswirtschaftliche Sozialindikatoren, in: Zeitschrift für betriebswirtschaftliche Forschung, Sonderheft 1976, S. 159–169
Encel, S./Marstrand, P. K. und Page, W. (Hrsg., 1976): The Art of Anticipation: Values and Methods in Forecasting, New York 1976
Enzer, S. (1974): Assessing a Problem-Oriented Social Technology – A General Conduct, in: Futures 1974, S. 486–498
Etzioni, A. (1975): Die aktive Gesellschaft – Eine Theorie gesellschaftlicher und politischer Prozesse, Opladen 1975
Faltlhauser, K. (1978): Unternehmen und Gesellschaft – Theorie und Praxis der Sozialbilanz, Berlin 1978
Fischer-Winkelmann, W. F. (1979): Gesellschaftsorientierte Unternehmensrechnung, Wuppertal 1979
Freeman, C./Jahoda, M. und Miles, I. (Hrsg., 1976): Progress and Problems in Social Forecasting, London 1976
Friedman, M. (1971): Die soziale Verantwortung der Geschäftswelt, in: Schmölders, G. (Hrsg., 1971), S. 198–206
Gäfgen, G. (1974): Theorie der wirtschaftlichen Entscheidung – Untersuchungen zur Logik und Bedeutung des rationalen Handelns, 3. Aufl., Tübingen 1974
Geschka, H. (1975): Zur Situation des »Technology Assessment« in den USA, in: Haas, H. (Hrsg., 1975), S. 19–29
Geschka, H. und Schaude, G. R. (1973): Some Hypotheses on Technology Assessment Organization in Industry, in: Stöber, G. J. und Schumacher, D. (Hrsg., 1973), S. 275–278
Götzen, G. und Kirsch, W. (1979): Problemfelder und Entwicklungstendenzen der Planungspraxis – dargestellt am Beispiel der Unternehmensplanung der Fichtel & Sachs AG, in: Zeitschrift für betriebswirtschaftliche Forschung 1979, S. 162–194
Gordon, T. J. und Becker, H. S. (1973): Utilization of Cross-Impact in Technology Assessment, in: Cetron, M. J. und Bartocha, B. (Hrsg., 1973), S. 663–672
Greiser, E. (1978): Zurück ins Mittelalter – Über die Motive der Kritiker, die gegen kontrollierte Studien zum Nachweis der Wirksamkeit von Arzneimittlen sind, in: Die Zeit vom 15. 12. 1979, S. 66
Haas, H. (1974): Technology Assessment – Ein amerikanischer Weg zur Kontrolle technologischer Entwicklungen, in: Sachsse, H. (Hrsg., 1974), S. 71–84
Haas, H. (Hrsg., 1975): Technikfolgen-Abschätzung, München-Wien 1975
Hahn, D. und Krystek, U. (1979): Betriebliche und überbetriebliche Frühwarnsysteme für die Industrie, in: Zeitschrift für betriebswirtschaftliche Forschung 1979, S. 76–88
Hansen, H. R. (Hrsg., 1978): Entwicklungstendenzen der Systemanalyse, München-Wien 1978
Hanssmann, F. (1977): Investitionsplanung unter Berücksichtigung des Umweltschutzes, dargestellt am Beispiel des Energiemodells München, in: Reber, G. (Hrsg., 1977), S. 164–179
Hargreaves, B. J. A. (1978): Sociological and Cultural Forecasting, in: Long Range Planning, Juni 1978, S. 49–53
Heinen, E. (1978): Möglichkeiten und Grenzen einer gesellschaftsbezogenen Rechnungslegung, in: Bratschitsch, R. und Heinen, E. (Hrsg., 1978), S. 181–199
Heinen, E. und Picot, A. (1974): Können in betriebswirtschaftlichen Kostenauffassungen soziale Kosten berücksichtigt werden?, in: Betriebswirtschaftliche Forschung und Praxis 1974, S. 345–366

Helmer, O. (1977): Problems in Futures Research – Delphi and Causal Cross-Impact Analysis, in: Futures 1977, S. 2–31

Hinterhuber, H. H. (1977): Strategische Unternehmungsführung, Berlin-New York 1977

Ifo-Institut (Hrsg., 1974): Technischer Fortschritt, Ursache und Auswirkung wirtschaftlichen Handelns. Referate und Diskussionsbeiträge der zweiten Innovationstagung vom 3.–5. April 1974, München 1974

Jäger, P. (1976): Soziale Nutzen – soziale Kosten im öffentlichen Personenverkehr, Düsseldorf 1976

Jochem, E. (1975): Möglichkeiten der Technikfolgen-Abschätzung und -Bewertung (TA), dargestellt an einigen ihrer Grenzen in: Haas, H. (Hrsg., 1975), S. 55–66

Jochem, E. und Herz, H. (1976): Die Motorisierung und ihre Auswirkungen – Zur Problematik der Realisierbarkeit der Technikfolgenabschätzung anhand von Ex-post-Projektionen, Göttingen 1976

Jones, M. V. (1971): A Technology Assessment Methodology, Washington/D. C. 1971

Jones, M. V. (1973): A Comparative, State-of-the-Art Review of Selected U. S. Technology Assessment Studies, Washington/D. C. 1973

Kapp, K. W. (1971): Social Costs of Privat Enterprise, rev. edition, New York 1971

Kiefer, D. M. (1973): Technological Forecasting in Technology Assessment, in: Cetron, M. J. und Bartocha, B. (Hrsg., 1973), S. 941–954

Kirsch, G. (1974): Die Betroffenen und die Beteiligten, München 1974

Kirsch, W. (1976): Organisatorische Führungssysteme – Bausteine zu einem verhaltenswissenschaftlichen Bezugsrahmen, München 1976

Kirsch, W. (1978): Die Handhabung von Entscheidungsproblemen, München 1978

Kirsch, W. (1979): Die Idee der fortschrittsfähigen Organisation – Über einige Grundlagenprobleme der Betriebswirtschaftslehre, in: Wunderer, R. (Hrsg., 1979), S. 3–24

Kirsch, W.: Bamberger, I., Gabele, E. und Klein, H. K. (1973), Betriebswirtschaftliche Logistik, Wiesbaden 1973

Kirsch, W./Esser, W.-M. und Gabele, E. (1979): Das Management des geplanten Wandels von Organisationen, Stuttgart 1979

Kirsch, W. und Scholl, W. (1977): Demokratisierung – Gefährdung der Handlungsfähigkeit organisatorischer Führungssysteme?, in: Die Betriebswirtschaft 1977, S. 235–246

Kirsch W. und Trux, W. (1979): Portfolio-Analyse und Strategische Frühaufklärung, in: Zeitschrift für Betriebswirtschaft, Ergänzungsheft 2/1979

Knappe, E. (1974): Möglichkeiten und Grenzen dezentraler Umweltschutzpolitik – Bekämpfung externer Nachteile durch Verhandlungen, Berlin 1974

Kreikebaum, H. (1977): Humanität in der Arbeitswelt. Eine kritische Betrachtung, in: Zeitschrift für Betriebswirtschaft 1977, S. 481 ff.

Lawless, E. W. (1977): Technology and Social Shock, New Brunswick/N. J. 1977

Leitherer, E. (1974): Betriebliche Marktlehre, 1. Teil: Grundlagen und Methoden, Stuttgart 1974

Mayntz, R. (1972): Funktionen der Beteiligung bei öffentlicher Planung, in: Demokratie und Verwaltung, Schriftenreihe der Hochschule Speyer, Bd. 50, Berlin 1972, S. 341–353

Medford, D. (1973): Environmental Harassment or Technology Assessment?, Amsterdam usw. 1973

Meffert, H. (Hrsg., 1975): Marketing heute und morgen – Entwicklungstendenzen in Theorie und Praxis, Wiesbaden 1975

Meffert, H. (1975): Konsumerismus – Merkmale, Forderungen, Auswirkungen, in: Meffert, H. (Hrsg., 1975), S. 459–483

Mesarovic, M. D./Macko, D. und Takahara, Y. (1970): Theory of Hierarchical Multilevel Systems, New York-London 1970

Michalski, W. (1965): Grundlegung eines operationalen Konzepts der Social Costs, Tübingen 1965

Mintrop, A. (1976): Gesellschaftsbezogene Rechnungslegung, Zürich 1976

Morasky, R. L. und Amick, D. (1978): Social System Needs Assessment, in: Long Range Planning, April 1978, S. 47–54

Mumford, E./Land, F. und Hawgood, J. (1978): A Participative Approach to Forward Planning and System Change, Durham 1978
Oberkampf, V. (1977): Technology Assessment – Ein Konzept zur Messung und Bewertung der Auswirkungen von Innovationen, in: Pfohl, H.-Ch. und Rürup, B. (Hrsg., 1977), S. 175–191
OECD (Hrsg., 1975): Methodological Guidelines for Social Assessment of Technology, 1975
OTA (1977): Technology Assessment in Business and Government – Summary and Analsis. Hearings for the Technology Assessment Board, Washington/D. C. 1977
Overly, D. (1973): Introducing Societal Indicators into Technology Assessment, in: Cetron, M. J. und Bartocha, B. (Hrsg., 1973), S. 561–589
Paschen, H. (1975): Technology Assessment als partizipatorischer und argumentativer Prozeß, in: Haas, H. (Hrsg., 1975), S. 45–54
Paschen, H./Gresser, K. und Conrad, F. (1978): Technology Assessment – Technologiefolgenabschätzung, Frankfurt/M.-New York 1978
Paul, G. (1977): Bedürfnisberücksichtigung durch Mitbestimmung, München 1977
Pestel, R. (1973): Eine neue, umfassende Methodologie für die Technologische Folgenabschätzung aufgrund der Theorie der hierarchischen Mehrebenensysteme, Diss. Hannover 1973
Pfohl, H.-Ch. und Rürup, B. (Hrsg., 1977): Wirtschaftliche Meßprobleme, Köln 1977
Picot, A. (1977): Betriebswirtschaftliche Umweltbeziehungen und Umweltinformationen, Berlin 1977
Quick, H. J. (1976): Organisationsformen der wissenschaftlichen Beratung des Parlaments – Eine Untersuchung zur institutionellen Verankerung einer Technologiebewertungseinrichtung beim Deutschen Bundestag, Berlin 1976
Raffée, H. (1979): Marketing und Umwelt, Hagen 1979
Reber, G. (Hrsg., 1977): Personal- und Sozialorientierung der Betriebswirtschaftslehre, Bd. 4: Vorträge der Arbeitsgruppe Fertigungswirtschaft/Betriebsinformatik und Vorträge der Arbeitsgruppe Operations Research, Stuttgart 1977
Redmond, W. H. (1978): Values in Forecasting and Planning, in: Long Range Planning, Juni 1978, S. 22–25
Rieser, I. (1978): Frühwarnsysteme, in: Die Unternehmung 1978, S. 52ff.
Roventa, P. (1979): Portfolio-Analyse und Strategisches Management, München 1979
Sachsse, H. (Hrsg., 1974): Möglichkeiten und Maßstäbe für die Planung der Forschung, München-Wien 1974
Schmölders, G. (Hrsg., 1971): Der Unternehmer im Ansehen der Welt, Bergisch-Gladbach 1971
Schröder, K. T. (1978): Soziale Verantwortung in der Führung der Unternehmung, Berlin 1978
Seibt, D. (1978): Zielbildung für Sollkonzepte, in: Hansen, H. R. (Hrsg., 1978), S. 223–259
Sieben, G. und Goetzke, W. (1976): Investitionskalküle unter Berücksichtigung pluralistischer Interessen, in: Betriebswirtschaftliche Forschung und Praxis 1976, S. 27–52
Specht, G. (1974): Marketing-Management und Qualität des Lebens, Stuttgart 1974
Steinbuch, K. (1978): Maßlos informiert – Die Enteigung unseres Denkens, München-Berlin 1978
Steinmann, H. (1973): Zur Lehre von der »Gesellschaftlichen Verantwortung der Unternehmensführung« – Zugleich eine Kritik des Davoser Manifests –, in: Wirtschaftswissenschaftliches Studium 1973, S. 467–473
Steinmann, H. (1976): Die Unternehmung als Interessenverbund, in: Betriebswirtschaftliche Forschung und Praxis 1976, S. 1–12
Steinmann, H. und Gerum, E. (1978): Die Unternehmung als Koalition – Zur Begründung interessenpluralistischer Ansätze in der Diskussion um die Reform der Unternehmensverfassung, in: Wirtschaftswissenschaftliches Studium 1978, S. 469–476
Stöber, G. J. und Schumacher, D. (Hrsg., 1973): Technology Assessment and Quality of Life, Amsterdam usw. 1973
Strasser, G. (1973): Methodology for Technology Assessment – Case Study Experience in the United States, in: Cetron, M. J. und Bartocha, B. (Hrsg., 1973), S. 905–937
Terry, P. T. (1977): Mechanism for Environmental Scanning, in: Long Range Planning, Juni 1977, S. 2–9
Trux, W. und Kirsch, W. (1979): Strategisches Management oder: Die Möglichkeit einer »wissen-

schaftlichen« Unternehmensführung. Anmerkungen aus Anlaß eines Kooperationsprojektes zwischen Wissenschaft und Praxis, in: Die Betriebswirtschaft (DBW) 1979, S. 215–235
Utz, H. W. (1978): Umweltwandel und Unternehmungspolitik – Berücksichtigung der sozialen und ökologischen Umwelt durch Marketing Assessment, München 1978
Weihe, H. J. (1976): Unternehmungsplanung und Gesellschaft Berlin-New York 1976
Wilson, I. H. (1974a): Reforming the Strategic Planning Process – Integration of Social Responsibility and Business Need, in: Long Rang Planning, Okt. 1974, S. 2–6
Wilson, I. H. (1974b): Socio-Political Forecasting: A New Dimension to Strategic Planning, in: Michigan Business Review, Juli 1974, S. 15–25
Wunderer, R. (Hrsg., 1979): Humane Personal- und Organisationsentwicklung, Berlin 1979
v. Wysocki, K. (1975): Das Unternehmen in seiner Umwelt – Möglichkeiten und Grenzen der Sozialbilanz, in: Bericht über die Fachtagung 1974 des Instituts der Wirtschaftsprüfer in Deutschland e. V., Düsseldorf 1975, S. 201–226
v. Wysocki, K. (1976): Meß-und Bewertungsprobleme in der sozialen Rechnungslegung, in: Zeitschrift für betriebswirtschaftliche Forschung und Praxis 1976, Sonderheft, S. 171–180

Hermann Krallmann

Das Instrumentarium des Modell-Methoden-Verbundes zur Innovations- und Investitionsplanung

A. Die Problematik der innovativen Investitonsplanung und die Vorgehensweise zu ihrer Realisierung im Maschinenbau

B. Die Grundkonzeption beider Modellentwicklungen
  I. Der dreistufige Modellverbund zur Analyse des Einsatzes der NC-Technik
    1. Das Gesamtmodell/2. Das Input-Output-Modell/3. Das lineare Programmierungsmodell/4. Das System Dynamics-Modell/5. Die Darstellung der Ergebnisse des Modellverbundes
  II. Das dynamische Investitionsrechnungsmodell für NC-Maschinen
    1. Die Anwenungsproblematik der dynamischen Investitionsrechnung bei NC-Maschinen/2. Das Modellkonzept und die Modellgestaltung/3. Die Modellergebnisse

C. Die inhaltlichen und modelltechnischen Erweiterungen des Modellsystems
  I. Die Abbildung komplexerer Automatisierungsmaßnahmen
    1. Das flexible Fertigungssystem/2. Das rechnergestützte Arbeitsplanungssystem
  II. Die modelltechnischen Erweiterungen
    1. Der überbetriebliche Bereich/2. Der einzelbetriebliche Bereich

D. Die Analyse und der Ausblick

Anmerkungen

Literaturverzeichnis

A. Die Problematik der innovativen Investitionsplanung und die Vorgehensweise zu ihrer Realisierung im Maschinenbau

Die Bedeutung von Innovationen als eine wichtige Treibkraft für die wirtschaftliche Entwicklung ist im politischen wie im wirtschaftlichen Leben unumstritten.

Die Planung von innovativen Investitionen der Fertigungsmittel, charakterisiert durch ihre Vielfalt und Komplexität, ist äußerst problematisch und kann durch eine dynamische und ganzheitliche Betrachtungsweise bewältigt werden.

Die vorliegende Studie befaßt sich mit der *Investitionsplanung zur Beschaffung neuer Anlagen in der Klein- und Mittelserienfertigung im Maschinenbau,* wobei eine exemplarische Untersuchung des Einsatzes der NC-Technik [1] durchgeführt und die Analyse komplexerer Automatisierungsmaßnahmen *(rechnergestütztes Arbeitsplanungssystem* und ein *flexibles Fertigungssystem)* in Angriff genommen wurde.

Die Automatisierung der Kleinserienfertigung des Maschinenbaus wird heute durch Umstellungsprozesse auf zunehmenden Rechnereinsatz sowohl bei Materialbearbeitung und -transport als auch bei den Planungsphasen – Konstruktion, Arbeitsvorbereitung und Ablaufsteuerung – charakterisiert. Wenn vom technischen Standpunkt einzelne Verfahren und Bausteine des Fertigungsprozesses eingesetzt werden sollen, besteht die Aufgabe der Investitionsrechnung darin, eine Beurteilung der Wirtschaftlichkeit durchzuführen. Die Problematik einer solchen Investitionsentscheidung läßt sich wie folgt skizzieren:

- Die Einführung bestimmter Fertigungsmittel ist mit komplizierten und kostspieligen technisch/organisatorischen Anpassungsprozessen verbunden, so daß Fehlentscheidungen schwerwiegende Folgen haben und schwer zu revidieren sind.
- Die Fertigungsmittel determinieren langfristig das potentielle Fertigungsprogramm eines Unternehmens.
- Die Investitionsplanung muß langfristige Absatz- und Preisentwicklungen mit einbeziehen, wodurch gegebenenfalls die Gefahr zu Fehlentscheidungen erhöht wird.
- Die Fertigungsmittel der genannten Branche sind sehr kapitalintensiv.
- Die Frage der Finanzierung solcher Investitionsvorhaben hat eine zentrale Bedeutung für das Unternehmen.
- Die sozialen Konsequenzen innovativer Investitionsentscheidungen sind vielfältig und komplex.
- Bei der Planung von Automatisierungsmaßnahmen der Kleinserienfertigung für Betriebe des Maschinenbaus müssen die Konsequenzen unterschiedlicher Strategien bezüglich des Investitionsobjektes hinsichtlich der *finanziellen, personellen* und *organisatorischen* Auswirkungen untersucht werden

Aufgrund der Interaktionen zwischen Unternehmen und Umwelt, neben den innerbetrieblichen Aspekten, sind jedoch gesamtwirtschaftliche Komponenten bedeutende Determinanten der innovativen Investitionsplanung.

Die Darstellung stark unterschiedlich aggregierter Größen – z. B. die Abbildung der globalen Nachfrage einerseits und die detaillierte Analyse der Kapazitätsabstimmung

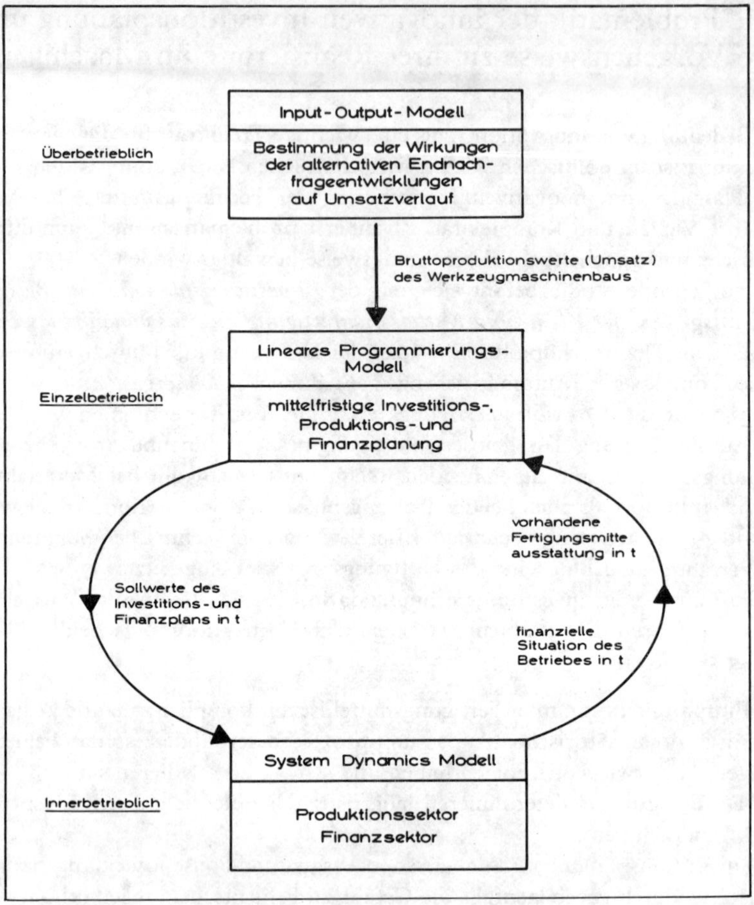

Abb. 1: Struktur des dreistufigen Modellverbundes

andererseits – läßt sich nicht durch ein umfassendes gesamtwirtschaftliches Modell durchführen.

Ein derartig differenzierter Aggregationsgrad verlangt nach einem hierarchisch-strukturierten Modellsystem mit einem interdisziplinären Methodenansatz, der das Wesentliche – die Notwendigkeit einer *bestmöglichen Problemlösung* mit geeigneten Verfahren – in den Vordergrund rückt.

Aufgrund dieser Erkenntnisse wird der gesamtwirtschaftliche Bereich durch ein Input/Output-Modell dargestellt. Ein *Lineares Optimierungs-* und ein *System Dynamics-Modell* bilden einen repräsentativen Betrieb der ausgewählten Branchen ab, um die betrieblichen und innerbetrieblichen Auswirkungen einer innovativen Investition im Fertigungsbereich zu skizzieren (siehe Abbildung 1).

Der *dreistufige Modell-Methodenverbund* trägt einerseits zur Verbesserung der Transparenz des Gesamtsystems bei, und andererseits gelingt es auch, den Anforderungen der Validierung – wenn auch nur in geringem Maße – gerecht zu werden.

Trotz dieser positiven Erkenntnisse war es offensichtlich, daß ein solches integriertes Modellsystem mehr den Interessen und Ansprüchen der Wissenschaft als den Anforderungen der Praxis gerecht wird.

Aus dieser Einsicht und der Notwendigkeit einer praxisorientierten Forschung wurde parallel zur oben beschriebenen Modellkonzeption der innerbetriebliche Bereich in einem separaten Modell zur Wirtschaftlichkeitsanalyse [13] komplexer numerisch gesteuerter Fertigungsmittel detailliert abgebildet. Das Ziel dieses disaggregierten Modells liegt darin, den Unternehmen im Maschinenbau ein flexibles Instrumentarium zur Beurteilung innovativer Investitionen anzubieten.

Die mehrfache erfolgreiche Anwendung dieses Modells in der Praxis und die positive Bilanz der Diskussionen [27, 28] des realisierten dreistufigen Modell-Methodenverbundes motivierten und initiierten eine Integration beider Modellentwicklungen.

Diese Vorgehensweise, beruhend auf praxisbezogenen und wissenschaftlich fundierten Erkenntnissen, lieferte eine gute Ausgangsbasis zur Analyse und Bewertung komplexerer Automatisierungsmaßnahmen, wie in diesem Falle ein rechnergestütztes Arbeitsplanungssystem bzw. ein flexibles Fertigungssystem. Beide Projekte, die in enger Kooperation mit zwei Unternehmen durchgeführt werden, bewirken sowohl methodische als auch inhaltliche Modifikationen des Modellsystems, die im Laufe der Studie integriert und realisiert werden.

B. Die Grundkonzeption beider Modellentwicklungen

I. Der dreistufige Modellverbund zur Analyse des Einsatzes der NC-Technik

1. Das Gesamtmodell

Die Erfassung derjenigen Einfluß- und Störgrößen, die die Einführung neuer Produktionstechnologien beeinflussen und die Modellierung ihrer Auswirkungen stehen im Mittelpunkt der Untersuchung. Die Wirtschaftlichkeitsrechnung ergibt oft eine Überlegenheit der automatisierten Fertigungsmittel gegenüber den konventionellen Maschinen. Aber aufgrund hoher Anschaffungskosten und langer Einarbeitungs- und Programmiervorlaufzeiten entstehen gerade in der Einführungsphase in den Betrieben erhebliche finanzielle Engpässe. Derartige einzelbetriebliche Probleme beeinflussen in entscheidender Weise, wann und in welchem Umfange neue Technologien zur Anwendung kommen, die sich heute noch im Forschungs- bzw. teilweise im ersten Einsatzstadium befinden.

Das Modell bildet einen *repräsentativen Betrieb* des *Werkzeugmaschinenbaus* ab, der eine Pilotfunktion im Maschinenbau beim Einsatz neuerer NC-Techniken ausübt. Unter der Annahme mikro-ökonomisch rationalen Investitionsverhaltens hat das Modellsystem erklärende Funktion und soll gleichzeitig auch als Entscheidungshilfe bei der Automatisierung der Kleinserienfertigung dienen [2].

Kernstück des Modellverbundes ist ein gekoppeltes System Dynamics- und Lineares Optimierungsmodell (SD-LP-Modell). Das SD-LP-Modell optimiert und simuliert die Investitionstätigkeit eines branchenrepräsentativen Betriebes. Das LP-Modell paßt bei vorgegebenem Absatzverlauf die Investitions- und Finanzplanung endwertoptimal an, während das SD-Modell den innerbetrieblichen Ablauf und die innerbetrieblichen Konsequenzen dieser Anpassung detailliert im Zeitverlauf simuliert (Abbildung 1).

Insgesamt wird im Modell das Prinzip der »rollenden Planung« durchgeführt. Der Planungszeitraum umfaßt dabei jeweils 24 Monate, d. h. alle 24 Monate wird das LP-Modell aufgerufen, um neue Solldaten zu ermitteln. Das LP-Modell »überblickt« aber 72 Monate und übergibt nur die Sollwerte für die ersten 2 Jahre an das SD-Modell, so daß eine Datenüberlappung 48 Monate entsteht. Der Planungshorizont des Gesamtmodells beträgt 8–10 Jahre.

Die Berücksichtigung des erwarteten Absatzes der Branche gilt als ein wesentliches Entscheidungskriterium bei der Innovationsplanung. Um den Durchsetzungsprozeß der NC-Technik in einer Branche abzubilden, wird das SD-LP-Modell um ein Input/Output-Modell (I/O-Modell) ergänzt. Dabei handelt es sich um ein offenes statisches I/O-Modell, das durch ein dynamisiertes Modell der Investitionsgüternachfrage erweitert worden ist.

Alternative Entwicklungen für die restlichen Endnachfragekomponenten werden vom Benutzer vorgegeben, so daß mittels des I/O-Modells die daraus resultierenden Umsatzentwicklungen der betrachteten Branche ermittelt werden können.

Unter der Voraussetzung, daß sich außer der Nachfrage auf gesamtwirtschaftlicher Ebene keine Einflußfaktoren wesentlich verändern und daß die Unternehmen der Branche sich im Sinne des SD-LP-Modells rational verhalten, erlaubt der Einsatz automatisierter Fertigungsmittel im bestimmten repräsentativen Betrieb nach Ablauf des Planungszeitraumes einen Rückschluß auf den technischen Entwicklungsstand der Gesamtbranche.

2. Das Input/Output-Modell

Im gesamten Modellkomplex hat das I/O-System die Aufgabe, die Auswirkungen alternativ vorgegebener Entwicklungen der Endnachfrage nach Produkten beliebiger Sektoren j auf die Inlandsnachfrage nach Investitionsgütern in dem Werkzeugmaschinenbau abzubilden. Diese Problemstellung hat im Vergleich zu einer isolierten Betrachtung der Absatzentwicklung in einem einzelnen Sektor als Basis der Investitionsplanung den Vorteil, daß einzelwirtschaftliche Entscheidungsgrundlagen einem gesamtwirtschaftlichen Rahmen entnommen werden.

Um den Nachfrageverlauf für einen in erster Linie Investitionsgüter produzierenden Sektor (Fachzweig des Maschinenbaus) zu prognostizieren und an das SD-LP-Modell abgegen zu können, wurde das statische I/O-Modell durch ein iteratives Modell erweitert, das sektoral gegliederte Liefer- und Bezugsverflechtungen von Investitionsgütern berücksichtigt und ökonometrisch geschätzte Investitionsnachfragefunktionen enthält.

Bei der Formulierung der sektoralen Investitionsfunktion werden die durch die gesamte Endnachfrage induzierten Produktionswirkungen berücksichtigt, so daß eine Dynamisierung des Absatzprognosemodells gegeben ist. Im Rahmen der Branche Maschinenbau kommt hierbei u. a. auch die Exportwirkung auf den Absatz des betrachteten Fachzweiges zum Ausdruck, da die Exportentwicklung für alle Sektoren des Modells vorgegeben wird.

In der folgenden Modellbeschreibung werden die wesentlichen Strukturelemente dieses gesamtwirtschaftlichen Modells unter besonderer Berücksichtigung des Werkzeugmaschinenbaus erläutert.

Das offene statische Leontief-Modell definiert den Vektor der sektoralen Bruttoproduktionswerte X in Abhängigkeit der Endnachfrage Y und der inversen Leontief-Matrix. Die Endnachfrage nach Produkten aller Wirtschaftssektoren wird formuliert als sektoral gegliederte Komponenten des Privaten Verbrauchs, des Staatsverbrauchs, der Bruttoanlageinvestitionen, der Vorratsveränderungen sowie des Exports. Die Endnachfragekomponenten Privater Verbrauch, Staatsausgaben, Vorratsveränderungen und Ausfuhr werden modellexogen vorgegeben.

Zur Bestimmung der Nachfrage nach Bruttoinvestitionen in den Sektoren der Investitionsgüterindustrie müssen Investitionsfunktionen für die einzelnen Abnehmersektoren des Werkzeugmaschinenbaus (z. B. Straßenfahrzeugbau, Schiffbau, Luftfahrzeugbau u. a.) als Funktion der Veränderung der Bruttoproduktionswerte ökonometrisch geschätzt werden. Der Vektor sektoraler Investitionsnachfrage ist als Summenzeile einer Investitionsmatrix darstellbar und charakterisiert die Investitionsnachfrage der empfangenen Bereiche. Mit Hilfe der Matrix der Investitionskoeffizienten erfolgt die Transformation in einem Vektor der Investitionsnachfrage nach liefernden Bereichen I^L. Die sektoralen Schätzfunktionen für die Investitionsnachfrage I^L werden mit den für das I/O-Modell unterstellten Lieferungen von Bruttoanlageinvestitionen für jede betrachtete Periode in einem iterativen Prozeß abgestimmt.

Der in erster Iteration ermittelte Vektor der Investitionsnachfrage, gegliedert nach liefernden Bereichen, wird von dem ursprünglich zugrunde gelegten Vektor I^o abweichen. Der Iterationsprozeß wird daher wiederholt, bis $I^{L(n)}$ gegen einen vorgegebenen Vektor konvergiert. Für die betrachtete Periode (n-te Iteration) wird die entsprechende Endnachfrage $y^{(n)}$ errechnet, und mit Hilfe weiterer Annahmen über die Verläufe der restlichen Endnachfragekomponenten (modellexogene Schätzungen) ergibt sich unter Berücksichtigung der Leontief-Inversen der Bruttoproduktionswert, der den Wert der Investitionsnachfrage in der folgenden Periode beeinflußt. Aufgrund dieser Prozedur ergibt sich eine Dynamisierung des Modells [3].

Für die zehn Hauptabnehmersektoren des *Werkzeugmaschinenbaus (WZMB)* und einem zusammengefaßten Restsektor sind Investitionsfunktionen geschätzt worden, in dem zu diesem Zweck jährliche Zeitreihen der Investitionen und der Bruttoproduktionswerte (reale Größen) verwendet wurden. Die Daten wurden den I/O-Tabellen des DIW für die Jahre 1954, 1958, 1962, 1966, 1967 und 1972 entnommen. Sowohl bei der Prognose der Bruttoproduktionswerte als auch der Investitionsnachfrage wurden konstante, d. h. zeitunabhängige Inputstrukturen für die Vorleistungen aus der I/O-Tabelle des DIW von 1972 unterstellt.

Die Annahme konstanter Koeffizienten gilt als restriktiv, da sie in einer langfristigen Prognose den technischen Wandel nicht erfaßt. Für das konkrete Anwendungsbeispiel – Absatzprognose im WZMB – erschien diese Annahme jedoch insofern als gerechtfertigt, als die Koeffizienten der für den WZMB wichtigsten Sektoren nach einer Untersuchung des DIW [4] in einem relativ engen Intervall schwankten.

Ein wesentliches Ziel dieses Modells bestand in der Beantwortung der Frage nach der Beeinflussung alternativ möglicher Entwicklungen der Endnachfrage aller Sektoren auf die Verbreitung der NC-Technik im WZMB. Für die Festlegung der Entwicklung der Endnachfragekomponenten Privater Verbrauch, Staatsausgaben und Export konnten für die Branche Straßenfahrzeugbau – einem Schlüsselsektor der wirtschaftlichen Entwicklung und gleichzeitig wiederum Abnehmer von Werkzeugmaschinen – fundierte Schätzungen herangezogen werden [5]. Normale jährliche Zuwachsraten beschreiben die Entwicklung der Endnachfrage in den übrigen Abnehmersektoren. Zur Darstellung der Durchsetzungsgeschwindigkeit der NC-Technik im WZMB wurden alternativ – mögliche optimistische bzw. pessimistische Entwicklungen im Straßenfahrzeugbau – jährliche Zuwachsraten der Straßenfahrzeugnachfrage benutzt, die 20% über bzw. 20% unter den normalen Werten liegen. Die Ergebnisse des Modells werden in Kapitel B. I. 5. dargestellt.

3. Das Lineare Programmierungsmodell

Das mittelfristige Planungsverhalten eines für seine Branche im Rahmen des Maschinenbaus repräsentativen Betriebes wird durch das Lineare Programmierungsmodell bezüglich seiner Investitionen in *konventionelle* bzw. *numerisch gesteuerte Fertigungsmittel* simuliert. Das mehrperiodige lineare Programmierungsmodell (LP-Modell) bestimmt den Investitions- und Finanzplan, der das erzielbare Endvermögen des Betriebes in der Horizontperiode $t + Q$ maximiert. Die Entscheidungen und Daten dieses Planes werden als Sollvorgaben für die Gestaltung der gegenwärtigen Planungsperiode t an das System Dynamics-(SD-)Submodell übergeben.

Das SD-Modell simuliert den Verlauf der gegenwärtigen Periode t im dispositiven innerbetrieblichen Bereich und ermittelt die zum Ende von Periode t und damit die zu Beginn von Periode $t+1$ vorhandene, aktuelle Fertigungsmittelausstattung sowie die gegebene Finanzlage des Betriebes. Die zukünftigen Absatzmengen für das von repräsentativen Unternehmen hergestellte Produkt liefert – wie bereits erläutert – das I/O-Modell. Das LP-Modell erstellt dann aufgrund der aktuellen Daten einen neuen Investitions- und Finanzplan für die Perioden $t+1$ bis $t+1+Q$ mit $t+1$ als aktueller gegenwärtiger Planungsperiode. Dieser rollende Planungs-/Durchführungsprozeß wiederholt sich bis zum Simulationshorizont.

Der Ansatz des LP-Modells folgt im Kern dem »Modelltyp II« von Jacob [6], wobei Abweichungen auf die spezielle Abbildung der bestimmten Branche Werkzeugmaschinenbau zurückzuführen sind. Die Einteilung der Produktion erfolgt nicht nach Fertigungsstufen, sondern nach unabhängigen Arbeitsgängen. Die Gesamtmenge der Produktion je Periode ist nicht Planungsgegenstand, sondern sie wird durch die im I/O-Modell errechnete Nachfrage vorgegeben. Anstelle der Produktmengenvariablen wurden fertigungsspezifische Mengenvariablen für die verschiedenen repräsentativen Teileklassen eingeführt, aus denen sich das herzustellende Produkt zusammensetzt [7]. Die vorzeitige Desinvestition von Anlagen mit einem liquiditätswirksamen Effekt wird nicht im Modell berücksichtigt, weil eine derartige Maßnahme aufgrund der statistischen Analyse der betrachteten Fertigungsmittel in der Praxis normalerweise nicht vorkommt.

In dem auf diese Weise modifizierten Jacob'schen Investitions- und Finanzierungsplanungsmodell treten die Finanz- und Kapazitätsrestriktionen als bedeutende Nebenbedingungen auf, die der Funktion entsprechend kurz dargestellt werden sollen. Investitions-, Kreditaufnahme- und Barentnahmevariablen jeder Periode sollen unter Einhaltung

- des finanziellen Gleichgewichtes zwischen Einzahlungen, Auszahlungen und Kassenbeständen bei Herstellung und Absatz der gegebenen Produktmenge
- einer vermögensabhängigen Kreditgrenze
- eines Mindestkassenbestandes sowie
- einer für die gegebene Produktmenge ausreichenden Fertigungskapazität im Bohr-, Dreh- und Fräsbereich

in jeder Periode von t bis zum Planungshorizont $t+Q$ so bestimmt werden, daß das Endvermögen am Planungshorizont, bestehend aus

- dem Anlagevermögen am Horizont zu Liquidationswerten
- dem Kassenbestand am Horizont
- den im Planungszeitraum getätigten Barentnahmen, aufgezinst zum Horizont

abzüglich noch nicht getilgter Kreditschulden, maximiert wird.

Die nach repräsentativen Teileklassen differenzierte Abbildung des Fertigungsbereiches und die Annahme der Substituierbarkeit von konventionellen durch numerisch gesteuerte Fertigungsmittel in jeder Teileklasse mit teileklassenspezifischem Substitutionsverhältnis bedingen ein System von Kapazitätsrestriktionen, das prinzipiell wie folgt aufgebaut ist:

$$(1) \quad \sum_{j=1}^{I} HN_j * xn_{jq} \leq \sum_{p=0}^{q} KN_{pq} * vn_{pq}, \quad q=t, t+1, \dots, t+Q;$$

$$(2) \quad \sum_{j=1}^{I} HK_j * xk_j \leq \sum_{p=0}^{q} KK_{pq} * vk_{pq}, \quad q=t, t+1, \dots, t+Q;$$

$$(3) \quad xn_{jq} + xk_{jq} = X_q * S_j, \quad q=t, t+1, \dots, t+Q;$$

wobei

j Teileklasse
q Periode im Rahmen des Planungszeitraumes
p Anschaffungsperiode

xn_{jq} Teileklassen-Mengenvariable. Anzahl von Teilen der Klasse j, die in Periode q auf numerisch gesteuerten Anlagen hergestellt werden
xk_{jq} dito auf konventionellen Anlagen
vn_{pq} Investitionsvariable. Anzahl der numerisch gesteuerten Anlagen, die in Periode p angeschafft und in Periode q eingesetzt werden
vk_{pq} dito für konventionelle Anlagen
HN_j Fertigungszeit pro Stück der Teileklasse j auf einer numerisch gesteuerten Anlage
HK_j dito auf einer konventionellen Anlage
KN_{pq} Zeitspanne, während der eine in Periode p angeschaffte numerisch gesteuerte Anlage in Periode q betriebsbereit ist
KK_{pq} dito für konventionelle Anlagen
X_q in Periode q herzustellende Produktmenge
S_j Anzahl von Teilen der Teileklasse j, die in ein Stück Produkt eingehen.

Das Restriktionssystem, bestehend aus Kapazitäts- und Anlagekontinuitätsbedingungen zur Begrenzung aktuell alternativ erreichbarer Fertigungsmittelausstattungen, stellt sicher, daß in jeder Periode des Planungszeitraums genügend Anlagekapazität vorhanden ist, um die geforderte Produktmenge zu erzeugen.

Bei dem in dem Modell-Methodenverbund realisierten Konzept wird weder das Erreichen eines für die jeweilige Periode vorbestimmten Anteils von numerisch gesteuerter Fertigung zu konventioneller Fertigung noch eine für die jeweilige Periode vorgegebene absolute Mindestkapazität numerisch gesteuerter Anlagen erzwungen. Der Verlauf der Investitionen in numerisch gesteuerte Anlagen und damit der Innovationsverlauf folgt hier also allein ökonomischen Gesichtspunkten.

4. Das System Dynamics-Modell

Das System Dynamics-Modell setzt die aktuellen mittelfristigen Zielvorgaben des LP-Modells zeitlich aufgelöst in kurzfristige Dispositionen um und ermittelt über den Zeitverlauf die resultierenden Konsequenzen im Finanz- und Produktionsbereich. Das im Rahmen des Modell-Methodenverbundes entwickelte SD-Modell zur Beschreibung des innerbetrieblichen Bereiches soll an dieser Stelle nicht weiter erklärt werden [8], weil es durch das in der Praxis mit Erfolg getestete *dynamische Investitionsmodell* ersetzt wird, das im Kapitel B. II. näher beschrieben wird. Dieser Modellaustausch beinhaltet nur die *Modellstruktur* (empirisch abgesicherte Abbildung des Unternehmens) und betrifft nicht die Hypothesen und Funktionen, die in dem Modellverbund durch das Gesamtkonzept determiniert sind.

5. Die Darstellung der Ergebnisse des Modellverbundes

Zur Demonstration der Wirkungsweise des Modellverbundes (vgl. B. I. 1.–4.) wurden die Daten eines repräsentativen Betriebes des Werkzeugmaschinenbaus in der Größenordnung von 400 Beschäftigten bei 25 Mio. DM Umsatz pro Jahr zugrundegelegt. Abbildung 2 zeigt die resultierende Entwicklung des Absolutbestandes an NC-Maschinen des im Modell abgebildeten repräsentativen Betriebes. Die Graphik veranschaulicht die Konsequenzen der unterschiedlichen Entwicklungen der Endnachfrage auf die Durchsetzung der NC-Technik. Der Simulationszeitraum beträgt sechs Jahre.

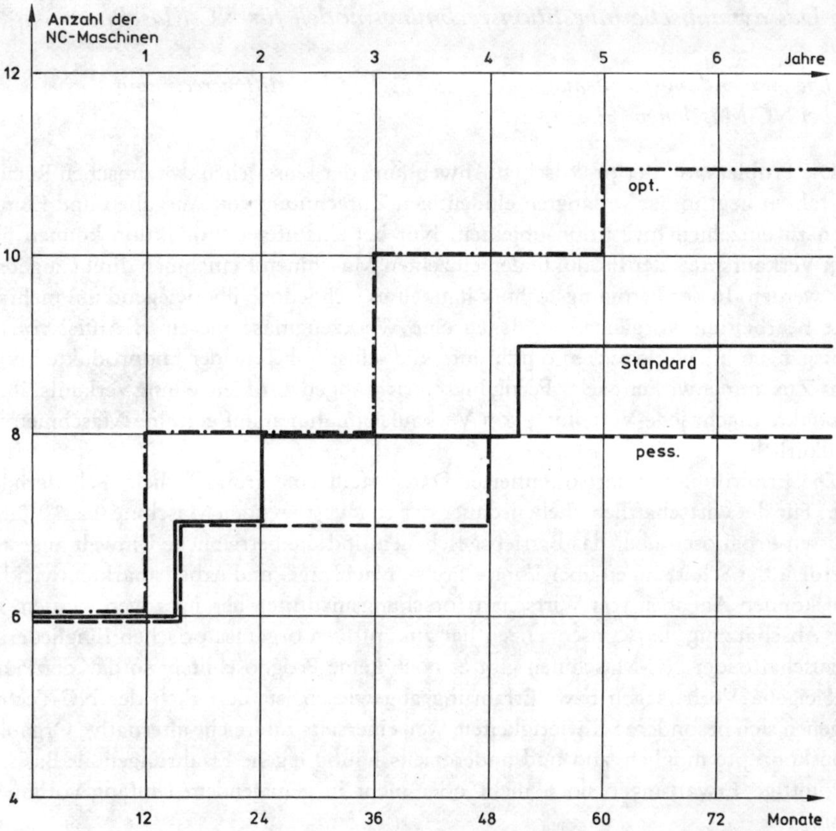

Abb. 2: Durchsetzung der NC Technik bei unterschiedlichen Marktentwicklungen

Bei günstiger Marktentwicklung werden nach sechs Jahren elf NC-Maschinen, bei ungünstiger nur acht NC-Maschinen eingesetzt; während der Investitionsverlauf bei der Standardprognose am Ende des Planungshorizontes neun NC-Maschinen errechnet.

Eine realistische Interpretation dieser Resultate besagt, daß bei sinkender Nachfrage weiterhin in einem beschränkten Umfange Ersatzinvestitionen vorgenommen werden, während Erweiterungsinvestitionen entfallen. Die zeitliche Differenz von drei Jahren (siehe Abbildung 2) zwischen der Einführung der achten NC-Maschine in den Betrieb bei optimistischer und pessimistischer Nachfrageprognose dokumentiert den Einfluß der Marktentwicklung auf die Durchsetzung des technischen Fortschrittes im Werkzeugmaschinenbau.

II. *Das dynamische Investitionsrechnungsmodell für NC-Maschinen*

1. *Die Anwendungsproblematik der dynamischen Investitionsrechnung bei NC-Maschinen [9]*

Die Problematik der praktischen Anwendung der klassischen dynamischen Rechenverfahren liegt in der verlangten eindeutigen Zurechnung von Ausgaben und Einnahmen zu einzelnen Investitionsobjekten. Nur bei einstufiger Produktion können über den Verkaufspreis der Produkte den einzelnen Maschinen Einnahmen direkt zugerechnet werden. In der Fertigungstechnik handelt es sich jedoch überwiegend um mehrstufige Bearbeitungsvorgänge, bei denen eine Werkzeugmaschine einen Anteil von Arbeitsgängen an Werkstücken durchführt, die selbst nur Teile der Endprodukte bilden. Das Zusammenwirken vieler Fertigungseinrichtungen zur Herstellung verkaufsfähiger Produkte macht jede Verteilung von Verkaufseinnahmen auf einzelne Maschinen fast willkürlich.

Die Ermittlung zukunftsorientierter Daten stellt eine grundsätzliche Schwierigkeit dar. Für die wirtschaftliche Lebensdauer der zu investierenden Maschine (ca. 10 Jahre) müssen Prognosen über das Betriebsgeschehen und die betriebliche Umwelt angestellt werden. Bei Schätzungen über Lohn-, Preis-, Nachfrage- und Arbeitsmarktentwicklungen können Angaben von Wirtschaftsforschungsinstituten herangezogen werden. Für die Abschätzung der Konsequenzen der zukünftigen organisatorischen Eingliederung anzuschaffender NC-Maschinen gibt es noch keine Prognosehilfen, so daß der Planer auf eigene Vorhersagen bzw. Erfahrung angewiesen ist. Bezüglich der NC-Technik ergeben sich besondere Schwierigkeiten, weil einerseits zahlreiche alternative Organisationskonzepte möglich sind und andererseits häufig eigene Erfahrungen als Basis für zukünftige Erwartungen noch nicht oder nicht in genügendem Umfang vorhanden sind.

Das Ziel einer Investitionsentscheidung besteht in diesem Falle in der möglichen Ablösung konventioneller Fertigungsmittel durch die NC-Technik. Das Investitionsobjekt NC-Maschine wird charakterisiert durch einen hohen Kapitalbedarf und vielfältige Möglichkeiten der organisatorischen Eingliederung im Bereich der Werkstatt und der Arbeitsvorbereitung. Die großen Schwierigkeiten über zukünftige Einsatzbedingungen erschweren besonders die Bestimmung der Verzinsung und Dauer der Kapitalbindung.

Um eine Anwendung der dynamischen Invesitionsrechnungsverfahren zur Bewertung von NC-Maschinen muß das Zurechnungsproblem der Ein- und Auszahlungsströme gelöst werden. Unter Berücksichtigung einer Differenzbetrachtung zwischen den Zuständen der getätigten und der nicht getätigten Investitionen (Situation der Unternehmung mit Durchführung des Investitionsobjektes und Situation der Unternehmung ohne Durchführung des Investitionsobjektes, d. h. konventionelles System wird beibehalten) läßt sich das Zurechnungsproblem dadurch vereinfachen, daß nur solche Zahlungen (Einnahmen und Ausgaben bei einer NC-Maschine) zu untersuchen sind, die sich dadurch (relativ) verändern.

Die durch das Investitionsprojekt initiierten Einnahmen setzen sich zusammen aus den Faktoren Produktabsatzmengen und Produktpreisen, die nicht nur marktabhängig, sondern auch durch Investitionen (NC-Maschine) im Fertigungsbereich beeinflußt werden, so daß der betragsmäßige Einfluß der NC-Maschine auf diese Faktoren zu analysieren ist.

Durch den Einsatz von NC-Maschinen werden zwar Teilefertigungszeiten verkürzt (nur etwa 5% bis 20% der Teiledurchlaufzeit), aber im Durchschnitt keine Produktlieferzeiten und somit kein direkter Einfluß auf die Produktabsatzmenge. Eine absatzbeeinflussende Änderung der Qualität ist ebenso wenig wahrscheinlich. Folglich werden sich dadurch auch nicht die Produktabsatzmengen erhöhen; so daß nicht diese, sondern die gefertigten Mengen von Werkstücken berücksichtigt werden müssen. Durch die verkürzten Teilefertigungszeiten werden gegenüber der konventionellen Fertigung höhere Stückzahlen erzielt, die auf die besser qualitative Kapazität (größerer Fertigungsumfang) der NC-Maschinen durch eine Veränderung der Maschinenbelegung zurückzuführen sind.

Beim punktuellen Einsatz bearbeiten die NC-Maschinen aus dem Gesamtteilespektrum nur einen kleinen Anteil aller Werkstücke, und von diesen auch nur einige Arbeitsgänge. Die gefertigten Werkstücke gehen darüberhinaus zum Teil in verschiedene Endprodukte ein (von der speziellen Problematik reiner Ersatzteilfertigung soll hier abgesehen werden), wodurch eine Preisänderung bei einzelnen Produkten kaum hervorgerufen werden wird. Die veränderte Produktionstechnik schlägt sich vielmehr in den Fertigungsstückkosten und über diese im Gesamtgewinn nieder. Bei einer Differenzbetrachtung ist es daher sinnvoll, anstelle des Produktendpreises den »Stückkostenpreis« einzusetzen, der für die konventionelle Fertigung kalkuliert worden ist.

Zusammengefaßt zeigt sich, daß bei einer Differenzbetrachtung für die NC-Technik statt der unbeeinflußten Faktoren Produktabsatzmenge und Produktpreis die Faktoren *Stückzahl* und *Stückkosten* in Betracht gezogen werden können. Als hilfsweise Einnahme werden daher die Stückzahlen der NC-Maschine herangezogen, die mit den Stückkosten der konventionellen Fertigung gewichtet werden.

Die Zurechnung der Ausgaben erweist sich als relativ einfach bei direkt maschinenabhängigen Ausgaben wie z. B. für Löhne und Energie. Die vorwiegend teileabhängigen Ausgaben werden auf den maschinenabhängigen Anteil in einer Differenzbetrachtung konzentriert. Ausgaben wie z. B. für Rohmaterial können reduziert werden auf Ausschußverluste, ansonsten bleiben sie unberücksichtigt. Die Erfassung und Bewertung der indirekten Ausgaben, die nur anteilig den Maschinen oder den zu fertigenden Teilen zugerechnet werden dürfen, bereiten Probleme.

In dem Modell werden die *Kapitalwert-* und *Interne Zinsfußmethode* realisiert und die Amortisationszeit wird ermittelt. Die Periodenlänge von einem Monat bietet einen Kompromiß zwischen der Wiederanlegbarkeit von Einnahmenüberschüssen und Zahlungswirksamkeit periodischer Zahlungen.

Unter Vernachlässigung von Zahlungsverzögerungen, Erfolgssteuern und Umlaufkapital wird das Modell konzipiert.

2. Das Modellkonzept und die Modellgestaltung

Zur Beschreibung der sich im Zeitverlauf ändernden Beziehungen zwischen dem maschinellen Einsatz der Produktionskapazität sowie den personellen und organisatorischen Komponenten ist ein mit der Methode System Dynamics [10] konzipiertes Modell realisiert worden.

Die Modellstruktur bildet die Auswirkungen des Einsatzes der NC-Technik auf die Gestaltung der Organisation und des Personaleinsatzes ab. Um diese Einflüsse rechenbar zu machen, müssen sie nach Richtung und Größe ihrer Wirkung quantifiziert werden. Eine umfangreiche Erhebung wurde durchgeführt, bei der die Einsatzbedingungen von NC-Maschinen in einer Vielzahl von Betrieben analysiert und statistisch aufbereitet wurden.

Die nun folgende komprimierte Darstellung des Modells soll einen Einblick über dessen wesentliche Komponenten und ihre funktionalen Abhängigkeiten vermitteln.

Mit dem System Dynamics-Konzept werden Struktur- und Parametergrößen abgebildet, wobei die Einflußgrößen und Variablen für organisatorische Zustände in Werkstatt und Arbeitsvorbereitung die Basis des Modells bilden. Die wesentlichen Einflußgrößen lassen sich in zwei Klassen unterteilen. Zu den betriebsabhängigen Einflußvariablen zählen u. a. die Betriebsgröße nach Beschäftigtenzahl, die Anzahl der NC-Werkzeugmaschinen je Betrieb und das Jahresalter der 1. NC-Werkzeugmaschine je Betrieb. Maschinenabhängige Einflußgrößen werden differenziert nach Steuerart, Anzahl der numerisch gesteuerten Achsen, automatischem Werkzeugwechsel sowie nach Fertigungsverfahren.

Die Anzahl und der Einsatzzeitpunkt der ersten NC-Maschine repräsentieren den mengenmäßigen und den zeitlichen Umfang der Erfahrung mit der NC-Technik in einem Betrieb. Diese NC-Erfahrung verkörpert in bezug auf organisatorische Maßnahmen im Betrieb eine wichtige Determinante. Die Betriebsgröße kann als eine Richtvariable für vorhandene betriebliche Arbeitsteilung interpretiert werden. Um Größe und Polarität eines Einflusses untersuchen und quantitativ abbilden zu können, erfolgt eine Einteilung der Einflußgrößen in Klassen. Die Zustandsgrößen werden bezüglich des Bereiches der Werkstatt und der Arbeitsvorbereitung differenziert und kennzeichnen technisch-organisatorische und personelle Maßnahmen im Rahmen der Einführung von NC-Maschinen. Folgende Zustandsgrößen werden im Modell berücksichtigt:

- Im Bereich der Werkstatt
  Fremdeinrichtung
  Zentrale Werkzeugvoreinstellung
  Qualifikation des Maschinenbedieners (gelernt – ungelernt)
  Mehrmaschinenbedienung
  DNC-Betrieb (Steuerung mehrerer NC-Maschinen durch einen zentralen Großrechner und Automatisierter Materialfluß)
- im Bereich der Arbeitsvorbereitung
  Programmierverfahren (manuell – rechnergestützt)
  Arbeitsteilung NC-Leiter und
  Arbeitsteilung Ablochpersonal.

Diese Variablen können in vielen Fällen nur zwei alternative Zustandswerte (binär) annehmen, z. B. vorhandene oder nicht vorhandene Fremdeinrichtung, zentrale Werkzeugvoreinstellung, Mehrmaschinenbedienung und rechnergestützte Programmierung [11].

Nach dem System Dynamics-Konzept hängen die Veränderungsraten dieser Zustandsgrößen von anderen Zuständen und diversen Einflußgrößen ab, die entweder betriebsabhängig – z. B. Betriebsgröße, Zahl der vorhandenen NC-Maschinen – oder maschinenunabhängig – z. B. Fertigungsverfahren, Art der Steuerung und automatischer Werkzeugwechsel der geplanten NC-Maschine – sind. Die Ratengleichungen definieren, wann eine Zustandsgröße von seinem Istwert in den nächsten alternativen Wert übergeht.

Die Quantifizierung dieser Modellstruktur erfolgte durch die statistische Auswertung einer Breitenerhebung bei etwa 300 NC-Anwendern in Deutschland.

Unter Anwendung von Korrelationsrechnungen (Partialkorrelationen, punktbiseriale Korrelationen) und Regressionsanalysen wurden Modellgleichungen konzipiert, die auf dieser empirischen Datenbasis beruhen.

Die Veränderungen der Zustandsgrößen erfolgen nach den systeminhärenten Verzögerungszeiten des abzubildenden Betriebes und induzieren sowohl Kosteneffekte (z. B. Lohn- und Energiekosten) als auch technisch-organisatorische Effekte, wie z. B. Nutzungsgradveränderungen der Maschinen und Verringerung der Programmierzeiten. Diese unterschiedlichen Anpassungszeiten sollen an einem Beispiel verdeutlicht werden: Der geplante Nutzungsgrad einer NC-Maschine wird – bedingt durch die Einlaufzeit – erst nach einer Übergangszeit erreicht, während die Lohnkosten des Bedieners beim Einsatz gleich in voller Höhe anfallen.

Im betriebswirtschaftlichen Teil des Modells werden zunächst die monatlichen Ausgaben je Maschine und die bearbeiteten Stückzahlen ermittelt. Die Ausgaben werden ebenso wie die Fertigungsstückkosten der alternativen konventionellen Fertigung durch extern vorgegebene Lohn- und Preisentwicklungen gewichtet. Die monatlichen Einnahmenüberschüsse errechnen sich aus der Gegenüberstellung der der NC-Maschine zugerechneten Einnahmen und der erwarteten Ausgaben. Nach Abzinsung und Aufsummierung erhält man die kumulierten, diskontierten Einnahmenüberschüsse. Diese dienen als Grundlage für die Berechnung der Kriterien der dynamischen Investitionsverfahren.

Einen wesentlichen Beitrag für zukünftige Entscheidungshilfen leistet das Modell durch die in seiner Struktur enthaltenen Prognoseansätze zur Bestimmung organisatorischer und personeller Veränderungen im Zusammenhang mit der NC-Technik [13].

Zur Implementierung des rechnergestützten Investitionsplanungsmodells für einen bestimmten Betrieb werden u. a. folgende Eingabedaten verlangt:

- Betriebsgröße
- Zahl der vorhandenen NC-Maschinen
- Zahl der Programmierer
- Planungsdaten des Betriebes
- Mit Wahrscheinlichkeitsfaktoren gewichtete Anpassungsdaten (z. B. erwartete Mehrmaschinenbedienung)

– Daten der geplanten NC-Maschine
– Daten der vorhandenen, konkurrierenden Maschinen.

Zur Reduzierung der Schwierigkeiten, die sich bei der Auswahl geeigneter Vergleichswerkstücke und der Bestimmung der Kapazitätsanforderungen ergeben, wurde eine eigene Methode zur Bildung repräsentativer Werkstücke entwickelt [12].

Das Investitionsmodell errechnet auf der Basis der Eingabedaten die Kenngrößen der dynamischen Investitionsrechnung (den Kapitalwert und den internen Zinsfuß) der konkurrierenden Alternativen über die Laufzeit der entsprechenden Investitionsobjekte. Die graphische und tabellarische Darstellung dieser Kenndaten erfolgt nach Wunsch.

3. Die Modellergebnisse

Das Modell wurde bisher in sechs Betrieben mit unterschiedlicher NC-Ausstattung, Größenordnung und Organisationsform an Betriebsbeispielen mit unterschiedlichem Kapitaleinsatz erprobt.

Die Leistungsfähigkeit des Modells soll anhand der Einführung einer bedeutenden Investition in einem Maschinenbauunternehmen demonstriert werden [13].

In einem Betrieb des Maschinenbaus soll ein *NC-Portalfräswerk* mit einem Kapitaleinsatz von fast 1,8 Mio. DM angeschafft werden. Die qualitative und quantitative technische Leistungsfähigkeit dieser NC-Maschine ist vergleichbar mit der Leistung von zwei Hobelmaschinen, einem Bohr- und Fräswerk sowie einer Karusselldrehmaschine der konventionellen Fertigung.

Bei der Einführung dieser Maschine in den Produktionsprozeß entfallen durch die Komplettbearbeitung der Teile Transportzeiten, die in der Freistellung von zwei Transportarbeitern in drei Schichten resultieren und eine Verringerung der Terminverfolgungskosten erwarten lassen. Mit der Komplettbearbeitung von Teilen reduzieren sich organisatorische Stillstandszeiten, hervorgerufen etwa durch Kranwartezeiten, fehlende Teile usw., so daß ein höherer Nutzungsgrad erwartet wird. Das NC-Portalfräswerk wird von einem gelernten Arbeiter und einem Helfer in drei Schichten bedient. Der entsprechende Lohnsatz geht in die Eingabedaten ein. Die konventionellen Maschinen gehen in die Rechnung als konkurrierende Alternative ein. Mit den entsprechenden Daten des abzubildenden Unternehmens errechnet das Modell über eine Laufzeit von zehn Jahren folgende Kenndaten:

Kapitalwert	2 803 000 DM
Interner Zinsfuß	39%
Amortisationszeit	37 Monate

Die Investition ist demnach als vorteilhaft anzusehen. Weitere Praxisbeispiele sind aus Claußnitzer (13) zu entnehmen.

C. Die inhaltlichen und modelltechnischen Erweiterungen des Modellsystems

I. Die Abbildung komplexerer Automatisierungsmaßnahmen

Das Ziel dieser Untersuchung ist Anwendung und Erweiterung des realisierten Modell-Methodenverbundes zur Beurteilung innovativer Investitionen und ihrer einzel- und überbetrieblichen Auswirkungen anhand eines *flexiblen Fertigungssystems* und eines *rechnergestützten Arbeitsplanungssystems.*

Das Projekt wird gemeinsam mit zwei Unternehmen realisiert. Zur Zeit werden die Istdaten der konventionellen Systeme erhoben und mögliche Konfigurationen des flexiblen Fertigungssystems bzw. des rechnergestützten Arbeitsplanungssystems diskutiert.

1. Das flexible Fertigungssystem

Ein flexibles Fertigungssystem besteht nach Stute aus einer Reihe von Fertigungseinrichtungen, die über ein gemeinsames Steuer- und Transportsystem so miteinander verknüpft sind, daß einerseits eine automatisierte Fertigung stattfinden kann, andererseits innerhalb eines gegebenen Bereiches unterschiedliche Bearbeitungsaufgaben an unterschiedlichen Werkstücken durchgeführt werden können [14].

Eine Auflistung der Anforderungen an die Systemkomponenten einer Anlage – Fertigungsstation, Transportmittel, Werkstückträger und Speicher – vermittelt die Komplexität eines solchen Systems [15] im Vergleich zu einer NC-Maschine. Von einer Fertigungsstation wird:

- hohe Fertigungstiefe
- gute Umrüstbarkeit
- gute Späneabfuhr
- hohe NC-Betriebseignung
- gute Anpaßfähigkeit an Werkstück- und Werkzeugfluß

von einem Transportmittel wird:

- hohe Palettenfrequenz
- hohe Positioniergenauigkeit
- geringer Bauteilebestand
- gute Verkettungseigenschaft

von einem Werkstückträger wird ein:

- günstiges Verhältnis Nutzfläche/Gesamtfläche
- günstiges Verhältnis Tragfähigkeit/Gesamtfläche

und von einem Speicher wird:

- hohe Flächen- und Raumnutzung

– gute Bedienbarkeit
– wahlfreier Zugriff zu Werkstück und Werkzeug

verlangt. [16]
Die Problematik der wirtschaftlichen Beurteilung eines flexiblen Fertigungssystems liegt nicht nur in der Komplexität seiner Struktur und der Vielfalt seiner Anforderungen begründet; sie ergibt sich auch aus den positiven Auswirkungen und den negativen Aspekten der Einführung eines solchen Systems auf die bereits vorhandene Fertigung, auf die Organisationsstruktur, den Personalbestand und die Finanzsituation. Spur und Rittinghausen beschreiben die positiven Konsequenzen wie folgt:

»Die Verbreitung dieser Technologie wird nicht nur zu einer Einsparung von Arbeitskräften, sondern auch zu einer Verschiebung des Arbeitskräftebedarfs zu höherer Qualifikation führen. Für planende, steuernde und überwachende Tätigkeiten werden Arbeitskräfte mit besserer Ausbildung benötigt. Positive Auswirkungen entstehen auch durch eine weitgehende Reduzierung physischer Belastung von Arbeitskräften und eine Herabsetzung der Unfallgefahren« ([17], S. 125).

Die negativen Aspekte umfassen u. a.:

– Die Freisetzung von gering bzw. überwiegend manuell qualifizierten Arbeitskräften,
– einen zur Investition nötigen Kapitalbedarf, der nur von Großunternehmen oder mittels staatlicher Unterstützung getragen werden kann.

Im Vergleich zu NC-Maschinen sind bei einer starken Verbreitung der Technologie flexibler Fertigungssysteme im Maschinenbau erhebliche Auswirkungen auf die *Arbeitsmarktstruktur* zu erwarten, so daß der überbetrieblichen Ebene des Modellverbundes bzw. den Interaktionen zwischen dem einzel- und überbetrieblichen Bereich eine nicht unerhebliche Bedeutung zukommt.

2. Das rechnergestützte Arbeitsplanungssystem

Das Ziel dieses Teilprojektes ist die Planung der Einführung und die Folgenabschätzung rechnergestützter Systeme zur Erstellung von Fertigungsunterlagen in technischer, organisatorischer und personeller Hinsicht. Im Mittelpunkt dieser praxisbezogenen Untersuchung steht die Darstellung der Anforderungen und Auswirkungen eines rechnergestützten Arbeitsplanungssystems unter Berücksichtigung verbesserter NC-Programmierverfahren, wobei die Analyse der Wirtschaftlichkeit ein zentrales Thema ist.

Nach REFA [18] sind im Arbeitsplan die Ablaufabschnittfolge und die Arbeitssysteme beschrieben, die für eine schrittweise Aufgabendurchführung erforderlich sind. Im Fertigungsbereich sind die im Arbeitsplan definierten Arbeitssysteme in der Regel ortsgebundene Arbeitsplätze mit Einzel-, Gruppen- und Mehrstellenarbeit. Der auf den jeweiligen Arbeitsplatz bezogene Ablaufabschnitt ist ein Arbeitsvorgang.

Der Arbeitsplan enthält neben allgemeinen Daten die Ein- und Ausgabedaten, wie Art, Ausgangsform und Endform des im Arbeitssystem verwendeten Materials und die Ablaufdaten des entsprechenden Arbeitsvorgangs. »Zusammenfassend kann der Arbeitsplan als Beschreibung der Vorgangsfolge zur Fertigung eines Teiles, einer Gruppe oder eines Erzeugnisses definiert werden, wobei mindestens das verwendete Material und für jeden Vorgang der Arbeitsplatz, die Betriebsmittel, die Vorgabezeiten und die Lohngruppe angegeben sind« [19], S. 149).

Die Problematik der Beurteilung einer derartigen Investition liegt in der Bewertung der *nicht direkt in Geldeinheiten* ausdrückbaren Vor- und Nachteile. Letzteres wird um so mehr zu beachten sein, je weiter das geplante Arbeitsplanungssystem die vorhandene Organisationsstruktur verändert [20] und die Informationsqualität verbessert.

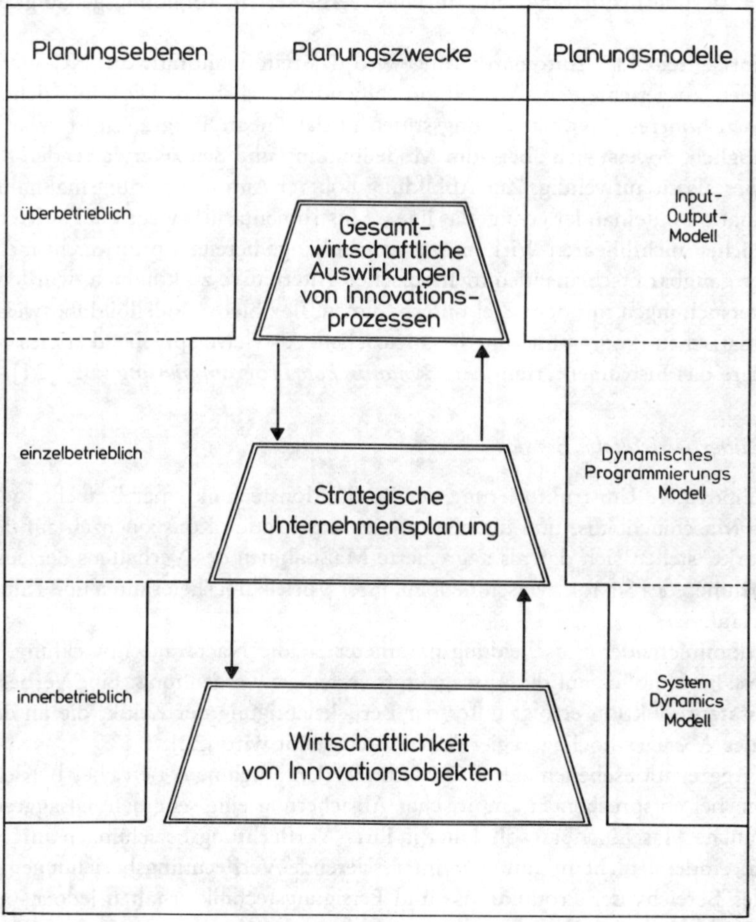

Abb. 3: Modell-Methodenverbund zur Analyse höherer Automatisierungsmaßnahmen

II. Die modelltechnischen Erweiterungen

Die Abbildung komplexer Automatisierungsmaßnahmen in der Klein- und Mittelserienfertigung des Maschinenbaus bedingt einige nicht unwesentliche Modifikationen in dem in Abbildung 1 dargestellten dreistufigen Modell-Methodenverbund.

Zwischen dem *überbetrieblichen* Bereich, dem I/O-Modell und dem *einzelbetrieblichen* Bereich, dem LP- bzw. dem Dynamischen Programmierungs- (DP-)Modell, ergibt sich eine Intensivierung der Interaktionen. Der wesentliche Gesichtspunkt besteht in der Realisierung eines bilateralen Datentransfers zwischen beiden Submodellen (vgl. Abbildung 3). Der innerbetriebliche Bereich wird durch die Abbildung höherer Automatisierungsmaßnahmen nur in einer verbesserten Abbildungsgenauigkeit tangiert.

Bei fortschreitender Automatisierung wird das rein quantitativ auf NC-Werkzeugmaschinen ausgerichtete LP-Modell zunehmend unrealistisch. Die Einbeziehung der genannten höheren Automatisierungsstufen in das lineare Programm ist zwar prinzipiell möglich, erweist sich aber vom Modellumfang und den zu erwartenden Rechenzeiten her als zu aufwendig. Zur Abbildung höherer Automatisierungsmaßnahmen in Kombination miteinander genügt das lineare Instrumentarium wegen der auftretenden, wesentlichen nichtlinearen Wirkungszusammenhänge bereits a priori nicht mehr. Um zu einer gangbar erscheinenden methodischen Alternative zu kommen, wurden daher Voruntersuchungen mit dem Ziel unternommen, flexiblere Modellbildungsweisen der mathematischen Programmierung heranzuziehen. Als vielversprechend erwies sich insbesondere das Instrumentarium der *Dynamischen Programmierung* (DP) [21].

1. Der überbetriebliche Bereich

Die innovative Umstrukturierung der Produktionstechnik einer Branche, wie etwa die des Maschinenbaus, und die hieraus sich ergebenden Konsequenzen auf dem Arbeitsmarkt, stellen sich dar als aggregierte Maßnahmen des Verhaltens der einzelnen Unternehmen des Sektors Maschinenbau, ihrer Vorleistungslieferanten und Kunden im Zeitverlauf.

Ein dominierender Entscheidungsparameter ist die Nachfrageentwicklung, dessen Prognose im Hinblick auf die Aussagekraft verfeinert werden muß. Eine Verbesserung der Absatzproduktion erfolgt unter der Berücksichtigung der Kritik, die an der Prognose des Absatzes hochaggregierter Sektoren geübt wird [22].

Die Aggregationsebenen der I/O-Methode (Unternehmen, Betriebe, Betriebsteile) erlauben bei entsprechender empirischer Absicherung eine sehr tiefe Disaggregation. Die Branche Maschinenbau soll daher in ihren Verflechtungsbeziehungen aufgespannt werden. Andere, nicht unmittelbar interessierende Verflechtungsbeziehungen außerhalb des Bereichs der Produktions- und Fertigungstechnik erhalten jedoch (im Vergleich zu den üblichen DIW-Tabellen) einen höheren Aggregationsgrad.

Der Maschinenbau (bzw. das System seiner Subsektoren – die Fachzweige –) ist im Gegensatz z. B. zu seinen Vorleistungslieferanten in seinen Outputstrukturen wesentlich endnachfrageorientiert. Diese Tatsache erfordert nicht nur für den Maschinenbau eine genaue Schätzung der Entwicklung der Inlands- und Auslandsnachfrage nach Investitionsgütern und ihrer strukturellen Veränderung; die Bezugsverflechtung des Maschinenbaus impliziert auch eine nicht unerhebliche Wirkung seiner Nachfrageentwicklung auf die *Vorleistungslieferanten* und den *Beschäftigungsgrad* in vielen anderen Branchen. Eine eventuell kurzfristig erfolgende Strukturveränderung in der Endnachfrage wird auch eine Veränderung der Brutto-Outputstruktur der Branchen bewirken.

Mit hoher Priorität wird ebenfalls eine Verbesserung der Projektion der Vorleistungsverflechtung des Produktionssektors angestrebt. Der Zusammenhang zwischen einzel- und gesamtwirtschaftlicher Ebene wird zum einen durch die Absatzprognose, zum anderen durch die Berücksichtigung der Ergebnisse der Mikrosimulation (Investitionsplanung, Investitionsnachfrage) der einzelbetrieblichen Ebene im I/O-Modell realisiert.

Das Modell der überbetrieblichen Ebene soll eine längere Projektionsperiode als das Dynamische Programmierungsmodell der einzelbetrieblichen Ebene erhalten und damit Kurz- und Langfristprognosen an das DP-Modell abgeben können. Die Abstimmung zwischen den Planungsräumen des DP-Modells und den Projektionen des I/O-Modells erfolgt nach Abgabe der Investitionspläne des DP-Modells an das I/O-Modell und nach Simulation der »tatsächlich durchgeführten« Investitionen.

2. *Der einzelbetriebliche Bereich*

Die Untersuchung normativer und prognostischer Fragen angesichts neuer automatisierter Produktionstechniken erfordert die größtmögliche Flexibilität und Anpassungsfähigkeit der Modellstruktur. Hinsichtlich der Modellphilosophie und der algorithmischen Struktur erweist sich unter den Ansätzen der Mathematischen Optimierung zur Behandlung solcher Fragestellungen die Dynamische Programmierung (DP) der bisher verwendeten Linearen Programmierung (LP) überlegen. Das DP-Modell bildet das innovative Investitionsverhalten als dynamischen Prozeß ab, der von Periode zu Periode durch den Finanz- und Technologiestatus sowie durch die Erlös- und Kostenstruktur unter Berücksichtigung des Endwertkriteriums determiniert wird. Die Problemformulierung faßt die im Verlauf eines Innovationsprozesses in einem Betrieb möglichen finanziellen Situationen als Ausprägungen einer Zustandsvariablen *»Finanzstatus«* auf. Alle überhaupt erreichbaren möglichen Konstellationen von Fertigungsmitteln werden als Ausprägungen einer weiteren Zustandsvariablen *»Technologiestatus«* betrachtet, wobei schrittweise durchgeführte Innovationsmaßnahmen unterstellt werden.

Die einzige Entscheidungsvariable in diesem abstrakten Entwertmodell ist der Technologiestatus $\hat{z}$ der jeweiligen Folgeperiode. Dieses Modellkonzept erscheint operationalisierbar, wenn es gelingt, bei endlichem Technologiestatusraum Z den Finanzstatusraum Y sinnvoll entweder in Form einer einzigen realwertigen Variablen oder diskret aus mehreren Variablen, aber mit relativ wenigen zulässigen Kombinationen zu strukturieren.

Die Implementierung dieses Ansatzes soll modular und hinreichend benutzerfreundlich aufgebaut werden, so daß interessierten Betrieben, etwa solchen, zu denen bereits im Rahmen der einzelobjektbezogenen Untersuchungen Kontakte bestehen, möglichst frühzeitig eine, wenn auch noch grobe Minimalversion zur Verfügung steht, die dann laufend zu vervollständigen ist.

Um zu Prognoseansätzen für den Verlauf und die Konsequenzen derartiger sektoraler Innovationsprozesse zu gelangen, ist das oben beschriebene Optimierungsmodell so auszugestalten und zu handhaben, daß es das Entscheidungsverhalten der betreffenden Investoren annähernd real abbildet. Simulationsmethoden, die auf Annahmen über das Verhalten einzelner Wirtschaftsobjekte beruhen, werden in der empirischen Wirtschaftsforschung als Mikrosimulation bezeichnet. Dieses Konzept soll auf die hier interessierenden Innovationsprozesse übertragen werden.

Dem Modellverbund zwischen *Systemsimulation* (dispositive, kurzfristig-innerbetriebliche Betrachtungsebene), *DP* (mittel/langfristige einzelbetriebliche Planungsebene) und *I/O-Analyse* (sektorale bzw. gesamtwirtschaftliche Betrachtungsebene) liegt folgendes Gestaltungskonzept zugrunde:

Jeder Konstellation der Parameter, die sich aufgrund der simulierten Vorgänge auf der dispositiven und der gesamtwirtschaftlichen Ebene verändern, wird eine aktuelle Konstellation entsprechender Ausprägungen von Zustandsvariablen der einzelbetrieblichen Planungsebene zugeordnet, die dort im Sinne rollender Planung anhand der Politikfunktion der ersten Stufe des betreffenden DP-Modells in eine Investitionsentscheidung für die aktuelle Periode umgesetzt wird. Diese Entscheidung dient als Zielvorgabe für die Dispositionsebene, die – in Teilperioden untergliedert – mehr oder weniger detailliert den Anpassungsprozeß an die konkret vorliegende innerbetriebliche Situation und die entsprechenden Konsequenzen kurzfristiger Art simuliert. Nach einem erneuten Transfer der nun sowohl entscheidungs- als auch umweltbedingt veränderten Situationsparameter von den beiden äußeren zur mittleren Ebene beginnt die nächste Periode im Rahmen des betrachteten Mikrosimulationslaufes. Auf diese Weise wird der Innovationspfad des durch den zur Initialisierung verwendeten Ausgangszustands beschriebenen Betriebes mit seinen Auswirkungen prognostiziert.

D. Die Analyse und der Ausblick

Mit diesem Modell-Methodenverbund, der Integration von Input/Output-, Optimierungs- und System Dynamics-Modellen, wird die Entwicklung auf dem Gebiet der Systemanalyse verdeutlicht.

Durch eine Stufung des Gesamtmodells in drei Ebenen unterschiedlichen Aggregationsgrades wird die *realitätsnahe Abbildung* von Betriebsbereichen und Umwelt durch die Kopplung hierarchisch geordneter Einzelmodelle verwirklicht, wobei von einer stark aggregierten Betrachtungsweise der Umwelt zu immer kleineren Ausschnitten des Betriebes mit größerer Auflösung übergegangen wird.

Die Segmentierung des zu modellierenden Gesamtproblems in handhabbare, partielle Subsysteme erleichtert die Anwendung und Implementierung. Der modulare Aufbau gewährleistet, daß die einzelnen Modelle zur Abbildung der entsprechenden Hierarchieebenen völlig separat voneinander ablauffähig sind [23] und wertvolle Teillösungen produzieren. [24]

Ein wesentliches Beurteilungskriterium für ein flexibles Modellsystem ist das Kriterium der Anpassungsfähigkeit. Laufende organisatorische Änderungen, Modifikationen der Aufgaben- und Problemstellungen des entsprechenden Unternehmens verlangen ein hohes Maß an Modellflexibilität. Durch den modularen Aufbau des Modellsystems, in dem die Subsysteme einzeln funktions- und einsatzfähig sind, wird eine hohe Anpassungsfähigkeit des Modell-Methodenverbündes sichergestellt. Das gewählte Modellkonzept unterstützt in geeignetem Maße die Möglichkeit der Erweiterbarkeit (bzw. Ausbaufähigkeit) entsprechender Submodelle. [25]

Der *Modell-Methodenverbund* realisiert die Forderung der bestmöglichen Kongruenz der Charakteristika des zu untersuchenden Problemkomplexes und der Charakteristika der abbildenden Methode. In dem hier vorgestellten Anwendungsbereich werden gesamtwirtschaftliche Auswirkungen durch die Input-Output-Methode, einzelwirtschaftliche Aspekte mit den Kriterien der Optimalität durch die Lineare bzw. Dynamische Programmierung und innerbetriebliche Probleme mit der System Dynamics-Methode dargestellt. Durch diese Maßnahme wird die Lösungsmächtigkeit [26] des Gesamtmodells erheblich verbessert.

Neben diesen überaus positiven systemanalytischen Aspekten muß eindeutig herausgestellt werden, daß viele inhaltliche und modelltechnische Details noch nicht geklärt sind und noch viel Zeit bedürfen.

Sowohl die Analyse des Investitionsprojektes flexibles Fertigungssystem als auch die wirtschaftliche Beurteilung des rechnergestützten Arbeitsplanungssystems werden in bestimmten Unternehmen und mit deren Unterstützung durchgeführt, so daß die Modellsysteme *struktur- und datenmäßig an spezifische Betriebe* angepaßt sind. Die auf diese Weise konzipierten Modellsysteme und ihre Ergebnisse gestatten es nicht, bei Folgeprojekten allgemeine Aussagen über die Wirtschaftlichkeit von flexiblen Fertigungssystemen und/oder rechnergestützten Arbeitsplanungssystemen zu machen.

Langfristiges Ziel – die Betonung liegt auf langfristig und dem diesem Wort anhaftenden Risiko – beider Untersuchungen wird es daher sein, die Aussagekraft und den Charakter des Modellsystems in seiner Allgemeinheit wesentlich für den Einsatz vergleichbarer Nachfolgesysteme zu verbessern, so daß eine Unterstützung bei der Planung und der Folgenabschätzung sowohl rechnergestützter Systeme zur Erstellung von Fertigungsunterlagen als auch flexibler Fertigungssysteme gewährleistet wird.

Auf diese Weise soll dem einzelnen Unternehmen ein methodisches Instrumentarium zur Verbesserung seines Entscheidungsvermögens bei kapitalintensiven und in ihren Auswirkungen komplexen Investitionsobjekten unterbreitet werden.

Anmerkungen

1 NC-Maschinen sind automatisierte Werkzeugmaschinen, wie z. B. Bohr-, Dreh- oder Fräsmaschinen, bei denen der Arbeitsablauf durch numerische Informationsangaben gesteuert wird.
2 Vgl. die ausführliche Darstellung von Blazejczak u. a. 1976 und den Forschungsbericht des Teilprojektes D des SFB 57, TU Berlin 1978.
3 Vgl. Rowley und Trivedi 1975.
4 Vgl. Schintke, Stäglin und Weiser 1975.
5 Vgl. Dieckmann 1975.
6 Vgl. Jacob 1971.
7 Vgl. Löffler 1978.
8 Vgl. Blazejczak u. a. 1976.
9 Vgl. ausführliche Darstellung von Claußnitzer 1978.
10 Vgl. Forrester 1961.
11 Vgl. Claußnitzer und Löffler 1977.
12 Vgl. Löffler 1975.
13 Vgl. Claußnitzer 1978.
14 Vgl. Stute 1974.
15 Vgl. Hörl 1979.
16 Vgl. Stute und Wilhelm 1978.
17 Spur und Rittinghausen 1978, S. 125.
18 Vgl. AWF/REFA 1969.
19 Spur 1978, S. 149.
20 Vgl. Hackstein und Wilhelm 1979.
21 Vgl. Ackermann und Röck 1978.
22 Vgl. Weiß 1976.
23 Die in der Modellkopplung jeweils zwischen den Submodellen transferierten Werte werden dann extern vorgegeben.
24 Vgl. Head 1971.
25 Vgl. Emde und Hasenkamp 1972.
26 Die Lösungsmächtigkeit eines Computermodells kann als Fähigkeit definiert werden, bestimmte Probleme in einer gegebenen Zeit zu einem geforderten Qualitätsniveau zu lösen.

Literaturverzeichnis

Ackermann, A./Röck, H.: Dynamische Optimierungsmodelle für die Mikrosimulation innovativen Investitionsverhaltens. In: Systemtheorie in Wirtschaft und Verwaltung – Ansätze und Anwendungen, hrsg. von J. Baetge/N. Brachthäuser/R. Hömberg und J. Jirasek, Berlin 1978, S. 255–275.

AWF/REFA: Handbuch der Arbeitsvorbereitung, Teil I – Arbeitsplanung, Berlin – Köln – Frankfurt: Beuth Vertrieb 1969.

Blazejczak, J./Claußnitzer, R./Schmiedecke, J./Weber, H. H.: Einfluß der Marktentwicklung auf die Durchsetzung des technischen Fortschrittes: Ein System Dynamics- Lineares Programmierungs- und Input-Output-Modell. In: Beiträge zum Symposium »Weiterentwicklung makroökonomischer Input-Output-Analysen, insbesondere zur operationalen Erfassung von technischen Entwicklungen«, hrsg. von J. Seetzen, ASA-Bericht 77/02, S. 7.1–7.1.37.

Claußnitzer, R./Löffler, H.: Aufgaben der Investitionsplanung bei der Automatisierung der Kleinserienfertigung. In: VDI-Bericht Nr. 292, Düsseldorf 1977, S. 103–112.

Claußnitzer, R.: Modell zur dynamischen Investitionsrechnung bei NC-Maschinen, Berlin 1978.

Dieckmann, A.: Die Automobilnachfrage als Konjunktur- und Wachstumsfaktor, Tübingen 1975.

Emde, W./Hasenkamp, U.: Modell- und methodenorientierte Anwendungssoftware in entscheidungsorientierten Informationssystemen – Beurteilungskriterien und Auswahl, BIFOA-Arbeitsbericht 72/12, Köln 1972.

Forrester, J. W.: Principles of Systems, second priliminary edition, Cambridge, Mass. 1969.

Hackstein, R./Willmann, K.: Wirtschaftlichkeitsanalyse von Organisationsstrukturen in der Fertigungssteuerung – Untersuchung in 11 Maschinenbauunternehmen, in: ZwF 74 (1979) 2, S. 50–59.

Head, R. V.: A Guide to Package Systems, New York – London – Sydney – Toronto 1971.

Hörl, A.: Planung und Realisierung flexibler Handhabungseinrichtungen in der losweisen Fertigung, in ZwF 74 (1979) 3, S. 112–121.

Jacob, H.: Investitionsplanung und Investitionsentscheidung mit Hilfe der Linearprogrammierung, 2. Aufl., Wiesbaden 1971.

Löffler, H.: Aufbereitung fertigungstechnischer Daten des Produktionsspektrums für die Planung. In: VDI-Berichte Nr. 249, Düsseldorf 1975, S. 63–70.

Löffler, H.: Typologie des Werkstückspektrums der Einzel- und Kleinserienfertigung auf der Basis repräsentativer Werkstücke, Diss. Berlin 1978.

Rowley, J. C. R./Trivedi, P. K.: »Econometrics of Investment«, London – New York – Disney, Toronto 1975.

Schintke, J./Stäglin, R./Weiser, B.: Der Verlauf von ausgewählten Input-Koeffizienten. In: Vierteljahreshefte zur Wirtschaftsforschung, hrsg. vom DIW, Berlin 1975, Heft 3.

Spur, G.: Rechnerunterstützte Zeichnungserstellung und Arbeitsplanung, in: ZwF 73 (1978) 3, S. 149–152.

Spur, G.; Rittinghausen, H.: Planung von flexiblen Fertigungssystemen, in: Mittlere Technologie in der Produktionstechnik, Handbuch zum VDI-Kongreß 13./14. 6. 1978, Frankfurt.

Stute, G.: Flexible Fertigungssysteme, in: wt-Z. ind. Fertig. 64 (1974) Nr. 3, S. 147–156.

Stute, G./Wilhelm, R.: Erfahrungen über die Projektierung rechnergestützter flexibler Fertigungssysteme, Vortrag (Nr. 32) Internationaler Kongreß Metallverarbeitung 1978, DDR – Leipzig, 8.–10. 3. 1978.

Weiß, J. P.: Projektion von Input-Output-Tabellen für die Bundesrepublik Deutschland 1980 und 1985, Gutachten im Auftrag der Kommission für wirtschaftlichen und sozialen Wandel, Bd. 129, Göttingen 1976.

Norbert Szyperski

Unternehmungsgründungen in der Krisendynamik

A. Grundlegende Anmerkungen
- I. Gründe für die Themenwahl
- II. Gründe für ein Forschungsengagement
- III. Verfügbare literarische und empirische Basis

B. Gründungsprozesse im marktwirtschaftlichen System
- I. Unternehmungsgründung als strategischer Prozeß und operativer Start
- II. Funktionen der Unternehmungsgründung in der Gesamtwirtschaft
- III. Unternehmungsgründer als Promotoren der Marktwirtschaft
- IV. Gründungsprobleme und Gründungsrisiko
- V. Krisenwahrnehmung und -antizipation – als Voraussetzung für die Krisenüberwindung

C. Analyseraster der Krisenbeziehung im Gründungskontext
- I. Relevante Systembereiche
- II. Herauszustellende Krisentypen
- III. Wechselbeziehungen zwischen den einzelnen Krisentypen
- IV. Beispiel neuralgischer Krisenpfade im Gründungskontext
- V. Einige typische Einflüsse auf Gründungsverhalten und -krisen

Anmerkungen

A. Grundlegende Anmerkungen

I. Gründe für die Themenwahl

»Geburt«, »Krankheit« und »Tod« sind Reizwörter, die keinen Menschen unbeteiligt lassen. Und der Verfasser fragt sich daher unwillkürlich, ob er nun unversehens ein Quasi-Mediziner geworden ist oder als ein »Unternehmungsgeburtshelfer« auftritt oder ob er gar als »Helfer in Geburtssachen« betrachtet wird. Unternhmungsgründungen werden ja sehr leicht recht formal betrachtet und da ist es gut, wenn man sich einen lebendigen Hintergrund vorstellt; denn Unternehmungsgründungen haben schon etwas mit Geburt und Vitalität zu tun. Unternehmungsgründungen unter dem speziellen Aspekt der Krisendynamik behandeln, heißt jedoch auch, noch weitere Reizwörter hinzuzufügen.

Unternehmungsgründungen sind in den letzten Jahrzehnten ein vernachlässigter Themenbereich der Betriebswirtschaftslehre gewesen. Gründungslücken wurden zwischenzeitlich in unserer Volkswirtschaft aufgezeigt. [1] Sie sollten zumindest als ein Indikator gewertet werden, der sehr sorgfältig interpretiert werden muß. Die Tatsache, daß wir einen Zu- bzw. Abgang an Unternehmungen haben, allein rechtfertigt noch nicht, von einer irgendwie gearteten Krankheit der Volkswirtschaft zu sprechen. Ganz im Gegenteil: Zu- und Abgänge an wirtschaftlichen Einheiten sind Ausdruck der gesamten wirtschaftlichen Vitalität. So ist auch der statistische Hinweis auf negative Wanderungsbewegungen im Bereich der Unternehmungen erst einmal nichts weiter als ein ernst zu nehmender Indikator.

Wenn man allerdings etwas genauer dahinterschaut und zu erkunden versucht, welche Wirtschaftseinheiten unter welchen Bedingungen ausgeschieden sind und welche hinzu- bzw. nicht hinzugekommen sind, dann gewinnt man einen Ansatz für die strukturelle Problemanalyse. Dann werden die Zusammenhänge praktisch und wissenschaftlich interessant.

Gründungskrisen werden auch mit dem Hinweis verbunden, daß sie mit möglichen Strukturkrisen im Zusammenhang stehen. Es ist sicher kein Zufall, daß die Bedeutung der Unternehmungsgründung insbesondere in kritischen Zeiten betont und erkannt wird. Das allgemeine Problembewußtsein bewegt sich offensichtlich auch in unserer Disziplin analog zu den Vorgehensweisen der Stückwerktechnologie und zeichnet sich durch ein »muddling through« aus. Das publizistische Interesse führender Wirtschaftsjournale an diesem Thema kommt daher in letzter Zeit nicht von ungefähr. [2] Auch die politischen Programme, die sich mit der Existenzförderung beschäftigen, wie der inzwischen verabschiedete Regierungsentwurf oder der parlamentarische Vorschlag der Opposition, sind Ausdruck dieser reagierenden Verhaltensweise. [3]

II. Gründe für ein Forschungsengagement

Die umfassende Erforschung der »Geburts- und Frühentwicklungsprozesse« bei der Gründung und beim Aufbau wirtschaftlicher Einheiten ruft nach einer umfassenderen Erforschung. Das Interesse an den Erkenntnislücken in diesem Zusammenhang wird nicht zuletzt auch durch eine ordnungspolitische und -theoretische Notwendigkeit unterstützt. Die Revitalisierung unserer Volkswirtschaft in Zeiten zunehmender Strukturkrisen ist gerade auch aus betriebswirtschaftlicher Sicht ein wesentliches Forschungsthema, in dem auch die betriebswirtschaftlichen Bedingungen und Konsequenzen einer erhöhten strukturellen Anpassungsfähigkeit zu diskutieren sind. Wissenschaftliche Hilfe für praktische Aufgaben im Gründungsprozeß kann daher im Rahmen einer prospektiv ausgerichteten und technologisch orientierten Betriebswirtschaftslehre verstanden werden. [4] Sie findet möglicherweise ihre Motivation in dem Unbehagen über eine zu geringe Rate innovativer Unternehmungsgründungen. [5]

III. Verfügbare literarische und empirische Basis

Literarische Auswertungen zu dem gestellten Thema bringen keine umfassende Hilfe. Einige Spezialfragen können aufgegriffen werden, meist findet man aber die relativ verbreitete Annahme, daß die normalen betriebswirtschaftlichen Probleme eben auch in der Gründungsphase zu beachten sind. Stimmt das? Vielleicht ist es in diesem Kontext doch angemessen, die Analogie zu den angesprochenen medizinischen Fragen aufzugreifen. Die Aussagen des Mediziners über den Menschen schlechthin treffen natürlich auch für das gerade eben geborene und für das kleine Kind zu. Dennoch erscheint es aus vielerlei Gründen, und wohl nicht zuletzt im Hinblick auf das richtige Kalibrieren der Problemstellungen, interessant und in diesen Disziplinen ratsam, die Geburt und die ganz frühen Entwicklungsstufen gesondert von der Medizin des Erwachsenen zu behandeln. Die Betriebswirtschaftslehre sollte dies auch intensiver tun. Bisher jedenfalls stehen unsere Aussagen über Unternehmungsgründungen noch auf recht tönernen Füßen.

Darum muß um Nachsicht gebeten werden, wenn in den folgenden Ausführungen weniger Fundierungen und zum Teil mehr Spekulationen vorgetragen werden.

Die Überlegungen können sich allerdings zum Teil auf Untersuchungen stützen, die wir am Planungsseminar der Universität zu Köln in den letzten vier bzw. fünf Jahren sammeln durften. Auf der Basis von Längst- und Querschnittsanalysen wurde versucht, das spezielle Problemmuster bei Unternehmungsgründungen herauszuarbeiten.[6] Wir haben uns darum bemüht, gewisse Einstellungsaspekte im Hinblick auf Gründungsbereitschaft und Gründungshemmnisse festzustellen [7] und sind schließlich der Frage nachgegangen, warum es etwa im Aachen-Bonn-Kölner-Dreieck nicht ähnliche Spin-off-Gründungen gibt wie in der Umgebung des MIT in Boston oder in der Umgebung der Stanford University. [8]

Schließlich wurden einige Instrumente für die Gründungsplanung entworfen und im praktischen Einsatz erprobt. [9] Daneben wurde die Auffassung von Personalleitern über Unternehmungsgründer analysiert [10] und nicht zuletzt auch eine Beurteilung der staatlichen Fördermaßnahmen und Programme gewagt. [11]

B. Gründungsprozesse im marktwirtschaftlichen System

I. Unternehmungsgründung als strategischer Prozeß und operativer Start

Will man den selbständigen und freien Gründungsprozeß im marktwirtschaftlichen System charakterisieren und verstehen, so muß man davon ausgehen, daß die Unternehmungsgründung als Prozeß zu begreifen ist, in dessen Verlauf ein gegenüber seiner Umwelt qualitativ abgegrenztes und vorher in gleicher Struktur nicht existierendes System Unternehmung geschaffen wird.

Durch die Kombination möglicher Aktionsalternativen wird eine bis dahin nicht existierende Wirtschaftseinheit ins Leben gerufen. Das ist kein momentaner Zeugungsakt, sondern ein in der Zeit ausgedehnter Schöpfungsprozeß. Im Sinne Schumpeters [12] bieten sich verschiedene Alternativen an, auf die eine neue Wirtschaftseinheit hin konzipiert werden kann:

- Schaffung eines neuen Gutes (auch solcher mit einer nur veränderten Qualität),
- Erschließung eines neuen Marktes,
- Nutzung neuer Bezugsquellen,
- Realisierung neuer Organisationsstrukturen und
- Anwendung neuer Verfahren und Methoden.

Ziel unternehmerischer Gründungen kann es daher nicht sein, nur eine Vermehrung der Wirtschaftseinheiten durch Zerteilung und Atomisierung der gegebenen Wirtschaftsmacht zu erreichen, sondern es geht wesentlich darum, die vorhandene Wirtschaftsstruktur durch neue Einheiten anzureichern. Unternehmungsgründer sind daher Personen, die eine neue Kombination von Produktionsfaktoren durch die Schaffung einer neuen wirtschaftlichen Einheit durchsetzen wollen.

Wenn die Gründung nicht mit einer Grundsteinlegung im Sinne eines Aktes der vertraglichen Startbedingungen identifiziert wird, sondern, wie dargelegt, als Prozeß von der Unternehmungsidee bis zu ihrer realen Implementation betrachtet wird, dann wird die eminent strategische Problematik sichtbar. Strategische Abgrenzungen sind im Hinblick auf die

- marktlichen,
- produktionstechnischen,
- finanzwirtschaftlichen,
- peronalwirtschaftlichen,
- organisatorischen und
- führungstechnischen

Aktionsräume notwendig. Operative Maßnahmen, zum praktischen Start bei der Systemgeburt, leiten das reale Leben der Unternehmung in diesem abgegrenzten strategischen Raum ein.

II. Funktionen der Unternehmungsgründung in der Gesamtwirtschaft

Aus ordnungspolitischer Sicht ist die Vermutung wohl berechtigt, von einem zweckmäßigen »Mischgrad« der Wirtschaftssysteme zu sprechen. Aus der Produktsicht leitet sich das Extrem der *Monostruktur*, aus der Größenklassenbetrachtung die extreme Position der *Monopolstruktur* her, und aus der Altersgruppierung läßt sich endlich auf die *Gerontostruktur* schließen.

Diese Formen extremer Ausprägung sind jeweils gefürchtet, denn die Abhängigkeit von einem Produkt, die Machtfülle eines Anbieters und schließlich die mögliche Unbeweglichkeit einer überalterten Organisation sind dem wirtschaftlichen Wechselspiel und der regionalen und volkswirtschaftlichen Lebendigkeit nicht dienlich. Am Beispiel des Waldes zeigt es sich, daß die »stabilsten« Strukturen durch weitgehende Mischung der Arten, Größen *und* Altersklassen erreichbar sind. [13]

Der Zugang neuer junger Wirtschaftseinheiten durch selbständig-originäre Gründungen ist notwendig, um diese Mischstrukturen trotz Fusionen, Übernahmen und Liquidationen in der Zeit zu erhalten.

Die strukturelle Anpassung der Wirtschaftssysteme an diskontinuierliche Entwicklungen der Umwelt ist oft sogar nur durch Neugründungen möglich. Diversifikationsbemühungen, nicht zuletzt auch in der deutschen Wirtschaft, haben gezeigt, wie schwer sich gerade bestehende Unternehmungen damit tun.[14] Das heißt aber, auch Anpassungsversuche etablierter großer und ausgebauter Unternehmungen sind nicht unproblematisch. Eigentlich müßten daher etablierte Unternehmungen ein Eigeninteresse daran haben, daß neue kleine und vor allem junge Unternehmungen nachwachsen, um Branchenkrisen auszugleichen und um die notwendige Branchendynamik zu forcieren. Noch sind die erkennbaren Bemühungen bei den etablierten Unternehmungen und auch bei den Kapitalsammelstellen in unserem Lande wohl kaum ausreichend. Woran es fehlt in diesem dynamischen Zusammenhang, ist die bewußte Pflege eines »Venture-Managements«. Dies bedeutet in unserem Zusammenhang das Bemühen etablierter Unternehmungen, durch Neugründungen (gerade nicht in Form von hundertprozentigen Tochtergesellschaften) das in den Unternehmungen anfallende Wissen und das verfügbare Know-how im wirtschaftlichen Kontext nutzbar zu machen. [15] Es ist eben nicht nur eine ordnungspolitische Aufgabe des Staates, darüber zu wachen, daß der Wettbewerb gewahrt bleibt; etablierte Unternehmungen haben sicher auch eine eigenständige *genetische* Verantwortung für das Wirtschaftssystem.

Auf regionaler und kommunaler Ebene ist eine Wirtschaftspolitik verfehlt, die nur ein Ansiedlungsstreben verfolgt, das auf »arbeitsplatzschaffende Betriebsstätten« der Großunternehmungen gerichtet ist. Damit wird die wünschenswerte Dynamik der wirtschaftlichen Entwicklung nicht ausreichend forciert, sondern nur eine organisationale Umstrukturierung auf gegebener Evolutionsstufe gefördert. Die »Forstaufgaben«

müssen stärker betont werden. Dynamische Unternehmungsgründungen korrigieren (unbewußt) sehr häufig falsche Regionalpolitik. Unternehmungsgründungen sollten in einer offenen Gesellschaft mit marktwirtschaftlichem System Ausdruck der individuellen Initiative sein. Gründungschancen sollen Phantasie mobilisieren; Entwicklungs- und Anpassungsprobleme sollen auf diesem Wege durch Nutzung der Initiativfreiräume gelöst werden. So kann Gründung als Ausdruck wirtschaftlicher und gesellschaftlicher Eigenständigkeit gesehen und als genutzte Freiheit verstanden werden.

Wirtschaftliche und gesellschaftliche Krisen lassen Gründungen als Initiativ- und Vitalisierungsinput notwendig erscheinen. Gleichzeitig aber werden diese Gründungen durch die betreffenden Krisen erschwert und damit möglicherweise zurückgedrängt. Damit werden aber Gründer, die als Promotoren und trotz der sich verstärkenden Widerstände im Krisenzusammenhang auftreten, für die Marktwirtschaft umso wertvoller. Es bleibt zu fragen, ob das in der Öffentlichkeit, und damit ist auch die breite Führungsschicht der etablierten Wirtschaft gemeint, auch so erkannt wird.

Etablierte Unternehmungen wollen die eigene Position nicht nur auf der Grundlage ihrer strategischen Vorteile (nutzbare Ertragspotentiale), sondern vor allem auch aufgrund einer slack-bewahrenden und eine gewisse Trägheit ermöglichenden Marktsituation sichern. Sie wirken bewußt oder unbewußt einem mehr oder weniger vollkommenen Pleiopol [16] entgegen. Instinktiv erkennen etablierte Unternehmungen in jeder Neugründung erst einmal einen poteniellen Gegner; denn Gründungen, die sich behaupten, schaffen durch ihre unternehmerischen Aktivitäten neuen Wettbewerb.

III. Unternehmungsgründer als Promotoren der Marktwirtschaft

Unternehmungsgründer mobilisieren Initiative und sind so Initiatoren. Diese Rolle allein schon macht sie unersetzbar, will man nicht auf eine altersstrukturelle Entwicklung verzichten. Dies gilt natürlich genauso für alle Initiativträger innerhalb etablierter Organisationen. Darüber wird hier zwar nicht diskutiert, es muß aber im Auge behalten werden; denn das Problem der Inititative und der Promotoren liegt in jeder Gesellschaft wesentlich tiefer. Wie sieht es schließlich häufig bei uns aus? Ist es nicht so: Initiative fällt auf und jeder mißlungene Versuch wird geahndet; jeder unterlassene Versuch dagegen ist häufig überhaupt nicht personifizierbar und meist nicht einmal identifizierbar.

Initiative und Promotorenrolle stehen in einem engen Zusammenhang mit Wissens- und Technologietransfer. Man kann die These wagen, daß dieser Wissens- und Technologietransfer in den meisten Fällen dann an einen Personentransfer gebunden ist, wenn die Übertragung, Übersetzung und Durchsetzung des neuen Wissens und Könnens mit besonderen Schwierigkeiten verbunden ist. Erfolgreicher Wissens- und Technologietransfer setzt somit vielfach Personentransfer voraus. [17] Die Innovatoren stehen den Inventoren oft sehr nahe, als Promotoren müssen sie die ge- und erfundenen Ideen und Konzepte vorantreiben. Das setzt nicht nur Energie voraus, sondern verlangt auch nach der notwendigen Überzeugung, um die Energie aufbringen zu können. Ein wichtiges, aber in unserem Lande oft übersehenes Phänomen: Spin-off-Gründungen sind eine wesentliche Komponente der für uns so notwendigen Innovationen. Warum, darf ich noch einmal fragen, ist das Route 128-Phänomen im Aachen-Bonn-Kölner-Raum nicht zu beobachten? Fehlende Spin-offs sind Ausdruck einer Innovationskrise und wahrscheinlich Vorboten von Strukturkrisen. Warum aber klappt dieser Transfer bei unseren großen Forschungseinrichtungen und den hohen Forschungs- und Entwicklungsaufwendungen, die wir uns leisten, nicht? [18] Etablierte Großforschungseinrichtungen mit quasi-beamteten Forschern und Mitarbeitern dürften es auch allen Beteiligten schwer machen, Spin-off-Bewegungen in Gang zu setzen.

Branchen werden aber nun einmal vermutlich in ihrer Entwicklung wesentlich von Unternehmungen geprägt, die für die Aufgaben dieser Branchen gegründet wurden oder sich ihr schwerpunktmäßig widmen. Irgendjemand hat einmal aufgezeigt, daß nicht weniger als 150 deutsche Unternehmungen ernsthaft versuchten, Automobile zu produzieren. Alle jene Unternehmungen, die heute diese Branche tragen, sind aber für den Automobil- oder Motorenbau gegründet oder sehr früh zu ihm hingeführt worden. Wenn diese Vermutung also stimmt, dann müssen wir natürlich auch fragen, ob ohne Neugründung überhaupt eine Strukturanpassung über das Ausformen neuer Branchen erfolgen kann. Mensch hat in diesem Zusammenhang die aussagekräftige Formulierung geprägt: Branchen werden auf Kiel gelegt. [19] Die traditionellen Branchen aus der »Gründerzeit« und junge Branchen (wie z. B. elektronische Bauelemente, Personal-Computer) beweisen das.

Über die Problematik kleinerer Krisendiskussionen in Einzelfällen hinaus tritt hier eine grundlegende Problematik zutage. Sie lautet schlicht: In welchem Maße kann es sich ein Land leisten, Monopole auf benachbarten oder gar übergeordneten Regionen und Gebieten zu dulden? Kann man sich z. B. die Position der Deutschen Bundespost im Hinblick auf ihre wettbewerbsorientierte und damit geschäftsbeeinflussende Funktion leisten oder muß man sich stärker auf ihre Ordnungsaufgabe im hoheitlichen Sinne konzentrieren? Wenn wir die Entwicklung neuer Kommunikationstechniken und damit verbundener Branchen betrachten und uns die zahlreichen Neugründungen um unser Land herum anschauen, dann fällt das relative Stagnieren der Entwicklung in der Bundesrepublik auf. Eine unangemessene Monopolstellung, staatlich sanktioniert, kann so die geschäftliche Entwicklung und damit die an sich potentiell möglichen Unternehmungsneugründungen arg hemmen. Die Branche bleibt in ihrem Potential stecken. Schaffen wir uns damit möglicherweise die unerwünschten Strukturkrisen?

Neue Initiativen bedingen eine entsprechende Mobilität und Motivation der Initiativträger. Die Einstellung zur Unternehmungsgründung ist durch ein Streben nach eigenverantwortlichem Handeln, nach stärkerer Selbstverwirklichung und größerer Gestaltungsfreiheit gekennzeichnet. Diese Motive rufen Aktivitäten zur Veränderung, d. h. zu Strukturwandlungen auf. Wir sprechen sehr häufig, wenn es um Krisen geht, davon, daß Systemveränderer am Werke sein mögen. Fragen wir aber nicht viel zu selten, welche Kräfte eigentlich mobilisiert werden müßten, um im Rahmen der gegebenen Systembedingungen und Konzepte gesellschaftliche, wirtschaftliche und organisatorische Möglichkeiten zu nutzen? Wer gegen die klassische kapitalistische Unternehmung Vorbehalte hat, kann doch die Initiative zu einer partnerschaftlich orientierten Unternehmungsgründung ergreifen. Der Spielraum für Strukturänderungen ist bei weitem nicht ausgeschöpft. Unternehmungsgründungen geben also eine doppelte Antwort: Initiativ-Kerne können und sollen im Mikrobereich der Wirtschaft Kooperationsformen ausprobieren und verbreiten, die den Grundhaltungen unserer Individuen entsprechen. Ein Organisationswettbewerb würde strukturelle Anpassung durch Evolution einleiten und möglicherweise »Systemkrisen« vermeiden helfen. Mehr kleinere und mittelere Unternehmungen (z. B. in Export- und Forschungsgemeinschaften organisiert) bieten für interessierte und motivierte Individuen bessere Entfaltungsfelder. Eine in der übergroßen Unternehmung beobachtbare Orientierungskrise kann unter Umständen vermieden werden. In kleineren, überschaubaren wirtschaftlichen Einheiten finden Individuen häufig leichter ihre angestrebten Entfaltungsmöglichkeiten. Folglich schaffen Unternehmungsgründer als Promotoren Anpassungs- und Veränderungsschritte, die auch gesellschaftliche Krisen mildern und den evolutorischen Wettbewerb fördern.

IV. Gründungsprobleme und Gründungsrisiko

Bei der Gründung lassen sich aufgrund empirischer Untersuchungen bestimmte Problemklassen aufzeigen. Ausgehend von einer mehr oder weniger abstrakten Gründungsidee sind die in Abbildung 1 aufgezeigten Bereiche [20] in unterschiedlicher Weise problematisiert. Zu den internen Problembereichen gehören die in der Person

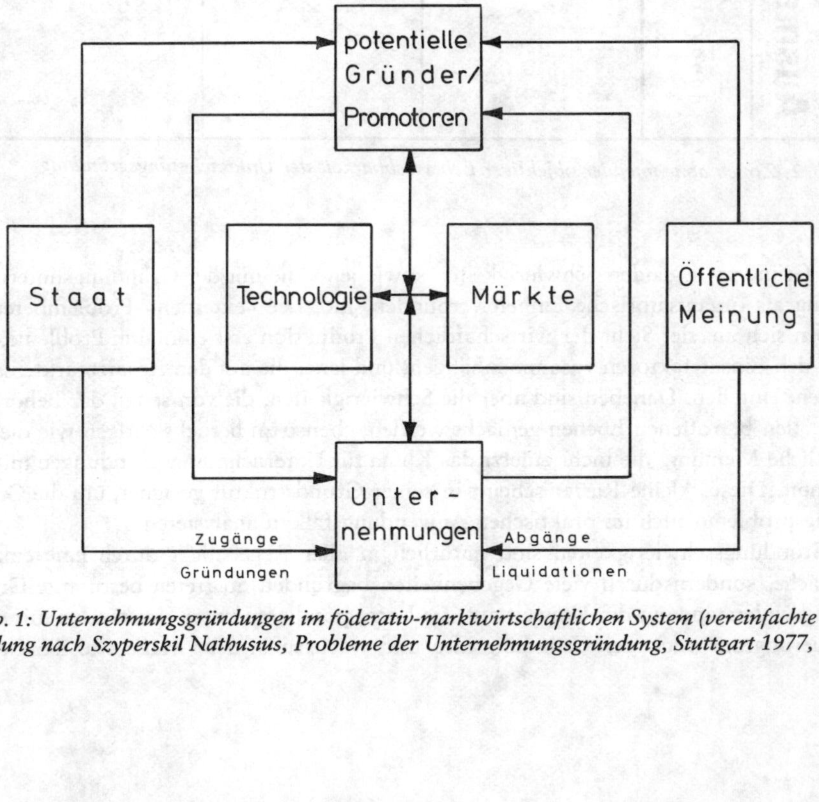

Abb. 1: Unternehmungsgründungen im föderativ-marktwirtschaftlichen System (vereinfachte Abbildung nach Szyperski/ Nathusius, Probleme der Unternehmungsgründung, Stuttgart 1977, 14)

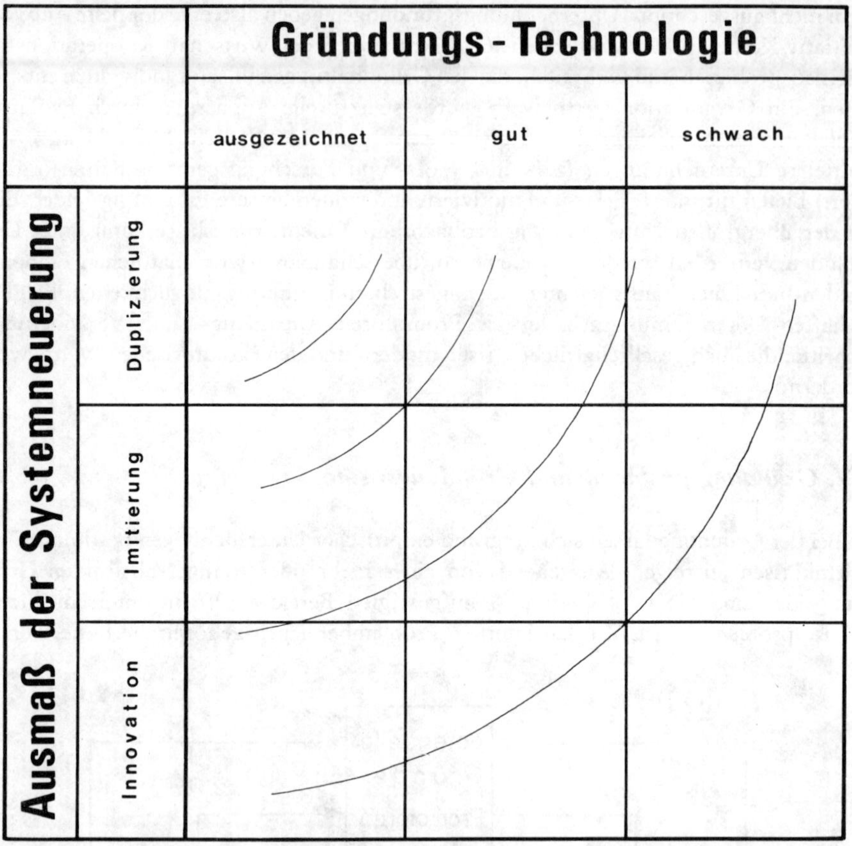

Abb. 2: Zonen abnehmender objektiver Beherrschbarkeit der Unternehmungsgründung

des Gründers liegenden Schwierigkeiten sowie jene, die mit der Gründungsunternehmung als organisatorische Einheit verbunden sind. Die »externen« Problembereiche lassen sich aus der Sicht der wirtschaftlichen Produktion erst einmal in Probleme, die mit den Einsatzfaktoren zusammenhängen, und jene, die auf den Absatzmärkten auftreten, einteilen. Daneben sind aber die Schwierigkeiten, die von seiten der Behörden auf allen betroffenen Ebenen gemacht werden, ebenso zu berücksichtigen wie die öffentliche Meinung, die nicht zuletzt das Klima für Unternehmungsgründungen mitbestimmt. Dieses kleine Raster scheint in seiner Grundstruktur geeignet, um die Gründungsprobleme auch im praktischen Anwendungsfall zu analysieren.

Gründungsschwierigkeiten sind natürlich in aller Regel nicht durch eine einzige Ursache, sondern durch viele Gegebenheiten begründet. So treten bestimmte Gründungswiderstände in der Umwelt auf; sie korrespondieren unter Umständen mit dem Neuerungsanspruch der Gründungsidee und wachsen in dem Maße wie die Grün-

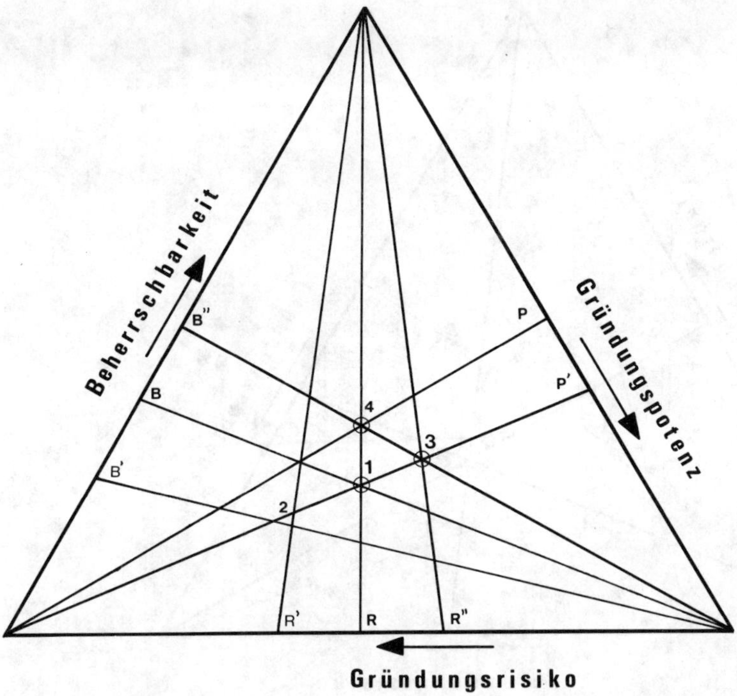

Abb. 3: Das „magische Dreieck" des Gründungsphänomens, Grundmodell.

dungskompetenz fehlt, so daß schließlich viele Gründungsschwierigkeiten auf Gründungsfehler zurückzuführen sind. Der Versuch, alle Schwierigkeiten letztlich auf ein Versagen des Gründungsmanagements zurückzuführen, erscheint wenig sinnvoll, weil man in dieser intervenierenden Größe alle tatsächlichen Einflußgrößen immunisieren kann.

Bei gegebenem Umweltverhalten läßt sich eine gewisse Beziehung zwischen dem Gründungsanspruch (Duplizierung einer Konzeption, Imitierung oder Innovation) und der Fähigkeit, Gründungsprozesse führungstechnisch zu beherrschen (exellente, gute oder nur schwach ausgeprägte Gründungstechnologie) herstellen. In Abbildung 2 sind gewisse »Zonen abnehmender Beherrschbarkeit« der Unternehmungsgründung in objektiver Sicht eingeführt. Die Gründungsschwierigkeiten steigen natürlich mit abnehmender Beherrschbarkeit. Folglich wird mit diesen steigenden Gründungsschwierigkeiten eine wachsende Gründungspotenz verlangt, wenn das Gründungsrisiko in Grenzen gehalten werden soll. Objektive Beherrschbarkeit der Gründungsprozesse, Gründungspotenz, d. h. die Fähigkeit und das Engagement der Gründer, und schließlich das Gründungsrisiko (bei gegebenem Glück) stehen in einem wechselseitigen Bezug zueinander (vgl. dazu Abbildung 3).

Innovative Gründungen verlangen eine hohe Gründungspotenz bei relativ schlechter

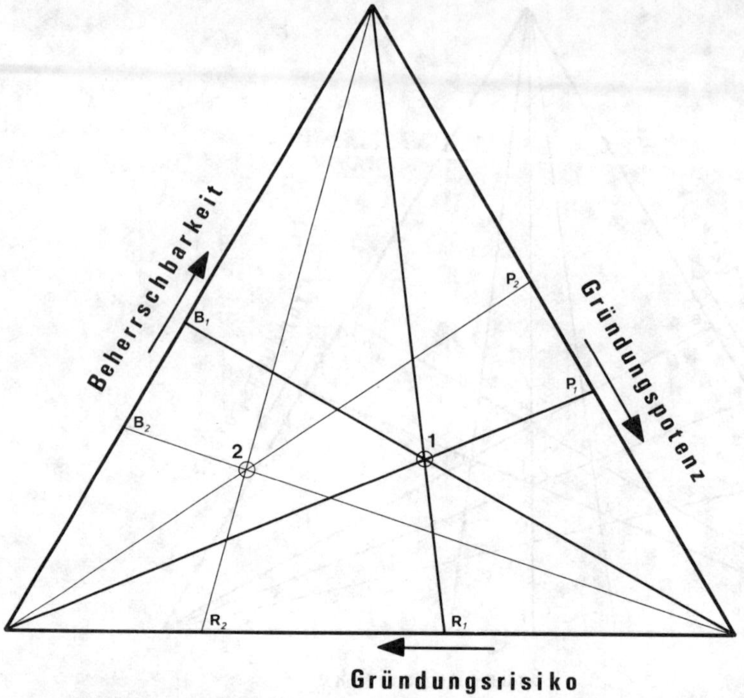

Abb. 4: Risikoänderung durch veränderte Beherrschbarkeit und Gründungspotenz dargestellt im „magische Dreieck" des Gründungsphänomens.

Beherrschbarkeit dieser Gründungsprozesse. Da das Gründungsrisiko Ausdruck für die Krisenerwartung und das Ausmaß der Krisenfolgen ist, kann eine verbesserte und entsprechend genutzte Gründungstechnologie das Gründungsrisiko wesentlich senken. Die verbleibenden Gründungsrisiken werden durch gründungspotente Persönlichkeiten, die in diesem Metier Erfahrungen haben, handhabbarer.

Bessere betriebswirtschaftliche Gründungsmethoden und -verfahren verlangen ausgeprägte Erfahrungen der Gründer bei komplizierten Gründungsfällen. Dem widerspricht die Realität häufig sehr. Gründung von Unternehmungen wird in unserem Lande nicht selten als ein einmaliger Alles-oder-Nichts-Versuch gewertet. Die Chancen, ein erfahrener Gründer im wiederholten Gründungsfalle zu werden, sind daher sehr gering.

Innovative Gründungen werden zwar gefordert, die theoretisch ableitbaren und praktisch bedeutsamen Konsequenzen aber nicht gezogen, so daß dem Gründungsrisiko nicht entgegengewirkt wird. Somit kann notwendige Krisenbewältigung leicht im Keim erstickt und eine unerwünschte Krisendynamik unterstützt werden.

Krisen in der gesellschaftlichen Öffentlichkeit (Umweltkrisen) wirken doppelt risikosteigernd: Die abnehmende Beherrschbarkeit der Gründungsimplementation wird durch die mit der gesellschaftlichen Situation verbundenen Minderung der Gründungspotenz und durch ein induziertes sinkendes Gründungsengagement (Gründungswille) verstärkt. In Abbildung 4 ist der Übergang vom Knotenpunkt 1 zum Knotenpunkt 2 Ausdruck dieses Phänomens.

Wie reagieren potentielle Gründer auf hohe Gründungsrisiken? Wohl nur für den Wirtschaftsspieler, der bei hoher Risikoneigung ein geringes Durchsetzungsvermögen realisiert, kann erwartet werden, daß unter diesen Bedingungen die Gründungsattraktivität groß ist. Der vorsichtig-energische Kaufmann (mit geringerer Risikoneigung, aber hohem Durchsetzungsvermögen) wird sich eher zurückhalten, obwohl er ein sehr guter und möglicherweise idealer Gründer sein kann. Eine gesellschafts(politische) Krise schafft so mit einiger Wahrscheinlichkeit auch eine Gründungskrise. Diese theoretische Ableitung läßt sich durch empirische Ergebnisse bestätigen. Insbesondere von den tatsächlichen Gründern wird die politische Entwicklung als wichtigstes Gründungshemmnis genannt. Potentielle Gründer akzentuieren diese Entwicklung in ihrer Bedeutung für die Gründungsaktivitäten allerdings weniger stark. Sollte dies damit zusammenhängen, daß man die Bedeutung der politischen Entwicklung und das Gewicht gesellschaftlicher Krisen erst dann voll wahrnehmen und einschätzen kann, wenn man den Schritt in die unternehmerische Selbständigkeit selbst gewagt hat? Einiges spricht für diese Vermutung.

V. Krisenwahrnehmung und -antizipation als Voraussetzung für die Krisenüberwindung

Das Wahrnehmen der Krisen ist eine notwendige, wenn auch nicht hinreichende Bedingung zur Krisenbewältigung. Es wird immer Kreise in unserer Gesellschaft geben, die Krisen auch genießen und in den Folgen der Krisen leben können. Manchmal sind Krisen ja auch das Elexier der »Glücksritter«. Optimistische Filter sollten verhindern, daß alle Indikatoren für mögliche Krisen auf das Gründungsverhalten durchschlagen. Unternehmungsgründer brauchen daher eine gesunde Erfolgsgläubigkeit, da im Grunde ja nichts als gesichert gelten kann und ein Abstützen auf den bisherigen Erfolg und damit auf das laufende Geschäft nicht möglich ist. Ohne diese Filterwirkung einer optimistischen und positiv zupackenden Einstellung würde manch eine erfolgreiche Unternehmung gar nicht erst gegründet werden. Dennoch sollten die Unternehmungsgründer krisenbewußt sein. Dies bedeutet, daß sie für Stau-, Verzögerung- und Abbruchkrisen hinreichend sensibilisiert sein sollten.

Eine stetige Gefahr ist in diesem Zusammenhang die emotionale oder auch systematische Störung des Wahrnehmungsvermögens, bedingt durch Unsicherheit oder mangelnde Erfahrung. Verläßt ein stark angetrunkener Mann (wir dürfen hier die Emanzipation mal etwas kleiner schreiben) die Stätte seines Zechens, so scheint der Horizont für ihn zu schwanken. Sein Wahrnehmungs- und Informationssystem läßt ihn glauben, der Boden bewege sich unter ihm. Er bemüht sich, durch den berühmten »Seemannsgang« gegenzusteuern. So beobachten wir ihn als Außenstehende. Im Kreis der Normalen sagen wir dann: Dieser Mensch taumelt ja! Beginnt sein Untergrund aber auf ihn zu reagieren, d. h. ist auch die Umwelt ein offenes mit ihm verbundenes System, so kommt der Boden, durch ihn bewirkt, tatsächlich zum Schwanken. Jetzt müssen auch die sogenannten »Normalen« gegensteuern, um nicht ein unerwünschtes Verhalten zu zeigen. Und möglicherweise verstärken sie dadurch alle gemeinsam die »Umweltkrise«, die nur aufgrund eines Wahrnehmungsfehlers begann. Auf die wirtschaftlichen Schwankungen blickend sprach daher schon in den zwanziger Jahren Fritz Schmidt von der Konjunktur als einem Rechenfehler. [21] Nicht selten dürften Gründungskrisen und damit verbundene Strukturkrisen ebenfalls ein Fehler dieser Art sein. Wenn dem so ist, dann müssen wir uns natürlich fragen, ob nicht gerade das Wahrnehmungs- und Informationssystem der in Gründung befindlichen Unternehmungen für solche Anfälligkeiten besonders offen ist. Ähnlich wie ein geringer Tropfen Alkohol bei einem Kinde eine völlig andere Wirkung erzielt als bei einem Erwachsenen, könnten sich auch hier ganz spezifische Wahrnehmungs- und Erwartungsprobleme ergeben.

C. Analyseraster der Krisenbeziehung im Gründungskontext

I. Relevante Systembereiche

In vier Teilbereichen soll herausgestellt werden, welche Gruppierungen aus der Krisendiskussion heraus wichtig erscheinen. In einer umfassenden Abbildung 5 wird versucht, diese einzelnen Bereiche ein wenig zu detaillieren und in ihrer Krisendynamik wechselseitig in Bezug zu setzen.

Im wirtschaftlichen *Makrosystem* (z. B. Volkswirtschaft) sind die einwirkenden Prozeßvorgänge, sowohl technologischer als auch sozioökonomischer Art, aufgezeigt.

Das wirtschaftliche *Mikrosystem* ist nur unternehmungsseitig dargestellt, d. h. Haushaltungen und öffentliche Verwaltungen sind nicht aufgeführt, obwohl sie im Krisenfall Funktionen der Unternehmung zu übernehmen beginnen. Die Aufteilung dieses Mikrobereichs erfolgte in etablierte (älter als 5 Jahre) Unternehmungen und neugegründete (jünger als 5 Jahre) Unternehmungen. (Die Frage danach, wann Unternehmungen erwachsen sind, ist schwer zu beantworten!)

Unternehmungsgründung, als institutionelle Einheit der Maßnahmen und Prozesse vom Beginn der ernsthaften Gründungsidee bis zum tatsächlichen Marktzutritt, wird schließlich noch ergänzt durch die wirtschaftlich aktivierbaren Individuen und Gruppen im Sinne *potentieller Gründer*.

Mit Hilfe dieser vier Subsysteme soll der krisenorientierte Wechselbezug diskutierbar gemacht werden.

II. Herauszustellende Krisentypen

In der nachfolgenden Betrachtung und entsprechend in der Abbildung 5 sind insgesamt sechs verschiedene Krisentypen herauszustellen.

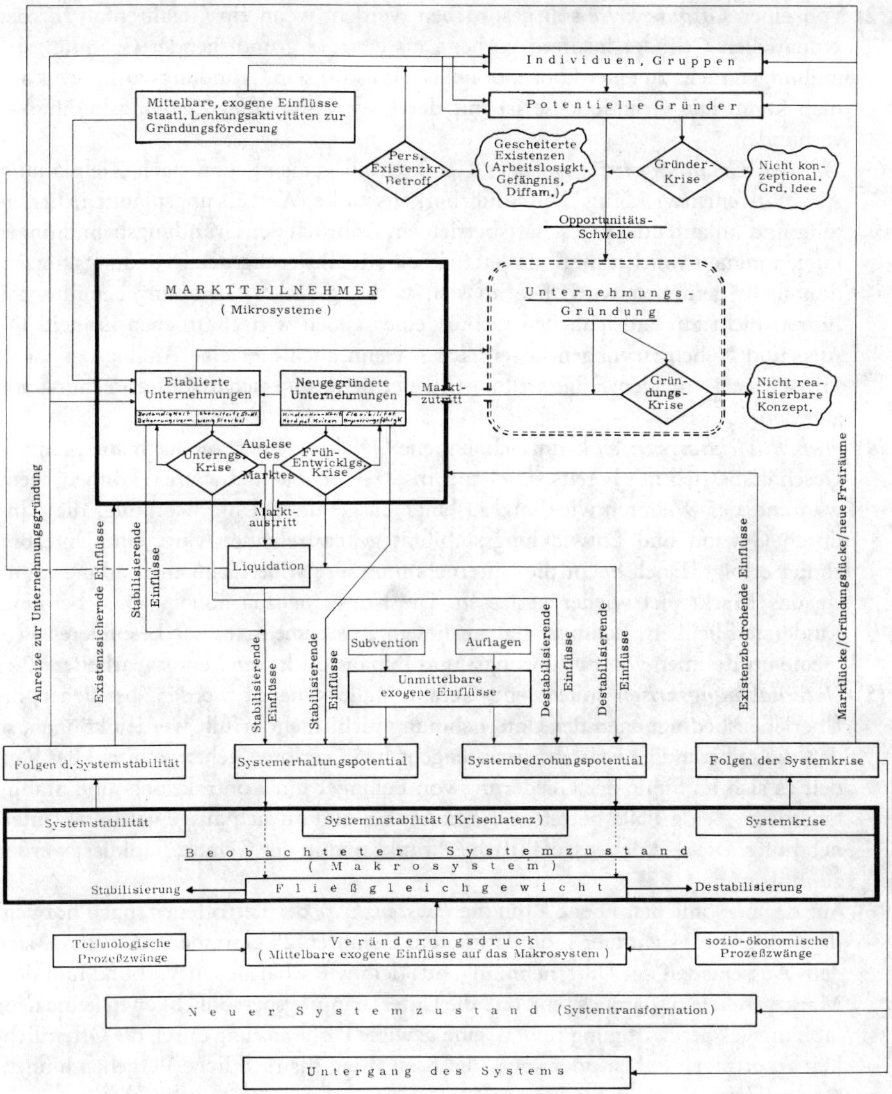

Abb. 5: Grundschema der Wechselbeziehungen von Unternehmungsgründungen im marktwirtschaftlichen System

(1) Im Bereich des Makrosystems kann von einer *Systemkrise* in dem Sinne gesprochen werden, daß es einen Gefahrenfall geben kann, der bestenfalls durch eine Systemtransformation (Evolution) in einen neuen stabilen Zustand überführt werden kann, in dem ein neues Fließgleichgewicht gefunden wird. Im ungünstigsten Fall kann mit einer derartigen Systemkrise eine Makrosystemrevolution verbunden sein.

(2) Von einer *Gründerkrise* soll gesprochen werden, wenn ein Gefahrenfall für den potentiellen Gründer insofern vorliegt, als er trotz grundlegender Gründungsbemühungen nicht zu einer konzeptionellen Basis für sein Gründungsvorhaben kommen kann. Die Gründerkrise ist mit der Frustration einer Zeugungsunfähigkeit verbunden.

(3) Mit der *Gründungskrise* ist jener Gefahrenfall gemeint, daß nach Zielplanung, Alternativenentwicklung, Durchführbarkeitsstudie, Ausführungsplanung, Errichtung und anlaufendem Geschäftsbetrieb ein Abbruch der Gründungsbemühungen hingenommen werden muß, da letztlich eine Realisierung der Gründungskonzeption nicht gefunden wird. Die an sich wirkungsvollen Gründungsbemühungen führen nicht zur tatsächlichen Geburt einer neuen wirtschaftlichen Einheit. Die Aus- und Nebenwirkungen lassen sich – wenn auch hier eine Analogie nicht zu kritisch ist – mit den Folgewirkungen einer Schwangerschaftsunterbrechung vergleichen.

(4) *Frühentwicklungskrisen* kennzeichnen jene Gefahrenfelder, die nach anlaufendem Geschäftsbetrieb mit bereits erzielten Umsätzen beobachtet werden können, wenn während der Weiterentwicklung zu einer ausgereiften Unternehmung, die dann durch Gewinn und Entwicklungsstabilität gekennzeichnet wäre, eine Unterbrechung erfolgt. Doch bevor die Unternehmung ihre volle Robustheit erlangt, muß sie das Marktspiel wieder verlassen. Die Konsequenzen ähneln jenen bei einer Kindersterblichkeit. Bellinger hat in diesem Zusammenhang die besonderen Probleme im Rahmen von Einführungs- und Expansionskrisen herausgearbeitet. [22]

(5) *Unternehmungskrisen* sollen jene Gefahrenfälle genannt werden, bei denen die Überlebensbedingungen der Unternehmung nicht mehr erfüllt werden können, so daß die selbständige Existenz verlorengeht bzw. verloren gehen müßte. Hier handelt es sich im Sinne der Gliederung von Bellinger um Kontraktions- und Stabilitätskrisen. Beide Fälle betreffen die etablierte und an sich ausgewachsene Unternehmung. Diese ist lebensgefährlich erkrankt und in der Gefahr, liquidiert werden zu müssen.

(6) Auf der persönlichen Ebene kann die *Existenzkrise* der Betroffenen, nach notwendiger oder beabsichtigter Liquidation, ein Gefahrenfall besonderer Art sein. Nach dem Ausscheiden der Unternehmung, aus dem wirtschaftlichen Verbund und dem Marktgeschehen, kann es sein, daß die Unternehmungspersönlichkeiten keine neue (abhängige) Beschäftigung finden, eine gewisse Diffamierung durch die Öffentlichkeit zu ertragen haben oder sogar die Bestrafung für rechtliche Vergehen hinnehmen müssen.

III. Wechselbeziehungen zwischen den einzelnen Krisentypen

Jede Krise kann verschiedene Wirkungen hervorrufen. Krisen werden bereits wirksam, wenn sie heraufzuziehen drohen. Sie intensivieren ihre Wirkung, wenn sie eintreten und zeigen Folgekonsequenzen sowohl dann, wenn sie bewältigt werden, als auch dann, wenn sie obsiegen. Die betroffene Einheit kann in ihrem Zustand zerstört, geschwächt oder aber auch gefestigt werden. Diese vielseitigen Wirkungsmöglichkeiten machen die Ambivalenz von Krisen aus. Sie beeinflussen auch das entsprechende Krisenbewußtsein und Krisenverhalten.

Die Stabilität des Gesamtsystemzusammenhanges hängt wesentlich davon ab, ob eine Krisenauswirkung im negativen Falle isoliert werden kann oder ob die Krisenfolgen im positiven Falle weiter getragen und fortwirken können.

Im Gründungszusammenhang haben Krisen unmittelbar meist nur Konsequenzen für die betroffenen Gründer und ihre meist noch sehr wenigen frühen Mitarbeiter. Es handelt sich also um relativ isolierte Auswirkungen, die keine Folgen gravierender Art für andere etablierte Unternehmungen zeigen. Folglich ist auch eine geringe destabilisierende Auswirkung auf das Gesamtsystem zu vermuten. Dies gilt insbesondere auch für die Frühentwicklungskrise. Folglich wird ein gescheiterter Gründungsversuch oder eine gescheiterte Frühentwicklung vielfach mehr Schadenfreude als krisenschwangere Betroffenheit erzeugen. Die nicht vollzogene Gründung schließlich wird eher als vermiedene Unruhe im etablierten Mikrosystem, denn als vertane Entwicklungschance gewertet. Gründerkrisen und Gründungskrisen nimmt die Umwelt daher häufig kaum wahr.

Dennoch: Diese Betrachtung greift zu kurz! Mittelbare und kumulierte Wirkungen können sehr beachtlich sein. Diese sind dann leider überhaupt nicht mehr isolierbar und es ist durchaus zu fragen, ob sie eigentlich vom Gesamtsystem her tragbar sind. Nicht bewältigte Frühentwicklungskrisen richten hohen volkswirtschaftlichen Schaden an, der für eine gesamte Volkswirtschaft in die Milliarden gehen kann. Nicht bewältigte Gründer- und Gründungskrisen verhindern notwendige Strukturanpassung und reduzieren mögliche systemstabilisierende Einflüsse neugegründeter Unternehmungen.

Daraus ist ableitbar, daß die Krisen im Gründungszusammenhang *politisch* entdeckt werden müssen. Sie sind selten spektakulär und erregen nicht auf natürlichem Wege ein Störgefühl im Makrosystem. Sie sind auch nur dann antizipierbar, wenn spezielle Sensoren wirken.

IV. Beispiel neuralgischer Krisenpfade im Gründungskontext

Neugründungen können insgesamt gesehen sowohl stabilisierend als auch destabilisierend im Gesamtsystemzusammenhang wirken. Ein destabilisierendes Beispiel mit verstärkender Wirkung durch Neugründungen zeigt das Beispiel A in Abbildung 6. Ein stabilisierendes Beispiel mit verstärkender Wirkung durch Neugründungen wird demgegenüber im Beispiel B in Abbildung 7 dargelegt. In diesem Zusammenhang sollen die graphischen Darstellungen ausreichen. Eine eingehende Argumentation der Wirkungszusammenhänge würde den vorgegebenen Rahmen sprengen.

Herausgearbeitet werden soll aber noch die Doppelfunktion und Doppeldeutigkeit von *Liquidationen* im Krisenkontext. Die Liquidation, d. h. das Ausscheiden von Unternehmungen, kann einmal dadurch bedingt sein, daß diese Unternehmungen ihre marktwirtschaftliche Funktion und damit ihren Zweck, ein Ordnungsgefälle zur Umwelt zu realisieren, nicht mehr oder noch nicht erfüllen können. Die notwendige und

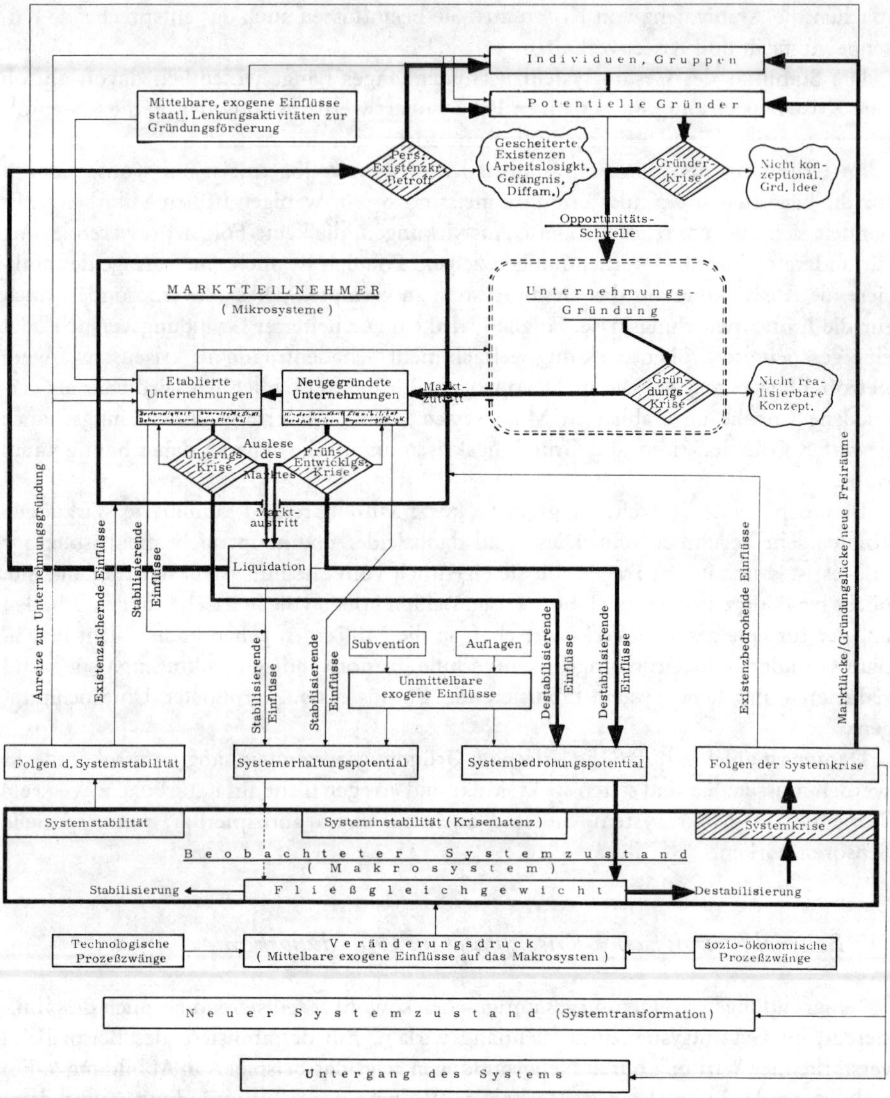

Abb. 6: Destabilisierende Wirkungsweise der Unternehmungsgründungen im Krisenkontext

systemstabilisierende *Auslese*-Liquidation ist dann die Folge. Diese verhindern zu wollen, bedeutet eine Systembedrohung durch unerlaubte Subventionen zu versuchen. Die Liquidation von Unternehmungen zum anderen, die gerade Systemanpassungen und strukturellen Wandel bewirken können, wegen vermeintlicher Unfähigkeit oder durch unverantwortliche äußere Einflüsse ist als eine bedauerliche und möglichst zu vermei-

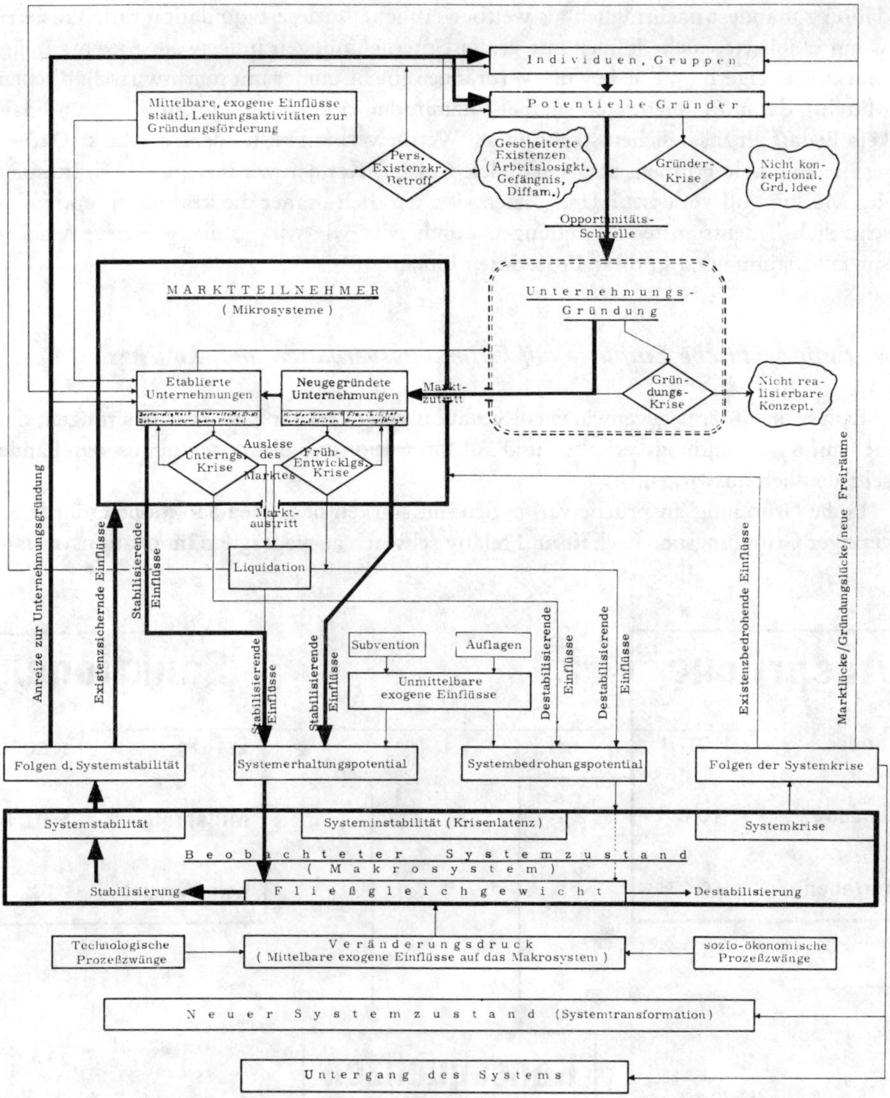

Abb. 7: Stabilisierende Wirkungsweise der Unternehmungsgründungen im Krisenkontext

dende, das System destabilisierende *Ausschluß*-Liquidation zu kennzeichnen. Sie zu verhindern bedeutet, Systemerhaltung durch Wettbewerbspflege zu betreiben.

Die Fragen liegen auf der Hand: Wodurch können im Einzelfall Auslese- und Ausschluß-Liquidation bzw. die dahin führenden Unternehmungskrisen unterschieden werden? Wer kann das woran und wann erkennen? Wird nicht jede Ausschluß-Liquidation zumindest nachträglich als wettbewerbliche Auslese-Liquidation rationalisiert? Wenn etablierte, nicht immer nur große Unternehmungen jungen die Akzeptanz im Markt verweigern und sie bewußt verdrängen (nicht immer mit marktwirtschaftlichen Mitteln), dann argumentieren sie meist damit, daß es Fehlgründungen waren und daß kein Bedarf an zusätzlichen strukturellen Wettbewerbern bestünde. Der Markt-Darwinismus hat viele Formen, aber auch viele Geister. Können wir uns auf das Kräftespiel der Märkte voll verlassen? Und setzen sich wirklich immer die kräftigsten und wirtschaftlich bedeutsamsten Gründungen durch oder wie wirken übergelagerte Machtspiele verstümmelnd in diese Prozeduren hinein?

V. Einige typische Einflüsse auf Gründungsverhalten und -krisen

Es gibt in unserer gegenwärtigen Situation einige erkennbare Fehlsteuerungen, die sich auf das Gründungsverhalten und auf Innovationsmöglichkeiten in unserem Lande sehr deutlich auswirken.

Hohe Gründungsansprüche verbunden mit starken negativen Sanktionen führen zu geringer Gründungsbereitschaft und relativ schwach ausgeprägtem Innovationsverhal-

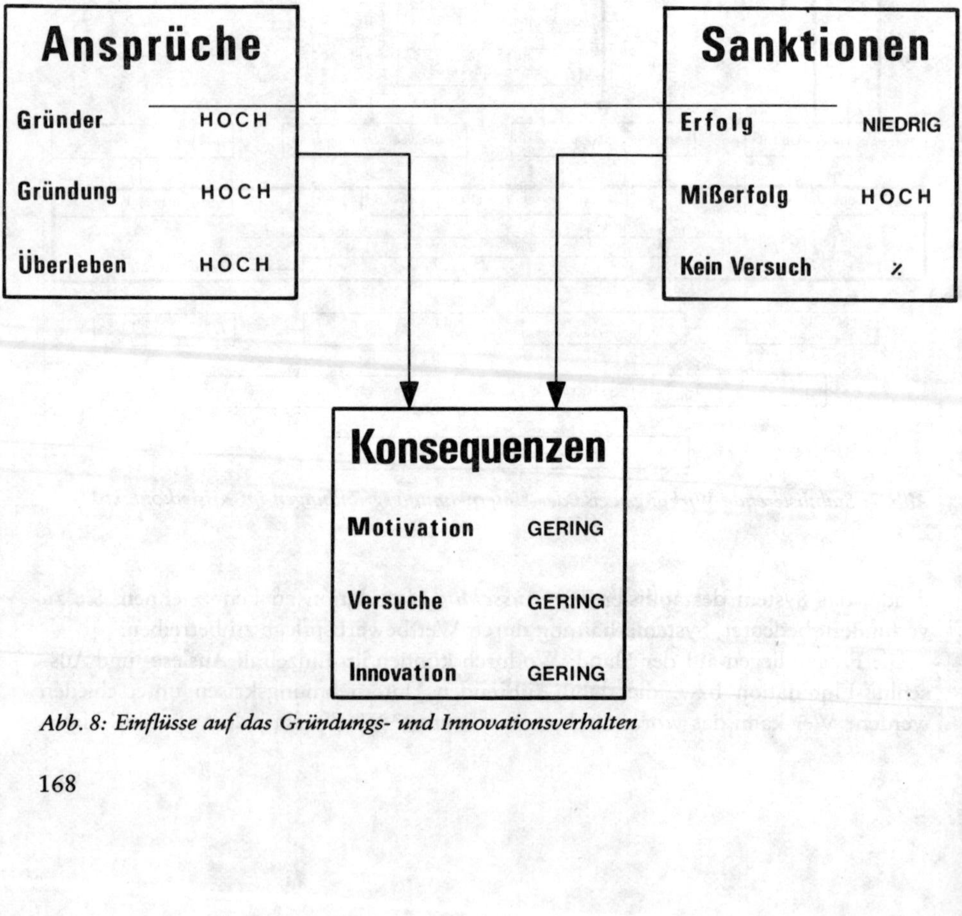

Abb. 8: Einflüsse auf das Gründungs- und Innovationsverhalten

ten. In einer ersten Betrachtung ergeben sich die in Abbildung 8 angedeuteten Zusammenhänge:

- Ansprüche an die Person des Gründers sind hoch.
  (Nur die Tüchtigsten sollen gründen und die stellen sich ohnehin heraus!)
- Ansprüche an die Qualität der Gründung sind hoch.
  (Nur sehr sichere Gründungsvorhaben sollten angegangen werden, da kann nichts passieren und schiefgehen; Verluste sollen doch minimiert werden!)
- Ansprüche an die Überlebensanstrengung sind ebenfalls hoch.
  (Nur nicht zu früh ordentlich liquidieren und die Geschäfte einstellen, denn das ist eine branchenweite Blamage!)
- Erfolgreiche Unternehmungsgründungen sind mit nur relativ geringer positiver Belohnung verbunden.
  (Unternehmer verdienen ohnehin zu viel, was tun die auch schon!)
- Mit dem erlittenen Gründungsmißerfolg sind dagegen starke negative Bestrafungen verbunden.
  (Er wollte wohl auch mal Unternehmer sein; ehemalige Selbständige sollte man nicht wieder einstellen!)
- Für die nichtversuchte Unternehmungsgründung gibt es keine Bestrafung und möglicherweise sogar eine indirekte Belohnung.
  (Gut, daß er sich nicht angemaßt hat, Unternehmer sein zu wollen; mit treuen Mitarbeitern hat man die wenigsten Sorgen!)

Daraus ergeben sich viele Konsequenzen. Drei seien herausgestellt:

- Schwache Aktualisierung und Motivierung potentieller Gründer. Viele halten sich zurück, so daß es eine Gründungswelle eher »Unbedarfter« geben kann.
  (Wofür soll man das alles aufsichnehmen; denn sie wissen ohnehin nicht, was sie tun!)
- Anzahl der Gründungsversuche ist eher gering.
  (Warum soll man den Sprung in die selbständige unternehmerische Tätigkeit wagen, wenn man es mit großer Wahrscheinlichkeit ohnehin langfristig nicht schaffen kann!)
- Das erkennbare Innovationsengagement ist eher gering.
  (Neues sollen doch am besten die »Großen« versuchen! Ist das nicht sogar letztlich Sache des Staates?)

Treffen diese Konsequenzen tatsächlich zu, so ist es um die strukturelle Anpassungsfähigkeit einer Wirtschaft durch Neugründungen nicht allzu gut bestellt. Die schwach ausgeprägte Innovations- und Strukturänderungsfähigkeit wirkt sich zusätzlich auch auf die etablierten Unternehmungen aus. Man kann schon seine Bedenken haben, ob die »alten Firmen« die Anpassungsaufgaben immer voll bewältigen können.

Wie aber reagieren wir im Hinblick auf unser Anspruchsniveau und die Sanktionen? Wenn zu wenig Unternehmungsgründungen beobachtet werden und wenn diese Gründungen häufig nicht gut genug sind, so gibt es grundsätzlich zwei Reaktionsweisen:

– Eine typische intuitive Reaktion ist eher verbissen, fleißig und schulmeisterlich ausgerichtet: Die Ansprüche an Gründer und Gründungsvorhaben werden angehoben. Die dahinter stehende Begründung geht davon aus, daß man bei weiter erhöhten Ansprüchen ja auch eine Verbesserung der sich dann realisierenden Vorhaben erwarten kann. Zugleich werden die Strafen für den Mißerfolg verschärft, so daß, ähnlich wie in einer Schulklasse, ein besserer Durchschnitt im Hinblick auf hohe Anforderungen und strenge zu erwartende Strafen erreicht werden soll. Die negativen Auswirkungen dieser Verhaltensweise werden erst deutlich, wenn man sich die dynamischen Zusammenhänge des überaus komplexen Gesamtsystems anschaut.

- Ein notwendiges »pädagogisches« Eingreifen wird wohl nicht intuitiv verständlich, sondern muß aus der komplexen Systemdynamik abgeleitet werden. Diese sinnvolle Verhaltensweise lautet: Ansprüche an die Unternehmungsgründung senken, die Strafen für den Mißerfolg abschwächen und die erfolgreiche Unternehmungsgründung stärker belohnen. Nur so dürfte es möglich sein, Experimentierfreude, Pioniergeist, Phantasie und Eigeninitiative neu anzuregen.

In diesem Zusammenhang muß man natürlich auch die gesamten staatlichen Fördermaßnahmen aus dem Kontext der Krisendynamik heraus neu überdenken. Dies kann hier nicht mehr geschehen. Deutlich soll aber abschließend herausgestellt werden, daß die Indikatoren der sogenannten Gründungslücke Anlaß geben sollten, Ursachen und dynamische Wirkungsweisen in dem gesamten Gründungszusammenhang weiter und intensiver zu erforschen. Die dynamischen Analysen können Hinweise darauf geben, in welchem Wechselbezug Unternehmungsgründungen, wirtschaftliche Entwicklung und gesellschaftliche Stabilität stehen. Die vorhergehenden Überlegungen haben deutlich machen wollen, daß man nur mit finanziellen Mitteln das Gesamtphänomen nicht in den Griff bekommen kann. Wir müssen uns schon insgesamt zu einer veränderten Einstellung und Behandlung der Gründungsproblematik durchringen.

Anmerkungen

1 Siehe dazu u. a. Klandt, Heinz/Nathusius, Klaus: Zur Struktur und Entwicklung der Gewerbemeldungen 1973 bis 1975 in Nordrhein-Westfalen, Göttingen 1977, S. 160ff.

2 Vgl. hierzu die Beiträge »So machen Sie sich selbständig«, »Werden Sie Ihr eigener Herr«, »Machen Sie sich selbständig« in: Capital, Nr. 6, Juni 1978, S. 41ff.
Selbständigkeit, Zeit der Gründer, in: Manager-Magazin, Heft 12, 1978, S. 34ff.
Sonderheft, Nr. 8, Existenzgründung der Wirtschaftswoche-Spezial, 3. Quartal 1978.

3 Vgl. Kirschbaum, Günter/Klandt, Heinz: Diskussion zur Existenzgründungspolitik – Protokoll einer DIHT-Veranstaltung zum Thema »Existenzgründung« am 29. Mai 1979 in Bonn, Arbeitsbericht Nr. 28 des Planungsseminars der Universität zu Köln, Köln 1979. (DBW-Depot 79-4-2)

4 Vgl. Szyperski, Norbert: Zur wissenschaftsprogrammatischen und forschungsstrategischen Orientierung der Betriebswirtschaftslehre, Kölner Antrittsvorlesung, gehalten vor der Wirtschafts- und Sozialwissenschaftlichen Fakultät, am 18. Mai 1971, in: Zeitschrift für betriebwirtschaftliche Forschung, 23. Jg. 1971, S. 261–282. Szyperski, Norbert: Unternehmungs- und Gebietsentwicklung als Aufgabe einzelwirtschaftlicher und öffentlicher Planung, in: Rheinisch-Westfälische Akademie der Wissenschaften, Vorträge Nr. 266, Opladen-Wiesbaden 1977, S. 43; und als überarbeitete Fassung in: Szyperski, Norbert, Karl-Heinz Kaiser, Wolfgang Metz (Hrsg.): Wirtschaft und kommunale Wirtschaftspolitik in der Stadtregion,

Empirische Materialien für die Kommunal- und Unternehmungsplanung, Stuttgart 1980, S. 1–23.

5 Vgl. Szyperski, Norbert: Innovative Unternehmungsgründer als Promotoren der marktwirtschaftlichen Entwicklung, in: Zeitschrift für betriebswirtschaftliche Forschung, 31. Jg., 1979, S. 489–499.

6 Vgl. Szyperski, Norbert/Nathusius, Klaus: Probleme der Unternehmungsgründung, Eine betriebswirtschaftliche Analyse unternehmerischer Startbedingungen, Stuttgart 1977, S. 86.

7 Vgl. Szyperski, Norbert/Klaus Nathusius: Gründungsmotive und Gründungsvorbehalte – Ergebnisse einer empirischen Studie über potentielle und tatsächliche Unternehmungsgründer, in: Die Betriebswirtschaft, 37. Jg. 1977, S. 299–309.

8 Vgl. Keune, Ernst-Jürgen/Klaus Nathusius: Technologische Innovation durch Unternehmungsgründungen. Eine Literaturanalyse zum Route 128 Phänomen, BIFOA-Forschungsbericht 77/4, Köln 1977.

9 Vgl. Szyperski, Norbert/W. A. Hoppen/G. Kirschbaum/K. Nathusius: SPIG und MINIPLAN – Standardisierte Planungsinstrumente für Gründungsunternehmungen, Arbeitsbericht Nr. 21 des Planungsseminars der Universität zu Köln, Köln 1978. Szyperski, Norbert/Günter Kirschbaum: GRÜMOD, Ein computergestütztes Planungsinstrument zur Unternehmungsgründung, Arbeitsbericht Nr. 26 des Planungsseminars der Universität zu Köln, Köln 1980.

10 Vgl. Szyperski, Norbert/Heinz Klandt: Die Haltung von Personalleitern etablierter Unternehmungen gegenüber Selbständigkeit, Unternehmungsgründung und Gründern, Eine empirische Untersuchung, Arbeitsbericht Nr. 25 des Planungsseminars der Universität zu Köln, Köln 1979.

11 Vgl. Szyperski, Norbert: Existenzgründungspolitik in der Bundesrepublik Deutschland, Argumente, Beurteilungen und Stellungnahmen aus der Sicht der Gründungsforschung, Arbeitsbericht Nr. 27 des Planungsseminars der Universität zu Köln, Köln 1979, (DBW-Depot Nr. 80-1-4)

12 Vgl. Schumpeter, Joseph: Theorie der wirtschaftlichen Entwicklung. Eine Untersuchung über Unternehmergewinn, Kapital, Kredit, Zins und den Konjunkturzyklus, 6. Aufl., Berlin 1964, S. 100ff.

13 Vgl. Szyperski, Norbert/Klaus Nathusius: Probleme der Unternehmungsgründung, Eine betriebswirtschaftliche Analyse unternehmerischer Startbedingungen, Stuttgart 1977, S. 11.

14 Siehe dazu: Gälweiler, Alois: Unternehmensplanung, Grundlagen und Praxis, Frankfurt und New York 1974, S. 278.

15 Vgl. Nathusius, Klaus: Venture Management, ein Instrument zur innovativen Unternehmungsentwicklung, Berlin 1979.

16 Vgl. Machlup, Fritz: Wettbewerb im Verkauf, Modellanalyse des Anbieterverhaltens, Göttingen 1966, S. 103ff.

17 Vgl. Szyperski, Norbert/Heinz Klandt: Bedingungen für innovative Unternehmungsgründungen, Aspekte und Ergebnisse einer Untersuchung über potentielle Spin-off Gründer im Raum Aachen, Bonn, Düsseldorf, Köln; in: Betriebswirtschaftliche Forschung und Praxis, Heft 4, 1980.

18 Vgl. Keune, Ernst-Jürgen/Klaus Nathusius: Technologische Innovation durch Unternehmungsgründungen, Eine Literaturanalyse zum Route 128 Phänomen, Köln 1977, Seite 52.

19 Vgl. Mensch, Gerhard: Das technologische Patt, Innovationen überwinden die Depression, Frankfurt a. M. 1975.

20 Szyperski, Norbert/Klaus Nathusius: Probleme der Unternehmungsgründung. Eine betriebswirtschaftliche Analyse unternehmerischer Startbedingungen, Stuttgart 1977, S. 38.

21 Vgl. Schmidt, Fritz: Betriebswirtschaftliche Konjunkturlehre, Die Industriekonjunktur ein Rechenfehler, Berlin und Wien 1933.

22 Vgl. Bellinger, Bernhard: Unternehmungskrisen und ihre Ursachen, in: Handelsbetrieb und Marktordnung, 1962, S. 49–74; Bellinger, Bernhard: Strukturanalysen von Unternehmungskrisen – belegt durch 214 praktische Fälle – Habil. Schrift vom 16. 7. 1959, Mannheim 1959.

Wilhelm Uhlenbruck

Krise, Konkurs, Vergleich und Sanierung als neue Aufgabe der Betriebswirtschaft

A. Wirtschaftswissenschaften und Insolvenzrecht

I. Wirtschaftlicher Wettbewerb und Auslesefunktion des Konkurses

1. Wettbewerb und Insolvenzrisiko/2. Konfliktpotential und gesamtwirtschaftliche Bedeutung der Insolvenzen/3. Insolvenzrecht und Wirtschaftssystem/4. Insolvenzursachen und Kreditgebaren/5. Gefährliche Interdependenzen von wirtschaftlichem Scheitern und Politik

II. Kreditsicherungsbedürfnis »Bankrott des Konkurses« und Selbsthilfe der Wirtschaft

III. Der Funktionswandel des Konkurses und neue Aufgaben der Wirtschaftswissenschaften

1. Der Funktionswandel des Konkurses/2. Steuerungsfunktionen der Wirtschaft

IV. Das Vergleichsrecht als Wirtschaftsnotrecht und als rechtliche Folge des Konkursversagens

1. »Betriebswirtschaftliche Mängel« des deutschen Vergleichsrechts/2. Juristische Begriffswelt und wirtschaftliche Realität/ 3. Das Vergleichsrecht in der Erprobung und Bewährung/4. Gesetzliche Regelungen wirtschaftlicher Notlagen im Ausland

V. Möglichkeiten und Grenzen interdisziplinären Zusammenwirkens von Rechtswissenschaft und Wirtschaftswissenschaften

1. Die wirtschaftliche Betrachtungsweise/2. Möglichkeiten und Grenzen interdisziplinären Zusammenwirkens

B. Die zu erschließenden Aufgabenbereiche

I. Betriebliche Rechnungslegung und Konkursvorsorge

1.Bilanzzweck und Gläubigerschutz/2. Die Selbstprüfungspflicht der Unternehmung/3. Bilanzzweck und Bewertung – Rechtsanspruch und Realität/4. Insolvenzursachenforschung und Insolvenzprognose

II. Rechtliche und betriebswirtschaftliche Aspekte der Unternehmenskrise

1. Der betriebswirtschaftliche Begriff der Krise/2. Die wirtschaftliche Krise als Rechtsbegriff

III. Der Konkurs als betriebswirtschaftliches Problem

1. Die gesetzliche Pflicht zur Konkursantragstellung als betriebswirtschaftliches Entscheidungsproblem/2. Die Rechnungslegung im Konkurs/ 3. Die Unternehmensfortführung im Konkurs/4. Das kapitalersetzende Gesellschafterdarlehen/ 5. Die Feststellung der Unterkapitalisierung als Aufgabe der Betriebswirtschaft/ 6. Der gefährliche Sanierungskredit

IV. Betriebswirtschaftliche Überlegungen beim gerichtlichen Vergleich zur Abwendung des Konkurses

1. Der Entscheidungsprozeß »Konkurs oder Vergleich?«/2. Rechtliche und betriebswirtschaftliche Probleme des Vergleichsstatus/3. Die Quotenberechnung als betriebswirtschaftliches Problem

V. Reorganisation und Unternehmenssanierung als neue Aufgabe für Gesetzgebung, Insolvenzrecht und Wirtschaftswissenschaften

Anmerkungen

A. Wirtschaftswissenschaften und Insolvenzrecht

I. Wirtschaftlicher Wettbewerb und Auslesefunktion des Konkurses

1. *Wettbewerb und Insolvenzrisiko*

Jede Unternehmung, die im Rahmen einer freien Marktwirtschaft am wirtschaftlichen Wettbewerb teilnimmt, ist vom Zeitpunkt ihrer Gründung an dem permanenten Risiko ausgesetzt, aufgrund finanzieller Verluste, unternehmerischer Fehlleistungen oder wegen mangelnder Wettbewerbsfähigkeit aus dem Wirtschaftsleben durch ein staatlich geregeltes Zwangsverfahren eliminiert zu werden. Der Konkurs als strengste Form des Zwangsvollzugs der persönlichen Haftung eines in Vermögensverfall geratenen Schuldners unter Verlustgemeinschaft der Gläubiger ist auch in einer freiheitlich sozialen Wirtschaftsordnung ein unverzichtbares Instrument der Haftungsverwirklichung und Schuldenbereinigung.

Jedes intakte und vom Grundsatz des freien Wettbewerbs beherrschte Wirtschaftssystem setzt aber voraus, daß lebensunfähige Unternehmen und wirtschaftsethisch untragbare Unternehmer [1] aus einer wirtschaftlich und standesethisch einigermaßen gesunden Kaufmannschaft [2] durch ein gesetzlich geregeltes und staatlich überwachtes Ordnungsverfahren (Regelungsverfahren) ausgeschieden werden. Das Leitbild der totalen Konkurrenz, das auf den englischen Sozialökonomen *Adam Smith* zurückgeht, und durch eine mechanistisch-metaphysische Auffassung vom Wirtschaftsablauf geprägt war, ist heute ebenso überholt wie die dem klassischen Liberalismus zugrundeliegende Idee eines automatisch zum Vollbeschäftigungsgleichgewicht zurückkehrenden Wirtschaftsprozesses. [3] Die von *W. Röpke* [4] vermutete Wirkung des Konkurses als »Todesstrafe des Zivilrechts«, die von Rechts wegen die wirtschaftliche Existenz des Delinquenten im Wege der Gesamtvollstreckung vernichtet, trifft auf die moderne Konkursrealität nicht mehr zu. Bisher nicht erkannte gesamtwirtschaftliche Aspekte und die vielschichtigen Wechselwirkungen zwischen Wirtschaftsleben und Insolvenzrecht haben den Konkurs einer ausschließlich individuellen Betrachtungsweise entrückt. Das zwangsweise Ausscheiden des Wettbewerbers bedeutet nicht selten die Beseitigung der Konkurrenz und damit die Ausschaltung der für den Verbraucher und den Markt heilsamen Funktion des Wettbewerbs. [5] Nicht zu Unrecht ist die Frage gestellt worden, ob nicht die geltende Konkursordnung der Konzentration wirtschaftlicher Macht Vorschub leiste. [6]

2. *Konfliktpotential und gesamtwirtschaftliche Bedeutung der Insolvenzen*

Nur langsam scheint sich die Erkenntnis durchzusetzen, daß in jeder Unternehmensinsolvenz ab einer bestimmten Größenordnung nicht nur rechtliches, sondern vor allem auch wirtschaftliches und sozialpolitisches Konfliktpotential steckt, das in seinen Ausmaßen und Auswirkungen bislang verkannt worden ist. Der Konkurs von Großunternehmen oder eine Häufung von Zusammenbrüchen kleiner und mittlerer Unternehmen hat regelmäßig negative oder gar existenzbedrohende Auswirkungen nicht nur auf die verfahrensbeteiligten Gläubiger sondern auch auf die Zulieferer und Abnehmer i. S. einer Kettenreaktion. Dieser »Außenverbund« der Unternehmung ist in der Konkursordnung von 1877 nicht berücksichtigt. Dem Staat entgehen durch die Unternehmensinsolvenz Steuereinnahmen und es wachsen ihm Sozialverpflichtungen zu, die teilweise wiederum an die Branche weitergegeben werden, wie z. B. die Umlage nach dem Betriebsrentengesetz. Großinsolvenzen können schließlich ganze Branchen gefährden, wirtschaftliche Strukturen verändern und letztlich zur Wirtschaftskrise und über staatliche Sanierungshilfen zur Staatswirtschaft führen. Ein wirtschaftlich einigermaßen gesunder Staat kann sich nur eine begrenzte Zahl von Insolvenzen und nur eine bestimmte Höhe von Insolvenzschäden leisten, wenn er nicht selbst Schaden nehmen will.

3. *Insolvenzrecht und Wirtschaftssystem*

Gerichtliche Schuldenbereinigungsverfahren sind, wenn sie die Marktstruktur zu beeinflussen geeignet sind, künftig ebenso in wirtschaftspolitische Entscheidungsprozesse einzubeziehen wie unternehmerische Entscheidungen. Es war bislang nur ein verfahrensmäßiger Zufall, ob Sanierungsfusionen wie z. B. Karstadt/Neckermann gerichtlich oder außergerichtlich zustandekamen. Sollte die Unternehmenssanierung Bestandteil eines künftigen Insolvenzrechts werden, so wird das Gericht die Grenzen marktbeherrschender und wettbewerbsverzerrender Unternehmenskonzentration von Amts wegen zu beachten haben. [7] Die »Kommission über Grundsatzfragen der Kreditwirtschaft«, die die Beteiligung der Banken an Wirtschaftsunternehmen auf 25% beschränkt wissen will, wird zwangsläufig für den Sanierungsfall Ausnahmen zulassen müssen, wenn ein Reorganisationsverfahren amerikanischer Prägung zum Gegenstand gerichtlicher Schuldenbereinigung wird.

4. *Insolvenzursachen und Kreditgebaren*

Die enge Verzahnung des Insolvenzrechts mit dem jeweiligen Wirtschaftssystem zeigt sich besonders im Bereich des Bankenkredits. Die »Überwindung« des gegenwärtigen Bankensystems wurde mit der Begründung gefordert, die Universalbanken »förderten die Kreditversorgung der Unternehmen auch dann noch, wenn diese eigentlich ihren Kapitalbedarf von ihrer Finanzstruktur her durch Aufstocken des Beteiligungskapitals decken müßten. Dieses Bankenverhalten habe eine Unterversorgung der Wirtschaft mit Eigenkapital und eine entsprechende Risikoanfälligkeit der Gesamtwirtschaft zur Folge ...« [8]. In der Überkreditierung und Übersicherung der Gläubiger im Schuldnervermögen, die zwangsläufig ein »over-trading« zur Folge hat, liegt aber nach Auffassung des Genfer Insolvenzrechtlers *Hans Hanisch* [9] eine der Hauptursachen von Unternehmensinsolvenzen. Der bekannte Berliner Konkursrichter *Leopold Levy* beginnt sein 1926 in zweiter Auflage erschienenes Buch »Konkursrecht« mit dem Satz: »Die Quelle der Konkurse ist der Kredit«. Aus dieser Erkenntnis resultiert folgende Formulierung in den Motiven zur Deutschen Konkursordnung von 1877 [10]: »Wo es keinen Kredit gibt, da ist überhaupt ein Konkurs kaum denkbar«. Jede Kreditierung setzt das Vertrauen des Kreditgebers voraus, daß der Schuldner zum Fälligkeitstermin leisten will, leisten kann und notfalls leisten muß. Man kann sich des fatalen Eindrucks nicht erwehren, daß heute die Kreditierung nicht selten nach dem Gesichtspunkt erfolgt: »Was kann der Kreditnehmer leisten, wenn er bei Zerschlagung seiner Vermögenswerte im Wege des Konkurses leisten muß?« Zutreffend weist *H. Hanisch* darauf hin, daß die Recherche nach den Insolvenzursachen üblicherweise beim failliten Schuldner beginne. Für die Analyse der gegenwärtigen krisenhaften Tendenzen im Insolvenzwesen könne es jedoch wesentlich aufschlußreicher sein, mit der Frage nach den Ursachen bei denjenigen anzusetzen, die den Kredit gewähren. [11] *Karl Lechner* hat in seinem Referat vor dem II. Internationalen Kongress für Kreditschutz in Wien 1970 [12] ausgeführt, daß für die moderne Betriebswirtschaft Fremdfinanzierung unter bestimmten Voraussetzungen für den Kreditnehmer kostenmäßig nicht nur ohne Gefahren, sondern sogar erwünscht sei. Zu beachten ist aber sein Hinweis, daß mit der Aufnahme fremden Kapitals eine strenge kostenrechnerische Prüfung verbunden sein muß, bei der sich zeigt, daß die Kapitalzuführung die Ertragskraft steigert, ohne die Liquidität zu gefährden. [13] Da der betriebswirtschaftlich optimale Verschuldungsgrad der Unternehmung nicht mit dem gesetzlich aus Gründen des Gläubigerschutzes zulässigen Verschuldungsgrad identisch ist, bedarf es dringend interdisziplinärer Koordination.

5. Gefährliche Interdependenzen von wirtschaftlichem Scheitern und Politik

Die gefährliche Interdependenz von wirtschaftlichem Scheitern und Politik hat inzwischen dazu geführt, daß in der Bundesrepublik in bedenklichem Umfang Geldmittel, die zur Förderung sektoralen Strukturwandels bereitgestellt worden waren, dazu benutzt werden, unter dem Gesichtspunkt der Arbeitsplatzerhaltung in Konkurs befindliche Unternehmen »aufzufangen«. [14] Solchermaßen »reduzierte Risikolagen« von Großunternehmen führen zwangsläufig zu einer vermehrten Einflußnahme des Staates und damit zu einem Abbau der liberalen Marktwirtschaft. Vor einer solchen Entwicklung kann nicht eindringlich genug gewarnt werden. Konkurs und Wirtschaftssystem hängen untrennbar und komplementär zusammen. Zuviel Staat im Bereich der »Wirtschaftspathologie« bedeutet letztlich auch das Ende unseres Wirtschaftssystems. Das private Bankengewerbe in der Bundesrepublik hat die Insolvenz der Kölner Herstatt-Bank 1974 mit der Änderung des Kreditwesengesetzes und den hierdurch eröffneten umfassenden Möglichkeiten staatlicher Einflußnahme viel zu teuer bezahlen müssen.

Schon an dieser Stelle ist festzustellen, daß Wirtschaft und Wirtschaften in engen Wechselbeziehungen zum jeweiligen Insolvenzrecht stehen. Die Insolvenzursache liegt nicht immer nur beim Schuldner. Entsprechend unserer liberalen Wirtschaftsordnung ist die Krisen- und Insolvenzbewältigung vorwiegend eine Aufgabe der Wirtschaft, zu der der Staat lediglich das gesetzliche Instrumentarium bereitstellt.

II. Kreditsicherungsbedürfnis »Bankrott des Konkurses« und Selbsthilfe der Wirtschaft

Sicherlich ist eine »funktionierende Marktordnung als Bedingung des Wettbewerbs für das volle Funktionieren des überlieferten Insolvenzrechts von großer Bedeutung.« [15] Wichtiger aber noch ist das Vertrauen der Wirtschaft in ein intaktes, funktionierendes und gerechtes Insolvenzrecht. [16] Wenn dem einzelnen Gläubiger bei Vorliegen eines Konkursgrundes beim Schuldner die Möglichkeit des individuellen Einzelzugriffs auf das Schuldnervermögen zugunsten einer staatlich gelenkten und überwachten Gesamtvollstreckung genommen wird, so hat er einen Rechtsanspruch darauf, daß er nach den fundamentalen Ordnungsprinzipien des geltenden Insolvenzrechts, nämlich der par condicio creditorum, der wirtschaftspolitischen Verfahrensneutralität und der Verwertungstotalität zumindest eine quotale Befriedigung hinsichtlich seiner Forderungen erlangt. Die derzeitige Hypertrophie dinglicher Absicherungen im Schuldnervermögen, die zur Aushöhlung der Konkursmassen geführt und das Schlagwort vom »Konkurs des Konkurses« heraufbeschworen hat [17], zeigt mit hinreichender Deutlichkeit, wie es heute um das Vertrauen vor allem der Kreditwirtschaft in das Funktionieren gerichtlicher Schuldenbereingigungsverfahren bestellt ist. Der Konkurs als Verteilungsverfahren findet derzeit im vertraglichen Vorfeld der Insolvenzen statt. Die Zahl der Insolvenzen und vor allem ihre Ergebnisse waren bis vor wenigen Jahren noch das jeweilige Spiegelbild der wirtschaftlichen Situation unseres Landes. Dieses Bild hat sich hinsichtlich der Ergebnisse der Insolvenzverfahren inzwischen verzerrt. Zwar liegt die durchschnittliche Deckungsquote für nicht bevorrechtigte Gläubiger im Konkurs seit den Jahren wirtschaftlicher Rezession unter 4%. [18] Die tatsächlichen Ergebnisse von Unternehmenszusammenbrüchen sehen aber entgegen den statistischen Angaben amtlicher Stellen erheblich günstiger aus. Wenn nach einer im Auftrag des Bundesministeriums der Justiz durchgeführten rechtssoziologischen Untersuchung des Max-Planck-Instituts für ausländisches und internationalses Privatrecht in Hamburg [19] die Kreditinstitute mit ihren gesicherten Forderungen zu 79% und die Warenlieferanten zu 64% Befriedigung erlangen [20], so zeigt dies mit aller Deutlichkeit, daß die deutsche Wirtschaft mit Erfolg außerhalb der normierten Rechtsordnung ein Kautelarsystem als »Insolvenznotrecht« entwickelt hat, das, von der Zivilrechtsprechung sanktioniert, den Sicherungsbedürfnissen der kreditierenden Gläubigerschaft nicht nur entspricht, sondern wegen seiner relativen Risikolosigkeit vielfach zur leichtfertigen Kreditvergabe führt.

III. Der Funktionswandel des Konkurses und neue Aufgaben der Wirtschaftswissenschaften

1. Der Funktionswandel des Konkurses

Der Bundesminister der Justiz hat 1978 eine Insolvenzrechts-Kommission berufen, deren Aufgabe es ist, unter rechtsvergleichender Berücksichtigung ausländischer Regelungen und Erfahrungen die tatsächlichen und rechtlichen Voraussetzungen für ein modernes, wirtschaftsnahes und soziales Insolvenzrecht zu erarbeiten. [21] Eine solche Aufgabe kann nur erfüllt werden, wenn den berechtigten und schutzwürdigen Interessen der kreditierenden Wirtschaft unter Beachtung betriebswirtschaftlicher Grundsätze bei der Verfahrenseinleitung und -abwicklung entsprochen wird. Insolvenzrecht ist wirtschaftliches Krisenrecht und kein Instrument sozialpolitischen Ausgleichs. Die Funktion des Konkurses als Instrument gerichtlicher Schuldenbereinigung hat sich angesichts der wirtschaftlichen und sozialen Entwicklung in der Bundesrepublik, aber auch in anderen Ländern der Welt grundlegend gewandelt. Gesamtwirtschaftliche Folgeschäden von Insolvenzen lassen sich nicht länger als »Reinigungsprämie« [22] abtun. Die vielzitierte »Reinigungsfunktion des Konkurses«, bei der das Ausscheiden eines lebensunfähigen Unternehmens als notwendige Prämie des Selbstreinigungsprozesses einer ansonsten »sauberen« Wirtschaft gesehen wurde, gehört endgültig der Vergangenheit an. Schlagworte vom Konkurs als »Instrument zur Ausschaltung überzähliger Wirtschaftseinheiten« [23] und von der »natürlichen Auslese« *(V. Muthesius)* kennzeichnen eine Auffassung, die von der Prämisse ausging, unser liberales Wirtschaftssystem werde letzten Endes durch den Konkurs reguliert. [24] Das Insolvenzrecht hat sich heute »weitgehend von seiner historischen Wurzel, der Generalvollstreckung, gelöst. Es befindet sich vielerorts in voller Evolution zu einem wirtschaftlich orientierten, eigenständigen Verfahren für die wirtschaftlich sinnvolle Bereinigung des wirtschaftspathologischen Falles *Insolvenz*« *(H. Hanisch).*

Ein künftiges Insolvenzrecht, das von den Grundprinzipien gleicher Konkurrenzbedingungen für jedes Wirtschaftssubjekt, Gleichbehandlung aller Gläubiger und wirtschaftspolitischer Neutralität zugunsten eines sozialorientierten Ausgleichsverfahrens abrückt, ist deswegen à priori zum Scheitern verurteilt, weil es, da von den Ergebnissen her unkalkulierbar, niemals das Vertrauen der Wirtschaft erlangen wird. Unverzichtbare Voraussetzung jeden Personalkredits ist – wie bereits ausgeführt – nicht nur das Vertrauen in die Redlichkeit und die Bonität des Schuldners, sondern auch in ein intaktes, funktionierendes Insolvenzrecht. [25] Zweifellos entspricht es den Geboten eines sozialen Rechtsstaats, dem Schutz der Arbeitnehmer, die beim finanziellen Zusammenbruch ihres Arbeitgebers in ihrer Existenz getroffen werden, besondere Bedeutung beizumessen. Für gefährlich aber halte ich eine Entwicklung, die unter Gläubigergleichbehandlung auch versteht »Gleichgewichtsverhältnisse herzustellen, die Wettbewerbsverzerrungen entgegenwirken und soziale Notlagen abbauen helfen.« [26] Der Beschluß des Großen Senats des Bundesarbeitsgerichts vom 13. Dezember 1978 [27] zum Interessenausgleich, Sozialplan und Nachteilsausgleich im Konkurs zeigt in bedenklicher Weise eine veränderte Auffassung vom Sinn und Zweck der Konkursabwicklung, indem sie unter dem Deckmantel der Rechtsfortbildung nicht nur die Rangordnung bevorrechtigter Ansprüche nach § 61 Abs. 1 Ziff. 1–5 KO verändert, sondern das Abwicklungsverfahren mit neuen Ansprüchen belastet, die für Lieferanten und Kreditgeber eines lohnintensiven Unternehmens schlechthin unkalkulierbar sind. [28] Angesichts eines hypertrophen Kautelarsystems der Gläubigerschaft und einer uferlosen Ausweitung fiskalischer Konkursprivilegien ist es sicherlich ein Gebot der Stunde, den berechtigten Belangen der Arbeitnehmer-Gläubiger bei Insolvenz ihres Arbeitgebers durch geeignete Maßnahmen Rechnung zu tragen. Diese Maßnahmen und der

Umfang der hierdurch für die Konkursmasse entstehenden Belastungen, die zugleich auch die Rechte der übrigen Gläubiger schmälern, muß aber berechenbar bleiben – und zwar ex ante. »Das Vorrecht ist der Feind des Rechts«. [29] Die Gleichstellung der Gläubiger gehört nach *Ernst Jaeger* zu den unerläßlichen Vorbedingungen für eine gesunde Entwicklung des Personalkredits. Soweit Vorrechte im Konkurs und Vergleich unvermeidlich sind, muß ihre Kalkulierbarkeit ebenso gewährleistet sein wie die Publizität. Der zunehmend degressiven Eigenkapitaldecke deutscher Unternehmen [30] entspricht ein erhöhtes Bedürfnis der Waren- und Kreditgläubiger nach Information. Solange Eigentumsvorbehalte, Sicherungsübertragungen und stille Zessionen das Feld beherrschen, gilt der klassische Satz, den *Daniel Webster* 1840 in seiner Rede vor dem amerikanischen Senat geprägt hat:

»On the legal right of preference lies the promise of preference. On the promise of preference lies endorsement. On endorsement lies excessive and false credit. On excessive and false credit lies over-trading.« [31]

2. *Steuerungsfunktionen der Wirtschaft*

Mit vorstehender Feststellung schließt sich der (»Teufels«-)Kreis: Wenn die Entwicklung des Rechts der Mobiliarsicherheiten [32] nicht nur zur Ineffizienz von Konkurs und Vergleich führt, sondern zugleich auch zu falschem Wirtschaften i. S. eines Überkreditierens, dann ist die Wirtschaft und damit zugleich auch die Wirtschaftswissenschaft aufgerufen, hier Abhilfe zu schaffen. Die Entscheidung über Art und Umfang der Kreditierung ist ebenso wirtschaftliche Entscheidung wie das Urteil über den Fortbestand oder die Liquidation eines Unternehmens, die Art der Verwertung des Aktivvermögens und den Abbau der Passivmasse. Bereits 1934 hat *Hugo Scholz* in seiner Frankfurter Dissertation zum Thema »Der Konkurs vom betriebswirtschaftlichen Standpunkt« (S. 35 ff.) seine Verwunderung darüber zum Ausdruck gebracht, daß der Konkurs von jeher als sehr unwirtschaftliches Mittel angesehen worden sei, um eine Unternehmung aus dem Wirtschaftsleben auszumerzen, daß dieses Mittel von Rechtswegen aber gleichwohl immer noch benutzt werde. *Ernst Jaeger* [33] hat nicht ohne Grund den Konkurs als einen »Wertvernichter schlimmster Art und obendrein teuerstes Schuldentilgungsverfahren« bezeichnet. Er räumt dabei zwar ein, daß selbst das beste Konkursgesetz die Nachteile nicht auszuschließen vermag, die der Konkurs jeder größeren Unternehmung für die unmittelbar Beteiligten und für weitere Verkehrskreise im Gefolge hat. Schon die Tatsache seiner Eröffnung entwerte das Schuldnervermögen. [34] Die wesentlichen Ursachen oder doch Mitursachen für die schlechten Insolvenzergebnisse liegen aber nicht zuletzt auch darin, daß man meinte, die betriebswirtschaftlichen Erkenntnisse der letzten Jahrzehnte für das Insolvenzverfahren in einer prosperierenden Nachkriegswirtschaft ignorieren zu können. Dies wird nicht zuletzt auch durch die Vernachlässigung dieses Teilbereichs der Wirtschaft durch die Wirtschaftswissenschaften dokumentiert. Der Insolvenzbereinigung sind bis 1977 so gut wie keine Arbeiten gewidmet. [35] Der »Tod« der Unternehmung scheint erst neuerdings das ihm zukommende Interesse der Betriebswirtschaftslehre zu erfahren.

IV. Das Vergleichsrecht als Wirtschaftsnotrecht und als rechtliche Folge des Konkursversagens

1. »Betriebswirtschaftliche Mängel« des deutschen Vergleichsrechts

Die Motive zur Konkursordnung [36] zeigen in erschreckendem Maße, wie leichtfertig man die Forderung der Wirtschaft und des 4. Deutschen Handelstages von 1868 nach Einführung eines gerichtlichen Vergleichsverfahrens damit abgetan hat, ein vorbildliches Konkursrecht mache das Vergleichsverfahren überflüssig. Hierzu die Motive der KO: »Für achtbare Schuldner ein Ausnahmeverfahren einzuführen, würde dem Konkursverfahren den Stempel der Ehrenrührigkeit aufdrücken und einen Makel auf jeden, noch so achtbaren Schuldner werfen, dem es nicht gelänge, den Weg des ersteren mit Erfolg zu betreten.« [37] Der fundamentale Irrtum des Gesetzgebers lag in der Verwechslung eines obrigkeitlichen »Quinquinellenrechts« als staatsautoritäres Moratorium mit der wirtschaftlich gebotenen, werteerhaltenden Unternehmensfortführung, die auch im Interesse der Gläubiger liegen kann. Es verwundert daher nicht, daß bereits kurz nach Inkrafttreten der Konkursordnung vorgetragene Reformverlangen im wesentlichen auf der zunehmenden Kritik der deutschen Kaufmannschaft an der Konkursordnung beruhten. [38]

Festzustellen ist, daß die Konkursordnung als vielgepriesene »Perle der Reichsjustizgesetze« zwar nach wie vor eine juristische Spitzenleistung darstellt, jedoch in der Euphorie der Gründerjahre an den Bedürfnissen der Wirtschaft in Krisenzeiten vorbeigeplant wurde. Unverschuldete Unternehmenskrisen im und nach dem ersten Weltkrieg führten zu den Geschäftsaufsichtsverordnungen von 1914 und 1916 sowie zur Vergleichsordnung von 1927, die durch die heute noch geltende Vergleichsordnung vom 26. 2. 1935 abgelöst wurde. [39] Ein in sich geschlossenes, einheitliches Insolvenzsystem ist dabei nicht mehr gelungen. Die wirtschaftswissenschaftliche Kritik warf schon der ersten Vergleichsordnung von 1927 die Vernachlässigung der Erkenntnisse dieses immerhin mitzuständigen Wissenschaftsbereichs durch den Gesetzgeber vor. [40] Die Vergleichsordnung von 1935 weist zahlreiche betriebswirtschaftlich kaum verständliche Ungereimtheiten auf. Sie fordert z. B. in § 5 Abs. 1 Satz 1, daß der Schuldner in der dem Gericht einzureichenden Übersicht des Vermögensstandes (§ 4 Abs. 1 Nr. 1 VglO) sämtliche Vermögensgegenstände (Aktiven) und Verbindlichkeiten (Passiven) einzeln unter Angabe ihres Betrages oder Wertes anführt und einander gegenüberstellt. Uneinbringliche oder zweifelhafte Aktiven sind als solche kenntlich zu machen. Die vom Gesetzgeber geforderte Vergleichsbilanz (Vergleichsstatus) hat aber im Hinblick auf einen Quoten- und Erlaßvergleich nur beschränkten Aussagewert. [41] Der Wert und die Verwertbarkeit des Anlage- und Umlaufvermögens interessieren im Gegensatz zum Liquidationsvergleich (§ 7 Abs. 4 VglO) beim Quoten- und Erlaßvergleich nur im Rahmen des Entscheidungsprozesses nach § 79 Nr. 4 VglO, da der Schuldner wesentliche Teile seines Vermögens behält, um die gebotene Vergleichsquote erwirtschaften zu können. Eine Liquiditätsbilanz [42] ist in der Vergleichsordnung ebensowenig erwähnt wie der Zahlungsplan. [43] Aus Bilanzzahlen kann man aber allenfalls die Finanzstruktur einer Unternehmung bestimmen. Der Liquidität dagegen kann man nur mit Finanzplänen beikommen, d. h. mit einer Gegenüberstellung der geschätzten und künftigen Einnahmen und Ausgaben unter Einbeziehung der Finanzreserven. Die Prognose hat sich auf die künftige Mittelherkunft und Mittelverwendung zu erstrecken, wobei lediglich der zu erwirtschaftende finanzielle Überschuß interessiert. [44]

Dem Vergleichsverfahren nach der Vergleichsordnung 1935 wird mit Recht vorgeworfen, ihm fehle der eigentliche Schwerpunkt, mangele die schöpferische Mitte. [45] Der deutsche Vergleichsverwalter besitze grundsätzlich nur Prüfungs- und Überwachungsaufgaben (§ 39 VglO) und sei zum lediglichen Gutachter degradiert. [46] Die Behauptung von *H. Papke* [47], die Rechtsfigur des Vergleichsverwalters sei mehr oder weniger »ein Kunstprodukt aus der juristischen Retorte«, gilt nicht nur für die aus dem vorigen Jahrhundert stammende Konkursordnung, sondern auch für wesentliche Teile der Vergleichsordnung 1935. [48] Es ist nicht Aufgabe dieses Beitrags, die zahlreichen gesetzgeberischen Fehlleistungen durch Nichtberücksichtigung betriebswirtschaftlicher Erkenntnisse und Gesetzmäßgikeiten im Rahmen der Insolvenzgesetze aufzuzählen. Festzustellen ist nur noch, daß vor allem die als »Zivilstrafe« ausgestalteten Vorschriften der §§ 17, 18 VglO vielfach zur Ablehnung des gerichtlichen Vergleichs, zur Eröffnung des Anschlußkonkurses und zu einem erheblichen Schaden der Gläubiger geführt haben. Zahlreiche Beispiele in der Praxis zeigen, daß die Gerichte trotz schwerster rechtlicher Bedenken im Interesse der Gläubiger sowie im gesamtwirtschaftlichen Interesse gerichtliche Vergleichsverfahren selbst dann eröffnen, wenn gesetzliche Gründe entgegenstehen. [49]

2. *Juristische Begriffswelt und wirtschaftliche Realität*

Die Insolvenz als »Krankheit« der Unternehmer ist ein wirtschaftlicher Sachverhalt, der »in hoffnungsvollen Fällen wirtschaftlich sinnvoller Lösungen bedarf« *(H. Hanisch)*. Das rechtliche Instrumentarium einer wirtschaftlichen »Intensivtherapie« hat sich nicht nur den »wirtschaftlichen Realverhältnissen« anzupassen, sondern zugleich auch anerkannte betriebswirtschaftliche Erkenntnisse und Methoden in die Verfahrensabwicklung miteinzubeziehen. Vor allem das Vergleichsrecht hat sich an den Bedürfnissen der Wirtschaft zu orientieren, selbst wenn sich diese periodisch ändern. Aus dieser Erkenntnis ist die Legitimation der Betriebswirtschaftslehre herzuleiten, stärker als bisher nicht nur in die eigentliche Verfahrensabwicklung, sondern bereits in den Gesetzgebungsprozeß einbezogen zu werden. »Stillschweigende Insolvenzbereinigungen« in der Form des außergerichtlichen Vergleichs werden zahlenmäßig weiter zunehmen, solange nicht die Vergleichsordnung entsprechend den Bedürfnissen und Wünschen der Wirtschaft reformiert ist. [50] In der rechtssoziologischen Untersuchung zur Praxis der Konkursabwicklung in der Bundesrepublik Deutschland [51] ist Verwunderung darüber zum Ausdruck gebracht, daß die als Richtlinie ausgearbeitete »Außergerichtliche Vergleichsordnung« von *K. Künne*, die »durch nichts anderes Geltung beansprucht als durch ihre Praktikabilität«, in weiten Kreisen der Wirtschaft seit Jahrzehnten Anwendung findet. Diesem rechtssoziologisch bemerkenswerten Phänomen entspricht ein seit Jahren permanenter Rückzug gerichtlicher Vergleichsverfahren. [52] Bereits 1971 ist in den USA eine Studie der renommierten Brookings Institution vorgelegt worden, die sowohl die Ersetzung des gerichtlichen Konkursverfahrens durch ein administratives Insolvenzverfahren empfiehlt, als auch darauf verweist, daß der Konkurs im Regelfall nicht ein Verfahren zur gerichtlichen Entscheidung von Tat- und Rechtsfragen ist, sondern daß bei ihm das Problem der Verfahrensführung und des Managements im Zuge einer Insolvenzbereinigung im Vordergrund stehe. [53] Die treffende amerikanische Beschreibung der Ineffizienz des totalen Konkurses gilt uneingeschränkt auch für den deutschen Konkurs:

»The total bankruptcy system gets its job done according to the literal requirements of the law, but it is a dreary, costly, slow, and unproduktive process.« [54]

Hierzu auch *H. Hanisch* [55]

»Ausschlaggebend für das Konkursergebnis ist die Effektivität einer Konkursverwaltung, nicht aber die Einheitlichkeit des Verständnisses ihrer dogmatischen Grundlage.«

Es ist an der Zeit, den Konkurs und Vergleich aus der ausschließlich juristischen Begriffswelt und Nomenklatur mit der gebotenen Vorsicht herauszulösen und der wirtschaftlichen Realität anzupassen. Ist man hierzu nicht bereit, wäre ein administratives staatliches Regelungsverfahren der gerichtlichen Insolvenzbereinigung vorzuziehen. Auf die Gefahren hat allerdings *A. M. Berges* hingewiesen [56]:

»Wirtschaftliche Sachverhalte sind komplexer Natur und überaus vielschichtig; sie eignen sich schon von Hause aus nicht zur Erledigung im Wege staatlicher Beaufsichtigung und Planung.«

3. Das Vergleichsrecht in der Erprobung und Bewährung

Die Weltwirtschaftskrise und das in ihrem Gefolge 1930 erschienene grundlegende Werk von *Hugo Emmerich* [57] über die Sanierung und ausländische Gesetzesvorbilder hatten spätestens die Notwendigkeit offenbart, der oftmals wirtschaftlich sinnlosen Wertezerschlagung im Rahmen der Konkursabwicklung durch ein wirtschaftlich sinnvolles System von Sanierungsmaßnahmen zu begegnen. Dabei darf jedoch nicht verschwiegen werden, daß die anfänglich euphorische Stimmung, mit der die Sanierung notleidender Unternehmungen Ende der Zwanziger und Anfang der Dreißiger Jahre in Angriff genommen worden war, wegen zahlreicher Mißbräuche schon bald tiefer Resignation weiter Wirtschaftskreise gewichen ist. Ein Funktionieren gesetzlicher Möglichkeiten wirtschaftlich vernünftiger und sinnvoller Verhaltensweisen setzt voraus, daß von ihnen auch in gesetzeskonformer Weise Gebrauch gemacht wird. Ein Berufsstand gewerbsmäßiger Vergleichsvermittler und Unternehmersanierer, »deren Kenntnisse und Honoraransprüche in einem umgekehrten Verhältnis zu ihren Leistungen standen« [58], hatte die Sanierung bereits kurz nach Inkrafttreten der Vergleichsordnung 1927 derart in Verruf gebracht, daß ein 1933 veröffentlichter »Entwurf einer Vergleichsordnung« durch das damalige Reichsjustizministerium [59] eine wesentliche Verschärfung der Vorschriften zum Nachteil des Vergleichsschuldners vorsah. Die Erwartung, die der Gesetzgeber in das Selbstbestimmungsrecht der Gläubiger und in ihre wirtschaftliche Vernunft gesetzt hatte, war ebenso enttäuscht worden wie die Hoffnung in die Erkenntnis der Gerichte, daß die Qualifikationen des Verwalters das Schicksal des Verfahrens ist. [60]

4. *Gesetzliche Regelungen wirtschaftlicher Notlagen im Ausland*

In den USA ist im Jahre 1978 das auf der sogen. »Chandler Act« von 1938 beruhende Reorganisationsverfahren für Kapitalgesellschaften nach Abschnitt X des Bankruptcy Acts durch die Bankruptcy Reform Act vom 6. November 1978 geändert worden. In Italien sind durch Gesetzesdekret Nr. 602 vom 5. Oktober 1978 Maßnahmen zur Erleichterung der Sanierung der in Schwierigkeiten geratenen Unternehmen geschaffen worden. Das japanische Gesellschaftssanierungsgesetz vom 7. Juni 1952 (Gesetz Nr. 172) beschränkt die Sanierung auf Aktiengesellschaften. In Frankreich erleichtert die VO Nr. 67-820 vom 23. September 1967 die wirtschaftliche und finanzielle Gesundung bestimmter Unternehmen durch ein »réglément judiciaire«. In Österreich liegt der Entwurf eines Bundesgesetzes vor, mit dem die Ausgleichsordnung und die Konkursordnung, besonders zur Erleichterung der Unternehmensfortführung geändert werden (Unternehmens-Fortführungsgesetz). Auch die ausländischen Gesetze und Gesetzesentwürfe kranken daran, daß sie staatlicher Einflußnahme allzuviel Raum gewähren, die Entscheidungsbefugnisse der Gläubiger zugunsten sozialer Gesichtspunkte allzusehr einschränken und von der Priorität des Rechts ausgehen, dem sich wirtschaftliche Notwendigkeiten und Sachverhalte unterzuordnen haben. Der österreichische Insolvenzrechtler *Otto Reimer* hat auf der 101. Generalversammlung des Kreditschutzverbandes von 1870 am 11. 5. 1977 [61] davor gewarnt, in einem Betriebsfortführungsgesetz »allzu eng zu formulieren und zu trachten, perfektionistisch eine solche Fortführung zu ermöglichen, denn die Praxis hat – natürlich nicht gegen das Gesetz, aber doch ohne gesetzliche Regelung – schon Methoden gefunden, die wirtschaftlich richtige Ergebnisse ermöglichen, die umso erfolgreicher sein werden, wenn sie jetzt hinter sich den Wortlaut des Gesetzes haben werden«. *A. M. Berges* [62] verlangt, wenn auch unter anderen Aspekten, eine »Re-Kommerzialisierung« des vollstreckungsbehördlichen Einheitskonkurses, stellt also wirtschaftliche Aspekte in den Vordergrund.

Festzustellen ist auch auf Grund internationaler Erfahrungen, daß die Normierung eines wirtschaftlichen Sachverhalts wie ihn der »Tod der Unternehmung« darstellt, genügend Spielraum für das Gericht und die Beteiligten lassen muß, um den jeweiligen Besonderheiten des Einzelfalles Rechnung tragen zu können. Flexibilität und Anpassungsfähigkeit werden die entscheidenden Kriterien eines künftigen Insolvenzrechts sein.

V. *Möglichkeiten und Grenzen interdisziplinären Zusammenwirkens von Rechtswissenschaft und Wirtschaftswissenschaften*

1. *Die wirtschaftliche Betrachtungsweise*

H. Weber und *E. von Beckerath* [63] haben behauptet, die »wirtschaftliche Betrachtungsweise« werde oft als »betriebswirtschaftliche Betrachtungsweise« mißverstanden. *R. Großmann* [64] sieht die »betriebswirtschaftliche Betrachtungsweise« als wesentlichen Ausschnitt der »wirtschaftlichen Betrachtungsweise«. [65] Zahlreiche finanzgerichtliche Urteile zeigen, daß unter »wirtschaftlicher Betrachtungsweise« vielfach die »betriebswirtschaftliche Betrachtungsweise« verstanden wird. [66] Die Rechtslehre benutzt die »wirtschaftliche Betrachtungsweise«, um sich in Einzelfällen von allzu formaler Rechtsanwendung zu befreien und zu einem verstärkten Durchgriff auf die ratio legis zu gelangen. [67] Rechtsprechung und Rechtswissenschaft haben zahlreiche wirtschaftliche Tatbestände in die Rechtsanwendung hineingetragen. So versteht man z. B. unter »wirtschaftlicher Unmöglichkeit« die überobligationsmäßige Schwierigkeit, eine Leistungspflicht zu erfüllen. [68] Der Begriff des »wirtschaftlichen Eigentums« hat längst Eingang in die Rechtslehre und Rechtsprechung gefunden. Es kann im Rahmen dieses Beitrages dahinstehen, ob unter »wirtschaftlicher Betrachtungsweise« immer die betriebswirtschaftlich richtige Auffassung verstanden werden kann, was letztlich wohl zu verneinen ist.

Grundsätzlich gilt, daß zwar die »wirtschaftliche Betrachtungsweise« die Nutzanwendung wirtschaftswissenschaftlicher Erkenntnisse bei der Rechtsfindung ermöglicht, daß sie aber letztlich keine »Zauberformel darstellt, die ökonomischen Gesetzen Macht über rechtliche Normen verschaffen kann.« [69]

2. Möglichkeiten und Grenzen interdisziplinären Zusammenwirkens

Nachdem nunmehr feststeht, daß es sich bei der »wirtschaftlichen Betrachtungsweise« der Sache nach um nichts anderes handelt »als um die Legitimation zur Hinnahme von Systembrüchen im Interesse der Verwirklichung des individuellen Gesetzeszwecks«, [70] stellt sich die Frage der interdisziplinären Durchdringung und Kooperation von Rechtswissenschaften und Wirtschaftswissenschaften. Für die Gründung von Unternehmen, ihre Verfassung und gesellschaftsrechtliche Struktur sowie die Beziehung zum Markt ist die strikte Beachtung und Einhaltung rechtlicher Normen unverzichtbare Voraussetzung für eine rechtliche und wirtschaftliche Sicherheit. Im reinen »Rechtsbereich« der Unternehmung kommt dem Recht absoluter Vorrang zu, wenngleich es im Einzelfall von wirtschaftlichen Überlegungen geprägt und beeinflußt sein kann. Es ist heute als »Kunstfehler« anzusehen, wenn der Unternehmensberater den »Tod der Unternehmung« nicht in die Gründungsüberlegungen miteinbezieht.

Im Rahmen der sonstigen betrieblichen Betätigung wird aber der Betriebswirtschaftslehre vom Recht allgemein die Möglichkeit eröffnet, zu einzelnen Rechtsnormen Stellung zu beziehen, ihren wirtschaftlichen Gehalt zu bestimmen und zum Normenverständnis beizutragen. Das Recht setzt der Wirtschaftswissenschaft hier lediglich Eckdaten. Es scheint zu eng gesehen, wenn nach hergebrachter Auslegungslehre ökonomische Erkenntnisse nur dann in die Rechtsanwendung einzubeziehen sind, wenn der Gesetzgeber sie sich zu eigen gemacht hat und den Rechtsanwender auf sie verweist. [71] Als »Paradebeispiel« seien die »Grundsätze ordnungsmäßiger Buchführung« angeführt. [72] Zutreffend weist *H. W. Kruse* [73] darauf hin, daß sich trotz des allgemeinen Glaubens an die präjudizielle Existenz des Rechts fast ausschließlich die Betriebswirtschaftslehre mit den GoB beschäftigt habe. Der Versuch, die GoB auf ihrem Wege in die richterliche Entscheidung zu verfolgen, mache »überraschend deutlich, wie weit sich die juristische Methodenlehre von der Rechtsquellendoktrin entfernt hat«. Der Gegenstand der Wirtschaftswissenschaften [74] ist schon von der Zweckrichtung her ein völlig anderer als der der Rechtswissenschaften. [75] Das Auseinanderleben von Rechtsdenken und nationalökonomischem Denken wird schon von *Walter Eucken* in seinem Werk »Grundlagen der Sozialökonomie« [76] beklagt. Geht man der allseits kritisierten Entwicklung auf den Grund, so stellt sich schnell heraus, daß für die Wirtschaftswissenschaften die Kenntnis und die Beachtung des Rechts wesentliche Grundlage unternehmerischer Entscheidungen und Vertrauensbasis für den gesamten geschäftlichen Ablauf war. Das Funktionieren des Rechts war unverzichtbare Voraussetzung für ein Funktionieren der Wirtschaft. [77] Nur eine Jurisprudenz, die auf der »älteren Tradition« [78] und dem Grundsatz aufbaute »Über Formen und Gestalt der Wirtschaft entscheidet die Rechtsordnung und nicht umgekehrt« [79], konnte es sich leisten, z. B einem überholten Überschuldungsbegriff jahrzehntelang unkritisch anzuhängen [80] und vom statischen Charakter sowie der primären Gläubigerschutzfunktion der Handelsbilanzen auszugehen. [81] *Egner/Wolff* [82] haben den Konkursgrund der Überschuldung als Paradebeispiel mangelnder Harmonie zwischen Rechts- und Wirtschaftswissenschaften bezeichnet. Hierzu *Karsten Schmidt* [83]:

»Die Funktionsfähigkeit der einzelnen Konkursgründe in der Rechtspraxis steht im Verhältnis umgekehrter Proportionalität zu der Notwendigkeit ökonomischer Analyse bei der Abgrenzung dieser Konkursgründe.«

Zutreffend hat bereits *O. Hintner* [84] darauf hingewiesen, daß keine Veranlassung für den Gesetzgeber besteht, die Frage des Aufbaues und der Gestaltung des Überschuldungsstatus zu normieren. Nur dies läßt die Möglichkeit offen, z. B. bei der Prüfung der Überschuldung die mit Aus- und Absonderungsrechten belegten Aktiva ebenso außer Ansatz zu lassen wie die im Schuldnervermögen dinglich abgesicherten Passiva. [85]

Rolf Knieper [86] sieht im Wirtschaftsrecht lediglich Rahmenbedingungen:

»Die Einsicht der liberalen Wirtschaftstheorie, das (In-) solvenzrelevante Recht bestehe nicht in Vergleichs- und Konkursordnung, sondern umfasse darüberhinaus Wirtschaftsrecht in einem sehr viel weiteren Sinne, bestätigt sich. Der substantielle Kern dieses Wirtschaftsrechts aber liegt nicht in der staatlichen Setzung von Rahmenbedingungen, innerhalb deren sich autonome Individualbeziehungen herstellen. Vielmehr bedingen die zunehmende Unmittelbarkeit der Gesellschaftlichkeit der Produktion und die daraus resultierenden Probleme die Entstehung von (Rechts-) Regeln, welche die Interdependenz von industrieller Produktion, Kreditsystem und staatlicher Gewährleistung aufnehmen.«

Dem ist der Satz von *Max Weber* [87] entgegenzuhalten, wonach der kapitalistische Wirtschaftsbetrieb sich, wenn er rational wirtschaften soll, darauf verlassen können muß, »daß berechenbar judiziert und verwaltet wird«. Die Ineffizienz unseres derzeitigen Insolvenzrechts liegt gerade in der Unkalkulierbarkeit der Verfahrensergebnisse. Wirtschaftswissenschaftliche Erkenntnisse und Methoden sind sowohl für den Gesetzgeber als auch für den rechtsanwendenden Insolvenzrichter und Rechtspfleger unverzichtbar. Das heißt aber nicht, daß die Gerichte aus einer ohnehin schon »verunsicherten juristischen Begriffswelt in die verworrene Vielfalt ökonomischer Nomenklatur und Theorie« verwiesen werden. [88] Vielmehr geht es für den Bereich des Insolvenzrechts ausschließlich darum, folgenschwere Verständigungsschwierigkeiten zwischen Rechtswissenschaften und Wirtschaftswissenschaften abzubauen, die Grundlagen für die Anwendung zumindest gesicherter ökonomischer Begriffe und Erkenntnisse im rechtlichen Bereich zu schaffen und für jedes Verfahren neu über die Brauchbarkeit und Verbindlichkeit betriebswirtschaftlicher Regeln und Grundsätze zu entscheiden, wobei jegliche Divergenz zwischen zivil- und strafrechtlicher Beurteilung tunlichst vermieden werden sollte. Nur auf diese Weise läßt sich der allenthalben geforderte und längst fällige »Brückenschlag« zwischen den beiden Disziplinen vollziehen.

Das Insolvenzrecht hat sich in seinen Entwicklungsmodalitäten längst der Wirtschaftsrealität angepaßt. Zahlreiche Vergleichsverfahren und ihre hervorragenden Ergebnisse zeigen, daß der Gesetzgeber in vielen rechtlichen Bereichen genügend Freiraum gelassen hat, um dem Insolvenzrichter die Anpassung an die Rechtswirklichkeit und wirtschaftliche Notwendigkeit zu ermöglichen. [89].

B. Die zu erschließenden Aufgabenbereiche

I. Betriebliche Rechnungslegung und Konkursvorsorge

Wie schwierig die Verständigung zwischen Rechtswissenschaft und Betriebswirtschaftslehre ist, zeigt schon die Tatsache, daß in der betriebswirtschaftlichen Literatur immer noch zwischen einem rechtlichen und einem betriebswirtschaftlichen Insolvenzbegriff unterschieden wird. [90] Nach richtiger Meinung sind der betriebswirtschaftliche und juristische Insolvenzbegriff identisch. Insolvenz ist jede wirtschaftliche Situation eines Schuldners bzw. eines Unternehmens, »die zum Tode ist«, also seine wirtschaftliche Existenz ernstlich in Frage stellt. [91]

Die rechtliche Entscheidung über die Behandlung kollidierender Kreditsicherheiten involviert ein betriebswirtschaftliches Problem, das in einem unveröffentlichten Gutachten von *K. F. Hagenmüller* behandelt wird. [92] In der Rechtslehre wird gefordert, die aus dem Sicherungsgut erwachsenden Forderungen bei Konflikten zwischen verschiedenen (durch verlängerten Eigentumsvorbehalt gesicherten) Warenlieferanten auf sämtliche Warenlieferanten aufzuteilen, und zwar unbeschadet der zeitlichen Vereinbarung der Eigentumsvorbehalte. Verteilungsmaßstab soll der Wert der Vorbehaltsware im Zeitpunkt der Lieferung zur Erfüllung des Weiterverkaufs sein. [93] *Hagenmüller* [94] weist mit Recht darauf hin, daß die Unterstellung, alle Materialien, die unter Vereinbarung eines verlängerten Eigentumsvorbehalts bezogen werden, seien Einzelkosten, überaus wirklichkeitsfremd ist. In der industriellen Fertigung zähle ein großer und noch wachsender Teil der Materialkosten zu den sogen. Gemeinkosten, die mit Hilfe von Schlüsselgrößen auf die Kostenträger verteilt werden müßten. Die moderne Betriebswirtschaftslehre schätze die Schwierigkeiten einer exakten Gemeinkostenverteilung so stark ein, daß sie dahin tendiere, eine – nur die Einzelkosten den Kostenträgern zurechnende – Teilkostenrechnung anzustreben. Das juristisch durchaus brauchbare »Teilungsprinzip« sei wegen der Schwierigkeit einer Aufteilung der »Gemeinkosten-Materialien« nicht realisierbar. Schon dieses Beispiel zeigt, in welch weitem Maße die Betriebswirtschaftslehre in den Bereich des Insolvenzrechts eingreift. Im folgenden können nur einzelne Teilbereiche stichwortartig herausgegriffen werden, wobei sich dieser Beitrag schon aus Raumgründen auf eine skizzenhafte Übersicht beschränken muß.

1. Bilanzzweck und Gläubigerschutz

Nicht erst die Buchführungsvorschriften der §§ 38 ff HGB, sondern bereits die Konkurs- und Bilanzbestimmungen der Ordonnance de commerce vom 23. 3. 1673 waren primär auf den Gläubigerschutz ausgerichtet. Die Straftatbestände der Art. 102 und 104 der Hamburger Fallitenordnung von 1753 haben über das Preußische Allgemeine Landrecht und über die Preußische Konkursordnung von 1855 Eingang in die Konkursordnung von 1877 gefunden. Die Gläubigerschutzfunktion der früheren §§ 239, 240 KO, denen nunmehr die durch das Erste Gesetz zur Bekämpfung der Wirtschaftskriminalität in das Strafgesetzbuch eingefügten Vorschriften der §§ 283–283 d StG entsprechen, ist unbestritten. Seit *Schmalenbach* wird aber die Gläubigerschutzfunktion der Buchführungsvorschriften mehr und mehr in Zweifel gezogen. Der Jahresabschluß wurde zum reinen Informationsinstrument. [95] Er diente als Entscheidungsgrundlage interner Unternehmenspolitik. Erst neuerdings wird die »Konkursvorsorge« im Hinblick auf die Haftungsbeschränkung und Sozialeffekte von Gesellschaftszusammenbrüchen wieder als eine »äußerst wichtige Aufgabe aktienrechtlicher Rechnungslegung« angesehen, die sogar die Bilanz des Einzelkaufmanns beherrscht. [96]

Ich habe bereits auf dem II. Internationalen Kongress für Kreditschutz 1970 in Wien darauf hingewiesen, daß die Bilanzen der meisten deutschen Unternehmen heute unter dem Gesichtspunkt des Gläubigerschutzes und damit des Insolvenzrechts falsch sind. [97] Der Konkursgrund der Überschuldung bleibt weiterhin ineffizient, solange es zulässig ist, juristisches Fremdeigentum als »wirtschaftliches Eigentum« auf der Aktivseite der schuldnerischen Bilanz zu aktivieren. Der bilanzrechtliche Begriff des Vermögensgegenstandes (Wirtschaftsgutes) ist erheblich weiter gefaßt als der bürgerlichrechtliche Begriff der Sache. Die gültigen »Grundsätze ordnungsmäßiger Buchführung« erfordern ebensowenig eine Verpflichtung zur buchmäßigen Kennzeichnung oder Bilanzierung der Sicherungsübereignung, der Sicherungsabtretung oder des Eigentumsvorbehalts wie die handelsrechtlichen Buchführungs- und Bilanzierungsvorschriften der §§ 38 HGB, 125 ff HGB, 125 ff AktG, 33 GenG, 41 ff GmbHG. Soweit die überwiegende Literaturmeinung hinsichtlich der Bewertung auf die Regel in § 40 HGB zurückgreift ist festzustellen, daß aus dieser Vorschrift allenfalls abgeleitet werden kann, daß die einzelnen Vermögensgegenstände und Schulden überhaupt bewertet werden müssen und daß die Wertverhältnisse des Bilanzstichtages maßgeblich sind. Hinweise auf die Bewertungsgrundsätze finden sich nicht. [98] Nach Auffassung von *Hagenmüller* [99] kann zwar durch die Einschaltung von Zwischenkonten theoretisch eine Lösung gefunden werden, Sicherungsübereignungen, Eigentumsvorbehalte und Sicherungsabtretungen buchhalterisch zu erfassen. Diese Lösung würde jedoch die

Buchungsarbeit derartig »aufblähen«, daß sie wenigstens mit den traditionellen Hilfsmitteln der Buchhaltung nicht verwirklicht werden kann. Es wäre einer Untersuchung wert, zu ermitteln, welchen zusätzlichen Kostenaufwand es erfordert, wie beim Insolvenzstatus die konkursfesten Gläubigerrechte und die abgesicherten Verbindlichkeiten in je einer besonderen Spalte der Jahresbilanz gesondert auszuweisen.

2. *Die Selbstprüfungspflicht der Unternehmung*

»Die Selbstprüfungspflicht der Kapitalgesellschaften aufgrund ihrer gesetzlichen Konkursantragspflichten nach den §§ 92 Abs. 2 AktG, 64 GmbHG, 99 GenG, 133 a HGB beweist ihre Wirksamkeit noch am besten, wenn sie – was nur gemutmaßt werden kann – zur Vermeidung von Überschuldungen führt« (K. Schmidt). [100]

Die Prüfungspflicht führt zwar nicht dazu, daß die Unternehmensleitung in regelmäßigen Abständen Zwischenbilanzen zu erstellen hat. Wohl aber kann sich diese Verpflichtung aufgrund der allgemeinen Sorgfaltspflicht von Vorstand und Geschäftsführung aus besonderem Anlaß ergeben. Die Prüfungspflicht umfaßt auch die Pflicht zur Prognose. Für die Prognose über die Liquiditägslage sind von der Geschäftsführung Informationen über alle wichtigen Einflußgrößen der finanziellen Situation der Unternehmung einzuholen und im Einzelnen zu bewerten. Im Ergebnis ist die aus der gesetzlichen Konkursantragspflicht resultierende Pflicht zur Eigenprüfung nichts anderes als eine interne Insolvenzanalyse. Zieht sich eine Krisensituation über längere Zeit hin und werden mehrfach die erforderlichen Bilanzen mangelhaft oder nicht rechtzeitig aufgestellt, so liegen jeweils selbständige Verstöße gegen die Strafvorschrift des § 283 Abs. 1 Nr. 8 StGB vor. Strafbar nach § 283 b StGB macht sich auch derjenige, der wegen unordentlicher Buchführung seine Konkursantragspflicht nicht oder nicht rechtzeitig erkennen konnte. [101]

3. *Bilanzzweck und Bewertung – Rechtsanspruch und Realität*

Geht man davon aus, daß die »Konkursvorsorge«, also der Gläubigerschutz ein wesentlicher Bilanzzweck ist, so ist mit dieser Prämisse wenig gewonnen, wenn man sich über die Bewertung des Vermögens nicht einig ist. Die für die Ermittlung einer Überschuldung notwendige Bestimmung, ob die Aktiven noch die Passiven decken, macht eine Bewertung erforderlich. Das Bewertungsergebnis hängt aber von der Art des gewählten Bewertungsmaßstabs ab. Geht man von dem in der Rechtslehre gängigen Begriff der Überschuldung aus, so ist grundsätzlich auf Liquidationswerte abzustellen. Allerdings können für die Wertfindung beim Aktivvermögen verschiedene Verwertungsmöglichkeiten wie z. B. Teil-, Einzel- oder Gesamtveräußerung mit den hieraus anfallenden Nettoerlösen unterstellt werden. [102] Nach anderer Meinung ist bei der Bewertung des Aktiv- und Passivvermögens von Betriebsfortführungswerten auszugehen, also nach dem »Going – Concern – Prinzip« zu bewerten. [103] Treffend zur Problematik *V. Beeck* [104]:

»Die Lösung des Bewertungsproblems mit der Kernfrage nach der zur Auswahl des Bewertungsmaßstabes zu treffenden Fiktion über das zukünftige Schicksal der Unternehmung stellt sich somit als ein Prognoseproblem. Es umfaßt zum ersten die Feststellung der Fortführungswürdigkeit der Unternehmung als der grundlegenden logischen Bedingung für einen Unternehmensweiterbestand. Hierzu bedarf es einer langfristigen Rentabilitätsprognose.«

Langfristige Rentabilitäts- und Liquiditätsvorausberechnungen sind aber betriebswirtschaftliche Vorgänge, für die der Gesetzgeber und die Rechtsprechung lediglich Rahmenvorschriften aufzustellen vermag.

Prüft man Rechtsanspruch und Realität der gläubigerschützenden Funktion deutscher Unternehmensbilanzen, so wird eine gewisse Hilflosigkeit der Juristen vor allem im strafrechtlichen Bereich offenbar, weil sie aus der verunsicherten juristischen Begriffswelt in eine noch verworrenere Vielfalt ökonomischer Nomenklatur und Theorie verwiesen werden.

4. Insolvenzursachenforschung und Insolvenzprognose

Das betriebswirtschaftliche Schrifttum hat sich bisher im wesentlichen mit zwei Aspekten der Insolvenz befaßt: der Insolvenzursachenforschung und der Insolvenzprognose. Seit der grundlegenden Arbeit von *Fritz Fleege-Althoff* »Die notleidende Unternehmung« aus dem Jahre 1930 [105] hat es immer wieder – meist empirische – Untersuchungen gegeben, die sich mit der Analyse der Ursachen von Unternehmenszusammenbrüchen und Frühwarnsystemen bzw. Prognosemodellen befaßt haben. [106] Die bisherigen Vorträge und das Programm dieser Tagung zeigen, daß hinsichtlich der Frühwarnung und Krisenbewältigung im vorkonkurslichen Bereich im Rahmen der Wirtschaftswissenschaften viel getan wird. Allerdings ist anzumerken, daß es sich hierbei meist um Informationssysteme für Insider handelt. Für alle Modelle gilt, daß für eine rechtzeitige Erkennung der Unternehmenskrise auf das »Fingerspitzengefühl für ökonomische Sachverhalte« [107] nicht verzichtet werden kann. Näherer Untersuchung bedürften auch noch einzelne Insolvenzursachen wie z. B. Unternehmensverfassung, Unternehmensorganisation, Qualifikation der Führungskräfte, Kapitalausstattung, mangelnde Investitionsbereitschaft, technische Entwicklung, Wandlungen des Marktes, Absatzorganisation, Monokulturen, übertriebene Diversifikation, Kostenstruktur, Preisbildung, Deckungskostenbeitragsrechung, Inflationseffekt, Liquidität, langfristige Kontrakte und Wettbewerb sowie konjunkturelle Ursachen und höhere Gewalt. Der Funktionswandel des Konkurses hat nicht nur die betriebswirtschaftliche Insolvenzforschung belebt, sondern sie in besonderem Maße notwendig gemacht. Ihr eigentliches Ziel läßt sich mit *F. Findeisen* [108] wie folgt umreißen:

»Wir wollen den gesunden Betrieb. Der kranke Betrieb dient uns nur dazu, den gesunden besser kennenzulernen«.

Ich möchte *F. Findeisen* ergänzen und sagen, der kranke Betrieb gibt auch Veranlassung zur Prüfung, ob durch betriebswirtschaftliche und rechtliche Maßnahmen seine wirtschaftliche Gesundung zu bewirken ist.

II. *Rechtliche und betriebswirtschaftliche Aspekte der Unternehmenskrise*

1. *Der betriebswirtschaftliche Begriff der Krise*

H. Müller-Merbach [109] hat mit Recht darauf hingewiesen, daß der Krisenbegriff in Wissenschaft und Praxis dauernden »Aktualitätsschwankungen« unterworfen gewesen ist. Zutreffend weist er darauf hin, daß bis zum Herbst 1973 das Thema »Krise« weder in der betriebswirtschaftlichen Forschung noch in der betrieblichen Praxis eine erkennbare Rolle gespielt hat. [110] Die Entwicklung der Wirtschaft in fast allen Ländern der Welt zeigt die Notwendigkeit, daß sich die betriebswirtschaftliche Forschung verstärkt mit den Problemen der Krise, Systemen und Modellen der Krisenfrüherkennung und Maßnahmen zur Beseitigung bzw. Überwindung der Krisen befaßt. Man sollte nicht in den Fehler der Dreißiger Jahre verfallen und mit einem – wahrscheinlich kurzfristigen – wirtschaftlichen Aufschwung begonnene Forschungsarbeit auf diesem Gebiet zu den Akten legen.

Nach *Müller-Merbach* [111] wird als Krise im betriebswirtschaftlichen Sinne eine ungewollte und ungeplante, ertragsmäßige und/oder liquiditätsmäßige Situation eines Unternehmens oder Unternehmensbereichs bezeichnet, die eine unmittelbare oder mittelbare Gefahr für das Überleben des Unternehmens bzw. Unternehmensbereichs darstellt. Nicht selten sind Krisen die Folge welt- und volkswirtschaftlicher Konjunkturschwankungen oder die Auswirkung von Strukturveränderungen. Gerichtliche Erfahrungen zeigen aber, daß die sogen. exogenen Ursachen für Unternehmenskrisen wie z. B. Streik, Hochwasser, Ausfall von Abnehmergruppen, politische Entwicklungen, Brand oder Explosion verhältnismäßig selten sind. Gleiches gilt für konjunkturelle Ursachen. Meist wird durch eine konjunkturelle Schwäche aber zugleich eine strukturelle Schwäche des einzelnen Betriebes offenbar, die erst durch das von außen kommende Ereignis aufgedeckt wird. Zahlreiche Wirtschaftskrisen der letzten Jahrzehnte haben gezeigt, daß strukturmäßig gesunde Betriebe durchaus imstande sind, zu überleben.

Die wirtschaftliche Krise der Unternehmung ist nicht gleichbedeutend mit Insolvenz. Sie ist allenfalls eine »Krankheit« der Unternehmung, die »geheilt« werden kann. Mit wenig Personal lassen sich die wirtschaftliche Krise und ihre Ursachen meist ermitteln. Die Schwachstellenanalyse erfordert allerdings ein genaues Durchforsten des Rechnungswesens, eine Nachrechnung der Produkte, »Abklopfen« der Bilanz nach Produkt/Mittelbindung und Überprüfung der Kostenrechnung, Entscheidungsmethodik und der Unternehmenspolitik.

2. *Die wirtschaftliche Krise als Rechtsbegriff*

Bis zur Einführung des Ersten Gesetzes zur Bekämpfung der Wirtschaftskriminalität vom 29. 7. 1976 (BGBl I 2034) wurde der Begriff der Krise allenfalls rechtsuntechnisch im Rahmen der Anfechtungsvorschriften der §§ 29 ff. KO gebraucht. Untersuchungen betriebswirtschaftlicher Art über Insolvenzursachen und Insolvenzgefahren [112] hatten bis dahin im Gesetz keine Berücksichtigung gefunden, weil man in einer prosperierenden Wirtschaft argumentierte, die Wirtschaftskriminalität sei der notwendige »Preis« für das Prinzip der Freiheit innerhalb der Wirtschaft. [113] Durch das Erste Gesetz zur Bekämpfung der Wirtschaftskriminalität ist das Tatbestandsmerkmal der wirtschaftlichen Krise in die §§ 283 ff. StGB vom Gesetzgeber eingeführt worden, um die unter Gesichtspunkten des Schuldprinzips immer wieder gegen das frühere Konkursstrafrecht vorgebrachte Kritik auszuräumen, neutrale Handlungen wie der Verbrauch übermäßiger Beträge werde erst dadurch wirtschaftlich gefährlich und strafwürdig, daß berechtigte Interessen der Gläubiger oder der Kreditwirtschaft berührt würden. [114] Die Krise wird in § 283 StGB alternativ erfaßt als eingetretene Überschuldung oder als eingetretene oder drohende Zahlungsunfähigkeit. [115] Für das Merkmal der »drohenden Zahlungsunfähigkeit« ist nach der Literaturmeinung eine naheliegende Wahrscheinlichkeit des Eintritts der Zahlungsunfähigkeit zu verlangen. [116] Zutreffend weist *K. Tiedemann* [117] darauf hin, daß »der Nachweis der Krise« anerkanntermaßen schwierig ist, vor allem soweit es um lediglich »drohende« Zustände und folglich um Erfordernisse betriebswirtschaftlicher und (sonstiger) Prognosen gehe. Gerade beim Tatbestandsmerkmal der »Krise« zeigt sich der immer enger werdende Verbund von Wirtschaftswissenschaften und Rechtswissenschaften: Die »Krise« als drohende Zahlungsunfähigkeit setzt eine wirtschaftliche Prognose voraus, die nur aufgrund betriebswirtschaftlicher Prognosemethoden erfolgen kann.

Ohne die Problematik hier vertiefen zu wollen, ist auf ein Urteil des Bundesgerichtshofs vom 23. 8. 1978 (– 3 StR 11/78 –) [118] hinzuweisen, das erstmals zum neuen Konkursstrafrecht (§§ 283 ff. StGB) Stellung nimmt. Der 3. Strafsenat des BGH macht die Problematik der strafrichterlichen Feststellung einer Überschuldung bei der Beteiligungsbewertung deutlich. Festzustellen ist, daß sich vor allem die strafrechtliche Praxis mit dem Tatbestandsmerkmal der »Krise« schwer tut, weil die betriebswirtschaftliche Prognose der drohenden Zahlungsunfähigkeit ex ante festzustellen ist. Bekanntlich ist man ja klüger, wenn man aus dem Rathaus kommt.

III. Der Konkurs als betriebswirtschaftliches Problem

Wenn eingangs festgestellt wurde, daß jedes Unternehmen vom Zeitpunkt seiner Gründung an dem Insolvenzrisiko ausgesetzt ist, so hat dies zwangsläufig zur Folge, daß die Unternehmensleitung die wirtschaftliche und finanzielle Situation der Unternehmung aufgrund der ihr zugehenden Information dauernd zu überprüfen hat. Der Entscheidungsprozeß hinsichtlich des Vorliegens eines Konkursgrundes und die Pflicht zur Konkursantragstellung zeigt in besonderem Maße die enge Verzahnung von Betriebswirtschaftslehre und Insolvenzrecht.

1. Die gesetzliche Pflicht zur Konkursantragstellung als betriebswirtschaftliches Entscheidungsproblem

a) Der Konkursgrund der Zahlungsunfähigkeit

Der Begriff der Zahlungsunfähigkeit ist im Gesetz nicht definiert. Lediglich in § 102

Abs. 2 KO wird die Zahlungseinstellung als wichtigste Erscheinungsform der Zahlungsunfähigkeit bezeichnet. Der Gesetzgeber hat es der Rechtsprechung überlassen, den Konkursgrund der Zahlungsunfähigkeit näher zu bestimmen. Nach ständiger Rechtsprechung ist Zahlungsunfähigkeit das auf dem Mangel an Zahlungsmitteln beruhende dauernde Unvermögen des Schuldners, seine sofort zu erfüllenden Geldschulden noch im wesentlichen zu berichtigen. [119]

Ich habe einmal die Frage gestellt, ob es einen betriebswirtschaftlichen und juristischen Liquiditätsbegriff gibt. [120] Die Betriebswirtschaftslehre verwendet den Begriff »Liquidität« in unterschiedlicher Weise. Grundsätzlich können drei Begriffsinhalte unterschieden werden [121]:

(1) Liquidität als Zahlungsmitteleigenschaft
(2) Liquidität als Eigenschaft von Bilanzpositionen
(3) Liquidität als Eigenschaft von Wirtschaftsobjekten

Ohne auf Einzelheiten einzugehen sei festgestellt, daß die Rechtsprechung und auch die juristische Literatur grundsätzlich von dem betriebswirtschaftlichen Liquiditäts- bzw. Illiquiditätsbegriff ausgehen. Die Rechtsprechung nimmt nur in zweierlei Hinsicht Korrekturen vor: einmal muß der Schuldner *dauernd* außerstande sein, seine fälligen Verbindlichkeiten zu berichtigen; zum anderen muß die Zahlungsunfähigkeit ein Ausmaß angenommen haben, das als *wesentlich* zu charakterisieren ist. Hinzukommt, daß die Rechtsprechung eine kurzfristige Liquidationsmöglichkeit (shiftability) von Vermögensgegenständen des Anlage- und Umlaufvermögens ebenso wie die Erschließung neuer Kreditmöglichkeiten für durchaus geeignet hält, eine Illiquidität und damit eine Zahlungsunfähigkeit zu beseitigen. Liquidität wird damit sowohl als Eigenschaft von Bilanzpositionen als auch von Wirtschaftssubjekten verstanden, was die Feststellung der Zahlungsunfähigkeit als Konkursgrund in der Praxis besonders schwierig macht. [122]

Zutreffend weist *V. Beeck* [123] darauf hin, daß der Begriff der Zahlungsunfähigkeit, wie er von Rechtslehre und Rechtsprechung entwickelt worden ist, Ermessensspielräume läßt. Es kann nur davor gewarnt werden, diese Ermessensspielräume durch Rechtsvorschriften oder moralische Wertvorstellungen ausfüllen zu wollen. Mißbrauchstatbestände können im Einzelfall durch entsprechende Haftungsvorschriften weitgehend beseitigt werden. Hält man den Schuldner vor allem im Bereich der gesetzlichen Konkursantragspflicht für mündig, die Konkursreife und damit den Zeitpunkt seiner gesetzlichen Verpflichtung selbst bestimmen zu können, so müssen sich auch die Juristen dazu verstehen, den eigentlichen Entscheidungsprozeß als betriebswirtschaftlichen Vorgang zu sehen. Gläubigereigene Optimierungsüberlegungen hinsichtlich der Konkursantragstellung gegen einen Schuldner setzen ebenfalls betriebswirtschaftliche Überlegungen voraus, die sich nicht nur auf eine Unternehmensprognose beziehen, sondern auch auf dem Vertrauen basieren, für den Fall des Konkurses eine angemessene Quote zu erhalten.

b) Der Konkursgrund der Überschuldung

Die Konkursordnung definiert den Begriff der Überschuldung (§§ 207 Abs. 1, 215

KO) überhaupt nicht. Die gesetzlichen Vorschriften der §§ 92 Abs. 2 AktG, 64 Abs. 1 GmbHG, 130a HGB definieren die Überschuldung als eine wirtschaftliche Situation, in der »das Vermögen der Gesellschaft nicht mehr die Schulden deckt«. [124] Die Überschuldung ist demnach die negative Differenz zwischen dem Betrag des Vermögens und dem der Schulden. Nirgends ist vom Gesetzgeber festgelegt, was im Einzelfall als Vermögen der Gesellschaft und als Verbindlichkeiten anzusehen ist. Vor allem ist nicht geregelt, zu welchen Werten die einzelnen Aktivposten im Überschuldungsstatus anzusetzen sind. [125]

Es stellt sich die Frage, ob die simple Definition der Rechtswissenschaften ausreicht, um den Überschuldungstatbestand als gläubigerschützendes Instrument zu gewährleisten. [126] Es kann hier nicht darum gehen, die Bewertungsgrundsätze zu erörtern und die Frage zu beantworten, ob der gegenwärtige Überschuldungsbegriff ein rein statischer ist oder dynamische Elemente enthält. [127] Festzustellen ist nur, daß der gesetzliche Überschuldungsbegriff lediglich einen Rahmen schafft, der durch betriebswirtschaftliche Inhalte ausgefüllt werden muß. Über die Bewertung im Einzelfall entscheidet der jeweilige Bilanzzweck, d. h. die unterschiedlichen Verwertungsmöglichkeiten im Rahmen der vom Gesetz vorgegebenen Verfahrensarten. Der Gesetzgeber sieht den Konkurs- und Vergleichsantrag jeweils alternativ vor. Dies indiziert eine zweistufige Prüfungsmethode, bei der einer Überschuldungsprüfung nach Liquidationswerten die objektive Fortbestehensprognose zur Seite gestellt wird, »die, wenn die Unwahrscheinlichkeit künftigen Eintritts der Zahlungsunfähigkeit überwiegt, zur Verneinung der durch die Verschuldungsrechnung indizierten Konkursreife führen kann«. [128] Instruktiv hierzu *W. Hefermehl* [129]:

> »Auszugehen ist vielmehr von einer möglichen Fortführung des Unternehmens, so daß es entscheidend auf die Ertragsfähigkeit ankommt. Die Feststellung einer Überschuldung muß dabei im Hinblick auf die konkrete Situation der einzelnen Gesellschaft getroffen werden und zwar danach, ob sie überhaupt noch lebensfähig ist und zeitlich unbeschränkt fortgesetzt werden kann oder, wenn dies ausgeschlossen ist, ihr Vermögen zu verteilen und zu verwerten ist. Eine in erster Linie auf die Fortführung des Unternehmens bezogene betriebswirtschaftliche Prüfung der Überschuldung wirkt sich zwangsläufig auf die Maßstäbe aus, die für die Bewertung der Vermögensgegenstände und Schulden gelten.«

Festzustellen ist, daß es betriebswirtschaftliche Untersuchungen genug gibt, die sich mit dem Tatbestand der Überschuldung befassen. [130] Niemand hat aber bislang einen gangbaren Weg gezeigt, über die Jahresbilanz zu einem Status zu gelangen, der aufzeigt, ob die Aktiven noch die Passiven decken. Die von mir bereits erwähnte »Drei-Spalten-Bilanz«, die neben den Werten nach Handelsrecht und GoB sowohl Zeitwerte i. S. der organischen Tageswertbilanz als auch geschätzte Liquidationswerte ausweist, wird von *Ulrich Leffson* [131] als »nicht praktikabel« angesehen, »da hierfür beliebige Prämissen über die Art der Liquidation gesetzt werden könnten«. Nach meinem Dafürhalten ist derzeit trotz möglicher Fehlerquote der »Multiple Gesamtstatus« [131] die einzig mögliche Entscheidungsgrundlage, zumal sie auf der von der Rechtswissenschaft geforderten Zweistufigkeit aufbaut.

Die sicherlich vorhandenen Zusammenhänge zwischen Zahlungsunfähigkeit und Überschuldung sowie die Interdependenzen sind bislang nicht untersucht worden. Zutreffend weist *V. Beeck* [133] darauf hin, daß die Lösung des Bewertungsproblems mit der Kernfrage nach der zur Auswahl des Bewertungsmaßstabes zu treffenden Fiktion über das zukünftige Schicksal der Unternehmung sich letztlich als ein Prognoseproblem darstellt. Liquiditätsprüfung und Zahlungsplan sind somit nicht nur notwendige Prüfungsinstrumentarien der Zahlungsunfähigkeit, sondern auch der Überschuldung. Die derzeitige Unsicherheit und Uneinigkeit sowohl im rechtlichen als auch im betriebswirtschaftlichen Bereich läßt es gerechtfertigt erscheinen, in allen Fällen, in denen die Liquidation der Unternehmung nicht zu prognostizieren ist, von dem »Going-concern-Prinzip« auszugehen. [134] Während die h. M. in der juristischen Literatur dem Prinzip des Gläubigerschutzes anhängt, wurden in der Betriebswirtschaftslehre die von den stillen Reserven ausgehenden Gefahren immer deutlicher erkannt. *H. W. Kruse* [135] hält die Bildung von stillen Reserven nicht nur für das Gegenteil von Vorsicht, sondern auch für das Gegenteil von Gläubigerschutz:

»Ist es ein Irrtum, anzunehmen, die Gläubiger könnten durch die Bilanz stiller Reserven geschützt werden, so ist auch die Annahme, nur statisches Bilanzdenken gewährleiste den Schutz der Gläubiger, falsch. Selbst eine beträchtliche Vermögenswerte ausweisende Bilanz schützt die Gläubiger nicht, wenn die Ertragslage des Unternehmens schlecht ist. Dann ist es nämlich nur noch eine Frage der Zeit, wann die Reserven aufgezehrt sind und die Gläubiger um ihr Geld bangen müssen«.

Ergänzend hierzu *Ulrich Leffson* [136]:

»Liquidationswerte sind bei einer Unternehmung, die auf unbestimmte Zeit fortgeführt werden soll, eine völlig unvorhersehbare Größe. Im Voraus sind weder der Liquidationszeitpunkt noch die künftigen Gründe für die Auflösung der Unternehmung, noch ihre Situation am Absatzmarkt zum Liquidationszeitpunkt bekannt.«

»Wenn man über die Liquidationssituation ex ante keine Informationen besitzt, so ist der Liquidationswert nicht schätzbar und auch nicht in Bilanzen darstellbar.«

Ohne das Thema erschöpfen zu wollen, bleibt festzustellen, daß die Feststellung der Überschuldung mehrere betriebswirtschaftliche Teilprobleme umfaßt: die Prognose hinsichtlich des Fortbestandes oder der Beendigung der Unternehmung, die Abgrenzung der einzubeziehenden Vermögenswerte und Schulden sowie das Bewerten der einzelnen Positionen. Die rechtlichen Konkursgründe lassen im Rahmen ihrer Feststellung und Ermittlung zahlreiche Ermessensspielräume für die Unternehmensleitung. Diese werden in der Praxis derart ausgenützt, daß dem Konkursgrund der Überschuldung und der Zahlungsunfähigkeit allenfalls in der Form der Zahlungseinstellung Bedeutung zukommt. Erst wenn der Schuldner sämtliche liquiden Mittel verbraucht hat, tritt er in der Regel den Gang zum Konkursrichter an. Will man hier Abhilfe schaffen, so bedarf es einer Präzisierung der Tatbestandsmerkmale, die nur durch eine Kooperation von Betriebswirtschaftslehre und Rechtswissenschaft zu erreichen ist. Dabei müßte sodann auch die Frage grundsätzlich entschieden werden, ob auch diejenigen Gläubiger in den Insolvenzschutz einzubeziehen sind, die sich im Schuldnervermögen dinglich abgesichert haben.

Auf die Arbeit von *Jochen Drukarczyk* zum Thema »Bilanzielle Überschuldungsmessung – Zur Interpretation der Vorschriften von § 92 (2) AktG und § 64 (1) GmbHG in der »Zeitschrift für Unternehmens- und Gesellschaftsrecht« Heft 4/1979 kann nur verwiesen werden.

2. *Die Rechnungslegung im Konkurs*

Die Rechnungslegungspflicht des Konkursverwalters ist in §§ 123, 124 KO nur unzulänglich geregelt. Nach § 123 Abs. 1 KO hat der Verwalter die einzelnen zur Konkursmasse gehörigen Gegenstände unter Angabe ihres Wertes aufzuzeichnen. Der Wert ist erforderlichenfalls durch Sachverständige zu ermitteln. Nach § 124 KO obliegt dem Verwalter die Anfertigung eines Inventars und einer Bilanz. Die Kommentierungen dieser einschlägigen Vorschriften zeigen, daß auch in diesem Bereich noch wesentliche Aufgaben von der Betriebswirtschaftslehre zu bewältigen sind. In der Praxis sehen zahlreiche Konkursverwalter von einer zeit- und kostenaufwendigen Aufbereitung des meist desolaten Rechnungswesens des schuldnerischen Unternehmens ab. Handels- und Steuerbilanzen werden nicht erstellt und Steuererklärungen für den Zeitraum vor Konkurseröffnung (soweit es sich nicht um körperschaftssteuerpflichtige Unternehmen handelt) nicht abgegeben. Für die Zeit nach der Konkurseröffnung werden die pagatorischen Geschäftsvorfälle in einer Einnahmen- und Ausgabenrechnung festgehalten, was im übrigen den konkursrechtlichen Aufzeichnungs-, Bilanzierungs- und Rechnungslegungspflichten nach §§ 123, 124, 86 KO entspricht.

Zutreffend haben *B. Klasmeyer* und *B. M. Kübler* [137] auf die vielschichtigen Folgen dieser vereinfachten Handhabung hingewiesen. Es entstehen den Gläubigern nicht selten erhebliche Schäden dadurch, daß die Besteuerungsgrundlagen infolge fehlender Jahresabschlüsse und Steuererklärungen vom Finanzamt geschätzt werden. [138]

Geht man davon aus, daß der Konkursverwalter sowohl handels- als auch steuerrechtlich verpflichtet ist, im eröffneten Verfahren unter Beachtung der Grundsätze ordnungsmäßiger Buchführung Bücher zu führen und Jahresabschlüsse zu erstellen sowie Steuererklärungen abzugeben und unrichtige Erklärungen zu berichtigen, so setzt diese Handhabung nicht nur betriebswirtschaftliche Kenntnisse, sondern auch eine wissenschaftliche »Aufbereitung« dieses terminalen Stadiums der Unternehmung voraus. Die Konkursbilanz ist ebenso ein verfahrensorientiertes Instrument der Rechnungslegung wie die Konkurszwischenbilanz und die Konkursschlußbilanz. Die Frage, welche Funktion die Konkursbilanz innerhalb der Verfahrensabwicklung hat und wieweit sie geeignet ist, zur Verwirklichung der Verfahrensziele beizutragen, ist bisher ebensowenig untersucht worden, wie die Auswirkungen des Bilanzzwecks auf den Inhalt und die Gestaltung der Konkursbilanzen. Die Konkursbilanz vor Verfahrenseröffnung muß den Entscheidungsprozeß ermöglichen, welche Verfahrensart zu wählen ist und ob im Konkursfall eine die Verfahrenskosten deckende Masse überhaupt vorhanden ist. Die Entscheidung über die Frage »Konkurs oder Vergleich?« kann nur aufgrund einer Bilanz erfolgen, die sich nicht nur auf die reine Gegenüberstellung von Aktiven und Passiven beschränkt. [139]

Festzustellen ist, daß nach derzeitigem Recht und heutiger Praxis die Konkursbilanz keine geeignete Informationsgrundlage für Entscheidungen im Zusammenhang mit der Verwaltung, Verwertung und Verteilung der Konkursmasse ist.

Auch die im Gesetz vorgesehene Schlußrechnung nach § 86 KO erfüllt die an eine Bilanz zu stellenden Anforderungen nicht. Sie schließt lediglich an die Konkurseröffnungsbilanz an und gibt den Gläubigern Aufschluß über die Verwaltungs- und Verwertungstätigkeit des Konkursverwalters. Das Gesetz fordert weder Zwischenbilanzen noch Zwischeninventuren während des Liquidationszeitraums, der nicht selten mehrere Jahre beansprucht. Treffend hierzu *Klasmeyer/Kübler* [140]:

»Zur Erfassung der laufenden pagatorischen Geschäftsvorfälle reicht eine Einnahmen-Ausgabenrechnung aus, während dagegen für die periodische Ergebnisermittlung nach Handels- und Steuerrecht der Entstehungszeitpunkt (durch die Bilanz) und die effektive Höhe des Geschäftsergebnisses (aufgrund einer Inventur) vom Steuerpflichtigen nachzuweisen sind.«

Es kann nicht Aufgabe dieses Beitrages sein, die Einzelheiten der Rechnungslegung im Konkurs darzustellen. Es ist Sache der Betriebswirtschaftslehre, die Bedeutung von Konkurseröffnungsbilanz, Konkurszwischenbilanzen und Konkursschlußbilanz aufzuzeigen und die Notwendigkeit einer kontinuierlichen Rechnungslegung im Verfahren herauszustellen. Es wird sodann Sache des Gesetzgebers sein müssen, aus diesen Erkenntnissen die rechtlichen Konsequenzen zu ziehen. Eine Rechnungslegung im Konkurs und Vergleich ist nur dann sinnvoll, wenn die Eröffnungsbilanz erstes und die Schlußbilanz letztes Glied einer Kette sich aneinanderreihender Bilanzen darstellt. [141] Die Arbeiten betriebswirtschaftlicher Art über den Konkursstatus sind in der Insolvenzpraxis so gut wie unbekannt. Die Fragen einer Anwendung der Grundsätze ordnungsmäßiger Bilanzierung sind für die Aufstellung der Konkursbilanz ebenso zu erörtern wie der Grundsatz der Bilanzwahrheit und das Problem der Bewertung. Nicht zuletzt leichtfertige Bewertungen in der Konkurseröffnungsbilanz haben in den letzten Jahrzehnten zu enttäuschenden Insolvenzergebnissen geführt. »Vorsichtige« Insolvenzverwalter haben oftmals bewußt eine Unterbewertung vorgenommen, um nachher auf einen Verwertungserfolg verweisen zu können. Berechnungen hinsichtlich einer Preisober- oder -untergrenze werden überhaupt nicht angestellt. Bei der Bewertung in der Konkursbilanz wird man berücksichtigen müssen, daß die einzelnen Unternehmenswerte wegen der konkursspezifischen Zielsetzung der bestmöglichen Gläubigerbefriedigung nur noch danach bewertet werden können, welchen Beitrag sie zur Deckung der Unternehmensverbindlichkeiten und Sozialbelastungen leisten.

Es mag in Zweifel gezogen werden, daß betriebswirtschaftliche Überlegungen hinsichtlich der praktischen Ermittlung des konkursmäßigen Wertes einzelner Vermögensgegenstände hilfreich sind. Dies vermag jedoch nicht darüber hinwegzutäuschen, daß die Brandmarkung des Konkursverfahrens als »teuerstes Schuldentilgungsverfahren« nicht zuletzt darauf beruht, daß oftmals ohne betriebswirtschaftliche Kenntnisse und damit unwirtschaftlich verwertet wird. Solange das Konkursrecht keine Verwertungsuntergrenzen kennt wie etwa das Zwangsversteigerungsgesetz, solange muß der Konkursverwalter dafür sorgen, daß seine Verwertungshandlungen wirtschaftlich vertretbar sind. Nur so kann auch mit der allgemeinen Meinung aufgeräumt werden, im Konkurs könne man besonders billig erwerben.

3. Die Unternehmensfortführung im Konkurs

Geht man mit *K. Stüdemann* [142] davon aus, daß die Unternehmensfortführung im Konkurs als Zwischenziel zur Erreichung des Oberziels einer Verlustminimierung zulässig ist, so stellen sich betriebswirtschaftliche und rechtliche Probleme, die im Bereich zwischen der Führung eines werbenden Unternehmens und der Verwertung angesiedelt sind. Auch wenn man – wie ich – die Auffassung vertritt, daß jegliche Unternehmensfortführung im Konkurs nur eine zeitweise sein kann, hat diese Unternehmensfortführung primär nach wirtschaftswissenschaftlichen Gesichtspunkten zu erfolgen. Auf die grundlegenden Arbeiten von *K. Stüdemann* kann insoweit verwiesen werden.

4. Das kapitalersetzende Gesellschafterdarlehen

Das Bundesjustizministerium hat am 14. 1. 1977 den Entwurf eines Gesetzes zur Änderung des GmbH-Gesetzes und anderer handelsrechtlicher Vorschriften vorgelegt. Vor allem die Vorschrift des § 32a EGmbHG gewinnt für die Betriebswirtschaftslehre erhebliche Bedeutung, denn das Gericht ist auf Gutachten dieses Wissenschaftsbereiches angewiesen, um im Einzelfall die Unterkapitalisierung der GmbH oder GmbH & Co KG, auf die gemäß § 172a EHGB § 32a EGmbHG sinngemäß Anwendung findet, festzustellen. Die rechtliche Behandlung von Gesellschafterdarlehen als haftendes Eigenkapital in den Fällen, in denen »ordentliche Kaufleute Eigenkapital zugeführt hätten«, entspricht ständiger Rechtsprechung. [143]

Der Gesetzesentwurf verzichtet, wie in der Begründung betont wird (S. 29) auf eine genauere Abgrenzung der Kriterien, nach denen die Gesellschafter als ordentliche Kaufleute im Zeitpunkt der Darlehensgewährung stattdessen Eigenkapital zugeführt hätten. Dabei wird nicht verkannt, daß die Feststellung im Einzelfall »zwar nicht einfach zu treffen sein« wird, »jedoch nicht auf unüberwindliche Schwierigkeiten« stößt. Hinsichtlich der Einzelheiten zum kapitalersetzenden Gesellschafterdarlehen sei auf die Ausführungen von *Jochen Drukarczyk* auf der Tagung der Hochschullehrer für Betriebswirtschaft 1978 in Nürnberg verwiesen. Für Österreich sind zur notwendigen Kapitalausstattung der Unternehmen von *Karl Lechner* bereits in den Sechziger Jahren Untersuchungen und Gutachten erstellt worden. Festzustellen ist, daß der Betriebswirtschaftslehre im Rahmen der von der Rechtsprechung gefundenen Abgrenzungskriterien eine neue Aufgabe zuwächst, wobei an dieser Stelle dahinstehen mag, ob man die geplante gesetzliche Regelung als glücklich bezeichnen kann. Die Folge ist nämlich, daß kein Gesellschafter mehr bereit ist, einer sanierungsbedürftigen GmbH oder GmbH & Co KG künftig ein Darlehen zu gewähren. [144]

5. Die Feststellung der Unterkapitalisierung als Aufgabe der Betriebswirtschaft

Im Rahmen eines erweiterten Gläubigerschutzes hat die Rechtsprechung die Möglichkeit eröffnet, unter bestimmten Voraussetzungen auch bei beschränkt haftenden Gesellschaften im Wege des Haftungsdurchgriffs auf das Vermögen der beschränkt haftenden Gesellschafter Zugriff zu nehmen. Hierzu sieht § 5d Abs. 1 EGmbHG folgendes vor:

»Sollen als Sacheinlagen oder Sachübernahmen Wertpapiere, bei denen ein Börsen- oder Marktpreis amtlich nicht festgestellt wird, oder andere Gegenstände als Sachen eingebracht oder übernommen werden, so ist durch einen oder mehrere Prüfer (Gründungsprüfer) zu prüfen, ob der

Wert der Sacheinlagen oder Sachübernahmen den Betrag der dafür zu gewährenden Geschäftsanteile oder den Wert der dafür zu gewährenden Leistungen erreicht.«

Wenn auch schon heute überwiegend anerkannt ist, daß das Registergericht jedenfalls bei offensichtlicher Überbewertung der Sacheinlagen oder Sachübernahmen eine Prüfung anordnen und gegebenenfalls die Eintragung ablehnen kann, so können doch auf diese Weise nur schwerwiegende Fälle unsolider Sachgründungen entdeckt und verhindert werden. Diesem Mangel des geltenden Rechts will der Entwurf abhelfen, indem er die Sachgründung einer Gründungsprüfung unterwirft. Da es sich weitgehend um Bewertungsfragen handelt, ist die Gründungsprüfung dem Bereich der Betriebswirtschaft zuzuordnen.

In einem eröffneten Konkursverfahren hat der Konkursverwalter dafür zu sorgen, daß noch nicht oder nicht gehörig erfüllte Sacheinlageversprechen erfüllt werden. Bei einer überbewerteten Sacheinlage steht der Konkursmasse die Differenz zwischen dem angenommenen Wert und dem wahren Wert der Sacheinlage in Geld zu. [145] *Marcus Lutter* [146] hat in seinem Referat auf der vorjährigen Tagung des Verbandes der Hochschullehrer für Betriebswirtschaft zur Entwicklung des Unternehmensrechts eindrucksvoll herausgestellt, daß in der unterschiedlichen Struktur der die Arbeit der Juristen bestimmenden Normen und in der anders gearteten Objektsituation dieser Normen die Wurzel so manchen wechselseitigen Mißverständnisses liegt. *M. Lutter* und *P. Hommelhoff* [147] haben neuerdings am Beispiel des Problems »nachrangiges Haftkapital und Unterkapitalisierung in der GmbH« die enge Verquickung des Unternehmensgeschehens mit den rechtlichen Folgen am Beispiel der Unterkapitalisierung treffend dargelegt. Aus dem vorverlagerten Gläubigerschutz wird die »Abkehr vom Gedanken des nominalen – durch die Stammkapitalziffer festgelegten – Kapitals und die Hinwendung zu einem materiellen Kapitalbegriff« begründet. Hierzu auf S. 42:

»Den Schutzregeln des Stammkapitals unterliegt nicht nur das Gesellschaftsvermögen, soweit es benötigt wird, um das Stammkapital in der gesellschaftsvertraglich festgelegten Höhe zu decken, sondern weitergehend alles Vermögen, das nach diesen erweiterten materiellen Finanzierungsgrundsätzen als Kapitalgrundlage der Gesellschaft zu betrachten ist.« [148]

Jede Unterkapitalisierung einer Unternehmung ist »finanzielles Organisationsverschulden«. Sie führt aber nur dann zu rechtlichen Konsequenzen i. S. einer Haftung, wenn die unangemessene Eigenkapitalausstattung nach den Vorstellungen der Gesellschafter dazu führen soll, das Geschäftsrisiko auf die Gläubiger zu verlagern. [149] Ohne Einzelheiten zu erörten ist festzustellen, daß die Ermittlung der anfänglichen (ursprünglichen) oder nachträglichen Unterkapitalisierung einer Unternehmung als Mißverhältnis zwischen Haftkapital und Gesellschaftszweck, zwischen Eigenkapital und Geschäftsumfang, zwischen Eigenkapital und Anlagevermögen, zwischen Eigenkapital und Fremdkapital oder zwischen Eigenkapital und Risiko ein primär betriebswirtschaftliches Problem ist. Daran ändert auch nichts die Tatsache, daß die Frage nach der angemessenen Eigenkapitalausstattung einer Gesellschaft von der Betriebswirtschaft als unbeantwortbar qualifiziert wird. [150] Die betriebswirtschaftliche Aussage, daß die Fremdkapitalbelastung einer Unternehmung »kostenmäßig nicht nur unbedenklich, sondern echte betriebswirtschaftliche Notwendigkeit« [151] sagt noch nichts darüber aus, ob der Gesetzgeber bzw. die Rechtsprechung an diese betriebswirtschaftliche Optimierung haftungsrechtliche Folgen knüpft. Es geht also, worauf *M. Lutter* und *P. Hommelhoff* [152] zutreffend hingewiesen haben, »allein um die normative Frage, ob das zur Verfügung gestellte Eigenkapital nach dem Umfang der Geschäftstätigkeit und ihren allgemeinen Risiken einen noch angemessenen Beitrag für das Privileg der Haftungsbegrenzung darstellt (§ 13 Abs. 2 GmbHG) und ob es darüberhinaus in noch ausreichendem Maße der Funktion des Eigenkapitals als Krisenpuffer gerecht wird (§ 5 Abs. 1 GmbHG).« Auch die Betriebswirtschaft wird sich im Rahmen künftiger gutachtlicher Stellungnahmen zur Unterkapitalisierung mit der hieraus resultierenden *Zweistufigkeit der Prüfung* abfinden müssen.

6. Der gefährliche Sanierungskredit

Die Frage, ob im Einzelfall einer notleidenden Unternehmung ein Sanierungskredit gegeben worden ist, entscheidet sich nach der wirtschaftlichen Situation. Dies aber ist ein betriebswirtschaftliches Problem, das nur aufgrund einer Liquiditätsrechnung und eines Zahlungsplans entschieden werden kann. Es ist Sache des Gesetzgebers und der Rechtsprechung, aus der wirtschaftlichen Situation rechtliche Konsequenzen zu ziehen.

Die Aufgaben für die Betriebswirtschaft können hier nur angedeutet werden:

(a) Nach § 32 a Abs. 1 Satz 2 EGmbHG wird insbesondere ein kapitalersetzendes Gesellschafterdarlehen angenommen, wenn das Darlehen dazu gedient hat, die Zahlungsunfähigkeit der Gesellschaft abzuwenden oder hinauszuschieben. In allen Haftungsfällen wird es Aufgabe des Gutachters sein, vermittels einer Betrachtungsweise ex ante festzustellen, ob die Situation der Unternehmung so war, daß ordentliche Kaufleute Eigenkapital zugeführt hätten.

(b) Der Bundesgerichtshof bejaht eine Prüfungspflicht des Sicherungsnehmers bei sogen. Sanierungsverträgen. [153]

Die ältere Rechtsprechung hatte einen Kreditgeber in der Regel als verpflichtet angesehen, bei Gewährung von Krediten an ein konkursreifes Unternehmen durch einen branchekundigen Wirtschaftsfachmann dieses Unternehmen eingehend und objektiv prüfen zu lassen, ob das Sanierungsvorhaben Erfolg verspricht. [154] Spätere Entscheidungen sprechen nur noch davon, daß die wirtschaftliche Situation des Schuldners bei Sanierungskrediten durch einen branchekundigen Sachverständigen zu prüfen ist. Ohne auf die Einzelheiten der – nicht einheitlichen – Rechtsprechung einzugehen, bleibt festzustellen, daß auch im Rahmen der Kreditgewährung und der Kreditsicherung der Betriebswirtschaftslehre Aufgaben erwachsen sind, die nur mit Hilfe der seit Jahren entwickelten Prognosemodelle zu bewältigen sind.

IV. Betriebswirtschaftliche Überlegungen beim gerichtlichen Vergleich zur Abwendung des Konkurses

1. Der Entscheidungsprozeß »Konkurs oder Vergleich?«

Nach wohl allgemeiner Meinung stellt unser Insolvenzrecht die Weichen zu früh, indem der Vorstand oder die Geschäftsführung sich innerhalb von drei Wochen entscheiden muß, ob sie Konkurs- oder Vergleichsantrag bei dem zuständigen Amtsgericht stellt. Ein breitgefächertes Netzwerk außergerichtlicher Sanierungsmaßnahmen beherrscht daher das Feld wie z. B. Kapitalveränderungen, Aufnahme neuer Gesellschafter, Ergebnisausschlußverträge, Moratorien, Schuldumwandlungen, Forderungsrücktritte der Gesellschafter-Gläubiger, Patronatserklärungen Dritter, die Verwendung von Gesellschafterforderungen zur Kapitalerhöhung und Auffanggesellschaften. [155]

Zur Durchführung des gerichtlichen Vergleichs ist erforderlich, daß einmal der Konkursgrund vorliegt, zum anderen die rechtliche und wirtschaftliche Vergleichsfähigkeit gegeben ist. Die wirtschaftliche Vergleichsfähigkeit ist die Fähigkeit der Unternehmung, durch das gerichtliche Sanierungsverfahren erneut in die Lage versetzt zu werden, nach Bereinigung der Schwachstellen wettbewerbsfähig am Wirtschaftsverkehr teilzunehmen. Die Beurteilung der wirtschaftlichen Vergleichsfähigkeit setzt eine eingehende Schwachstellenanalyse, die Prüfung der Möglichkeit einer Beseitigung der Schwachstellen und eine Ertragsprognose voraus. *Ausnahme:* Beim treuhänderischen Liquidationsvergleich kommt es nur auf den Wert des Aktivvermögens an. Die Frage nach der wirtschaftlichen Vergleichsfähigkeit läßt sich nur aufgrund eines Liquiditätsstatus (Liquiditätsbilanz) und eines Zahlungsplans (Finanzplan) beantworten. [156] Sollte künftig ein gerichtliches Sanierungsverfahren als drittes Insolvenzverfahren eingeführt werden, so kommt der wirtschaftlichen Vergleichsfähigkeit als Sanierungsfähigkeit im Rahmen der betriebswirtschaftlichen Forschung und Lehre besondere Bedeutung zu.

2. Rechtliche und betriebswirtschaftliche Probleme des Vergleichsstatus

Die Bezeichnung »Vergleichsbilanz« oder »Vergleichsstatus« kennt das Gesetz nicht; sie entstammt vielmehr dem Sprachgebrauch der Praxis. [157] Die Vergleichsbilanz soll den Bestand und Wert des Vermögens, das Bestehen und den Umfang etwaiger Nebenrechte an den Vermögensgegenständen, die Summe und Art der Verbindlichkeiten und den Teil der Verbindlichkeiten ausweisen, der durch dingliche Rechte an einzelnen Vermögensgegenständen oder gesetzliche Vorrechte gesichert erscheint. Die Vergleichsbilanz soll nach *Ernst Knorr* [158] weiterhin erkennen lassen, ob, und gegebenenfalls wie stark der Schuldner überschuldet ist und wieviel eigene Mittel er noch hat, wieviel eigenes und wieviel fremdes Vermögen der Schuldner in Besitz hat, welche Anlage- und Umlaufmittel ihm für eine Weiterführung seines Betriebes zur Verfügung stehen, welche Verbindlichkeiten er mit Vorrang und welche er nach dem erstrebten Vergleich in voller Höhe zu befriedigen hat, und ob er imstande ist, ein angemessenes Vergleichsgebot (Vergleichsvorschlag) zu machen.

Wenn in der Betriebswirtschaftslehre [159] behauptet wird, im Vergleichsstatus habe der Schuldner nachzuweisen, daß er in der Lage sein werde, die gesetzliche Mindestquote innerhalb eines Jahres oder mindestens 40% in einem Zeitraum von mehr als einem Jahr zu befriedigen, so zeigt dies, wie wenig man bislang den Begriff des Vergleichsstatus im Griff hat. Bezeichnend hierzu *E. Knorr* [160]:

»Über die Bewertung (der Vermögensgegenstände) in der Vergleichsbilanz/Vermögensübersicht bestimmt die VglO nur, daß »uneinbringliche oder zweifelhafte Aktiva als solche kenntlich zu machen sind.« Damit ist die Frage der Bewertung im Einzelnen – eine Frage von überragender, ja entscheidender Bedeutung für den Wert der Vergleichsbilanz und der Folgerungen aus ihr – ähnlich wie im Handelsgesetzbuch und in Abweichung vom Aktiengesetz nicht gesetzlich geregelt, sondern der Übung der ordentlichen Kaufleute und der Entwicklung durch die Betriebswirtschaftslehre überlassen.«

Nach *E. Heinen* [161] *kann* dem Vergleichsstatus auch eine außerordentliche Gewinn- und Verlustrechnung zur Seite gestellt werden. Diese Gewinn- und Verlustrechnung ist aber für die Beurteilung der Erfüllbarkeit des Vergleichs entscheidend. Oder, wie bereits gesagt: »Eine (statische) Liquiditätsbilanz ohne Finanzplan ist wertlos.« Der Finanzplan ist weitgehend mit dem Erfüllungsplan identisch. Auch dieser ist im Gesetz nicht vorgesehen.

Seit den Veröffentlichungen von *Ernst Knorr* ist die Problematik m. W. nicht mehr grundlegend behandelt worden. Auch hier liegt noch ein von der Betriebswirtschaftslehre zu bearbeitendes Gebiet des Insolvenzrechts. Die einschlägigen Kommentare lassen Darstellungen vermissen, die sich auf die Grundsätze der Finanzplanerstellung beziehen. So ist nirgends gesagt, daß z. B. der Jahresabschluß zahlreiche Posten enthält, die einer Bereinigung bedürfen, wenn er auf die zahlungsrelevanten Vorgänge reduziert werden soll. Auf prospektive Kapitalflußrechnungen wird der Vergleichsverwalter und Vergleichsrichter heute ebensowenig verzichten können wie auf Planrechnungen. Dabei soll nicht verkannt werden, daß der Zahlungs- bzw. Erfüllungsplan weitgehend auf Annahmen und Schätzungen hinsichtlich der Entwicklung der notleidenden Unternehmung beruht. Dies sollte aber nicht daran hindern, sich moderner betriebswirtschaftlicher Prognosemodelle zu bedienen, um eine künftige Unternehmensentwicklung zu beurteilen.

3. Die Quotenberechnung als betriebswirtschaftliches Problem

In der Insolvenzpraxis hat sich die Unsitte eingebürgert, auch bei Fortführungsvergleichen die Aktivwerte entsprechend den Grundsätzen für eine Konkursbilanz (§ 124 KO) mit Zerschlagungswerten in den Status einzusetzen. Der Gläubiger hat ein Recht darauf, zu erfahren, welchen Zeitwert die Unternehmung zum Zeitpunkt des Zustandekommens des Vergleichs hat, und welche Opfer er im Einzelfall bringen muß, wenn das notleidende Unternehmen durch seinen Forderungserlaß gerettet werden soll. Über die Berechnung der vorläufigen, rechnerischen oder tatsächlichen Vergleichsquote gibt es so gut wie keine Untersuchungen. [162] Die *rechnerische Quote* zeigt, welcher Betrag den Gläubigern für den Fall zur Verfügung steht, daß die Aktivmasse zu Zeitwerten und ohne Entstehen weiterer Verbindlichkeiten liquidiert werden kann oder in welcher Höhe aus teilweiser Liquidation und Erträgen die Quote gezahlt werden kann. Die rechnerische Quote ist niemals identisch mit der Konkursquote, denn diese wird durch Abwicklungskosten und Sozialbelastungen des Konkursverfahrens in maßgeblichem Umfang beeinflußt.

Die Feststellung der *tatsächlichen Vergleichsquote* erfordert beim Quoten- und Erlaßvergleich sowohl auf der Aktiv- als auch auf der Passivseite des Status wesentliche Korrekturen. Der Schuldner benötigt regelmäßig wesentliche Teile seines Anlage- und Umlaufvermögens, um überhaupt die Vergleichsquote erwirtschaften zu können. Um diese Gegenstände ist die Aktivseite des nach § 5 VglO zu erstellenden Status zu berichtigen. An die Stelle der im Unternehmen verbleibenden Werte tritt eine Geldleistung, die das Unternehmen im Erfüllungszeitraum zu erwirtschaften hat. Die Prognose ist nur aufgrund eines Rentabilitätsplans möglich. Es gilt insoweit der Grundsatz des französischen Insolvenzrechts: »Si l'entreprise est viable, elle pourra survivre, si non, elle devra disparaitre.«

V. Reorganisation und Unternehmenssanierung als neue Aufgabe für Gesetzgebung, Insolvenzrecht und Wirtschaftswissenschaften

Nach den Vorstellungen des Bundesministers der Justiz [163] verdient im Rahmen der Überlegungen zu einer Novellierung des Konkurswesens die Tatsache besonderer Aufmerksamkeit, daß das Vergleichsverfahren zur Abwendung des Konkurses heute nur noch in einer verschwindend kleinen Zahl von Fällen durchgeführt werden kann:

> »Sehr bemerkenswert scheint mir der Vorschlag zu sein, nach amerikanischem und französischem Vorbild ein besonderes Sanierungsverfahren einzuführen.«

In der Insolvenzrechtspraxis hat sich längst die Einsicht durchgesetzt, daß hochkapitalisierte »Technostrukturen« nicht mehr einfach liquidiert oder einem privaten Vergleich überlassen werden können. [164] Die Praxis tut sich mit der außergerichtlichen Sanierung derzeit aber schwer. Fusionsverbote und vor allem die Haftungsvorschriften der §§ 25 HGB, 419, 613 a BGB verhindern nicht selten aussichtsreiche Unternehmenssanierungen. Beteiligungsvergleiche, Auffanggesellschaften, Sanierungs- sowie Finanzierungsgesellschaften beherrschen das Feld. [165] Auffanggesellschaft, Sanierungsgesellschaft oder Gläubigergesellschaft sind letztlich nichts anderes als eine von mehreren, den Gläubigern des notleidenden Unternehmens zur Verfügung stehenden externen Sanierungsmöglichkeiten neben Zahlungsaufschub, Zinsreduktion, Schuldumwandlung, Schulderlaß oder Fremdkapitalzuführung. [166]

In der reichhaltigen betriebswirtschaftlichen Literatur finden sich zur Sanierung zahlreiche finanztechnische Erörterungen zur Unternehmensgesundung. Gesamtmodelle werden nicht angeboten. Hält man den Konkurs, wie eingangs geschildert, nicht länger für einen Ausleseprozeß *(W. Röpke)* [167] oder für eine Zwischenphase des gesamtwirtschaftlichen Entwicklungsprozesses *(J. A. Schumpeter)* [168], so wird ein gerichtliches Sanierungsverfahren, das dem wertezerschlagenden Konkurs als Automatismus vorgeschaltet ist, Bestandteil eines künftigen deutschen Insolvenzrechts sein müssen. Es sollen daher kurz die für die Betriebswirtschaftslehre anfallenden Probleme und Aufgaben im folgenden skizziert werden:

(1) Die Festlegung der Sanierungsgründe

Nach richtiger Meinung werden Konkurse und Vergleiche zu spät beantragt und durchgeführt. Ein sinnvolles Sanierungsverfahren setzt daher voraus, daß die Gründe für die Sanierung im Vorfeld der Konkursgründe angesiedelt werden. Hinsichtlich der Sanierungsfähigkeit erscheint es gerechtfertigt, auf den betriebswirtschaftlichen Begriff der Krise zurückzugreifen.

(2) Die rechtliche und wirtschaftliche Sanierungsfähigkeit

Ein notleidendes Unternehmen ist nur sanierungsfähig, wenn die rechtliche und wirtschaftliche Lebensfähigkeit bejaht werden kann. Eine GmbH & Co KG, bei der wegen Wegfalls der Komplementär-GmbH ein Weiterbestehen ausgeschlossen ist, entbehrt der rechtlichen Sanierungsfähigkeit. Wirtschaftlich sanierungsfähig ist dagegen eine Unternehmung, von der mit Wahrscheinlichkeit zu erwarten ist, daß sie ihre verlorengegangene oder demnächst verlorengehende Ertragsfähigkeit nach Durchführung des Sanierungsverfahrens wiedererhält. Das Sanierungsverfahren wird der Prüfstein des längst fälligen »Brückenschlags« zwischen Rechtswissenschaften und Wirtschaftswissenschaften werden. Materielles und formelles Sanierungsrecht sollten sich damit begnügen, für betriebswirtschaftliche Überlegungen und für eine ordnungsgemäße Verfahrensdurchführung die Rahmenbedingungen und rechtlichen Voraussetzungen festzulegen. Die Prüfung der wirtschaftlichen Sanierungsfähigkeit, die Aufstellung des Sanierungsplans und die Durchführung der Sanierung sollte der Betriebswirtschaft vorbehalten bleiben, was nicht ausschließt, daß das Verfahren unter gerichtlicher Aufsicht abgewickelt wird. Auf den Rückgriff auf ausländische Verfahrensarten und Erfahrungen, vor allem auf das 1978 novellierte amerikanische Reorganisationsverfahren wird der Gesetzgeber bei einer Neuregelung nicht verzichten können.

(3) Die Aufstellung des Sanierungsplans

Betriebswirtschaftlicher Schwerpunkt jeglicher Reorganisation und Unternehmenssanierung ist der Sanierungsplan. Die derzeitige Ausbildung der Juristen bietet keine hinreichende Gewähr, daß der Richter imstande ist, eine angemessene Planprüfung vorzunehmen. Die Aufgabe wird daher zwangsläufig einem Sanierungsverwalter zufallen müssen. Der eigentliche Sanierungsplan ist wie folgt aufzuteilen:

- Darstellung der Vermögensverhältnisse (Sanierungsbericht).
- Reorganisationsplan und Gläubigerbeitrag zur Sanierung

Eingriffe in die Rechte Dritter wie z. B. eine zwangsweise Kapitalherabsetzung oder die Zwangsumwandlung von Forderungen in Beteiligungsrechte kann nur der Gesetzgeber regeln. Gleiches gilt für die Verfahrensbeteiligung der Arbeitnehmer, Sozialversicherungsträger und Ministerien. Festzustellen ist schon jetzt, daß der Gesetzgeber lediglich ein funktionsfähiges Sanierungsverfahren bereitzustellen hat. Es ist eine Frage der Qualifikation des Verwalters und des guten Willens der

Gläubiger und sonstiger Beteiligter, in welchem Umfang die Verfahrensabwicklung von wirtschaftlicher Vernunft und der Anwendung betriebswirtschaftlicher Erkenntnisse geprägt sein wird. Ich halte die rechtliche und wirtschaftliche Gestaltung eines künftigen Sanierungsverfahrens für eine Herausforderung an die Wirtschaftswissenschaften und Rechtswissenschaften. Sie sollten die Chance nutzen, über die »Brücke« einer »Intensivtherapie« notleidender Unternehmen einander näher zu kommen.

Anmerkungen

1 Das Gesetz knüpft in zahlreichen Vorschriften an eine kriminelle oder »unwürdige« Verhaltensweise des Kaufmanns rechtliche Folgen, die sich meist auch im Insolvenzverfahren auswirken. Nach § 70 StGB kann z. B. das Strafgericht ein Berufsverbot aussprechen. § 35 GewO berechtigt die Verwaltungsbehörde, unter bestimmten Voraussetzungen Genehmigungen zurückzunehmen. § 6 Abs. 2 des Entwurfes eines GmbH-Gesetzes und andere handelsrechtlicher Vorschriften schränkt die Fähigkeit, Geschäftsführer einer GmbH zu sein, für die Fälle einer Bestrafung nach den §§ 283ff. StGB auf Zeit ein und die §§ 17, 18 VglO schließen den gerichtlichen Vergleich in Fällen der Vergleichsunwürdigkeit des Schuldners selbst dann aus, wenn der Konkurs für die Gläubiger nachteiliger ist. Kritisch hierzu Künne, Der Betrieb 1978, S. 729; H.-H. Wessel, Betriebs-Berater 1976, S. 770.

2 Dabei soll nicht verkannt werden, daß dem Wirtschaftsrecht lediglich die Funktion zukommt, im Rahmen des wirtschaftlichen Wettbewerbs ethische Mindestanforderungen zu fixieren. Die innere moralische Hemmung des »königlichen Kaufmanns« ist dem Wettbewerbssystem moderner Prägung längst abhanden gekommen. Da im wirtschaftlichen Wettbewerb unter sonst gleichen Bedingungen derjenige begünstigt wird, der das jeweils mögliche Mindestmaß an Verkehrsmoral besitzt, wird auch der normwillige Unternehmer hinsichtlich der in seinen Kreisen üblichen Marginalmoral dem korrumpierenden Druck der Alternative »Mitmachen oder Untergehen« ausgesetzt. Vgl. W. Schöllgen: Moral zwischen Anspruch und Verantwortung, Düsseldorf 1964, S. 5; Götz Briefs: Sozialreform und Sozialgeist der Gegenwart, Handwörterbuch der Soziologie, hrsg. v. A. Vierkandt, Stuttgart 1931, S. 162; Sutherland, E. H.: White collar crime, New York 1961, S. 12; Wilhelm Röpke: Ethik und Wirtschaftsleben, in: Wirtschaftsethik heute. Drei Reden von Wilhelm Röpke, Josef Hühnermann und Bernhard Müller, Hamburg 1956, S. 19ff.

3 Vgl. H. St. Seidenfuß: Die Wandelbarkeit des Wettbewerbsbegriffs, in: Zehn Jahre Gesetz gegen Wettbewerbsbeschränkungen, Köln/Berlin/Bonn/München 1968, S. 84ff.

4 Wilhelm Röpke: Die natürliche Ordnung der Wirtschaft, in: Leistungssteigerung in Verwaltung und Wirtschaft durch sinnvolle Rationalisierung, Heft 7 der Schriftenreihe des Sparkassen- und Giroverbandes für das Land Baden, Freiburg 1951, S. 87f. Vgl. auch Reuter, zit. nach Siedschlag, Ansatzpunkte zu einer Reform des Konkursrechts (Konkurs und Vergleich), Dissertation Freiburg i. Br. 1971, S. 20f.

5 So zutreffend W. Gerhardt: Aspekte zur Wechselwirkung zwischen Konkursrecht und Wirtschaftsleben, in: Festschrift für Friedrich Weber zum 70. Geburtstag, Berlin/New York 1975, S. 181, 188.

6 V. Gessner/B. Rhode/G. Strate/K. A. Ziegert: Die Praxis der Konkursabwicklung in der Bundesrepublik Deutschland – eine rechtssoziologische Untersuchung, Köln 1978, S. 558. Der Konkurs als Instrument gezielter markt- und machtpolitischer Strategie der Marktführer kann nicht mehr ausgeschlossen werden.

7 Vgl. auch das Sondergutachten der Monopolkommission zur Fusion Neckermann/Karstadt vom 26. 11. 1976, in: Wettbewerb in Recht und Praxis (WRP) 1977, S. 18; ferner Hauptgut-

achten der Monopolkommission 1973/1975. Mehr Wettbewerb ist möglich, Baden-Baden 1976, S. 463ff.

8 Vgl. E. Büschgen/K. Steinbrink: Verstaatlichung der Banken? Forderungen und Argumente. Köln 1977, S. 112; E. Büschgen: Universalbanken oder spezialisierte Banken als Ordnungsalternativen für das Bankgewerbe der Bundesrepublik Deutschland unter besonderer Berücksichtigung der Sammlung und Verwendung von Kapital, Teil I u. II 1970 (Vervielfätigtes Manuskript).

9 H. Hanisch: Entwicklungstendenzen des gegenwärtigen Insolvenzrechts in: Juristische Blätter (Österreich) Jg. 99 Heft 9/10 v. 14. Mai 1977, 237, 238; Uhlenbruck, Protokolle des II. Internationalen Kongresses für Kreditschutz, Wien 1970, S. 87, 98.

10 C. Hahn: Die gesamten Materialien zur Konkursordnung, Berlin 1881 S. 292.

11 Protokolle S. 238.

12 Protokolle S. 58, 60.

13 Protokolle S. 68.

14 Einzelheiten bei Uhlenbruck, »Einhundert Jahre Konkursordnung,« in: Festschrift »Einhundert Jahre Konkursordnung 1877–1977«, Köln 1977, S. 3, 26ff.

15 Die Praxis der Konkursabwicklung in der Bundesrepublik Deutschland S. 558.

16 So zutreffend A. M. Berges: Konkurs, Treuhand- und Schiedsgerichtswesen (KTS) 1957, S. 57.

17 Vgl. J. Kilger, KTS 1975, S. 142ff.; H. Hanisch, Zeitschrift für Zivilprozeß (ZZP) 1977, S. 1ff.; H. Arnold, Der deutsche Rechtspfleger (RPfleger) 1977, S. 385ff.; W. Uhlenbruck, Neue Juristische Wochenschrift (NJW) 1975, S. 897ff. Vgl. auch das Gutachten F zum 51. Deutschen Juristentag 1976 von U. Drobnig und den Sitzungsbericht O, München 1976.

18 Die Insolvenzstatistik zeigt, daß die Zahl der Konkurse entsprechend der Konjunkturentwicklung wellenförmig verläuft. Einzelheiten bei Mentzel/Kuhn/Uhlenbruck, Konkursordnung, 9. Aufl. 1979 Einl. Anm. 3. Vgl. auch Doehring, KTS 1977, S. 146ff.; 1978, S. 136ff.

19 V. Gessner/B. Rhode/G. Strate/K. A. Ziegert: Die Praxis der Konkursabwicklung in der Bundesrepublik Deutschland – eine rechtssoziologische Untersuchung, Köln 1978.

20 Vgl. auch G. Erkel: Insolvenzrechtliche Ergebnisse der aktuellen Rechtstatsachenforschung, Festschrift »Einhundert Jahre Konkursordnung 1877–1977« S. 295, 298.

21 Vgl. die Rede des Bundesjustizministers Dr. H.-J. Vogel zur Konstituierung der Kommission für Insolvenzrecht am 21. Februar 1978 in Bonn, veröffentl. in »recht«, Informationen des BMJ Nr. 3 v. 30. 3. 1978, S. 21ff.

22 D. Eickmann: Konkurs- und Vergleichsrecht, 1973, S. 18; W. Gerhardt: Wechselwirkung zwischen Konkursrecht und Wirtschaftsleben, in: Festschrift für Friedrich Weber zum 70. Geburtstag, Berlin/New York 1975, S. 181, 188.

23 V. Muthesius, Zeitschrift für die ges. Kreditwirtschaft 1954, S. 760; E. Stemmer: Konkurs und Wirtschaft, Diss. Basel 1952, S. 20. Vgl. auch Joseph A. Schumpeter: Konjunkturzyklen, Bd. 1, Göttingen 1961, S. 103; ders., Theorie der wirtschaftlichen Entwicklung, 5. Aufl. Berlin 1952, S. 342.

24 Vgl. auch W. Röpke: Die Lehre von der Wirtschaft, 10. Aufl., Erlenbach/Zürich 1965, S. 305. W. Sombart: Das Wirtschaftsleben im Zeitalter des Hochkapitalismus, 2. Halbbd., Berlin 1955, S. 577ff.; A. Müller-Armack: Wirtschaftsordnung und Wirtschaftspolitik, Bd. 4 Freiburg i. Br. 1966, S. 118.

25 AM. Berges, KTS 1957, S. 57.

26 So Gessner/Rhode/Strate/Ziegert: Die Praxis der Konkursabwicklung in der Bundesrepublik Deutschland, S. 5.

27 GS 1/77, veröffentl. in Betriebs-Berater 1979, S. 267.

28 Vgl. auch H. J. Lux, Betriebs-Berater 1979, S. 282; W. Henckel KTS 1979 Heft 3.

29 Ernst Jaeger: Lehrbuch des Deutschen Konkursrechts, 8. Aufl. 1932 u. Nachdruck Berlin 1973 S. 64.

30 Vgl. Monatsbericht der Deutschen Bundesbank Oktober 1978, S. 16ff. zur Eigenkapitalausstattung der Unternehmen.

31 »Auf dem Vorrecht von Rechtswegen beruht die Zusage des Vorrechts. Auf der Zusage des

Vorrechts beruht die verschleierte Übertragung zur Sicherheit. Auf dieser beruht übermäßiger und falscher Kredit. Auf übermäßigem und falschem Kredit beruht das Wirtschaftsleben jenseits der eigenen Kapitalbasis«. (Nach einer Übersetzung von Hans Hanisch: Rechtszuständigkeit der Konkursmasse, Frankfurt 1973, S. 27 Fußn. 47).

32 Für die Immobiliarsicherheiten stellt sich das Problem nicht wegen der grundbuchmäßigen Publizität dinglicher Rechte.

33 Lehrbuch des Deutschen Konkursrechts S. 216.

34 Lehrbuch S. 16. Vgl. zu den »automatischen Entwertungsphasen im Konkurs« Uhlenbruck, Typische Symptome in den durch Strukturwandel gefährdeten Betrieben. Versuch einer Insolvenzanalyse, in: Die Betriebswirtschaft 1977 Heft 2 S. 311 ff.

35 Die Arbeiten von E. Stemmer (Fußn. 23), R. Fürst: Insolvenzen in betriebswirtschaftlicher Schau, Stuttg. 1962; K. Fluch: Der Status der Unternehmung, 2. Aufl. Wiesbaden 1961; Th. Rinklin: Die vergleichsfähige und die konkursreife Unternehmung, Stuttg. 1960 behandeln im wesentlichen im Vorfeld der Konkursabwicklung angesiedelte Probleme.

36 C. Hahn: Die gesamten Materialien zur Konkursordnung, Berlin 1881, S. 381 ff.

37 C. Hahn, a. a. O. S. 385.

38 Vgl. Ernst Jaeger: Kommentar zur KO., 2. Aufl., Berlin 1904, S. XII Ziff. 2; Makower: Zur Revision der deutschen KO, Berlin 1894; W. Schwarze: Zur Abänderung der KO, Berlin 1894; Gottschalck: Zur Abänderung der deutschen KO, Berlin 1895; Wagner: Vorschläge zur Umgestaltung der Reichsjustizgesetze, Berlin 1895. Einzelheiten bei Uhlenbruck, Einhundert Jahre Konkursordnung S. 19.

39 Einzelheiten bei Bley/Mohrbutter: Vergleichsordnung, Großkommentar, 4. Aufl. 1. Lieferung (§§ 1–24 VglO) 1979 Einl. Rdn. 1; Karl Künne: Außergerichtliche Vergleichsordnung, 7. Aufl. München 1968, S. 29 ff.; Böhle-Stamschräder, Vergleichsordnung, 9. Aufl. München 1977, Einl. I; Vogels-Nölte: Vergleichsordnung, Berlin 1952, Einl. I.

40 Vgl. z. B. Rudolf Herrmann: Die Behandlung insolventer Unternehmungen, Diss. Freiburg/Br. 1927, S. 15.

41 Zum Aussagewert der Vergleichsbilanz vgl. Ernst Knorr, KTS 1955, S. 12 ff.; ders., Zusammenhänge zwischen Vergleichsbilanz und Buchhaltung, KTS 1956, 17 ff.; WP-Hdb. 1973, S. 1666; E. Heinen: Handelsbilanzen, 8. Aufl., Wiesbaden 1976, S. 426; Uhlenbruck: Die GmbH & Co KG in Krise, Konkurs und Vergleich, Köln 1977, S. 55 ff. u. 352 ff.

42 Vgl. W. Jähnke: Die Prüfung der Zahlungsunfähigkeit (Liquiditätsprüfung), Deutsche Steuerzeitung 1939, S. 975 ff.; 1940, 109 ff.; H. Papke, KTS 1968, S. 136 ff.; K. Fluch: Der Status der Unternehmung, 2. Aufl. Wiesbaden 1961; W. Uhlenbruck a. a. O. S. 60 ff.

43 Zum Zahlungsplan vgl. E. Knorr: Der Zahlungsplan im Vergleichsverfahren, KTS 1955, S. 81 ff.; Rinklin, Theo Hansjörg: Die vergleichsfähige und die konkursreife Unternehmung, Stuttgart 1960, S. 69 ff.; K. Fluch a. a. O. S. 110 ff.; WP-Hdb. 1977, S. 1721, wo er als Erfüllungsplan bezeichnet und für eine verantwortungsbewußte Würdigung des Vergleichsvorschlages und seiner Erfüllbarkeit als unentbehrlich bezeichnet wird.

44 Vgl. Einzelheiten bei H. Voss: Finanzstruktur und Liquidität, Düsseldorf 1966, S. 39 ff.

45 A. M. Berges, KTS 1955, S. 2.

46 A. M. Berges (KTS 1955, S. 2) bezeichnet dies als den wohl schwersten Fehler der Vergleichsordnung von 1935.

47 Horst Papke: Das Bild des Vergleichsverwalters, Wirtschaftsprüfer im Dienst der Wirtschaft, Festschrift für Ernst Knorr, Düsseldorf 1968, S. 1, 3.

48 Vgl. auch E. Knorr: Denkschrift für die Rheinisch-Westfälische Bilanzkommission (Grundsätze ordnungsmäßiger Bilanzierung in der Konkurs- und Vergleichsbilanz – Das Recht der Schuldenregelung), Oktober 1945, S. 17 ff.

49 K. Künne, KTS 1975, 178, 180 ff. zum Verfahren Herstatt-Bank; A. M. Berges KTS 1975, S. 77, 87 ff.; W. Uhlenbruck, KTS 1975, 166; H. H. Wessel, Betriebs-Berater 1976, S. 770; Bley/Mohrbutter: Vergleichsordnung, Einl. Rdn. 3 S. 38.

50 So Karl Künne: Außergerichtliche Vergleichsordnung, Richtlinien zur Durchführung außergerichtlicher Sanierungen, 7. Aufl. München 1968, S. 37. Künne (S. 35): »Wenn nun die Vergleichsordnung trotz ihrer Mängel dennoch zu einem brauchbaren Instrument wurde, so

nur deshalb, weil die Gerichte, Vergleichsverwalter, und Gläubigerbeiräte sich alle »etwas außerhalb der Legalität« bewegten, indem sie Aufgaben übernahmen oder Maßnahmen trafen, die das Gesetz nicht oder nicht in dem Umfange für sie vorgesehen hatte, mit dem einzigen Ziel, im Interesse aller zu einem wirtschaftlich vernünftigen Ergebnis zu kommen«.

51 S. 539 (siehe Fußn. 19).

52 Vgl. C. Doehring, KTS 1966, S. 12ff.; 1968, S. 173ff.; 1974, S. 15ff.; 1975, S. 21ff.; 1977, S. 146ff.; 1978, S. 136ff.

53 Stanley-Girth: Bankruptcy Problem, Process, Reform, Washington D.C. 1971 S. 196ff. Vgl. auch H. Hanisch: Rechtszuständigkeit der Konkursmasse S. 31.

54 Stanley-Girth, a. a. O. S. 197.

55 Rechtszuständigkeit der Konkursmasse S. 34.

56 KTS 1955, S. 49, 51.

57 Hugo Emmerich: Die Sanierung Teil I, Mannheim/Berlin/Leipzig, 1930.

58 Vgl. K. Künne: Außergerichtliche Vergleichsordnung S. 33.

59 Berlin 1933.

60 Vgl. Die Begründung des Entwurfs 1935 S. 38ff. und S. 44ff.

61 Vgl. Internationaler Kreditschutz, Beilage zu den Mitteilungen des Kreditschutzverbandes von 1870 Nr. 1 S. 23.

62 A. M. Berges: Dynamische Sanierung, Kölner Konzept einer schiedsrechtlichen »großen Insolvenzrechtsreform« Betriebs-Berater Beilage 5/1978 zu Heft 15/1978 S. 14.

63 Steuerrecht und Steuerlehre, in: Rechtswissenschaft und Nachbarwissenschaften, Band II, Beck'sche Schwarze Reihe, Band 143, München 1976, S. 205ff., 213.

64 Wirtschaftliche Betrachtungsweise im Steuerrecht, in: Die Betriebswirtschaft, 26. Jahrg. 1933, S. 146ff.

65 Vgl. auch Karl Lechner: Die Bedeutung der Betriebswirtschaftslehre im Rechtsleben, in: Festschrift zum 70. Geburtstag von Walter Wilburg, Grazer Rechts- und Staatswissenschaftliche Studien, Band 31, Graz 1975, S. 231ff.; Peter Raisch/Karsten Schmidt: Rechtswissenschaft und Wirtschaftswissenschaften, in: Rechtswissenschaft und Nachbarwissenschaften, Beck'sche Schwarze Reihe Band 142, Bd. I, hrsg. von Dieter Grimm, 2. Aufl. München 1976, S. 143ff; Karl Vodrazka; Betriebswirtschaftslehre und Recht (mit besonderer Berücksichtigung des Steuerrechts), in: Festschrift für Otto Reimer, Salzburg-München 1976, S. 159ff. mit zahlreicher Literatur zu diesem Problem.

66 Unzutreffend A. M. Berges: Der Rechtsgehalt der wirtschaftlichen Betrachtung im Konkurs (KTS 1970, 99ff.), der meint, die Aufdeckung des rechtlichen Gehalts wirtschaftlicher Betrachtung nötige dazu, dogmatisches Niemandsland zu betreten. Richtig ist allenfalls, daß eine sachgerechte dogmatische Einordnung bisher nicht gelungen ist.

67 P. Raisch/K. Schmidt a. a. O. S. 165

68 Einzelheiten bei Karl Larenz: Lehrbuch des Schuldrechts, 11. Auflage Bd. I Allgemeiner Teil München 1976 § 21 I e S. 261f.

69 P. Raisch/K. Schmidt a. a. O. S. 166. Diese stellen (S. 159) mit Recht auch die Frage, in welchem Maße die zugrunde gelegte wirtschaftswissenschaftliche Erkenntnis selbst als Bestandteil des geltenden Rechts aufgefaßt werden kann.

70 P. Raisch/K. Schmidt a. a. O. S. 165

71 P. Raisch/K. Schmidt a. a. O. S. 166

72 J. M. Buchanan: Das Verhältnis der Wirtschaftswissenschaft zu ihren Nachbardisziplinen, in: R. Jochimsen/H. Knobel (Hrsg.): Gegenstand und Methoden der Nationalökonomie, Köln 1971, S. 88ff. Umfassend und eingehend auch die Beiträge verschiedener Autoren in: Das Verhältnis der Wirtschaftswissenschaft zur Rechtswissenschaft, Soziologie und Statistik, Schriften des Vereins für Socialpolitik NF 33, Berlin 1964. Vgl. auch G. Rinck, Wirtschaftswissenschaftliche Begriffe in Rechtsnormen, in: Recht im Wandel, Festschrift 150 Jahre Carl Heymanns-Verlag, Köln 1965, S. 361, 367f.; Siehe hierzu die eingehende Darstellung von Karl Vodrazka: Betriebswirtschaftslehre und Recht (mit besonderer Berücksichtigung des Steuerrechts) in: Festschrift Otto Reimer, Salzburg/München 1976 S. 159ff.

73 Grundsätze ordnungsmäßiger Buchführung, Rechtsnatur und Bestimmung, Köln 1970, S. V u. 2.

74 Vgl. W. Stützel, in: Das Verhältnis der Wirtschaftswissenschaft zur Rechtswissenschaft, Soziologie und Statistik, Schriften des Vereins für Socialpolitik NF 33, Berlin 1964, S. 210; E. Schneider: Einführung in die Wirtschaftstheorie Bd. I, 4. Aufl. Tübingen 1969, S. 13; H. G. Krüsselberg: Wirtschaftswissenschaft und Rechtswissenschaft, in: Rechtswissenschaft und Nachbarwissenschaften Bd. I S. 168, 174ff.

75 Siehe J. Esser: Grundsatz und Norm, Tübingen 1956, S. 109f.; ders. Vorverständnis und Methodenwahl in der Rechtsfindung, Frankfurt 1970, S. 123; P. Raisch/K. Schmidt a. a. O. S. 176; Vodrazka a. a. O. S. 159, 180ff.

76 Walter Eucken: Die Grundlagen der Nationalökonomie, 8. Aufl. Berlin 1965, S. 241

77 Vgl. zum Einfluß des Steuerrechts auf die Investitionsentscheidungen des Unternehmers E. Schneider, Das Verhältnis ... (Fußn. 74), S. 215. Zum Einfluß des Rechts auf betriebliche Entscheidungen eingehend Vodrazka a. a. O. S. 180 mit Literatur.

78 So für das Prinzip des Gläubigerschutzes H. W. Kruse a. a. O. S. 205

79 So Walter Strauß: Wirtschaftsverfassung und Staatsverfassung, Tübingen 1952, S. 7.

80 Vgl. H. Egner/G. Wolff: Zur Unbrauchbarkeit des Überschuldungsstatus als gläubigerschützendes Instrument, in: Die Aktiengesellschaft Heft 4/1978 S. 99ff.; Karsten Schmidt: Konkursgründe und präventiver Gläubigerschutz, in: Die Aktiengesellschaft Heft 12/1978, S. 334ff.; W. Uhlenbruck, Neue Juristische Wochenschrift 1975, 897, 899; ders.: Die GmbH & Co KG in Krise, Konkurs und Vergleich, Köln 1978, S. 75ff.

81 Auch H. W. Kruse (a. a. O. S. 204f.) stellt auf die Gläubigerschutzfunktion des kaufmännischen Rechnungswesens ab, betont jedoch, daß sich ein Meinungsumschwung anbahne. Die Problematik sei auf die Frage zusammengeschmolzen, »ob die Steuerrechtsprechung den Zwecken der Dokumentation und des Gläubigerschutzes untergeordnet werden kann« (S. 213).

82 Wie Fußn. 80 S. 106.

83 Wie Fußn. 80 S. 335.

84 Bilanz und Status, ZfB 1960, S. 523, 535.

85 Einzelheiten bei W. Uhlenbruck: Die GmbH & Co KG in Krise, Konkurs und Vergleich, S. 104ff. Vgl. auch H. Hanisch, Zeitschrift für Zivilprozeß Bd. 90 Heft 1/1977, S. 1, 27: »Der Konkursgrund als Voraussetzung für die Eröffnung eines Insolvenzverfahrens gehört zu den schwierigsten Fragen des Insolvenzrechts, handelt es sich doch darum, einen schwer zu beurteilenden wirtschaftlichen Sachverhalt in ein rechtliches Tatbestandsmerkmal umzuformen«; s. auch J. Drukarezyk Zeitschrift für Unternehmens- und Gesellschaftsrecht Heft 4/1979.

86 Konkurs und Sanierung, Betriebs-Berater 1977, S. 622, 626. Im Ergebnis ähnlich A. M. Berges, Der Rechtsgehalt der wirtschaftlichen Betrachtung im Konkurs, in: KTS 1970, 99, 102: »Der Gegenstand wirtschaftlicher Betrachtung ist die dynamische, spontane Aktivität wirtschaftlicher Zweckverbindungen«.

87 Wirtschaftsgeschichte, 3. Aufl. Berlin 1958, S. 238.

88 P. Raisch/K. Schmidt a. a. O. S. 162.

89 Vgl. A. M. Berges, KTS 1975, S. 77, 90ff.; K. Künne, KTS 1975, S. 178ff., der die Abwicklung des Herstatt-Vergleichs für nicht mehr durch die Vergleichsordnung 1935 gedeckt hält.

90 Vgl. W. Reske/A. Brandenburg/H. J. Mortsiefer: Insolvenzursachen mittelständischer Betriebe, eine empirische Analyse, Göttingen 1976, S. 5ff.

91 Mentzel/Kuhn/Uhlenbruck: Konkursordnung, 9. Aufl. 1979 Vorbem. Anm. 1. Uhlenbruck, Die Wirtschaftsprüfung, Heft 23/24/1978, S. 661, 662.

92 Gutachten: »Die wirtschaftlichen Auswirkungen einer etwaigen Reform des Rechts der mobilen Kreditsicherheiten, erstellt im Auftrag des Bundesministers für Wirtschaft.

93 Vgl. W. Flume: Zur Problematik des verlängerten Eigentumsvorbehalts, in: NJW 1959, S. 913ff; W. Erman: Verlängerter Eigentumsvorbehalt und Globalzession, in: Betriebs-Berater 1959, S. 1109ff.

94 A. a. O. S. 68.

95 Ulrich Leffson: Bilanzanalyse Stuttgart 1976. S. 11 Rdn. 12; Kruse, Grundsätze ordnungsmäßiger Buchführung, Rechtsnatur und Bestimmung, Köln 1970, S. 202.

96 So A. Moxter: Aktivierungsgrenzen bei »immateriellen Anlagewerten«, in: Betriebs-Berater 1978, S. 821, 822; K. Schmidt, Die Aktiengesellschaft Heft 12/1978, S. 334ff.; W. Uhlenbruck: Die GmbH & Co KG in Krise, Konkurs und Vergleich, S. 83. Kruse (a. a. O. S. 203) weist darauf hin, daß bisher noch niemand der Ansicht U. Leffsons (Die Grundsätze ordnungsmäßiger Buchführung, 2. Aufl. S. 72ff.) widersprochen hat, der Gläubigerschutz sei nur ein Nebenzweck des kaufmännischen Rechnungswesens. Kruse weist am Beispiel des Einzelkaufmanns nach, daß der Gläubigerschutz »eben doch einer der Hauptzwecke des kaufmännischen Rechnungswesens ist«.

97 Vgl. Protokolle S. 87ff., 94; W. Uhlenbruck, NJW 1975, 897, 899; F. Henzel, KTS 1959, 102, 106f.; H. Hanisch, Zeitschrift für Zivilprozeß 1977, S. 1, 9. Vgl. auch A. Woltmann, Betriebs-Berater 1977, S. 1957 u. 2010.

98 Vgl. auch W. Mathews: Sicherungsübereignung und Sicherungsabtretung. Zur Frage der Publizitätserweiterung bei der Rechnungslegung, Die Wirtschaftsprüfung 1951, S. 5ff. und S. 35ff. Zu den verdeckten Risiken in den Bilanzen vgl. Carl Zimmerer: Industriebilanzen lesen und beurteilen, 5. Aufl. München 1977 S. 239ff. Auf dem 51. Deutschen Juristentag 1976 ist gefordert worden, Leasing-, Factoring-, Kommissions- und ähnliche Verträge in den Bilanzen bzw. Bilanzerläuterungen bilanzierungspflichtiger Unternehmen ersichtlich zu machen. Vgl. hierzu U. Drobnig: Gutachten F zum 51. Deutschen Juristentag, München 1976 und Sitzungsbericht O zum Thema »Empfehlen sich gesetzliche Maßnahmen zur Reform der Mobiliarsicherheiten?«, München 1976. Zur Darstellung von Leasing-Verträgen im Jahresabschluß vgl. U. Leffson, Der Betrieb 1976, S. 637ff.

99 Gutachten S. 48.

100 Karsten Schmidt: Konkursgründe und präventiver Gläubigerschutz, in: Die Aktiengesellschaft Heft 12/1978, 334, 339. Zu Art, Umfang und Inhalt der Prüfungspflicht bei der GmbH & Co KG vgl. W. Uhlenbruck: Die GmbH & Co KG in Krise, Konkurs und Vergleich, S. 18f.

101 Vgl. Stree bei Schönke/Schröder: Kommentar zum Strafgesetzbuch, 19. Aufl. 1978 § 283b StGB Anm. 7 a. E.

102 Vgl. G. Kühn: Die Konkursantragspflicht bei Überschuldung einer GmbH, die schuldhafte Verletzung dieser Pflicht und der sich daraus ergebende Schadensersatzanspruch gegen die Geschäftsführer, Gesellschafter und Dritte. Zugleich ein Beitrag zum Problem der unterkapitalisierten GmbH, Diss. Münster 1969, S. 47ff.; ders. in: Der Betrieb 1970, S. 551; S. Dahl, GmbH-Rdsch 1964, S. 113f.; W. Uhlenbruck, Die GmbH & Co KG in Krise, Konkurs und Vergleich, S. 80ff; V. Beeck: Die Konkursantragstellung als gläubigerspezifisches Entscheidungsproblem. Notwendigkeit und planerische Gestaltung der Entscheidungsfindung im Vorfeld der Schuldnerinsolvenz. Schwarzenbek 1979, S. 22ff.

103 Vgl. W. Uhlenbruck: Überlegungen vor einer Eröffnung und bei Abwicklung gerichtlicher Insolvenzverfahren, in: Die Wirtschaftsprüfung Heft 23/24/1978 S. 661, 666f.; ders.: Die GmbH & Co KG in Krise, Konkurs und Vergleich, S. 80ff.; Vgl. auch die bei V. Beeck angeführte umfangreiche Literatur.

104 A. a. O. S. 26.

105 Band 1, Krankheitserscheinungen und Krankheitsursachen, Stuttgart 1930.

106 Vgl. zur Ursachenforschung z. B. Reske/Brandenburg/Mortsiefer: Insolvenzursachen mittelständischer Betriebe – eine empirische Studie Nr. 70 der Schriften zur Mittelstandsforschung, Göttingen 1977. H. Kreiser; Betriebswirtschaftliche Analyse von Insolvenzen bei mittelständischen Einzelhandlungen, Köln/Opladen 1966. W. Langen/W. Naujoks: Strukturanalyse von Insolvenzen in der Bundesrepublik Deutschland, Göttingen 1977. Zu Prognosen und Frühwarnsystem siehe Heiner Müller-Merbach: Frühwarnsysteme zur betrieblichen Krisenerkennung und Modelle zur Beurteilung von Krisenabwehrmaßnahmen, in: Computergestützte Unternehmensplanung (Wirtschaftsinformatik Symposium 1976), hrs. von Hand D. Plötzeneder, SRA Fachberichte und Referate, Vol. 1. Stuttgart 1977, S. 419–438 (Verlag Science Research Associates GmbH); ders.; Frühwarnsysteme zur Vor-

aussage und Bewältigung von Unternehmenskrisen, in: Unternehmensprüfung und -beratung, hrsg. von Bernd Aschfalk/Sven Helfors/Alexander Marettek, Freiburg i. Br. 1976, S. 159–177 (Rudolf Haufe Verlag); Uhlenbruck: Die GmbH & Co KG in Krise, Konkurs und Vergleich, S. 3 ff.; D. Hahn/U. Krystek: Betriebliche und überbetriebliche Frühwarnsysteme für die Industrie, Zeitschrift für Betriebswirtschaftliche Forschung 1979, S. 76 ff. Von letzteren vorgelegtes Konzept steht im Zusammenhang mit einem im Institut für Unternehmensplanung bearbeiteten Forschungsprojekt »Aufbau und Funktionsweise von betrieblichen Frühwarnsystemen in der Industrie«.

107 Ulrich Leffson: Bilanzanalyse, S. 218

108 Aufstieg der Betriebe, Leipzig 1932, S. 50.

109 H. Müller-Merbach: Frühwarnsysteme zur Voraussage und Bewältigung von Unternehmenskrisen, in: Unternehmensprüfung und -beratung, hrsg. von Bernd Aschfalk/Sven Helfors/Alexander Marettek. Freiburg i. Br. 1976 S. 159–177 (Rudolf Haufe Verlag).

110 Vgl. auch H. Müller-Merbach: Frühwarnsysteme zur betrieblichen Krisenerkennung und Modelle zur Beurteilung von Krisenabwehrmaßnahmen, in: Computergestützte Unternehmensplanung (Wirtschaftsinformatik Symposium 1976) hrsg. von Hand D. Plötzeneder: S. R. A. Fachberichte und Referate, Vol. 1, Stuttgart 1977, S. 419–438.

111 Frühwarnsysteme zur betrieblichen Krisenerkennung und Modelle zur Beruteilung von Krisenabwehrmaßnahmen, S. 420.

112 Vgl. vor allen E. Büschgen: Zunehmende Fremdfinanzierung als Insolvenzgefahr, in: BFuP 1975, 93 ff.; W. Jung: Insolvenzgefahren aufgrund von Planungsfehlern und Überwachungsmängeln, in: BFuP 1975, 110 ff.; J. H. v. Stein: Insolvenzen privater Banken und ihre Ursachen. Eine empirische Untersuchung, München 1969; Bruno M. Kübler: Die deutschen Nachkriegsinsolvenzen im Bankensektor, Chronik-Ursachenanalyse-Konsequenzen in: BFuP 1975, S. 162 ff.; W. Uhlenbruck: Insolvenzgefahren bei Abschreibungsgesellsh Abschreibungsgesellschaften in der Rechtsform der GmbH & Co KG, in: BFuP 1975, 189 ff.; ders.: Abschreibungsgesellschaften, Anlegerprobleme bei Sanierung – Konkurs – Vergleich, Düsseldorf 1974. Vgl. auch E. Büschgen: Tagungsberichte der Sachverständigen-Kommission zur Bekämpfung der Wirtschaftskriminalität – Reform des Wirtschaftsstrafrechts – Band II 1973.

113 Vgl. A. Zybon: Wirtschaftskriminalität als gesamtwirtschaftliches Problem, München 1972, S. 116.

114 Vgl. M. Berz, Betriebs-Berater 1976, S. 1440; K. Tiedemann, NJW 1977, S. 777, 780; Dreiss/Eitel-Dreiss: Erstes Gesetz zur Bekämpfung der Wirtschaftskriminalität, Bergisch-Gladbach 1977, S. 109 ff.; Kohlmann/Giemulla, GmbH-Rdsch 1978, S. 53 ff.; E. Schlüchter: Die Krise im Sinne des Bankrottstrafrechts, Monatsschrift für Deutsches Recht Heft 4/1978, S. 265 ff.

115 Vgl. auch K. Tiedemann, NJW 1977, S. 777, 780; Stree bei Schönke-Schröder: Kommentar zum StGB, § 283 Anm. 50 ff.; Uhlenbruck: Die GmbH & Co KG in Krise, Konkurs und Vergleich, S. 32 ff.; E. Schlüchter: Der Grenzbereich zwischen Bankrottdelikten und unternehmerischen Fehlentscheidungen, Tübingen 1976.

116 Vgl. A. Müller-Emmert/B. Maier, NJW 1976, S. 1657, 1663.

117 K. Tiedemann NJW 1977, S. 780.

118 mit einer Anmerkung von K. Tiedemann in NJW 1979, S. 254

119 BGH KTS 1957, S. 12; LG Kleve KTS 1960, S. 45; LG Mannheim, Monatsschrift für Deutsches Recht 1975, S. 776; Böhle-Stamschräder, Konkursordnung, 12. Aufl. München 1976, § 102 Anm. 2 mit weiteren Literaturangaben.

120 Die GmbH & Co KG in Krise, Konkurs und Vergleich, S. 52.

121 Vgl. auch U. Hautz, Der Betrieb 1974, S. 149 ff. mit einer eingehenden Darstellung der betriebswirtschaftlichen Inhalte des Liquiditätsbegriffs; W. Stützel: »Liquidität« in: Handwörterbuch der Sozialwissenschaften, Stuttgart/Tübingen 1959, S. 622 ff.; B. Lehmann: Liquidität und Liquiditätskontrolle aus der Sicht der Industrieunternehmung, Herne/Berlin 1966, S. 100 ff.; E. Witte: Die Liquiditätspolitik der Unternehmung, 1963, S. 26 ff.; U. Leffson: Bilanzanalyse S. 30 Rdn. 43 ff.; Uhlenbruck: Die GmbH & Co KG … S. 52 ff.

122 Vgl. auch E. Witte: Die Finanzwirtschaft der Unternehmung, in: H. Jacob (Hrsg.): Allgemeine Betriebswirtschaftslehre in programmierter Form, Wiesbaden 1969, S. 504; K. R. Thiemann: Das Liquiditätsproblem in der leistungswirtschaftlich orientierten Planung, Diss. Hamburg 1972, S. 9ff.; V. Beeck: Die Konkursantragstellung als gläubigerspezifisches Entscheidungsproblem, S. 38ff.

123 Die Konkursantragstellung als gläubigerspezifisches Entscheidungsproblem, S. 37ff.

124 Vgl. Jaeger/Weber: Großkommentar zur KO § 102 Anm. 3 u. §§ 207, 208 Anm. 19; M. Biermann: Die Überschuldung als Voraussetzung zur Konkurseröffnung, Schriftenreihe »Die Unternehmung im Markt«, Bd. 9 Berlin 1963, S. 41ff.; Mentzel/Kuhn/Uhlenbruck, Kommentar zur Konkursordnung, 9. Aufl. 1979, § 102 KO Anm. 2; Zilias, Wpg. 1977, S. 445ff.; ders., WP-Hdb. 1977, S. 1559ff.; Uhlenbruck: Die GmbH & Co KG in Krise, Konkurs und Vergleich, S. 75ff.

125 Einzelheiten bei M. E. Pribilla: Die Überschuldungsbilanz I, KTS 1958, S. 1, 5 u. S. 17ff.; Baumbach/Hueck, AktG § 92 Anm. 3; Meyer-Landrut in: Großkommentar zum Aktiengesetz § 92 Anm. 7; Baumbach/Hueck: GmbHG 13. Aufl. § 63 Anm. 1b; Schmidt bei Hachenburg: Kommentar zum GmbHG, § 63 Anm. 5aa; Böhle-Stamschräder: Konkursordnung § 209 Anm. 2.

126 Dies wird neuerdings von H. Egner/G. Wolff, Die Aktiengesellschaft, Heft 4/1978 S. 99ff. bestritten.

127 Vgl. hierzu K. Goldbeck, KTS 1962, S. 154, 157ff.; Uhlenbruck: Die GmbH & Co KG in Krise, Konkurs und Vergleich, S. 81ff.

128 So Karsten Schmidt: Konkursgründe und präventiver Gläubigerschutz, in: Die Aktiengesellschaft Heft 12/1978, S. 334, 338. Vgl. auch Mertens in: Kölner Kommentar zum Aktiengesetz, Bd. 1, § 92 Anm. 13; Hefermehl bei Gessler/Hefermehl/Eckardt/Kropff: Kommentar zum Aktiengesetz, München 1973, § 92 Anm. 17.

129 bei Gessler/Hefermehl/Eckardt/Kropff a. a. O. § 92 AktG Anm. 17. Vgl. auch H. Hirtz: Die Vorstandspflichten bei Verlust, Zahlungsunfähigkeit und Überschuldung einer Aktiengesellschaft, Düsseldorf 1966.

130 Vgl. z. B. Hirtz a. a. O.; M. Biermann: Die Überschuldung als Voraussetzung zur Konkurseröffnung, Berlin 1963; Reinmar Fürst: Insolvenzen in betriebswirtschaftlicher Schau, Stuttgart 1962.

131 Bilanzanalyse Rdn. 35 S. 27.

132 Vgl. Uhlenbruck: Die GmbH & Co KG in Krise, Konkurs und Vergleich, S. 106ff. mit Statusbeispiel.

133 Die Konkursantragstellung als gläubigerspezifisches Entscheidungsproblem, S. 26.

134 Vgl. auch Uhlenbruck, Wpg Heft 23/24/1978, S. 645ff. Nachdem seit dem 17. Jahrhundert »Die Interessen der Gläubiger fast immer dadurch geschädigt worden sind, daß die Aktiven zu hoch und die Passiven zu niedrig bewertet worden waren,« galt es nach Einführung des HGB »als Tugend, die Aktiven zu niedrig und die Passiven zu hoch anzusetzen«. So H. W. Kruse: Grundsätze ordnungsmäßiger Buchführung, S. 204.

135 A. a. O. S. 206.

136 Bilanzanalyse Rdn. 34, S.26, 27.

137 Buchführungs-, Bilanzierungs- und Steuererklärungspflichten des Konkursverwalters, sowie Sanktionen im Falle ihrer Verletzung, in: Betriebs-Berater 1978, S. 369ff.

138 Vgl. auch J. Baumann: Konkurs und Vergleich, Bielefeld 1976, S. 94: »Dabei ist oft klar, daß der Betrieb sich früher zu reich gerechnet, also zu hohe Steuern bezahlt hat. Die Bescheide sind rechtskräftig und gezahlt werden im Rang 2 oft Forderungen, die bei vernünftiger und sorgfältiger Bewertung der Aktiven gar nicht entstanden wären. Ein echter Skandal!«

139 Vgl. auch Klasmeyer/Kübler a. a. O. S. 369f.

140 A. a. O. S. 370.

141 Zum Statuscharakter der Konkursbilanz vgl. K. Fluch: Der Status der Unternehmung, Wiesbaden 1961; O. Hintner: Bilanz und Status, in: Zeitschrift für Betriebswirtschaft 1960, S. 523ff.; R. Fürst: Insolvenzen in betriebswirtschaftlicher Schau, S. 12f.; E. Heinen: Han-

delsbilanzen, 8. Aufl. Wiesbaden 1976, S. 418ff.; K. Brombach/K. Olfert/H. J. Ehreiser: Sonderbilanzen, Ludwigshafen 1976, S. 194ff.

142 K. Stüdemann: Der Konkursverwalter als Unternehmer, Festschrift »Einhundert Jahre Konkursordnung 1877–1977, Köln 1977, S. 413ff.; ders.: Die Haftung des Konkursverwalters bei Fortführung des Unternehmens, ein Beitrag zur Reform der Konkursabwicklung, Wpg. 1978, S. 413ff.

143 Vgl. BGH, Wertpapier-Mitteilungen 1963, S. 122; BHG NJW 1977, S. 104 m. Anm. Karsten Schmidt; Karsten Schmidt, Der Betrieb 1973, S. 2227ff.; ders., Zeitschrift für Unternehmens- und Gesellschaftsrecht (ZGR) 1976, S. 307, 330ff.; Jaeger/Weber: Großkommentar zur KO §§ 207, 208 Anm. 38; Sudhoff, GmbH-Rdsch 1974, S. 121ff.; Ulmer bei Hachenburg: Kommentar zum GmbHG, 7. Aufl. Anhang § 30 GmbHG; ders.: Gesellschafterdarlehen und Unterkapitalisierung bei GmbH und GmbH & Co KG, in: Festschrift Konrad Duden 1977, S. 661ff.; Uhlenbruck: Die GmbH & Co KG in Krise, Konkurs und Vergleich, S. 226ff.

144 Einzelheiten zur Novellierung des GmbH-Gesetzes bei R. Herber, GmbH-Rdsch 1978, 25ff.; K.-F. Deutler, GmbH-Rdsch 1977, S. 73ff. Die Novelle tritt am 1. 1. 1981 in Kraft.

145 Vgl. BGHZ 68. S. 191; Mentzel/Kuhn/Uhlenbruck: Kommentar zur KO. 9. Aufl. 1979 Vorbem. vor § 207 Anm. 21; Karsten Schmidt GmbH-Rdsch 1978, S. 5ff.; ders.: Einlage und Haftung des Kommanditisten, Köln 1977; ders., Der Betrieb 1977, S.142313.

146 Protokolle S. 31ff.

147 Zeitschrift für Unternehmens- und Gesellschaftsrecht (ZGR) Heft 1/1979 S. 31ff.

148 Der Bundesgerichtshof nennt dieses Vermögen »wirtschaftliche Kapitalgrundlage der Gesellschaft«. Vgl. BGH, Wertpapier-Mitteilungen 1972, 74, 75; BGHZ 68, 312, 319.

149 Einzelheiten bei Hachenburg-Ulmer: Kommentar zum GmbHG Anhang § 30 Anm. 14ff. mit Begriffsdefinition und Abgrenzungskriterien; G. Winter: Die Haftung der Gesellschafter im Konkurs der unterkapitalisierten GmbH, Frankfurt 1973; H. Wiedemann, in: Die Haftung des Gesellschafters in der GmbH, Arbeiten zur Rechtsvergleichung, Band 36, Frankfurt/Berlin 1968, S. 5ff.; U. Drobnig: Haftungsdurchgriff bei Kapitalgesellschaften, Schriftenreihe d. Gesellsch. f. Rechtsvergleichung Hamburg, Bd. 4 Frankfurt/Berlin 1959.

150 M. Lutter/P. Hommelhoff: Nachrangiges Haftkapital und Unterkapitalisierung in der GmbH, S. 65; E. Büschgen, GmbH-Rdsch 1974, S. 25ff.

151 So Karl Lechner: Protokolle des II. Internationalen Kongresses für Kreditschutz, Wien 1970, S. 58, 66. H. E. Büschgen, Zeitschrift für Betriebswirtschaft 48 (1978) 11 S. 999ff.; W. Döllinger/P. Mertens, ebenda 49 (1979) 3 S. 244ff.; H. Albach, ebend. 49 (1979) 3 S. 249ff.

152 A. a. O. S. 66.

153 Einzelheiten bei Rolf Serick: E igentumsvorbehalt und Sicherungsübertragung, Bd. III Heidelberg 1970, § 30 V 2a S. 51ff. BGH NJW 1956, S. 585; BGHZ, Wertpapier-Mitteilungen 1962, S. 527, 529. Vgl. auch Mezger, KTS 1962, S. 129, 133f.

154 BGHZ 10, 228.

155 Zum Begriff der Auffanggesellschaft und den einzelnen Gestaltungsformen vgl. Uhlenbruck: Abschreibungsgesellschaften, Anlegerprobleme bei Sanierung – Konkurs – Vergleich, Düsseldorf 1974, S. 84ff.; ders., in: Wpg. Heft 23/24/1978, S. 661, 675ff. mit einer Darstellung einzelner Sanierungsmaßnahmen. Die Dissertation von Wiethege, Die Auffanggesellschaft, Köln 1958 ist weitgehend überholt. An der betriebswirtschaftlichen Fakultät der Universität Köln wird derzeit eine Dissertation zum gleichen Thema geschrieben.

156 Zum Liquiditätsstatus und Finanzplan vgl. Rinklin: Die vergleichsfähige und die konkursreife Unternehmung, Stuttgart 1960; Voss: Finanzstruktur und Liquidität, Düsseldorf 1966, S. 40ff.; E. Knorr, Der Zahlungsplan im Vergleichsverfahren, KTS 1955, S. 81ff.; K. Fluch: Der Status der Unternehmung, Wiesbaden 1961, S. 110ff.; H. Papke, KTS 1968, S. 136ff.; Uhlenbruck: Die GmbH & Co KG in Krise, Konkurs und Vergleich, S. 55ff. u. 155ff.; ders., Wpg. 1978, S. 661, 677ff.

157 Vgl. E. Knorr, KTS 1955, S. 12ff.; ders., KTS 1956, S. 17ff.; Bley/Mohrbutter, Großkommentar zur Vergleichsordnung, 4. Aufl. 1979 1. Lieferung § 5 VglO Rdn. 1ff.

158 KTS 1955, S. 12, 13.

159 Vgl. E. Heinen: Handelsbilanzen, 8. Aufl. 1976, S. 426.
160 a. a. O. S. 13.
161 Handelsbilanzen S. 426.
162 Vgl. W. Uhlenbruck: Die GmbH & Co KG in Krise, Konkurs und Vergleich, S. 350f.; ders., Wpg. Heft 23/24/1978 S. 661, 679.
163 »recht«, Informationen des Bundesministers der Justiz vom 30. März 1978, S. 21, 23.
164 Vgl. H. Hanisch: Rechtszuständigkeit der Konkursmasse, S. 264. Vgl. auch H. Arnold: Probleme einer Konkursreform, Der Deutsche Rechtspfleger, Heft 11/1977, S. 385, 395.
165 Vgl. Uhlenbruck: Abschreibungsgesellschaften, Anlegerprobleme bei Sanierung – Konkurs – Vergleich, S. 84ff.; Spengler, KTS 1955, S. 25; Wiethege: Die Auffanggesellschaft, Diss. Köln 1958; Püschmann, KuT 1931, S. 113; Bayer: Finanzierung, Stuttgart/Düsseldorf 1952, S. 131; Samulewitz: Recht und Handel, 1927, S. 623; ders.: Vergleichsordnung (1933) § 5 Anm. 9; Emmerich: Die Sanierung I S. 83; Levy, KuT 1931, S. 113.
166 Zum Begriff der Auffanggesellschaft vgl. Uhlenbruck, Wpg. Heft 23/24/1978, S. 661, 675 Fußn. 77.
167 W. Röpke: Die Lehre von der Wirtschaft, 9. Aufl. 1961, S. 301.
168 Theorie der wirtschaftlichen Entwicklung, 5. Aufl. 1952, S. 101ff., 353ff.

Joachim Niedereichholz

Auswirkungen des verstärkten Einsatzes von Mikroprozessor-Techniken auf die Personalpolitik

A. Zusammenfassung

B. Gründe des zunehmenden Mikroprozessor- und -computereinsatzes

C. Beschäftigungseffekte

D. Folgerungen zur Personalpolitik und Ausbildungssituation
   I. Kurzfristige Maßnahmen der Unternehmensleitung
   II. Langfristig notwendige globale Maßnahmen

Literaturverzeichnis

A. Zusammenfassung

Der Einsatz von Mikroprozessoren und Computersystemen mit verteilter Intelligenz (distributed systems) wird große Auswirkungen auf alle betrieblichen Bereiche für Unternehmen aller Branchen haben. Es ist nicht übertrieben zu behaupten, daß technologisch gesehen fast jede Automation machbar sein wird. Die Computertechnik setzt zur Zeit zu einem noch nicht richtig bemerkten, aber total umfassenden Sprung nach vorne an. Da kein betrieblicher Bereich ausgeschlossen sein wird, ergeben sich gravierende Probleme für die Personalsituation auf der operationalen Ebene und im Verwaltungsbereich, mit denen sich die Betriebswirtschaftslehre stärker beschäftigen muß.

Im Fertigungsbereich ist die Entwicklung zu einer starken Polarisierung der beruflichen Qualifikation festzustellen: Einer kleinen Gruppe von hochqualifizierten Technikern wird eine große Gruppe angelernter Arbeiter oder Monteure gegenüberstehen. Die Lohngruppierungen werden sich polarisieren.

Bei verstärktem Einsatz von Mikroelektronik ist mit einer Verschiebung hin zu mehr indirektem Personal zu rechnen. Viele Fachkräfte in der Applikation, Programmierung, Entwicklung und Systempflege werden relativ wenig Fachkräften in der Fertigung gegenüberstehen. Der Fortschritt auf dem Gebiet der Datenbanksysteme und Textverarbeitungssysteme wird Freisetzungseffekte im Verwaltungssektor hervorrufen.

Deshalb ergibt sich für ein Unternehmen, das auf Mikroelektronik umstellt, ein verstärkter Zwang zur Personalum- bzw. weiterschulung. Dieser Prozeß ist irreversibel, weshalb mit ständig steigenden Aus- und Weiterbildungskosten zu rechnen ist. Neue Abteilungen zur Personalweiterbildung sind auch für mittelgroße Unternehmen unumgänglich, für kleine jedoch nicht tragbar. Öffentlichen Institutionen wird eine große Beratungsrolle allein bei der Wahl der Personalfortbilung zukommen, was auch bereits erkannt wurde.

Der verstärkte Einsatz von Systemen mit verteilter Intelligenz wird es mit sich bringen, daß neue Arbeitsplätze für z. B. Systemplaner, Software-Spezialisten und Prüffeldtechniker quantitativ die verlorenen Arbeitsplätze allein in der Fertigung nicht aufwiegen werden. Hier ergeben sich langfristige Möglichkeiten für die Gewerkschaften zur Problemlösung beizutragen. Die Betriebswirtschaftslehre muß ihre Disziplin der Personalpolitik theoretisch und praktisch auf diese Probleme abstellen.

B. Gründe des zunehmenden Mikroprozessor- und -computereinsatzes

An dieser Stelle sollen nicht alle realisierten und möglichen Mikroprozessoranwendungen skizziert werden. Man kann global sagen, daß kein Bereich von dieser und damit zusammenhängenden Innovationstechniken ausgespart bleibt. Die Marktsegmentierung sieht 1980 so aus, daß die Datenverarbeitung mit 35% den bedeutendsten

Anteil hält. Ihr folgt die Nachrichtentechnik mit 16% und die Steuerungs- und Regeltechnik mit 15%. Die Elektronik im Kfz-Wesen setzt sich langsamer durch als erwartet; die Konsumelektronik wird jedoch ein sehr variationsreicher Markt sein. (vgl. [Mac]) Beide erreichen zusammen den Anteil von 10%. Der Rest teilt sich zu 10% auf Instrumentierung, 4% Verteidigungsbereich und sonstiges auf.

Über ca. 50% der Mikrocomputeranwendungen im Jahre 1980 läßt sich jedoch noch keine Aussage machen. Mit dem derzeitigen Stand der Computerentwicklung ist eine vollständige Automation im Bereich der industriellen Produktion mit NC-Maschinen und rechnergesteuerten Fertigungsabläufen (Roboter, automatische Fließbandmontage) erreichbar. Die Vorstufe der nur computergestützten Fertigung (Computer Aided Manufacturing, CAM) wird überwunden und ein weiterer Schritt zur vollautomatischen Produktion getan, bei der Änderungen im Funktionsablauf durch Austausch entsprechender Programme Rechnung getragen wird. Diese Entwicklung führt logischerweise zur Belastung der Arbeitswelt (z. B. Freisetzung von Arbeitskräften, Arbeitsplatzumsetzungen, Veränderung der Entlohnungsformen und Verschiebung der Qualitätsanforderungen) und letztendlich zu einer Veränderung der Personalstruktur im Unternehmen: die Zahl der Beschäftigten verringert sich, wobei die Anzahl geringer qualifizierter Mitarbeiter in stärkerem Maße sinkt als die qualifizierter; es findet eine Steigerung der psychischen und physischen Anforderungen an die Führungskräfte statt, insbesondere an deren Ausbildungsstand (life-long-learning) müssen andere Maßstäbe angelegt werden, da ihr Spürsinn in bezug auf Entwicklung und Nutzung von Innovationen und neuen Technologien als Sicherung der zukünftigen Existenz der Unternehmung dient.

Es ist nicht möglich, diesen irreversiblen Prozeß zu stoppen. Aus Konkurrenzgründen kann sich ein Unternehmen nicht – etwa aus humanitären, eigenbrödlerischen oder Unwissenheits-Gründen – gegen diesen Entwicklungstrend stemmen. Es würde vom Markt eliminiert. Im wesentlichen kann man die Ausbreitungsgründe auf drei Faktoren zurückführen:
Mikroprozessoren sind *klein, billig* und durch spezielle Programmierung *anpassungsfähig*. Dadurch wird im kommerziellen Bereich die Computerleistung kostengünstiger und aufgrund der Größe und Flexibilität in immer mehr betrieblichen Bereichen einsetzbar. Aus den gleichen Gründen lassen sich auch im Bereich der Automatisierung und Steuerung von Prozessen immer mehr Einsatzmöglichkeiten finden.

Da solchermaßen billig dedizierte Systeme aufgebaut werden können, die früher Großrechnern vorbehalten waren, werden Berufsgruppen erfaßt, die heute noch nicht an diese Konkurrenz denken. Einige Beispiele mögen dies unterstützen:

- Alle konstruktiv arbeitenden Berufe müssen sich auf die harte (evtl. vernichtende) Konkurrenz der CAD-Systeme (Computer Aided Design) einstellen. Dies betrifft ingenieurmäßige Konstrukteure, Industrial Designer, Architekten, Bauingenieure, u. ä. Berufe: Der Computer wird kreativ über billige interaktive graphische Bildschirmgeräte, großdimensionierte Plasma-Panels etc. wirksam werden.
- Die Berufsgruppe des Autors – also der Hochschullehrer – wird sich, zumindest was die Lehre betrifft, auf die Form des CAI (Computer Aided Instruction)-Unterrichts

einstellen müssen. Schätzungsweise 90% des universitären Lehrstoffs ist automatisiert lehrbar.

- Praktisch jeder pädagogische Bereich läßt sich automatisieren, bis auf die Bereiche (Sonderschulpädagogik u. ä.), die explizit eine besondere menschliche Hingabe erfordern. Die Kombination von Mikrocomputern, besonderen Displays und großflächigen CAI-Netzen läßt die Vermittlung eines Großteils des heutigen Schulwissens per Computer zu. In dieser Hinsicht tauchen sehr ernst zu nehmende Fragen auf – beispielsweise, welches Wissen überhaupt noch vermittelt werden soll (wenn alles abrufbar in Computersystemen bereitsteht), wie es mit Motivation und Frustration steht etc (vgl. [Ha]). Die Informationstechnologie wird diese Möglichkeiten bis Mitte der 80er Jahre perfekt, aber außerhalb des etablierten Bildungsapparates anbieten (z. B. PLATO). Der Bildungsapparat, wie Hochschulen, Ministerien, zuständige Gewerkschaften u. a. beschäftigt sich mit der entstehenden Problematik noch fast nicht, was zur Folge hat, daß er später den technologisch entstandenen Problemen hinterherläuft.
- Die Verwaltung ist durch die Fortschritte der Textverarbeitung und Telekommunikation theoretisch völlig automatisierbar; Sekretariate werden überflüssig. Daß dies noch nicht in der vollen Konsequenz erkennbar und angesprochen wird, liegt daran, daß oft fehlende Investitionsmittel den massiven Einsatz dieser Systeme verzögern und so den Prozeß der Bewußtseinsbildung nicht richtig aufkommen lassen. Bei der Einführung der Bildschirmsetztechnik verläuft die Entwicklung aufsehenerregender und bewußtseinsfördernder.
- Reparaturbetriebe nichtmechanischer Art müssen darauf gefaßt sein, daß Elektronik nicht mehr repariert wird.

Abschließend zu Punkt 2 sollen die wesentlichen Varianten skizziert werden, auf denen Mikroprozessoren in Produkten zum Einsatz gelangen können (vgl. [Do]):

(a) Mikroprozessoren als eigenständige Produkte, die z. B. über Computershops vertrieben werden. Wegen des dabei vorausgesetzten Wissens beim privaten Konsumenten, dürfte diesem Bereich vorerst der große Erfolg versagt sein.
(b) Mikroprozessoren als Produktinnovation, z. B. in Fernsehspielen. Das wohl zuwachsstärkste Einsatzgebiet.
(c) Mikroprozessoren als Ersatz konventioneller Mechanik, Elektronik und Elektrik, z. B. in Haushaltsgeräten.
(d) Mikroprozessoren als Rationalisierungsmaßnahmen in Produktion und anderen Bereichen. Einsatz z. B. in Industrierobotern, auch die Skizzen zu CAD, CAI, CAM und Verwaltungsautomation sind hier einzuordnen.

Der Einsatz von Industrierobotern übt den wahrscheinlich stärksten Druck auf die Beschäftigungslage der Unternehmen aus. Schätzungen zufolge sind zur Zeit ungefähr 2% der industriellen Arbeitsplätze als Einsatzgebiete für Industrieroboter geeignet. Mit fortschreitender technologischer Entwicklung, wenn Industrieroboter sehen und fühlen können, wird sich der Anteil auf ca. 30% ausdehnen. So groß der Vorteil auch sein mag, daß vor allem unattraktive und gesundheitsgefährdende Arbeitsplätze mit Industrierobotern besetzt werden, durch die Automatisierungswelle werden dann ein paar Millionen Arbeitskräfte »überflüssig«. Gegensätzliche Impulse gehen dagegen von den Branchen aus, die sich in den Punkten (a) und (b) engagieren.

C. Beschäftigungseffekte

Die wahrscheinlich gravierenden Beschäftigungs- und Personaleffekte, die sich ergeben werden, sind schon oft genannt worden. Sie sollen als erstes kurz zusammengefaßt werden, um dann hieraus Folgerungen abzuleiten (vgl. [NI]):

Im Fertigungsbereich ist der Trend zu einer starken Polarisierung in der beruflichen Qualifikation festzustellen: Einer kleinen Gruppe von ›Hochqualifizierten‹ steht eine Gruppe von angelernten Montagearbeitern gegenüber.

Auch ist eine Verschiebung zu mehr indirektem Personal bei einem Mikroelektronikeinsatz festzustellen. Relativ vielen indirekten Arbeitskräften in Applikation, Vertrieb und Entwicklung stehen relativ wenig direkte Arbeitskräfte in der Fertigung gegenüber (vgl. [Jä]).

Des weiteren ist eine Änderung in der Ausbildungstruktur des Personals zu bemerken. Der Mechaniker wird durch den Elektroniker abgelöst; aus dem Entwicklungsingenieur, der Hardware wie z. B. Koppelglieder mit definierten Schnittstellen entwirft, wird ein Systemprogrammierer mit Kenntnissen u. a. über Echtzeit-Datenverarbeitung auf der Basis von Assembler- oder spezieller Real-Time-Sprachen (PEARL, RTL2, CORAL 66 etc.) Aus den oben genannten Gründen ergibt sich für eine Unternehmung, die auf Mikroelektronik umstellt, die Notwendigkeit einer Personalum- bzw. -weiterschulung. Speziell bei Softwarespezialisten ist mit hohen Aus- und Weiterbildungskosten zu rechnen.

Die sich ausweitende Computertechnik und die damit verbundenen Probleme der Arbeitskräfte müssen kosequenterweise zu einer Einbeziehung der Betroffenen in die sich ändernde Gestaltung von Fertigung und Verwaltung führen. Traditionelle EDV-Lösungen berücksichtigen in der Regel nur die technische Komponente (Rationalisierung) der Computeranwendungen, ohne an die Auswirkungen auf die menschliche Komponente zu denken. Ausgehend von einer geplanten organisatorischen Verbesserung wird eine »optimale« EDV-Lösung geschaffen, an die sich der betroffene Benutzerkreis anzupassen hat. Die veränderten Arbeitssituationen stehen dann mehr oder weniger losgelöst von den neuen technischen Bedingungen da. Entstehende Probleme werden dann natürlich dem Computer angelastet. Hier müssten EDV-Spezialisten und Benutzer gemeinsam nach Wegen suchen, die sowohl für die technische als auch menschliche Komponente zu optimalen Lösungen führen.

An die Arbeitsgebiete Programmierung und Prüfung müssen höhere Anforderungen gestellt werden, was sich z. B. in einem höheren Schulabschluß als Eingangsvoraussetzung niederschlagen kann. Grund dafür ist, daß durch den Einsatz von Mikroprozessoren eine Verschiebung von mehr praktisch orientierten, handwerklichen Fähigkeiten hin zu theoretisch abstraktem Denkvermögen (Mathematik, Logik) stattfindet (vgl. [Do]).

Dieser Prozeß wird auch vor der Automation der Automation (vgl. [Kl]) nicht halt machen. Die Programmierer und Betreuer heutiger Softwaresysteme werden überflüssig werden. Dies läßt sich im Softwarebereich folgendermaßen absehen:

- Softwarefunktionen werden schon heute durch Hardware übernommen. Systemprogrammierer werden dadurch wichtiger Funktionen beraubt. Berufe, die heute als zukunfsträchtig und als Umsetzungsmöglichkeit gelten (also die ganze Programmierung), werden durch die Anlage übernommen. Ein weiteres Beispiel sind Compiler-Compiler-Systeme, die in Erweiterung Software automatisch erstellen.
- Hierdurch erhält der Systemdesigner eine sehr hochstehende Bedeutung mit enger werdender Berufsnachfrage. Aber auch der Beruf des Systemdesigners ist automatisierbar: Computer werden sich selbst konstruieren und vollautomatisch fertigen – eine Angelegenheit, für die vor 20 Jahren der theoretische Beweis des Machbaren geführt wurde, wird in 20 Jahren möglich sein. Die höchste Stufe der Automation ist erreichbar. Vorboten sind z. B. die Hardware-Description-Languages (HDL).

Die Technologie erweist sich als beängstigend vorpreschender Faktor, dem alle anderen Disziplinen hinterherrennen müssen. Es ist die Frage, wo in diesem Verfolgungsfeld die Betriebwirtschaftslehre zu sichten ist? Hier sei die Bemerkung gestattet, daß Zuschauer bei einem 10000-Meter-Lauf die überrundeten Läufer nicht mehr von dem Feldführer unterscheiden können.

D. Folgerungen zur Personalpolitik und Ausbildungssituation

Wir wollen die Folgerungen zur Personalpolitik untergliedern in
- kurzfristige Maßnahmen der Unternehmensleitungen

und
- langfristig notwendige globale Maßnahmen.

I. Kurzfristige Maßnahmen der Unternehmensleitungen

Hierunter sollen Maßnahmen verstanden werden, wie Unternehmen den negativen Folgen der (evtl. schleichenden) Automation begegnen können. Kurzfristig heißt in diesem Zusammenhang, daß diese Maßnahmen über einige Jahre hinweg greifen mögen, daß sie die für die nächsten Jahrzehnte anstehenden Automationsprobleme jedoch nicht lösen können. Dies kann nur strukturpolitisch in Angriff genommen werden:

- Die erste Maßnahme lautet generell, daß der Freisetzungseffekt in einen Umsetzungseffekt gewandelt wird. Dies impliziert einen erhöhten, ständigen Schulungsaufwand. Aus Drehern werden NC-Maschinenspezialisten und -programmierer, AV-Leute werden Fertigungssteuerung-Softwarespezialisten, Arbeitsverteiler werden BDE-Einsatzspezialisten etc.

- Insbesondere der Notwendigkeit zu ständiger Schulung muß das Management aufgeschlossen gegenüberstehen. Bestehende Aus- und Fortbildungsabteilungen müssen ausgebaut werden, kleine Betriebe müssen sich geeignete externe Schulungsinstitutionen suchen, Schulungsleiter müssen ständig einen guten Überblick über das aktuelle Angebot haben. Wissen in Software-, Hardware- und Steuerungsdingen wird ein Produktionsfaktor. Die Schulung wartet diesen Faktor.
- Zu berücksichtigen sind Widerstände gegen technologische Neuerungen und damit verbundenem Arbeitsplatzwechsel bei bestimmten benachteiligten Gruppen der Arbeitnehmerschaft. Man sieht hier die Gefahr von Lohnminderung und Verbauen von Aufstiegschancen. Lohngarantieregelungen, wie z. B. im Druckgewerbe, helfen diese Widerstände abzubauen und zumindest für die Zeit der Umstellung Lohnverluste zu verhindern (vgl. [Ma]).
- Auch Kleinstentscheidungen der sog. schleichenden Rationalisierung sollten nicht ohne die betroffenen Abteilungen und Mitarbeiter getroffen werden: Eine frühzeitige Kommunikation aller Entscheidungsgremien der Personalplanung sowie rechtzeitige Darlegung der betrieblichen Vorgänge und der damit verbundenen Folgen, flankiert von Maßnahmen zur Qualifizierung oder Umschulung der Mitarbeiter können den indirekt und direkt betroffenen Arbeitnehmern helfen, ihre Situation neu einzuschätzen (vgl. [Se]). Nicht zuletzt wird so auch die Güte einer Systemimplementierung erhöht: Die Mitsprache und Mitentscheidung von betroffenen Fachabteilungen bei der Auswahl eines ›Distributed Computing System‹ erhöht z. B. dessen Akzeptanz und Performance.

II. Langfristig notwendige globale Maßnahmen

Hierunter sollen Maßnahmen verstanden werden, die die anstehenden Personalprobleme über 10–15 Jahre betrachten und die auf der Ebene der Verbände, Gewerkschaften und Regierungspolitik liegen. Insbesondere die Gewerkschaften sind angesprochen, hier eine echt langfristige Beschäftigungspolitik und Interessenvertretung zu betreiben. Dies geschieht auch in beachtlichem Ausmaß (vgl. [Fr], [Jä]), doch sollte die Gewerkschaftspolitik nach Meinung des Autors differenziertere Steuerungen anbieten. Die Grundidee muß sein, die Gefahren der Computertechnologie durch diese Technologie selbst zu bannen. Einige Gedanken mögen dies veranschaulichen, wobei grundsätzlich gilt, daß technologisch im Prinzip alles machbar ist:

(a) Die Verhandlungsfrage, ob mehr Lohnzuwachs oder mehr Freizeit gefordert wird, sollte individuell pro Arbeitnehmer behandelt werden. Alle Arbeitnehmer geben optionsartig ihre Wunschmuster an. Diese werden datenbankmäßig gespeichert. Dann wird mit den Arbeitgebern über ein charakteristisches Profil verhandelt, das z. B. für einen bestimmten Industriezweig wie folgt lauten könnte (s. Tab. 1):

Anteil Arbeitnehmer (in Datenbank)	Wunsch
10%	10% Arbeitszeitverringerung (AV), kein Lohnzuwachs (LZ) für zwei Jahre
30%	5% AV, 3% LZ
30%	5% AV, 5% Arbeitszeit für kostenlose, präventive Umschulungen, kein LZ
20%	keine AV, 30 Tage unbezahlte Urlaubsmöglichkeit, 2% LZ
10%	keine AV, 6% LZ

Tabelle 1

Die Datenbank könnte betriebsindividuell bei Verhandlungen die Auswirkungen aufzeigen, die auftreten, falls solch ein abgestufter Katalog akzeptiert würde. Die Lebensqualität würde sicherlich erhöht, wenn die Arbeitnehmer in ihren Forderungen individuell vertreten würden. Die heutige Technologie ermöglicht dies.

(b) Die heutige Telekommunikation ermöglicht die Dezentralisierung der Verwaltung, Ballungsräume können entlastet, Wegzeiten verringert und Verkehrsmittel und Energiekosten reduziert werden. Die Forderung des Technologieeinsatzes für diese Zwecke wäre ein für alle segensreicher Verhandlungsgegenstand.

(c) Die heutige Daten- und Methodenbanktechnik gestattet die Simulation jeglicher ökonomischer Zusammenhänge auf Großsystemen vom Typ etwa Cray-1, Control Data 200, ICL DAP und dergleichen. Die Gewerkschaften müßten einen makro- und betriebsökonometrischen Apparat aufbauen (sozusagen einen Super Brain Trust), der die sofortige Prognose jeder kleinen, »schleichenden« Rationalisierungsmaßnahme ermöglicht – noch bevor sie vorgenommen wurde. Nur so käme man aus der Situation des zeitlichen Hinterherhinkens heraus.
Das Motto muß lauten: Technologie gegen Technologie

Literaturverzeichnis

W. Dostal [Do]: Die Beschäftigungswirkungen von Mikroprozessoren, in Rationalisierung, 30. Jg. 1979–2, S. 34–38

G. Friedrichs [Fr]: Rationalisierung durch den Einsatz von Mikroprozessoren – Auswirkungen auf Produktion und Beschäftigung, Arbeitsgemeinschaft für Rationalisierung des Landes Nordrhein-Westfalen, Heft 191

H. Jäger/H. Hinz [Jä]: Gewerkschaftliche Stellungnahme zur Anwendung von Halbleiterelementen in der mittelständischen Industrie, unveröffentlichtes Manuskript, Vortragsveranstaltung der Fraunhofer-Gesellschaft, e.V. und des BMFT, Stuttgart, 14. Juli 1975

A. Klein [Kl]: Computertechnik und Arbeitsmarkt, in Wirtschafts- und Sozialwissenschaftlicher

Arbeitskreis Osnabrück (Hrsg.): Arbeitsmarkt – Strukturwandel und Politik, Frankfurt/M, 1977

M. Maase [Ma]: Betriebliche Beschäftigungspolitik und technisch-organisatorische Veränderungen, in: Rationalisierung, 30. Jg. 1979–2, S. 43–46

Mackintosh Consultants [Mac]: Marktstudie Halbleiter, Kurzfassung, Studie im Auftrag des BMFT, o. O. 1976, S. 16–18

J. Niedereichholz/M. Dietrich [Ni]: Auswirkungen von Mikrocomputer-Anwendungen auf verschiedene Unternehmensbereiche, in Zeitschrift für Betriebswirtschaft, 48. Jg. 1978 Nr. 10, S. 875–888

W. Sengenberger [Se]: Aspekte zum heutigen Beschäftigungsproblem, in Rationalisierung, 29. Jg. 1978, S. 256ff.

Hans-Ulrich Küpper

Dynamische Produktionsfunktionen als Grundlage für eine Analyse von Interdependenzen in der Produktion

A. Notwendigkeit dynamischer Ansätze in der Produktionstheorie

B. Entwicklung dynamischer Produktionsfunktionen auf der Basis des Input-Output-Modells
   I. Grundlegende Komponenten des dynamischen Ansatzes
   II. Herleitung dynamischer Produktionsfunktionen

C. Abbildung ablauforganisatorischer Tatbestände in einem interdependenten Produktionsmodell
   I. Einführung von Reihenfolgevariablen
   II. Verbindung von Produktionsfunktion und Nebenbedingungen in einem interdependenten Produktionsmodell

D. Strukturmerkmale des interdependenten Produktionsmodells
   I. Eigenschaften der Input-Output-Beziehungen
   II. Interdependenz der Einflußgrößen
   III. Gesichtspunkte für die Formulierung einer Zielfunktion

E. Thesenartige Zusammenfassung der wichtigsten Ergebnisse

Anmerkungen

A. Notwendigkeit dynamischer Ansätze in der Produktionstheorie

Die betriebswirtschaftliche *Produktionstheorie* bildet die Beziehungen zwischen Gütereinsatz und Güterausbringung in Unternehmungen ab. Sie sollte als theoretisches Aussagensystem eine Grundlage für die *Produktionsplanung* sowie für *Kostentheorie* und *Kostenrechnung* liefern. Hierzu ist es erforderlich, daß in produktionstheoretische Aussagensysteme die verschiedenartigen Einflußgrößen der Produktion eingehen und die Beziehungen zwischen diesen Einflußgrößen erfaßt werden.

Eine Klasse von Einflußgrößen bilden die Entscheidungstatbestände der *Ablauforganisation.* Durch die Festlegung von Losgrößen, Arbeitsverteilung und Reihenfolgen wird der Vollzug des Produktionsprozesses im Zeitablauf bestimmt. Will man den Einfluß der Ablauforganisation auf die Input-Output-Beziehungen abbilden, erscheint es notwendig, von einem dynamischen Ansatz der Produktionstheorie auszugehen. Unumgänglich ist ein solcher Ansatz für die Produktionsplanung, wenn zeitliche Interdependenzen bestehen, weil die Absatzmengen nicht stationär oder die Lagerkosten in der Zielfunktion enthalten sind. [1]

Daher wird in Teil B. dieses Beitrags eine dynamische Produktionsfunktion entwikkelt. In Teil C. wird gezeigt, wie sich diese in ein interdependentes Produktionsmodell zur Abbildung variabler Arbeitsverteilungen, Losgrößen und Reihenfolgen einfügen läßt. Dann werden in Teil D. die wichtigsten Strukturmerkmale dieses Modells herausgearbeitet.

B. Entwicklung dynamischer Produktionsfunktionen auf der Basis des Input-Output-Modells

I. Grundlegende Komponenten des dynamischen Ansatzes

Ausgangspunkt der folgenden Analyse ist die Entwicklung einer dynamischen Produktionsfunktion auf der Basis des Input-Output-Modells. [2] Die im Produktionsprozeß eingesetzten und erstellten Güter werden in bezug auf drei *Dimensionen* abgebildet: Güterart, Gütermenge und zeitliche Anordnung. Hierzu wird der gesamte Produktionsprozeß methodisch in zweifacher Hinsicht unterteilt:

(1) In *sachlicher* Hinsicht gliedert man ihn in derart viele Teilprozesse, daß jede Einsatz- oder Ausbringungsgüterart beispielsweise an Stoffen, menschlicher oder maschineller Arbeit als Output eines Teilprozesses interpretiert werden kann. Die originären Einsatzgüter faßt man als Ausbringungsgüter von Beschaffungsprozessen auf.

(2) In *zeitlicher* Hinsicht wird der gesamte Betrachtungs- oder Planungszeitraum in eine vorgegebene Zahl unmittelbar aufeinanderfolgender Intervalle unterteilt. [3]

Die Güterarten werden im folgenden durch einen tiefgestellten Index i bzw. j = 1, ..., J, die Zeitintervalle durch einen hochgestellten Index t = o, ..., T bezeichnet. Grundlegende Elemente des Ansatzes sind *Mengengleichungen* für jede im Produktionsprozeß enthaltene Güterart i und dynamische *Tranformationsfunktionen* für die Input-Output-Beziehungen in den Teilprozessen. Bezeichnet man die Ausbringungsmenge der i-ten Güterart im Intervall t mit r_i^t, die Wiedereinsatzmenge dieser Güterart i in einem anderen Teilprozeß j in t mit r_{ij}^t, die Absatzmenge von i in t mit x_i^t und den Lagerbestand von Güterart i am Ende des Intervalls t mit l_i^t, so kann für jeden Teilprozeß bzw. jede Güterart i folgende *Mengengleichung* aufgestellt werden:

$$r_i^t = \sum_j r_{ij}^t + x_i^t + l_i^t - l_i^{t-1} \qquad \text{stets i und t} \tag{1}$$

Sie beschreibt, welche Menge der i-ten Güterart im Intervall t hervorgebracht (r_i^t), zur Herstellung einer anderen Güterart wiedereingesetzt (r_{ij}^t) oder am Markt abgesetzt (x_i^t) wird sowie am Ende von t (l_i^t) bzw. zu Beginn von t und Ende von t-1 gelagert (l_i^{t-1}) ist. Der gesamte Produktionsprozeß wird durch J Gleichungen der Art (1) für jedes Intervall erfaßt.

Die *dynamischen Transformationsfunktionen* geben die mengenmäßigen und zeitlichen Beziehungen zwischen der in einem Prozeß j erzeugten Gütermenge r_j und den für diese Erzeugung notwendigen Einsatzmengen r_{ij} an. Verzichtet man im allgemeinen Ansatz auf eine exakte Angabe der Art mengenmäßiger Beziehungen zum Beispiel in Form einer Leontieffunktion oder einer Gutenberg-Verbrauchsfunktion und unterstellt man für jedes Einsatzgut i im Prozeß j eine vorgegebene konstante Verweilzeit τ, dann lassen sich die dynamischen Transformationsfunktionen wie folgt formulieren:

$$r_{ij}^t = f_{ij}^\tau(\ldots) \cdot r_j^{t+\tau} \qquad \text{stets i, j und t} \tag{2}$$

Die Verweilzeit τ gibt an, wieviel Intervalle vor Fertigstellung des j-ten Gutes das i-te Einsatzgut bereitgestellt werden muß.

II. Herleitung dynamischer Produktionsfunktionen

Um die *Produktionsfunktion der Unternehmung* herzuleiten, sind die dynamischen Transformationsfunktionen (2) in die Mengengleichungen (1) einzusetzen. Betragen die Verweilzeiten τ für alle Güterarten und Prozesse genau eine Intervalldauer, so setzt man die dynamischen Transformationsfunktionen für $\tau = 1$

$$r_{ij}^t = f_{ij}^1(\ldots) \cdot r_j^{t+1} \qquad \text{stets i, j und t} \tag{3}$$

in die Mengengleichungen (1) ein und erhält als
Grundgleichungen des Input-Output-Modells:

$$r_i^t = \sum_j f_{ij}^1(\ldots) \cdot r_j^{t+1} + x_i^t + l_i^t - l_i^{t-1} \qquad \text{stets i und t} \tag{4}$$

Faßt man diese Gleichungen intervallweise zusammen, dann gilt für jedes Intervall t in Matrixschreibweise ein Gleichungssystem der Art (5):

$$r^t = F_1 \cdot r^{t+1} + x^t + l^t - l^{t-1} \qquad \text{stets t} \tag{5}$$

In (5) sind die direkten funktionalen Beziehungen $f_{ij}^1(\ldots)$ in einer Direktverbrauchsmatrix F_1 angeordnet. Ihr tiefgestellter Index besagt, daß die Verweilzeiten aller Elemente eine Intervalldauer umfassen. Die Vektoren r^t, x^t, l^t bzw. l^{t-1} geben die Ausbringungs-, Absatz- sowie Lagerbestandsmengen der Güterarten i = 1, …, J wieder.

Für den gesamten Betrachtungszeitraum erhält man ein System aus Gleichungssystemen der Art (6)

$$\begin{bmatrix} 0 \\ r^1 \\ r^2 \\ \cdot \\ \cdot \\ \cdot \\ r^{T-1} \\ r^T \end{bmatrix} = \begin{bmatrix} F_1 \cdot r^1 \\ F_1 \cdot r^2 \\ F_1 \cdot r^3 \\ \cdot \\ \cdot \\ \cdot \\ F_1 \cdot r^T \\ o \end{bmatrix} + \begin{bmatrix} o \\ x^1 \\ x^2 \\ \cdot \\ \cdot \\ \cdot \\ x^{T-1} \\ x^T \end{bmatrix} + \begin{bmatrix} l^o \\ l^1 \\ l^2 \\ \cdot \\ \cdot \\ \cdot \\ l^{T-1} \\ l^T \end{bmatrix} - \begin{bmatrix} \bar{l}^o \\ l^o \\ l^1 \\ \cdot \\ \cdot \\ \cdot \\ l^{T-2} \\ l^{T-1} \end{bmatrix} \tag{6}$$

In diesem ist berücksichtigt, daß zu Beginn des ersten Intervalls die Einsatzgütermengen $F_1 \cdot r^1$ aus dem Lageranfangsbestand $\bar{l}^o$ für die im ersten Intervall herzustellenden Gütermengen r^1 bereitgestellt werden müssen. Durch die Variablen l^o werden die Lagerbestände wiedergegeben, über die zu Beginn des ersten Intervalls noch nicht disponiert ist.

In der betriebswirtschaftlichen Produktionstheorie werden im allgemeinen die Gütereinsatzmengen in Abhängigkeit von den Absatz- und Lagermengen angegeben. Deshalb sind die Gleichungssysteme (6) nach den Vektoren r^t aufzulösen, welche die originären Gütereinsatzmengen als Ausbringungsmengen von Beschaffungsprozessen enthalten. Hierzu setzt man die Gleichungen für r^T des letzten Intervalls T in die Gleichungen des vorletzten Intervalls T–1 ein und anschließend die erhaltenen Gleichungen für r^{T-1} in die Gleichungen des vorhergehenden Intervalls T–2. Auf diese Weise läßt sich der gesamte Ansatz rekursiv auflösen. [4] Allgemein gilt für die Ausbringungsmengen r^t eines jeden Intervalls t die Beziehung (7):

$$r^t = \sum_{\theta=o}^{T-t} F_1^\theta \cdot (x^{t+\theta} + l^{t+\theta} - l^{t+\theta-1}) \qquad t = o, \ldots, T \tag{7}$$

$$r^o = o; F_1^o = E; l^{-1} = \bar{l}^o$$

Sie kann als *dynamische Produktionsfunktion der Unternehmung bei Transformationsfunktionen für Verweilzeiten von einem Intervall* bezeichnet werden. [5] Mit ihr läßt sich ermitteln, welche Gütermengen die Unternehmung in unterschiedlichen Intervallen einsetzen und fertigen muß, sofern sie bestimmte, zeitlich verteilte Absatzmengen sowie Mindestlagerbestände plant. Diese Produktionsfunktion bildet neben den Gütermengen die Alternativen der Unternehmung hinsichtlich der zeitlichen Verteilung von Gütereinsatz und Fertigung ab.

Der Ansatz läßt sich erweitern, indem man in den dynamischen Transformationsfunktionen unterschiedliche Verweilzeiten τ von $\tau = O$ bis $\tau = \Omega$ berücksichtigt. Dann sind die Transformationsfunktionen (8)

$$r_{ij}^{t} = \sum_{\tau=o}^{\Omega} f_{ij}^{\tau}(\ldots) \cdot r_{j}^{t+\tau} \qquad (8)$$

in die Mengengleichungen (1) einzusetzen. Löst man das Gleichungssystem für alle Intervalle rekursiv nach den Vektoren der Ausbringungsmengen r^t auf [6], so erhält man die *dynamische Produktionsfunktion der Unternehmung bei Transformationsfunktionen für Verweilzeiten unterschiedlicher Dauer:*

$$r^{t} = \sum_{\theta=o}^{T-t} F_{\theta}^{*} \cdot (x^{t+\theta} + l^{t+\theta} - l^{t+\theta-1}) \qquad t = o, \ldots, T \qquad (9)$$

$$r^{o} = o; l^{-1} =)\bar{l}^{o}.$$

$$\text{wobei} \qquad F_{o}^{*} := (E - F_{o})^{-1}$$

$$F_{\theta}^{*} := \sum_{\nu=1}^{\theta} (E - F_{o})^{-1} \cdot F_{\nu} \cdot F_{\theta-\nu}^{*}$$

Eine wichtige Einschränkung des entwickelten Ansatzes besteht in der Voraussetzung, daß die Verweilzeiten τ nur von den eingesetzten bzw. hergestellten Güterarten abhängig sind. [7] Der Einfluß von variablen Produktionsgeschwindigkeiten und Losgrößen auf die Verweilzeit in einem Teilprozeß oder Arbeitsgang ist in ihnen nicht berücksichtigt. Deshalb kann der vorgetragene Ansatz die realen Gegebenheiten lediglich näherungsweise wiedergeben.

C. Abbildung ablauforganisatorischer Tatbestände in einem interdependenten Produktionsmodell

I. Einführung von Reihenfolgevariablen

Durch die Abbildung des zeitlichen Vollzugs von Produktionsprozessen soll eine Basis für die Erfassung von Interdependenzen zwischen Ablauforganisation und Produktionstheorie gelegt werden. Um den Einfluß der *Arbeitsverteilung* von Aufträgen auf Produktiveinheiten, der *Losgrößen* und der *Reihenfolgen* je Produktiveinheit wiederzugeben, erscheint es nach Vorschlägen von *W. Dinkelbach* [8], *D. Adam* [9] und *D. B. Pressmar* [10]) in einem Modell mit diskreten Zeitintervallen zweckmäßig, binäre intervallbezogene *Zuordnungsvariablen* z_{im}^{t} einzuführen. Diese geben an, ob die Produktart i im Intervall t von der Produktiveinheit m erzeugt wird oder nicht. Sie sind wie folgt definiert:

$$z_{im}^{t} = \begin{cases} 1, & \text{sofern die m-te Produktiveinheit im Intervall t die i-te Produktart erzeugt und fertigstellt} \\ 0, & \text{sonst} \end{cases} \qquad (10)$$

Ferner wird vorausgesetzt, daß jede Produktiveinheit m in jedem Intervall höchstens eine Produktart erzeugt. Es gelten also die Nebenbedingungen (11)

$$\sum_{i} z_{im}^{t} \leqq 1 \quad \text{ganzzahlig} \qquad \text{stets m und t} \qquad (11)$$

Aus den Werten der Zuordnungsvariablen für eine Produktiveinheit m in aufeinanderfolgenden Intervallen wird ersichtlich, in welcher Reihenfolge verschiedene Produktarten auf ihr hergestellt werden. Unter Berücksichtigung der Fertigungsmengen je Intervall läßt sich ferner erkennen, welche Zahl an Produkten zu einem Los oder Auftrag gehört. Schließlich ergibt sich aus den Werten der Zuordnungsvariablen für dieselbe Produktart, auf welchen verschiedenen Produktiveinheiten sie erzeugt wird. Demnach kann über die Zuordnungsvariablen auch die Arbeitsverteilung ausgedrückt werden.

Naheliegend ist der Versuch, die Zuordnungsvariablen in die dynamische Produktionsfunktion als weitere unabhängige Variablen aufzunehmen. Dieser Versuch ist jedoch nicht gelungen. Vielmehr erscheint es notwendig, den Einfluß von Arbeitsverteilung, Losgrößen und Reihenfolgen auf Gütereinsatz und Güterausbringung nicht innerhalb der Produktionsfunktion, sondern in einem eigenen, mit ihr verbundenen System von Nebenbedingungen zu berücksichtigen.

II. Verbindung von Produktionsfunktion und Nebenbedingungen in einem interdependenten Produktionsmodell

In dem zu entwickelnden Produktionsmodell werden die Güterarten i in die Zwischen- und Endproduktarten p bzw. q = 1, …, Q sowie die originären Einsatzgüter Stoffe S und (maschinelle bzw. menschliche) Arbeit A gegliedert. Der gesamte Betrachtungszeitraum mit einer Dauer von D wird in T aufeinanderfolgende Intervalle mit den variablen Intervalldauern d^{t} eingeteilt.

Für die Wiedergabe der Fertigung von Zwischen- und Endprodukten p werden die *Fertigungszeitvariablen* d_{pm}^{t} eingeführt. Sie geben an, wie lange die Produktart p im Intervall t von der m-ten Produktiveinheit erzeugt wird. Die gesamte Fertigungsmenge r_{p}^{t} erhält man durch Multiplikation der Fertigungszeitvariablen mit Koeffizienten ϱ_{pm}

der Produktionsgeschwindigkeit für jede Produktiveinheit m und Produktart p. [11] Unter Verwendung dieser Variablen und Koeffizienten gilt für Zwischen- und Endprodukte anstelle von (4) die Grundgleichung (12), sofern man von Verweilzeiten $\tau = 1$ für alle Produkte ausgeht:

$$r_p^t = \sum_m \varrho_{pm} \cdot d_{pm}^t = \sum_{q=1}^{Q} \sum_m f_{pq}^1 \cdot \varrho_{qm} \cdot d_{qm}^{t+1} + x_p^t + l_p^t - l_p^{t-1} \qquad \text{stets p und t} \qquad (12)$$

Diese *Produktgleichung* enthält die Möglichkeit, daß dieselbe Produktart auf verschiedenen Produktiveinheiten m erzeugt wird. Hierdurch wird die Arbeitsverteilung berücksichtigt. Um die Alternativen bei der Festlegung von Arbeitsverteilung und Reihenfolgen abzubilden, werden die oben eingeführten Zuordnungsvariablen z_{im}^t beibehalten und die (11) entsprechenden *Maschinenbelegungsbedingungen*

$$\sum_p z_{pm}^t \leqq 1 \quad \text{ganzzahlig} \qquad \text{stets m und t} \qquad (13)$$

aufgestellt. Die Beziehungen zwischen den *Fertigungszeitvariablen* d_{pm}^t und den *Zuordnungsvariablen* z_{pm}^t bringen die Nebenbedingungen (14) zum Ausdruck:

$$d_{pm}^t \leqq z_{pm}^t \cdot D \qquad \text{stets p, m und t} \qquad (14)$$

Eine wichtige ablauforganisatorische Einflußgröße stellen die *Losgrößen* dar. Sie lassen sich durch Einführung der Umrüstvariablen u_{qpm}^t sowie der entsprechenden Koeffizienten h_{qpm} für reihenfolgeabhängige Rüstzeiten erfassen. Die Alternativen der Umrüstung können bei negativer Gewichtung der Umrüstvariablen in der Zielfunktion nach einem Vorschlag von *Seelbach* und Mitarbeitern [12] durch die Nebenbedingungen (15)

$$u_{qpm}^t \geqq z_{qm}^{t-1} + z_{pm}^t - 1 \qquad \text{stets p, q, m, t} \qquad (15)$$

wiedergegeben werden. Wenn eine Produktart p in einem Intervall t von der m-ten Produktiveinheit hergestellt wird, kann die Summe aus Umrüstzeit h_{qpm} und Fertigungszeit d_{pm}^t nicht größer als die Intervalldauer d^t sein. Dieser Zusammenhang ist in den *Einsatzzeitbedingungen* (16)

$$\sum_{q,p} h_{qpm} \cdot u_{qpm}^t + \sum_p d_{pm}^t \leqq d^t \qquad \text{stets m, t} \qquad (16)$$

abgebildet. Ferner darf gemäß der *Intervallzeitbedingung* (17) die Summe der Intervalldauern d^t die Dauer D des gesamten Betrachtungszeitraums nicht überschreiten:

$$\sum_t d^t \leqq D \qquad (17)$$

Alle Variablen dürfen nur nichtnegative Werte annehmen:

$$d^t_{pm}, z^t_{pm}, x^t_p, l^t_p, u^t_{qpm} \geqq O \qquad \text{stets p, q, m, t} \tag{18}$$

Die produktionstheoretischen Gleichungen (12) sind über die Fertigungszeitvariablen d^t_{pm} mit den Nebenbedingungen (13) bis (18) verknüpft. Dieses Aussagensystem bildet die Interdependenzen zwischen Fertigungs-, Absatz- sowie Lagermengen an Produkten und den ablauforganisatorischen Einflußgrößen Arbeitsverteilung, Losgrößen sowie Reihenfolgen ab.

Die *Produktgleichungen* (12) kennzeichnen die *Output-Seite* des Modells. Man kann sie in Matrixschreibweise angeben, indem man die Fertigungszeitvariablen d^t_{pm} je Intervall zu einem Spaltenvektor d^t mit den Elementen (d^t_{11}, $d^t_{12)}$ ..., d^t_{1M}, d^t_{21}, ...), die Beziehungen f^1_{pq} zu einer Direktverbrauchsmatrix F_{PP} [13] und die Koeffizienten der Produktionsgeschwindigkeiten zu einer Matrix

$$F_{PD} = \begin{matrix} \varrho_{11} & o & \dots & o & \dots & \varrho_{P1} & o & \dots & o \\ o & \varrho_{12} & \dots & o & \dots & o & \varrho_{P2} & \dots & o \\ \vdots & & \ddots & \vdots & & \vdots & \vdots & & \vdots \\ o & o & \dots & \varrho_{1M} & \dots & o & o & \dots & \varrho_{PM} \end{matrix} \tag{19}$$

zusammenfaßt. Das Gleichungssystem (12) lautet dann in Matrixschreibweise

$$[r^t_P =]\ F_{PD} \cdot d^t = F_{PP} \cdot F_{PD} \cdot d^{t+1} + x^t_P + l^t_P - l^{t-1}_P \qquad t = o, \dots, T \tag{20}$$

Der *originäre Gütereinsatz* ist durch zusätzliche Gleichungen zu erfassen. Als Beispiel wird im folgenden lediglich der Verbauch an *Stoffen* S ohne Differenzierung zwischen Roh-, Hilfs- und Betriebsstoffen sowie der Verbrauch an Arbeit A ohne Differenzierung zwischen menschlicher und maschineller Arbeit berücksichtigt. Für jede konstante Produktionsgeschwindigkeit ϱ_{pm} kann der Verbrauch an Stoffen in Abhängigkeit von den Fertigungszeiten angegeben werden. Faßt man diese direkten funktionalen Beziehungen mit einer Verweilzeit von einem Intervall in einer Direktverbrauchsmatrix F_{SD} zusammen und bezeichnet man die Beschaffungs-, Absatz- sowie Lagermengen durch Vektoren mit einem tiefgestellten Index S, dann gelten für die von außen bezogenen *Stoffe* die Gleichungssysteme (21):

$$r^t_S = F_{SD} \cdot d^{t+1} + x^t_S + l^t_S - l^{t-1}_S \qquad t = o, \dots, T \tag{21}$$

Für den Einsatz an (menschlicher und maschineller) *Arbeit* scheint die Hypothese gerechtfertigt, daß die Einsatzzeiten r^t_A von den Fertigungs- und den Rüstzeiten des gleichen Intervalls abhängen. Die funktionalen Beziehungen zwischen diesen Größen können in den Matrizen F_{AD} und F_{AU} zusammengefaßt werden. Da Arbeitszeiten nicht lagerfähig sind, lassen sich für diese Einsatzgüter allgemein die Gleichungssysteme (22) formulieren:

$$r_A^t = F_{AD} \cdot d^t + F_{AU} \cdot u^t \qquad t = 1, \ldots, T \tag{22}$$

Die Gleichungssysteme (20) bis (22) geben die Input-Output-Beziehungen wieder. Zusammen mit den Nebenbedingungen (13) bis (18) sowie den Nichtnegativitätsbedingungen (23)

$$r_S^t, x_S^t, l_S^t, r_A^t \geqq 0 \qquad \text{stets } t \tag{23}$$

stellen sie ein umfassendes interdependentes Produktionsmodell dar.

D. Strukturmerkmale des interdependenten Produktionsmodells

Das hier vorgestellte Produktionsmodell wird als theoretisches Aussagensystem verstanden, welches die Beziehungen zwischen Gütereinsatz, Güterausbringung und ablauforganisatorischen Einflußgrößen möglichst strukturähnlich abbilden soll. Es kann in erster Linie eine Grundlage für *theoretische* Analysen, erst in zweiter Linie die Basis zur Entwicklung praktisch anwendbarer Planungsmodelle liefern. Deshalb werden verschiedene Strukturmerkmale herausgearbeitet, die für industrielle Produktionsprozesse als weithin gültig anzusehen sind.

I. Eigenschaften der Input-Output-Beziehungen

Ein grundlegendes Merkmal des entwickelten produktionstheoretischen Ansatzes besteht in der Berücksichtigung *verschiedener Einflußgrößen.* Die Gütereinsatzmengen sowie deren zeitliche Verteilung sind nicht nur von den (zeitlich verteilten) Absatzmengen und geplanten Mindestlagerbeständen abhängig. Sie werden auch bestimmt durch die Entscheidungen über Arbeitsverteilung, Losgrößen und Auftragsreihenfolgen. Neben den zeitlichen, den intensitätsmäßigen und den quantitativen Anpassungsmöglichkeiten, die ohne Schwierigkeiten in das Produktionsmodell eingebaut werden können, werden damit weitere, in der Realität vorliegende Handlungsmöglichkeiten der Unternehmung in einem theoretischen Aussagensystem abgebildet. Zugleich werden die Alternativen in der *zeitlichen Verteilung* der Produktion erfaßt. Hierdurch wird ein Weg weitergeführt, der für die neuere betriebswirtschaftliche Produktions- und Kostentheorie charakteristisch ist.

Neben der Mehrvariabligkeit wird aus dem entwickelten Produktionsmodell eine weitere Eigenschaft der Input-Output-Beziehungen erkennbar, deren Bedeutung bisher zu wenig betont wird. [14] Allgemein versucht man in der betriebswirtschaftlichen Produktionstheorie, die Einsatzgütermengen unmittelbar und eindeutig in Abhängigkeit vom Output anzugeben. In dem vorgelegten produktionstheoretischen Modell aus den Gleichungssystemen (20) bis (22) treten als gemeinsame Bestimmungsgrößen von Einsatz- und Ausbringungsmengen die Fertigungszeitvariablen d^t auf. Sie geben die Fertigungszeiten der Zwischen- und Endprodukte auf den einzelnen Produktiveinheiten in den verschiedenen Intervallen an. Um die Abhängigkeit der originären Einsatzgütermengen r_S^t sowie r_A^t von den Absatz- und Lagermengen x_P^t bzw. l_P^t zu ermitteln, müßte das Gleichungssystem (20) nach dem Vektor der Fertigungszeitvariablen d^t aufgelöst werden können. Dies ist aber nicht durchführbar, weil die Matrix F_{PD} für die direkten funktionalen Beziehungen zwischen Fertigungsmengen und Fertigungszeiten entsprechend (19) nicht quadratisch und damit nicht invertierbar ist. Da dieselbe Produktart bei variabler Arbeitsverteilung von verschiedenen Produktiveinheiten hergestellt werden kann, ist die Zahl der (Produkt-)Zeilen von F_{PD} geringer als die Zahl ihrer (Prozeß-)Spalten. Eine bestimmte mengenmäßige und zeitliche Kombination der Absatz- und Planlagermengen läßt sich mit unterschiedlichen Kombinationen der Arbeitsverteilung sowie verschiedenartiger zeitlicher Verteilung der Fertigungsprozesse erreichen. Sofern an den für dieselbe Produktart einsetzbaren Produktiveinheiten unterschiedliche Verbrauchsfunktionen und Ausschußkoeffizienten gelten, führt jede Alternative der Arbeitsverteilung zu anderen Einsatzmengen an Stoffen, Arbeit und damit anderen Kosten. Die Beziehungen zwischen den Einsatzgütermengen und den Absatz- sowie Lagermengen der Unternehmung sind demnach *vieldeutig*. [15].

In dem entwickelten Ansatz kommt den *Fertigungszeitvariablen* d^t eine zentrale Bedeutung zu. Von ihnen sind einerseits die Produktionsmengen r_P^t, andererseits die originären Gütereinsatzmengen r_S^t sowie r_A^t abhängig. Durch die Festlegung der Fertigungszeit einer Produktiveinheit für eine bestimmte Produktart zu jedem Zeitpunkt wird das Handeln in der Produktion determiniert. Arbeitsverteilung, Losgrößen, Reihenfolgen und Fertigungszeiten, die in diesen Variablen zum Ausdruck kommen, werden als »unmittelbare« Handlungsgrößen der Produktion aufgefaßt. Dieses Ergebnis wird durch die häufige Verwendung der Fertigungszeiten als Bezugsgrößen der Kostenplanung gestützt. Jedoch hat die Vieldeutigkeit der Input-Output-Beziehungen für die Kosten- und Leistungsrechnung zur Folge, daß sich die Gütereinsätze wohl den nach Produktarten und Produktiveinheiten differenzierten Fertigungszeiten, nicht aber den Ausbringungsmengen eindeutig zurechnen lassen.

II. Interdependenz der Einflußgrößen

Ein weiteres zentrales Merkmal besteht in der *Interdependenz der Einflußgrößen*. In dem entwickelten Produktionsmodell wird sie formal daraus ersichtlich, daß durch die Zuordnungsvariablen z_{pm}^t und die mit ihnen gekoppelten Fertigungszeitvariablen d_{pm}^t gleichzeitig Arbeitsverteilung und Auftragsfolgen sowie über die Umrüstbedingungen die Losgrößen festgelegt werden. Sachlich läßt sich eine Reihe dieser Interdependenzen wie folgt aufzeigen.

Sofern bei variabler *Arbeitsverteilung* die für eine Produktart verwendbaren Produktiveinheiten unterschiedliche technisch-ökonomische Eigenschaften aufweisen, werden über die Arbeitsverteilung die Einsatzmengen an Roh- und Betriebsstoffen sowie an menschlicher und maschineller Arbeit beeinflußt. Die Arbeitsverteilung hat zugleich einen Einfluß auf die Stück- und die Rüstzeiten als wichtige Bestimmungsfaktoren der Losgrößen. Durch sie wird ferner festgelegt, welche Aufträge an den einzelnen Produktiveinheiten in eine Reihenfolge zu bringen sind.

Die Zahl der zu bearbeitenden Aufträge als maßgebliche Bestimmungsgröße der Arbeitsverteilung wird durch die Entscheidung über die *Losgrößen* festgelegt. Hiervon hängt die Menge der insgesamt notwendigen Rüstzeiten ab. Daraus ergeben sich die zur Bearbeitung verfügbaren Kapazitäten sowie die maximal herstellbaren Produktionsmengen. Über die Losgrößen werden die Bearbeitungsdauern je Auftrag festgelegt, die eine wichtige Bestimmungsgröße des Reihenfolgeproblems bilden. Bei geschlossener Produktion haben sie zugleich maßgebliche Auswirkungen auf die Durchlaufzeiten der Aufträge.

Durch die *Reihenfolge* der Aufträge werden die Wartezeiten und die Leerzeiten beeinflußt. Sie wirkt somit auch auf die Durchlaufzeiten sowie auf die Kapazitätsausnutzung der Produktiveinheiten ein. Die Entscheidung über die Arbeitsverteilung wird wesentlich davon bestimmt, welche Produktiveinheiten freie Kapazitäten aufweisen und welche günstigen Auftragsfolgen erzielbar sind. Im Fall reihenfolgeabhängiger Rüstzeiten ist die Reihenfolge mitbestimmend für die Dauer der Rüstzeiten. Sie determiniert dann einen wichtigen Bestimmungsfaktor des Losgrößenproblems.

Man erkennt, daß die Arbeitsverteilung maßgeblich für die Wahl der Losgrößen und der Auftragsfolgen ist, die Losgrößen Einfluß auf die Wahl der Arbeitsverteilung sowie der Reihenfolgen haben und die Reihenfolgen Bestimmungsgrößen des Losgrößen- sowie des Arbeitsverteilungsproblems beeinflussen. Zugleich sind diese Handlungsvariablen der Unternehmung *gemeinsam* maßgebend für die maximal herstellbaren Produktionsmengen, die Durchlaufzeiten der Aufträge, die Kapazitätsauslastung, die Lagerbestände und damit die zeitliche Verteilung der Produktion. Ihre Einflüsse sind *interdependent,* weil die Auswirkungen einer jeden von ihnen auf die Mengen- und Zeitstruktur der Produktion von den Ausprägungen der anderen Größen abhängen.

III. Gesichtspunkte für die Formulierung einer Zielfunktion

Im Hinblick auf die Kostentheorie und die Produktionsplanung sind die Auswirkungen des Produktionsprozesses auf Kosten und Leistungen zu untersuchen. Deshalb ist abschließend auf einige Gesichtspunkte hinzuweisen, die sich für die Formulierung einer Zielfunktion aus der Verwendung eines dynamischen interdependenten Ansatzes ergeben.

In den Absatzmengenvariablen x_P^t sowie x_S^t enthält das Modell den Ansatzpunkt zur Ermittlung der Erlöse durch Multiplikation mit den Vektoren der Güterpeise Π_P bzw. Π_S. Die Kosten für Stoffe lassen sich ebenfalls durch Multiplikation mit variablen Beschaffungsstückkosten k_S erfassen. Sofern die variablen Personal- und Maschinenkosten als proportional zu den Einsatzzeiten an menschlicher und maschineller Arbeitszeit angenommen werden können [16], sind sie durch Multiplikation der Einsatzzeitvektoren r_A^t mit Fertigungskostensätzen k_A zu bestimmen. Hier zeigt sich ein wichtiges Merkmal des interdependenten Ansatzes. Da die Auswirkungen von Fertigungs- und Umrüstprozessen auf die Gütereinsätze im Modell abgebildet sind, müssen für die Aufstellung der Zielfunktion *keine speziellen Kostensätze* je Bearbeitungs- und je Rüstzeiteinheit der einzelnen Produktiveinheiten errechnet werden.

Die Verwendung eines dynamischen Ansatzes ermöglicht die Berücksichtigung von *Schwankungen des Absatzes* sowie von *Änderungen der Absatzpreise und Kostensätze* im Zeitablauf. Vor allem bildet sie jedoch die Grundlage für eine (zumindest näherungweise) Erfassung der Lagerkosten. Unterstellt man gegebene Lagerkostensätze k_{LP} bzw. k_{LS} je Güter- und Zeiteinheit für Zwischen- und Endprodukte P bzw. Einsatzstoffe S und ermittelt man die durchschnittlichen Lagerbestände vereinfachend als Mittel zwischen Anfangs- und Endbestand je Intervall, so kann die Deckungsbeitragsfunktion (24) formuliert werden:

$$Z = \sum_t [\Pi'_P \cdot \varkappa_P^t + \Pi'_S \cdot \varkappa_S^t - k'_S \cdot r_S^t - k'_A \cdot r_A^t \qquad (24)$$

$$- \frac{1}{2} \cdot k'_{LP} \cdot (l_P^t - l_P^{t-1}) \cdot d^t - \frac{1}{2} \cdot k'_{LS} \cdot (l_S^t - l_S^{t-1}) \cdot d^t]$$

E. Thesenartige Zusammenfassung der wichtigsten Ergebnisse

Zusammenfassend lassen sich die wichtigsten Ergebnisse dieser Untersuchung in vier Thesen wiedergeben:

1. These

Durch die Weiterentwicklung des statischen Input-Output-Ansatzes können *dynamische Produktionsfunktionen* für unterschiedliche Verweilzeiten hergeleitet werden.

2. These

Es ist nicht gelungen, die *ablauforganisatorischen Einflußgrößen* Arbeitsverteilung, Losgrößen und Auftragsfolgen unmittelbar als unabhängige Variablen in die Produktionsfunktion einzuführen. Ihre Alternativen sind vielmehr in einem System von Nebenbedingungen abzubilden, das über Fertigungszeitvariablen mit der Produktionsfunktion verbunden ist.

3. These

Die Input-Output-Beziehungen sind nicht nur von *verschiedenen* Einflußgrößen abhängig. Bei variabler Arbeitsverteilung und variabler zeitlicher Aufteilung der Produktion sind sie *vieldeutig*. Die Einflüsse von Arbeitsverteilung, Losgrößen und Reihenfolgen sind darüber hinaus *interdependent*.

4. These

Je mehr es gelingt, *Interdependenzen der Produktion* in einem Planungsansatz direkt zu erfassen, desto einfacher ist die Formulierung von Zielfunktionen. Damit verringern sich die *Probleme der Kostenzurechnung* innerhalb der Kostenrechnung bei der Bereitstellung von Kosteninformationen für die Produktionsplanung.

Anmerkungen

1 Adam, D.: Zeitablaufbezogene Interpretationen von Ergebnissen aus zeitablaufunabhängigen Modellen, dargestellt am Beispiel eines Produktionsaufteilungsproblems, in: Zeitschrift für Betriebswirtschaft 46 (1976), S. 150f.

2 Zur Kennzeichnung des statischen Input-Output-Ansatzes der betriebswirtschaftlichen Produktionstheorie vgl. Kloock, J.: Betriebswirtschaftliche Input-Output-Modelle, Wiesbaden 1969; Schweitzer, M. und H.-U. Küpper: Produktions- und Kostentheorie der Unternehmung, Reinbek 1964, S. 46ff.; Küpper, H.-U.: Das Input-Output-Modell als allgemeiner Ansatz für die Produktionsfunktion der Unternehmung, in: Jahrbücher für Nationalökonomie und Statistik 191 (1977), S. 492ff.

3 Vgl. zur Herleitung Küpper, H.-U.: Dynamische Produktionsfunktion der Unternehmung auf der Basis des Input-Output-Ansatzes, in: Zeitschrift für Betriebswirtschaft 49 (1979), S. 93ff.

4 Vgl. hierzu Küpper, H.-U.: Dynamische Produktionsfunktion ..., a. a. O., S. 93ff.

5 Vgl. auch den Ansatz zur terminierten Teilebedarsermittlung bei Müller-Merbach, H.: Die Berechnung des unterminierten und terminierten Teilebedarfs mit dem Gozinto-Graph, in: Operations Research und Datenverarbeitung bei der Produktionsplanung, hrsg. von K. F. Bussmann und P. Mertens, Stuttgart 1968, S. 115ff.

6 Vgl. hierzu Küpper, H.-U.: Dynamische Produktionsfunktion ..., a. a. O., S. 102f.

7 Diese Voraussetzung ist beispielsweise auch enthalten bei Chmielewicz, K.: Integrierte Finanz- und Erfolgsplanung, Stuttgart 1972, S. 178ff.; Langen, H. u. a.: Unternehmensplanung mit Verweilzeitverteilungen, Berlin 1971, S. 81ff.; Meier, D. und *H. Seidel:* Die Planung der zeitlichen Verteilung des Arbeitszeitbedarfs nach Durchlaufabschnitten im Industriebetrieb mittels eines Matrizenmodells, in: Wirtschaftswissenschaft 13 (1965), S. 629f.

8 Dinkelbach, W.: Zum Problem der Produktionsplanung in Ein- und Mehrproduktunternehmen, Würzburg, Wien 1964, S. 59ff.

9 Adam, D.: Simultane Ablauf- und Programmplanung bei Sortenfertigung und ganzzahliger linearer Programmierung, in: Zeitschrift für Betriebwirtschaft 33 (1963), S. 233ff.

10 Pressmar, D.: Einsatzmöglichkeiten der elektronischen Datenverarbeitung für die simultane Produktionsplanung, in: Informationssysteme im Produktionsbereich, hrsg. von K.-R. Hansen, München, Wien 1975, S. 215ff.

11 Zur Berücksichtigung alternativer Intensitätsgrade sowie von Ausschußkoeffizienten vgl. Küpper, H.-U.: Interdependenzen zwischen Produktionstheorie und der Organisation des Produktionsprozesses, Berlin 1980, S. 160ff.

12 Seelbach, H. und Mitarbeiter: Ablaufplanung, Würzburg, Wien 1975, S. 183. Sofern eine Produktiveinheit in Intervall t leersteht und in Intervall t–1 sowie t+1 dieselbe Produktart

bearbeitet, nimmt für Intervall t die Zuordnungsvariable z^t_{pm} den Wert Eins, die zugehörige Fertigungszeitvariable d^t_{pm} dagegen den Wert Null an.

13 Zur Vereinfachung der Schreibweise wird der Verweilzeitindex weggelassen, da die Dauer der Verweilzeiten für jede Direktverbrauchsmatrix eindeutig gegeben ist.

14 Dieser Tatbestand wird z. B. angedeutet bei Eichhorn, W.: Theorie der homogenen Produktionsfunktion, Berlin, Heidelberg, New York 1970, S. 2ff.

15 Dieses Ergebnis wird verstärkt, wenn man unterschiedliche Intensitäten je Produktiveinheit berücksichtigt.

16 Diese Annahme ist insbesondere für den Einsatz an maschineller Arbeit sehr vereinfachend, da Maschinenkosten im allgemeinen als fix zu betrachten sind.

Joachim Zentes

Datenschutz: Krise der Informationsgewinnung?

A. Der Datenschutz im Spannungsfeld von Wissenschaftsfreiheit und Persönlichkeitsrechten

B. Die Träger der empirischen Sozialforschung als Normadressaten der Datenschutzgesetze

C. Die Auswirkungen der Datenschutzgesetze auf die empirische Sozialforschung
- I. Die Sekundärforschung
- II. Die Primärforschung

D. Der Datenschutz als Herausforderung an die empirischen Sozialwissenschaften
- I. Der Nachweis »berechtigter Interessen«
- II. Die Datenschutzmaßnahmen
  1. Methodische Aspekte
  2. Technisch-organisatorische Aspekte
  3. Institutionelle Aspekte

Anmerkungen

Literaturverzeichnis

Seit Inkrafttreten des *Bundesdatenschutzgesetzes* hat nicht nur die veränderte Rechtslage, sondern auch das gewachsene *Datenschutzbewußtsein* der Öffentlichkeit zu Entwicklungen geführt, die die empirische Sozialforschung beeinträchtigen, wenn nicht gar in bedrohlichem Ausmaß gefährden. So sind Fälle bekannt geworden, bei denen die Datenübermittlung von öffentlichen Stellen unter dem Vorwand des Datenschutzes erschwert bzw. verhindert wurde.

Gesetzeslücken, widersprüchliche Kommentare, fehlende höchstgerichtliche Entscheidungen, unterschiedliche Auslegungen durch Landes- und Bundesdatenschutzbeauftragte verunsichern die Behörden. So hat ein wissenschaftliches Institut vom Statistischen Bundesamt keine disaggregierten Daten erhalten, obwohl aus dem erbetenen Material keine Rückschlüsse auf bestimmte Personen möglich waren. [1] In einem anderen Fall verweigerte das Innenministerium von Rheinland-Pfalz die Bereitstellung von Adressendateien zur Stichprobenziehung, obwohl das antragstellende Forschungsinstitut im Auftrag einer Bundesbehörde arbeitete. [2]

Eine Eskalation fehlgeleiteter Datenschutzüberlegungen zeigt sich in dem Versuch bürokratischer Instanzen, die Zustimmung zu einer empirischen Erhebung von einer inhaltlichen Änderung des Fragenprogramms abhängig zu machen. [3] Die Administration würde mit der Zustimmung damit zugleich ein »Gütesiegel« für wissenschaftliche Forschung vergeben – oder aber eine *Zensur* über die Wissenschaft ausüben. Der Datenschutz könnte so zu einem Vehikel der *Wissenschaftslenkung* werden.

Die bisher bekannt gewordenen Datenzugangssperren sind zwar Einzelfälle; sie sind aber symptomatisch für die derzeitige Entwicklung und sollten für die Marketingforschung – im Sinne des Generalthemas dieser Tagung – als *Frühwarnsignale* betrachtet werden.

A. Datenschutz im Spannungsfeld von Wissenschaftsfreiheit und Persönlichkeitsrechten

Die stürmische Entwicklung der elektronischen Datenverarbeitung und ihre Diffusion in Wirtschaft und Verwaltung erforderten sicherlich eine spezielle rechtliche Regelung zum Schutze personenbezogener Daten vor Mißbrauch bei ihrer Speicherung, Übermittlung, Veränderung und Löschung. Die Datenschutzgesetze sind insofern zu begrüßen, als sie die grundgesetzlich verankerten *Persönlichkeitsrechte* hinsichtlich der Datenverarbeitung konkretisieren. [4] Eine Kodifizierung des Datenschutzes erscheint auch unter Berücksichtigung neuerer Kommunikationstechnologien erforderlich. Zu denken ist beispielsweise an Systeme der Zwei-Wege-Kommunikation, so das Kabelfernsehen mit Rückkanälen.

Eine sich ausschließlich an persönlichkeitsbezogenen Grundrechten orientierende Datenschutzgesetzgebung kann aber zu Kollisionen mit anderen Grundrechten führen, so der *Wissenschaftsfreiheit.* In besonderem Maße sind hier die empirischen Sozialwissenschaften betroffen. Sie betrachten zwar das Individuum nur in einem *abstrakten* Sinne als Bezugspunkt der angestrebten Aussagen. Das Individuum ist aber in einem *konkreten* Sinne als Informationsträger Ausgangspunkt der Datengewinnung und Datenanalyse: die Ableitung der Aussagen setzt disaggregierte Daten, sogenannte *Mikrodaten* voraus.

Sicherlich kann der empirischen Forschung keine *Datenschutzimmunität* zugestanden werden. Im Spannungsfeld von Persönlichkeitsrechten und Wissenschaftsfreiheit sollte eine Datenschutzregelung daher einen Kompromiß anstreben. Das Bundesdatenschutzgesetz sowie die entsprechenden Landesgesetze scheinen – wie im folgenden zu zeigen ist – eine derartige Kompromißlösung aber nicht darzustellen.

B. Die Träger der empirischen Sozialforschung als Normadressaten der Datenschutzgesetze

Die empirische Sozialforschung wird durch das Bundesdatenschutzgesetz (BDSG) sowie die entsprechenden Landesgesetze in vielfältiger Form tangiert.

Zunächst sind die Träger der Sozialforschung – Universitätsinstitute und kommerzielle Institute der Markt- und Meinungsforschung sowie Sozialforschungsabteilungen von Unternehmen und sonstigen Institutionen – *Normadressaten* der Datenschutzgesetze. So unterscheidet die Systematik des BDSG:

- die Datenverarbeitung der Behörden und sonstigen öffentlichen Stellen (2. Abschnitt des Gesetzes)
- die Datenverarbeitung nicht-öffentlicher Stellen für eigene Zwecke (3. Abschnitt des Gesetzes)

– die geschäftsmäßige Datenverarbeitung nicht-öffentlicher Stellen für fremde Zwecke (4. Abschnitt des Gesetzes).

Zum erstgenannten Adressatenkreis gehören Bundesbehörden, bundesunmittelbare Körperschaften, Anstalten und Stiftungen des öffentlichen Rechts. Universitätsinstitute unterliegen den jeweiligen Landesgesetzen. Zur zweitgenannten Kategorie zählen die Markt- und Meinungsforschungsabteilungen von Unternehmen; der dritten Kategorie sind die privatrechtlichen Institute der Sozialforschung zuzurechnen. [5]

Die Datenschutzgesetze nehmen dabei Einfluß auf alle Phasen und Formen der empirischen Sozialforschung. Betroffen sind sowohl die Gewinnung und Verarbeitung personenbezogener Daten als auch die Speicherung und Übermittlung der Daten; tangiert sind neben der Primärforschung auch alle Ausprägungen der Sekundärforschung. Zur Verdeutlichung kann die Generalklausel des BDSG (§ 1) angeführt werden:

»Aufgabe des Datenschutzes ist es, durch den Schutz personenbezogener Daten vor Mißbrauch bei ihrer Speicherung, Übermittlung, Veränderung und Löschung (Datenverarbeitung) der Beeinträchtigung schutzwürdiger Belange der Betroffenen entgegenzuwirken.«

C. Die Auswirkungen der Datenschutzgesetze auf die empirische Sozialforschung

I. Die Sekundärforschung

Die Sekundäranalyse hat in der empirischen Sozialforschung zunächst aus *forschungsökonomischen Gründen* eine große Bedeutung. So werden gegenwärtig – gestützt auf eine hochentwickelte Datenspeicherungs- und -übertragungstechnik – *Datenbanken* bzw. Zentralarchive der empirischen Sozialforschung aufgebaut, die mehreren Benutzern einen direkten Zugriff ermöglichen sollen. [6] Eine restriktive Handhabung der entsprechenden Übermittlungsparagraphen, nach denen die Empfänger jeweils berechtigte Interessen glaubhaft darzulegen haben (§ 32 Abs. 2), würde zumindest die Zeitvorteile des On-line-Zugriffs über Datenfernverarbeitung überkompensieren, wenn nicht gar derartige Projekte ganz torpedieren. Die rechtliche Komplexität wird noch dadurch vergrößert, daß für unterschiedliche Träger der Sozialforschung bezüglich der *Datenschutzqualität* divergierende Vorschriften bestehen; Unterschiede bestehen darüber hinaus zwischen Bundes- und Landesgesetzen.

Die Sekundärforschung dürfte auch immer dann schwieriger werden, wenn öffentliche Stellen *Informationsmonopole* besitzen, da eine Datenübermittlung an Stellen außerhalb des öffentlichen Bereichs von dem Nachweis der berechtigten Interessen abhängt (§ 11):

»Die Übermittlung personenbezogener Daten an Personen und an andere Stellen als die in § 10 bezeichneten ist zulässig, wenn sie zur rechtmäßigen Erfüllung der in der Zuständigkeit der übermittelnden Stelle liegenden Aufgaben erforderlich ist oder soweit der Empfänger ein berechtigtes Interesse an der Kenntnis der zu übermittelnden Daten glaubhaft macht und dadurch schutzwürdige Belange des Betroffenen nicht beeinträchtigt werden. Unterliegen die personenbezogenen Daten einem Berufs- oder besonderen Amtsgeheimnis (§ 45 Satz 2 Nr. 1, Satz 3) und sind sie der übermittelnden Stelle von der zur Verschwiegenheit verpflichteten Person in Ausübung ihrer Berufs- oder Amtspflicht übermittelt worden, ist für die Zulässigkeit der Übermittlung ferner erforderlich, daß die gleichen Voraussetzungen gegeben sind, unter denen sie die zur Verschwiegenheit verpflichtete Person übermitteln dürfte. Für die Übermittlung an Behörden und sonstige Stellen außerhalb des Geltungsbereichs dieses Gesetzes sowie an über- und zwischenstaatliche Stellen finden die Sätze 1 und 2 nach Maßgabe der für diese Übermittlung geltenden Gesetze und Vereinbarungen Anwendung.«

Viel dürfte in der Zukunft davon abhängen, inwiefern es den empirisch-orientierten Wissenschaften gelingt, ihren Datenbedarf als derartige »berechtigte Interessen« anerkannt zu erhalten.

II. Die Primärforschung

Die Monopolisierung bestimmter Informationen durch öffentliche Stellen, so die Meldebehörden, berührt auch die Primärforschung. Während die listenmäßige Übermittlung von Adressen als Grundlage für die Ziehung von *Zufallsstichproben* nach den Bestimmungen über die erleichterte Datenweitergabe nach § 24 Abs. 2 BDSG immer dann möglich ist, wenn Unternehmen, Verbände oder sonstige privatrechtliche Institutionen im Besitz der Daten sind, ist dies bei einem öffentlichen »Datenherr« nicht eindeutig. Da ein Bundesrahmengesetz für das Meldewesen bisher nicht verabschiedet wurde, richtet sich die Datenübermittlung aus dem Bereich des Meldewesens nach den jeweiligen Landesregelungen. Als Beispiel sei das saarländische Datenschutzgesetz (SDSG) erwähnt. So darf nach § 26 Abs. 2 SDSG eine Auskunft aus dem Melderegister über eine Vielzahl von Betroffenen nur erteilt werden, wenn sie im öffentlichen Interesse liegt.

Die Schwierigkeiten bei der Ziehung von Zufallsstichproben können zwar durch ein Ausweichen auf Quotenstichproben umgangen werden; aber auch dann bleibt eine Reihe weiterer Störfaktoren wirksam. An erster Stelle ist die in § 3 BDSG vorgeschriebene *schriftliche Einwilligung* der Betroffenen anzuführen:

»Die Verarbeitung personenbezogener Daten, die von diesem Gesetz geschützt werden, ist in jeder ihrer in § 1 Abs. 1 genannten Phasen nur zulässig, wenn
(1) dieses Gesetz oder eine andere Rechtsvorschrift sie erlaubt oder
(2) der Betroffene eingewilligt hat.
Die Einwilligung bedarf der Schriftform, soweit nicht wegen besonderer Umstände eine andere Form angemessen ist; wird die Einwilligung zusammen mit anderen Erklärungen schriftlich erteilt, ist der Betroffene hierauf schriftlich besonders hinzuweisen.«

Sie stellt eines der Kernprobleme im Verhältnis von empirischer Sozialforschung und Datenschutz dar.

Die empirische Sozialforschung ist – im Gegensatz zur Datengewinnung privilegierter statistischer Ämter, die sich auf eine gesetzlich vorgeschriebene Informationspflicht stützen können – auf die freiwillige Mitarbeit der Befragten bzw. der Versuchspersonen angewiesen. Die *Auskunftsbereitschaft* hängt dabei u. a. wesentlich von der Form der notwendigen Einwilligung der Befragten ab. So zeigen praktische Erfahrungen, daß die Auskunftsbereitschaft erst durch den Hinweis des Interviewers, daß keine Unterschrift erforderlich sei, erreicht wird. Verunsichert durch Praktiken mancher Direktvertriebsunternehmen dürfte bei einer restriktiven Auslegung der entsprechenden Regelung mit einer hohen *Antwortverweigerungsquote* gerechnet werden. Dies bedeutet zunächst aus Zeit- und Kostengründen eine Beeinträchtigung der empirischen Sozialforschung, die auch ohne diese schriftliche Einwilligungsform – allein durch das veränderte Datenschutzbewußtsein – tendenziell mit größeren Verweigerungsquoten rechnen muß.

Neben dieser Beeinträchtigung, die zunächst auf einer ökonomischen Ebene zu sehen ist, steht das methodische Problem der *Repräsentanz,* da nicht erwartet werden kann, daß sich die Antwortverweigerungsrate gleichmäßig auf alle Erhebungseinheiten verteilt. Oder anders ausgedrückt: die schriftliche Einwilligung in eine Befragung kann eine *Verfälschungstendenz* in sich bergen, die auch aus der Panelforschung bekannt ist (»informed consent«). [7]

Die Frage der schriftlichen Einwilligung kann aber auch weiter ausgelegt werden. Sie beinhaltet dann das Einverständnis aufgrund vorangegangener, möglichst vollständiger *Aufklärung* über das Untersuchungsziel. Dies ist aber oftmals aus methodischen Gründen problematisch wenn nicht gar unmöglich. So werden die Versuchspersonen in psychologischen und sozialpsychologischen Studien u. U. bewußt nicht aufgeklärt bzw. sie werden absichtlich getäuscht. [8] Pointiert ausgedrückt erfolgt hier eine Datengewinnung »ohne Wissen« der Versuchspersonen. Die methodische Notwendigkeit einer Datengewinnung »ohne Wissen« liegt auch bestimmten Formen der *Beobachtung* zugrunde, so der verdeckten Beobachtung, die durch neuere apparative Verfahren in der Konsumentenforschung an Bedeutung gewinnt. Datenschutzrechtliche Bedenken werden bei völlig anonymen Beobachtungen nicht erhoben, wenngleich hier in besonderer Weise das allgemeine *Persönlichkeitsrecht* tangiert wird. Datenschutzrechtlich bedenklich ist dagegen die Verknüpfung einer derartigen Beobachtung mit einer postexperimentellen Befragung.

Neben dem Schutzinstrument der schriftlichen Einwilligung sind für die empirische Sozialforschung die Vorschriften zur *Anonymisierung* der Daten problematisch. So sind nach § 2 Abs. 1 BDSG personenbezogene Daten Einzelangaben über persönliche oder sachliche Verhältnisse einer bestimmten oder bestimmbaren natürlichen Person.

Die in der empirischen Sozialforschung übliche Praxis der Anonymisierung durch Löschung der Identifikatoren Namen und Anschrift genügt den gesetzlichen Ansprüchen nicht immer. So ist je nach dem erhobenen Merkmalsumfang – auch ohne Kenntnis von Namen und Anschrift – eine Re-Identifikation denkbar. [9] Durch stufenweises Abfiltern der Elementareinheiten können Zellenbesetzungen auftreten, die – gestützt auf *Zusatzwissen* – die Befragten bestimmbar machen (statistical disclosure). Wenngleich diese Möglichkeit der De-Anonymisierung (»Hintertreppenidentifikation«) kaum praktische Relevanz haben dürfte – sie erfordert zudem eine detektivische Vorgehensweise – werden von restriktiven Rechtskommentaren Beschränkungen in der Merkmalsauswahl oder sehr große Stichproben gefordert, die zu einer *faktischen* Anonymisierung führen. Übersehen wird dabei, daß komplexe Hypothesen oder angestrebte Mehrfachverwendungen der erhobenen Daten einen umfangreichen Merkmalskatalog erfordern können. Andererseits bleiben forschungsökonomische Aspekte außer acht.

Eine *Identifizierbarkeit* der Befragten ist oftmals aus technisch-organisatorischen Gründen zwingend. Hinzuweisen ist auf das Problem der Interviewer-Kontrolle, die Notwendigkeit der Rückfrage bei Codierungsfehlern u. ä. Einen weiteren Aspekt stellt die Ergebniskontrolle durch den Auftraggeber dar. So birgt die Anonymität der Untersuchung die Gefahr der Manipulation in sich.

Ein Einwand gegen die Anonymität wird von seiten der Rechtspraxis selbst erhoben. So standen in der Vergangenheit Gerichte einer demoskopischen Beweisführung in Wettbewerbsprozessen u. a. deswegen skeptisch gegenüber, weil die Befragten nicht als Zeugen betrachtet werden konnten. [10]

D. Der Datenschutz als Herausforderung an die empirischen Sozialwissenschaften

I. Der Nachweis »berechtigter Interessen«

Die Entwicklung der Datenschutzgesetzgebung sowie die zunehmende Diskussion in der Öffentlichkeit stellt in mehrfacher Hinsicht eine Herausforderung an die empirischen Sozialwissenschaften dar.

Zunächst sind die Sozialwissenschaften aufgerufen, ihren *Datenbedarf* gegenüber rechtssetzenden und rechtsanwendenden Instanzen zu artikulieren. Der Datenbedarf muß – in der Terminologie des BDSG – als »berechtigtes Interesse der Empfänger« anerkannt werden: Wissenschaftsfreiheit muß Datenzugang beinhalten. Unter dem Aspekt der Wissenschaftsfreiheit ist auch verstärkt auf die Beeinträchtigungen durch die gegenwärtigen Regelungen aufmerksam zu machen.

Zu fragen ist, ob nicht als Gegenpol zu den Datenschutzgesetzen ein gesondertes *Datenzugangsrecht* – im Sinne des amerikanischen Freedom of Information Act [11] – erforderlich ist, da auch Ausnahmeregelungen für die wissenschaftliche Datenverarbeitung (z. B. § 15 HDSG) den spezifischen Anforderungen empirischer Forschung nicht gerecht werden. [12]

Die empirische Forschung steht mit der Forderung nach Datenzugang zugleich aber auch vor der Aufgabe zu zeigen, daß Datenschutz durch die Wissenschaft selbst sichergestellt werden kann. Die hierzu möglichen und notwendigen Maßnahmen sollen im folgenden kurz dargestellt werden.

II. Die Datenschutzmaßnahmen

1. Methodische Aspekte

Einen ersten Ansatzpunkt eines verstärkten Datenschutzes bei der Informationsgewinnung stellt die *verschlüsselte* Weitergabe von Informationen durch die Befragten dar. Eine derartige Vorgehensweise kann die Aufrechterhaltung eines umfangreichen Merkmalskatalogs gewährleisten, der bei unverschlüsselter Vorgehensweise eine Re-Identifikation ermöglichen würde. Ein Informationsverlust tritt aber dann bezüglich der einzelnen Merkmalsausprägungen auf. Darüber hinaus bringt eine verschlüsselte Erfassung zahlreiche statistische Probleme mit sich. Aus der Perspektive des Datenschutzes gewinnt in diesem Zusammenhang auch die Frage nach der Sensitivität statistischer Prozeduren bzw. Maße bei Datenvergröberungen an Bedeutung.

Ebenfalls der Ebene der Informationsgewinnung sind die *Randomized Response-Techniken* zuzuordnen [13], denen unter Datenschutzaspekten verstärkt Bedeutung geschenkt werden dürfte.

Im einfachsten Fall haben die Befragten dabei die Möglichkeit, aus zwei gestellten Fragen eine zufällig auszuwählen und diese dann zu beantworten. Der Interviewer weiß allerdings nicht, auf welche Fragen geantwortet wurde. »Die Pointe hierbei ist, daß man von einer der beiden Fragen die Verteilung der Antworten in der Population kennt (z. B. die Zahl der Kirchgänger) und von der anderen nicht (z. B. die Zahl der Eltern, die ihre Kinder schlagen). Aus der Wahrscheinlichkeit für die Auswahl einer der beiden Fragen und der Verteilung der ›bekannten‹ Frage läßt sich auf die Verteilung der ›unbekannten‹ Frage in der Population schließen.« [14]

Auf der Ebene der Datenanalyse ist die »Fehlerimpfung« zu erwähnen. Sie ist als datenorientiertes Verfahren der Anonymisierung zu bezeichnen und kann unter Beibehaltung der Identifizierbarkeit durchgeführt werden, da die personenbezogene Aussagefähigkeit aufgehoben wird. In diesem Fall werden die Originärdaten auf das Basis *stochastischer Prozesse* mit bekannten Parametern transformiert. Schwierigkeiten bestehen dabei in der Begrenzung der Verarbeitungstechnik, da nicht alle Verfahren gegen Fehlerimpfungen immun sind. Weiterhin sind bei der Fehlerimpfung die skalenniveauspezifischen Transformationsrestriktionen zu beachten.

2. Technisch-organisatorische Aspekte

Anonymisierungsmöglichkeiten bestehen nicht nur auf der methodischen Ebene der empirischen Sozialforschung; Datenschutzmaßnahmen können sich auch auf technisch-organisatorische Aspekte beziehen. So ist die *Filetrennung*, d. h. die getrennte Speicherung von Identifikatoren und Analysedaten, in Verbindung mit einer technischen und organisatorischen Verknüpfungsbarriere eine erste Möglichkeit.

Sie ermöglicht beispielsweise die Durchführung von Paneluntersuchungen (§ 36 Abs. 1 BDSG):

»Die in § 31 Abs. 1 Satz 1 Nr. 2 genannten Personen, Gesellschaften und anderen Personenvereinigungen sind verpflichtet, die gespeicherten personenbezogenen Daten zu anonymisieren. Die

Merkmale, mit deren Hilfe anonymisierte Daten derart verändert werden können, daß sie sich auf eine bestimmte Person beziehen oder eine solche erkennen lassen, sich gesondert zu speichern. Diese Merkmale dürfen mit den anonymisierten Daten nicht mehr zusammengeführt werden, es sei denn, daß die dadurch ermöglichte Nutzung der Daten noch für die Erfüllung des Zweckes der Speicherung oder zu wissenschaftlichen Zwecken erforderlich ist.«

Das Problem der Hintertreppenidentifikation kann durch den Einbau von *Filtern* und statistischen Stoppregeln zufriedenstellend gelöst werden. So wird eine Partition eines Datenbestandes technisch nur bis zu einer vorgegebenen Schranke ermöglicht. Diese Schranke beinhaltet die Mindestzahl der Fälle pro Merkmalskombination. Eine derartige Schutztechnik ist insbesondere dann zweckmäßig, wenn mehrere Benutzer im Dialog auf Datenbanken zugreifen können und keine organisatorischen Kontrollinstanzen zwischengeschaltet sind. Wenngleich ein »statistical disclosure« oftmals – wie bereits erwähnt – einen hohen Aufwand und die Verfügbarkeit von Zusatzwissen voraussetzt, sollte auf einen »Schutz durch Aufwand« nicht vertraut werden. [15]

3. Institutionelle Aspekte

Unter institutionellem Aspekt ist auf die bereits im Gesetz vorgesehenen *Datenschutzbeauftragten* hinzuweisen. Die bisherige negative Praxis in Wirtschaft und Verwaltung sollte für die empirische Sozialforschung Anlaß sein, die Möglichkeiten dieses Instruments der Selbstkontrolle auszuschöpfen und nach außen hin transparent zu machen, um damit einer restriktiven Fremdkontrolle entgegenzuwirken. Die Datenschutzbeauftragten sollten in der empirischen Sozialforschung zu *Datentreuhändern* werden.

Im übrigen sind die konsumeristischen Forderungen nach Einrichtung von Verbraucherabteilungen und Verbraucherbeiräten unter dem Aspekt des Datenschutzes bereits verwirklicht. So lassen sich die Datenschutzbeauftragten als Bürgeranwälte für Datenschutzfragen interpretieren. Der Bundesdatenschutzbeauftragte Bull versteht sich selbst als Daten-Ombudsman. [16]

Als Instrument der Selbstkontrolle und Selbstregulierung sind neben derartigen personellen Möglichkeiten *ethische Verhaltensregeln* der Wissenschaftler einzustufen. So werden im Bereich der Sozialforschung von verschiedenen Institutionen freiwillige Grundsätze (Codes of Ethics; Codes of Conducts) über die Sicherstellung von Datenschutz und Datensicherung diskutiert. Als Beispiele seien die Verabschiedung derartiger Grundsätze durch eine Gruppe von Sozialforschern und Verwaltungsfachleuten verschiedener nationaler Statistikämter, die sogenannten »Bellagio Principles« (vgl. Tabelle 1) sowie die freiwilligen Normen des International Consortium for Political and Social Research (ICPSR) erwähnt. Herauszustellen ist weiterhin der Internationale Kodex für die Praxis der Markt- und Sozialforschungsinstitute, der von der Internationalen Handelskammer (ICC) und der Europäischen Gesellschaft für Meinungs- und Marktforschung (ESOMAR) aufgestellt wurde.

Die strikte Einhaltung derartiger Regelungen durch die Träger der empirischen Sozialforschung, verbunden mit einem »internen« Sanktionssystem, kann sicherlich mit dazu beitragen, Fremdkontrollen so gering wie möglich zu halten und gleichzeitig die schutzwürdigen Belange der Betroffenen zu wahren.

Tab. 1: The Bellagio Principles

1. National statistical offices should provide researchers both inside and outside government with the broadest practicable access to information within the bounds of accepted notions of privacy and legal requirements to preserve confidentiality.
2. Legal and social constraints on the dissemination of microdata are appropriate when they reflect the interests of respondents and the general public in an equitable manner. These constraints should be re-examined when they result in the protection of vested interests, or the failure to disseminate information for statistical and research purposes (i. e., without direct consequences for a specific individual).
3. All copies of government data collected or used for statistical purposes should be rendered immune from compulsory legal process by statute.
4. In making data available to researchers national statistical offices should provide some means to ensure that decisions on selective access are subject to independent review and appeals.
5. The distinction between a research file, in the sense of a statistical record (as defined in the 1977 report of the U.S. Privacy Protection Study Commission), and other micro files is fundamental in discussions of privacy and dissemination of microdata. All dissemination of government microdata discussed in connection with the Bellagio Principles is assumed to be a transfer of data to research files for use exclusively for research and statistical purposes.
6. There are valid and socially-significant fields of research for which access to microdata is indispensible. Statistical agencies are one of the prime sources of government microdata.
7. Public use samples of anonymized individual data are one of the most useful ways of disseminating microdata for research and statistical purposes.
8. Techniques now exist that permit preparation of public use samples of value for research purposes within the constraints imposed by the need for confidentiality. Countries with strict statutes on confidentiality have prepared public use samples.
9. There are legitime research purposes requiring the use of individual data for which public use samples are inadequate.
10. There are legitimate research uses which require the utilization of identifiable data within the framework of concern for confidentiality.
11. Other techniques of extending to approved research the same rights and obligations of access enjoyed by officers of the government agency need to be considered in terms of better access.
12. There is considerable potential for development of more economical and responsive customized-user services, such as 1) record linkage under the protection of the statistical office, 2) special tabulations, 3) public use samples for special purposes. Such services must often involve some form of cost recovery.
13. Some research and statistical activities require the linking of individual data for research and statistical purposes. The methods that have been developed to permit record linkage without violating law or social custom regarding privacy should be used whenever possible.
14. Professional or national organizations should have codes of ethics for their disciplines concerning the utilization of individual data for research and statistical purposes. Such ethical codes should furnish mutually agreeable standards of behavior governing relations between providers and users of governmental dats.

15. Users of microdata should be required to sign written undertakings for the protection of confidentiality.
16. Considerable efforts should be made to explain to the general public the procedures in force for the protection of the confidentiality of microdata collected and disseminated for research and statistical purposes.
17. The right of privacy is evolving rahter than static, and closely related to how statistics and research are perceived. Therefore, statisticians and researchers have a responsibility to contribute to policy and legal definitions of privacy.
18. Public concern about privacy and confidentiality in the collection and utilization of individual data can be addressed in part as follows:
    (1) voluntary data collection, whenever practicable;
    (2) advanced general notice to respondents and informed consent, whenever practicable;
    (3) provisions for public knowledge of data uses;
    (4) public education on the distinction between administrative and research uses of information.

Quelle: o. V.: Report of the Cologne Conference of Emerging Data Protection and the Social Sciences' Need for Access to Data, Köln 1978, S. 8f.

Anmerkungen

1 Vgl. Bundestag (Hrsg.): Unterrichtung durch den Bundesbeauftragten für den Datenschutz, Erster Tätigkeitsbericht des Bundesbeauftragten gemäß § 19 Abs. 2 Satz 2 des BDSG, Bundestagsdrucksache 8/2460, S. 20.

2 Vgl. o. V.: Schwangerenvorsorge: Ein Projektbericht, in: ZUMA-Nachrichten, 1977, Nr. 1, S. 13–18, S. 14.

3 Vgl. Kaase, Max u. a. (Hrsg.): Datenzugang und Datenschutz, Konsequenzen für die Forschung, vorläufiges Arbeitsexemplar, Frankfurt a. M. 1979, S. 5.

4 Vgl. zum Bundesdatenschutzgesetz u. a. Auernhammer, Herbert: Bundesdatenschutzgesetz, Kommentar, Köln-Bonn-Berlin-München 1977; Bergmann, Lutz; Möhrle, Roland: Datenschutzrecht, Handkommentar zum Bundesdatenschutzgesetz, Stuttgart-München-Hannover 1977; Simitis, Spiros u. a. (Hrsg.): Kommentar zum Bundesdatenschutzgesetz, Baden-Baden 1978.

5 Hinzuweisen ist gerade in dieser Frage auf die unterschiedlichen Auslegungen der einzelnen Kommentare.

6 So sind z. B. im Zentralarchiv für empirische Sozialforschung die Daten von über 500 Untersuchungen gespeichert.

7 Vgl. auch Kruse, Lenelis u. a.: Datenbedarf in der empirischen Psychologie und Erziehungswissenschaft, in: Datenzugang und Datenschutz, Konsequenzen für die Forschung, vorläufiges Arbeitsexemplar, Frankfurt a. M. 1979, S. 22–28, S. 23.

8 Vgl. Kruse, Lenelis u. a.: Datenbedarf in der empirischen Psychologie und Erziehungswissenschaft, in: Datenzugang und Datenschutz, Konsequenzen für die Forschung, vorläufiges Arbeitsexemplar, Frankfurt a. M. 1979, S. 22–28, S. 26.

9 Vgl. Schlörer, Jan: Anonymisierung von Mikrodaten der Forschung: Technische Aspekte, in: Datenzugang und Datenschutz, Konsequenzen für die Forschung, vorläufiges Arbeitsexemplar, Frankfurt a. M. 1979, S. 120–150, S. 122f.

10 Vgl. Zentes, Joachim: Markt- und Meinungsforschung in der Rechtspraxis, in: Diskussionsbeiträge Fachbereich Wirtschaftswissenschaft, Universität des Saarlandes, Saarbrücken 1979, S. 12.

11 Nach dem Freedom of Information Act (FOIA) hat jeder Bürger grundsätzlich ein Recht auf Zugang zu behördlichen Daten.

12 Neben Hessen sind auch in den Landesdatenschutzgesetzen von Rheinland-Pfalz und Nordrhein-Westfalen spezielle Regelungen für die wissenschaftliche Forschung enthalten.

13 Vgl. Zdep, S. M./Rhodes, I. N.: Making the Randomized Response Technique Work, in: Public Opinion Quarterly, Vol. 40, 1976, S. 531–537.

14 Mohler, Peter P./Kaase, Max: Formen der Erhebung in der empirischen Sozialforschung, in: Datenzugang und Datenschutz, Konsequenzen für die Forschung, vorläufiges Arbeitsexemplar, Frankfurt a. M. 1979, S. 83–88, S. 85.

15 Vgl. Schlörer, Jan: Anonymisierung von Mikrodaten der Forschung: Technische Aspekte, in: Datenzugang und Datenschutz, Konsequenzen für die Forschung, vorläufiges Arbeitsexemplar, Frankfurt a. M. 1979, S. 120–150, S. 136.

16 Vgl. Bundestag (Hrsg.): Unterrichtung durch den Bundesbeauftragten für den Datenschutz, Erster Tätigkeitsbericht des Bundesbeauftragten gemäß § 19 Abs. 2 Satz 2 des BDSG, Bundestagsdrucksache 8/2460, S. 6.

Literaturverzeichnis

Auernhammer, Herbert: Bundesdatenschutzgesetz, Kommentar, Köln-Bonn-Berlin-München 1977

Bergmann, Lutz/Möhrle, Roland: Datenschutzrecht, Handkommentar zum Bundesdatenschutzgesetz, Stuttgart-München-Hannover 1977

Burkert, Herbert: Das Problem des Zusatzwissens (1), in: Datenzugang und Datenschutz, Konsequenzen für die Forschung, vorläufiges Arbeitsexemplar, Frankfurt a. M. 1979, S. 170–176

Dammann, Ulrich: Der Zugang zur amtlichen Statistik – Statistikgeheimnis und Forschungsgeheimnis, in: Forschung im Konflikt mit Recht und Ethik, Stuttgart 1976, S. 312–325

Echterhagen, Klaus u. a.: Datenschutz in Panel-Untersuchungen: Lösungsansätze und Erfahrungen mit einem laufenden Forschungsprojekt, in: Sozialer Wandel in Westeuropa, Kurzfassungen der Referate des 19. Deutschen Soziologentages vom 17.–20. April 1979 in Berlin, S. 149

Garstka, Hansjürgen: Mediendatenbanken und Datenschutz, in: Juristenzeitung, 33. Jg., 1978, S. 507–511

Hasselkuss, Andrea/Kaminski, Claus-Jürgen: Persönlichkeitsrecht und Datenschutz, in: Datenschutz, Frankfurt a. M. 1973, S. 109–128

Hörle, Ulrich/Wronka, Georg: Bundesdatenschutzgesetz, Auswirkungen auf Werbung und Presse, Bonn 1977

Kaase, Max u. a. (Hrsg.): Datenzugang und Datenschutz, Konsequenzen für die Forschung, vorläufiges Arbeitsexemplar, Frankfurt a. M. 1979

Karhausen, Mark/Mochmann, Eckhard: Datenschutzprobleme: Normen und Praxis beim internationalen Datenservice, Vortrag vor der ad-hoc Gruppe Datenzugang und Datenschutz beim 19. Deutschen Soziologentag in Berlin am 18. April 1979

Kruse, Lenelis u. a.: Datenbedarf in der empirischen Psychologie und Erziehungswissenschaft, in: Datenzugang und Datenschutz, Konsequenzen für die Forschung, vorläufiges Arbeitsexemplar, Frankfurt a. M. 1979, S. 22–28

Mangold, Werner: Selbstregulierung der Forschung als Teil des Datenschutzes und Voraussetzung für Datenzugang, in: Datenzugang und Datenschutz, Konsequenzen für die Forschung, vorläufiges Arbeitsexemplar, Frankfurt a. M. 1979, S. 255–260

Müller, Paul J.: Datenschutz und Sicherung der Individualdaten der empirischen Sozialforschung, in: Datenverarbeitung in Steuer, Wirtschaft und Recht, 3. Jg., 1974, S. 2–15

o. V.: Report of the Cologne Conference on Emerging Data Protection and the Social Sciences' Need for Access to Data, Köln 1978

o. V.: Schwangerenvorsorge: Ein Projektbericht, in: ZUMA-Nachrichten, 1977, Nr. 1, S. 13–18
Schimmel, Wolfgang: Recht der Informationsverarbeitung, in: ADV und Recht, Einführung in die Rechtsinformatik und das Recht der Informationsverarbeitung, 2. Aufl., Berlin 1976, S. 131–137
Schimmel, Wolfgang/Steinmüller, Wilhelm: Rechtspolitische Problemstellung des Datenschutzes, in: Datenbanken und Datenschutz, Frankfurt-New York 1974, S. 111–169
Schlörer, Jan: Anonymisierung von Mikrodaten der Forschung: Technische Aspekte, in: Datenzugang und Datenschutz, Konsequenzen für die Forschung, vorläufiges Arbeitsexemplar, Frankfurt a. M. 1979, S. 120–150
Schweizer, Robert: Gesetzestechnische Regelung der Arbeit mit Markt- und Sozialforschungsdaten im deutschen und amerikanischen Datenschutzrecht, in: Konflikt und Ordnung, Festschrift für Murad Ferid zum 70. Geburtstag, München 1978, S. 703–715
Simitis, Spiros u. a. (Hrsg.): Kommentar zum Bundesdatenschutzgesetz, Baden-Baden 1978
Wronka, Georg: Auswirkungen des Bundesdatenschutzgesetzes auf Presseunternehmen, in: Wettbewerb in Recht und Praxis, 23. Jg., 1977, S. 621–627
Wronka, Georg: Bundesdatenschutzgesetz und werbungtreibende Unternehmen, in: Markenartikel, 40. Jg., 1978, S. 16–23
Zdep, S. M./Rhodes, I. N.: Making the Randomized Response Technique Work, in: Public Opinion Quarterly, Vol. 40, 1976, S. 531–537
Zentes, Joachim: Markt- und Meinungsforschung in der Rechtspraxis, in: Diskussionsbeiträge Fachbereich Wirtschaftswissenschaft, Universität des Saarlandes

Klaus Hansen

Medizinisch-ökonomische Entscheidungsvorbereitung mit Hilfe der Systemforschung im schrumpfenden Krankenhausbetrieb

A. Problemstellung

B. Ein Krankenhausgesamtmodell
- I. Entwurf des formalen Modells
- II. Ableitung einer Lösung mit Hilfe historischer Daten
- III. Einsatz des Modells zur Lösung realer Entscheidungsprobleme

C. Personalplanung
- I. Problemstellung
- II. Tageszeitabhängige Personalplanung
- III. Personalplanung bei zentralem Personaleinsatz
- IV. Mittelfristige Personalplanung
- V. Simultane Personalbedarfs- und Personaleinsatzplanung

D. Investitionsplanung
- I. Problemstellung
- II. Formulierung eines Modells für sich ausschließende Investitionsobjekte
- III. Nachfrageprognose für Laborleistungen

E. Schlußbemerkung

Literaturverzeichnis

A. Problemstellung

Seit 1965 nimmt der durchschnittliche Beschäftigungsgrad aller Krankenhäuser in der Bundesrepublik ab. In den USA kann man die gleiche Tendenz seit 1969 feststellen. Wobei in beiden Ländern zum Teil erhebliche regionale Unterschiede zu beobachten sind. Diese Entwicklung hat zur Stillegung zahlreicher Krankenhausabteilungen geführt.

Für Krankenhausbetriebe, deren Kostenstruktur je nach Fristigkeitsgrad aus bis zu 80% fixen Kosten besteht, stellen hohe Auslastungsgrade eine wesentliche Voraussetzung für eine kostengünstige Betriebsführung dar. Auch leichte Beschäftigungsdegressionen führen zu starken Abnahmen bei der Wirtschaftlichkeit der Leistungserstellung. Ein wichtiges Ziel des Krankenhauses besteht folglich darin, die Betten-, Behandlungs- und Versorgungskapazitäten auf die Nachfrage (bzw. den Bedarf) abzustimmen.

Mit Hilfe von Methoden der Systemforschung soll an empirischen Fällen gezeigt werden, wie Bedarspläne für die Produktionsfaktoren abgeleitet werden können, die die Betten-, Behandlungs- und Versorgungskapazitäten bestimmen. Das sind insbesondere Kapazitäten des Personalbereichs sowie von mittel- und langfristig genutzten Anlagen; deshalb werden als Partialmodelle eines Krankenhausgesamtmodells ein Personalplanungs- und ein Investitionsplanungsmodell entwickelt.

B. Ein Krankenhausgesamtmodell

I. Entwurf des formalen Modells

Ein Krankenhaus kann allgemein als ein dynamisches Input-Output-System beschrieben werden, das auf Impulse seiner Umwelt mit einem bestimmten Verhalten reagiert. In formal gleicher Weise lassen sich die Relationen der Systemelemente innerhalb eines Krankenhauses darstellen. Abbildung 1 ist eine solche Darstellung, die die Struktur der Systembeziehungen zwischen den Abteilungen und der Region eines 420 Betten-Krankenhauses der Grundversorgung graphisch wiedergibt. [1] Die Pfeile symbolisieren Patientenströme. Es sind empirisch gemessene Übergangsverteilungen pro Zeitintervall. Diese Verteilungen werden determiniert durch die zufallsabhängige und disponierbare Nachfrage nach Krankenhausleistungen sowie aus der für das Krankenhaus selbst festgelegten Behandlungsbreite und Behandlungstiefe.

Ablaufprobleme so komplexer Strukturen, wie es das hier abgebildete Krankenhaus darstellt, werden in der Regel mit Simulationsmodellen gelöst. Hier soll ein analytischer Lösungsweg angewendet werden, denn Simulationen führen nicht immer zu befriedigenden Ergebnissen, da die Frage der Auslegung und Bemessung einzelner Simulationsexperimente noch unzureichend gelöst ist. Das gilt insbesondere für das Problem, welche Anzahl von simulierten Zeitperioden oder welche Zahl von Wiederholun-

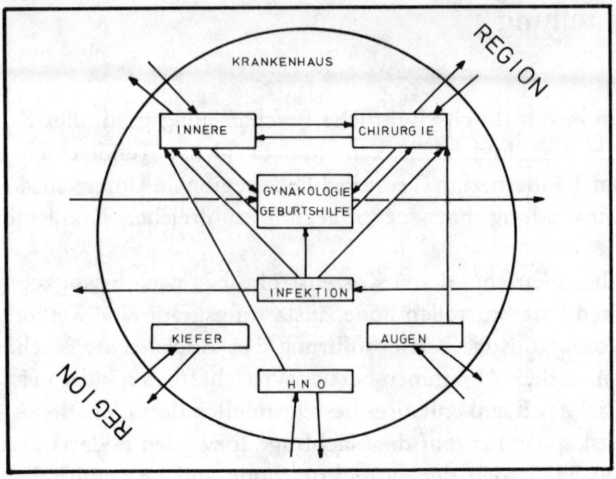

Abb. 1: Systemstruktur eines Krankenhauses der Grundversorgung

gen mit unterschiedlichen Zufallszahlen innerhalb einer Faktorkombination gewählt werden sollen.

Die numerische Behandlung des Prozeßablaufes wurde deshalb mit Hilfe endlicher nichthomogener Markovketten realisiert, die durch zeitabhängige Parameter gesteuert werden können.
Es sei

$C_{lm}^{(N)}$ Übergangsverteilung vom Zustand l in den Zustand m zum Zeitpunkt N

dann beschreibt

$C_{ik}^{(N+1)} = C_{ik} * C_{jk}$

die Realisation in den Zustand N + 1, wobei * das Faltungssymbol für diskrete Verteilungen darstellt.

Die Durchführung der Systemrechnung erfolgte auf einer Rechenanlage TR 440 (Dreifachprozessor). Die Rechenzeit für die Prozeßdauer »1 Jahr Realzeit« erfordert etwa 60 sec. CPU-Zeit. Das ist gemessen an der Komplexität des dargestellten Systems gering.

II. Ableitung einer Lösung mit Hilfe historischer Daten

Bevor mit Hilfe des Modells Ergebnisse abgeleitet werden können, muß das Entscheidungsfeld bzw. müssen die Eingabeparameter festgelegt werden, die die speziellen Aspekte der Problemstellung kennzeichnen. Im Folgenden werden nur die wichtigsten

Entscheidungsparameter des Gesamtmodells aufgezeigt und diskutiert. Ziel- und Planungsentscheidungen von Subsystemen bleiben dabei unberücksichtigt.

1. Notfallkapazität

Als Notfälle werden Patienten bezeichnet, die einer sofortigen stationären Behandlung bedürfen. Für sie muß stets ausreichend Kapazität zur Verfügung stehen. Ausreichend heißt in einem stochastischen System, daß ein Notfallpatient mit einer bestimmten Wahrscheinlichkeit freie Kapazität vorfindet. Diese Kapazität kann im Modell durch Parameterwahl vorgegeben werden.

2. Verweildauer

Verweildauern sind bei gegebenem Krankheitsbild primär abhängig von den medizinischen Behandlungs- und Pflegemethoden. Verkürzungen können sich nur ergeben durch medizinischen Fortschritt, es sei denn, man hat die Patienten über das ärztliche, pflegerische Maß hinaus im Krankenhaus behalten. Nun hat die Bedeutung der Anzahl der Pflegetage für die Erlössituation von Krankenhäusern dazu geführt, die Verweildauern so zu strecken, daß eine Kostenunterdeckung möglichst vermieden wird. Dieser Zeitanteil der Verweildauer ist eine rein dispositive Maßnahme eines Krankenhauses, die bei dem geltenden Preisrecht der Verweildauer eine zentrale Stelle innerhalb der Entscheidungsparameter einräumt. [2]

3. Aufnahmeplanung

Über die Aufnahmeplanung wird der Zugangsstrom der Nichtnotfallpatienten in Abhängigkeit vom Systemzustand gesteuert. Aufnahmeplanung bedeutet in diesem System die Regelung der Anzahl der aufgenommenen Patienten pro Abteilung und Zeiteinheit. Damit wird gleichzeitig der Input in die einzelnen Subsysteme bzw. Systemelemente (Leistungsstellen) determiniert.

4. Patientenverlegungen zwischen den Abteilungen

Durch Änderung des Krankheitsbildes oder zur weiteren Diagnostik können Patienten innerhalb eines Krankenhauses von einer Abteilung in die andere verlegt werden, wobei die Frequenz dieser Maßnahmen vom Verhalten der einzelnen Ärzte abhängt.

5. Struktur und Organisation der medizinischen, pflegerischen Versorgung

Der mittel- und langfristige Einsatzplan des Pflegepersonals auf den einzelnen Abteilungen kann im Modell durch entsprechende Parameterwahl vorsehen, daß ein Teil (Pool) der Pfleger und Schwestern kurzfristig auf solche Stationen umdisponiert werden, auf denen der Arbeitsanfall besonders hoch oder Personal durch Krankheit oder Urlaub ausgefallen ist. Ein solches Verfahren sorgt für eine weitgehend gleichmäßige

Kapazitätsauslastung und bedingt insgesamt, daß für das Krankenhaus weniger Pflegepersonal benötigt wird. Über eine weitere Parametereinstellung kann gewählt werden, ob die pflegerischen Versorgungsdienste zentral oder dezentral erfolgen sollen.

6. Krankenhauseinzugsgebiet

Die Größe eines Krankenhauseinzugsgebietes muß als variabel betrachtet werden. Sie ist abhängig von Maßnahmen, die die Struktur der Gesundheitsversorgung, z. B. durch Krankenhausneubau, in der Region verändern. Außerdem ist sie abhängig vom tatsächlichen oder vermeintlichen Leistungsniveau des Krankenhauses zum relativen Leistungsniveau der umliegenden Krankenhäuser.

Wie weit das reale System vom mathematischen Modell in seinen relationalen und operationalen Beziehungen isomorph wiedergegeben wird, soll anhand historischer Daten verifiziert werden. Dazu wird das Modell durch seine systemeigene dynamische Verhaltensweise schrittweise in seinen Gleichgewichtszustand iteriert. Gelingt bei der mathematischen Abbildung der Realität eine weitgehende Übereinstimmung zum Modell, dann müssen die Ergebnisse des Gleichgewichtszustandes mit den empirischen Werten auch weitgehend übereinstimmen. Tabelle 1 enthält beispielsweise einen solchen Vergleich (Verifikation) für die mittlere Anzahl belegter Betten. Kriterium bei der Verifikation des Modells war der möglichst genaue Nachvollzug des Krankenhausbetriebsgeschehens mit den Parametern des Jahres 1977.

Stationen	Istdaten	Modelldaten	Abweichungen in %
Innere	171,6	175,4	+ 2,2
Chirurgie	161,4	161,4	0
Gynäkologie	62,5	59,8	- 4,3
Infektion	0,3	0,3	0
Augen	0,2	0,2	0
HNO	2,4	4,3	+ 79,2
Kiefer	0,3	0,3	0

Tab. 1: Verifikation des Krankenhausgesamtmodells anhand historischer Daten

Die Differenzen von Istwerten und Modelldaten sind gering. Das gilt auch für die zunächst hoch erscheinende Abweichung der Belegzahlen in der HNO-Abteilung. Berücksichtigt man indessen die Absolutwerte, dann liegt auch hier die Abweichung innerhalb zufälliger Schwankungen.

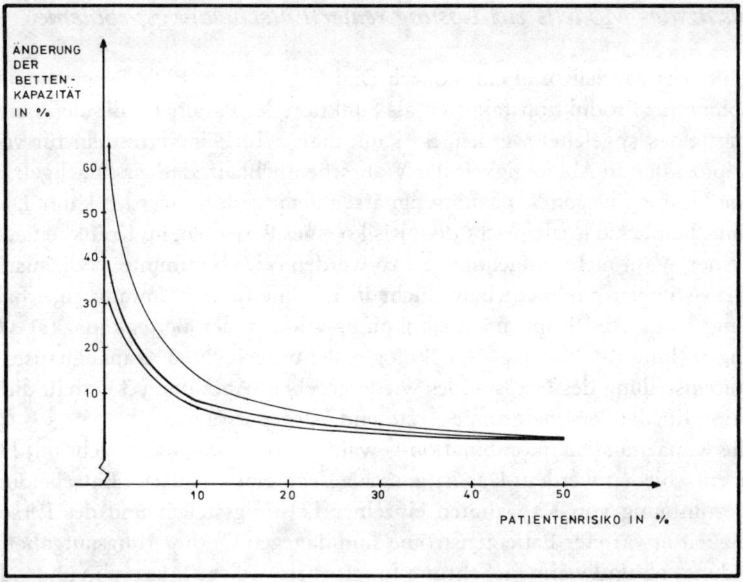

Abb. 2: Prozentuale Änderung der Bettenkapazität in Abhängigkeit des Patientenrisikos für drei Abteilungen

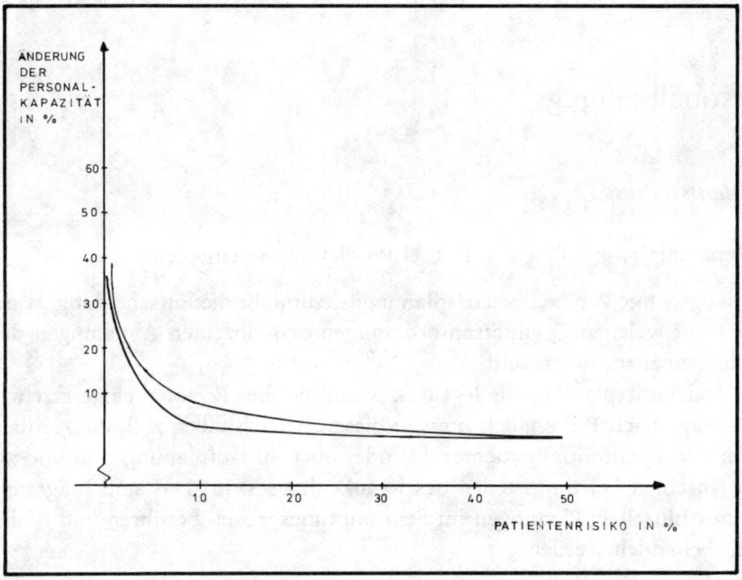

Abb. 3: Prozentuale Änderung der Kapazität der Personalgruppe Ärzte und Pflegepersonen in Abhängigkeit des Patientenrisikos

III. Einsatz des Modells zur Lösung realer Entscheidungsprobleme

Mit Hilfe des Modells und eines durch Dialog gestützten EDV-Programms können Bedarfspläne für Produktionsfaktoren als Funktion der Parameter des definierten Entscheidungsfeldes abgeleitet werden. So kann man z. B. Pläne ermitteln für vorzuhaltende Kapazitäten in Abhängigkeit der Wahrscheinlichkeit, daß eine nachgefragte medizinische Leistung wegen Kapazitätsengpässen nicht gedeckt werden kann. Diese Eintrittswahrscheinlichkeit entspricht dem Risiko eines Patienten, im Krankheitsfall in der Klinik seiner Wahl nicht aufgenommen zu werden oder bestimmte medizinisch erforderliche Leistungen gar nicht bzw. nicht in angemessenem Umfang zu erhalten. In Abbildung 2 sind die Kapazitätsrisikokombinationen der Bettenkapazität von drei Abteilungen (Innere, Chirurgie, Gynäkologie) des untersuchten Krankenhauses mit der Parametereinstellung des Istzustandes wiedergegeben. Abbildung 3 enthält die gleiche Darstellung für die Personalgruppe Ärzte und Pflegepersonen.

Welche Kapazitätsrisikokombination gewählt werden soll, kann nicht mit Hilfe des Modells entschieden werden. Das ist ausschließlich eine politische Entscheidung. [3]

Die Bestimmung von Kapazitäten einzelner Leistungsstellen und des Personals in Abhängigkeit erwarteter Patientenströme sind dagegen Optimierungsaufgaben. So die Entscheidung, ob und wann im Schrumpfungsprozeß welche Investition und/oder Desinvestition vorgenommen werden sollen und bei welchen Patientenzahlen (unter Berücksichtigung der Verweildauern) sich der Personalbedarf ändert. Integrale Bestandteile des Krankenhausgesamtmodells sind deshalb ein Personalplanungs- und ein Investitionsplanungsmodell, die in den folgenden Kapiteln beschrieben werden.

C. Personalplanung

I. Problemstellung

Die Personalplanung läßt sich in drei Problemkreise einteilen:

(1) Die langfristige Personalbedarfsplanung: sie umfaßt die Entscheidung, wieviel Personal mit welchen Qualitätsanforderungen den einzelnen Abteilungen des Krankenhauses zuzuordnen sind.
(2) Personaleinsatzplanung: sie legt fest, wann welches Personal eingesetzt wird.
(3) Nachfrage nach Personalleistung: in diesen Bereich fallen z. B. die Aufnahmeplanung von Nichtnotfallpatienten [4] oder auch Ablaufplanungen in und zwischen den einzelnen Leistungsstellen des Krankenhauses. [5] Das sind Fragestellungen, die nur mittelbar Planungen im Schrumpfungsprozeß berühren und deshalb hier nicht behandelt werden.

Es ist die Aufgabe der Personalplanung in Abhängigkeit des Personalbedarfs den Personaleinsatz so zu bestimmen, daß die Kosten möglichst gering werden. Der Personalbedarf ergibt sich aus der ärztlich-pflegerischen Zielsetzung eines Krankenhauses. Sie wird bestimmt durch Art und Umfang von Diagnostik, Therapie, Pflege und Versorgung der Patienten. In der Personalbedarfsrechnung wird ermittelt, wieviel Arbeitsbedarf benötigt wird, ausgedrückt durch die Zahl der notwendigen Arbeitsstunden je Tag und Woche, einschließlich der tageszeitlichen Verteilung des erforderlichen Zeitaufwandes, gegliedert nach Personal verschiedener Qualitätsmerkmale. Als Qualitätsmerkmal soll hier die fachliche Vorbildung und die praktische Erfahrung gewertet werden.

Personal läßt sich nur innerhalb bestimmter Bedingungen verplanen. Kurzfristig zu beachtende Bedingungen sind Arbeitszeit pro Tag, Woche und Monat, Urlaubsansprüche, sowie Unfall- und Krankheitshäufigkeiten. Mittel- und langfristige Restriktionen betreffen insbesondere arbeitsrechtliche Regelungen für inner- und zwischenbetrieblichen Wechsel sowie Ausscheiden aus dem Betrieb.

II. Tageszeitabhängige Personalplanung

An 24 Stunden des Tages werden in einem Krankenhaus ärztliche und pflegerische Behandlung nachgefragt. Das erfordert eine Personaleinteilung in Schichten. Im folgenden soll am Beispiel des Pflegebereiches gezeigt werden, wie eine solche Planung durch-

Station	Merkmale		
	Größe	Belegungsgrad	Patientengut
1	22	0,80	Überwiegend Pflegefälle
2	26	0,78	Innere Medizin Aufnahmen
3	21	0,75	Chirurgie
4	23	0,82	Allgem. Pflege 25 % Intensivpfl.
5	30	0,85	Septische Pflegefälle
6	40	0,80	H N O Chirurgie
7	37	0,86	Normalpflege

Tab. 2: Personalbedarfspezifische Merkmale von sieben untersuchten Pflegestationen

Für diese Stationen wurde für halbstündliche Intervalle über 24 Stunden des Tages der Bedarf an Personal für folgende Kategorien gemessen: Examinierte Schwestern, Schwesternschülerinnen mit weniger bzw. mit mehr als einem Jahr Praxis und Pfleger sowie Pflegehelfer(innen). Der Zeitaufwand, der zur Ausführung der einzelnen Tätigkeiten notwendig ist, wurde mit Hilfe von Methoden des Arbeitsstudiums, das sind vor allem Arbeitsanalysen, Arbeitsablaufstudien und Zeitstudien ermittelt. Die Zeitstudien wurden nach Methoden der Multimomentaufnahme durchgeführt. Von den sieben untersuchten Stationen sind die Ergebnisse des Personalbedarfs für drei (beliebig) ausgewählte Stationen der Personalkategorie »examinierte Schwester« in Abbildung 4 dargestellt.
geführt werden kann. Dazu wurden sieben Pflegestationen untersucht, die sich durch personalbedarfspezifische Merkmale unterscheiden: Anzahl vorhandener Betten, Belegungsgrad und insbesondere die Art des Patientengutes (vgl. Tabelle 2).

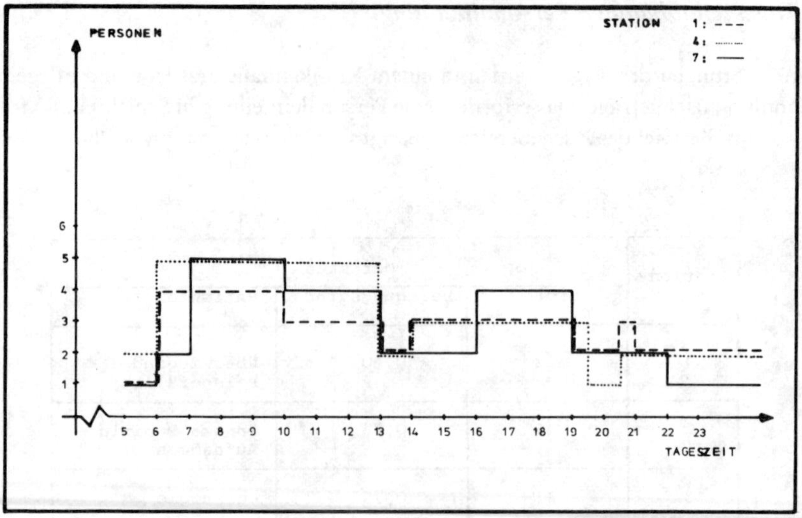

Abb. 4: Tageszeitabhängiger Personalbedarf für die Stationen 1, 4, 7 der Personalgruppe »examinierte Schwestern«

Bei der Bestimmung optimaler Schichtkombinationen ist aus organisatorischen Gründen zu berücksichtigen, daß für alle Stationen Schichtbeginn und Schichtende einheitlich zu jeweils vollen halben Stunden liegen müssen. Zwischen 22^{00} und 6^{00} Uhr erübrigt sich eine Schichtplanung, weil das Personal der Nachtschicht aus pflegerischen Gründen durchgehend tätig sein muß. Für die Nachtschicht ist ausschließlich der Zeitpunkt des Schichtanfangs entscheidungsrelevant: sie sollte um 22^{00}, 21^{00} oder 20^{00} Uhr beginnen. Aus den genannten Forderungen ergibt sich, daß man bei einer Schichtdauer von z. B. acht Stunden pro Person und einer halbstündigen Pause pro Schicht maximal

16 verschiedene Tagesschichten und 3 verschiedene Nachtschichten in die Rechnung einbeziehen kann. Dabei ist die Anzahl der Personen pro Schicht unbegrenzt.

Zur Formulierung eines Modells bilden wir für jede Schicht einen Vektor a_j mit Elementen a_{ij}; i kennzeichnet die halben Stunden, in die der Tag zerlegt wird; j gibt die Anzahl möglicher Schichten wieder. Haben die Pfleger (innen) beim Schichtplan j um i Uhr Dienst, so ist a_{ij} an dieser Stelle mit 1 besetzt; haben sie dienstfrei oder Pause, enthält der Vektor an der entsprechenden Stelle eine Null. Die Entscheidungsvariable x_j bestimmt die Zahl der Pfleger (innen), die entsprechend Schichtplan j eingesetzt werden.

Wieviele Personen im Zeitintervall i mindestens anwesend sein müssen, bzw. anwesend sind, wird durch folgende Ungleichung determiniert:

$$\Sigma a_{ij} \cdot x_j \geqq b_i \quad i = 1,\ldots,n \qquad (1)$$

n = Anzahl der Zeitintervalle pro Schicht

Der Vektor *b* ($b_i \varepsilon$ b) enthält das tageszeitabhängige Arbeitszeitprofil. Fügt man dem Gleichungssystem (1) die Zielfunktion (2) hinzu,

$$\Sigma c_j \cdot x_j \longrightarrow \text{min!} \quad x_j \geqq O, \text{ ganzzahlig} \qquad (2)$$

ZEIT	A-MATRIX
$5^{00} - 5^{30}$	111
$5^{30} - 6^{00}$	111
$6^{00} - 6^{30}$	1
$6^{30} - 7^{00}$	11
$7^{00} - 7^{30}$	111
$7^{30} - 8^{00}$	1111
$8^{00} - 8^{30}$	11111
$8^{30} - 9^{00}$	111111
$9^{00} - 9^{30}$	1111111
$9^{30} - 10^{00}$	11111111
$10^{00} - 10^{30}$	Ø11111111
$10^{30} - 11^{00}$	1Ø11111111
$11^{00} - 11^{30}$	11Ø11111111
$11^{30} - 12^{00}$	111Ø11111111
$12^{00} - 12^{30}$	1111Ø11111111
$12^{30} - 13^{00}$	11111Ø11111111
$13^{00} - 13^{30}$	111111Ø11111111
$13^{30} - 14^{00}$	1111111Ø11111111
$14^{00} - 14^{30}$	11111111Ø1111111
$14^{30} - 15^{00}$	11111111Ø111111
$15^{00} - 15^{30}$	11111111Ø11111
$15^{30} - 16^{00}$	11111111Ø1111
$16^{00} - 16^{30}$	11111111Ø111
$16^{30} - 17^{00}$	11111111Ø11
$17^{00} - 17^{30}$	11111111Ø1
$17^{30} - 18^{00}$	11111111Ø
$18^{00} - 18^{30}$	11111111
$18^{30} - 19^{00}$	1111111
$19^{00} - 19^{30}$	111111
$19^{30} - 20^{00}$	11111
$20^{00} - 20^{30}$	11111
$20^{30} - 21^{00}$	1111
$21^{00} - 21^{30}$	1111
$21^{30} - 22^{00}$	111

Abb. 5: Matrix eines 8-Std-Schichtplanes mit drei alternativen Nachtschichten

dann läßt sich die kostenoptimale Schichtkombination ermitteln: c_j sind die Kosten pro Schicht und Pflegeperson. [6, 7]

Eine mögliche Matrix (a_{ij}) des Ungleichungssystems (1) ist in Abbildung 5 wiedergegeben. Der Pausenplan sieht nach dieser Matrix vor, daß nach Ablauf der halben Schichtdauer eine halbstündige Pause genommen wird.

Grundsätzlich läßt die Matrix (a_{ij}) beliebig komplizierte Pausenregelungen zu. Da Pausenregelungen einen erheblichen Einfluß auf den Personalbedarf haben, erscheint es angezeigt, eine Rechnung durchzuführen, die keine Pausen vorsieht. Sie stellt die personalminimale Lösung dar. Durch Vergleich mit anderen Lösungen erhält man genau den zusätzlichen Personalbedarf, der durch die jeweilige Pausenregelung verursacht wird; so erfordert die personalminimale Lösung der Station 1 bei einer 8 Stunden-Schicht 8 Personen. Bei der gleichen Schichtdauer mit einer Pausenregelung nach der halben Schichtdauer 11 Personen. Die Pausenregelung selbst verursacht einen Personalbedarf von $11 - 8 = 3$ Personen. Durch eine Bewertung mit den Kosten pro Schicht und Person lassen sich unmittelbar die Kosten der Entscheidung zuordnen, die eine bestimmte Pausenregelung verursacht hat. Eine Gegenüberstellung dieser Kosten mit der Leistungswirkung gestattet eine Bewertung der Pausenregelung. In Tabelle 3 ist der Personalbedarf für die sieben untersuchten Stationen in Abhängigkeit verschiedener Schichtdauern und Pausenregelungen wiedergegeben.

Die Problemstruktur des Modells 1–2 erfordert eine ganzzahlige Lösung. Verfahren, die gewährleisten, daß die Variablenwerte eines linearen Programms immer ganzzahlig sind, erfordern so hohe Rechenzeiten, daß sie für Routineprogramme in der Regel

Station	Schichtdauer			
	7 Stunden		8 Stunden	
	ohne Pausenregelung	Pause nach 1/2 Schicht	ohne Pausenregelung	Pause nach 1/2 Schicht
1	8	13	8	11
2	11	11	8	9
3	7	9	7	9
4	9	15	10	15
5	7	10	7	10
6	8	9	6	9
7	10	13	10	11

Tab. 3: Kostenoptimaler Personalbedarf in Abhängigkeit von Schichtdauer und Pausenregelung

unbrauchbar sind. Deshalb wird eine Matrixstruktur (a_{ij}) gewählt, mit der das tageszeitabhängige Planungsproblem abgebildet werden kann und außerdem immer eine reinganzzahlige Lösung (natürliche Ganzzahligkeit) erreicht wird.

ZEIT	A-MATRIX
5^{00} – 5^{30}	111
5^{30} – 6^{00}	111
6^{00} – 6^{30}	1
6^{30} – 7^{00}	11
7^{00} – 7^{30}	111
7^{30} – 8^{00}	1111
8^{00} – 8^{30}	1111
8^{30} – 9^{00}	1111
9^{00} – 9^{30}	1111
9^{30} – 10^{00}	1111
10^{00} – 10^{30}	ØØ11
10^{30} – 11^{00}	11ØØ
11^{00} – 11^{30}	11111
11^{30} – 12^{00}	111111
12^{00} – 12^{30}	1111111
12^{30} – 13^{00}	1111111
13^{00} – 13^{30}	1111111
13^{30} – 14^{00}	111111
14^{00} – 14^{30}	11111
14^{30} – 15^{00}	1ØØØ
15^{00} – 15^{30}	1111
15^{30} – 16^{00}	11111
16^{00} – 16^{30}	111111
16^{30} – 17^{00}	111111
17^{00} – 17^{30}	111111
17^{30} – 18^{00}	111111
18^{00} – 18^{30}	111111
18^{30} – 19^{00}	11111
19^{00} – 19^{30}	1ØØØ
19^{30} – 20^{00}	111
20^{00} – 20^{30}	1111
20^{30} – 21^{00}	1111
21^{00} – 21^{30}	11111
21^{30} – 22^{00}	11111
22^{00} – 22^{30}	111111
22^{30} – 23^{00}	11111
23^{00} – 23^{30}	1111

Abb. 6: Matrix eines 7-Std.-Schichtplanes mit drei alternativen Nachtschichten

Schichtbeginn		Anzahl der Pflegepersonen	Pausenzeiten
Frühschichten	6^{00}	2 Personen	10^{00} – 10^{30}
	6^{30}	2 Personen	
	7^{00}	1 Person	10^{30} – 11^{00}
	7^{30}	3 Personen	
Zwischenschicht	12^{00}	2 Personen	14^{30} – 15^{00}
Spätschicht	15^{00}	2 Personen	19^{00} – 19^{30}
Nachtschicht	21^{00}	1 Person	nicht festgelegt

Tab. 4: Kostenoptimaler Schichtplan für Station 7

Ein hinreichendes Kriterium für natürliche Ganzzahligkeit der Lösung ist:

1) $a_{ij} = 0,1$ für alle i und
2) falls $a_{ij} = 1$ und $a_{ir} = 1$, dann
   muß auch $a_{ik} = 1 \quad j<k<r$ sein.

Eine Matrix, die diese Bedingung erfüllt, enthält Abbildung 6. Sie ist geeignet zur Bestimmung der optimalen 7 Stunden-Schichtkombination von 4 Frühschichten mit Beginnzeiten zwischen 6^{00} und 8^{00} Uhr, 3 Zwischenschichten mit Beginnzeiten zwischen 11^{00} und 12^{00} Uhr und 3 Spätschichten mit Beginnzeiten zwischen 15^{00} und 16^{00} Uhr sowie 3 Nachtschichten mit Beginnzeiten um 20, 21 und 22 Uhr. Die Pausenregelung ist so gewählt, daß die Frühschichten 1 und 2, 3 und 4 sowie die Zwischenschichten und Spätschichten immer eine gemeinsame Pause haben. Für die Station 7 sei beispielhaft eine Lösung in Tabelle 4 angegeben.

III. Personalplanung bei zentralem Personaleinsatz

Bei dezentralem Personaleinsatz wird den Pflegestationen bestimmtes Pflegepersonal zugeordnet, das in der Regel nicht in anderen Arbeitsbereichen tätig ist. Jede Pflegeeinheit muß bei dieser Organisationsform über so viel Personal verfügen, daß die Bedarfsspitzen der Pflegenachfrage bedient werden können. Dagegen kann bei zentralem Personaleinsatz ein Personalaustausch zwischen den Stationen dann vorgenommen werden, wenn die Personalbedarfsspitzen zu verschiedenen Zeiten auftreten. Das führt zu Einsparung von Personal.

Die Schichteinteilung bei zentralem Personaleinsatz (Personalpool) läßt sich mi

Zentraler Einsatz in den Stationen	Schicht		Pool-Effekt in Std.
	Tag	Nacht	
1	1	1	-
1 + 2	16	2	7
1 + 2 + 3	22	3	1
1 + 2 + 3 + 4	30	5	0
1 + 2 + 3 + 4 + 5	36	6	0
1 + 2 + 3 + 4 + 5 + 6	41	7	14

Tab. 5: Kostenoptimaler Personalbedarf bei zentralem Einsatz in den Stationen 1–6

Hilfe des Modellansatzes (1–2) lösen. Der Personalbedarfsvektor *b* wird gebildet aus der Summe der Personalvektoren der zusammengefaßten Stationen:

$$\underline{b} = \sum_{k=1}^{N} b_{ik} \qquad \begin{array}{l} N = \text{Anzahl der Stationen} \\ i = 1,\ldots, n \\ n = \text{Anzahl der Zeitintervalle pro Schicht} \end{array}$$

Ergebnisse einer solchen Personalpoolung sind in Tabelle 5 enthalten. In der Spalte »Pooleffekt« sind die Personaleinsparungen aufgeführt, die sich durch Hinzufügen der in dieser Zeile angegebenen Station zum bereits gebildeten Pool ergeben.

IV. Mittelfristige Personalplanung

Die mittelfristige Personalplanung ist unmittelbar abhängig von dem im vorhergehenden Abschnitt behandelten tageszeitabhängigen Personaleinsatz und dem mittelfristigen Personaleinsatzplan. Wesentliche Einflußfaktoren für die mittelfristige Planung ist die Freizeitregelung und der Personalausfall durch Urlaub und Krankheit. Urlaub ist überwiegend eine saisonabhängige und Krankheit eine stochastische Größe. Beide Probleme können erfolgreich mit Methoden behandelt werden, wie sie im Abschnitt über zentralen Personaleinsatz beschrieben wurden.

Um ein Planungsmodell zu entwickeln, das auch Freizeitregelungen mit einbezieht, soll von dem konkreten Fall ausgegangen werden, daß jeder Pflegeperson innerhalb von 14 Tagen, wöchentlich alternierend, ein dienstfreies Wochenende und zwei (möglichst) aufeinander folgende freie Tage gewährt werden. Ferner sollen die Pläne einen kontinuierlichen Übergang von einer Woche auf die folgende gestatten. Dieser Forde-

Tag / Pers.	Mo.	Di.	Mi.	Do.	Fr.	Sa.	So.	a_i
1	S1	S1	S1	S1	S1	+	+	5
2	+	+	N	N	N	N	N	5
3	N	N	+	S2	S2	+	+	4
4	S3	S3	+	+	S3	W	W	5
5	S2	S2	S3	S3	S2	+	+	5
6	S2	S2	S2	+	+	W	W	5
7	S2	S2	S2	S2	S2	+	+	5
8	S2	S2	+	S2	+	W	W	5
9	S4	S4	S4	S4	S4	+	+	5
10	+	+	S2	S2	S2	W	W	5
11	S4	S4	S4	S4	S4	+	+	5
12	+	+	S2	S5	S5	W	W	5
13	S5	S5	S5	S5	S5	+	+	5
14	S5	S5	S5	+	+	W	W	5
b_j	11	11	11	11	11	7	7	

Tab. 6: Dienstplan einer mit 14 Personen besetzten Station

rung kann man entsprechen mit Hilfe eines rollierenden Dienstplanes. Das ist ein Dienstplan, der sich über so viele Wochen erstreckt, wie es Pflegepersonen gibt und nach dem alle Pflegepersonen eingesetzt werden. [8]

Betrachten wir dazu das tageszeitabhängige Ergebnis für die Station 2 bei einer 7-Std.-Schicht (Tabelle 3): werktags sind 11 Pflegepersonen in 5 Schichten (S_1–S_5) und 1 Nachtschicht (N) und an Wochenendtagen sind 7 Pflegepersonen in 6 Wochenendschichten (W) und 1 Nachtschicht (N) tätig. Um den Pflegebedarf nach den oben genannten Bedingungen in Form eines rollierenden Dienstplanes zu decken, sind für die Station insgesamt integ $[2 \cdot 7 + (2 \cdot 11 - 3 \cdot 7):2] = 14$ Pflegepersonen erforderlich. [9, 10] In Tabelle 6 ist ein möglicher Plan aufgestellt. Darin sind freie Tage mit + gekennzeichnet. Ein solcher Dienstplan enthält eine Zurodnungsstruktur von Personen zu Schichten und diese wiederum zu Wochentagen, die sich allgemein in einem Modell formulieren läßt.

Bezeichnet man die Schichten bzw. freien Tage S_k, N, W, + mit x_{ij}, die Anzahl der Pflegepersonen pro Tag mit b_j, die Anzahl der Schichten pro Woche und Person mit a_i, die Anzahl der Personen pro Station mit m und die Anzahl der Tage pro Woche mit n = 7, dann gilt:

$$\sum_{i=1}^{m} a_i = \sum_{j=1}^{n} b_j \tag{3}$$

$$\sum_{j=1}^{n} x_{ij} = a_i; \sum_{i=1}^{m} x_{ij} = b_j \tag{4}$$

$$O \leqq x_{ij} \leqq 1 \tag{5}$$

mit Hilfe einer Gewichtung der c_{ij} in der Zielfunktion

$$\sum_{i=1}^{m} \sum_{j=1}^{n} c_{ij} \cdot x_{ij} = z \tag{6}$$

läßt sich jede gewünschte, widerspruchsfreie Besetzung der Matrix (x_{ij}) steuern.

V. Simultane Personalbedarfs- und Personaleinsatzplanung

Eine sequentielle Personalbedarfsplanung, die nach Modell (1–2) zunächst eine Wochentags-, dann eine Wochenendtagsplanung und schließlich aus diesen Ergebnissen mit Modell (3–6) einen mittelfristigen Dienstplan erstellt, kann zu Suboptima führen.

In Abbildung 7 sind die Teilmodelle zu einem Gesamtmodell zusammengefaßt, das ein Simultanergebnis der drei Teilprobleme zu lösen gestattet. Die Matrix A_1 enthält die Schichtalternativen der Wochentage und der Vektor b_{we} das Arbeitsanforderungsprofil der Werktage; A_2 und b_{wo} enthalten die entsprechenden Daten der Wochenendtage. Mit den Matrizen D_1 und D_2 und dem Vektor b_t wird das Zuteilungsproblem der Dienstplangestaltung gelöst. Die Matrix A_1D und A_2D sorgen für die Datenübertragung aus der tageszeitabhängigen in die wöchtentliche Einsatz- und Bedarfsplanung. Die Matrix G ist nach dem Muster des Goalprogramming formuliert; die g^+, g^- erhalten Werte größer Null, falls die Bedingung (3) aus Modell (3–6), die auch im Gesamtmodell erfüllt sein muß, nicht gegeben ist.

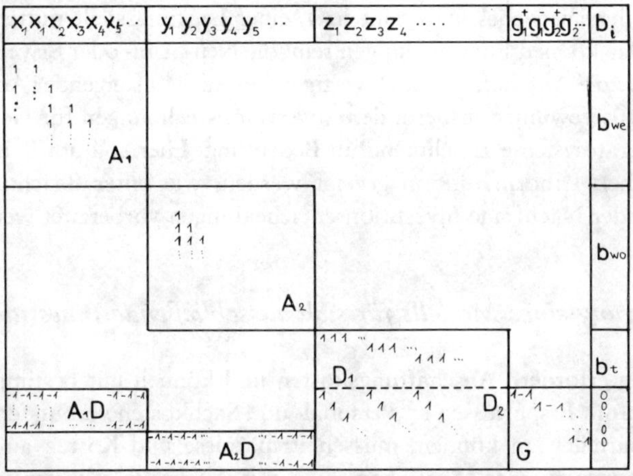

Abb. 7: Simultanmodell der linearen Programmierung zur kombinierten Personalbedarfs- und Personaleinsatzplanung

Das Simultanmodell hat sich insbesondere zur Lösung komplexer Fragestellungen bewährt. So wurden damit der zentrale Personaleinsatzplan unter Berücksichtigung von Krankheits- und Urlaubsanfall mit Hilfe eines Dialogprogramms untersucht. Der Mensch-Maschine-Dialog macht Alternativrechnungen möglich, die bei ausschließlich analytischer Vorgehensweise nur mit erheblichem Aufwand zu bewältigen sind. So z. B. Rechnungen zur Bestimmung der Kostensensibilität für unsichere Modellparameter.

D. Investitionsplanung

I. Problemstellung

Neben der Personalbedarfsrechnung ist die Investitionsrechnung im Zusammenwirken mit einem leistungsfähigen Prognosesystem ein wichtiges Instrument, um Beschäftigungsdegressionen zu vermeiden bzw. im Schrumpfungsprozeß Desinvestitionen einzuleiten. Unter Investition soll die Verwendung von Geldmitteln zur Beschaffung von Vermögensgütern verstanden werden. In der Regel sind das Sachvermögen, die direkt oder indirekt der Erstellung medizinischer Leistungen dienen. Als Investition sollen aber auch Maßnahmen bezeichnet werden, die die Struktur und/oder Organisation eines Krankenhausbetriebes insgesamt bzw. einer Leistungsstelle mittel- oder langfristig ändern. Das können Entscheidungen sein, die Neu-, Um- oder Erweiterungsbauten betreffen sowie die Anschaffung hochwertiger Geräte. Mit steigender Automatisierung im Krankenhaus gewinnen insbesondere Investitionsrechnungen für Geräte bzw. umfangreiche Gerätesysteme zunehmend an Bedeutung. Hier soll am Beispiel einer klinisch-chemischen Laborinvestition gezeigt werden, wie unter Beachtung von Sättigungsgrenzen der Nachfrage Investitionsentscheidungen vorbereitet werden können.

II. Formulierung eines Modells für sich ausschließende Investitionsobjekte

Investitionen erfordern Anschaffungskosten und können mit bestimmten Folgekosten aber auch mit Ersparnissen an Personal- und Sachkosten verbunden sein. Um eine Investition beurteilen zu können, müssen Ersparnisse und Kosten auf den gleichen Zeitpunkt bezogen werden. Bezeichnet man mit A_k die Folgekosten und mit B_k die Ersparnisse der Perioden $(1,\ldots,k,\ldots,N)$, dann läßt sich der Investitionsprozeß nach den bekannten finanzmathematischen Modellen mit Hilfe der folgenden Formeln, bei einem gegebenen Zinsfuß i, zu einem numerischen Wert, dem Kapitalwert, zusammenfassen:

$$\sum_{k=1}^{N} \frac{B_k - A_k}{(1+i_k)^k} = \text{Kapitalwert zum Zeiptpunkt } 0 \qquad (7)$$

$$\sum_{k=1}^{N} (B_k - A_k)\,(1+i_N)^{(N-k+1)} = \text{Kapitalwert zum Zeitpunkt } N \qquad (8)$$

Eine Investition wird dann als vorteilhaft beurteilt, wenn der Kapitalwert positiv ist. Die Prämisse der Kapitalwertmethode ist der vollkommene Kapitalmarkt, eine Forderung, die bei dem von uns zu untersuchenden Fall nicht erfüllt war. Diese Schwäche kann zum Teil durch Verfahren der mathematischen Planungsrechnung behoben werden. Mit ihrer Hilfe läßt sich unter Beachtung gegebener Bedingungen der Leistungserstellung und der Finanzierungsmöglichkeiten simultan ein optimales Investitionsbudget bestimmen. Betrachten wir als Beispiel dazu zwei sich ausschließende Investitionsprojekte A_o und C_o mit einer Ersparnis-Kosten-Folge von $(A_i–B_i)$ bzw. $(C_i–D_i)$ mit i = 1, 2, 3,. . ., k, . . ., N). Mit N wird die Nutzungsdauer bezeichnet, die für jede Alternative eine unterschiedliche Höhe haben kann. Benennt man mit Y_o die Anschaffungsausgaben für das optimale Investitionsprojekt, mit i_{ok} den unsicheren Zinssatz für diese Ausgaben und mit i_k die erwarteten unsicheren Zinsen für die Ersparnisse Y_k der Periode k, dann läßt sich das Investitionsproblem als lineares Programm gemäß Abbildung 8 formulieren.

Perioden 0 - N	Variable der Investitionsalternativen	Variable der Finanzierungsbedingungen
t_o	$A_o + C_o$	$= Y_o$
t_1	$(A_1-B_1) + (C_1-D_1)$	$= Y_o \cdot i_{o1} + Y_1$
t_2	$(A_2-B_2) + (C_2-D_2)$	$+ Y_1 \cdot i_2 = Y_o \cdot i_{o2} + Y_2$
t_3	$(A_3-B_3) + (C_3-D_3)$	$+ Y_2 \cdot i_3 = Y_o \cdot i_{o3} + Y_3$
t_4	$(A_4-B_4) + (C_4-D_4)$	$+ Y_3 \cdot i_4 = Y_o \cdot i_{o4} + Y_4$
.	. .	. . .
.	. .	. . .
.	. .	. . .
t_N	$(A_N-B_N) + (C_N-D_N)$	$+ Y_{N-1} \cdot i_{N-1} = Y_o \cdot i_{oN-1} + Y_N$
0/1 Beding.	$A_o + C_o$	$= 1$
Ziel-funktion	$(A_N-B_N) + (C_N-D_N)$	$+Y_{N-1} \cdot i_{N-1} - Y_o \cdot i_{oN-1} = Y_N \rightarrow \max!$

Abb. 8: Lineares Programm zur Bestimmung einer optimalen Investitionsalternative

Investitionsrechnungen mit Hilfe der linearen Programmierung sind in der Literatur (11, 12, 13) mehrfach behandelt worden. Sie stellen keine Neuentwicklung der Investitionstheorie dar. So entspricht der hier formulierte Ansatz der finanzmathematischen Beziehung (vgl. Anm. 8) allerdings mit der entscheidenden Änderung, daß der Kalkulationszinsfuß durch Restriktionen ersetzt wird, die den realen Finanzierungsbedingungen zum Investitionszeitpunkt entsprechen. Der Einsatz von LP-Formulierungen hat für praktische Problemstellungen bisher nur eine sehr begrenzte Bedeutung gehabt, weil sie Algorithmen der ganz-, bzw. gemischtganzzahligen Programmierung erfor-

Alternative	Laborausstattung
I	1 Elektrolyt-Automat (4-Kanal) 2 Enzym-Automaten (2-Kanal) 1 Elektrophorese-Platz 1 Flammen-Fotometer 4 Hand-Fotometer
II	2 Auto-Analyzer (3-Kanal) 1 Elektrolyt-Automat (4-Kanal) 2 Enzym-Automaten (2-Kanal) 1 Elektrophorese-Platz 1 Flammen-Fotometer 4 Hand-Fotometer
III	1 SMA12 (12-Kanal) 1 Elektrolyt-Automat (4-Kanal) 2 Enzym-Automaten (2-Kanal) 1 Elektrophorese-Platz 1 Flammen-Fotometer 4 Hand-Fotometer
IV	1 SMAC (20-Kanal) 1 Elektrolyt-Automat (4-Kanal) 2 Enzym-Automaten (2-Kanal) 1 Flammen-Fotometer 4 Hand-Fotometer

Tab. 7: Alternative Laborinvestitionen

dern, die wegen ihrer geringen Konvergenz hohe Rechenzeiten benötigen. Die hier angegebene LP-Formulierung gewährleistet für die Lösungsvariablen, die die Investitionsalternativen bestimmen, immer 0/1-Ergebnisse, so daß schnelle Simplexalgorithmen oder davon abgeleitete Verfahren verwendet werden können.

Für das zu untersuchende klinisch-chemische Labor sind alternative Geräteausstattung in Tabelle 7 angegeben. Zu entscheiden ist, ob die vorhandene Geräteausstattung I durch die Ausstattung II, III oder IV ersetzt werden muß, wenn bei unverändertem Qualitätsniveau die in der Zukunft erwartete Nachfrage nach Laborleistungen kostenoptimal befriedigt werden soll. Unter gleichbleibendem Qualitätsniveau wird die Präzision und Richtigkeit der Labortests verstanden.

Mit einem Simulationsmodell wurde die Kostenwirksamkeit der zu diskutierenden Geräteausstattungen bestimmt. [14] Dazu wurden zunächst bei gegebenem Auftragsprofil die direkten Verbräuche an Personal, Material (Reagenzien, Gefäße, Pipettierspitzen usw.), Energie und Wartung gemessen. Mit Hilfe des Simulationsmodells konn-

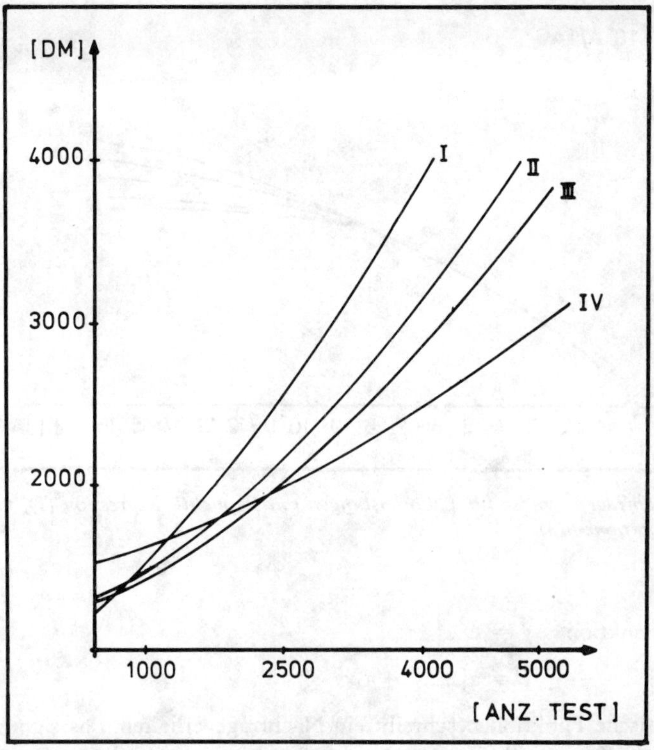

Abb. 9: Laborbetriebskosten in Abhängigkeit der Anzahl der pro Tag durchgeführten Tests

ten aus diesen Werten mit den zugehörigen Preisen bzw. Lohnsätzen die Betriebskosten in Abhängigkeit verschiedener Beschäftigungsgrade ermittelt werden (Abbildung 9).

III. Nachfrageprognose für Laborleistungen

Voraussetzung für eine Investitionsrechnung, die den dynamischen zeitlichen Prozeß beschreibt, ist eine Prognose über den zukünftigen Verlauf der Nachfrage von Anforderungen an das Labor. Grundlage der Prognose sind Daten aus den vergangenen acht Jahren und beobachtete Verhaltensmuster der die Nachfrage bestimmenden Personengruppen. Aufgrund der Daten und der apriori Annahmen werden als Prognosefunktion die logistische Funktion, die Gompertzfunktion und eine nichtlineare Regression gewählt. [15]

Log. Funktion $\quad y = \dfrac{a}{1 + e^{c+bx}}$

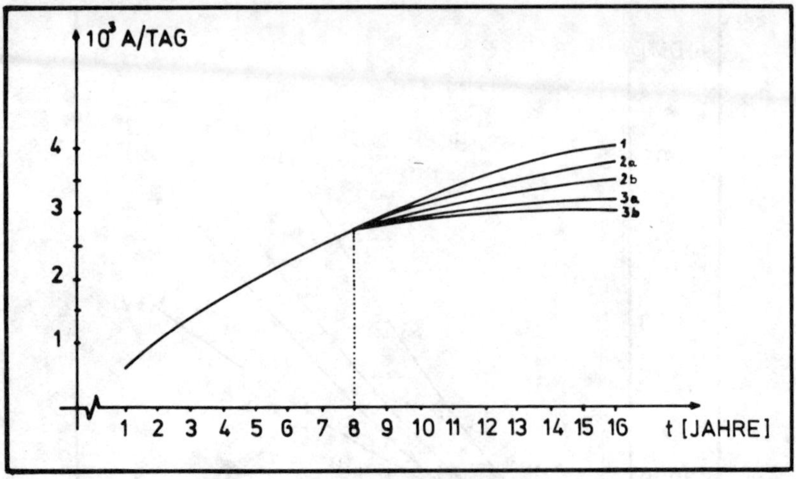

Abb. 10: Nachfrageprognose für Laborleistungen mittels nichtl. Regression (1), Gompertz- (2) und Log. Funktionen (3)

Gompertz Funktion $y = c \cdot e^{b \cdot e^{ax}}$

Regression $y = a_1 + a_2x + a_3x^2$

Die logistische Funktion beschreibt ein Nachfrageverhalten, das signifikant durch interpersonale Kommunikation der Nachfrager bestimmt wird. Die Gompertz Funktion unterstellt, daß die Investition einen relativ starken Impuls auf die Nachfrage unmittelbar nach dem Investitionszeitpunkt auslöst. Die Regressionsanalyse ist eine einfache Extrapolation der Vergangenheit in die (nahe) Zukunft, d. h. zwischen Nachfrage und Investition wird kein funktionaler Zusammenhang vermutet. Um die im Laufe der Zeit sich ändernden Verhaltensweisen nach Laboranforderungen zu berücksichtigen, wurden für die Gompertz- und Logistische Funktion je zwei Rechnungen mit unterschiedlicher Gewichtung der Vergangenheitswerte durchgeführt.

Der in den vergangenen 8 Jahren gemessene Nachfrageverlauf und die fünf diskutierten Funktionen sind fast deckungsgleich (vgl. dazu Abbildung 10). Keine der Funktionstypen ist der anderen statistisch signifikant überlegen. Es werden deshalb die Werte der fünf gewählten Prognosefunktionen als gleichwertig angenommen und sie für den jeweiligen Prognosezeitpunkt als Verteilungsfunktion mit einer Eintrittswahrscheinlichkeit von 0,2 interpretiert.

Geht man zunächst davon aus, daß das Regressionsmodell für die Investitionsplanung geeignete Prognosewerte generiert und die Nutzungsdauer der Laborgeräte genau acht Jahre beträgt, dann werden die in Abbildung 11 dargestellten beschäftigungsabhängigen Kosten anfallen. Außerdem sei angenommen, daß das zu investierende Kapital zu 10% und die ersparten Beträge zu 4% zu verzinsen seien. Berücksichtigt man weiterhin, daß es für die Frage nach der besten Investitionsalternative genügt, neben

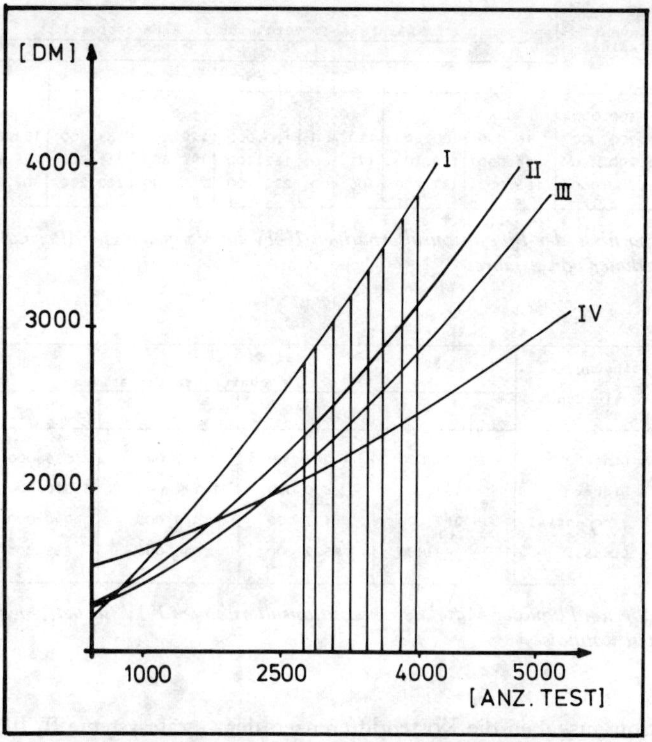

Abb. 11: Prognose der Anzahl der pro Tag nachgefragten Tests (markiert durch senkrechte Striche) und die daraus resultierenden Betriebskosten

Variable der Investitionsalternativen				Variable der Finanzierungsbedingungen					Begrenzungsvektor
x_1	x_2	x_3	x_4	y_1	y_2	y_3	y_4	y_N	B_I
-400.00	-700.00	-1200.00	-1500.00	1,00	0,00	0,00	0,00	0,00	0
0.00	96.00	144.00	168.00	-0,10	-1,00	0,00	0,00	0,00	0
0.00	100.80	158.40	187.20	-0,10	1,04	-1,00	0,00	0,00	0
0.00	110.40	172.80	206.40	-0,10	0,00	1,04	-1,00	0,00	0
0.00	120.00	182.40	235.20	-0,10	0,00	0,00	1,04	0,00	0
0.00	129.60	196.80	259.20	-0,10	0,00	0,00	0,00	0,00	0
0.00	139.20	211.20	283.20	-0,10	0,00	0,00	0,00	0,00	0
0.00	153.60	225.60	307.20	-0,10	0,00	0,00	0,00	1,00	0
0.00	168.00	249.60	336.00	-0,10	0,00	0,00	0,00	1,04	0
1	1	1	1	0	0	0	0	0 0	1
0.00	168.00	249.60	336.00	0	0	0	0	0 0	0

Abb. 12: Lineares Programm zur Bestimmung einer optimalen Investitionsalternative

Invest.-Alternative	Invest.-Kapital	Ersparnisse im Vergleich zu Alternative I							
		Jahr							
		1	2	3	4	5	6	7	8
I	400.000	0	0	0	0	0	0	0	0
II	700.000	96.000	100.800	110.400	120.000	129.600	139.200	153.600	168.000
III	1.200.000	144.000	158.400	172.800	182.400	196.800	211.200	225.600	249.600
IV	1.500.000	168.000	187.200	206.400	235.200	259.200	283.200	307.200	336.000

Abb. 13: Ersparnisse der Investitionsalternativen II–IV im Vergleich zur Alternative I während der Nutzungsdauer von 8 Jahren

Verzinsung des investierten Kapitals	Investitionsalternativen			
	I	II	III	IV
1 % Linear	- 36 000	1 088 000	1 637 000	2 099 000
5 % Linear	- 184 000	830 000	1 194 000	1 546 000
8 % Exponential	- 385 000	477 000	589 000	790 000
10 % Linear	- 368 000	507 000	641 000	855 000

Abb. 14: Endbestand liquider Mittel der Investitionsalternativen I–IV für verschiedene Zinssätze des investierten Kapitals

den Investitionsausgaben die Kostendifferenzen der Gerätesysteme II, III, IV mit der bestehenden Alternative I zu vergleichen, dann erhält man gemäß Abbildung 8 das lineare Programm der Abbildung 12. Die Abbildungen 13 und 14 enthalten beispielhaft einige Ergebnisse.

Für die praktische Problemlösung kann man nur bedingt von sicheren Parameterwerten ausgehen, denn *Kosten, Zinsen* und *Nutzungsdauer* sind *stochastische Größen* und unterliegen bestimmten Verteilungen. Die verbrauchsabhängigen Kostenverteilungen erhält man aus dem Simulations- und Prognosemodell. Die Zinsverteilungen sind aus der Vergangenheit extrapolierte Werte von Schwankungen der Zinssätze für Staatspapiere, die zugrundegelegt wurden, weil Krankenhausinvestitionen öffentliche Projekte darstellen. Die Verteilung für die Nutzungsdauer der Geräte wurde in Anlehnung an Untersuchungen von Finkelstein [16] über Nutzungsdauern von klinischen Laborausstattungen vorgenommen.

Die Berücksichtigung der Verteilungen aller Parameter erfordert ein vielfaches Durchrechnen des linearen Programms und einer anschließenden Verknüpfung dieser Ergebnisse mit Hilfe von Faltungsoperationen [17]. Als Lösung des Entscheidungsproblems erhält man diskrete Wahrscheinlichkeitsverteilungen für die untersuchten Alternativen II, III, IV. Um die optimale Lösung zu bestimmen, sind die gefundenen Lösungen auf Dominanzbeziehungen zu überprüfen. Dominanzbeziehungen können sichtbar gemacht werden, indem man die Verteilungsfunktion jeder Lösung in ein Koordinatensystem einträgt (vgl. dazu Abbildung 15). Da sich keine der Kurven schneiden, domi-

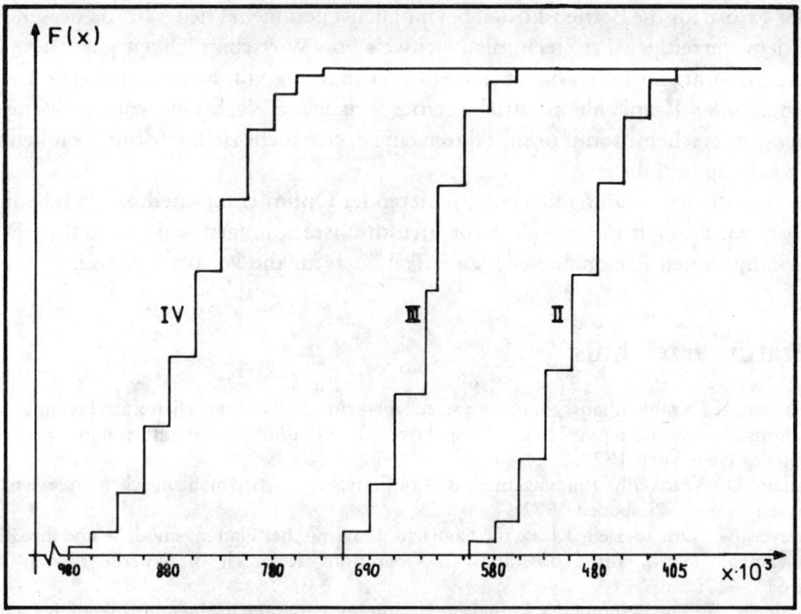

Abb. 15: Summenverteilung der Endbestände x der liquiden Mittel für die Alternativen II, III, IV

niert die Lösung IV die Lösung III und diese wiederum die Lösung II. Aufgrund dieses Ergebnisses wird ein rational handelnder Entscheidungsträger die Alternativen IV wählen. Das schließt nicht aus, daß unter zusätzlicher Berücksichtigung im Modell nicht quantifizierbarer Daten eine andere Lösung realisiert werden muß.

E. Schlußbemerkung

Mit dem Gesetz zur wirtschaftlichen Sicherung der Krankenhäuser und zur Regelung der Krankenhauspflegesätze (KHG) im Oktober 1972 wurde das duale Finanzierungsprinzip eingeführt. Es sieht vor, daß die Errichtung und Erweiterung von Krankenhäusern und die Wiederbeschaffung von Anlagegütern (§§ 9 und 10 KHG) durch staatliche Fördermittel finanziert wird. Die Ausgaben für den laufenden Betrieb sollen dagegen durch den Pflegesatz (Erlös) gedeckt werden. Damit fallen die diskutierten Problemkreise, Personalbedarfsrechnung und Investitionsrechnung, in zwei verschiedenen Finanzierungsbereiche. Denn die duale Finanzierung bewirkt erfolgsneutrale Investitionsausgaben und pflegesatzabhängige Personal- und Investitionsfolgekosten. Das führt zum Konflikt zwischen der gesamtwirtschaftlichen Forderung nach kostenminimaler Leistungserstellung und der krankenhausbetrieblichen Zielsetzung kostendek-

kender Erlöse für die Betriebskosten bei möglichst geringem Pflegesatz, da dessen Höhe nach dem derzeitigen Preisrecht als Nachweis von Wirtschaftlichkeit gilt. Diese Zielverfolgung führt zu falsch dimensionierter Vorhaltung von Kapazitäten. Die Ursache schrumpfender Krankenhausbetriebe, trotz steigender Nachfrage von medizinischen Leistungen, erscheint somit primär durch eine in sich nicht zielkonforme Krankenhaus-Gesetzgebung initialisiert.
Sie hemmt die Anwendung kostenminimierender Optimierungsmethoden im Krankenhausbetrieb. Das gilt insbesondere für Investitionsrechnungen und wegen ihrer Wechselwirkung in den Personalbereich zum Teil auch für die Personalbedarfsrechnung.

Literaturverzeichnis

1 Hansen, K.: Krankenhaussystemanalyse zur medizinisch-ökonomischen Entscheidungsvorbereitung. In: van Eimeren (Hrsg.): Perspektiven der Gesundheitssystemforschung, Berlin-Heidelberg-New York 1978, S. 21–36.
2 Adam, D.: Krankenhausmanagement im Konfliktfeld zwischen medizinischen und wirtschaftlichen Zielen, Wiesbaden 1972.
3 Meyer, M.: Eine spezielle Klasse medizinisch-ökonomischer Planungsmodelle und ihre Bewertungsproblematik. In: Proceedings in Operations Research 6, Würzburg-Wien 1976, S. 617–627.
4 Schläger, W: Die Planung der Aufnahme stationärer Patienten in einem Krankenhaus – dargestellt am Beispiel der Medizinischen Klinik der Universität Erlangen-Nürnberg, Diss. Nürnberg 1976.
5 Gierl, L.: Partialmodelle der Ablaufplanung im Krankenhaus auf empirischer Grundlage, Diss. Nürnberg 1976.
6 Meyer, M und Steinmann, H.: Planungsmodelle für die Grundstoffindustrie, Würzburg-Wien 1971, S. 203 ff.
7 Kress, O.: Empirische Untersuchung über die Eignung von Modellen des Operations Research zur Personalbedarfs- und Einsatzplanung im Pflegebereich von Krankenhäusern, Diplomarbeit Nürnberg 1978.
8 Warner, D. M. und Prawela, J.: A Mathematical Programming Model for Scheduling Nursing Personnel in a Hospital, Management Science 19, 1972, S. 411–422.
9 Junginger, W.: Ein Verfahren zur Erstellung von Dienstplänen für Vermittlungszentralen. In: Zeitschrift für Operations Research (21), 1977 S. B109–B120.
10 Brownell, W. S. und Lowerre, J. M.: Scheduling of Work Forces Required in Continuous Operations Under Alternative Labor Policies. In: Management Science 22, 1976, S. 597–605.
11 Charnes, A. / Cooper, W. W. und Miller, M. H.: Application of Linear Programming to Financial Budgeting and the Costing of Funds. In: Journal of Business 32 (1959), S. 20 ff.
12 Albach, H.: Investition und Liquidität, die Planung des optimalen Investitionsbudgets, Wiesbaden 1962.
13 Massé, P. und Gibrat, R.: Lineare Prgrammierung von Energieinvestitionen. In: Recktenwald, H. C.: Nutzen-Kostenanalyse und Programmbudget, Tübingen 1970, S. 303–322.
14 Schmidt, B.: Simulation eines klinisch-chemischen Labors. In: Meyer, M. (Hrsg.): Krankenhausplanung, Stuttgart-New York 1979, S. 172–184.
15 Mertens, P. und Rackelmann, G.: Konzept eines Frühwarnsystems auf der Basis von Produktlebenszyklen. In: Albach, H. / Hahn, D. / Mertens, P. (Hrsg.): Zeitschrift für Betriebswirtschaft, Sonderheft über Frühwarnsysteme, im Druck.
16 Finkelstein, S. N.: Technological Change and Clinical Laboratory Utilization, Working Paper No. 1001–78, Massachusetts Institute of Technology, Cambridge 1978.
17 Heinhold, J. und Gaede, K.-W.: Ingenieur-Statistik, München-Wien 1972.

Wolfgang Scholl

Der Einfluß der Mitbestimmung auf die Planung und Durchführung von Personalmaßnahmen in der Rezession

A. Problemstellung

B. Profile der Personalanpassung in der Rezession
- I. Der Einfluß der Nachfragesituation auf die Personalpolitik in der Rezession
- II. Der Einfluß der Personalplanung auf die Personalpolitik in der Rezession
- III. Der Einfluß der paritätischen Mitbestimmung auf die Personalpolitk in der Rezession

C. Die Einschaltung des Betriebsrates in die Personalplanung
- I. Stadien der Einschaltung des Betriebsrates in die Personalplanung
- II. Bedenken des Betriebsrates und darauffolgende Modifizierung der Personalplanung
- III. Situation und Ergebnis der Einschaltung des Betriebsrates in die Personalplanung
- IV. Gesamtüberblick zum Einfluß der Mitbestimmung auf die Personalpolitik in der Rezession

D. Schlußbetrachtung: Interessenausgleich im Unternehmen durch Mitbestimmung und Personalplanung

Anmerkungen

Literaturverzeichnis

A. Problemstellung

Wirtschaftliche Rezessionen, die in einer fast regelmäßigen Wellenbewegung auftauchen und wieder verschwinden, sind oft Auslöser für Unternehmenskrisen. Während in wirtschaftlich guten Zeiten unternehmensinterne Fehlentwicklungen sich meist nicht deutlich in den Erfolgskennziffern niederschlagen, werden sie in der Rezession dann manifest und schränken die Möglichkeiten des Ausgleichs und Gegensteuerns empfindlich ein. Aber auch in gut geführten Unternehmen, die über eine sehr konjunkturempfindliche Produkt- oder Dienstleistungspalette verfügen, sind drastische Anpassungsmaßnahmen in Phasen der Rezession nicht zu vermeiden. [1] Da das Anpassungspotential von rein wirtschaftlichen, technischen und finanziellen Maßnahmen oft nicht ausreicht, wird aus der Sicht der Unternehmensleitung ein Personalabbau meist unumgänglich. [2]

Dieser Personalabbau geht jedoch gegen grundlegende Arbeitnehmerinteressen nach Beschäftigungs- und Einkommenssicherheit. In den Unternehmen sind die gesetzlichen Mitbestimmungsregelungen als Arena für die Austragung solcher Interessenkonflikte vorgesehen, wobei der Betriebsrat ein Informations- und Beratungsrecht in bezug auf die Personalplanung (§ 92 BetrVG) und ein Mitbestimmungsrecht in bezug auf die Arbeitszeitgestaltung (§ 87) und die personellen Einzelmaßnahmen (§§ 99–103) hat. [3] In Zeiten der Rezession verlieren diese Rechte, ebenso wie die Rechte der Arbeitnehmervertreter im Aufsichtsrat, erheblich an Wirksamkeit. Um das langfristige Überleben des Unternehmens und damit die Mehrzahl der Arbeitsplätze zu erhalten, müssen die Arbeitnehmervertreter letztlich einem Personalabbau zustimmen, ganz abgesehen davon, daß die Rechte selbst in dieser Situation kaum noch greifen. Es erhebt sich damit die Frage, inwieweit die Krise des Unternehmens abgewälzt wird auf die Beschäftigten.

	Anzahl der Unternehmen n	%	System der Personalplan. vorhanden (n = 115)	Nachfragerückgang (n = 117)
Urproduktion Grundstoffindustrie	37	31,6	37 (100%)	32 (86,5%)
Investitionsgüterindustrie	39	33,3	29 (74,4%)	34 (87,2%)
konsumnahe Industrie	27	23,1	21 (77,8%)	16 (59,3%)
Dienstleistungssektor	14	12,0	9 (64,3%)	2 (14,3%)
insgesamt	117	100	96 (82,1%)	84 (71,8%)

Tab. 1: Charakterisierung der an der Untersuchung beteiligten Unternehmen

Aus einer empirischen Untersuchung [4] sollen im folgenden Daten zum Einfluß der Mitbestimmung auf Planung und Durchführung von Personalmaßnahmen in der Rezession berichtet werden. In dieser Untersuchung wurden 117 Unternehmen mit über 500 Beschäftigten zwischen Ende 1976 und Mitte 1977 anhand eines verschickten Fragebogens befragt. Die befragten Unternehmen lassen sich folgendermaßen charakterisieren (siehe Tabelle 1).
Von 260 angeschriebenen Unternehmen beantworteten 117 den Fragebogen, das ist eine Rücklaufquote von 45%. Cirka 82% der befragten Unternehmen verfügten über ein System der Personalplanung [5], 72% waren vom Nachfragerückgang betroffen.

B. Profile der Personalanpassung in der Rezession

Anhand eines Kataloges von 15 ausgewählten Maßnahmen, mit deren Hilfe eine Personalanpassung vorgenommen werden kann, werden die Unterschiede zwischen Unternehmen mit und ohne Nachfragerückgang aufgezeigt. Bei ausschließlicher Betrachtung der Unternehmen *mit* Nachfragerückgang läßt sich dann weiter differenzieren zwischen Unternehmen mit und ohne Personalplanung sowie mit und ohne paritätische Mitbestimmung. Zu jeder Unterscheidung sollen im folgenden die empirischen Daten präsentiert werden.

I. Der Einfluß der Nachfragesituation auf die Personalpolitik in der Rezession

In Tabelle 2a sind in der linken Spalte die 15 Maßnahmen aufgeführt, nach deren Einsatz im Fragebogen gefragt wurde. Auf der danebenstehenden Skala ist jeweils abgetragen, welcher Prozentsatz der Unternehmen die jeweilige Maßnahme angewendet hat, und zwar getrennt für die beiden Teilstichproben der Unternehmen mit Nachfragerückgang (gepunktete Linie) und ohne Nachfragerückgang (gestrichelte Linie). Ein erster Blick zeigt, daß relativ mehr Unternehmen *mit* Nachfragerückgang die aufgeführten, meist personalbeschränkenden Maßnahmen ergreifen als Unternehmen ohne Nachfragerückgang. Dagegen wird eine forcierte Weiterbildung (drittletzte Maßnahme in Tabelle 2a) eher von Unternehmen *ohne* Nachfragerückgang betrieben, also entgegen manchen Hoffnungen kaum antizyklisch zum Ausgleich von Beschäftigungsschwankungen eingesetzt.

Der Unterschied im Prozentsatz der Unternehmen mit und ohne Nachfragerückgang ist bei den einzelnen Maßnahmen unterschiedlich stark, bei 10 der 15 Maßnahmen ist er signifikant. In diesen Fällen wurde in der rechten Spalte eine Maßgröße für die Bedeutung des jeweiligen Unterschiedes angegeben, d. h. hier für das Ausmaß, in dem die Nachfragesituation als Teilursache für die unterschiedliche Verbreitung der einzelnen Maßnahmen in Frage kommt [6]. Eine genauere Betrachtung der Häufigkeiten und Unterschiede zeigt dreierlei:

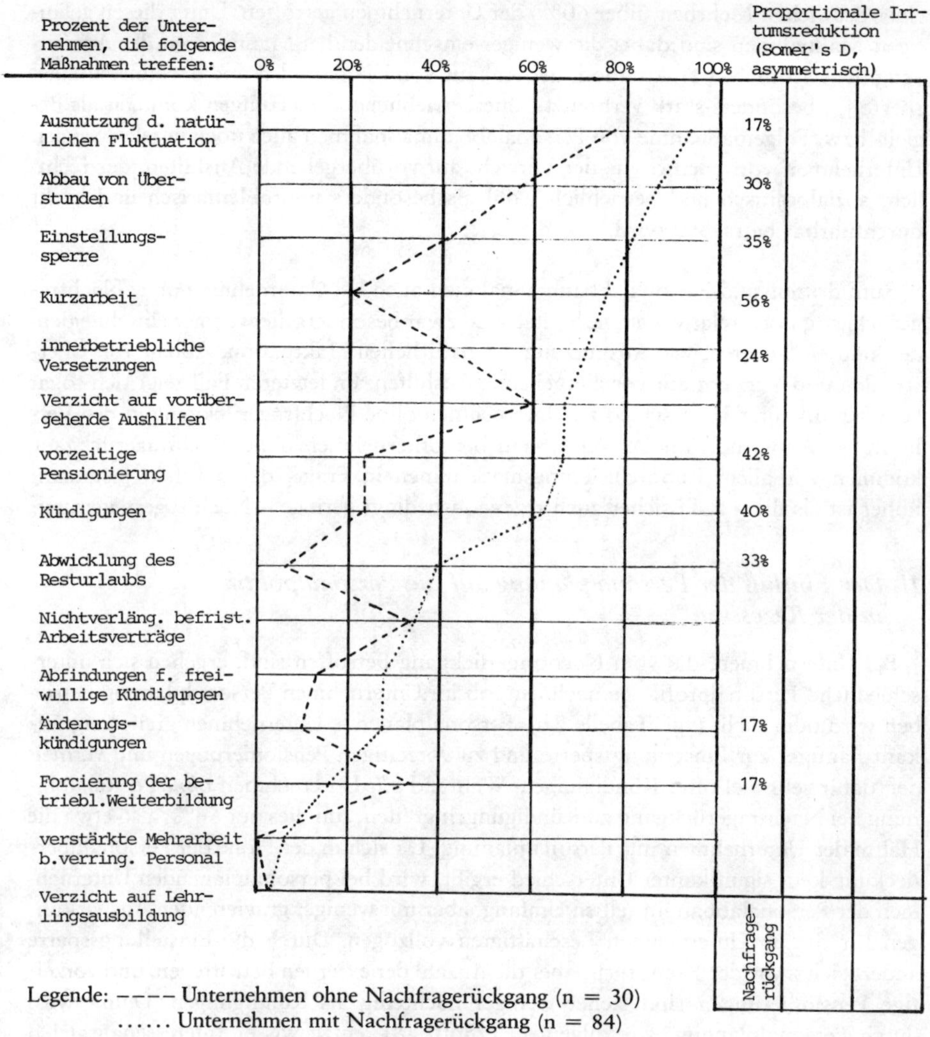

Tab. 2a: Personalpolitische Maßnahmen und Nachfragerückgang

Zum einen sind die Unterschiede besonders ausgeprägt bei denjenigen Maßnahmen, die das Beschäftigungsvolumen relativ stark verringern. Die Nachfragesituation kann zu 56% als Ursache für die Durchführung von Kurzarbeit, zu 42% von vorzeitigen Pensionierungen und zu 40% von Kündigungen angesehen werden.

Zum zweiten kann man die ersten acht Maßnahmen einschließlich der Kündigungen als »geläufigere« Maßnahmen in der Rezession bezeichnen; sie werden jeweils von einer deutlichen Mehrheit (über 60%) der Unternehmen getroffen. Unter diesen geläufigen Maßnahmen sind dabei die weniger einschneidenden Maßnahmen der Ausnutzung der natürlichen Fluktuation, des Abbaus von Überstunden und der Einstellungssperre [7] besonders stark verbreitet. Innerbetriebliche Versetzungen kommen als Begleit- bzw. Folgemaßnahme von Personalabbaumaßnahmen auch noch in relativ vielen Unternehmen vor, ebenso wie der Verzicht auf vorübergehende Aushilfen, der rechtlich, sozialpolitisch und betrieblich wohl als besonders unproblematisch und leicht durchführbar betrachtet wird.

Zum dritten sind Personalabbaumaßnahmen auch bei Unternehmen ohne Nachfragerückgang noch relativ weit verbreitet, und zwar besonders die weniger einschneidenden und einfacheren, wie Ausnutzung der natürlichen Fluktuation, Abbau von Überstunden und Verzicht auf vorübergehende Aushilfen. Im letzteren Fall zeigt sich sogar kein signifikanter Unterschied zu Unternehmen ohne Nachfragerückgang in der Verbreitung. Als Grund für Personalabbau bei Unternehmen ohne Nachfragerückgang kommen vor allem Rationalisierungsmaßnahmen in Frage, deren Effekt insgesamt höher ist als die – z. T. sicher auch rezessionsbedingt geringe – Nachfragesteigerung.

II. Der Einfluß der Personalplanung auf die Personalpolitik in der Rezession

Bei Unternehmen, die vom Nachfragerückgang betroffen sind, ergeben sich unterschiedliche Personalprofile, je nachdem, ob im Unternehmen Personalplanung betrieben wird oder nicht (vgl. Tabelle 2b). Personalplanende Unternehmen greifen signifikant häufiger zur Einstellungssperre und zu vorzeitigen Pensionierungen und vermeiden dafür sehr viel öfter Kündigungen. Während *alle* Unternehmen *ohne* Personalplanung bei Nachfragerückgang zu Kündigungen greifen, tun dies nur 56%, also etwa die Hälfte der Unternehmen mit Personalplanung. Da sich in der Höhe der Personalüberdeckung kein signifikanter Unterschied ergibt, wird bei personalplanenden Unternehmen der Personalabbau im selben Umfang, aber mit weniger gravierenden Auswirkungen für die im Unternehmen Beschäftigten vollzogen. Durch die Einstellungssperre ändert sich zwar der Kreis, nicht aber die Anzahl der externen Betroffenen, und vorzeitige Pensionierungen sind sicher weniger nachteilig als Kündigungen. Damit wird durch Personalplanung, wie allgemein erhofft [8], ein gewisser Interessenausgleich auch in der Rezession erreicht. Die Auswirkungen der Absatzkrise werden zum Teil neutralisiert und schlagen nicht voll auf die Beschäftigten im Unternehmen durch; die Arbeit Suchenden sind freilich vom Personalabbau genauso betroffen [9].

III. Der Einfluß der paritätischen Mitbestimmung auf die Personalpolitik in der Rezession

Da in unserer Untersuchung nicht die Macht der Arbeitnehmervertreter oder der Ausschöpfungsgrad der Mitbestimmungsrechte gemessen wurde, kann der Einfluß der Mitbestimmung auf die Personalpolitik nur anhand der groben Unterteilung in Unter-

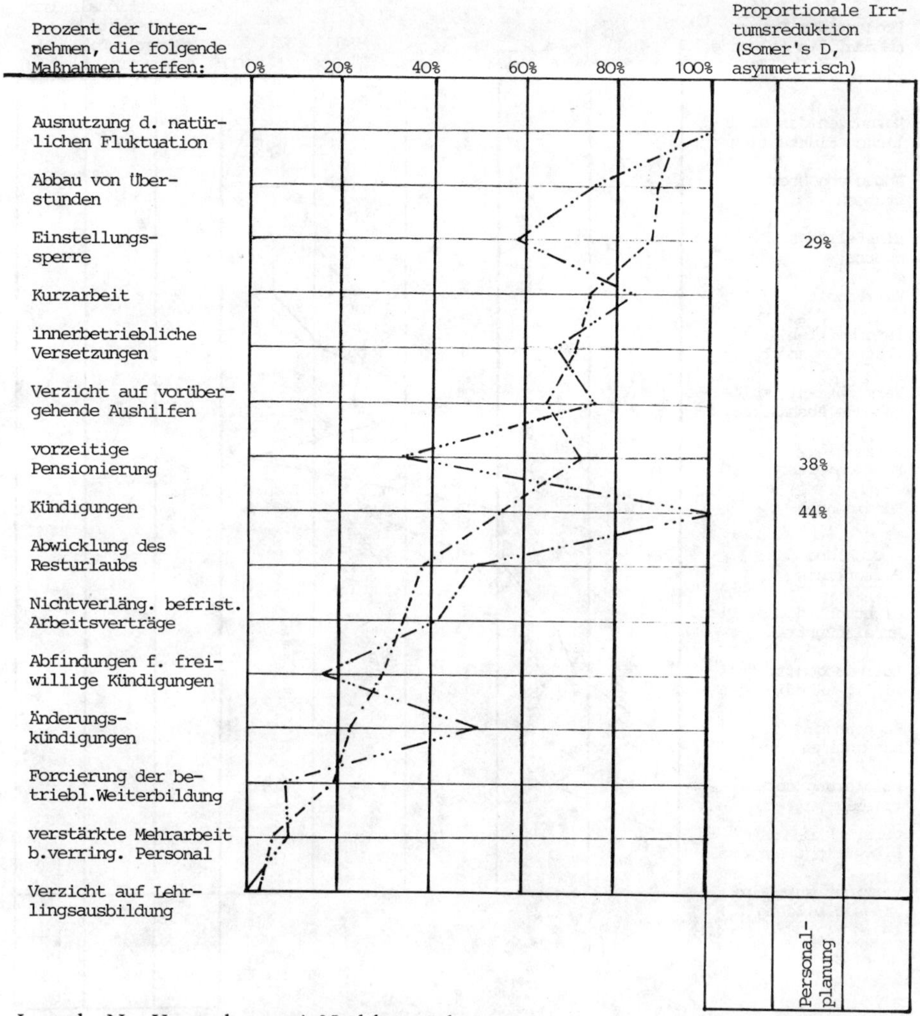

Legende: Nur Unternehmen mit Nachfragerückgang:
— · — · — mit Personalplanung (n = 71)
— · · · — · · · — ohne Personalplanung (n = 12)

Tab. 2b: Personalpolitische Maßnahmen und Personalplanung

nehmen mit und ohne paritätische Mitbestimmung untersucht werden. In Tabelle 2c sind die entsprechenden Profile der Personalpolitik dargestellt.

Unternehmen mit paritätischer Mitbestimmung führen signifikant häufiger vorzeitige Pensionierungen durch als Unternehmen mit der einfachen Mitbestimmung nach dem BetrVG; dies geschieht auch sehr viel häufiger als bei personalplanenden Unter-

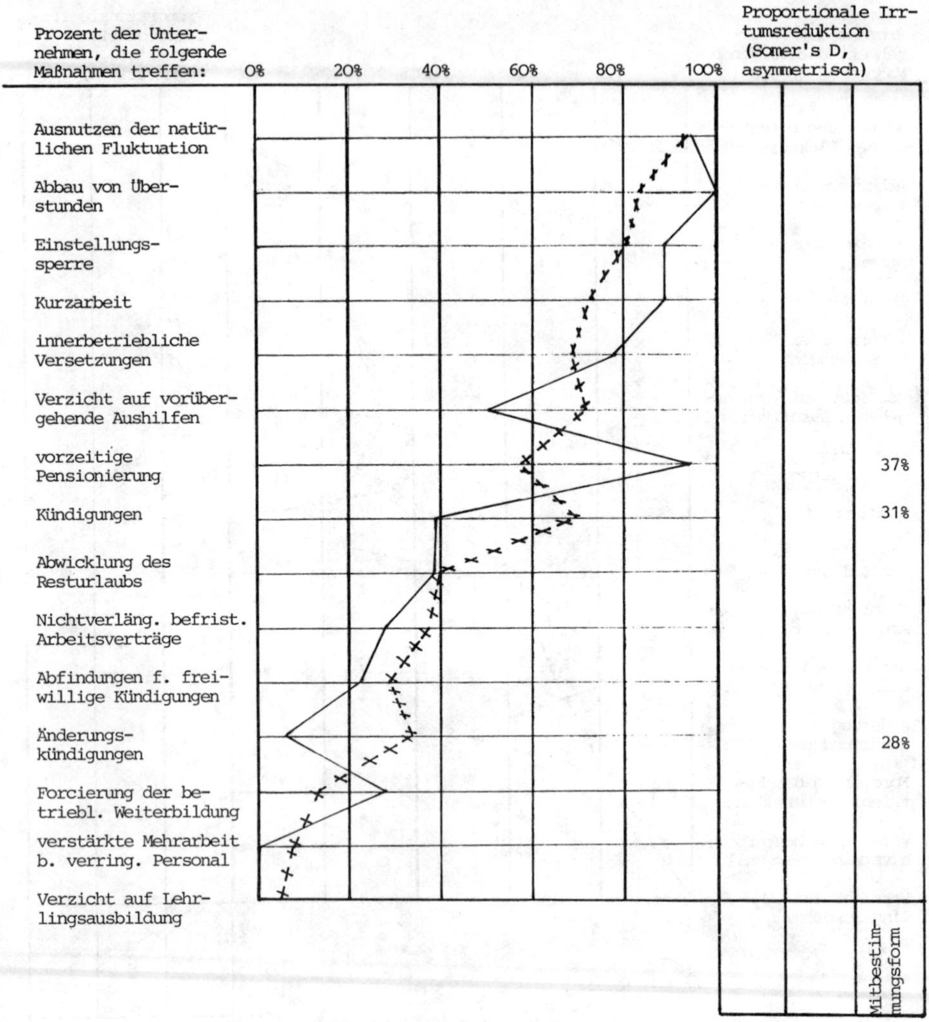

Legende: Nur Unternehmen mit Nachfragerückgang:
—— mit paritätischer Mitbestimmung (n = 18)
xxxx mit Mitbestimmung in Aufsichtsrat nach BetrVG (n = 66)

Tab. 2c: Personalpolitische Maßnahmen und Mitbestimmung

nehmen allgemein (da alle Montanunternehmen unserer Stichprobe über ein Personalplanungssystem verfügen, das im Schnitt noch besser ausgebaut ist, sind sie auch in der vorigen Betrachtung der personalplanenden Unternehmen enthalten). Unternehmen mit paritätischer Mitbestimmung kündigen sehr viel seltener als Unternehmen ohne paritätische Mitbestimmung und auch seltener als bei personalplanenden Unternehmen allgemein. Sie greifen auch seltener zu Änderungskündigungen und tun dies sogar auch seltener als Unternehmen *ohne* Nachfragerückgang. Dabei weisen die Montanunternehmen unserer Stichprobe einen *über*durchschnittlichen Nachfragerückgang auf. [10] Auch alle anderen Personalmaßnahmen, die auf eine Beendigung des Beschäftigungsverhältnisses hinauslaufen, sind bei Unternehmen mit paritätischer Mitbestimmung weniger verbreitet. Dies gilt für den Verzicht auf vorübergehende Aushilfen, für die Nichtverlängerung befristeter Arbeitsverträge und für Abfindungen für freiwillige Kündigungen; obwohl in diesen drei Fällen die Unterschiede nicht signifikant sind, erscheint die Durchgängigkeit dieses Prinzips neben den signifikanten Kündigungen und Änderungskündigungen doch bemerkenswert.

Als Resümee ergibt sich, daß die Beschäftigungssicherheit und Einkommenssicherheit (bezogen auf den Normallohn ohne Überstundenvergütung) bei Unternehmen mit paritätischer Mitbestimmung signifikant höher ist als bei anderen, vom Nachfragerückgang betroffenen Unternehmen [11]. Personalplanung ist offenbar ein wichtiges Instrumentarium für die Berücksichtigung von Arbeitnehmerinteressen und für einen Interessenausgleich in der Rezession. Bei paritätischer Mitbestimmung wird dieses Instrumentarium für die Belange der Arbeitnehmer anscheinend stärker genutzt.

C. Die Einschaltung des Betriebsrates in die Personalplanung

Für die Unternehmen, die über ein System der Personalplanung verfügen, waren zusätzliche Fragen zum Stadium der Einschaltung des Betriebsrates in den Prozeß der Personalplanung, zu den Bedenken des Betriebsrates und der Modifizierung der Pläne aufgrund dieser Bedenken enthalten. Durch eine Betrachtung der Antworten auf diese Fragen läßt sich der Einfluß der Mitbestimmung auf die Planung und Durchführung von Personalmaßnahmen in der Rezession noch näher kennzeichnen.

I. Stadien der Einschaltung des Betriebsrates in die Personalplanung

In 32 von 88 Unternehmen (36%), die Personalplanung betreiben und auf die Fragen nach der Einschaltung des Betriebsrates geantwortet haben, wird der Betriebsrat schon *bei der Erstellung* des Plans eingeschaltet. Diese frühe Einschaltung geht über die Vorschriften von § 92 BetrVG hinaus. 50 Unternehmen (57%) beraten mit dem Betriebsrat *direkt nach* der Planerstellung [12] und erfüllen insoweit genau die Vorschriften des BetrVG, während 6 Unternehmen (7%) dem § 92 nicht voll genügen und den Betriebsrat erst *kurz vor* der Durchführung der geplanten Maßnahmen einschalten.

Die über das Gesetz hinausgehende frühe Einschaltung direkt bei der Erstellung des Personalplans kommt im Montanbereich signifikant häufiger vor (59% der Unternehmen) als in der übrigen Wirtschaft (31%) (vgl. Tabelle 3).

Da im Montanbereich die Arbeitnehmervertreter im Aufsichtsrat die volle Parität haben und zudem das für Personal- und Sozialwesen zuständige Vorstandsmitglied

	Einschaltung des Betriebsrats		
	direkt bei der Erstellung des Personalplans	nach Fertigstellung des Personalplans	
Montan-unternehmen	10 (58.8%)	7 (41.2%)	17 (100%)
andere Unternehmen	22 (31.0%)	49 (69.0%)	71 (100%)
	Proportionale Irrtumsreduktion: 28%		

Tab. 3: Stadien der Einschaltung des Betriebsrates in die Personalplanung je nach Mitbestimmungsform

(Arbeitsdirektor) als Mann ihres Vertrauens bestellen können, sind auch vermutlich die Durchsetzungschancen des Betriebsrats hier größer als in der übrigen Wirtschaft. Bei der Analyse der Bedenken gegenüber der Planung und der Modifizierung der Planung sind deshalb die Unterschiede in der Mitbestimmungsform und – damit zusammenhängend – im Stadium der Einschaltung zu beachten.

II. Bedenken des Betriebsrates und darauffolgende Modifizierung der Personalplanung

Den personalplanenden Unternehmen wurde die Frage gestellt: »Falls der Betriebsrat während der Rezession in die Personalplanung mit eingeschaltet war, hatte er gegenüber diesem Plan Bedenken?«, wobei das Ausmaß der Bedenken auf einer fünf-stufigen

Bedenken des Betriebsrates*) bei ...	Einschaltung des Betriebsrates direkt bei der Erstellung des Personalplans	direkt nach Fertigstellung des Personalplans	Unternehmenskategorien insgesamt
Montanunternehmen	2.00 (n = 10)	2.60 (n = 5)	2.20 (n = 15)
anderen Unternehmen	3.03 (n = 15)	2.71 (n = 29)	2.82 (n = 44)
Stadien der Einschaltung insgesamt	2.62 (n = 25)	2.69 (n = 34)	2.66 (n = 59)**) Gesamtmittelwert

*) **) siehe Tab. 5

Tab. 4: Bedenken des Betriebsrates in bezug auf die Personalplanung unter verschiedenen Bedingungen

Modifizierung*) der Personalplanung wegen Bedenken des Betriebsrates bei …	Einschaltung des Betriebsrates direkt bei der Erstellung des Personalplans	direkt nach Fertigstellung des Personalplans	Unternehmenskategorien insgesamt
Montanunternehmen	1.92 (n = 6)	2.60 (n = 5)	2.23 (n = 11)
anderen Unternehmen	2.85 (n = 10)	2.08 (n = 25)	2.30 (n = 35)
Stadien der Einschaltung insgesamt	2.50 (n = 16)	2.17 (n = 30)	2.28 (n = 46)**) Gesamtmittelwert

*) Die Werte in den Tabellen 4 und 5 repräsentieren das durchschnittliche Ausmaß der Bedenken der Betriebsräte bzw. der Modifizierung der Personalplanung pro Bedingung(-skombination).

**) Nur vom Nachfragerückgang betroffene Unternehmen, die Personalplanung betreiben und die Fragen zur Aktivität des Betriebsrats beantwortet haben.

Tab. 5: Modifizierung der Personalplanung wegen Bedenken des Betriebsrates unter verschiedenen Bedingungen

Skala angegeben werden konnte, die von 1 = ›keine Bedenken‹ bis 5 = ›sehr starke Bedenken‹ variierte. Danach schloß sich die Frage an: »Wurde wegen Bedenken des Betriebsrates die Planung modifiziert?«, wobei das Ausmaß der Modifizierung von 1 = ›keine Änderung‹ bis 5 = ›starke Änderung‹ variierte. Die durchschnittliche Einschätzung der befragten Unternehmen bei beiden Fragen ist in den Tabellen 4 und 5 dargestellt, wobei nicht nur die Gesamtmittelwerte, sondern auch die Mittelwerte für verschiedene Bedingungen und Bedingungskombinationen ausgewiesen sind. Ein Vergleich dieser Tabellen zeigt zunächst folgendes:

Die Bedenken des Betriebsrates gegenüber der beabsichtigten Personalplanung sind in den Montanunternehmen signifikant niedriger als in den übrigen Unternehmen (vgl. rechte Randspalte von Tabelle 4). Das Ausmaß der Modifizierung der Pläne ist jedoch in beiden Bereichen etwa gleich (vgl. rechte Randspalte von Tabelle 5). Umgekehrt sind die Bedenken bei direkter Einschaltung *bei* der Erstellung des Planes etwa gleich hoch wie bei späterer Einschaltung *nach* Fertigstellung des Planes; die Modifizierung ist bei früher Einschaltung etwas – allerdings nicht signifikant – stärker als bei späterer Einschaltung (vgl. untere Randzeilen der Tabellen 4 und 5). Ein Vergleich der einzelnen Zeilen zeigt, daß die Höhe der Bedenken im Schnitt etwa der Höhe der Modifizierung entspricht [13]. Als erstes grobes Ergebnis läßt sich daraus entnehmen, daß die Einschaltung des Betriebsrates in die Personalplanung nach § 92 BetrVG ein durchaus wirksames Instrument der Interessenvertretung ist, weil nicht nur Bedenken geäußert werden, sondern durch die Beratung auch eine Modifizierung der Personalpläne erreicht wird, die in ihrem Ausmaß tendenziell mit der Höhe der Bedenken variiert.

Nimmt man als Interpretationshilfe hinzu, daß die Beschäftigungs- und Einkommenssicherheit für die Arbeitnehmer paritätisch mitbestimmter Unternehmen höher ist als in der übrigen Wirtschaft und daß die Korrelation zwischen Bedenken und Modifizierung bei ersteren deutlich höher ist als bei letzteren (.56 gegenüber .31, Spearman's Rho), dann lassen sich folgende weitere Schlußfolgerungen ziehen:

- In paritätisch mitbestimmten Unternehmen sind die Bedenken des Betriebsrates niedriger, vermutlich weil die Personalplaner bei der Planung die Interessen der Arbeitnehmer von vorneherein stärker berücksichtigen. Die Arbeitnehmervertretung besitzt hier in höherem Umfang latente Macht, die von den Personalplanern antizipiert und in einer stärker arbeitnehmerorientierten Planung berücksichtigt wird [14].
- In paritätisch mitbestimmten Unternehmen, in denen der Betriebsrat erst nach der Erstellung der Pläne eingeschaltet wird, kann er soviel Macht und Überzeugungskraft mobilisieren, daß seinen höheren Bedenken (2.6 gegenüber 2.0) auch eine stärkere Modifizierung der Pläne (2.6 gegenüber 1.92) entspricht.

In den Unternehmen, in denen nur das BetrVG gilt oder galt, sind sowohl die Bedenken als auch die Modifizierung höher, wenn der Betriebsrat direkt bei der Erstellung der Personalpläne eingeschaltet wird, als wenn dies erst hinterher geschieht. Diese Umkehrung gegenüber dem Montanbereich (in der Varianzanalyse als Wechselwirkung bezeichnet) ist bei der Modifizierung statistisch signifikant, bei den Bedenken fast signifikant. Die Vermutung liegt nahe, daß die Unternehmensleitung hier den Betriebsrat oft schon bei der Erstellung einschaltet, weil ein relativ schwerwiegender Personalabbau überlegt wird, der mit Hilfe des Betriebsrates möglichst ruhig durchgezogen werden soll, auch wenn dabei Modifizierungen und Abstriche an den eigenen Vorstellungen in Kauf genommen werden müssen.

Mit dieser Vermutung sind jedoch die Grenzen der Interpretationsmöglichkeit erreicht. Im folgenden sollen daher noch ergänzende Daten herangezogen werden.

III. Situation und Ergebnis der Einschaltung des Betriebsrates in die Personalplanung

Die oben geäußerte Vermutung, daß die Unternehmens- bzw. Personalleitungen bei schlechterer Nachfragesituation den Betriebsrat tendenziell früher einschalten, weil sie ihn in dieser krisenhaften Situation stärker in die Verantwortung einbinden wollen, läßt sich anhand der Daten zum Ausmaß des Nachfragerückgangs prüfen (vgl. Tabelle 6). Die Daten bestätigen die Vermutung; Unternehmen, die den Betriebsrat schon bei der Erstellung der Personalplanung einschalten, sind eher von einem hohen Nachfragerückgang betroffen, wobei sicher der Nachfragerückgang als Ursache der frühen Beteiligung in Betracht kommt und nicht der umgekehrte Fall gilt. Die Tabelle 6 zeigt, daß dasselbe auch für Unternehmen aus dem Montanbereich gilt und nicht nur für Unternehmen aus der übrigen Wirtschaft [15]. Die Wechselwirkungen in den Tabellen 4 und 5 lassen sich also mit der Nachfragesituation nicht erklären.

Ausmaß des Nachfragerückgangs*) bei ...	Einschaltung des Betriebsrates direkt bei der Erstellung des Personalplans	direkt nach Fertigstellung des Personalplans	Unternehmenskategorien insgesamt
Montanunternehmen	2.50 (n = 10)	2.00 (n = 3)	2.39 (n = 13)
anderen Unternehmen	2.25 (n = 12)	1.75 (n = 20)	1.94 (n = 32)
Stadien der Einschaltung insgesamt	2.37 (n = 22)	1.79 (n = 23)	2.07 (n = 45) Gesamtmittelwert

*) Ausmaß des Nachfragerückgangs, rekodiert auf 1–3: 1 = 1–15% Nachfragerückgang, 2 = 16–24%, 3 = 25% und mehr Nachfragerückgang

Tab. 6: Ausmaß des Nachfragerückgangs unter verschiedenen Bedingungen

Die Tatsache, daß der Betriebsrat bei schlechter Nachfragesituation tendenziell früher in die Personalplanung eingeschaltet wird, was das Motiv der Einbindung in die Verantwortung als Interpretation nahelegt, läßt sofort eine weitere Frage entstehen. Sind die Unternehmensleitungen bei früherer Einschaltung des Betriebsrates auch zu einem größeren Entgegenkommen bereit bzw. kann der Betriebsrat aufgrund der früheren Einschaltung mehr durchsetzen oder läßt sich der Betriebsrat mit der *Einbindung* in die Verantwortung auch leichter *»einwickeln«*?

Diese Frage ist nicht ganz einfach zu beantworten. In Teil B. wurde die Qualität der Personalpolitik aus einem Profilvergleich der einzelnen Personalmaßnahmen interpretativ gewonnen. Für die Frage des Ergebnisses der Personalpolitik aufgrund der je nach Mitbestimmungsform zu differenzierenden Einschaltung des Betriebsrates in die Personalplanung wäre jedoch ein quantitativer Index besser geeignet, der den Grad der Berücksichtigung oder Verletzung von Arbeitnehmerinteressen als den in diesem Zusammenhang wichtigen qualitativen Aspekt der Personalpolitik zum Ausdruck bringt.

Um einen solchen Index zu konstruieren, wurden aus den 15 erfaßten Personalmaßnahmen 6 ausgewählt, die entweder mit Einkommenseinbußen und/oder einer Beendigung des Beschäftigungsverhältnisses verbunden sind. Da sich diese Maßnahmen in dem Grad unterscheiden, in dem Arbeitnehmerinteressen verletzt werden, wurden sie für die Indexbildung gewichtet. Als relativ glimpfliche, vorübergehende Maßnahme bekommt Kurzarbeit den Wert 1. Vorzeitige Pensionierungen, die immerhin mit einer vorzeitigen Beendigung des Beschäftigungsverhältnisses und manchmal auch mit Einkommenseinbußen verbunden sind, erhalten den Wert 2. Änderungskündigungen, die entweder dauerhafte Einkommenseinbußen oder Arbeitsplatzverlust bewirken, erhalten den Wert 3. Abfindungen für freiwillige Kündigungen sind mit einer ungewissen Arbeitslosendauer und bei anderweitiger Anstellung mit erhöhtem Beschäftigungsri-

Härte der Personalpolitik bei ...	Einschaltung des Betriebsrates direkt bei der Einstellung des Personalplans	direkt nach Fertigstellung des Personalplans	Unternehmenskategorien insgesamt
Montanunternehmen	7.8 (n = 10)	8.7 (n = 6)	8.12 (n = 16)
anderen Unternehmen	11.0 (n = 15)	10.6 (n = 32)	10.72 (n = 47)
Stadien der Einschaltung insgesamt	9.72 (n = 25)	10.29 (n = 38	10.06 (n = 63) Gesamtmittelwert

Tab. 7: Härte der Personalpolitik unter verschiedenen Bedingungen

siko aufgrund kürzerer Betriebszugehörigkeit verbunden; obwohl die Nachteile mit Geld »versüßt« werden, wird diese Maßnahme als noch gravierender eingestuft und bekommt den Wert 4. Die definitive Beendigung des Beschäftigungsverhältnisses bei der Nichtverlängerung befristeter Arbeitsverträge erhält den Wert 5 und wird lediglich wegen der Möglichkeit, sich von vorneherein darauf einzustellen, günstiger beurteilt als Kündigungen, die den Wert 6 erhalten. Bei den sechs Maßnahmen wird der Wert 0 angesetzt, wenn ein Unternehmen die jeweilige Maßnahme nicht getroffen hat. Aus der Addition der 6 Werte pro Unternehmen ergibt sich nun ein Gesamtindex, der von 0 bis 21 reicht. Je mehr und je härtere Maßnahmen ergriffen werden, umso höher ist der Gesamtwert dieses Indexes, der entsprechend »Härte der Personalpolitik« genannt wird. [16]

In bezug auf die Härte der Personalpolitik lassen sich nun die Mittelwerte je nach Mitbestimmungsform und Einschaltungsstadium errechnen, vgl. Tabelle 7. Aus der unteren Zeile der Tabelle läßt sich erkennen, daß die Personalpolitik in den Unternehmen, wo der Betriebsrat schon bei der Erstellung des Personalplans eingeschaltet wird, nicht härter ist als bei späterer Einschaltung. Eher wäre schon das Gegenteil der Fall, aber der Unterschied ist nicht signifikant. Dies ist bemerkenswert, da ja ein signifikanter Unterschied im Ausmaß des Nachfragerückgangs besteht, also in der Schwere der Problemsituation, vor der Personalmanagement und Arbeitnehmervertreter stehen. Aus dem Vergleich der Tabellen 6 und 7 läßt sich also der Schluß ziehen, daß durch die direkte Beteiligung des Betriebsrates schon bei der Planerstellung eher Wege für einen »weichen« Personalabbau gefunden werden.

Aus Tabelle 7 läßt sich – wenn man die rechte Randspalte betrachtet – auch ablesen, daß im Montanbereich die Personalpolitik deutlich weniger hart ausfällt als in der übrigen Wirtschaft, trotz des höheren Nachfragerückgangs (vgl. Tabelle 6). Dies ist nach den Analysen in B. III. auch zu erwarten, da es ja weitgehend dieselben Daten sind, die hier nun zusammengefaßt in einer Skala betrachtet werden.

IV. Gesamtüberblick zum Einfluß der Mitbestimmung auf die Personalpolitik in der Rezession

Nach dieser Analyse der Nachfragesituation und der Härte der Personalpolitik je nach Mitbestimmungsform und Stadium der Einschaltung des Betriebsrates ist es zweckmäßig, durch Hinzunahme der in C. II. analysierten Bedenken des Betriebsrates und der Modifizierung der Pläne einen Gesamtüberblick zu schaffen, der die Situation, den Verlauf und das Ergebnis der Personalpolitik in der Rezession unter dem Einfluß der Mitbestimmung zum Ausdruck bringt. Die bisher einzeln betrachteten vier Variablen werden dazu in einen sachlogischen Zusammenhang gebracht.

Ausgangspunkt aller Personalmaßnahmen ist die Nachfragesituation. Sie muß in den Absatz- und Produktionsplänen berücksichtigt werden, (die in unserer Untersuchung nicht erfaßt wurden) und bestimmt damit indirekt den Personalbedarf. Bei Nachfragerückgang ergibt sich meist eine Personalüberdeckung, die das Management zur Planung von Personalabbaumaßnahmen veranlaßt. Früher oder später wird dann der Betriebsrat eingeschaltet, der je nach Lage der Dinge und den Vorstellungen des Managements Bedenken äußert. In den meisten Unternehmen werden aufgrund der Bedenken des Betriebsrates mehr oder minder große Änderungen zugunsten der Arbeitnehmer vorgenommen. Den Bedenken des Betriebsrates wird damit sicher zum Teil Rechnung getragen. Je nachdem, wie hart die ursprünglich geplante Personalpolitik war und wieviel davon nach der Einschaltung des Betriebsrates übrig blieb, fällt das Ergebnis der Personalmaßnahmen mehr oder minder hart aus, was sich in dem gebildeten Index »Härte der Personalpolitik« widerspiegelt.

Dieser sachlogische Ablauf ist mit den in der Befragung gemessenen Größen in Tabelle 8 abgebildet, wobei, wie schon vorher, die vier aus der Mitbestimmungsform und dem Einschaltungsstadium sich ergebenden Bedingungen unterschieden wurden. Für die graphische Darstellung mußten die willkürlichen Metriken der einzelnen Größen so aufeinander abgestimmt werden, daß die oben beschriebene Sachlogik gewahrt bleibt (vgl. dazu die Maßstabsangaben in Tabelle 8). Zunächst ist das Ausmaß des Nachfragerückgangs vertikal abgetragen. Je nachdem, wie stark die Nachfragesituation auf den geplanten Personalabbau durchschlägt, werden vom Betriebsrat mehr oder minder große Bedenken geäußert, die hier vertikal von unten nach oben abgetragen sind. Da personalbeschränkende Maßnahmen vermutlich von keinem Betriebsrat als völlig unnötig abgelehnt werden, wurde die Metrik so gewählt, daß die Höhe der Bedenken graphisch in jedem Fall geringer ist als das Ausmaß des Nachfragerückgangs. Beim Ausmaß der Modifizierung, das vertikal vom höchsten Punkt der Bedenken nach unten abgetragen ist, wurde mit der Metrik angenommen, daß keineswegs alle Bedenken ausgeräumt werden. Der letztlich resultierenden Härte der Personalpolitik entspricht daher ungefähr – nach dem gewählten Maßstab – die Höhe der verbleibenden Bedenken.

Das Ausmaß, in dem die Nachfragesituation letztlich auf die Personalpolitik durchschlägt und in dem die Krise des Unternehmens auf die Beschäftigten überwälzt wird, ergibt sich nach Tabelle 8 jeweils aus der Höhendifferenz des Blocks ›Ausmaß des Nachfragerückgangs‹ und des Blocks ›Härte der Personalpolitik‹. Je größer diese Diffe-

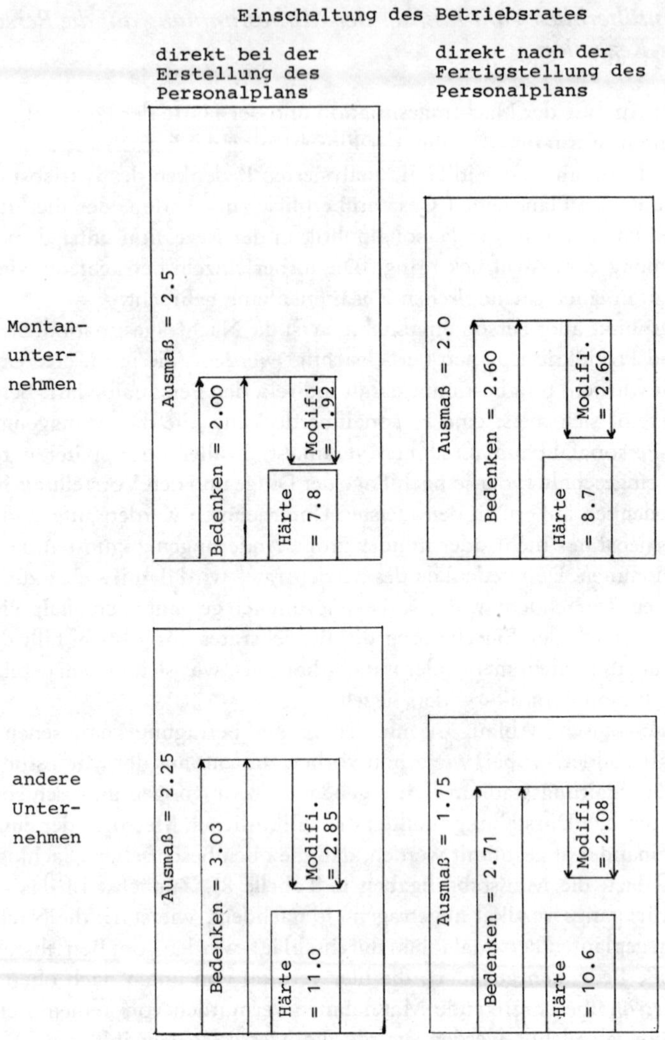

Tab. 8: Situation, Verlauf und Ergebnis der Einschaltung des Betriebsrates in die Personalplanung (Maßstab: Ausmaß x 4, Bedenken x 2, Modifizierung x 1, Härte : 4)

renz ist, umso mehr wird die Krise im Unternehmen abgefangen und umso weniger auf die Beschäftigten abgewälzt.

Das Ausmaß, in dem das Management von vorneherein Arbeitnehmerinteressen berücksichtigt, zeigt sich in Tabelle 8 jeweils in der Differenz zwischen der Höhe des Blocks ›Ausmaß des Nachfragerückgangs‹ und der Höhe des Blocks ›Bedenken des Betriebsrats‹. In ihr spiegelt sich die oben in B. III. bereits erwähnte latente Macht der

Arbeitnehmervertretung. Aus Tabelle 8 ist erkennbar, daß diese latente Macht der Arbeitnehmervertretung im Montanbereich größer ist als in der übrigen Wirtschaft. Darüberhinaus wird aus Tabelle 8 eine zweite Quelle latenter Macht aus dem Vergleich der beiden linken Felder mit den beiden rechten Feldern sichtbar; dieser Teil der latenten Macht kommt betrieblich durch die frühe Einschaltung des Betriebsrates bei der Erstellung der Personalplanung zum Ausdruck. Dabei ist – entgegen einer verbreiteten Erwartung – die schlechtere Nachfragesituation anscheinend Auslöser und Verstärker dieser latenten Macht. Dies gilt vermutlich primär in den Unternehmen, in denen die Arbeitnehmervertretung auch in »normalen« Zeiten eine stärkere Machtstellung hat. Unter der Voraussetzung eines relativ starken Betriebsrates bemüht sich nach diesen Überlegungen das Management umso stärker, von vorneherein Arbeitnehmerinteressen in der Personal(abbau)planung zu berücksichtigen, je schlechter die Nachfragesituation ist. Vermutlich wächst das Bewußtsein der sozialen Folgen einer Überwälzung der Unternehmenäprobleme auf die Arbeitnehmer mit dem Ausmaß dieser Probleme und der dann sich abzeichnenden Überwälzung. Das heißt, die oben angesprochene latente Macht der Arbeitnehmervertretung beruht – wenn diese Argumentation richtig ist – in dieser Situation weniger auf legaler Macht, sondern auf legitimer, in Normen begründeter Macht, die freilich auf dem Hintergrund sonstiger Sanktionsmacht (eines *»starken«* Betriebsrates) zu sehen ist.

Der damit gegebene Gesamtüberblick zum Einfluß der Mitbestimmung auf die Planung und Durchführung von Personalmaßnahmen in der Rezession bedarf noch einer kleinen Ergänzung. Die Möglichkeiten des Betriebsrates zur Durchsetzung von Arbeitnehmerinteressen sind natürlich nicht auf die Personalplanung beschränkt. Nach den §§ 99–103 BetrVG hat der Betriebsrat bei allen personellen Einzelmaßnahmen ein Mitbestimmungsrecht; unter bestimmten Bedingungen kann er mit Aussicht auf Erfolg seine Zustimmung verweigern. Daher kann der Betriebsrat versuchen, bei der Durchführung der geplanten Maßnahmen noch nachträglich etwas davon durchzusetzen, was ihm bei der Beratung über die Personalplanung nicht gelungen ist. Geschieht dies nicht nur in einigen wenigen Fällen, dann kann der Personalplan u. U. nicht in der vorgesehenen Form durchgeführt werden.

In 19 von 63 Unternehmen (30%) mußte die Personalplanung nachträglich wegen Widerständen des Betriebsrats bei der Durchführung der personellen Einzelmaßnahmen geändert werden. Im Montanbereich waren solche nachträglichen Änderungen seltener als in der übrigen Wirtschaft (12,5% gegenüber 35%), der Unterschied ist allerdings nur fast signifikant. Hatte der Betriebsrat große Bedenken in bezug auf die Personalplanung geäußert, dann kamen nachträgliche Änderungen signifikant häufiger vor als bei geringen Bedenken (11,5% gegenüber 43%). Anscheinend wurden die Rechte des Betriebsrates zum Teil vom Personalmanagement bei der Beratung über die Personalplanung unterschätzt.

D. Schlußbetrachtung: Interessenausgleich im Unternehmen durch Mitbestimmung und Personalplanung

Aus den voranstehenden Analysen ist deutlich geworden, daß Arbeitnehmerinteressen durch Mitbestimmung in gewissem Umfang auch in der Rezession berücksichtigt werden oder sich durchsetzen lassen. Eine wichtige Rolle spielt dabei die Existenz eines Personalplanungssystems zusammen mit dem Informations- und Beratungsrecht für den Betriebsrat nach § 92 BetrVG auf dem Hintergrund des Mitbestimmungsrechts bei den personellen Einzelmaßnahmen. Leider kann man aufgrund der Anlage des Fragebogens die beiden kombiniert auftretenden Effekte der Personalplanung und Mitbestimmung nicht genau trennen. Immerhin ist ein eigenständiger Effekt der Einschaltung des Betriebsrates nach den voranstehenden Analysen besonders wegen der unterschiedlichen Durchsetzungschance je nach Mitbestimmungsform zu vermuten. Für einen eigenständigen Effekt der Personalplanung sprechen Analysen, die hier nicht berichtet werden können, nach denen der Personalabbau umso »weicher« durchgeführt wird, je besser ausgebaut die Personalplanung ist.

Die Berücksichtigung von Arbeitnehmerinteressen in der Rezession ist allerdings nicht so zu verstehen, als könnten *alle* negativen Folgen eines Nachfragerückgangs für die Arbeitnehmer vermieden werden. Selbst im günstigsten Fall für die Arbeitnehmerseite – bei paritätischer Mitbestimmung und gut ausgebauter Personalplanung – können nur die Beschäftigung und das Normaleinkommen für die *im* Unternehmen Beschäftigten gesichert werden. Ein Personalabbau wird dadurch nicht verhindert, was in einer Marktwirtschaft und bei der daraus folgenden Konkurrenz der Unternehmen auch kaum zu erwarten ist. Aus den empirischen Daten läßt sich das daran ablesen, daß zwischen Mitbestimmungsform und Personalplanung einerseits und der Höhe der Personalüberdeckung andererseits kein Zusammenhang besteht; der Personalabbau wird in Art und Verlauf, nicht jedoch im Endergebnis beeinflußt. Die Unternehmen werden also durch Mitbestimmung wirtschaftlich nicht gefährdet.

Für die externen Arbeitssuchenden läßt sich durch Mitbestimmung und Personalplanung unter den gegebenen Bedingungen offensichtlich nichts verbessern; ein Interessenausgleich zwischen Unternehmen und Arbeitsmarktbehörden (als Interessenvertreter der Arbeitslosen) würde ein verbindendes Instrumentarium voraussetzen, wie es mit der Personalplanung und § 92 BetrVG für den Interessenausgleich zwischen Unternehmensleitung und Arbeitnehmervertretung gegeben ist.

Die nachfragebedingte Krise des Unternehmens muß also nicht unbedingt zu Lasten der *im* Unternehmen Beschäftigten gehen; die externen Arbeitssuchenden sind auf jeden Fall davon betroffen. Die Lösung dieses Problems übersteigt jedoch die Möglichkeiten der Personalpolitik einzelner Unternehmen.

Anmerkungen

1 Einen guten Überblick über mögliche und notwendige Anpassungsmaßnahmen geben Uphues (1979) und – mehr grundsätzlich-theoretisch – Mendius /Sengenberger (1976).

2 Vgl. generell zum Thema Personalabbau in der Rezession Weinlig (o. J.) ; Gaugler (1974),

S. 209–213; Schmidt (1974); Habbel/Posth (1975 a + b). Die erste größere Monographie zum Thema liegt vor von Hunold (1979). In jüngster Zeit hat die Literatur zum Thema zugenommen, besonders erwähnenswert ist noch das RKW-Handbuch, Teil IV (1978) und Schultz-Wild (1978).

3 Vgl. dazu vor allem Mohr (1977), Rummel (1977) und RKW-Handbuch, Teil X (1978).

4 Ausführlich werden diese und andere Ergebnisse der Untersuchung in einem beim RKW erschienenen Buch dargestellt; vgl. Scholl, W./Blumschein, H.: Personalplanung und Personalpolitik in der Rezession, Frankfurt 1979.

5 Die Frage lautete: »Ist in Ihrem Unternehmen ein System der Personalplanung eingeführt?« Im weiteren wurde zwar nach dem Vorhandensein von kurz-, mittel- und langfristiger Personalplanung und den jeweiligen Planungszeiträumen gefragt, jedoch nicht nach Teilplänen differenziert. Dieser Mangel wurde in den ausführlicheren Fragebogen aus dem Mitbestimmungsprojekt unter der Leitung von Prof. Dr. Werner Kirsch behoben, die z. Zt. ausgewertet werden.

6 Aus den vom Programmpaket SPSS, Version 7, angebotenen Koeffizienten wurde Somer's D, asymmetrisch, als unter den gegebenen Umständen geeignetster ausgewählt, da er auch auf Ordinalskalen anwendbar ist, die in unserer Untersuchung z. T. verwendet wurden, und da er – wegen der Einbeziehung gebundener Ränge – nicht (wie z. B. Gamma) zur Überschätzung der Unterschiede führt. Die Berechnungen wurden am Leibniz-Rechenzentrum der Bayerischen Akademie der Wissenschaften durchgeführt.

7 Im Fragebogen wurde nicht zwischen totaler und eingeschränkter bzw. gezielter Einstellungssperre unterschieden.

8 Vgl. vor allem die Empfehlungen der sozialpolitischen Gesprächsrunde beim Bundesminister für Arbeit und Sozialordnung von 1971, abgedruckt in Schmidt/Hagenbruck/Sämann (1975).

9 Vgl. die ausführlichere Darstellung und Diskussion in den Kapiteln 4 und 10 in Scholl/Blumschein (1979).

10 Soweit es möglich war, wurden die hier berichteten Effekte statistisch gegenüber alternativen Erklärungsmöglichkeiten geprüft. Dies gilt vor allem im Hinblick auf Effekte der Unternehmensgröße und des Nachfragerückgangs. Die hier berichteten Effekte haben diese Tests jeweils bestanden.

11 Bei paritätisch mitbestimmten Unternehmen sind finanzielle Einschränkungen auch seltener vorgekommen und der Leistungsdruck war offensichtlich nicht im selben Maße in der Rezession angestiegen wie in der übrigen Wirtschaft, vgl. Kap. 8.3 in Scholl/Blumschein (1979).

12 Sechs Unternehmen, die *bei* der Planerstellung *und* direkt *nach* der Fertigstellung der Pläne den Betriebsrat einschalten, sind hier nicht noch einmal mitgerechnet.

13 Zulässig ist freilich nur der relative, nicht der absolute Vergleich, denn die Skalen für Bedenken und Modifizierung haben eine willkürliche Metrik. Ein gleicher Mittelwert bei Bedenken und Modifizierung muß nicht und wird sicher auch nicht heißen, daß den Bedenken durch die Modifizierung voll entsprochen wurde. Der relative Vergleich zwischen zwei Zellen in bezug auf die Höhe der Bedenken und der Modifizierung mindestens im Sinne einer Rangfolge erscheint dagegen zulässig.

14 Die alternative Annahme, daß die Betriebsräte in Montanunternehmen Arbeitnehmerinteressen weniger stark beachten oder ein geringeres Anspruchsniveau in dieser Hinsicht haben, ist angesichts der oben als Interpretationshilfe angeführten Ergebnisse nicht haltbar.
Zum Phänomen und Begriff der latenten Macht vgl. Simon (1953), Bachrach/Baratz (1962) und (1963), Wrong (1968), Kirsch/Paul/Scholl (1980), Kapitel 6.

15 Da die Montanunternehmen stärker vom Nachfragerückgang betroffen waren als die anderen Unternehmen, könnte man vermuten, daß die frühere Einschaltung des Betriebsrates im Montanbereich nicht Resultat der paritätischen Mitbestimmung ist, wie oben aufgrund von Tabelle 3 vermutet, sondern eben lediglich Ergebnis des noch höheren Nachfragerückganges. Eine dreifache Kreuztabellierung zeigt jedoch, daß beide Ursachen unabhängig voneinander gelten, d. h. Montanunternehmen schalten auch gegenüber anderen Unternehmen mit genauso hohem Nachfragerückgang den Betriebsrat signifikant öfter schon bei der Erstellung der Personalplanung ein.

16 Zur Validität der Skala »Härte der Personalpolitik« vgl. Scholl/Blumschein (1979), Kap. 9.2.
17 Zur Unterscheidung der Machtgrundlagen vgl. French/Raven (1959), Kirsch/Paul/Scholl (1980), Kapitel 6.
18 Vgl. dazu Scholl/Blumschein (1979), Kapitel 4.2.
19 Das ist etwas detaillierter ausgeführt in Scholl/Blumschein (1979), Kapitel 11.

Literaturverzeichnis

Bachrach, P./Baratz, M. S. (1962): Two Faces of Power, in: American Political Science Review, 56, 1962, S. 947–952

Bachrach, P./Baratz, M. S. (1963): Decisions and Nondecisions. An Analytical Framework, in: American Political Science Review, 57, 1963, S. 632–642

French, J. R. P./Raven, B. H. (1959): The Bases of Social Power, in: Cartwright, D. (ed.), Studies in Social Power, Ann Arbor, Mich. 1959, p. 150–167

Gaugler, E. (1974): Betriebliche Personalplanung – Eine Literaturanalyse, Göttingen 1974 (= Bd. 23 der Kommission für wirtschaftlichen und sozialen Wandel)

Habbel, W. R./Posth, M. (1975 a): Personalabbau, in: Handwörterbuch des Personalwesens, hrsg. E. Gaugler, Stuttgart 1975, Sp. 1455–1469

Habbel, W. R./Posth, M. (1975 b): Personalfreisetzung, in: Handwörterbuch des Personalwesens, hrsg. E. Gaugler, Stuttgart 1975, Sp. 1556–1564

Hunold, W. (1976): Leitfaden der Personalanpassung, personalwirtschaftlich – betriebswirtschaftlich – arbeits- und sozialrechtlich, Herne, Berlin 1976

Kirsch, W./Paul, G./Scholl, W.: Erklärungsansätze zur Unternehmenspolitik und Mitbestimmung, München 1980

Mendius, H.-G./Sengenberger, W. (1976): Konjunkturschwankungen und betriebliche Politik, in: Institut für Sozialwissenschaftliche Forschung e. V. (Hrsg.), Betrieb – Arbeitsmarkt – Qualifikation, Band 1, Frankfurt 1976, S. 15–81

Mohr, A. (1977): Personalplanung und Betriebsverfassungsgesetz, Köln 1977

RKW (Hrsg.) – (1978), Teil IV: Planung des Personalabbaus, in: RKW-Handbuch, Praxis der Personalplanung, Neuwied und Darmstadt 1978

RKW (Hrsg.) – (1978), Teil X: Personalplanung und Betriebsverfassung, in: RKW-Handbuch, Praxis der Personalplanung, Neuwied und Darmstadt 1978

Rummel, C. H. (1977): Personalplanung und personelle Einzelmaßnahmen – Ein Vergleich der gesetzlichen Bestimmungen mit der Betriebsverfassungspraxis im Organisationsbereich der IG Metall, Diss Mannheim 1977

Schmidt, H./Hagenbruck, H./Sämann, W. (1975): Handbuch der Personalplanung, hrsg. im Auftrag des Ausschusses für wirtschaftliche Verwaltung in Wirtschaft und öffentlicher Hand e. V., Frankfurt/New York 1975

Scholl, W./Blumschein, H. (1979): Personalplanung und Personalpolitik in der Rezession, Frankfurt 1979

Schultz-Wild, R. (1978): Betriebliche Beschäftigungspolitik in der Krise, Frankfurt/New York 1978

Simon, H. A. (1953): Notes on the Observation and Measurement of Political Power, in: Journal of Politics, 15, 1953

Uphues, P. (1979): Unternehmerische Anpassung an die Rezession, Wiesbaden 1979

Weinlig, P. (o. J.): Unternehmerische Entscheidungen – Personalpolitik in der Rezession, in: H. Jacob (Hrsg.), Aktive Konjunkturpolitik der Unternehmung, Wiesbaden, S. 103–114

Wrong, D. H. (1968): Some Problems in Defining Social Power, in: American Journal of Sociology, 73, 1968, S. 673–681

Wolfgang Gerke

Liquidation und Konzentration innovativer Unternehmen – Schuld der bestehenden Finanz-Institutionen

A. Kapitalmarktbedingte Ursachen der Liquidation und Konzentration innovativer Unternehmen
  I. Trend zur Liquidation und Konzentration innovativer Unternehmen
  II. Tendenz zur Institutionalisierung nicht organisierter Finanzmärkte
  III. Kartellmacht Börse
  IV. Schuldnermacht durch diskriminierende Kreditvergabepolitik der Banken
  V. Unterschiedliche Bewertung von Innovationen

B. Neue Institutionen zur Bereitstellung von Risikokapital
  I. Einseitige Förderung der Großunternehmen durch die staatliche Forschungspolitik
  II. Ansätze zur Chancenverbesserung innovativer Unternehmen
  III. Breitgestreute Projektförderung marktnaher Forschungsinvestitionen in einem Optionsmodell

Anmerkungen

Literaturverzeichnis

A. Kapitalmarktbedingte Ursachen der Liquidation und Konzentration innovativer Unternehmen

I. Trend zur Liquidation und Konzentration innovativer Unternehmen

Liquidation und Konzentration innovativer Unternehmen stellen in einem marktwirtschaftlichen System einen normalen systemimmanenten Vorgang dar.

Diese Feststellung steht in entschiedenem Widerspruch zu der von Stüdemann im letzten Jahr auf der Nürnberger Tagung vertretenen Forderung nach einer Aufgabe des Gedankens der konkursmäßigen Vermögensverwertung zugunsten einer Unternehmensfortführung durch den Konkursverwalter. [1] Die von Stüdemann vorgeschlagene Änderung des Konkursrechtes würde die Banken in ihrer Kreditvergabepolitik zu einer strengeren Kreditwürdigkeitsprüfung zwingen, so daß riskante innovative Unternehmen überhaupt keinen Bankkredit mehr erhalten würden.

Wirtschaftliche Innovationen sind immer mit einem erhöhten Gewinn- und Verlustrisiko behaftet. Die mit diesem Risiko verbundene Chance auf kurzfristige Monopolgewinne hat in der Vergangenheit ständig neue Unternehmergenerationen entstehen lassen, die bereit waren, Innovationsrisiken zu übernehmen. Liquidation und Konzentration innovativer Unternehmen erlangen aber dann eine besondere Bedeutung, wenn ihnen nicht in gleichem Ausmaß nachrückende Innovatoren gegenüberstehen. In dieser Situation befinden wir uns heute. Wir erleben einen beispiellosen Trend der Unternehmenskonzentration, dessen Ende nicht abzusehen ist. Die Zahl der Selbständigen ist in der Bundesrepublik Deutschland und in den westlichen Industrieländern in den letzten 25 Jahren um etwa ein Drittel zurückgegangen. Würden wir diesen Trend fortschreiben, so steuerten wir unaufhaltsam in eine völlige Zentralisierung unserer Wirtschaft. Der Schritt von privatwirtschaftlich geleiteten Großkonzernen zu staatlich gelenkten Großbetrieben wäre dann eines Tages für die betroffenen Funktionäre und Arbeitnehmer nur noch der logische Abschluß einer Entwicklung, in deren Verlauf immer weniger Selbständige bereit und in der Lage sind, unternehmerisches Risiko zu tragen.

II. Tendenz zur Institutionalisierung nicht organisierter Finanzmärkte

Natürlich läßt sich aus einer reinen Trendfortschreibung der Selbständigenzahl noch keine zuverlässige Prognose ableiten. Wichtiger ist es, die Ursachen des Rückgangs der Selbständigenzahl zu erforschen. Dabei zeigt sich, daß gerade die innovativen Unternehmer häufig durch die bestehenden Finanz-Institutionen zur Liquidation oder Konzentration gezwungen werden.

Es soll hiermit nicht behauptet werden, daß die Kreditinstitute und sonstigen Kapitalmarktinstitutionen die Alleinschuld für den Rückgang der selbständigen Unternehmer zu tragen hätten. Zahlreiche weitere Faktoren wie z. B. die technologisch bedingten Losgrößenvorteile in der Produktion, das Machtstreben der Großkonzerne, die zunehmende Kapitalismuskritik an den Unternehmereinkommen, die Bürokratiebelastung der Selbständigen und die verbesserte soziale Stellung der Unselbständigen tragen zu einer unaufhaltsamen Unternehmenskonzentration bei. [2]

Begleitet wird die zunehmende Liquidation und Konzentration innovativer Unternehmen von einer ständig gestiegenen Kapitalbildung bei den Unselbständigen. Das gewaltige Sparaufkommen der Bevölkerung kann aber aufgrund bestehender innovationsfeindlicher Kapitalmarktstrukturen von jungen Unternehmen kaum genutzt werden, denn nur geringe Teile des Sparvermögens der Unselbständigen werden als Anteile am Produktivvermögen gehalten – und zwar fast ausschließlich in Form von Beteiligungen an börsennotierten Großunternehmen. [3] Soweit das Sparaufkommen der Unselbständigen schließlich der Kreditwirtschaft zur Verfügung gestellt wird, fließt es aufgrund der vorsichtigen Fristen-, Losgrößen- und Risikentransformation der Banken in überwiegendem Maße wieder in Großunternehmen und Unternehmen mit guten Sicherheiten. Das von innovativen nicht-emissionsfähigen Unternehmen wegen ihres höheren wirtschaftlichen Risikos dringend benötigte zusätzliche Eigenkapital wird durch die selektiven Transformationsleistungen der Kreditinstitute nicht bereitgestellt, so daß fast das gesamte Sparaufkommen der Unselbständigen den innovativen Mittelstandsunternehmen entzogen bleibt. Dies ist keine Folge einer bewußten Diskriminierung innovativer Unternehmen durch die Kreditwirtschaft, sondern die Konsequenz einer historisch bedingten Entwicklung der Kapitalmärkte zu innovationsfeindlichen Finanzsystemen.

III. Kartellmacht Börse

Am nicht-organisierten Kapitalmarkt sind Kapitalanlage und -beschaffung mit großen Risiken verschiedenster Art verbunden. Deshalb soll die weitreichende Institutionalisierung der Kapitalmärkte der Verringerung der Betrugs- und Informationsrisiken sowie der Einschränkung der Losgrößen- und Fristentransformationsrisiken dienen.

Die Entstehungsgeschichte der Finanzintermediation ist aber nicht nur eine Geschichte ständig verfeinerter Marktbildung, sondern insbesondere auch ein Vorgang zunehmender Reglementierungen durch diskriminierende Gesetze und Marktordnungen. Da Verfeinerungen der Organisationsstrukturen des Kapitalmarktes die Vertragsabschlußchancen der betroffenen Marktteilnehmer nachhaltig verbessern, bewirkt die bei den begünstigten Kapitalnachfragern und -anbietern auftretende simultane Konditionenverbesserung eine automatische Tendenz zur Institutionalisierung der Kapitalmärkte. Diese Institutionalisierung vollzieht sich zu Lasten der innovatorischen kleinen und mittleren Unternehmen.

Historisch betrachtet waren Kapitalbeschaffung und -anlage im niedrig organisierten Kapitalmarkt zwar mit zahlreichen Risiken behaftet, zwischen den einzelnen Kapitalmarktteilnehmern waren die Marktzutrittschancen jedoch gleichmäßiger verteilt als heute. Die Zeit der Gründungsfinanzierung war nicht nur die Periode der industriellen Revolution, sondern auch eine Geschichte der Konkurse, Bankenzusammenbrüche, Defraudationen sowie die Geschichte des kometenhaften Aufstiegs neuer Unternehmen und des Entstehens leistungsfähiger Industriekonzerne. Die Gründungsfinanzierungen eines crédit mobilier oder anderer Gründerbanken wären aufgrund der fortgeschrittenen Institutionalisierung und Innovationsfeindlichkeit der Kapitalmärkte heute nicht mehr möglich. Zu ausschließlich wurde die Fortentwicklung des Kapitalmarktes unter Anleger-Gesichtspunkten betrieben. Dabei wurden Alternativkonzepte übergangen und die Börsen zu staatlich sanktionierten Finanzierungskartellen für Großunternehmen fortentwickelt. Anlegerschutz wurde fast nur durch Risikoverbote betrieben, ohne daß dabei die kapitalakkumulierenden Folgen und innovationshemmenden Wirkungen der Anlegerschutzgesetzgebung Berücksichtigung fanden.

Kotierungsabsprachen, die Beschränkung des Handels auf bestimmte Titel, die Festschreibung bestimmter Börsenusancen, Publizitätsvorschriften sowie die Zulassungsbestimmungen über die zu handelnden Objekte und die handelnden Personen fördern unter Zugrundelegung des Selektionsprinzips den Kapitalverkehr.

Indem das Börsenkartell nur Kapitalnachfrager mit einer bestimmten Mindestgröße zuläßt, soll sie den Interessen unerfahrener Anleger dienen, forciert aber nur in erheblichem Maß die weitere Unternehmenskonzentration. Nur bereits große Unternehmen und der Staat können die von der Börse angebotenen Möglichkeiten zu zusätzlicher Kapitalaufnahme in Anspruch nehmen. Selbst wenn ein innovatives mittelständisches Unternehmen bezüglich seiner Rendite und Risikoeigenschaften einem börsenzugelassenen Großunternehmen um ein Vielfaches überlegen ist, kann es sich bei der Kapitalsuche nicht der Mittlertätigkeit des börsenmäßig organisierten Kapitalmarktes bedienen.

Auch die Investment-Gesetzgebung der Bundesrepublik Deutschland sorgt für eine Diskriminierung der nicht-emissionsfähigen Unternehmen. Sie schafft zwar die institutionellen Voraussetzungen für eine breiter gestreute Beteiligung der Bürger am Produktivvermögen. Durch die zum Sparerschutz erlassenen Anlagevorschriften des Investment-Gesetzes wird jedoch zugleich ein völliger Ausschluß der nicht-emissionsfähigen Unternehmen von diesem wichtigen Markt für Eigenkapital bewirkt.

Während sich der Gesetzgeber einerseits durch seine Kartellgesetzgebung bemüht, eine weitere Unternehmenskonzentration zu verhindern, sorgt er andererseits durch seine Kapitalmarktgesetzgebung für eine Kapitalakkumulation zugunsten historisch erfolgreicher Großunternehmen. Dabei wird die konzentrationshemmende Wirkung des Kartellgesetzes überschätzt, während die Bedeutung des ungehinderten Kapitalmarktzutritts weitgehend übersehen wird.

Liquidation und Konzentration innovativer Unternehmen sind weniger die Folge einer zu laschen Kartellgesetzgebung, als die Folge eines Mangels an Risikobereitschaft und Risikokapital für Unternehmensneugründungen und Innovationen.

IV. Schuldnermacht durch diskriminierende Kreditvergabepolitik der Banken

Nach Schumpeter prägt der Prozeß der »schöpferischen Zerstörung« das kapitalistische System. [4] Innovationen sorgen dafür, daß die Wirtschaftsstrukturen »von innen heraus« ständig revolutioniert werden, [5] daß also überholte Strukturen zerstört und durch leistungsfähigere ersetzt werden. Die Innovatoren könnte man somit als die Motoren einer Art permanenter Revolution auf Sparflamme bezeichnen und die Banken wären dann die Tankstellen, die die Motoren mit Treibstoff versorgen. Dieser Treibstoff müßte jedoch ein sehr spezielles Gemisch sein, denn mit ihm sollten neue, risikoreiche Verfahren und Ideen potentieller Innovatoren finanziert werden. Wie ist es jedoch um die aktuelle Leistungsfähigkeit des Marktes für innovatorisches Risikokapital bestellt?

Wir verfügen heute über ein sehr kapitalkräftiges Kreditwesen, dessen Kreditvergabevolumen gegenüber den Nicht-Banken mehr als eine Billion DM beträgt. [6]

Der permanenten Revolution der schöpferischen Zerstörung sollten also durch die Kreditwirtschaft ausreichende Mittel zugeführt werden können, um damit sämtliche Institutionen ständig in Frage zu stellen und der potentiellen Konkurrenz, soweit sie über bessere Ideen und Verfahren verfügt, automatisch zum Durchbruch zu verhelfen. Das gewaltige Potential unseres Kreditwesens dient jedoch nur zu einem geringen Teil der Zerstörung innovationsschwacher Institutionen. Statt überholte Strukturen zu vernichten, sorgt es teilweise sogar für deren Konservierung.

Dieser Vorgang hat wieder tieferliegende institutionelle Ursachen, die beispielsweise ihren Niederschlag in den Eigenkapitalerfordernissen des Kreditwesengesetzes gefunden haben. Angesichts von Eigenkapitalquoten, die zu Zeiten der Gründerbanken als skandalös empfunden worden wären, und angesichts der vielschichtigen Herkunft der Bankenpassiva stellen die Kreditinstitute heute Risikokapital nur noch in geringem Umfang zur Verfügung und begünstigen mit ihrer auf Sicherheiten ausgerichteten Kreditvergabepolitik einseitig die historisch erfolgreichen Unternehmen.

Eine andere Kreditvergabepolitik müßte bei der derzeitigen Eigenkapitalausstattung der Kreditinstitute den Interessen der Sparer zuwiderlaufen, denn bei einem nicht einmal zur Geldwerterhaltung ausreichenden Zins für Spareinlagen mit gesetzlicher Kündigungsfrist kann man den Sparern nicht unterstellen, sie würden den Kreditinstituten ihre Gelder zur Weitergabe als Risikokapital zur Verfügung stellen.

V. Unterschiedliche Bewertung von Innovationen

Außerdem sind die sich aus der Kapitalstruktur und aus den Kapitalbeschaffungsmöglichkeiten verschiedener Unternehmen ergebenden Konkursrisiken ein entscheidender Faktor dafür, daß innovative Investitionen im Entscheidungsfeld eines kleinen Unternehmers weniger wert sind als im Entscheidungsfeld eines diversifizierten Großunternehmens. Beispielweise können Forschungsprojekte und innovative Investitionen mit überdurchschnittlich hohen mathematischen Erwartungswerten von kleineren Unternehmen häufig nicht durchgeführt werden, da das mit diesen Investitionen verbundene hohe Risiko zu stark auf das Konkursrisiko des Unternehmens durchschlägt. Schon geringfügige Erhöhungen des Konkursrisikos müssen gesondert berücksichtigt werden. Dies führt zu einer automatischen Tendenz zur Zentralisierung innovativer Unternehmen, denn der Großkonzern kann durch seine Risikenstreuung die hohen mathematischen Erwartungswerte innovativer Investitionen voll nutzen, ohne dabei sein Konkursrisiko wesentlich zu verändern. Aus diesem Grund betreiben die Großkonzerne einen ständigen Aufkauf innovativer Unternehmen. Insbesondere amerikanische Konzerne, wie z. B. ITT, haben diese Aufkaufpolitik mit systematischer Planung und großem Erfolg betrieben.

Während innovatorische Investitionen aufgrund ihres Einflusses auf das Konkursrisiko schon im kleinen Unternehmen eine niedrigere Bewertung erfahren als im Großkonzern, tritt diese konzentrationsfördernde Bewertungsdiskrepanz in der Kreditwürdigkeitsprüfung der Banken um ein Vielfaches verstärkt zutage. Die Banken partizipieren kaum an den hohen Gewinnchancen riskanter Investitionen und stellen ihre Kreditwürdigkeitsprüfung deshalb weitgehend auf die Analyse des Ausfallrisikos ihrer Kredite ab. Damit bewahrheitet sich auch in diesem wichtigen Kapitalmarktsektor wieder die These, daß die Auswahlkriterien für den Kapitalmarktzutritt eines Unternehmens primär seine Größe und seine beleihbaren Sicherheiten und erst sekundär sein innovatorisches Potential darstellen. Angesichts dieser Entwicklung sollte sich die finanzwirtschaftliche Institutionenlehre verstärkt mit Fragen des zunehmenden Eigenlebens, der mangelnden Dynamik und der abnehmenden Innovationsfähigkeit historisch gewachsener Kapitalmarktinstitutionen beschäftigen.

B. Neue Institutionen zur Bereitstellung von Risikokapital

I. Einseitige Förderung der Großunternehmen durch die staatliche Forschungspolitik

Ansätze zu institutionellen Korrekturen des Kapitalmarktsystems sind vorhanden. Bisher konnten diese Maßnahmen jedoch keine Tendenzwende einleiten. Beispielsweise betreiben Bund und Länder neuerdings eine aktive Politik der Finanzierungshilfen für Existenzgründungen, und das Bundesforschungsministerium bemüht sich verstärkt um die Bereitstellung von Risikokapital für Innovationen in mittelständischen Unternehmen. Man darf diese Maßnahmen jedoch nicht isoliert betrachten. Sie stellen lediglich erste Korrekturen an einer verfehlten Politik der Forschungssteuerung dar. Die jahrelang betriebene staatliche Investitionslenkung im Forschungssektor war eine Politik der einseitigen Begünstigungen von Großprojekten und Großkonzernen. Der Staat nahm für sich das Recht in Anspruch, besser als die Unternehmen über durchführenswerte Innovationen entscheiden zu können.

Die nach dem Prinzip der Diskriminierung funktionierende Organisation des Kapitalmarktes machte in der Tat eine staatliche Stützung des Marktes für Risikokapital erforderlich, diese spezielle Kapitalmarktbelebung konnte aber durch die Einzelprojektförderung des Forschungsministeriums nicht erreicht werden. Über Jahre hinweg sind durch die staatliche Forschungspolitik Milliardenbeträge aus der Staatskasse aufgrund elitären Politikerdenkens in den verkehrten Marktsegmenten investiert worden, denn die großprojektbezogene Investitionslenkung des Staates hat fast ausschließlich die Großunternehmen begünstigt. [7] Angesichts bürokratischer Projektförderungen waren die verordnungskundigen Spezialisten der Großunternehmen immer im Vorteil, wenn es um die bürokratiegerechte Abfassung von förderungswürdigen Entwicklungsprojekten ging. Ihre Lobbyisten waren zugleich die Projektberater der Ministerien. So hat die Innovationsförderung des Staates die Liquidation und Konzentration innovativer Unternehmen nicht gebremst, sondern noch erheblich gefördert.

Man sollte deshalb im Bereich der marktnahen Forschung einmal den hypothetischen Fall einer Auflösung des Bundesforschungsministeriums und seine etatfortschreibende Umwandlung in eine Gründerbank zur Finanzierung nicht-emissionsfähiger Unternehmen durchdenken.

Dabei ist der Begriff Gründerbank historisch zu verstehen. Es soll sich hierbei also nicht um eine Bank handeln, die sich ausschließlich mit dem Gründungsgeschäft befaßt, sondern um ein Institut das generell Innovationen finanziert. Man könnte die Bank folglich auch etwas umständlich als Bank der Innovationsfinanzierung bezeichnen.

Vielleicht bewirkte eine derartige Institutionenkorrektur keineswegs einen Zusammenbruch der Wettbewerbsfähigkeit; vielleicht wäre eine derartige Risikokapitalvergabe mit höheren Rückflüssen für den Steuerzahler verbunden als die derzeitige Subventionierung der Großunternehmen; vielleicht würden Liquidation und Konzentration innovativer Unternehmen durch eine derartige Neubelebung des Marktes für Risikokapital gestoppt. Es ist jedoch sehr unwahrscheinlich, daß der Staat die Größe aufbringt, einen Teil seiner Einflußnahme auf die marktnahe Forschung aufzugeben. Auch beim Staat läßt sich eine zunehmende Zentralisierung wirtschaftssteuernder Maßnahmen beobachten, so daß das Bundesforschungsministerium seinen Einfluß in Zukunft eher noch ausdehnen und nicht auf eine von erwerbswirtschaftlich geschulten Managern zu leitende Gründerbank delegieren wird.

II. Ansätze zur Chancenverbesserung innovativer Unternehmen

Nach dieser pessimistischen Diagnose zur fortschreitenden Liquidation und Konzentration innovativer Unternehmen stellt sich die Frage nach geeigneten Therapien bzw. Institutionen zur Bekämpfung der Innovationsfeindlichkeit des Kapitalmarktes.

Bei der derzeitigen institutionellen Ausgestaltung des Kapitalmarktes könnten insbesondere die Kapitalbeteiligungsgesellschaften ein geeignetes Instrument zur Bereitstellung von haftendem Risikokapital für nicht-emissionsfähige Unternehmen sein. Verglichen mit den übrigen Kapitalmarktinstitutionen, konnten die Kapitalbeteiligungsgesellschaften bisher aber noch keine große Bedeutung erlangen. Hierfür sind mehrere Ursachen anzuführen:

An erster Stelle sind bei den Kreditinstituten bestehende Interessenkonflikte zu nennen. Interessanten Kunden empfehlen die Banken die Kapitalbeteiligungsgesellschaften nicht als zusätzliche Finanzpartner, da man diese Kunden möglichst ausschließlich an die Bank selbst binden möchte, und die verbleibenden weniger interessanten Kunden erfüllen nicht die Auswahlkriterien der bestehenden Kapitalbeteiligungsgesellschaften. Diese Tendenz zur Selektion schlechter Risiken wird noch dadurch verstärkt, daß die gutgehenden Unternehmen aufgrund eines falsch verstandenen Unabhängigkeitsstrebens die Finanzierungsdienste der Kapitalbeteiligungsgesellschaften aus eigenem Antrieb kaum in Anspruch nehmen. Statt dessen erhöhen sie lieber ihre Fremdkapitalbelastung. Dies macht sie aber wesentlich konjunkturanfälliger und verschließt ihnen teilweise den Weg zur Investition in riskanten Innovationen.

Die Kapitalbeteiligungsgesellschaften sind bisher Stiefkinder der Kreditwirtschaft geblieben. Sie arbeiten mit zu hohen Prüfungs- und Verwaltungskosten und weisen aufgrund mangelnder Risikostreuung und aufgrund einer zu geringen Zahl an Beteiligungen hohe Portefeuille-Risiken auf. Es gibt jedoch immer noch genügend nichtemissionsfähige Unternehmen mit überdurchschnittlicher Rendite, die aufgrund ihrer schnellen Expansion dringend zusätzliches Haftungskapital zur Risikominderung benötigen. Mit einer neu strukturierten Geschäftspolitik sollte es deshalb den Kapitalbeteiligungsgesellschaften möglich sein, ein attraktiver Vertragspartner für innovative mittelständische Unternehmen zu werden. Das Portefeuille-Risiko einer großen Kapitalbeteiligungsgesellschaft muß bei einer breit gestreuten Kapitalvergabe nicht wesentlich über dem einer Investmentgesellschaft liegen. Deshalb sollte der Gesetzgeber Kapitalbeteiligungsgesellschaften, die bestimmten Risiko- und Bonitätsansprüchen genügen, analog zum Investmentgesetz die Ausgabe von breitgestreuten Zertifikaten ermöglichen. De-lege-ferenda-Konzeptionen zur Verwirklichung dieser Analog-Behandlung sind vorhanden. [8] Nach Schaffung der rechtlichen und ökonomischen Voraussetzungen zur Weiterentwicklung der Kapitalbeteiligungsgesellschaften könnte der Kapitalmarkt langfristig um einen zusätzlichen Anlagetitel bereichert werden, der innovativen mittelständischen Unternehmen bessere Finanzierungschancen verschafft und breiten Anlegerkreisen neue Möglichkeiten zur Beteiligung am Produktivvermögen eröffnet.

Was für die Kapitalbeteiligungsgesellschaften gilt, trifft noch eindeutiger auf die 1975 in der Bundesrepublik Deutschland vom Staat und der Kreditwirtschaft speziell zur Innovationsfinanzierung gegründete Wagnisfinanzierungs-GmbH zu. Trotz einer 75%igen Verlustübernahmegarantie des Staates und trotz einer breiten publizistischen Ausschlachtung hat diese Finanzinstitution im Vergleich zur übrigen Kreditwirtschaft bisher nur eine Alibi-Funktion erlangt. In den ersten vier Geschäftsjahren hat sich die Wagnisfinanzierungs-GmbH lediglich an 20 Unternehmen beteiligt und ein Investitionsvolumen von 17,2 Mio. DM erreicht. Eine generelle Chancenverbesserung innovativer Unternehmen konnte durch diese Einzelprojekte nicht erreicht werden. Außerdem bleibt das Existenzrisiko der Wagnisfinanzierungs-GmbH aufgrund unzureichender Risikostreuung extrem hoch, denn zur Zeit kann schon der Ausfall weniger Beteiligungen durch deren großen Anteil am Beteiligungsportefeuille das gesamte Konzept der Innovationsfinanzierung in Mißkredit bringen. [9]

Man müßte deshalb die Geschäftspolitik dieser Finanzinstitution neu überdenken. Der vom Sachverständigenrat in Betracht gezogene Ausbau der Wagnisfinanzierungs-GmbH und die von ihm empfohlene verstärkte Werbung für deren Inanspruchnahme können nur zum Erfolg führen, [10] wenn sich die Wagnisfinanzierungs-GmbH voll aus dem kreditwirtschaftlichen Denken in Sicherheiten löst und durch eine aggressive Beteiligungspolitik in kurzer Frist ein diversifiziertes Portefeuille zusammenstellt. Die hohen Risiken der Innovationsfinanzierung senkt man durch ausreichende Risikostreuung wesentlich besser als durch strenge und langwierige Projektprüfungen. Übertriebene Bonitätsprüfungen führen nicht nur zur Vernachlässigung von Diversifikationsgesichtspunkten, sondern widersprechen auch dem Konzept breitgestreuter Innovationsförderung, denn die wenigen noch durch das Sieb der strengen Prüfungen gelangenden Engagements stellen kein echtes Risikokapital mehr dar und lasten der Wagnisfinanzierungs-GmbH dennoch ein hohes Portefeuillerisiko auf.

III. Breitgestreute Projektförderung marktnaher Forschungsinvestitionen in einem Optionsmodell

Ein Großteil potentieller Innovatoren wird der Wagnisfinanzierungs-GmbH oder einer vom Staat initiierten Bank zur Innovationsfinanzierung aber auch nach einer geänderten Geschäftspolitik noch ablehnend gegenüberstehen, denn es gibt zahlreiche Unternehmen, die zwar an der gemeinsamen Durchführung eines Forschungsprojektes interessiert sind, die aber die finanzielle Beteiligung eines Außenstehenden nicht auf ihr Gesamtunternehmen sondern lediglich auf das Einzelprojekt bezogen sehen möchten. Dies gilt insbesondere für riskante Investitionen im marktnahen und patentierungsfähigen Forschungsbereich. Diese beinhalten zwar sehr hohe Einzelrisiken, stellen global betrachtet aber hochrentable Zukunftsinvestitionen dar.

Sieht man von Steuerrückflüssen ab, so führte die staatliche Beteiligung an privater Forschung in der Vergangenheit vorrangig zu einer Sozialisierung der privaten Forschungsverluste und zu einer Privatisierung der Gewinne aus staatlich geförderten Forschungsprojekten. Diese Entwicklung soll in Zukunft durch eine verstärkte finazielle Beteiligung des Staates an den Ergebnissen der von ihm mitfinanzierten marktnahen Forschung aufgehalten werden. [11] Solange aber die Kriterien für einen Forschungserfolg oder -fehlschlag nicht eindeutig festgelegt und praktikabel gemacht werden, so lange bleibt das Verlangen des Staates nach einer Ergebnisbeteiligung eine leere Absichtserklärung oder ein willkürlicher Bewertungsvorgang.

Auch bei der Innovationsfinanzierung über eine vom Forschungsministerium initiierte Gründerbank würde das ungelöste Bewertungsproblem auf Seiten der Gründerbank und auf Seiten der Unternehmer ein allgemeines Mißtrauen gegenüber einer verstärkten Erfolgsbeteiligung des Staates bewirken. Die mit dem Bewertungsproblem verbundenen und bisher nicht bewältigten Interessenkonflikte werden bereits voll durch die Frage offengelegt, wer schließlich den Wert einer Entwicklung verbindlich ermitteln soll. Würden die Unternehmen den Wert ermitteln, so fiele er sicherlich zu niedrig aus, und das Problem der Sozialisierung privater Forschungsverluste bei gleichzeitiger Privatisierung der Gewinne aus staatlicher Forschung bliebe bestehen. Nähme die Gründerbank die Innovationsbewertung vor, so würde dies nicht nur zusätzliche Prüfungskosten verursachen, sondern auch bei den Unternehmern auf Ablehnung stoßen. Beauftragte man schließlich eine Treuhandgesellschaft als Schiedsinstanz mit der Patentbewertung, so könnte diese Wertermittlung Unternehmen und Bank gleichzeitig unzutreffend erscheinen und außerdem die kostspieligste Bewertungsform darstellen.

Dennoch sollte sich im Bereich der patentierungsfähigen Forschung ein Weg der Risikokapitalvergabe finden lassen, auf dem unternehmerische und staatliche Interessen gleichermaßen zu einem Ausgleich kommen.

Würde der Staat in Analogie zur Wagnisfinanzierungs-GmbH innovatorischen Unternehmen über eine Gründerbank Risikokapital zur Verfügung stellen und sich statt am Gesamtunternehmen lediglich an den Einzelprojekten beteiligen, so würde einem gewichtigen Einwand gegen die Wagnisfinanzierungs-GmbH Rechnung getragen. Noch nicht gelöst würden durch diese Konstruktion die zwischen der Gründerbank und den Unternehmen bestehenden Bewertungsprobleme. Diese ließen sich jedoch entschärfen, indem man die Bewertung der Forschungsergebnisse demjenigen überträgt, der sie am kostengünstigsten durchführt und der den Wert der Ergebnisse am sachkundigsten beurteilen kann. Dies trifft zumeist auf das Unternehmen zu, das die Forschung selbst durchgeführt hat. Die Kenntnis des eigenen Marktes versetzt es am besten in die Lage, den Wert eines neuen Patentes oder Verfahrens zu schätzen. Dabei stellt diese Beurteilung des Forschungsergebnisses keine zusätzliche und kostspielige Doppelarbeit dar, sondern wird von dem Unternehmen in jedem Fall durchgeführt werden müssen.

Überträgt man also dem forschenden Unternehmen die definitive Festlegung des für die Auseinandersetzung mit der Gründerbank gültigen Wertes der Forschungsergebnisse, so würde hiermit die weitgehend kostengünstigste und zutreffendste Wertermittlung gewährleistet. Die im Anschluß hieran erfolgende Wertfestlegung würde jedoch zu zu niedrigen Auseinandersetzungswerten führen, so daß in das Vertragsverhältnis zwischen dem wertfestlegenden Unternehmen und der Gründerbank ein zusätzliches Regulativ eingebaut werden muß. Dieses Regulativ könnte man erreichen, indem man dem Recht des Unternehmens auf definitive Wertbestimmung ein Optionsrecht der Bank auf Kauf oder Verkauf der jeweiligen Entwicklung gegenüberstellt. Das Unternehmen würde dann automatisch für seine Entwicklung ungefähr den von ihm ermittelten Wert angeben.

Die Höhe und die Aufteilung der Entwicklungskosten sind ex ante für die Entscheidung für oder gegen die Inanspruchnahme zusätzlichen Risikokapitals von großer Bedeutung. Im Zeitpunkt der Ergebnisbewertung stellen sie jedoch »sunk costs« dar und beeinflussen deshalb im angedeuteten Optionsmodell nicht die Wertfestlegung. Ein derartiges Optionsmodell sagt noch nichts über seine Vorteilhaftigkeit für die Gründerbank oder die Unternehmen aus, sondern sorgt vorerst nur für eine bessere Lösung des Problems der Ergebnisbewertung. Für das Zustandekommen von Beteiligungsverträgen zwischen der Gründerbank und den Unternehmen sind schließlich die jeweiligen Quoten der Beteiligungen an den Entwicklungskosten und die ihnen gegenüberstehenden Quoten der Ergebnisbeteiligung ausschlaggebend.

Zur Veranschaulichung dieser Zusammenhänge wird in der Abbildung 1 die Gewinnaufteilung zwischen einem Unternehmen und der Gründerbank für den Fall der Risikokapitalvergabe nach dem Optionsmodell dargestellt.

a) Die Abhängigkeit der Gewinne und der Rückflüsse des Staates von seiner Optionsausübung.

$$G_S = -J \cdot S_J - OP(1-S_E)p_S + W_S \cdot p_S + OP \cdot S_E(1-p_S)$$

$$R_S = -OP(1-S_E)p_S + W_S \cdot p_S + OP \cdot S_E(1-p_S)$$

Der Staat wird die Entwicklung kaufen, wenn ihm dies einen höheren Rückfluß bringt als der Verkauf seines Ergebnisanteils.

für $-OP(1-S_E) + W_S > OP \cdot S_E \qquad -OP\, S_E$

für $-OP + W_S > 0$ gilt: $p_S = 1$
für $-OP + W_S < 0$ gilt: $p_S = 0$
für $-OP + W_S > 0$ gilt: $R_S = -OP + OP \cdot S_E + W_S$
für $-OP + W_S < 0$ gilt: $R_S = OP \cdot S_E$

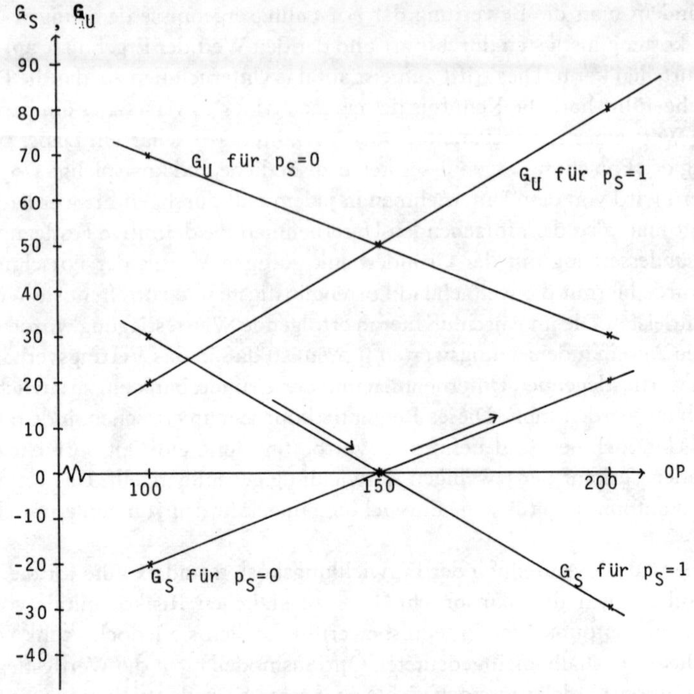

Abb. 1: Der Gewinnverlauf für das Unternehmen und die Gründerbank in Abhängigkeit von der Optionspreisfixierung für den Spezialfall:
$J = 100$; $S_J = 0{,}6$; $S_E = 0{,}4$; $W_U = W_S = 150$

G	Gewinn
J	investierter Betrag
OP	von U fixierter Optionspreis
P_S	Wahrscheinlichkeit für den Kauf des Forschungsergebnisses durch S
R	Rückfluß
S	staatliche Gründerbank
S_E	prozentualer Anteil von S am Forschungsergebnis
S_J	prozentualer Anteil von S an den Forschungskosten
U	Unternehmen
W_S	Wert des Ergebnisses für S
W_U	Wert des Ergebnisses für U

b) Die Abhängigkeit der Gewinne und der Rückflüsse des Unternehmens von seiner Optionspreisbildung.

$$G_U = -J(1-S_J) - OP \cdot S_E(1-p_S) + W_U(1-p_S) + OP(1-S_E)p_S$$

$$R_U = -OP \cdot S_E(1-p_S) + W_U(1-p_S) + OP(1-S_E)p_S$$

Indifferent ist das Unternehmen gegenüber der Entscheidung der Gründerbank, wenn

$$-\ OP \cdot S_E + W_U = OP - OP \cdot S_E$$
$$W_U = OP$$

In dem in Abbildung 1 ausgewählten Zahlenbeispiel beteiligt sich die Gründerbank an einem privaten Innovationsvorhaben von 100000,— DM mit 60% und erhält eine 40%ige Ergebnisbeteiligung zugesichert. Die Differenz zwischen den beiden Beteiligungsquoten S_J und S_E spiegelt das Ausmaß der Risikokapitalförderung wider.

Beträgt der Wert der Entwicklung für das Unternehmen und die Gründerbank gleichermaßen 150000,— (W_U ist dann W_S), so erzielt das Unternehmen zum in gleicher Höhe fixierten Optionspreis seinen Maximalgewinn von 50000,– DM. Würde das Unternehmen einen niedrigeren Optionspreis von beispielsweise 100000,– DM wählen, so würde die Gründerbank bei ausreichender Information ihr Optionsrecht zum Kauf ausüben (P_S würde also 1 betragen) und einen Gewinn von 30000,— DM erzielen. Zu einem Optionspreis von 100000,— DM würde das Unternehmen also nur noch 20000,— DM Gewinn statt der möglichen 50000,— DM erzielen.

Umgekehrt würde die Gründerbank bei einem Optionspreis von beispielsweise 200000,— DM ihren Anteil dem Unternehmen zur Verfügung stellen (P_S ist also 0), so daß das Unternehmen sein Gewinnmaximum um 20000,— DM verfehlen würde.

Die Gründerbank wird von ihr aufgekaufte Entwicklungen größtenteils weiter veräußern. Ihr eigentliches Interesse wird jedoch nicht im Aufkauf neuer Entwicklungen sondern in einer möglichst wirkungsvollen Risikokapitalbereitstellung liegen. Dabei stellt schon jegliches Entstehen von Rückflüssen eine entschiedene Abkehr von der herkömmlichen Einbahnstraße des staatlichen Risikokapitalflusses dar. Aus diesem Grund muß die Gründerbank den Wert der Forschungsergebnisse nicht bis in die letzten Details ermitteln, denn das Unternehmensinteresse wird von selbst für eine marktnahe Optionspreisfestlegung sorgen.

Da aber eine Entwicklung im Entscheidungsfeld des forschenden Unternehmens zumeist mehr wert sein wird als im Entscheidungsfeld der Gründerbank ($W_U > W_S$), tritt ein zusätzlicher Förderungseffekt auf. Die Bank kann hierdurch weitgehend auf den Kauf der Entwicklungen verzichten und sich damit begnügen, gelegentlich beim Auftreten von ihr zu niedrig erscheinenden Optionspreisen ihre Kaufbereitschaft zu beweisen.

Der niedrigere Wert eines Forschungsergebnisses bei der Gründerbank ist darauf zurückzuführen, daß die meisten Forschungsprojekte in direktem Bezug zu den Produktionsprogrammen des forschenden Unternehmens stehen. Deshalb sind sie für die Gründerbank auch schwer veräußerbar, denn potentielle Interessenten müßten – entsprechend der derzeitigen Aufkaufpraxis der Großunternehmen – daran interessiert sein, das forschende Unternehmen gleich mitzukaufen. Da die Gründerbank im allgemeinen über keine eigenen Nutzungsmöglichkeiten verfügt, ist sie zum Verkauf der von ihr aufgekauften Forschungsergebnisse gezwungen. Hierbei entstehen der Gründerbank zusätzliche Informations- und Vertriebskosten.

In Abbildung 2 wird für die in Abbildung 1 verwandten Beteiligungs- und Ergebnisquoten die Rückflußentwicklung für den Staat und das Unternehmen in Abhängigkeit von der Optionspreisfixierung dargestellt. Die Entscheidung über die Optionspreisfixierung und -ausübung wird bei Zugrundelegung betriebswirtschaftlicher Kriterien ausschließlich anhand dieser Rückflußbetrachtung gefällt. Unterstellt man zum Beispiel wie in Abbildung 2, daß der Wert der Entwicklung im Entscheidungsfeld des Staates 10% weniger wert ist als im Entscheidungsfeld des Unternehmens, so wird das Unternehmen bei vollkommener Information des Staates seinen Optionspreis bis knapp auf 135 000,– DM senken können und damit zu Lasten des Staates einen zusätzlichen Rückfluß von maximal 15 000,– DM erzielen. Da der Staat in diesem Modell jedoch gerade keine bis in die letzten Feinheiten gehende Ergebnisbewertung vornehmen wird, wird das Unternehmen gut beraten sein, sich nicht allzu weit in den in Abbildung 2 schraffiert eingezeichneten Bereich vorzuwagen, und statt dessen einen Optionspreis von knapp 150 000,– DM fixieren.

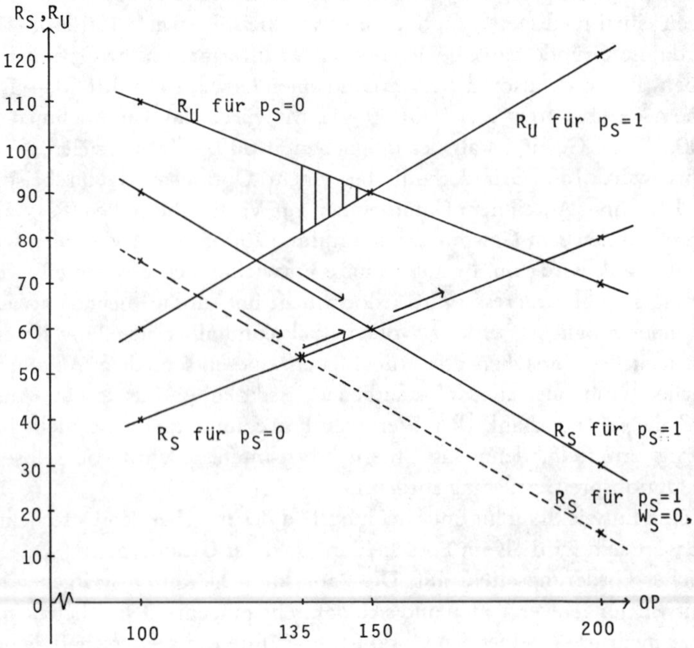

Abb. 2: Der Rückflußverlauf für ein Unternehmen und die Gründerbank in Abhängigkeit von der Optionspreisfixierung für die Spezialfälle:

a) $S_E = 0{,}4$; $W_S = W_U = 150$ und
b) $S_E = 0{,}4$; $W_S = 0{,}9\ W_U = 135$.

Zu Abbildung 2:

a) für OP=100 gilt: $p_S = 1$; $R_U = 60000$; $R_S = 90000$
für OP=200 gilt: $p_S = 0$; $R_U = 70000$; $R_S = 80000$
für OP=150 gilt: $R_U = 90000$; $R_S = 60000$

b) für $OP > 0{,}9\ W_U$ gilt $p_S = 0$;
für $OP < 0{,}9\ W_U$ gilt $p_S = 1$

In dieses Modell der Risikokapitalbereitstellung lassen sich jetzt zahlreiche Förderungskonditionen integrieren. So weist beispielsweise eine quotengleiche Finanzierung und Ergebnisaufteilung starke Analogien zu den privatwirtschaftlichen Kapitalbeteiligungsgesellschaften auf, während ein starkes Auseinanderklaffen zwischen den Finanzierungs- und Ergebnisquoten inhaltlich dem derzeitigen Risikokapital des Bundesforschungsministeriums entspricht (vgl. in Abbildung 3 die 3. Kurvenschar).

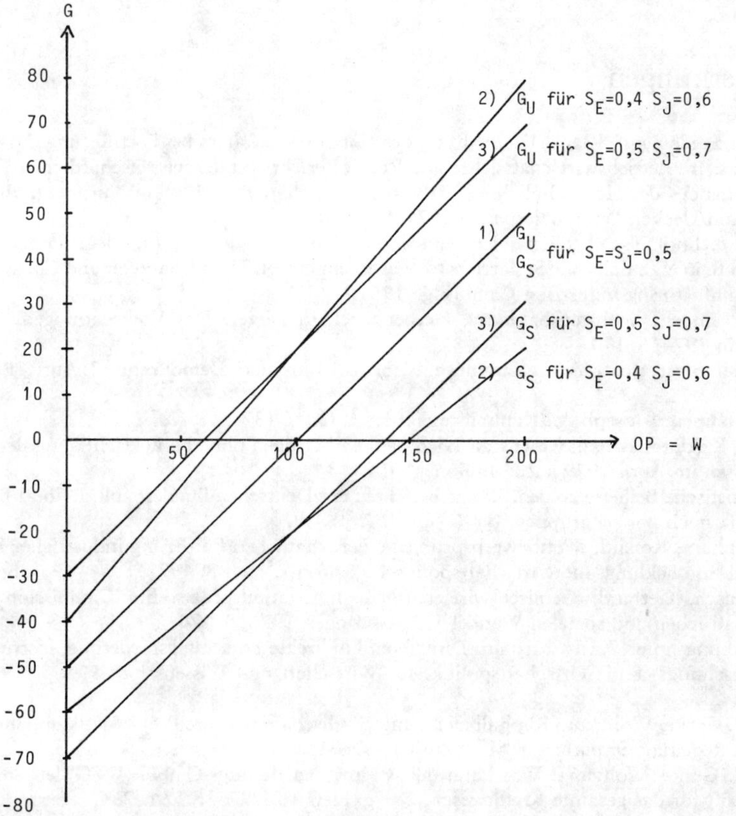

Abb. 3: Die Gewinnaufteilung zwischen den Unternehmen und der Gründerbank in Abhängigkeit von dem Wert des Forschungsergebnisses für Spezialfälle:
$J = 100$, $W_U = W_S = OP$
1) $S_J = 0{,}5$; $S_E = 0{,}5$
2) $S_J = 0{,}6$; $S_E = 0{,}4$
3) $S_J = 0{,}7$; $S_E = 0{,}5$

Welche von den in Abbildung 3 angedeuteten Vertragskonditionen schließlich gewählt wird, hängt voll von den Zielsetzungen der Kapitalgeber und der Risiko- und Beteiligungsbereitschaft der Kapitalnehmer ab.

Mit dem hier dargestellten Optionsmodell sollte aufgezeigt werden, daß es möglich ist, auch im Bereich der Projektförderung eine breit gestreute Forschungskapitalvergabe zu betreiben. Dieses Modell würde jedoch lediglich einen kleinen Baustein in der marktnahen Innovationsfinanzierung darstellen und die fortschreitende Liquidation und Konzentration innovativer Unternehmen nicht aufhalten können. Hierzu müßte insbesondere die Eigen- und Fremdkapitalvergabe der Kreditinstitute an innovative Unternehmen verbessert werden.

Anmerkungen

1 Vgl. Stüdemann, Klaus: Die Haftung des Konkursverwalters bei Fortführung des Unternehmens. In: Betriebswirtschaftslehre und Recht, Bericht von der wissenschaftlichen Tagung des Verbandes der Hochschullehrer für Betriebswirtschaft e. V. 1978 in Nürnberg, Hrsg. Heigl, Anton/Uecker, Peter, Wiesbaden 1979, S. 71–104, s. bes. S. 98.

2 Zur technologisch bedingten Konzentration vgl. insbesondere die grundlegende Untersuchung von Bain Vgl. Bain, Joe S: Barriers to New Competition Their Character and Consequences in Manufactoring Industries, Cambridge 1965.

3 Vgl. Engels, Wolfram/Sablotny, Herbert/Zickler, Dieter: Das Volksvermögen, Frankfurt/Main 1974, S. 140.

4 Schumpeter, Joseph A.: Kapitalismus, Sozialismus und Demokratie, 2. Aufl., Bern 1950, S. 138.

5 Schumpeter, Joseph A.: Kapitalismus ... a. a. O., S. 137.

6 Die Kredite des Bankwesens an Nichtbanken betrugen ohne Berücksichtigung der Bausparkassen im April 1979 1,226 Billionen DM.
Statistische Beihefte zu den Monatsberichten der Deutschen Bundesbank, Reihe 1 Bankenstatistik nach Bankengruppen, Nr. 6 Juni 1979, S. 38.

7 Clapham, Ronald: Wettbewerbsprobleme der staatlichen Förderung industrieller Forschung und Entwicklung. In: Wirtschaftspolitische Chronik, Heft 3, 1972, S. 55–69, s. bes. S. 62.
Mensch, Gerhard: Gemischtwirtschaftliche Innovationspraxis. In: Kommission für wirtschaftlichen und sozialen Wandel 132, Göttingen 1976, S. 170.
Röthlingshofer, Karl-Christian: Direkte und indirekte Forschungsförderung, Instrumente der Forschungs- und Wirtschaftspolitik. In: Wirtschaft und Wissenschaft Heft 2, 1975, s. bes. S. 14.

8 Vgl. Gerke, Wolfgang: Kapitalbeteiligungsgesellschaften – Ihre Problematik und ihre gesetzliche Regelung, Frankfurt a. M. – Zürich 1974.

9 Vgl. Gerke, Wolfgang: Was kann die Wagnisfinanzierungs-GmbH (WFG) leisten? In: Zeitschrift für das gesamte Kreditwesen, 28. Jg. Heft 16, 1975, S. 761–764, s. bes. S. 764.

10 Vgl. Gerke, Wolfgang: Was kann ... a. a. O., S. 764.

11 Deutsche Revisions- und Treuhand-AG: Zur Frage der finanziellen Erfolgsbeteiligung des Bundes bei erfolgreicher privatwirtschaftlicher Nutzung öffentlich mitfinanzierter Forschungs- und Entwicklungsarbeiten von Wirtschaftsunternehmen, Gutachten im Auftrag des Bundesministers für Bildung und Wissenschaft, Berlin/Bonn 1973, s. bes. S. 4–5 u. 18–22
Hamke, Friedrich: Privates Anlagekapital für die staatliche Forschungspolitik. In: Kommission für wirtschaftlichen und sozialen Wandel, 113, Göttingen 1976, S. 18.

Literaturverzeichnis

Bain, Joe S.: Barriers to New Competition Their Character and Consequences in Manufactoring Industries, Cambridge 1965

Clapham, Ronald: Wettbewerbsprobleme der staatlichen Förderung industrieller Forschung und Entwicklung. In: Wirtschaftspolitische Chronik, Heft 3, 1972, S. 55–69.

Deutsche Revisions- und Treuhand-AG: Zur Frage der finanziellen Erfolgsbeteiligung des Bundes bei erfolgreicher privatwirtschaftlicher Nutzung öffentlich mitfinanzierter Forschungs- und Entwicklungsarbeiten von Wirtschaftsunternehmen, Gutachten im Auftrag des Bundesministers für Bildung und Wissenschaft, Berlin/Bonn 1973.

Engels, Wolfram/Sablotny, Herbert/Zickler, Dieter: Das Volksvermögen, Frankfurt/Main 1974.

Gerke, Wolfgang: Kapitalbeteiligungsgesellschaften – Ihre Problematik und ihre gesetzliche Regelung, Frankfurt a. M. – Zürich 1974.

Gerke, Wolfgang: Was kann die Wagnisfinanzierungs-GmbH (WFG) leisten? In: Zeitschrift für das gesamte Kreditwesen, 28. Jg. Heft 16, 1975, S. 761–764.

Hamke, Friedrich: Privates Anlagekapital für die staatliche Forschungspolitik. In: Kommission für wirtschaftlichen und sozialen Wandel, 113, Göttingen 1976.

Mensch, Gerhard: Gemischtwirtschaftliche Innovationspraxis. In: Kommission für wirtschaftlichen und sozialen Wandel, 132, Göttingen 1976.

Röthlingshofer, Karl-Christian: Direkte und indirekte Forschungsförderung, Instrumente der Forschungs- und Wirtschaftspolitik. In: Wirtschaft und Wissenschaft, Heft 2, 1975.

Schumpeter, Joseph A.: Kapitalismus, Sozialismus und Demokratie, 2. Aufl. Bern 1950.

Statistische Beihefte zu den Monatsberichten der Deutschen Bundesbank, Reihe 1 Bankenstatistik nach Bankengruppen, Nr. 6 Juni 1979.

Stüdemann, Klaus: Die Haftung des Konkursverwalters bei Fortführung des Unternehmens. In: Betriebswirtschaftslehre und Recht, Bericht von der wissenschaftlichen Tagung des Verbandes der Hochschullehrer für Betriebswirtschaft e. V., 1978 in Nürnberg, Hrsg. Heigl, Anton, Uekker, Peter, Wiesbaden 1979, S. 71–104.

Péter Horváth

Einsatzmöglichkeiten des Zero-Base Budgeting als Krisenbewältigungsinstrument

A. *Traditionelle Budgetierungssysteme* und Krisenbewältigung

B. Das *Konzept* des Zero-Base Budgeting
I. Zielsetzung und Definition
II. Entwicklung der Entscheidungspakete
III. Reihung der Entscheidungspakete
IV. Mittelzuteilung
V. Implementationsprobleme
VI. Instrumente

C. Zero-Base Budgeting als Instrument der *Krisenvorsorge*
I. Unterstützung der Krisenplanung
II. Anwendung in krisenrelevanten Bereichen
III. Wirkung auf mögliche Krisenursachen

D. Zero-Base Budgeting als Instrument des *Krisenmanagements*
I. Probleme der Anwendung
II. Modifikationen des Systems

E. Zusammenfassung

Anmerkungen

Literaturhinweise

A. Traditionelle Budgetierungssysteme und Krisenbewältigung

Die monetären Auswirkungen von Unternehmenskrisen äußern sich als [1]
- Umsatzrückgänge
- schrumpfende Gewinne bzw. Verluste
- Liquiditätsengpässe bis zur Zahlungsunfähigkeit.

Unabhängig von den eigentlichen Krisenursachen setzt man üblicherweise in solchen Situationen das klassische Instrument der rigorosen »Sparmaßnahmen« ein. Es wirkt meist schneller als Bemühungen um Erlössteigerungen. [2] Als Maßstab des Sparens können dabei die Budgetansätze verwendet werden, die man dann meist pauschal um einen bestimmten Prozentsatz kürzt. Die Wirkung solcher Maßnahmen ist zweifelhaft, denn sie unterscheiden nicht zwischen Aktivitäten, auf die das Unternehmen auch in Krisensituation nicht verzichten kann und solchen, die ohne Gefahr eingestellt werden können.

Traditionelle Budgetierungssysteme [3] unterstützen diese ausschließlich auf Kostensenkung gerichtete Form der Krisenbekämpfung. Sie gehen von dem bereits bestehenden Bündel von Aktivitäten aus. Wirtschaftlichkeitsanalysen finden nur für neue Aktivitäten statt. Das Augenmerk ist auf marginale Verschiebungen im Vergleich zu den Zahlen der Vergangenheit gerichtet. Da sie die bestehenden Aktivitäten nicht grundsätzlich prüfen und auf diese Weise in Frage stellen, ist ihre Wirksamkeit zur Krisenvorsorge und in aktuellen Krisensituationen begrenzt. Denn überhöhte Kosten haben ja ihren Ursprung meist in unwirtschaftlichen Aktivitäten.

B. Das Konzept des Zero-Base Budgeting

I. Zielsetzung und Definition

Traditionelle Budgetierungssysteme lassen also zwei Fragen unbeantwortet [4]:
- Wie wirtschaftlich sind die laufenden Aktivitäten, die den Budgetzahlen zugrundeliegen?
- Sollen laufende Aktivitäten reduziert werden, um auf diese Weise neue Aktivitäten realisieren zu können?

Das System des *Zero-Base Budgeting (ZBB)* will diese Informationslücken der traditionellen Budgetierungssysteme beseitigen. [5] Sein betriebliches Anwendungsgebiet liegt im Gemeinkostenbereich, der ja bei der Budgetierung die meisten Schwierigkeiten bereitet. Hier sollen die knappen Mittel im Sinne der Unternehmensziele eingesetzt werden.

Inzwischen fand ZBB in der kurzfristigen Planung amerikanischer Unternehmen und in der öffentlichen Verwaltung der USA Verbreitung. [6] *CHEEK* [7] schätzt 300–400 Organisationen in den USA mit ZBB-Anwendung. Auch aus deutschen Unternehmen liegen inzwischen Erfahrungen vor. [8]

PETER PYHRR, [9] der bei der amerikanischen Unternehmung *TEXAS INSTRUMENTS* Ende der sechziger Jahre die Methodologie entwickelt hat, definiert ZBB [10]:

»Ein Planungs- und Budgetierungsprozeß, der von jedem Manager verlangt, sein angefordertes Budget vollständig und detailliert von Grund auf (›von Null an‹) zu rechtfertigen, wobei die Beweislast, warum überhaupt Geld ausgegeben werden soll, beim Manager selbst liegt. Dieser Ansatz erfordert die Bestimmung von allen Einzelaktivitäten und ihre Einordnung in ›Entscheidungspakete‹, die dann bewertet und in eine Rangordnung gebracht werden.«

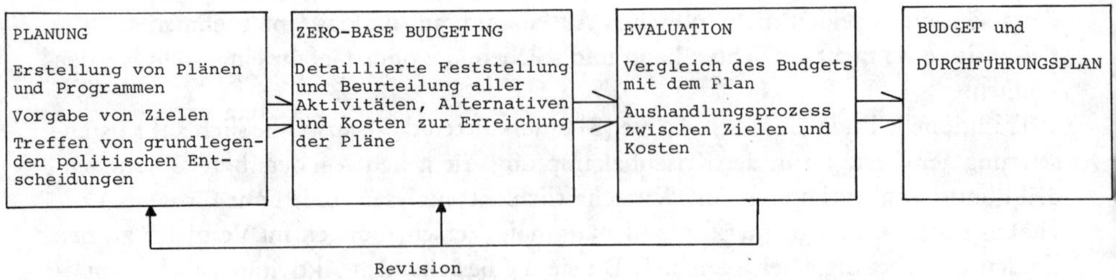

Abb. 1: Planung und ZBB (11)

Dieser Definition entsprechend können zwei Grundschritte des ZBB unterschieden werden:

- Entwicklung der Entscheidungspakete.
- Reihung der Entscheidungspakete.

Hierauf basiert dann die Zuordnung der vorgesehenen Budgetmittel. ZBB ist kurzfristiger Natur und setzt das Vorhandensein mittel- und langfristiger Pläne voraus (vgl. Abbildung 1).

II. Entwicklung der Entscheidungspakete

Das zentrale Element des ZBB sind *Entscheidungspakete.* Hierunter versteht *PYHRR* [12] die eindeutige, formalisierte Beschreibung von sinnvoll abgrenzbaren Aktivitäten für ein bestimmtes Leistungsniveau (z. B. Auftragsbearbeitung) in einer Entscheidungseinheit (»decision unit«).

Ihre Identifikation erfolgt durch die Angabe von

- Zielen
- Konsequenzen bei Unterlassung
- Leistungmaßen

- Alternativen der Durchführung
- Kosten und Nutzen.

Die Bestimmung von operationalen Zielen für die Aktivitäten ist für die Entwicklung der Entscheidungspakete wesentlich.

Der Schlüssel zum ZBB liegt in der Bestimmung und Bewertung von Alternativen für jede einzelne Aktivität. Hierbei lassen sich zwei *Typen* unterscheiden:

- Auffindung von unterschiedlichen, sich ausschließenden Wegen (»mutually exclusive packages«) zur Realisierung einer Aufgabe. Das verabschiedete Entscheidungspaket enthält die »günstigste« Realisierungsvariante.
- Bestimmung von unterschiedlichen Leistungsniveaus der Aufgabendurchführung bei einer Aufgabe, wobei von einem »minimum level« der Aufgabenrealisierung ausgegangen wird. Das »basic package« wird sodann um zusätzliche, höhere Realisierungsgrade ermöglichende »incremental packages« ergänzt.

Wesentlich ist, daß »base packages« relativ höher bewertet werden als »incremental packages«. Damit wird der Überlegung Rechnung getragen, daß der Grenznutzen einer neuen Aktivität meist größer ist als der Grenznutzen von zusätzlichen Aktivitätsniveaus einer bestehenden Aufgabe.

PYHRR ist der Auffassung, daß der Erfolg des ZBB in der Analyse und Bewertung der verschiedenen Durchführungsniveaus einer Aktivität liegt. Zwei Gründe sprechen hierfür:

- Die Entwicklung von »decision packages« ist in den unteren Bereichen der Organisationshierarchie angesiedelt und nutzt damit die detaillierten Fachkenntnisse der dort tätigen Mitarbeiter.
- Das höhere Management erhält eine detaillierte und besser strukturierte Darstellung der Entscheidungsalternativen. Man ist dabei nicht nur auf ja-nein-Entscheidungen (vollständige Annahme oder komplette Ablehnung) angewiesen; flexible Anpassungsentscheidungen sind möglich.

Die Vorgehensweise des Zero-Base Budgeting bei der Bildung von Entscheidungspaketen demonstriert das folgende *Beispiel der (operativen) Produktionsplanung* (vgl. Abbildung 2):

Der Leiter der (operativen) Produktionsplanung für das Produkt X analysiert die Tätigkeit seiner Abteilung und kommt zu der Auffassung, wegen der mangelnden Größe der Abteilung und wegen der starken Interdependenzen der einzelnen Teilaufgaben für die gesamte Abteilungstätigkeit *ein* Entscheidungspaket zu bilden.

Drei sich ausschließenden Varianten werden gefunden:

- *Entscheidungspaket A (empfohlen):* Die vorhandenen fünf Fertigungsplaner (Kosten: $ 60000,–) werden beibehalten. Dies garantiert die Durchführung der bisherigen gewünschten Teilaufgaben.
- *Entscheidungspaket B (alternativ):* Die Produktionsplaner werden nicht beibehalten, die Vorarbeiter disponieren für den jeweiligen eigenen Bereich. Wahrscheinliche

ABTEILUNG: Produkt-Planung x — Entscheidungspaket Nr. 500

BEZEICHNUNG DES ENTSCHEIDUNGSPAKETS: Basispaket für Produktplanung X

MANAGER: J. Harrison

ZIELE:
1. Erhaltung eines MINDESTNIVEAUS AN PLANUNGSAKTIVITÄTEN für 199.000 Einheiten des Produktes X
2. ERHALTUNG des derzeitigen HF- UND FF-BESTANDES
3. Erhaltung eines MINDESTNIVEAUS AN KOORDINATION zwischen Marketing und Produktion

MASSNAHMEN:
1. Laufende Erstellung 2-WÖCHENTLICHER ZEITPLÄNE für die PRODUKTION und DISTRIBUTION (gegenwärtig 4-wöchentliche Pläne)
2. Erstellung TÄGLICHER LAGERBESTANDS-BERICHTE und zweitäglicher Berichte über die laufende Produktion
3. Laufende LAGERBESTANDSKONTROLLE für Rohmaterial zur Sicherstellung eines Mindest-Lagerbestandes für 2 Wochen

NUTZEN: Dies stellt das MINDESTNIVEAU AN PLANUNGSAKTIVITÄTEN zur SICHERSTELLUNG der LIEFERBEREITSCHAFT für das Produkt X dar.

Personal : 4
Kosten : 45.000 $

KONSEQUENZEN DER NICHT-BEWILLIGUNG: Durch Reduktion der Plangungsaktivitäten ergäben sich ein überhöhter Lagerbestand, ineffiziente Produktionsläufe, Verzögerung von Versandaufträgen, Umsatzeinbußen.

ZUSÄTZLICHE ENTSCHEIDUNGSPAKETE:
1. Zusätzliche Einstellung eines Langfrist-Planers (15.000 $)
2. Zusätzliche Einstellung eines OR-Analytikers (15.000 $)

ALTERNATIVE ENTSCHEIDUNGSPAKETE:
Zusammenlegung der Planungsaktivitäten von X mit Y und Z. Die Folge wäre eine Einbuße an Logistik-Effizienz.

BENÖTIGTE MITTEL:
(Mindestniveau)

1978 :	60.000 $	(Personal : 5)
1979 :	45.000 $	(Personal : 4)
Veränderung :	-15.000 $	-1

Abb. 2: Bildung von Entscheidungspaketen in der Produktionsplanung [13]

Folge: Hohe Lagerbestände, unwirtschaftliche Produktion, Verzögerungen bei der Auslieferungen.

– *Entscheidungspaket C (alternativ):* Die Produktionsplanung für die Produkte X, Y und Z wird zusammengelegt. Zwei Mitarbeiter können eingespart werden ($ 30000,–). Als nachteilige Folgen werden vermutet: Mangelhafte Betreuung der einzelnen Produktionsbereiche.

Nachdem die vorzuschlagende Lösung ausgewählt wurde (Entscheidungspaket A), werden hierfür das »Base Package« und die »Incremental Packages« bestimmt:

– »Base Package« mit vier Fertigungsplanern. Die benötigten Mittel betragen hierfür $ 45000,– (80% der »normalen« Leistung).
– »Incremental Package« 1 mit einem zusätzlichen Mitarbeiter ($ 15000,–) für die

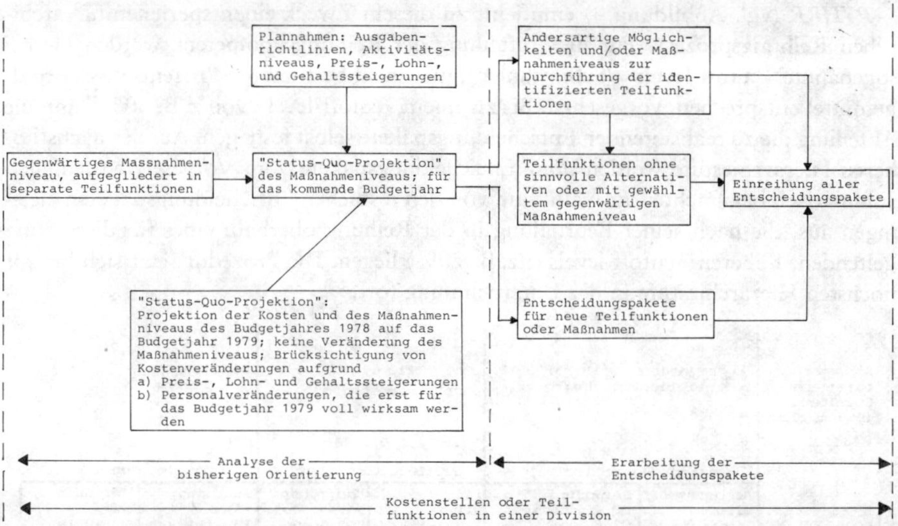

Abb. 3: Entwicklung der Entscheidungspakete [14]

langfristige Planung. Diese Variante entspricht dem Status quo (»normale« Leistung).
- »Incremental Package« 2 mit einem zusätzlichen Mitarbeiter ($ 15 000,–) für OR-Aufgaben in der Produktionsplanung (125% der »normalen« Leistung).

Bei der Erarbeitung der Entscheidungspakete können zwei Phasen, die Orientierungs- und die Formulierungsphase unterschieden werden (vgl. Abbildung 3). Den Ausgangspunkt bilden die Aktivitäten des »business as usual«. Sind alle Entscheidungspakete formuliert, werden drei Arten vorhanden sein:

- »Business as usual« – Pakete
- Entscheidungspakete als Alternativen zu laufenden Aktivitäten
- Entscheidungspakete für neue Aktivitäten.

III. Reihung der Entscheidungspakete

Die Formulierung der Entscheidungspakete dient der Suche und Festlegung von Alternativen. Durch die Reihung der gefundenen Entscheidungspakete soll die Zuteilung der Mittel in der Unternehmung transparenter und effektiver erfolgen.

Den Maßstab der Reihung bildet der erwartete Nutzen der einzelnen Entscheidungspakete unter Einbeziehung möglicher Konsequenzen und Risiken bei Nichtbewilligung. Das Ziel ist die Maximierung des Grenznutzens der Entscheidungspakete.

Im Idealfall wird die Unternehmensleitung selbst alle Entscheidungspakete in die Prioritätsliste einordnen können. Da diese Verfahrensweise in der Realität nicht praktikabel ist, muß die Reihungskompetenz z. T. delegiert werden.

PYHRR (vgl. Abbildung 4) empfiehlt zu diesem Zweck einen speziellen hierarchischen Reihungsprozess. Für die Aufteilung der Reihungskompetenz werden hierbei sogenannte »cutoff-levels« (Schnittlinien), die einem bestimmten Prozentsatz der Budgetmittel entsprechen, vorgesehen. Bis zu einem »cutoff-level« von z. B. 60% kann die Abteilung die zu realisierenden Entscheidungspakete selbst festlegen. Auf der nächsthöheren Hierarchiestufe werden *diese* Entscheidungspakete vom Vorgesetzten lediglich summarisch begutachtet. Er wählt nun von den restlichen Entscheidungspaketen diejenigen aus, die nach seiner Beurteilung in der Reihung oberhalb eines für diese Stufe geltenden, höheren »cutoff-levels« (z. B. 70%) liegen. Die Prozedur setzt sich bis zur höchsten Hierarchiestufe in der Unternehmung fort.

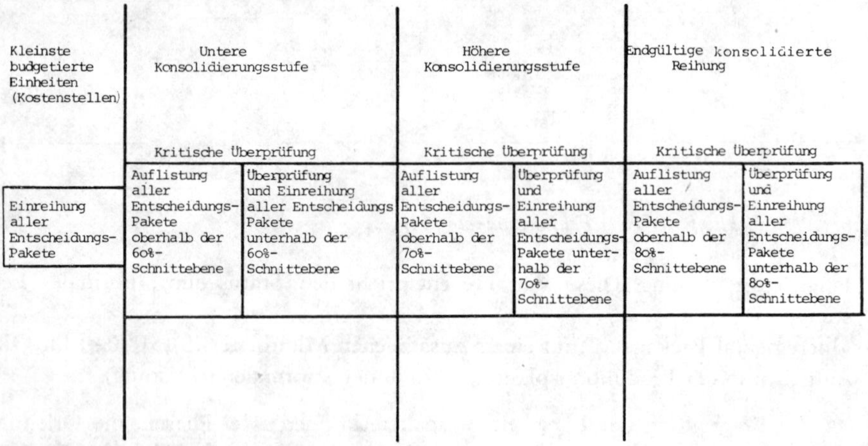

Abb. 4: Reihung der Entscheidungspakete [15]

Für die Reihung der Entscheidungspakete auf den einzelnen Hierarchiestufen eignen sich besonders Komitees. Hier sind Abstimmechanismen festzulegen.

Bei der Reihung gibt es drei praktische *Probleme* [16]:

- Die Zahl der Entscheidungspakete übersteigt die Kapazität des Managements. Man kann nämlich in Großunternehmen von ca. 8 Mitarbeitern je Entscheidungseinheit im Gemeinkostenbereich ausgehen. Jede Entscheidungseinheit ergibt hier ca. 3 Entscheidungspakete. In einem Großunternehmen der Investitionsgüterindustrie wurden z. B. 1600 Mitarbeiter in das ZBB einbezogen und dabei 211 Entscheidungseinheiten gebildet. Es ergaben sich 640 Entscheidungspakete. [17]
- Die Manager haben grundsätzliche Schwierigkeiten bei der Reihung von Entscheidungspaketen, die sie selbst als notwendig formuliert haben.
- Es ist schwierig, grundverschiedene Entscheidungspakete miteinander zu vergleichen, z. B.:

  »Ist eine Kosteneinsparung in der Auftragskonstruktion in Höhe von 15000 Mark bei einer durchschnittlichen Erhöhung der Angebotszeiten um fünf Tage höher zu bewerten als eine wöchentliche Materialbestandsrechnung durch eine neue Datenerfassung bei einer Investition in Höhe von 45000 DM?« [18]

IV. *Mittelzuteilung*

Nach Formulierung und Reihung der Entscheidungspakete kann die Zuteilung der vorgesehenen Budgetmittel erfolgen. Das endgültige Budget baut auf die bewilligten Entscheidungspakete auf. Die vorgesehenen Budgetmittel werden den bewilligten Entscheidungspaketen zugeordnet und dann den einzelnen Kostenstellen zugerechnet.

Die bis jetzt bekanntgewordenen ZBB-Implementierungen beruhen auf dem sogenannten »Zwei-Wege-System«, wonach sowohl aufgabenbezogen (Entscheidungspaket als Planungs- und Kontrolleinheit) als auch kostenbezogen (Kostenstelle als Planungs- und Kontrolleinheit) vorgegangen wird.

V. *Implementationsprobleme*

Für die Anwendung des ZBB gibt es drei wesentliche Voraussetzungen [19]:

- Unterstützung durch die Unternehmensführung.
- Unternehmensindividuelle Gestaltung des ZBB-Systems.
- Effizientes ZBB-Management.

An eine konsequente und systematische Vorgehensweise bei der Implementierung werden durch die Komplexität des Systems strenge Anforderungen gestellt. In der Praxis wird die Einführungsarbeit durch Checklisten und Arbeitsregeln unterstützt. [20]

Die wesentlichen Schwierigkeiten entstehen durch den verhältnismäßig hohen Zeitaufwand der Implementierung (vgl. noch den Abschnitt C. I.). Hier setzt auch die Kritik an und hier liegen auch die Quellen einiger Mißerfolge. [21]

VI. *Instrumente*

Das Zero-Base Budgeting ist kein Budgetierungsprozeß, sondern ein Planungsverfahren, das in einem Budget mündet. Im Rahmen dieses Planungsprozesses werden Planungsinstrumente eingesetzt, die bereits bekannt sind und auch in anderen Zusammenhängen eingesetzt werden.

- Im Rahmen der Zielbildung wird auf das System des »Management by Objectives« zurückgegriffen.
- Die Alternativensuche bedient sich des Brainstorming und ähnlicher Instrumente.
- Bei der Bewertung und Reihung der Entscheidungspakete werden Investitionsrechnungen, Wertanalyse und Nutzwertanalyse eingesetzt.
- Zur Beschreibung der Entscheidungspakete eignen sich die Zahlen der Kosten- und Leistungsrechnung.

C. Zero-Base Budgeting als Instrument der Krisenvorsorge

I. Unterstützung der Krisenplanung

Krisenvorsorge besteht darin, Gefahren oder Fehlentwicklungen in ihren Ansätzen zu erkennen und ihre nachteiligen Wirkungen vom Unternehmen fernzuhalten. Ihre wichtigsten Instrumente sind Frühwarnsysteme und Krisenpläne.

Die meisten Unternehmen verfügen nicht über besondere Krisenpläne. ZBB schafft durch die Definition von Basis und Stufen für Aktivitäten Grundvoraussetzungen für die Krisenplanung. Die typische Fragestellung bei der Konzeption von Entscheidungspaketen ist im Grunde krisenorientiert: »Stellen Sie sich vor, dem Unternehmen ginge es so schlecht, daß Sie nur noch 60 Prozent Ihres bisherigen Budgetvolumens erhalten. Wie organisieren Sie Ihre Arbeit, und welches Leistungsniveau könnten Sie dann gerade noch halten? Inwieweit ändert sich dann Ihr ursprüngliches Abteilungsziel?«. [22] Empfohlen wird die Anwendung des Systems des Zero-Base Budgeting deshalb ausdrücklich zur *Krisenabwendung.* [23] Die Bildung unterschiedlicher Leistungsniveaus für die entwickelten Entscheidungspakete stellt ein detailliertes Aktionspotential für Krisensituationen zur Verfügung. Zu beachten ist allerdings, daß bereits gewählte Entscheidungsalternativen bzw. Leistungsniveaus häufig nicht oder nur durch hohe Kosten reversibel sind. Dies gilt nicht zuletzt für den Personalbereich.

Eine wesentliche Krisenvorsorgemaßnahme ist auch darin zu sehen, daß durch ZBB eine Schulung der Mitarbeiter im Hinblick auf das Denken in Leistungsniveaus stattfindet. ZBB kann hierbei motivationssteigernd wirken, weil es von den Mitarbeitern bei der Erarbeitung neuer Alternativen Kreativität fordert.

II. Anwendung in krisenrelevanten Bereichen

Das Zero-Base Budgeting hat sein Hauptanwendungsgebiet in den Gemeinkostenbereichen der Unternehmung. Diese Bereiche werden in vielen Unternehmen sonst kaum auf ihre Wirtschaftlichkeit hin untersucht. Überhöhte Kosten der Gemeinkostenbereiche sind häufig Ursachen für akute Krisen. ZBB zielt damit auf ein wesentliches Einsparungspotential, das bisher kaum genutzt wurde, weil die herkömmliche Kostenrechnung hierfür keine Informationen liefert. Die »Erfolgsquote« des Zero-Base Budgeting liegt hier nach amerikanischen Erfahrungen – ohne Einschränkung der Funktionen – bei ca. 20% Budgetreduktion. [24]

III. Wirkung auf mögliche Krisenursachen

Die vorliegenden empirischen Untersuchungen [25] zeigen, daß es eine ganze Reihe unternehmensinterner Krisenursachen gibt (z. B. fehlendes Engagement der Mitarbeiter, mangelnde Kreativität des Managements, fehlende Planung und Kontrolle, ungenügendes betriebswirtschaftliches Instrumentarium usw.). Zero-Base Budgeting vermag durch seine Funktionen

- Artikulierung der Unternehmenspolitik
- Kontrolle
- Steuerung
- Koordination
- Kommunikation und
- Leistungsmotivation

annähernd alle internen Krisenursachen positiv zu beeinflussen.

Insgesamt kann also Zero-Base Budgeting uneingeschränkt als Krisenvorsorgeinstrument empfohlen werden.

D. Zero-Base Budgeting als Instrument des Krisenmanagements

I. Probleme der Anwendung

Das *Krisenmanagement* hat die Aufgabe, die Beseitigung einer eingetretenen Unternehmenskrise durch angemessene Gegenmaßnahmen einzuleiten.

In solchen Situationen wäre Zaudern »tödlich«, wie F. J. Dazert – der die Firmen WMF und Salamander erfolgreich sanieren konnte – schreibt. [26] Die Implementierung des Zero-Base Budgeting ist jedoch als ein mittelfristiger Prozeß zu sehen, dessen Stand natürlich die Erfolgschancen konkreter Maßnahmen in der Krise bestimmt.

Wie bereits erwähnt, das Hauptproblem bei Implementierung und Anwendung liegt in dem verhältnismäßig hohen Zeitaufwand, verursacht durch Umstellungsschwierigkeiten beim Management und durch eine »Papierflut« der Anfangsphase. ZBB wird von nahezu allen Anwendern als zeitintensiv bezeichnet. [27] Besondere Anlaufschwierigkeiten gab es in der öffentlichen Verwaltung der USA. [28] Insbesondere ist die Erstimplementierungsphase zeitaufwendig, wobei der sich einstellende Lerneffekt den Zeitaufwand bei den späteren Anwendungen mindert. Bei einigen bekannt gewordenen Anwendungen in Unternehmen hatte man ca. 12–17 Wochen für die Implementierung im Gemeinkostenbereich vorgesehen. [29] Hierin sind aber Vorbereitungsarbeiten (z. B. Schulung, Projektteambildung) noch nicht enthalten. Ein bereits vorhandenes System des Zero-Base Budgeting leistet in akuten Krisensituationen dem Management hervorragende Dienste. (Die Argumente des vorangegangenen Abschnitts gelten auch hier.) Läßt sich jedoch das Zero-Base Budgeting in akuten Krisensituationen als Instrument des Krisenmanagements einführen? Der hohe Zeitaufwand der Einführung einerseits und der in Krisensituationen erforderliche Zwang zu raschen Entscheidungen andererseits lassen die Frage zunächst verneinen. »Paralyzing by analyzing« soll vermieden werden. Da aber die Grundfragestellung des Zero-Base Budgeting gerade in Krisensituationen von großer Bedeutung ist, [30] ist zu prüfen, ob Modifikationen des Systems eine Realisierung doch ermöglichen können.

II. *Modifikationen des Systems*

An *Modifikationen* des einzuführenden Systems des Zero-Base Budgeting sind zwei *Anforderungen* zu stellen:

- Die Zeitdauer der Implementierung und der laufenden Anwendung muß verkürzt werden.
- Die Unternehmensführung darf nicht zu stark beim Konsolidierungsprozeß der Entscheidungspakete belastet werden.

Zur Erfüllung dieser Anforderungen bieten sich die folgenden vier *Maßnahmen an:*

- ZBB ist nicht unternehmensweit zu realisieren, sondern zunächst in den Gemeinkostenbereichen mit dem voraussichtlich höchsten Kostensenkungspotential. Dieses läßt sich anhand von Kennzahlen wie Kosten je Mitarbeiter bestimmen.
- Die Entscheidungspakete sind auf größere Aktivitätsbündel als üblich zu beziehen. Z. B. wird anstatt einzelner Lagerverwaltungsbereiche von der Funktion der Lagerverwaltung als Ganzes ausgegangen.
- Der langwierige, die Unternehmensführung stark belastende Prozeß der Reihung der Entscheidungspakete kann durch die Begrenzung der Konsolidierungsstufen vereinfacht werden. Die Kompetenzen können hierbei auf vorhandene Organisationseinheiten übertragen werden. Der Unternehmensführung verbleibt dann die Aufgabe, die Verteilung der Budgetmittel vorzunehmen.
- Die mit der ZBB-Implementierung verbundene große Anzahl von Formularen ist in Krisensituationen durch einen eher »informalen« Ansatz [31] zu ersetzen.

Die mitwirkende Unterstützung der Unternehmensführung und ein geeignetes Projektmanagement sind gerade in Krisensituationen von wesentlicher Bedeutung für einen raschen Implementierungserfolg.

Zu betonen ist, daß eine derartige Verdichtung des Zero-Base Budgeting auf akute Krisensituationen beschränkt bleiben soll, da sie Gefahren von suboptimalen Lösungen in sich birgt. Es soll auch beachtet werden, daß sich das Unternehmen »nicht aus dem Markt rationalisiert«. [32]

E. Zusammenfassung

Der Inhalt des Beitrages läßt sich wie folgt in *Thesenform* zusammenfassen:

- Traditionelle Budgetierungssysteme sind zur Krisenbewältigung wenig geeignet, da sie bereits laufende Aktivitäten bevorzugen und im Falle von Sparmaßnahmen keine Auswahl von notwendigen Aktivitäten vornehmen.
- Das Konzept des Zero-Base Budgeting ermöglicht die laufende Kosten/Nutzen-Prüfung aller Aktivitäten. Es liefert Informationen über verschiedene Stufen des Leistungsniveaus.

- Als Instrument der Krisenvorsorge eignet sich das Zero-Base Budgeting hervorragend, weil es detaillierte Informationen für die Krisenplanung liefert sowie den Krisenherd »Gemeinkostenbereiche« durchleuchtet.
- Die Neueinführung des Zero-Base Budgeting als Instrument des Krisenmanagements in akuten Krisensituationen ist wegen des sonst notwendigen hohen Zeitaufwands nur in modifizierter Form erfolgversprechend.

Anmerkungen

1 Vgl. z. B. die Ergebnisse einer empirischen Untersuchung; Schwetlick, Wolfang B./Lessing, Rainer: Bilanz des Versagens. In: Manager Magazin (1977) 3, S. 26–33.

2 Vgl. Zempelin, Hans Günther: Anpassungsmaßnahmen im Fall von Überkapazitäten. In: ZfbF – Kontaktstudium 31 (1979), S. 51–60.

3 Vgl. z. B. Heiser, Herbert C.: Budgetierung, Berlin 1964 und Welsch, Glenn A.: Budgeting – Profit Planning Control, 3. Auflage, Englewood Cliffs, New York 1971.

4 Vgl. Pyhrr, Peter A.: Zero-Base Budgeting – A practical management tool for evaluating expenses. New York etc. 1973, S. IX.

5 Vgl. die umfassenden Darstellungen bei: Pyhrr, Peter A. a. a. O. (1973). Cheek, Logan M.: Zero-Base Budgeting Comes of Age – What it is and what it takes to make it work. New York 1977; Stonich, Paul J.: Zero-Base Planning and Budgeting – Improved Cost Control and Resource Allocation. Homewood Ill. 1977. Patillo, James W.: Zero-Base Budgeting: A Planning, Resource Allocation and Control Tool. New York 1977.

6 Murray, Thomas J.: The Tough Job of Zero Base Budgeting. In: Dun's Review (1974) Oct., S. 70–72 und S. 128–130; o. V.: Industry Week Staff Report: Zero-based budgets offer data, spending control. In: Industry Week, 12. 1. 1976, S. 48–50; Hill, Walter D.: Implementing Zero Base Budgeting – The Real World. Oxford, Ohio 1977; Herzlinger, Regina E.: Zero-Base Budgeting in the Federal Government: A Case Study. In: Sloan Management Review 20 (1979) 2, S. 3–14.

7 Vgl. Cheek, Logan M. a. a. O. S. 9.

8 Vgl. Meyer-Piening, Arnulf: Zero-Base Budgeting am Beispiel eines multinationalen Unternehmens. In: Blick durch die Wirtschaft (1978) Nr. 184, S. 5 und Nr. 185, S. 5; Meyer-Piening, Arnulf/Schierz, Jürgen: Fallstudie Zero Base Budgeting – Mut zur Radikalkur. In: Manager Magazin (1978) 4, S. 51–56. Meyer-Piening, Arnulf: Null-Basis-Budgetierung (NBB) in der Produktentwicklung. In: ZfbF-Kontaktstudium 31 (1979), S. 63–70.

9 Sein grundlegender Aufsatz erschien 1970: Pyhrr, Peter A.: Zero-Base Budgeting. In: Harvard Business Review 48 (1970) Nov.–Dec., S. 111–121.

10 Zitiert bei Cheek, Logan M. a. a. O. S. 12.

11 Nach Pyhrr, Peter A. a. a. O. (1973), S. 3.

12 Vgl. Pyhrr, Peter A. a. a. O. (1973), S. 6. Die weitere Darstellung beruht auf der Systematik von Pyhrr.

13 Nach Pyhrr, Peter A. a. a. O. (1970), S. 113 f.

14 Nach Pyhrr, Peter A. a. a. O. (1973), S. 13.

15 Pyhrr, Peter A. a. a. O. (1973), S. 83.

16 Vgl. Pyhrr, Peter A. a. a. O. (1970), S. 117 f.

17 Vgl. Meyer-Piening, Arnulf a. a. O. (1978)

18 Meyer-Piening, Arnulf; Schierz, Jürgen a. a. O. S. 54.

19 Vgl. Pyhrr, Peter A. a. a. O. (1973), S. 19. Anderson, Donald N.: The Secret Behind Zero-Base Budgeting. In: Managerial Planning 26 (1978) 4, S. 17–18. Burroughs, Kendall E.: Implementing Zero-Base Budgeting: In: Financial Executive 46 (1978) 3, S. 53–55.

20 Vgl. hierzu Meyer-Piening, Arnulf/Schierz, Jürgen a. a. O.; Phelps, William W.: Zero-Base

Budgeting. Practical Implementation. In: Managerial Planning 26 (1977) 1, S. 35–39. Stonich, Paul J. a. .a. O. S. 5ff.

21 Vgl. Anthony, Robert N.: Zero-Base Budgeting is a Fraud. In: Wall Street Journal, 27. April 1977; Suver, James D. Brown, Ray L.: Where does Zero-Base Budgeting work? In: Harvard Business Review 55 (1977) 6, S. 76–84.

22 Meyer-Piening, Arnulf Schierz, Jürgen a. a. O. S. 52.

23 Vgl. Stonich, Paul J. a. a. O. S. 9f.

24 Vgl. Stonich, Paul J. a. a. O. S. 11.

25 Vgl. hierzu (1).

26 Vgl. Dazert, Franz Josef: Zaudern wäre tödlich. In: Manager Magazin (1977) 1, S. 76–80; Siehe auch Plaut, Hans-Georg: Krisen-Management. In: Management Enzyklopädie, 3. Band, München 1970, S. 1211–1223, und Baur, Walter: Sanierungen – Wege aus Unternehmenskrisen. Wiesbaden 1978.

27 Vgl. Murray, Thomas J. a. a. O.; Phelps, William W. a. a. O. S. 38; Stonich, Paul J. a. a. O. S. 12.

28 Vgl. den Überblick bei Rürup, Bert; Grünewald Karl-Heinz: Zero-Base Budgeting. In: Verwaltung und Fortbildung 6 (1978) 4, S. 1–26.

29 Vgl. z. B. Cheek, Logan M. a. a. O. S. 32ff.; Meyer-Piening, Arnulf a. a. O. (1978).

30 Vgl. Zempelin, Hans Günther a. .a. O. (1979).

31 Vgl. Goldman, Henry H.: ZBB – Toward an Informal Approach. In: Managerial Planning 26 (1978) 5, S. 34–35.

32 Vgl. Meyer-Piening, Arnulf a. a. O. (1979).

Literaturhinweise

Umfassende Darstellungen des Zero-Base Budgeting

Cheek, Logan M.: Zero-Base Budgeting Comes of Age – What it is and what it takes to make it work. New York 1977.

Dreyfack, Raymond: How to Develop a Successful Zero-Base Budgeting Program. Chicago 1978.

Dreyfack, Raymond/Seibel, Johannes J.: Zero-Base Budgeting – Das Budget als Führungsinstrument in Wirtschaft und Verwaltung. Zürich 1978.

Hébert, Joseph L. (ed.): Experiences in Zero-Base Budgeting. New York 1977.

Patillo, James W.: Zero-Base Budgeting: A Planning Resource Allocation and Control Tool. New York 1977.

Pyhrr, Peter A.: Zero-Base Budgeting. In: Harvard Business Review, 48 (1970) Nov-Dec, S. 111–121.

Pyhrr, Peter A.: Zero-Base Budgeting – A Practical Management Tool for Evaluating Expences. New York, London, Sydney, Toronto 1977.

Stonich, Paul J. with Contributors: Zero-Base Planning and Budgeting – Improved Cost Control and Resource Allocation. Homewood, Ill. 1977.

Spezielle Aspekte und Kurzdarstellungen des Zero-Base Budgeting

Anderson, Donald N.: The Secret Behind Zero-Base Budgeting. In: Managerial Planning, 26 (1978) 4, S. 17–18.

Anderson, Donald N.: Ingredients for Successful Zero-Based Budgeting Implementation (Advice to Managers). In: Managerial Planning, 27 (1979) 5, S. 1–7, 26.

Anthony, Robert N.: Zero-Base Budgeting is a Fraud. In: Wall Street Journal, 27. April 1977.

Bösch, Martin: Zero-Base-Budgeting. In: Controller Magazin, (1979) 2, S. 57–66.

Burroughs, Kendall E.: Implementing Zero-Base Budgeting. In: Financial Executive, 46 (1978) 3, S. 53–55.

Genthner, H. J./Hébert, J. L.: Automating Zero Base Budgeting. New York, Princeton 1977.

Goldman, Henry H.: ZBB – Toward an Informal Approach. In: Managerial Planning, 26 (1978) 5, S. 34–35.

Herzlinger, Regina E.: Zero-Base Budgeting in the Federal Government: A Case Study. In: Sloan Management Review, 20 (1979) 2, S. 3–14.

Hill, Walter D.: Implementing Zero-Base Budgeting – The Real World. Oxford, Ohio 1977.

Meyer-Piening, Arnulf: Zero-Base Budgeting am Beispiel eines multinationalen Unternehmens. In: Blick durch die Wirtschaft, (1978) 184, S. 5 und (1978) 185, S. 5.

Meyer-Piening, Arnulf: Null-Basis-Budgeting (NBB) in der Produktenwicklung. In: zfbF-Kontaktstudium 31 (1979) S. 63–70.

Meyer-Piening, Arnulf/Schierz, Jürgen: Fallstudie Zero-Base Budgeting – Mut zur Radikalkur. In: Manager-Magazin, (1978) 4, S. 51–56.

Murray, Thomas J.: The Tough Job of Zero Budgeting. In: DUN's Review, (1974) Oct., S. 70–72 und 128–130.

o. V.: Industry Week Staff Report: Zero-based budgets offer data, spending control. In: Industry Week, 12. 1. 1976, S. 48–50.

Phelps, William W.: Zero-Base Budgeting: Practical Implementation. In: Managerial Planning 26 (1977) 1, S. 35–39.

Pyhrr, Peter A. Zero-base budgeting: where to use it and how to begin. In: SAM, Advanced Management Journal, (1976) Summer, S. 4–14.

Rürup, Bert/Grünewald Karl-Heinz: Zero-Base-Budgeting. In: Verwaltung und Fortbildung 6 (1978) 4, S. 1–26.

Small, John R./Mansfield, Robert: Zero Base Budgeting – Theory and Practice. In: The Accountant's Magazine, (1978) May, S. 191–196.

Stonich, Paul J.: Zero-Base Planning – A Management Tool. In: Managerial Planning, 25 (1976) July/Aug., S. 1–4.

Suver, James D./Brown, Ray L.: Where does zero-base budgeting work? In: Harvard Business Review, (1977) 6, S. 76–84.

Watkins jr., William: Evaluating Zero Based Budgeting. In: Managerial Planning, 27 (1978) 2, S. 34–37.

Hans Lexa

Stagnation und Besteuerung

Da der Vortrag von Universitäts-Professor Dr. Hans Lexa in eine größere Veröffentlichung, die erst später erscheinen wird, eingebaut werden soll, wird, um die Vollständigkeit des Tagungsgesamtbandes zu wahren, nachstehend jene zusammenfassende Darstellung abgedruckt, die den Tagungsteilnehmern an die Hand gegeben worden war.

I. Begriffserklärung

II. Die Wirkungen der Besteuerung im Ablauf des Produktzyklus
   1. Die Arten der Wirkungen im allgemeinen
   2. Die Besteuerungsphänomene im Produktzyklus als Modellbetrachtung

III. Fehlentwicklungen aus der bestehenden Gesetzgebung, dargestellt am Beispiel Österreichs

IV. Steuerpolitische Konsequenzen aus dem Modell

I. Begriffsklärung

1) *Stagnation* wird in dieser Arbeit als Phase des Produktzyklus eines Unternehmens, oder besser als Resultante phasenversetzter Produktzyklen gesehen, in dem vollen Bewußtsein des Umstandes, daß diese Lebenszyklentheorie von Produkten international nicht unbestritten ist.

2) Unter das Phänomen der *Besteuerung* werden zunächst analog zur herkömmlichen Vorgangsweise der betriebswirtschaftlichen Steuerlehre der zwangsweise Entzug von Geldmitteln durch den Staat oder ein sonstiges öffentlich-rechtliches Gemeinwesen verstanden, für den keine spezielle Gegenleistung erfolgt.

Allerdings zeigt sich, daß diese Beschränkung die betriebswirtschaftliche Steuerlehre einer Reihe heute sehr wichtiger und auch interessanter Untersuchungsobjekte beraubt. Insbesondere fällt dabei der Bereich der *Steuer-(erhebungs)technik* heraus, also im wesentlichen die Organisation des Abgabenverfahrens und seine Rückwirkungen auf den Betrieb. Außerdem läßt sich zeigen, daß auch der weite *Bereich direkter und indirekter Subventionen* einer betriebswirtschaftlichen Analyse harrt.

Dementsprechend wird eine Erweiterung der betriebswirtschaftlichen Steuerlehre um eine eigene *Subventionslehre* gefordert. Insbesondere bei der Behandlung des vorliegenden Themas zeigt sich, daß die Einbeziehung direkter Geld- oder Sachzuwendungen seitens der öffentlichen Hand an die Unternehmungen nicht unbeachtet bleiben kann.

II. Die Wirkungen der Besteuerung im Ablauf des Produktzyklus

1. Die Arten der Wirkungen im allgemeinen

Neben der *Liquiditätswirkung,* die sich durch den Abfluß von Geldmitteln aus dem Unternehmen zum Zwecke der Steuerzahlung ergibt (analog dazu tritt die Verbesserung der Liquidität durch eine direkte Geldzuwendung im Zuge einer Subvention auf), sind noch die *Zins-* und die *Rentabilitätswirkung* zu unterscheiden. Während die *Zinswirkung* die Zinseinsparung zum Ausdruck bringt, die sich aus dem zinslos oder begünstigt gewährten Steuerkredit ergibt, zeigt die Rentabilitätswirkung auf, inwieweit sich die Ertragskraft einer Investition durch die Inanspruchnahme einer steuerlichen Begünstigung verändert. Dazu kommt ein allenfalls auftretender Progressionseffekt in jenen Fällen, in denen entweder der Steuertarif sich im Zeitablauf ändert oder die Gewinnhöhe des Unternehmens bei gleichbleibendem Steuertarif die Anwendung einer anderen Progressionsstufe im Steuerzahlungsjahr erfordert. Letztlich mündet dieser Effekt in den Zinseffekt.

2. *Die Besteuerungsphänomene im Produktzyklus als Modellbetrachtung*

Geht man von der Prämisse aus, daß der aus einem Produkt erzielte Gewinn dem steuerlich faßbaren (zunächst ohne Berücksichtigung des Einsatzes einer allfälligen Manövriermasse) entspricht, so zeigt sich, daß zunächst in den ersten Phasen des Produktzyklus (also in der *Forschungs- und Entwicklungsphase, Konstruktionsphase)* die Personalaufwendungen und die auf sie entfallenden entgeltsabhängigen Abgaben anfallen.

Dazu kommen allenfalls Substanzsteuern auf die projektunabhängig notwendige Infrastruktur. Sofern kein kalkulatorischer Ausgleich mit Hilfe eines bereits auf dem Markt eingeführten ertragbringenden Produktes (in einer bereits fortgeschritteneren Phase des Lebenszyklus) möglich ist, bleibt bezüglich der ertragsabhängigen Steuern nur der Weg in den *Verlustvortrag* oder in einen *Verlustausgleich.*

Es überwiegen somit in diesen Phasen die Liquiditätsentzugseffekte der entgeltsabhängigen Abgaben.

In der Phase der *Produktionseinführung,* in welcher die produktabhängige Infrastruktur für die Fertigung zu adaptieren ist, somit der bei weitem aufwandsintensivsten Phase, treten die größeren materiellen Investitionen auf, die entsprechend dem geltenden Steuerrecht mit Hilfe von vorzeitigen Abschreibungen, Investitionsrück- und zulagen, Investitionsfreibetrag etc. gefördert werden. Die positiven Wirkungen sind jedoch auf jene Fälle begrenzt, in welchen aus anderen Quellen ausreichend Erträge fließen (horizontaler Verlustausgleich), um einen allfälligen bestehenden Verlustvortrag zu kompensieren, bzw. genügend Spielraum für die Sonderabschreibungen besteht. Die negativen Liquiditätswirkungen durch die entgeltsabhängigen Abgaben bleiben bestehen.

In der Phase des Übergangs in die *Serienproduktion* besteht im allgemeinen die personelle und materielle Infrastruktur bereits. Soweit noch Investitionsbegünstigungen geltend gemacht werden können, wirken sie entweder in den Verlustvortrag oder in den Verlustausgleich. Die positiven und negativen Liquiditätswirkungen gleichen den obigen.

Die *Marketingphase* entzieht sich im allgemeinen steuerlicher Investitionsförderung, sofern es sich nicht um abnutzbare Wirtschaftsgüter handelt. Soweit entgeltsabhängige Steuern anfallen, resultiert hier wieder ein Liquiditätsentzug. Sofern positive Erträge fehlen, wurden die möglichen Wirkungen bereits beschrieben. In der nunmehr folgenden *Wachstumsphase* beginnt das Produkt bei wachsenden Umsätzen und guten Gewinnen erstmals die in den vorangegangenen Perioden erzielten Verluste einzuspielen. Entgeltsabhängige Abgaben fallen ebenso wie substanzabhängige Steuern an.

Soweit Erweiterungsinvestitionen getätigt werden, können die gegebenen Investitionsbegünstigungen genutzt werden. Die Ertragssteuerlast wird auf dem Wege eines stillen Steuerkredites weitergeschoben, sofern der Verlustvortrag nicht mehr ausreicht.

In der *Reifephase* erreicht die Wachstumsrate des Umsatzes einen Höhepunkt, dann kippt sie zur *Sättigungsphase* in die *Stagnation* oder negative Wachstumsraten um. Die Gewinnentwicklung ist rückläufig und wird teilweise durch Rationalisierungsinvestitionen, aber in wesentlich geringerem Umfang als in früheren Phasen gebremst. Dementsprechend geht auch die Nutzungsmöglichkeit von Investitionsförderungsmaßnahmen zurück. Die seinerzeit in Anspruch genommenen stillen Steuerkredite werden nunmehr fällig gestellt, d. h. der nunmehrige steuerliche Gewinn liegt *über* dem betrieblich erzielten. Dementsprechend setzen nunmehr verstärkte negative Liquiditätseffekte aus Ertragsteuerleistungen ein.

Sofern ein neues Produkt rechtzeitig (phasenversetzt) auf den Markt gebracht wird, kann im Zusammenwirken mit dem Vorprodukt ein (auch steuerlich) positives Unternehmenswachstum (mit roulierendem und daher auf absehbare Zeit nicht rückzahlbarem Steuerkredit) erzielt werden.

Diese Modelldarstellung kann nunmehr ausgebaut werden. Einmal vom Einprodukt- zum Mehrproduktunternehmen, zu Produkten mit unterschiedlich langen Produktzyklen, mit unterschiedlichen langen Phasen des Lebenszyklus etc. Sie reicht jedoch bereits aus, um Überlegungen hinsichtlich der Ausgestaltung der Investitionsförderungsmaßnahmen anzustellen.

III. Fehlentwicklungen aus der bestehenden Gesetzgebung, dargestellt am Beispiel Österreichs

IV. Steuerpolitische Konsequenzen aus dem Modell

1) Die Erweiterung der steuerlichen Investitionsförderung von materiell auch auf immaterielle Wirtschaftsgüter
2) Die Verlagerung der Förderungsmaßnahmen in die besonders förderungsbedürftigen personalintensiven Frühphasen der Produktzyklen
(z. B. Zuschüsse zu Forschungsaufwendungen, Zinsenzuschüsse, Verbesserung der Erfinderbesteuerung)
3) Die Abstimmung der Verlustvortrags- und Rücktragsdauer auf die Dauer der Phasenabläufe
4) Kosten- oder Naturalbeteiligung in einzelnen kritischen Phasen
(Prototypenherstellung, Marktforschung, Testreihen, Produkthaftung)
5) Erleichtung des Erwerbes von Lizenzen, Beteiligungen an Forschungsgesellschaften oder forschungsintensiven Betrieben.

Friedrich Hanssmann

Zur Quantifizierung der Unternehmensstrategie auf der Ebene strategischer Geschäftseinheiten*

A. Einleitung

B. Modellierung der Geschäftseinheiten bei stetigen Alternativstrategien

C. Modellierung der Geschäftseinheiten bei diskreten Alternatiostrategien

D. Integration der Teilmodelle auf Unternehmensebene

E. Weiterentwicklungen des deterministischen Modells

Literaturübersicht

* Die vorgetragene Konzeption wird derzeit im Hause Fichtel & Sachs erprobt. Der Autor dankt dem Vorstandsvorsitzenden Herrn Trux und seinen Planungschefs für aktives Interesse und Unterstützung.

A. Einleitung

Die von amerikanischen Beratungsfirmen popularisierte strategische Portfolio-Analyse hat in der Planungspraxis großen Anklang gefunden. Wir behaupten jedoch, daß die Portfolio-Analyse einer Weiterführung durch quantitative Modellierung bedarf, um ihre Ansprüche einlösen zu können. Ein zentraler Anspruch der Portfolio-Analyse läuft darauf hinaus, daß sie in der Lage sei, der Unternehmung zu einem »ausgeglichenen« Portfolio von Geschäftseinheiten zu verhelfen, das sich in finanzieller Hinsicht weitgehend selbst trägt, also durch einen »ausgeglichenen« cash flow gekennzeichnet ist. Die ausgesprochen quantitative Natur dieser Zielsetzung legt bereits den Schluß nahe, daß sie nicht ohne quantitative Modellierung erreichbar sein dürfte. Eine solche ist im Rahmen der üblichen Portfolio-Analyse bisher nicht vorgesehen.

Doch beginnen wir mit der positiven Seite. Der enorme Erfolg der Portfolio-Analyse ist sicherlich nicht nur modischer Natur, sondern in wirklichen Fortschritten begründet. So eröffnet sie die Möglichkeit, nicht-triviale Alternativstrategien zu erzeugen und explizit in den Planungsprozeß einzubringen. Sie entspricht damit einer elementaren Forderung, die von diesem Autor wiederholt erhoben wurde (siehe z. B. *Hanssmann*, 1978–c). Bisher war das Thema der Alternativstrategien in der Literatur stiefmütterlich behandelt worden. Die Literatur stellte ganz überwiegend *nicht* auf die Konstruktion von Alternativstrategien, sondern *einer* empfohlenen Strategie ab. Hierfür wurden »Faustregeln« angegeben, beispielsweise: »Stärken nutzen, Schwächen beheben, Wachstumslücken schließen«.

Die Portfolio-Analyse hat mit der Abgrenzung strategischer Geschäftsheiten diejenigen Teilsysteme der Unternehmung identifiziert, in denen echte strategische Spielräume existieren und in denen Strategie letztlich implementiert werden muß. Die Schaffung sinnvoller »strategischer Moduln« dürfte eines der Hauptverdienste der Portfolio-Analyse sein. Die resultierende Möglichkeit, die Unternehmensstrategie aus nicht-trivialen Teilstrategien modular zusammenzusetzen, muß als großer Fortschritt in Richtung auf eine mehr systematisch orientierte strategische Planung gewertet werden.

Wenn dagegen die Portfolio-Analyse den einzelnen Geschäftseinheiten – nach der üblichen Einordnung in das zweidimensionale Schema von Marktattraktivität und Wettbewerbsposition (Abb. 1) – eine »Normstrategie« zuweist, so bedeutet dies einen Rückfall in das Zeitalter der Faustregeln. Überdies müßte man geradezu maßlos überrascht sein, wenn die aus den so gewählten Normstrategien zusammengesetzte Unternehmensstrategie ohne weiteres die Eigenschaft eines ausgeglichenen cash flows aufwiese.

Die geschilderte Vorgehensweise läßt die Möglichkeit ungenutzt, die strategischen Spielräume der Geschäftseinheiten breiter aufzufächern, wobei selbstverständlich die Erkenntnisse der Portfolio-Analyse mit heranzuziehen wären: handelt es sich etwa um einen »Stern« in der linken oberen Ecke des Schemas von Abbildung 1, so könnte man sicher die »Rückzugsalternative« von vornherein ausschließen. Dennoch verbleiben erhebliche strategische Spielräume. Erst ihre systematische Nutzung mit Hilfe eines Modells – so lautet unsere These – eröffnet die Möglichkeit, sich an eine Strategie mit

MARKET ATTRACTIVENESS	COMPETITIVE POSITION: High	Med.	Low
High	- Grow - Seek Dominance - Maximize Investment	- Evaluate Potential for Leadership via Segmentation	- Specialize - Seek Niches - Consider Acquisition
Med.	- Identify Growth Segments and Invest Strongly - Maintain Position in Other Segments	- Identify Growth Segments - Specialize - Invest Selectively	- Specialize - Seek Niches - Consider Exits
Low	- Maintain Overall Position - Seek Cash Flow - Invest at Maintenance Levels	- Prune Lines - Minimize Investment - Position to Divest	- Time Exit and Divestment - Consider Raising Prices of Only One Producer Will Remain

Abb. 1: Faustregeln der Portfolio-Analyse

ausgeglichenem cash flow, die auch sonstige Unternehmensziele erfüllt, heranzutasten. Demnach muß die Modellierung der Geschäftseinheiten und strategischen Alternativen Kernstück unseres Vorhabens sein.

B. Modellierung der Geschäftseinheiten bei stetigen Alternativstrategien

Es stehen mindestens zwei sehr verschiedene Modellierungsweisen offen. Wollen wir *viele* (im Grenzfall alle) Strategien einer Geschäftseinheit erfassen, so ist dies nur dann praktisch durchführbar, wenn wir die Zahl der notwendigen Datenschätzungen im Verhältnis zur Zahl der Strategien klein halten können. Dagegen müssen wir uns mit der Modellierung weniger Strategien begnügen, wenn die Zahl der Schätzungen (oder Schätzungsrunden) der Zahl der Strategien in etwa entspricht. Wir betrachten zunächst den ersten Fall.

Um viele Alternativstrategien aus einer kleinen Datenbasis versorgen zu können, muß das Modell eine ausreichende Zahl *nichtdefinitorischer* Relationen enthalten (ein Rechenwerk, das nur definitorische Relationen enthält, wie etwa Gewinn = Umsatz − Kosten, ist überhaupt kein Modell eines realen Systems, sondern eine Tautologie; leider wird dennoch häufig, aber mißbräuchlich von Modellen gesprochen).

Das Postulat ausreichender nicht-definitorischer Relationen läßt sich dann einlösen, wenn die strategischen Alternativen der Geschäftseinheit durch *stetige* Entscheidungsvariable beschrieben werden können. Dies ist dann der Fall, wenn die Geschäftseinheit relativ homogen ist (Einproduktfiktion), der zugehörige Markt einschließlich des Marktpotentials klar abgegrenzt ist und die Entwicklungen des Marktanteils sowie der Produktionskapazität die hauptsächlichen strategischen Alternativen darstellen. Wir müssen ferner annehmen, daß das Instrument zur Gestaltung der Marktanteilsentwicklung in einem marketing-mix zu sehen ist, das sich durch stetige Variable (Aufwandskategorien, Preis) beschreiben läßt. In diesem Fall ist es möglich, ein funktional gegliedertes Modell einer Geschäftseinheit zu konstruieren, das eine ähnliche Struktur aufweist wie sogenannte Unternehmensmodelle.

Im *Vertriebsbereich* wird die Existenz einer Marktreaktionsfunktion unterstellt, die den Marktanteil als Funktion des marketing-mix und der Umweltfaktoren (insbesondere des Konkurrenzverhaltens) darstellt:

$$MA_{it} = f\,(MIX|UM) \qquad (1)$$

Im *Produktionsbereich* ist die Kapazitätsexpansion mit dem aus der Vertriebsstrategie resultierenden Absatz zu verknüpfen:

$$\Delta KAP_{it} \geq f\,(ABS|UM) \qquad (2)$$

Hieraus ergeben sich die notwendigen Investitionen:

$$INV_{it} = f\,(\Delta KAP|UM) \qquad (3)$$

Die *finanziellen Ergebnisse* der Geschäftseinheit (ein eigentlicher Finanzbereich existiert nur auf Unternehmensebene!) lassen sich damit in Abhängigkeit von der gewählten Strategie errechnen, vor allem der cash flow, der damit indirekt ebenfalls von den stetigen Entscheidungsvariablen abhängt:

$$CF_{it} = f\,(MIX, \Delta KAP|UM) \qquad (4)$$

In ähnlicher Weise kann die Entwicklung des Gewinnbeitrags G_{it} (vor Abzug von Zinsen und Steuern) sowie des Vermögens A_{it} der Geschäftseinheit modelliert werden. Die Größe A_{it} soll dabei die Summe aller Aktiva, jedoch *ohne* Zahlungsmittel bezeichnen, die der Geschäftseinheit zuzurechnen sind. Die Zahlungsmittel rechnen wir dem zentralen Finanzbereich der Unternehmung zu.

Diese Größen werden später auf Unternehmensebene zusammengefaßt werden, so daß die Auswirkungen der Strategien auf Unternehmensziele und -ressourcen studiert werden können.

C. Modellierung der Geschäftseinheiten bei diskreten Alternativstrategien

Der Fall stetiger strategischer Variabler dürfte eher der Ausnahmefall sein. Die interessantesten strategischen Alternativen stellen sich vielmehr als qualitativ zu verschieden dar, um als stetige Variationen voneinander aufgefaßt werden können. Beispielsweise kann eine bestimmte Akquisition stattfinden oder nicht. Es handelt sich daher um *diskrete* Alternativstrategien.

Um diesem Sachverhalt Rechnung zu tragen, wird häufig die Darstellung eines »Strategiebaumes« gewählt (Abb. 2), dessen Verzweigungen den diskreten Wahlmöglichkeiten vom Typ »entweder – oder« entsprechen. Die Struktur des Baumes ist nicht zeitlich aufzufassen. Vielmehr dient sie einer Strategiedefinition, die von links nach rechts *spezifischer* wird: eine vollständig »durchstrukturierte« Strategie stellt sich als »Pfad« von links nach rechts dar, der in gewissen Fällen auch Verzweigungen enthalten kann, die etwa unterschiedlichen Maßnahmen in verschiedenen Teilmärkten entsprechen könnten. Die zu wählenden Maßnahmen werden nach rechts hin ständig konkreter, so daß der Begriff einer bestimmten Strategie zuletzt recht genau umrissen ist. Ein typischer Baum kann hunderte von Pfaden enthalten. Wegen zahlreicher Wechselwirkungen zwischen den einzelnen strategischen Maßnahmen erfordert jeder Pfad in der Regel eine eigene Runde von Datenschätzungen. Es wird daher nicht möglich sein, alle Pfade mit den notwendigen quantitativen Schätzungen zu versehen. Wir werden also gezwungen, uns auf eine kleine Anzahl – beispielsweise drei Strategien je Geschäftseinheit – zu beschränken.

Eine anhand des Baumes durchstrukturierte Strategie läßt sich in geraffter verbaler

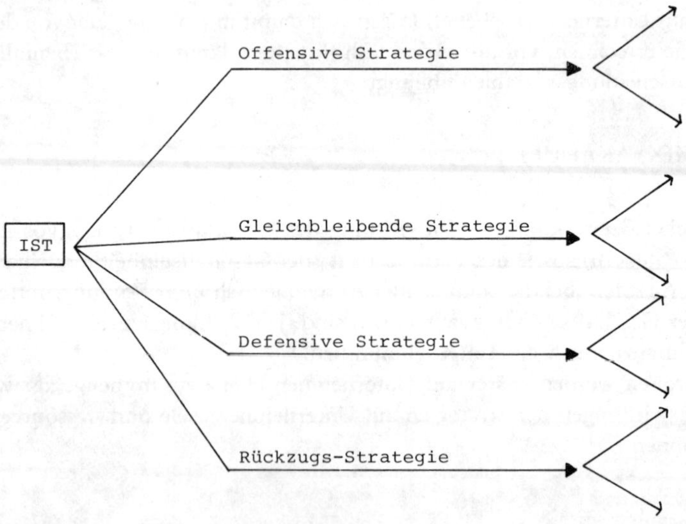

Abb. 2: Strategiebaum für eine Geschäftseinheit

Form wie in Abbildung 3 darstellen. Sie erscheint damit als »logische Summe« von Teilstrategien, die miteinander in Wechselwirkung stehen (dies ist durch Pfeile angedeutet). Hinsichtlich des Schätzproblems hat sich bei Firma Fichtel & Sachs herausgestellt, daß erfahrene Manager in der Lage sind, den cash flow-Beitrag sowie weitere hochaggregierte wirtschaftliche Ergebnisse für jedes der sieben Strategieelemente *unter Berücksichtigung ihrer Wechselwirkung* direkt zu schätzen, so daß sich der gesamte cash flow oder sonstige Beitrag der Geschäftseinheit als einfache Summe der sieben Schätzungen ergibt. Die Schätzungen sind subjektiver Natur, gehen also ohne formales Modell vor sich, und erfordern für *eine* Strategie einer Geschäftseinheit einen Aufwand von weniger als einer Mannwoche. Die Untersuchung von drei Alternativstrategien je Geschäftseinheit ist im Rahmen dieses Aufwands ohne weiteres praktikabel. Sie erfordert jedoch ein Modell, das auf diesen einfachen Schätzungen aufbaut und sich radikal unterscheidet von gewissen Großmodellen, die über 100000 Eingabedaten erfordern und aufgrund ihrer Schwerfälligkeit die Untersuchung einer größeren Anzahl von Alternativstrategien nahezu unmöglich machen.

Zur Modellierung der drei Strategien der Geschäftseinheit i führen wir binäre Auswahlvariable x_{ij} mit j = 1, 2, 3 ein. Bezeichnet CF_{ijt} den cash flow-Beitrag der Geschäftseinheit i bei Strategie j, so gilt für den cash flow-Beitrag der Geschäftseinheit allgemein

$$CF_{it} = \sum_{j} CF_{ijt} \, x_{ij} \qquad (5)$$

Da eine der drei Strategien gewählt werden muß, ist Gl. 6 zu fordern:

$$\sum_{j=1}^{3} x_{ij} = 1 \qquad (6)$$

1. Gewinnung von Marktanteilen bei Produkt X
2. Markterweiterung des Produktes Y im Inland und in A-Land
3. Kauf der Firma C zur Herstellung des Produktes Z
4. Entwicklung eines neuen Produktes Z
5. "Brückenkopf" in B-Land
6. Kostenreduktion bei Produkt Y
7. "Second Brand" bei Produkt Y

Abb. 3: Verbale Beschreibung einer Strategie

In entsprechender Weise können Gewinnbeiträge und Vermögenswerte modelliert werden.

D. Integration der Teilmodelle auf Unternehmensebene

Die Abgrenzung der Geschäftseinheiten ist so unterstellt, daß zwischen ihnen nur vernachlässigbare Wechselwirkungen bestehen. Die Beiträge der Geschäftseinheiten werden daher additiv zu entsprechenden Unternehmensergebnissen zusammengefaßt. Dies gelte sowohl bei stetiger als auch diskreter Modellierung der Geschäftseinheiten. Für den Unternehmensgewinn G'_t (vor Abzug von Zinsen und Steuern) gilt also:

$$G'_t = \sum_i G_{it} \tag{7}$$

Den Unternehmensgewinn nach Abzug von Zinsen bezeichnen wir mit G_t. Ebenfalls durch Konsolidierung ergibt sich das Gesamtvermögen *exklusive* Zahlungsmittel:

$$A_t = \sum_i A_{it} \tag{8}$$

Schließlich wenden wir uns dem Zahlungsmittelbestand zu. Nach unseren Annahmen wird eine Kasse nur im zentralen Finanzbereich geführt. Die Veränderung des Zahlungsmittelbestandes hängt einerseits von den zusammenwirkenden Zahlungsströmen CF_{it} der Einheiten, andererseits von den Zinszahlungen, Gewinnverwendungszahlungen und mit Finanzierungsmaßnahmen zusammenhängenden Zahlungen des zentralen Finanzbereichs ab. Finden in Periode t keine Neuemissionen und keine Erhöhungen des Fremdkapitals statt, so schreibt sich der Zahlungsmittelbestand ZM_{t-1} wie folgt fort:

$$ZM^*_t = ZM_{t-1} + \sum_i CF_{it} - z_{t-1} FK_{t-1} - (1 - \tau + \sigma\tau)\, G_{t-1} \tag{9}$$

Hierbei bedeutet FK_{t-1} den Stand des Fremdkapitals am Ende der Vorperiode, der als maßgebend für den in Periode t zu zahlenden Fremdkapitalzins gelten soll. Der Zinssatz ist z_{t-1}. Ferner bezeichnet τ den Bruchteil des Gewinns der Vorperiode, der thesauriert werden soll, σ den auf diesen Bruchteil anzuwendenden Steuersatz. Der ganze letzte Term von Gl. 9 umfaßt Gewinnausschüttung, Steuer auf den auszuschüttenden Gewinnanteil (zusammen $1 - \tau$) sowie Steuer auf den zu thesaurierenden Gewinn. Kommen noch eine Eigenkapitalerhöhung ΔEK_t durch Neuemission und eine Fremdkapitalerhöhung ΔFK_t hinzu, so lautet die endgültige Fortschreibung des Zahlungsmittelbestandes:

$$ZM_t = ZM^*_t + \Delta EK_t + \Delta FK_t \tag{10}$$

Die Bilanzgleichung der Unternehmung lautet nun wie folgt:

$$\sum_i A_{i,t} + ZM_t = EK_t + FK_t + G_t \tag{11}$$

Es läßt sich beweisen, daß diese Bilanzgleichung für *jede* Wahl der Eigen- und Fremdkapitalerhöhung identisch erfüllt ist, wenn sie für die Vorperiode erfüllt war. Wir können daher die beiden Kapitalerhöhungen als stetige Entscheidungsvariable auf Unternehmensebene hinzunehmen. Nach Gl. 9 und 10 hängt der Zahlungsmittelbestand von den binären strategischen Variablen der Geschäftseinheiten und den stetigen Variablen der Kapitalstruktur auf Unternehmensebene ab.

Eine von vielen Möglichkeiten, die Forderung eines ausgeglichenen cash flows (im umfassenden Sinne aller Zahlungsströme) zu formulieren, wäre eine Eingrenzung des Zahlungsmittelbestandes nach Gl. 10 durch entsprechende Ober- und Untergrenzen. Zulässig wäre dann jede Unternehmensstrategie, d. h. jede Wahl der binären und stetigen Entscheidungsvariablen, die die Zahlungsmittelrestriktion einhält. Da es häufig viele solche Strategien geben wird, ist Raum für eine Auswahl durch weitere Kriterien. U.a. wird man sich gerne an der Eigenkapitalrentabilität orientieren, die sich aus bereits modellierten Größen wie folgt berechnen läßt:

$$EKR_t = \frac{G'_t - z_{t-1} FK_{t-1}}{EK_t} \tag{12}$$

Auch die Entwicklung des Bedarfs an Arbeitsplätzen im Produktionsbereich kann von Interesse sein. Sie ergibt sich durch Konsolidierung der Beiträge der Geschäftseinheiten wie folgt:

$$PPB_t = \sum_i PPB_{it} \tag{13}$$

Bei Bedarf ließe sich auch die Risikoverteilung des Umsatzes auf die Märkte der n Geschäftseinheiten durch einen »Diversifikationsfaktor« messen.

$$DIV_t = 1 - \frac{1}{1 - 1/n} \; \frac{\sum_i | UMS_{it} - (1/n) \sum_i UMS_{it} |}{\sum_i UMS_{it}} \tag{14}$$

Dieser Faktor nimmt bei Konzentration des Umsatzes auf einen einzigen Markt den Wert O an, bei gleichmäßiger Verteilung der Umsätze auf alle Märkte den Wert 1, sonst einen Zwischenwert.

Weitere Kenngrößen sind möglich. Wie wir gesehen haben, enthält unser Modell nunmehr binäre Variable der Geschäftseinheiten sowie stetige Variable der Finanzstruktur auf Unternehmensebene. Wir haben also ein gemischt-ganzzahliges Modell. Wird eine Optimierung ins Auge gefaßt – was durchaus nicht notwendig ist – so kommt als (nicht-lineare)Zielfunktion die Eigenkapitalrentabilität nach Gl. 12 in

Frage, wobei für andere Unternehmensziele Anspruchsniveaus zu setzen wären. Untersuchungen der tradeoffs zwischen den Untrnehmenszielen bieten sich an und sind mit Hilfe des Modells ohne Schwierigkeit durchführbar. Das gleiche gilt für Empfindlichkeitsanalysen bezüglich der unsicheren Schätzdaten.

E. Weiterentwicklungen des deterministischen Modells

Mit Rücksicht auf die Unsicherheit der Schätzdaten bedarf unser deterministisches Modell einer Weiterentwicklung. Da das Modell auch schon in der deterministischen Form eine erhebliche Innovation darstellen würde und die Firma in der formalen Planung bei Unsicherheit praktisch keine Erfahrung besitzt, soll die Verallgemeinerung in sorgfältig dosierten kleinen Schritten erfolgen. Zunächst sollen für alle unsicheren Parameter (z. B. die cash flow-Beiträge der einzelnen Strategien der Geschäftseinheiten) optimistische, mittlere und pessimistische Werte geschätzt werden. Von der Schätzung subjektiver Wahrscheinlichkeiten wird abgesehen. Eine gewisse *Robustheit* der gewählten Gesamtstrategie läßt sich dadurch sichern, daß man die Erreichung gewisser Ziele vor allem für einige *pessimistische* Parameterkonstellationen durch entsprechende Restriktionen fordert, bei günstigeren Konstellationen also eine Übererfüllung zuläßt. Dies kann beispielsweise dazu führen, daß gewisse offensive Strategien von Geschäftseinheiten zurückgestellt werden, weil ihr cash-Verzehr durch große Investitionen auch bei pessimistischer Konjunkturenentwicklung hoch, der positive cash flow-Beitrag anderer Geschäftseinheiten dagegen niedrig ist. Es wird also eine vorsichtigere Mischung von Teilstrategien begünstigt.

Erst in einem fortgeschrittenen Stadium der Untersuchung kann daran gedacht werden, die Strategien der Geschäftseinheiten in erste Schritte und spätere alternative Anpassungsmöglichkeiten zu zerlegen. Das damit wesentlich komplexer werdende Modell soll durch »Zusammenfaltung« in ein statisches Modell vereinfacht werden, so daß die an anderer Stelle beschriebene Methodik der Ermittlung »robuster erster Schritte« anwendbar wird (siehe *Hanssmann*, 1977 und 1978–c).

Literaturübersicht

Ball, B. C.: »The use of management science techniques in a corporate strategic planning system«, EJOR 3,2 (1978)

Hamilton, F. und Moses, M. A.: »An Optimization Model for Corporate Financial Planning«, Operations Research 21,3 (1973)

Hanssmann, F.: Einführung in die Systemforschung, Oldenbourg-Verlag, München 1978–a

Hanssmann, F.: »The Case for Static Models in Strategic Planning«, in Hax, A. C. (ed.): Studies in Operations Management, Chapter 4, North-Holland Publishing Company 1978–b

Hanssmann, F.: »Die Rolle von Entscheidungsmodellen in der strategischen Planung«, in Müller-Merbach, H. (Hrs.): Quantitative Ansätze in der Betriebswirtschaftslehre, Vahlen 1978–c

Hanssmann, F.: »Corporate Planning Based on a Static Analytical Model«, in Plötzeneder, H. D. (ed.): Computergestützte Unternehmensplanung/Computer Assisted Corporate Planning, Science Research Associates, Stuttgart 1977

Hax, A. C. und Majluf, N. S.: »A Methodological Approach for the Development of Strategic Planning in Diversified Corporations«, in Hax, A. C. (ed.): Studies in Operations Management, Chapter 2, North-Holland Publishing Company 1978

Rychel, D. F.: »Capital Budgeting with Mixed Integer Linear Programming: An Application«, Financial Management 6,4 (1977)

Reinhart Schmidt

Diagnose von Unternehmensentwicklungen auf Basis computergestützter Inhaltsanalyse

A. Einleitung

I. Die Bedeutung einer systematischen Diagnose von Unternehmensentwicklungen

II. Zur Verarbeitung numerischer und nichtnumerischer Informationen

III. Problemstellung

B. Methodische Grundlagen

I. Vorgehensweisen zur Analyse von Textinhalten

1. Herkömmliche Inhaltsanalyse/2. Verallgemeinerung von Fragestellung und Vorgehensweise/3. Validität und Reliabilität von Inhaltsanalysen/4. Computereinsatz bei der Inhaltsanalyse

II. Vorgehensweisen zur Diagnose von Unternehmensentwicklungen auf Basis der Inhaltsanalyse

1. Beiträge der Betriebswirtschaftslehre/2. Beschaffung empirischer Informationen/3. Klassifikation von Unternehmensentwicklungen und Mustererkennung/ 4. Integrierte Verarbeitung numerischer und nichtnumerischer Informationen

C. Anwendungsbeispiele

I. Vorbemerkungen

1. Zur Auswahl des empirischen Materials/ 2. Kategorienbildung/3. Computereinsatz

II. Berichterstattung durch das Unternehmen

1. Schlagzeilenanalyse für zwei Elektrokonzerne/2. Volltextanalyse für drei Aktienbrauereien: Zeitreihenanalyse/3. Volltextanalyse für sieben Aktienbrauereien: Querschnittsanalyse

III. Berichterstattung durch die Umwelt

1. Codierung in Standardsprache/2. Analyse einer Unternehmenskrise

IV. Berichterstattung durch das Unternehmen und die Umwelt

D. Zusammenfassung und Ausblick

Literaturverzeichnis

A. Einleitung

I. Die Bedeutung einer systematischen Diagnose von Unternehmensentwicklungen

Wenn sich die Betriebswirtschaftslehre mit Unternehmenskrisen beschäftigt, sollte sie die wichtigste Aufgabe darin sehen, daß Aussagen über die Zweckmäßigkeit bestimmter Handlungsweisen zur Verhütung oder Überwindung solcher Krisen gewonnen werden. Die Entwicklung von Frühwarnsystemen [vgl. dazu *Hahn/Krystek* (1979)] kann zwar dazu beitragen, daß Maßnahmen eher eingeleitet werden und daß dadurch eine Krise erst gar nicht auftritt oder leichter überwunden werden kann. Über die Wahl der Maßnahmen sagen solche Systeme, soweit sie sich an Symptomen orientieren, jedoch nichts aus. Dazu müssen Ursache-Wirkungs-Zusammenhänge mit den Symptomen in Verbindung gebracht werden.

Die Auffassung von dem Unternehmen als einem *lebendigen* sozialen Gebilde [vgl. *Szyperski* (1975, S. 368)] legt es nahe, Unternehmenskrisen als Krankheiten anzusehen und eine Pathologie des Unternehmens zu entwickeln. Die Pathologie der Organisation von *Türk* (1976) sowie die von *Smart/Vertinsky* (1977) können als Schritte in dieser Richtung angesehen werden, wenn auch die Anamnese, d. h. die Unternehmensentwicklung, von diesen Autoren vernachlässigt wird. Gerade die zeitliche Komponente muß jedoch beachtet werden, wenn Ursache-Wirkungs-Zusammenhänge für Anamnese und Therapie festgestellt werden sollen. Außerdem wird ein Gesundheitsstatus-Konzept benötigt, um die Grenze zur Krankheit ziehen zu können.

Ansatzpunkte für eine Diagnose von Unternehmensentwicklungen finden sich zunächst in der mikroökonomischen Wachstumstheorie, die man besser als Theorie der Unternehmensentwicklung bezeichnen sollte. Verwendbar für eine Entwicklungsdiagnose sind hier vor allem die Vorstellungen von Entwicklungsschüben und Entwicklungsgrenzen, von einer nach außen wie auch innen zu wahrenden Stabilität sowie von der besonderen Bedeutung der Forschung und Entwicklung für das Unternehmenswachstum [vgl. dazu *Albach* (1965)]. Die bisherige Theorie der Unternehmensentwicklung weist jedoch nicht die Realitätsnähe auf, um in der Praxis Diagnosen stellen zu können.

Daneben gibt die Lehre von der strategischen Unternehmensplanung Hinweise auf Konzepte [*Albach* (1978)], strategische Variablen [*Guth* (1971/72)], Maßnahmen [*Koch* (1976)] und Reaktionsweisen [*Ansoff* (1976)]. Der stärkeren Realitätsnähe der Lehre von der strategischen Planung steht jedoch der Nachteil gegenüber, daß die Aktionsparameter schwer quantifizierbar sind. Darüber hinaus fehlt der Lehre von der strategischen Unternehmensplanung bisher das allgemein anerkannte Konzept. Um Diagnosen der Unternehmensentwicklung stellen zu können, erscheint es vor allem erforderlich, die Lehre von der strategischen Unternehmensplanung zu operationalisieren.

Operationalisierung der Lehre von der strategischen Unternehmensplanung bedeutet, Unternehmensentwicklungen auf Basis verfügbarer oder praktisch erzeugbarer Informationen zu beschreiben und zu erklären. In der Betriebswirtschaftslehre liegt bei solchen Operationalisierungsbestrebungen der Forschungsschwerpunkt eindeutig auf der Verarbeitung *numerischer* Informationen; dies zeigt etwa ein Überblick über die empirische Bilanzforschung in Deutschland [vgl. dazu *Coenenberg et al.* (1978)]. Ein Nachteil der Verarbeitung von numerischen Informationen liegt jedoch darin, daß Ursache-Wirkungs-Zusammenhänge nur aufgrund statistisch begründeter Urteile abgeleitet werden können; die Auswertung nichtnumerischer Kausalrelationen muß unterbleiben, obwohl diese z. B. explizit verbal formuliert sind.

Die Folge ist, daß die Verarbeitung numerischer Informationen eher zu Aussagen über Symptome statt Ursachen führt [vgl. zur Erfassung von Krisensymptomen etwa *Argenti* (1976) und *Uhlenbruck* (1977)]. Die Tatsache, daß numerische Informationen leichter zu verarbeiten sind, veranlaßt die Literatur [*Korth* (1976)] wohl dazu, für den aktienrechtlichen Lagebericht mehr Zahleninformationen zu fordern. Dies darf aber nicht dazu führen, daß verbale Kausalrelationen im Geschäftsbericht unterdrückt werden. Die Umfrageergebnisse von *Kellinghusen/Irrgang* (1978) über die Einschätzung von Geschäftsberichten weisen deutlich auf die Erwünschtheit auch verbaler Informationen hin.

Um die vielfältigen Zustände und Ereignisse in einem Unternehmen zu beschreiben und zu erklären, kann auf nichtnumerische Informationen nicht verzichtet werden. Einen ersten Schritt in Richtung der Verarbeitung von sprachlichen Informationen über den Bereich der Unternehmensentwicklung unternahm 1970 *Hauschildt,* indem er verbale Zielartikulationen codierte. Andere Ansätze in jüngster Zeit [*Mintzberg* (1978) bzw. *Miller/Friesen* (1978)] gehen von qualitativen Sachverhalten der Unternehmensentwicklung aus und analysieren diese historisch-genetisch bzw. mit Methoden der numerischen Klassifikation. Die Verbindung der erwähnten Ansätze erscheint erfolgversprechend, um Unternehmensentwicklungen diagnostieren zu können:

Anzustreben ist die (zusätzliche) Analyse nichtnumerischer Daten, indem
- verbale Informationen über die Unternehmensentwicklung erfaßt
- einer Inhaltsanalyse unterzogen und
- mit Hilfe von Verfahren der Mustererkennung Klassen ähnlicher Unternehmensentwicklung gebildet werden.

III. Problemstellung

Ziel des folgenden Beitrages ist es, die Möglichkeiten aufzuzeigen, welche sich aus einer Analyse von Textinhalten für die Diagnose von Unternehmensentwicklungen ergeben. Dabei wird die Annahme gemacht, daß einem gegebenen Text ein betriebswirtschaftlicher Gehalt innewohnt [vgl. *Hauschildt* (1970, S. 549 f.)]. Es geht also um die semantische Ebene der Kommunikation [vgl. dazu etwa *Berthel* (1975), *Szyperski* (1975)], nicht aber um die pragmatische Ebene, welche für Entscheidungen und Verhaltensbeeinflussungen von Bedeutung ist. Pragmatisch verfaßte Texte – z. B. Geschäftsberichte oder Pressemeldungen – können also durchaus auch rein syntaktisch oder semantisch – ohne Rücksicht auf Reaktionen aufgrund der Lektüre – betriebswirtschaftlich analysiert werden [vgl. dazu auch *Hax* (1975, Sp. 2171)].

Zunächst sollen die methodischen Grundlagen der in den Sozialwissenschaften häufig angewandten Inhaltsanalyse [vgl. dazu etwa *Scheuch* (1973)] dargestellt werden, wobei die Besonderheiten betriebswirtschaftlicher Fragestellungen zu berücksichtigen sind. Sodann sind Vorgehensweisen zur Diagnose von Unternehmensentwicklungen auf Basis der Inhaltsanalyse zu erörtern.

Die praktische Anwendbarkeit des entwickelten Konzepts soll anhand von leicht zugänglichen Berichten über Unternehmensentwicklungen, nämlich anhand von aktienrechtlichen Lageberichten und Pressemeldungen, demonstriert werden. Die Transformation von Sprache in Aussage wird dabei mit Hilfe einer computergestützten Inhaltsanalyse vorgenommen. Damit soll versucht werden, einen bisher nicht der elektronischen Datenverarbeitung zugänglichen Problemkreis [vgl. *Szyperski* (1975, Sp. 1906, Abb. 5)] tendenziell zu automatisieren.

B. Methodische Grundlagen

I. Vorgehensweisen zur Analyse von Textinhalten

1. Herkömmliche Inhaltsanalyse

Die Inhaltsanalyse ist eine in der Betriebswirtschaftslehre bisher selten angewandte Forschungsmethode [vgl. *Hauschildt* (1977, S. 6, Fußnote 9)]. Ihre »Leitfrage« [*Friedrichs* (1973, S. 319)] basiert auf einer Analyse des Kommunikationsprozesses:

»Wer sagt was zu wem, wie, warum und mit welchem Effekt?«

Aus dieser Fragestellung entspringt eine Fülle inhaltsanalytischer Untersuchungspläne [vgl. dazu *Friedrichs* (1973, S. 320), *Lisch/Kriz* (1978)]. Die konkrete Ausgestaltung eines Untersuchungsplans hängt von den unterstellten Abhängigkeiten der einzelnen Elemente ab. Drei Aspekte lassen sich besonders hervorheben.

- der personelle Aspekt (Sender, Empfänger, Inhaltsanalytiker)
- der semantisch-sprachliche Aspekt (Aussageinhalt, Sprechweise)
- der pragmatische Aspekt (Intention und Wirkung).

Im Vordergrund der klassischen Inhaltsanalyse steht der sprachliche Aspekt, indem aus der Vorkommenshäufigkeit bestimmter Wörter auf den Aussageinhalt geschlossen wird [vgl. *Hauschildt* (1977, S. 271)]. Das Vokabular eines Textes kann dabei gemäß Abbildung 1 gegliedert werden.

1. Kontrolliertes Vokabular
   Thesaurus/Wörterbuch

   1.1 Einfachklassifikation
       – einwertige Merkmalsausprägung
       – mehrwertige Merkmalsausprägung (auch: Gewichtung)

   1.2 Mehrfachklassifikation
       – unbedingt
         – einwertige Merkmalsausprägung
         – mehrwertige Merkmalsausprägung
       – bedingt
         – einwertige Merkmalsausprägung
         – mehrwertige Merkmalsausprägung

2. Trivialwörterbuch

3. Restvokabular (nicht klassifiziert)

Abb. 1: Gliederung eines Vokabulars

Jedes Wort eines Textes wird einer Kategorie eines Kategorienschemas zugewiesen, welches vor der Untersuchung in Abhängigkeit von der Problemstellung zu entwerfen ist. In dem Kategorienschema nicht enthaltene Wörter werden dem Restvokabular zugeschlagen, wobei eine solche Zuweisung auf ein Desinteresse an dem betreffenden Wort oder auf ein unvollständiges Kategorienschema zurückzuführen sein kann. Aus dem kontrollierten Vokabular wird ein Trivialwörterbuch ausgegliedert, weil sich dadurch bei der Verarbeitung großer Wortmengen Vorteile ergeben [vgl. dazu *Ahrens* (1978)].

Das kontrollierte Vokabular wird je nach dem Grad der Systematisierung als Wörterbuch oder als Thesaurus bezeichnet [vgl. *Sparck Jones/Kay* (1976, S. 165)]. Da die Beurteilung des Systematisierungsgrades objektiv kaum zu entscheiden ist, werden die beiden Begriffe hier als gleichwertig angesehen.

Aus Abbildung 1 geht hervor, daß der Thesaurus durch eine einfache oder mehrfache Klassifikation eines Wortes gekennzeichnet sein kann. Mehrfachklassifikationen erweisen sich als notwendig, wenn Begriffe durch mehrere Kategorien gleichzeitig beschrieben werden müssen oder wenn die Bedeutung von dem Zusammenhang mit benachbarten Wörtern eines Satzes abhängt. Der zuletzt genannte Fall entspricht der bedingten Mehrfachklassifikation in Abbildung 1.

Indem für ein Wort eine mehrwertige Merkmalsausprägung zugelassen wird, kann der Analysezweck berücksichtigt werden. Der Inhaltsanalytiker kann dabei entweder den Grad der Zugehörigkeit eines Wortes zu einer Kategorie gewichten oder auch Abstufungen eines Begriffes erfassen.

Mit der Zulassung bedingter und zugleich mehrwertiger Merkmalsausprägungen ist die Inhaltsanalyse in der Lage, nicht nur manifeste, sondern auch latente, subjektiv

1. Textart
   - Unternehmen als Verfasser
     - interner Text
     - publizierter Text
   - Umwelt als Verfasser

2. Erhebungsumfang
   - Volltext
     - Vollerhebung
     - Stichprobe
   - Schlagzeilen/Überschriften
     - Vollerhebung
     - Stichprobe

3. Analyseform
   - Zeitreihenanalyse
   - Querschnittsanalyse
   - Soll-Ist-Analyse (Normtext)

4. Analyseeinheit
   - Wort
   - Wort/Zahl mit Umgebung
   - Satz
   - Abschnitt

5. Berücksichtigung numerischer Information
   - nur Nichtnumerik
   - Nichtnumerik und Numerik

6. Codierung/Indexierung
   - durch den Menschen
     - eine Person
     - mehrere Personen
   - durch die Maschine

7. Aussageeinheit
   - Satz
   - Abschnitt
   - Text

Abb. 2: Merkmale inhaltsanalytischer Methodik bei betriebswirtschaftlichen Fragestellungen

perzipierte Inhalte zu erfassen. Es können also mehrere mit einem Wort assoziierte Bedeutungen gespeichert werden. Dies ist für die Betriebswirtschaftslehre von besonderer Bedeutung, weil hier die Kommunikationsprozesse unter pragmatischem Aspekt gestaltet werden.

2. *Verallgemeinerung von Fragestellung und Vorgehensweise*

Wenn die Inhaltsanalyse bei betriebswirtschaftlichen Fragestellungen angewendet werden soll, sind spezielle Aspekte der fachspezifischen Fragestellung und Texte bei der methodischen Vorgehensweise zu berücksichtigen. Diese Aspekte sind in Abbildung 2 systematisch aufgeführt.

Bei der *Art des Textes* spielt die Verfasserschaft eine wesentliche Rolle, weil der Zusammenhang von Gegenstand und Sprache von dem subjektiven Wissen der Kommunikationsteilnehmer abhängig ist [vgl. *Kroeber-Riel* (1976, Sp. 3636)]. Darüber hinaus sind Ausdrucksweise [*Fluck* (1976)], Manipulation und Fälschung [*Blohm* (1962), *Ritsert* (1972), *Harary/Batell* (1978)] sowie Geheimhaltung [*Hub* (1972)] von Informationen verfasserabhängig.

Der *Erhebungsumfang* bildet bei der Analyse von Volltexten einen erheblichen Kostenfaktor, weshalb man sich hier mehr als bei einer Analyse von Überschriften oder Schlagzeilen Gedanken über die zweckmäßige Stichprobenauswahl machen muß.

Die *Analyseform* entspricht den Fragestellungen betriebswirtschaftlicher Vergleiche, wobei eine Soll-Ist-Analyse sich nicht nur auf einen Vergleich von Ist und späterem Soll, sondern auch auf den Vergleich eines Textes mit einem Normtext erstrecken kann.

Bei der Festlegung der *Analyseeinheit* ist abweichend von der herkömmlichen Inhaltsanalyse zuzulassen, daß nicht nur einzelne Wörter, sondern auch Wörter mit Umgebungen – sog. Sachverhalte [vgl. *Sparck Jones/Kay* (1975, S. 142)] –, ganze Sätze oder sogar Abschnitte eine Analyseeinheit bilden können. Für wirtschaftliche Fragestellungen ist außerdem die gleichzeitige Auswertung von im Text vorkommendem Zahlenmaterial relevant. Die Analyse von Zahlen steht dabei sachlogisch auf der Stufe der Auswertung von Wortumgebungen, weil eine Zahl erst durch die beizufügende Dimension wirtschaftliche Bedeutung erhält.

Mit der Zulassung von Zahlen als Analyseeinheiten dürfte die *Berücksichtigung von numerischen Informationen* die Aussagequalität über wirtschaftliche Sachverhalte erheblich verbessern.

Die *Codierung bzw. Indexierung* einzelner Wörter durch Zuweisung von Kategorien oder assoziierten Wörtern läßt die Frage nach der Auswahl des Inhaltsanalytikers aufkommen. Sein Verstehen des Textes kann wie das des Adressaten der Information beeinträchtigt sein: durch ein begrenztes Gedächtnis, Zerstreutheit und Verwirrung, Verschiebung von Aufmerksamkeit sowie zufällige und systematische Interpretationsfehler [vgl. *Bungarten* (1979, S. 29)]. Daher empfiehlt sich insbesondere für wissenschaftliche Analysen die Parallel-Codierung durch mehrere Personen. Durch zusätzlichen Computereinsatz kann die Codierungsarbeit nicht nur beschleunigt, sondern es können die Speichervorteile und die Vorteile einer programmierten Entscheidung genutzt werden.

Bei der Wahl der *Aussageeinheit* besteht durchaus die Möglichkeit, sich auf einen Satz oder einen Abschnitt als Einheit zu beschränken. Dies erscheint sinnvoll, wenn unterschiedliche Sprechweisen über den gleichen Gegenstand erforscht werden sollen, wie man es sich z. B. bei dem Erläuterungsbericht zum aktienrechtlichen Jahresabschluß vorstellen kann.

Verbindet man die oben gestellte Leitfrage der Inhaltsanalyse mit den in der Abbildung 2 enthaltenen Merkmalen, dann wird die ungeheure Vielfalt inhaltsanalytischer Forschungsdesigns in der Betriebswirtschaftslehre offenbar.

3. Validität und Reliabilität von Inhaltsanalysen

Weil bei der pragmatischen Gestaltung betriebswirtschaftlicher Informationen auf Verhaltensbeeinflussung abgestellt wird, besteht die Gefahr, daß Inhaltsanalysen kein gültiges Abbild des ausgewählten Gegenstandsbereichs erzeugen. Der Codierungsprozeß wird damit zum wichtigsten Teilprozeß einer Inhaltsanalyse. Dies bedeutet, daß eine betriebswirtschaftliche Inhaltsanalyse auf die »Aussageintentionen« und »Sprecherstrategien« [*Bungarten* (1979, S. 38)] Rücksicht nehmen muß. Eine rein linguistische Analyse scheidet also aus. Das Kriterium der Validität erfordert den Einsatz eines mit dem Einzelfall möglichst vertrauten Menschen als Inhaltsanalytiker.

Andererseits leidet die Verläßlichkeit inhaltsanalytischer Ergebnisse bei zu starker individueller Ausrichtung des Inhaltsanalytikers. Parallel-Codierung und Computereinsatz sind Maßnahmen, um ein möglichst hohes Maß an Reliabilität zu erreichen.

Insbesondere scheint ein Dialog von Mensch und Maschine geeignet zu sein, verläßliche *und* gültige Inhaltsanalysen hervorzubringen. Daher ist auf die Möglichkeiten des Computereinsatzes näher einzugehen.

4. Computereinsatz bei der Inhaltsanalyse

Der Einsatz des Computers nimmt nicht nur im Bereich der Wirtschaft und Wirtschaftswissenschaften, sondern auch im Bereich der Linguistik ständig zu [vgl. etwa *Seelbach* (1975) sowie *Bergenholtz/Schaeder* (1979)]. Von daher ist zu prognostizieren, daß Inhaltsanalysen in der Zukunft verstärkt mit Computerunterstützung durchgeführt werden. Das grundsätzliche Vorgehen kann dabei anhand der Abbildung 3 beschrieben werden.

Die *Datenerfassung* wird beträchtlich erleichtert werden, weil die zu erfassenden Texte aufgrund des technologischen Wandels in der Druckindustrie prinzipiell schon in elektronischen Medien gespeichert sind. Außerdem verbessern sich die technischen Möglichkeiten der Beleglesung und der automatischen Spracheingabe kontinuierlich.

Die erfaßten Texte weisen natürliche Satzabschlüsse, Abschnitte und Dokumentabschlüsse auf. Durch eine *Abgrenzung der Aussageeinheit* im Dialog wird erreicht, daß eine gegebene Dokumentendatei leicht in verschiedene Aussageeinheiten gegliedert werden kann.

Je nach Komplexität der zu analysierenden Inhalte kann es sinnvoll sein, der eigentlichen Inhaltsanalyse eine *Codierung in Standardsprache* vorzuschalten. Dies ist durch Vorführung eines ganzen Satzes am Bildschirm und die sofortige Satzinterpretation in Standardsprache durch den Inhaltsanalytiker möglich. Die im Dialog eingegebenen Wörter der Standardsprache werden dann einer Inhaltsanalyse unterzogen (vgl. das Beispiel unten in Abbildung 9).

Die nach Aussageeinheiten abgegrenzten, eventuell in Standardsprache übersetzten Texte werden – sofern ein Vergleichsthesaurus schon existiert – Wort für Wort abgearbeitet, und es wird das Vorkommen von Wörtern in einzelnen Sätzen sowie die Häufigkeit einer Kategorie in einer Aussageeinheit festgehalten. Sofern kein *Vergleichswörterbuch* vorhanden ist, kann es bei der Verarbeitung der Texte im Dialog erstellt werden.

Die sich an die maschinelle Auswertung anschließende *Ergebnisanalyse* durch den Inhaltsanalytiker kann zu einer Veränderung der Kategorienzuweisung oder zu einer Erweiterung des Wörterbuchs führen.

Die Ergebnisdokumentation wird nicht nur über Drucker oder Bildschirm ausgegeben, sondern auch für weitergehende statistische Auswertungen auf einem peripheren Speicher verfügbar gehalten. Wie bei der Verarbeitung numerischer Informationen

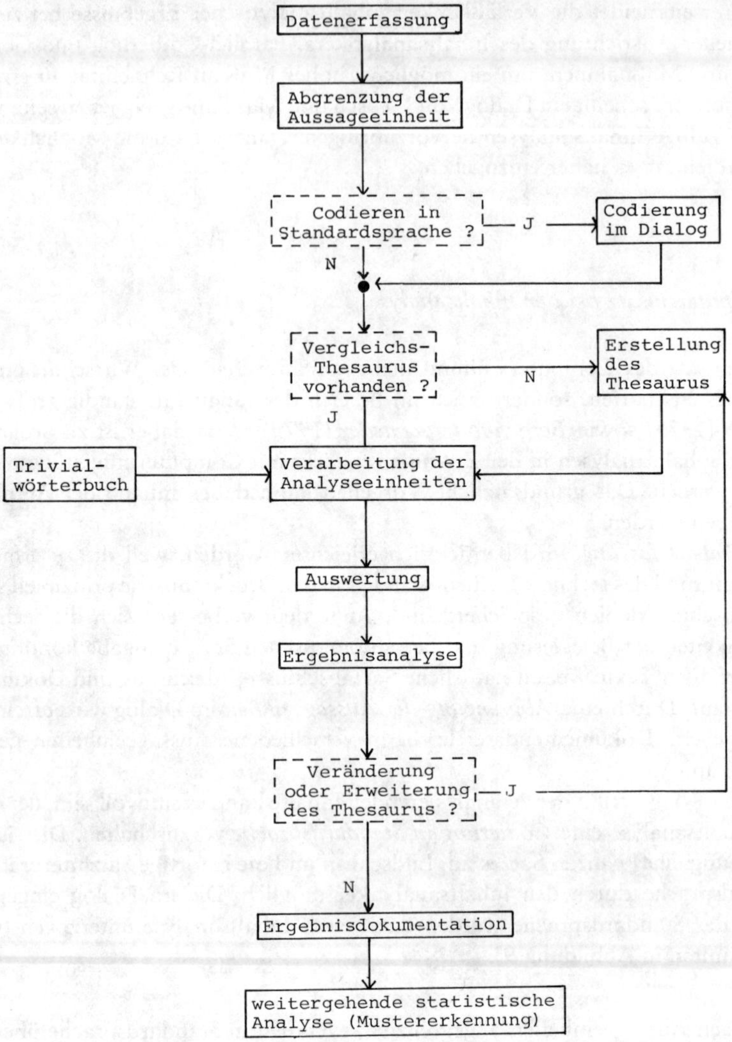

Abb. 3: Vorgehen bei computergestützter Inhaltsanalyse

können *aus den Texten gewonnene numerische Informationen* zu Kennzahlen verdichtet werden.

Die statistische Weiterverarbeitung kann sich sodann auf die gleichen Methoden wie die bei der Auswertung originär numerischer Daten stützen.

II. Vorgehensweisen zur Diagnose von Unternehmensentwicklungen auf Basis der Inhaltsanalyse

1. Beiträge der Betriebswirtschaftslehre

Aus der Darstellung der inhaltsanalytischen Methodik dürfte deutlich geworden sein, daß die in der Betriebswirtschaftslehre geleistete empirische Arbeit zur Unternehmenspublizität [vgl. dazu etwa *Schmidt* (1972) sowie den Überblick bei *Berndsen* (1978)] nur ansatzweise für inhaltsanalytische Fragestellungen verwertbar ist. Eine Beziehung besteht dabei noch am ehesten in Form der Arbeiten von *Müller* (1976), der die Berichtsbereitschaft der Erfolgslage und -tendenz gegenüberstellt, sowie von *Bowman* (1976), der relative Textumfänge verschiedener Teilbereiche mit Umsatzrenditen vergleicht. Auch das Ergebnis von *Sprißler* (1976), daß Positionen des Jahresabschlusses, welche besonders im Zusammenhang mit der Bildung stiller Reserven stehen, weniger umfangreich erläutert werden, weist in diese Richtung.

Für die Entwicklung von Kategorienschemata sind Arbeiten über die semantischen Aspekte der Rechnungslegung [*Haried* (1972 und 1973)] sowie über Anforderungsprofile [*Pfestorf* (1975)] heranzuziehen.

Schließlich beschäftigt sich eine Reihe von Arbeiten ganz oder teilweise mit der Lesbarkeit und Verständlichkeit betriebswirtschaftlicher Informationen [so etwa *Soper/Dolphin* (1964), *Smith/Smith* (1971), *Hub* (1972), *Render et al.* (1976) sowie *Niehus* (1979)]. Dabei stehen mit Ausnahme der Arbeiten von Hub und Niehus linguistische Aspekte im Vordergrund der Betrachtungen. Eine Beziehung zwischen Inhalt und Verständlichkeit wird von *Morton* (1974) aufgedeckt: Ausführungen über eine weniger gute Geschäftslage sind schwerer verständlich als Ausführungen über gute Geschäftslagen

2. Beschaffung empirischer Informationen

Die Anwendung des inhaltsanalytischen Konzepts wird erheblich erleichtert, wenn auf einen dokumentierten Wortschatz betriebswirtschaftlicher Fachausdrücke [vgl. dazu etwa *Schefe* (1975, S. 89, Fußnote 1)], insbesondere auf spezielle Wirtschaftslexika, zurückgegriffen wird. Solche Lexika müssen allerdings um wirtschaftsspezifische Sprechweisen ergänzt werden, welche Geschäftsberichten und der Wirtschaftspresse entnommen werden können. Die existierenden betriebswirtschaftlichen Datenbanken sollten daher um nichtnumerische Daten ergänzt werden.

Für die Analyse von Unternehmensentwicklungen sind auch der Wortschatz betriebswirtschaftlicher Lehrbücher sowie mehr oder weniger detaillierte Berichte über die Entwicklung bestimmter Unternehmen heranzuziehen. In diesem Zusammenhang sei etwa auf Mis-Management-Artikel in der Wirtschaftspresse verwiesen [vgl. dazu *Schwetlick/Lessing* (1977)].

3. Klassifikation von Unternehmensentwicklungen und Mustererkennung

Der entscheidende Schritt zur Diagnose von Unternehmensentwicklungen ist die Verarbeitung der aus der Inhaltsanalyse gewonnenen numerischen Informationen. Hier bietet sich der Ansatz der *Mustererkennung* [vgl. dazu *Mertens* (1977)] an, um aus den abgeleiteten numerischen Informationen Zustands- und Entwicklungsmuster zu erzeugen. Als Methode empfiehlt sich in diesem Zusammenhang die schon seit längerer Zeit zur Klassifikation numerischer Unternehmensdaten eingesetzte Clusteranalyse [vgl. etwa *Gupta/Huefner* (1972) sowie *Goronzy* (1973)]. Das Schwergewicht der Auswertungen muß dabei auf der Klassifikation von Entwicklungs*verläufen* mit Hilfe der Clusteranalyse liegen.

Wenn solche Entwicklungsmuster erzeugt sind, erscheint es möglich, computergestützte Unternehmensdiagnosen zu erstellen. Dabei können Erkenntnisse der computergestützten Diagnose von Krankheiten [vgl. etwa *Betaque/Gorry* (1971)] sowie der Bestimmung eines Gesundheitsstatus auf Basis des Unschärfe-Konzepts [vgl. dazu *Sekita/Tabata* (1979)] verwertet werden.

4. Integrierte Verarbeitung numerischer und nichtnumerischer Informationen

Hier soll nicht der Eindruck vermittelt werden, als ob die Analyse von Unternehmensentwicklungen sich auf die Verarbeitung nichtnumerischer Informationen zu beschränken habe. Es ist selbstverständlich, daß nach wie vor – aufgrund der größeren Präzision – numerische Informationen aus dem Rechnungswesen die Grundlage für Analysen bieten. Gerade im Bereich der strategischen Fragen der Unternehmensentwicklung sind jedoch solche Daten in weit geringerem Umfang vorhanden. Durch eine integrierte Verarbeitung numerischer und nichtnumerischer Informationen scheint daher der Mangel an originär numerischen Informationen überwindbar. Die Clusteranalyse etwa bedient sich der Daten unabhängig davon, ob diese direkt dem Rechnungswesen entstammen oder über eine Inhaltsanalyse erst in numerische Daten transformiert worden sind. Eine integrierte Verarbeitung beider Informationsarten ist daher technisch möglich.

C. Anwendungsbeispiele

I. Vorbemerkungen

Im Zusammenhang mit der Schaffung einer neuen Konzeption zur Diagnose von Unternehmensentwicklungen erscheint es hinreichend, die Anwendbarkeit des Konzepts anhand von Einzelbeispielen zu demonstrieren. Es wird also hier noch nicht angestrebt, allgemeingültige Aussagen zur Unternehmensentwicklung zu machen.

1. Zur Auswahl des empirischen Materials

Die Anwendbarkeit kann mit einiger Aussicht auf Überzeugung demonstriert werden, wenn die zu analysierenden Texte verschiedenen Bereichen entstammen, und – sofern sie einem Bereich angehören – von verschiedenen Verfassern kommen. Außerdem soll geprüft werden, ob schon Schlagzeilen akzeptabel analysiert werden können. Unter diesen Gesichtspunkten wurden die in Tabelle 1 angeführten Texte Wort für Wort voll erfaßt.* Die Lageberichtstexte von Brauereien entstammen der Erfassung durch *Ahrens* (1978) am Institut für Betriebswirtschaftslehre der Universität Kiel. Die übrigen Texte wurden eigens für die folgende Analyse erfaßt.

Bei der Auswahl der Texte hätte man im Zusammenhang mit der Thematik »Unternehmensentwicklung« besser auf unternehmensinterne Texte zurückgreifen sollen, weil solche Texte wohl eher direkte Äußerungen über Ziele und Strategien enthalten. Solche Informationen standen jedoch nicht zur Verfügung, sie scheinen einer Validie-

Nr.	Text-beschreibung	Anzahl Sätze	Anzahl Wörter	Mittlere Satz-länge (Wörter)	Anteil der nicht klassifi-zierten Wörter (%)	Anteil der Trivial-wörter (%)
1	21 Lageberichte von 3 Brauereien	695	12154	17,5	15,8	49,1
2	14 Lageberichte von 7 Brauereien	306	5413	17,7	15,6	49,1
3	Schlagzeilen aus 10 Lageberichten von AEG und Siemens	644	2647	4,1	2,7	30,6
4	52 Schlagzeilen (Zeitungsüberschriften) über AEG	109	606	5,6	8,3	32,8
5	Bericht der FAZ über Strukturmaßnahmen bei AEG	32	377	11,8	4,8	38,2

Tab. 1: Übersicht über die untersuchten Texte

Zu 1: Haake-Beck, Isenbeck, Stern (jeweils 1968/69 bis 1974/75)
Zu 2: Dortmunder Actien, Dortmunder Hansa, Dortmunder Ritter, Einbecker Brauhaus sowie die drei Unternehmen unter 1) (jeweils 1970 und 1975).
Zu 3: Jeweils 1973 bzw. 1972/73 bis 1977 bzw. 1976/77.
Zu 4: Tages- u. Wirtschaftspresse vom 14. 03. 74 bis 09. 03. 79 (Auswahl).
Zu 5: FAZ vom 09. 03. 79, S. 14.

* Sämtliche Berechnungen wurden auf der PDP 10 des Rechenzentrums der Universität Kiel durchgeführt.

rung durch adäquate numerische Informationen auch weniger gut zugänglich als Lageberichtsinformationen. Dennoch erscheint es interessant, die Untersuchungen auf Hauptversammlungsreden, Stellungnahmen vor der Presse sowie Interviews auszudehnen. Dies muß jedoch weiteren Untersuchungen vorbehalten bleiben.

Die Auswahl von Schlagzeilen-Texten mußte sich bei den Unternehmenstexten stark nach der Verfügbarkeit richten, da nur wenige Unternehmen in Lageberichten nicht nur Überschriften, sondern auch informative Schlagzeilen [vgl. dazu auch die Forderung von *Staubus* (1973, S. 244)] den Textabschnitten voranstellen.

2. *Kategorienbildung*

Die von dem Untersuchungszweck und dem zu analysierenden Textmaterial abhängigen Kategorien wurden auf verschiedene Weise gebildet. Zunächst wurde das von *Ahrens* (1978) entwickelte, in Abbildung 4 wiedergegebene Kategorienschema A verwendet. Dieses Schema hat den Nachteil, daß die Bereiche des Unternehmens und der Umwelt zu wenig untergliedert sind. Deshalb wurde das in Abbildung 5 wiedergegebene Kategorienschema B aufgestellt, welches jeden Bereich des Unternehmens und der Umwelt noch in die Kategorien »Sache«, »Raum« und »Zeit«, diese Subkategorien wiederum in die Kategorien »negativ«, »neutral« und »positiv« gliedert. Die zuletzt genannten Bewertungen wurden aus Sicht eines Aktionärs der betreffenden Gesellschaft abgegeben.

Absatz Produktion Investition Personal/ Soziales	Firmennamen Produktnamen Ortsnamen Externe Effekte
Erträge/ Leistungen Aufwendungen/ Kosten Bilanz	Negative Äußerungen Wertneutrale Äußerungen Positive Äußerungen
Lage des Unternehmens Unternehmensstruktur	Zeitbezüge Zahlenbegriffe und -vergleiche

(Quelle: Ahrens (1978, S. 99f.).)

Abb. 4: Kategorienschema A

Unternehmen		Umwelt		Messung und Bewertung	
0	Beschaffung/ Investition/ Personal	5	Kunden	91	Zahl/ Menge
1	Produktion/ F+E	6	Markt/ Konkurrenz	92	Entfernung/ Länge
2	Absatz	7	Lieferanten/ Kreditgeber	93	Gewicht/Raum/ Volumen
3	Finanzen/ Rechnungs-wesen	8	Öffentlich-keit/Politik/ Wirtschaft	94	Zeit/Verlauf
4	Führung/ Organisation/ Planung	80	Name einer Institution	95	Wert/ Geldeinheit
10	Firmenname	40	Firmenname	96	Negative Äußerung
20	Produktname	50	Produktname	97	Neutrale Äußerung
30	Personenname	60	Personenname	98	Positive Äußerung

Anmerkung: Die Kategorien 0 bis 8 werden jeweils in die Subkategorien »Sache«, »Raum« und »Zeit« unterteilt, diese wiederum jeweils in die Sub-Subkategorien »negativ«, »neutral« und »positiv«.

Abb. 5: Kategorienschema B

3. Computereinsatz

Die Auswertungen wären ohne Computereinsatz für Volltexte praktisch unmöglich gewesen. Für alle Auswertungen wurde ein von *Ahrens* (1978) am Institut für Betriebswirtschaftslehre der Universität Kiel entwickeltes Programmsystem eingesetzt. Die Programme sind in PASCAL geschrieben und erlauben u.a. die in Abbildung 3 wiedergegebenen Operationen. Das ursprüngliche Programmsystem wurde während der folgenden Auswertungen mehrfach verbessert, insbesondere im Hinblick auf eine stufenweise Wörterbuchkonstruktion und eine flexible Auswertungsmöglichkeit der erhaltenen numerischen Daten.

Sämtliche Programme sind auf Dialogbetrieb eingerichtet, so daß vor allem die Wörterbuchkonstruktion und die Auswertungsrichtung vom Benutzer unmittelbar beeinflußt werden können.

II. Berichterstattung durch das Unternehmen.

Wie Lageberichte von Aktiengesellschaften für eine Analyse der Unternehmensentwicklung mit Hilfe der Inhaltsanalyse verarbeitet werden können, soll anhand von zwei Zeitreihenanalysen und einer Querschnittsanalyse gezeigt werden.

1. Schlagzeilenanalyse für zwei Elektrokonzerne

Der in Tabelle 1 unter Nr. 3 beschriebene Text von ca. 2600 Wörtern wurde auf Basis des Kategorienschemas B einer Inhaltsanalyse unterzogen. Dabei wurden alle Wörter unabhängig von ihrer Vorkommenshäufigkeit im Dialog einer der Kategorien des Schemas B oder der Trivialwortkategorie oder der Kategorie »nicht klassifizierbar« zugewiesen. Als Variablen für die numerische Klassifikation dienen die *relativen* Anteile von 63 vorkommenden Kategorien, wobei die jeweilige Gesamtwortzahl eines Jahres die Bezugsbasis bildet. In Abbildung 6 findet man das Ergebnis einer Klassifikation mit Hilfe des Clusteranalyse-Programms YHAK von *Forst/Vogel;* die gruppierten Texte sind dabei für AEG mit »A«, für Siemens mit »S« und außerdem durch das Berichtsjahr gekennzeichnet.

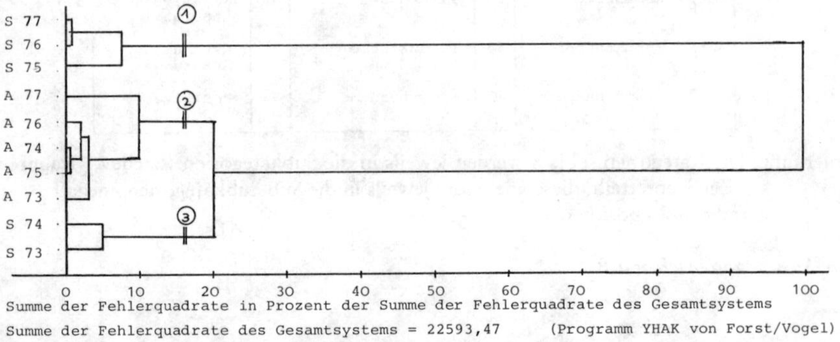

Abb. 6: Dendrogramm der Lageberichte von AEG und Siemens für 1973 bis 1977 – Basis: relative Häufigkeit einzelner Wortkategorien in den Schlagzeilen der Berichte –

Die Abbildung 6 kann wie folgt interpretiert werden:

(1) Die Unternehmen werden getrennten Klassen zugewiesen, wenn man drei Klassen bildet (vgl. eingekreiste Zahlen).
(2) Die schlechte Konjunktur des Jahres 1975 trennt die Siemens-Berichte der Jahre 1973 und 1974 von den Berichten der Jahre 1975 bis 1977.
(3) Bei AEG werden die beiden Verlustjahre 1974 und 1975 als recht ähnlich eingestuft.

Diese Ergebnisse zeigen, daß schon Analysen auf Basis von Schlagzeilen der Unternehmen Erfolg versprechen.

2. Volltextanalyse für drei Aktienbrauereien: Zeitreihenanalyse

Eine Zeitreihenanalyse auf Basis von *Volltexten* (Nr. 1 in Tabelle 1) wurde unter Verwendung des Kategorienschemas A durchgeführt, wobei nur die Wörter im Dialog klassifiziert wurden, welche mindestens zweimal vorkamen. Die Inspektion des hier nicht wiederzugebenden Dendrogramms einer Clusteranalyse ergibt insbesondere, daß fünf der sieben Berichte eines Unternehmens (Stern-Brauerei) zu einer Klasse zusammengefaßt werden können, ohne daß in dieser Klasse Berichte anderer Unternehmen vertreten sind. Ein differenzierteres Kategorienschema und eine Klassifikation aller Wörter unabhängig von der Vorkommenshäufigkeit dürften noch bessere Ergebnisse bringen.

Für die Analyse von Unternehmensentwicklungen erscheint es interessant, die Vorkommenshäufigkeit der einer bestimmten Kategorie zugewiesenen Wörter über die Zeit zu verfolgen. In Tabelle 2 werden die relativen Anteile der Kategorien Absatz, Produktion, Investition und Personal/Soziales wiedergegeben, wobei die Häufigkeit jeder dieser Kategorien auf die jeweilige Gesamtwortzahl bezogen ist.

Man erkennt aus einem Vergleich der in Tabelle 2 enthaltenen Zeitreihen, daß diese Reihen sowohl Trends als auch Sprünge aufweisen. Daß solche Verläufe nicht nur Ausdruck einer variablen Schwerpunktbildung in der Berichterstattung sind, sondern auch auf unterschiedliche Unternehmensentwicklungen hinweisen, ist im folgenden zu zeigen.

Unternehmen	Jahr	Kategorie (Bereich)			
		Absatz	Produktion	Investition	Personal/ Soziales
Haake-Beck	68/69	7,14	1,79	0,00	0,00
	69/70	5,15	3,09	6,19	0,00
	70/71	2,80	4,67	4,67	0,00
	71/72	1,62	2,74	2,49	0,12
	72/73	3,35	2,09	2,65	3,21
	73/74	5,29	2,65	1,94	3,88
	74/75	6,10	1,97	0,90	2,51
Isenbeck	68/69	2,01	1,34	0,67	4,70
	69/70	4,89	1,63	0,54	3,80
	70/71	3,05	0,61	0,61	4,27
	71/72	4,07	1,81	1,81	3,17
	72/73	4,14	0,38	2,63	1,50
	73/74	1,47	0,98	2,21	1,47
	74/75	1,54	0,86	1,88	1,37
Stern	68/69	4,81	1,32	0,84	1,56
	69/70	5,49	0,70	1,40	1,05
	70/71	5,57	1,01	1,90	0,51
	71/72	2,83	1,05	1,58	1,45
	72/73	3,89	1,58	1,26	0,53
	73/74	3,17	2,66	1,54	0,31
	74/75	2,41	1,53	0,88	0,48

Tab. 2: Berichterstattung über betriebliche Teilbereiche – Anteile der Wortzahlen von Bereichskategorien in Prozent der gesamten Wortzahl eines Lageberichts

3. Volltextanalyse für sieben Aktienbrauereien: Querschnittsanalyse

Die Gegenüberstellung mehrerer Berichte eines Jahres mit denen eines späteren Jahres müßte statistisch belegbare Schlüsse über die Beziehungen der Kategorie X des Jahres T und der Kategorie Y des Jahres T+t zulassen. Zur Prüfung dieser Hypothese wurden die unter Nr. 2 der Tabelle 1 genannten Berichte im Volltext analysiert, wobei wiederum das Kategorienschema A Anwendung fand. Gegenübergestellt wurden sieben Berichte des Jahres 1970 mit denen des Jahres 1975. Dieser Zeitraum erscheint groß genug, um wesentliche Veränderungen erfassen zu können.

Die in Tabelle 3 aufgeführten relativen Anteile (der Wörter von ausgewählten Kategorien an der Gesamtwortzahl) zeigen zunächst starke Schwankungen zwischen den Zahlen verschiedener Jahre für jeweils ein Unternehmen. Außerdem unterscheiden sich für ein gegebenes Jahr die Zahlen einer Kategorie bei den einzelnen Unternehmen erheblich.

Jahr	Unternehmen	Kategorie			
		Absatz	Produktion	Investition	Personal/ Soziales
1969/ 1970	D.Actien	2,88	4,33	2,40	0,00
	D.Hansa	4,47	2,79	1,96	0,56
	D. Ritter	4,66	0,52	0,00	0,00
	Einbecker	5,87	1,10	0,00	0,00
	Haake-B.	5,15	3,09	6,19	0,00
	Isenbeck	4,89	1,63	0,54	3,80
	Stern	5,49	0,70	1,40	1,05
1974/ 1975	D.Actien	3,25	0,25	1,25	2,50
	D.Hansa	0,83	0,00	0,00	0,00
	D.Ritter	4,38	0,67	1,35	0,00
	Einbecker	7,41	3,70	2,22	0,00
	Haake-B.	6,10	1,97	0,90	2,51
	Isenbeck	1,54	0,86	1,88	1,37
	Stern	2,41	1,53	0,88	0,48

Tab. 3: Anteile der Wortzahlen von ausgewählten Kategorien in Prozent

Berechnet man jedoch Korrelationskoeffizienten zwischen den Variablen eines Jahres oder zwischen denen verschiedener Jahre, so erhält man interessante Ergebnisse, insbesondere wenn man Bilanzkennzahlen zur Validierung heranzieht. Tabelle 4 enthält einige solcher Korrelationskoeffizienten, wobei drei Arten von Zusammenhängen unterschieden werden:

- Zusammenhang zwischen der gesamten Wortzahl eines Textes und dem relativem Anteil einer Kategorie
- Zusammenhang zwischen den relativen Anteilen zweier Kategorien
- Zusammenhang zwischen dem relativen Anteil einer Kategorie und einer Bilanzkennzahl.

Aus der Tabelle 4 sei nur erwähnt, daß die Brauereien, welche viel über den Personalbereich berichten, zugleich mehr negative und neutrale Äußerungen aufweisen. Angesichts der zugleich ermittelten positiven Korrelation von negativen und neutralen Äußerungen (für 1975) kann wohl festgestellt werden, daß ein Zusammenhang zwischen Berichtsanteilen auf ursächlichen Zusammenhängen basiert.

Um die Ergebnisse der Inhaltsanalyse teilweise zu validieren, wurden die Umsatzrenditen auf Basis des Jahresüberschusses vor Steuern sowie das relative Umsatzwachstum in dem betrachteten Zeitraum berechnet. Diese Bilanzkennzahlen wurden mit den relativen Häufigkeiten der Wortkategorien korreliert [vgl. zur Gegenüberstellung von *Zeilen*zahlen eines Berichts und Bilanzkennzahlen auch *Bowman* (1976)].

Aus dem unteren Teil der Tabelle 4 geht u.a. hervor, daß als »neutral« anzusehende Äußerungen mit einer schlechteren Umsatzrendite sowie tendenziell mit geringerem Wachstum in der Zukunft verbunden sind. Dieses Ergebnis weist auf eine Zurückhaltung bei negativen Äußerungen hin, trägt aber dennoch zur Validierung solcher Inhaltsanalysen bei.

Beziehung zwischen...	Variable 1	Variable 2	Korrelationskoeffizient
Gesamttext und Wortkategorien	Wortzahl 1970	Aufwand/ Kosten 1970	0,7586 *
	Wortzahl 1975	Neutral 1975	0,8270 *
Wortkategorien	Investition 1970	Erträge 1970	-0,7676 *
	Personal 1970	Negativ 1970	0,8719 *
	Personal 1970	Neutral 1970	0,8536 *
	Kosten 1970	Positiv 1970	-0,6011
	Investition 1975	Lage 1975	-0,7665 *
	Erträge 1975	Negativ 1975	-0,7373
	Erträge 1975	Absatz 1975	-0,7843 *
	Negativ 1975	Neutral 1975	0,8270
Wortkategorien und Bilanzkennzahlen	Erträge 1970	Umsatzrendite 1975	0,7039
	Neutral 1970	Umsatzrendite 1970	-0,8157 *
	Neutral 1970	U.Wachstum 1970-75	-0,6440
	Absatz 1975	Umsatzrendite 1970	0,8316 *
	Produktion 1975	Umsatzrendite 1975	0,8967 **

* : $r_{0,05} = 0,7545$ ** : $r_{0,01} = 0,8745$

Tab. 4: Korrelation von Variablen unterschiedlicher Herkunft – Basis: 7 Aktienbrauereien 1970 und 1975

Die Tatsache der »Aufbesserung« von Sachverhalten durch entsprechende Wortwahl muß dazu veranlassen, das Vokabular bei Inhaltsanalysen genauer zu untersuchen. Abbildung 8 gibt einen Auszug aus dem Wörterbuch für die Kategorie »Negative

Äußerungen«, »Positive Äußerungen« und »Zeitbezug« wieder. Eine genauere Analyse ist etwa dadurch möglich, daß mit Hilfe eines KWIC-Programms (Key-Word In Context) die Wortumgebungen oder sogar der ganze jeweilige Satz betrachtet werden.

Erstrebenswert und möglich erscheint der Aufbau eines Krisenvokabulars. Aus der Art der Übereinstimmung von allgemeinem Krisenvokabular und zu untersuchendem Objektvokabular können dann Schlüsse gezogen werden. Dabei soll das Problem nicht verkannt werden, daß ein Textverfasser in Kenntnis des Krisenvokabulars seine Sprechweise ändert.

Kategorie "Negative Äußerungen"	Kategorie "Positive Äußerungen"	Kategorie "Zeitbezug"
beeinträchtigt	ausbauen	allgegenwärtige
benachteiligt	befriedigend	Anpassung
fällt	Erfolg	bald
gekürzte	erfolgreich	Beginn
geringere	erfreulicherweise	bisher
geringes	erfreulich	entwickeln
geringfügig	erhöhten	erwartet
gesunken	gelungen	Etappen
knapp	gesteigert	Folge
leider	gewinnen	frühzeitig
Minderung	größere	Halbjahr
negative	großen	heuer
niedrige	günstiger	jahrelange
Rückgang	günstiges	Jahren
rückläufig	gut	jetzt
schlechten	höher	künftig
schwierig	plus	längerfristig
Stagnation	positiv	letzten
unbefriedigende	Stärkung	Minuten
ungünstigen	steigende	Phase
verhindert	steigern	Saisonverlauf
verringert	Steigerungsrate	Trend
Verschlechterung	Steigerung	vorerst
weniger	überdurchschnittlich	Vorjahresvergleich
wenig	verbessert	Wandel
zurück	zufriedenstellend	Zeit
zurückgegangen	Zunahme	zukünftig
	Zuwachs	
	Zuwachsrate	

Abb. 8: Wörterbuchauszug

III. *Berichterstattung durch die Umwelt*

1. *Codierung in Standardsprache*

Anhand der Berichterstattung der Umwelt, nämlich der Wirtschaftspresse, über das Unternehmen soll zugleich demonstriert werden, daß eine vorherige Transformation eines Textes in eine Standardsprache die anschließende Inhaltsanalyse im Ergebnis zwar beeinflußt, daß die Grundtendenz der Aussage aber erhalten bleibt. Mit der Codierung der natürlichen Sprache in eine Standardsprache soll die inhaltliche Vorstellung des Senders besser erfaßt werden, indem nicht das einzelne Wort, sondern der ganze Satz die Analyseeinheit bildet. Es wird jeweils ein Satz im Dialog vorgeführt und in Standardsprache codiert. Dabei können auch Bewertungen durch den Inhaltsanalytiker vorgenommen werden [vgl. zur Bewertungsanalyse etwa *Lisch/Kriz* (1978, S. 142 ff.)].

Abbildung 9 zeigt, wie eine Menge von Zeitungsüberschriften in einen standardisierten Text überführt werden kann. Der Originaltext wird dabei grundsätzlich in einen Kernsatz mit Subjekt, Prädikat und ggfs. Objekt [vgl. dazu auch *Seelbach* (1975, S. 22 ff.) und *Ebneter* (1976, S. 263)] transformiert. Sicher kann man einen Satz eines Originaltextes auch als ganzen sofort in eine Menge numerischer Werte transformieren. Der Umweg über die Standardsprache wurde gewählt, um zu zeigen, daß eine

```
1, ********* ZEITUNGSUEBERSCHRIFTEN AEG-TELEFUNKEN

/ 03250475
VIER NEUE GESICHTER IM VORSTAND VON AEG-TELEFUNKEN*
012504745
VERAENDERUNGEN IM AEG-VORSTAND*
EIN CONTROLLER SOLL DAS GESCHAERFTE GEWISSEN VERKOERPERN*
02260475
AEG-TELEFUNKEN-VORSTAND MIT STAERKERER ZENTRALGEWALT*
DIE UNTERNEHMENSSPITZE WIRD DEUTLICH GESTRAFFT*
03210675
25 INSTITUTE SCHIESSEN 316 MILLIONEN DM EIN*
KRAFTWERKSUNION BLEIBT ERHALTEN*
EINE SPRITZE DER BANKEN SOLL AEG-TELEFUNKEN SANIEREN*
02230675
AEG-TELEFUNKEN WIRD DIE MISERE DURCHSTEHEN*
HANDELSBLATT-GESPRAECH MIT AEG-CHEF DR, HANS GROEBE*
02270675
TRAUMA AEG-TELEFUNKEN*
```

```
2, ******** STANDARDISIERTER TEXT

/ 03250475
UNT TAT-POS PER-FUE*
012504745
UNT TAT-POS PER-FUE*
UNT TAT-POS FUE-REW*
02260475
UNT TAT-POS UNT-FUE-ORG*
UNT IST-POS PER-ORG*
03210675
KRE TAT-POS UNT-FIN*
UNT KOM-POS PER-ORG*
02230675
UNT PLA-POS UNT-BIL-FIN*
02270675
UNT IST-NEG*
```

```
3. Legende zum
   standardisierten Text

UNT = Unternehmen
TAT = Aktion
POS = Positiv
PER = Personal
FUE = Führung
REW = Rechnungswesen
ORG = Organisation
IST = Ist(Zustand)
KRE = Kreditgeber
FIN = Finanzen
KOM = Kommuniziert
BIL = Bilanzen
NEG = Negativ
```

Abb. 9: Beispiel für die Codierung von Texten

Normierung von Sprache möglich ist, ohne daß der Zusammenhang zur natürlichen Sprache voll aufgegeben werden muß.

Umfang und Zusammensetzung des Standardvokabulars sind (selbstverständlich) problemabhängig. Der Standardisierung in Abbildung 9 liegt die folgende Struktur zugrunde:

(1) Subjekt (Einstellungsobjekt, Institution)
(2) Prädikat
(3) Objekt/Attribut (Unternehmensbereich, Ziel, Instrument, Menge, Raum, Zeit)
(4) Bewertung.

2. Analyse einer Unternehmenskrise

Als Berichte der Wirtschaftspresse wurden die Schlagzeilen von 52 Zeitungsartikeln einer Inhaltsanalyse unterzogen (vgl. Nr. 4 in Tabelle 1). Das Unternehmen AEG-Telefunken wurde ausgewählt, weil auf diese Weise eine Vergleichsmöglichkeit mit den oben analysierten Unternehmensberichten möglich erscheint und weil die Presse über dieses Unternehmen relativ viel berichtet. Die 52 Zeitungsartikel verteilen sich auf mehrere Tages-und Wochenzeitungen und liegen für einzelne Zeiträume in sehr unterschiedlicher Zahl vor. Deshalb wurden die Artikel zunächst zu insgesamt zehn Artikel-

		Klassifikation B			Klassifikation C		
Nr.	Berichts-abschnitt ab ...	Wörter insgesamt	GS-Saldo (%)	PERSON (%)	Wörter insgesamt	GS-Saldo (%)	FUE (%)
1	14,03.74	23	+26,1	0	29	+17,2	0
2	06.11.74	51	-13,7	0	55	-10,9	0
3	15.11.74	85	- 4,7	0	67	-11,9	0
4	21.01.75	88	- 1,1	1,1	75	- 8,0	2,7
5	19.03.75	46	- 6,5	6,6	38	- 2,6	5,3
6	25.04.75	119	- 3,4	2,5	88	+ 6,8	5,7
7	20.08.75	84	- 5,9	8,3	66	- 3,0	6,1
8	09.12.75	47	- 8,5	4,2	44	-13,6	0
	.	.	.	.	.	.	.
	.	.	.	.	.	.	.
	.	.	.	.	.	.	.
9	18.02.77	15	+26,7	0	15	+13,3	0
	.	.	.	.	.	.	.
	.	.	.	.	.	.	.
	.	.	.	.	.	.	.
1o	05.02.79	48	-18,8	2,1	28	-14,3	0
	Mittelwert	60,6	- 4,5	2,8	50,5	- 4,0	2,6

Tab. 5: Auswertung von 52 Schlagzeilen der Wirtschaftspresse über AEG-Telefunken

gruppen zusammengefaßt, wobei gleiche Berichtsgegenstände über einen Zeitraum von einigen Tagen bis zu mehreren Wochen jeweils eine Artikelgruppe bildeten.

Die Schlagzeilen dieser Artikel wurden zunächst auf Basis des Kategorienschemas B analysiert. Sodann wurde ein hier nicht wiederzugebendes Kategorienschema C entwickelt, welches mit der Standardsprache (vgl. Abbildung 9) in Verbindung gebracht wurde. Die Schemata B und C enthielten zum Teil vergleichbare Kategorien; vergleichbare Ergebnisse können Tabelle 5 entnommen werden.

Der Saldo zwischen positiven und negativen Äußerungen wird in Tabelle 5 als GS-Saldo bezeichnet und für beide Formen der Inhaltsanalyse berechnet. Ebenfalls vergleichbar sind die Personenangaben (PERSON) des Schemas B mit den Angaben über Unternehmensführung (FUE) des Schemas C. Alle diese Werte werden in Tabelle 5 in Prozent der jeweiligen Gesamtwortzahl ausgedrückt.

Als Ergebnis ist festzuhalten, daß beide Untersuchungsformen zu recht ähnlichen Ergebnissen führen. Bei der Analyse ganzer Sätze mit der Codierung in Standardsprache besteht jedoch der Vorteil, daß Verzerrungen als Folge der Einzelbewertung von Wörtern vermieden werden können.

Der in Tabelle 1 unter Nr. 5 genannte FAZ-Bericht kann aufgrund seiner Ausführlichkeit und starken begrifflichen Differenzierung dazu dienen, das in der Ära des Vorstandsvorsitzenden *Cipa* bei AEG betriebene Krisenmanagement inhaltsanalytisch zu erfassen. Dazu wurden alle Wörter des Berichts unter dem Kategorienschema B betrachtet. Die Auswertung in Tabelle 6 kann einen Hinweis auf die relative Bedeutung einzelner Sanierungsmaßnahmen geben: Schwerpunkte liegen offenbar in den Bereichen Absatz, Produktion und Führung. Diese Aussage gilt unter der Prämisse, daß AEG der Presse nur Maßnahmen von relativ gleicher Relevanz für die Krisenbewältigung mitgeteilt hat.

Kategorie	Anteil (%)
Beschaffung	0,5
Produktion	13,3
Absatz	13,5
Finanzen/ Rechnungswesen	3,7
Führung/Org./ Planung	8,2
Firmennamen	3,4
Region/Raum	7,2
Trivialwörter	38,2
Sonstige Kategorien	7,2
Nicht klassifiziert	4,8
Gesamt	100,0

Tab. 6: Zum Krisenmanagement bei AEG – Anteile der Wortzahlen von ausgewählten Kategorien in Prozent der gesamten Wortzahl

IV. Berichterstattung durch das Unternehmen und die Umwelt

Durch Vergleich der Berichterstattung des Unternehmens und der Umwelt über das Unternehmen soll festgestellt werden, inwieweit Einflüsse des Verfassers von Texten die Ergebnisse der Inhaltsanalyse beeinträchtigen können. Dazu werden in Tabelle 7 die Ergebnisse eines Vergleichs zwischen AEG-Schlagzeilen in Geschäftsberichten und Presse-Schlagzeilen über AEG wiedergegeben. Die Auswertungen basieren auf dem Kategorienschema B und den bisher schon analysierten Texten, wobei die Presse-Schlagzeilen eines Jahres zu jeweils einer Artikelgruppe zusammengefaßt wurden.

Kategorie	Schlagzeilen der AEG		Schlagzeilen der Presse	
	GB 1974	GB 1975	1974	1975
Produktion	5,9	6,9	0	0
Absatz	19,2	23,7	5,7	0,8
Finanzen/Bil.	1,7	1,6	6,3	4,1
Führung/Org./ Planung	7,9	3,3	9,4	11,1
Namen	1,7	0	12,6	12,3
Negative Äußerung	2,1	0,7	8,8	7,7
Positive Äußerung	14,2	13,5	7,5	5,4
Trivialwörter	25,5	25,7	32,1	33,7

Tab. 7: Berichte des Unternehmens und der Umwelt über das Unternehmen – Anteile der Wortzahlen von ausgewählten Kategorien in Prozent der gesamten Wortzahl

Der Tabelle 7 entnimmt man, daß sich Unternehmen und Umwelt im vorliegenden Fall erheblich im Hinblick auf den Berichtsgegenstand unterscheiden. Außerdem schwächt die Umwelt positive Äußerungen des Unternehmens tendenziell ab und verstärkt negative Äußerungen. Diese Feststellungen deuten darauf hin, daß das Unternehmen verkannt wird oder – was wahrscheinlicher ist – die Umwelt eigene, begründbare Vorstellungen über das Unternehmen entwickelt. Inhaltsanalysen, welche ausschließlich auf veröffentlichten Unternehmenstexten basieren, sind also möglichst durch Analyse anderer Texte oder durch Kennzahlenanalysen zu erhärten.

D. Zusammenfassung und Ausblick

Damit weitere Fortschritte im Bereich der strategischen Planung und bei der Bewältigung von Unternehmenskrisen erzielt werden können, sollte man sich verstärkt der zusätzlichen Verarbeitung nichtnumerischer Informationen zuwenden. Die Anwendung der Inhaltsanalyse schafft die Voraussetzung zur Ermittlung umfassender Entwicklungsmuster von Unternehmen, so daß für einzelne Unternehmen Entwicklungsdiagnosen gestellt werden können.

Anhand mehrerer Beispiele wurde gezeigt, daß das Konzept einer computergestützten Inhaltsanalyse praktisch anwendbar ist. Das weitere Vordringen des Computers im Bereich der Wirtschaft und Wirtschaftswissenschaft, in der Linguistik sowie in der Drucktechnik läßt erwarten, daß die Verarbeitung nichtnumerischer Informationen erheblich an Bedeutung gewinnen wird.

Literaturverzeichnis

Ahrens, Lutz: Inhaltsanalyse als Instrument zur Beschreibung von Unternehmensstrukturen. Diplomarbeit Kiel 1978.

Albach, Horst: Zur Theorie des wachsenden Unternehmens. In: Krelle, Wilhelm (Hrsg.): Theorien des einzelwirtschaftlichen und des gesamtwirtschaftlichen Wachstums, Berlin 1965, S. 9–97.

Albach, Horst: Strategische Unternehmensplanung bei erhöhter Unsicherheit. In: ZfB 48 (1978), S. 702–715.

Ansoff, H. Igor: Managing Surprise and Discontinuity – Strategic Response to Weak Signals. In: ZfbF 28 (1976), S. 129–152.

Argenti, John: Corporate Collapse. London 1976.

Belkaoui, Ahmed: Linguistic Relativity in Accounting. In: Accounting, Organizations and Society 3 (1978), S. 97–104.

Bergenholtz, Henning/Burkhard Schaeder (Hrsg.): Empirische Textwissenschaft. Königstein/Ts. 1979.

Berndsen, Hans-Peter: Unternehmenspublizität in Deutschland: Stand der empirischen Forschung. In: Die Betriebswirtschaft 38 (1978), S. 121–134.

Berthel, Jürgen: Artikel »Information«. In: HWB, 4. Aufl., Stuttgart 1975, Sp. 1865–1873.

Betaque, Norman E./G. Anthony Gorry: Automating Judgmental Decision Making for a Serious Medical Problem. In: Management Science 17 (1971), S. B421–B434.

Blohm, Hans: Die Manipulation von Informationen. In: Neue Betriebswirtschaft 15 (1962), Nr. 6, S. 121–126.

Bowman, Edward H.: Strategy, Annual Reports, and Alchemy: The Minicomputer/Peripheral Industry. European Institute for Advanced Studies in Management. Working Paper 76–36, July 1976 (vervielfältigt).

Bungarten, Theo: Das Korpus als empirische Grundlage in der Linguistik und Literaturwissenschaft. In: Bergenholtz, Henning/Burkhard Schaeder (Hrsg.): Empirische Textwissenschaft, Königstein/Ts. 1979, S. 28–51.

Coenenberg, A. G. et al.: Empirische Bilanzforschung in Deutschland. In: Die Betriebswirtschaft 38 (1978), S. 495–507.

Ebneter, Theodor: Angewandte Linguistik. 2 Bände, München 1976.

Fluck, Hans-Rüdiger: Fachsprachen. München 1976.

Friedrichs, Jürgen: Methoden empirischer Sozialforschung. Reinbek 1973.

Goronzy, F.: Faktoren- und Clusteranalyse industrieller Organisationen. In: Proceedings in Operations Research 2, Würzburg-Wien 1973. S. 75–88.

Gupta, Manak C. /Ronald J. Huefner: A Cluster Analysis Study of Financial Ratios and Industry Characteristics. In: Journal of Accounting Research 10 (1972), S. 77–95.

Guth, W. D.: The growth and profitability of the firm: a managerial explanation. In: Journal of Business Policy 1971/72, No. 3, S. 31–36.
Hahn, Dietger/Ulrich Krystek: Betriebliche und überbetriebliche Frühwarnsysteme für die Industrie. In: ZfbF 31 (1979), S. 76–88.
Harary, Frank/Mark F. Batell: The Concept of Negative Information. In: Behavioral Science 23 (1978), S. 264–270.
Haried, Andrew A.: The Semantic Dimensions of Financial Statements. In: Journal of Accounting Research 10 (1972), S. 376–391.
Haried, Andrew A.: Measurement of Meaning in Financial Reports. In: Journal of Accounting Research 11 (1973), S. 117–145.
Hauschildt, Jürgen: Zur Artikulation von Unternehmenszielen. In: ZfbF 22 (1970), S. 545–559.
Hauschildt, Jürgen: Entscheidungsziele. Tübingen 1977.
Hax, Herbert: Artikel »Kommunikation«. In: HWB, 4. Aufl., Stuttgart 1975, Sp. 2169–2176.
Hub, Hanns Friedrich: Unternehmensberichterstattung für Anlageentscheidungen. Diss. Karlsruhe 1972.
Kellinghusen, Georg/Wolfgang Irrgang: Der optimale Geschäftsbericht. In: Der Betrieb 31 (1978), S. 2277–2283.
Koch, Helmut: Wirtschaftsunruhe und Unternehmensplanung. In: ZfbF 28 (1976), S. 337–341.
Korth, Hans-Michael: Die Darstellung der wirtschaftlichen Lage im Bericht über die aktienrechtliche Jahresabschlußprüfung. Diss. Münster 1976.
Kroeber-Riel, Werner: Artikel »Sprache und sprachliche Kommunikation«. In: HWB, 4. Aufl., Stuttgart 1976, Sp. 3634–3642.
Lisch, Rolf/und Jürgen Kriz: Grundlagen und Modelle der Inhaltsanalyse. Hamburg 1978.
Mertens, Peter: Die Theorie der Mustererkennung in den Wirtschaftswissenschaften. In: ZfbF 29 (1977), S. 777–794.
Miller, Danny/Peter H. Friesen: Archetypes of Strategy Formulation. In: Management Science 24 (1978), S. 921–933.
Mintzberg, Henry: Patterns in Strategy Formation. In: Management Science 24 (1978), S. 934–948.
Morton, James R.: Qualitative Objectives of Financial Accounting: A Comment on Relevance and Understandability. In: Journal of Accounting Research 12 (1974), S. 288–298.
Müller, Wilfried: Die Zwischenberichtspublizität deutscher Aktiengesellschaften. Düsseldorf 1976.
Niehus, R. J.: »True and Fair View« – in Zukunft auch ein Bestandteil der deutschen Rechnungslegung? In: Der Betrieb 32 (1979), S. 221–225.
Pfestorf, Juergen: Kriterien für die Bewertung betriebswirtschaftlicher Informationen. Diss. FU Berlin 1975.
Render, Barry, et al.: The Readability of Operations Research and Operations Management Textbooks. In: Interfaces 7 (1976), No. 1, S. 99–105.
Ritsert, Jürgen: Inhaltsanalyse und Ideologiekritik. Frankfurt am Main 1972.
Schefe, Peter: Statistische syntaktische Analyse von Fachsprachen mit Hilfe elektronischer Rechenanlagen am Beispiel der medizinischen, betriebswirtschaftlichen und literaturwissenschaftlichen Fachsprache im Deutschen. Göppingen 1975.
Scheuch, Erwin K.: Entwicklungsrichtungen bei der Analyse sozialwissenschaftlicher Daten. In: König, René (Hrsg.), Handbuch der empirischen Sozialforschung, 3. Aufl., Band 1, Stuttgart 1973, S. 161–237.
Schmidt, Reinhart: Das Gesetz wurde mehr als befolgt. In: manager magazin 2 (1972), Heft 12, S. 32–34.
Schwetlick, Wolfgang, und Rainer Lessing: Bilanz des Versagens. In: manager magazin 7 (1977), Nr. 3, S. 26–33.
Seelbach, Dieter: Computer-Linguistik und Dokumentation. München 1975.
Sekita, Yasuyoshi, und Yoshio Tabata: A health status index model using a fuzzy approach. In: European Journal of Operational Research 3 (1979) S. 40–49.

Smart, Carolyne, und Ilan Vertinsky: Design for Crisis Decision Units. In: Administrative Science Quarterly 22 (1977), S. 640–657.
Smith, James E., und Nora P. Smith: Readability: A Measure of the Performance of the Communication Function of Financial Reporting. In: The Accounting Review 46 (1971), S. 552–561.
Soper, Fred J., und Robert Dolphin: Readability and Corporate Annual Reports. In: The Accounting Review 39 (1964), S. 358–362.
Sparck Jones, Karen, und Martin Kay, Linguistik und Informationswissenschaft. München 1976.
Sprißler, Wolfgang: Die Rechnungslegung von Einzelkaufleuten und Personenhandelsgesellschaften nach dem Publizitätsgesetz – Eine empirische Untersuchung –. Diss. München 1976.
Staubus, George J.: The Measurement of Assets and Liabilities. In: Accounting and Business Research 1973, S. 243–262.
Szyperski, Norbert: Kritische Punkte der Unternehmungsentwicklung. In: ZfbF 27 (1975), S. 366–383.
Szyperski, Norbert: Artikel „Informationssysteme“. In: HWB, 4. Aufl., Stuttgart 1975, Sp. 1900–1910.
Türk, Klaus: Grundlagen einer Pathologie der Organisation. Stuttgart 1976.
Uhlenbruck, Wilhelm: Typische Symptome in den durch Strukturwandel gefährdeten Betrieben – Versuch einer Insolvenzanalyse. In: Die Betriebswirtschaft 37 (1977), S. 311–322.

Verzeichnis jener Beiträge, die nicht in diesem Tagungsband abgedruckt sind

Ein Teil der nicht in diesem Tagungsband abgedruckten Beiträge ist im Ergänzungsheft 2/79 der Zeitschrift für Betriebswirtschaft (ZfB, Wiesbaden) mit dem Titel »Frühwarnsysteme« erschienen.

In der nachstehenden Aufstellung sind diese Beiträge mit dem Hinweis »ZfB/Erg.«, die übrigen Beiträge in der üblichen Nomenklatur gekennzeichnet.

- Prof. Dr. Bernhard *Bellinger,* Berlin
  Analyse von Bankbilanzen unter Berücksichtigung von Geldwertveränderungen und Wirtschaftswachstum
  Erschienen in:
  Österreichisches Bankarchiv, Heft 11/1979, 27. Jg., Wien, S. 430–452

- Prof. Dr. Claus C. *Berg,* Neubiberg
  Theoretische Grundlagen und praktische Ansatzpunkte zum Aufbau von Frühwarnsystemen im Bereich der Materialwirtschaft
  Erschienen in: ZfB/Erg.

- Prof. Dr. Dr. Dieter *Gernert,* München
  Frühwarnung und Krisenbewältigung – vom passiven zum aktiven Informationssystem
  Erschienen in: ZfB/Erg.

- Prof. Dr. Dietger *Hahn,* Gießen
  Frühwarnsysteme, Krisenmanagement und Unternehmensplanung
  Erschienen in: ZfB/Erg.

- Prof. Dr. Ursula *Hansen,* Hannover
  Verbraucherabteilungen als Frühwarnsysteme
  Erschienen in: ZfB/Erg.

- Prof. Dr. Werner *Kirsch,* München und Walter Trux, Schweinfurt
  Strategische Frühaufklärung und Portfolio-Analyse
  Erschienen in: ZfB/Erg.

- Prof. Dr. Hainer *Müller-Merbach,* Darmstadt
  Datenursprungsbezogene Alarmsysteme
  Erschienen in: ZfB/Erg.

- Prof. Dr. Thomas *Reichmann* und Priv.-Doz. Dr. Laurenz *Lachnit,* Dortmund
  Unternehmensführung mit Hilfe eines absatzorientierten Frühwarnsystems
  Erschienen in: ZfB/Erg.

– Univ.-Doz. Dr. Helmut *Uhlir,* Graz
  Bedeutung von Kennzahlenanalysen zur Früherkennung negativer Unternehmensentwicklungen (Insolvenzen) aus der Sicht der Anteilseigner
  Erschienen in: ZfB/Erg.

– Prof. Dr. Hartmund *Wedekind,* Darmstadt
  Strukturveränderungen des Rechnungswesens unter dem Einfluß der Datenbanktechnologie
  Erschienen in:
  ZfB Heft 6/1980, 50. Jg., Wiesbaden, S. 662–677.

Wolfgang Schnellinger

Organisatorische Aspekte der Tagung

Einen kurzen Abriß über organisatorische Aspekte bei der Durchführung einer derartigen wissenschaftlichen Jahrestagung, die in den 70er Jahren zum zweiten Male in Innsbruck abgehalten wurde, zu schreiben, ermöglicht auch einen Vergleich beider Tagungen

Das Generalthema der Innsbrucker Tagung 1972 lautete: *»Unternehmensführung und Organisation«*
die Tagung 1979 hatte das Leitthema: *»Unternehmenskrisen – Ursachen, Frühwarnung und Bewältigung«*.

Die Entwicklung, die der Verband der Hochschullehrer für Betriebswirtschaft e. V. in den letzten Jahren erfahren hatte, spiegelt sich im Vergleich der Zahlen der beiden Tagungen, sowohl im Bereich der Anzahl der Tagungsteilnehmer, als auch der wissenschaftlichen Veranstaltungen dieser Tagung wider. Einen ersten Überblick ermöglichen die Anmeldelisten in beiden Jahren. Hatten sich 1972 176 [1] Teilnehmer angekündigt, so waren es mit Stand 4. Juni 1979 356.[2] Tatsächlich aber wurden im Verlauf der Tagung 1979 410 Teilnehmer registriert.

Der Organisationsleitung war von Anfang an bewußt, daß die Raumsituation an der Sozial- und Wirtschaftswissenschaftlichen Fakultät der Universität Innsbruck es nicht zuließ, die Tagung in den Universitätsgebäuden durchzuführen. Die Räumlichkeiten, die 1972 zur Verfügung standen, waren auch auszuschließen, da die Vielzahl der Veranstaltungen im Rahmen des Wissenschaftsprogramms, vor allem wegen der parallel stattfindenden Vorträge, mehrere größere Räume gleichzeitig erforderte. Weiters erschien es sinnvoll, dem Wunsche Rechnung zu tragen, möglichst einen zentralen Veranstaltungsort zu finden, um die Geschlossenheit der Tagung zu gewährleisten. Aus Kapazitäts- und vor allem aus Kostengründen kam das neue Kongresshaus in Innsbruck nicht in Frage, sodaß die Wahl des Veranstaltungsortes schließlich auf das gerade neu renovierte Kurhaus in Innsbruck-Igls fiel. Diese Wahl erschien auch im Hinblick auf die, während der Tagung stattfindenden Sitzungen der wissenschaftlichen Kommissionen sinnvoll, da dort die notwendigen Räumlichkeiten dafür zur Verfügung standen. Erfahrungsgemäß war die größte Teilnehmerzahl zur Eröffnungsveranstaltung zu erwarten, weshalb der Große Stadtsaal angemietet wurde.

Damit war auch der Vorstellung des Organisationskomitees Rechnung getragen, den diesjährigen Teilnehmern eine andere Umgebung zu bieten als 1972.

1976 wurde, anläßlich der Tagung des Verbandes in Linz, erstmalig eine Kurzfassung der Vorträge den Teilnehmern an die Hand gegeben. Diese, m.E. sehr sinnvolle Einrichtung war auch in Darmstadt 1977 sowie Nürnberg 1978 und selbstverständlich auch in diesem Jahr beibehalten worden. Die schon oben angeführte unerwartet große

Anzahl von Teilnehmern verursachte bei der Verteilung der Unterlagen an die Teilnehmer einige Probleme, die jedoch überwunden werden konnten.

Aufschlußreich ist neben dem Vergleich der Teilnehmerzahlen auch ein Vergleich der durchgeführten wissenschaftlichen Veranstaltungen. Waren 1972 7 Vorträge angesetzt, so waren es 1979 bereits 20, wobei die Veranstaltungen der Wissenschaftlichen Kommissionen nicht eingerechnet sind.

Verteilten sich die 7 Vorträge 1972 auf den Zeitraum von Mittwoch Vormittag bis einschließlich Freitag Nachmittag, so mußten die Veranstaltungen 1979 auf den Zeitraum von Mittwoch Vormittag bis einschließlich Freitag Vormittag zusammengedrängt werden. Zusätzlich waren noch 8 Vorträge im Rahmen der Sitzungen der insgesamt 12 Wissenschaftlichen Kommissionen angesetzt.

Diese Vielzahl der Veranstaltungen ergab sowohl für die Organisation als auch für die Teilnehmer Probleme. Oft wurde das Mißfallen über parallel abgehaltene Vorträge geäußert, was für viele Tagungsteilnehmer eine schwere Entscheidung über den Besuch der einzelnen Veranstaltungen bedeutete. Dazu kommt noch das Problem der Durchführung von Großveranstaltungen überhaupt. So ist auch der Bericht über die Tagung im Journal für Betriebswirtschaft verständlich, bei dem die Frage aufgeworfen wurde: »Sind Großveranstaltungen in dieser Organisationsform angesichts der immer weiter fortschreitenden Zersplitterung des Faches noch sinnvoll?« [3] Wenn diese Kritik sich auch »ausdrücklich auf den fachlichen Aspekt« [4] beschränkt, so stellt sich aus der Sicht der Organisation die Frage, wie in künftigen Tagungen des Verbandes Derartiges für alle Beteiligten befriedigend verarbeitet werden kann. Auch die Frage der Anzahl der Vorträge wäre zu überdenken. Noch einmal sei der Vergleich mit der Tagung 1972 gestattet. Damals waren 9 Mitarbeiter während der Tagung beschäftigt, 1979 schon 28. Dazu kommt noch, daß beim zweiten Mal die einzelnen Veranstaltungen zeitlich viel gedrängter beisammenlagen, da das Ende des Wissenschaftsprogrammes bereits für Freitag Mittag angesetzt war.

Sicherlich ist es auch in Zukunft möglich, solche Großveranstaltungen zu organisieren, wenn auch die Erfahrungen bei der Durchführung oft nur unvollständig weitergegeben werden können. Der Einsatz an Mitarbeitern, der Aufwand an Raum, Zeit und Sachmittel wird dabei aber immer größer.

Das Rahmenprogramm bot für manchen Anwesenden die Möglichkeit neue Kontakte zu knüpfen bzw. »alte« Verbindungen aufleben zu lassen. Es stand jedoch in Konkurrenz mit Veranstaltungen einzelner Verlage, die die Gelegenheit ergriffen, viele ihrer anwesenden Autoren zu einem Treffen einzuladen. Es bleibt zu hoffen, daß die Abendveranstaltungen in Seefeld bzw. in Innsbruck ihr Ziel, ein Zusammenführen der Teilnehmer zu ermöglichen, erreicht haben.

Die Berichterstattung über die Innsbrucker Tagung ging über die lokale Presse und den Rundfunk hinaus und fand neben den Fachzeitschriften auch in den Zeitungen des deutschsprachigen Raums ihren Niederschlag. Einige Mitarbeiter von Zeitungen besuchten nicht nur die abschließende Pressekonferenz, sondern waren auch während der Tagung anwesend. Die Auswirkungen der Tagung waren nicht nur für den Verband und seinen internationalen Charakter als Ganzes sichtbar, sondern wirken auch heute noch für die Universität Innsbruck nach.

Den zuständigen Stellen der Stadt Innsbruck und der Leitung des Kurhauses in Igls sei für ihr Entgegenkommen und ihre Bereitschaft, die angestandenen Probleme zu lösen, besonders gedankt. Abschließend möchte ich aber auch allen Mitarbeitern herzlich meinen Dank dafür aussprechen, daß sie mich nach besten Kräften dabei unterstützt haben, die Innsbrucker Tagung 1979 so abzuwickeln, daß sie der Betriebswirtschaftslehre und ihren Vertretern zur Ehre gereiche.

Anmerkungen

1 Die Anmeldungen stammten aus folgenden Ländern: Bundesrepublik Deutschland 139, Österreich 30, Finnland und Schweiz je 2; Japan, Niederlande und USA je 1.

2 Die Anmeldungen verteilten sich hier: Bundesrepublik Deutschland 274, Österreich 61, Schweiz 8, Japan 4; Belgien und Spanien je 2; Frankreich, Griechenland, Niederlande, Türkei und USA je 1.

3 Mugler, Josef, Bericht über die Pfingsttagung 1979 des Verbandes ..., in: Journal für Betriebswirtschaft 3/79, Wien, S. 201.

4 ebenda.

Die Autoren

Berekoven, Ludwig
Dipl.-Kfm., Dr. oec. o. Professor für Betriebswirtschaftslehre, Lehrstuhl für Marketing, Internationales Marketing und Handel, Univ. Erlangen-Nürnberg in Nürnberg

Bratschitsch Rudolf
Dipl.-Kfm., Dr. rer. comm. o. Univ.-Prof. für Betriebswirtschaftslehre, Institut für Industrie und Handel der Universität Innsbruck

Dürr, Ernst
Dipl.-Kfm., Dr. rer. pol. Professor für Volkswirtschaftslehre an der Universität Erlangen-Nürnberg

Esser, Werner-Michael
Dipl.-Kfm., Dr. rer. pol. Wissenschaftlicher Assistent, Universität München, Institut für Organisation, Lehrstuhl für Betriebswirtschaftliche Planung

Gerke, Wolfgang
Dipl.-Kfm., Dr. rer. pol. Professor für Betriebswirtschaftslehre, insbesondere Finanzwirtschaft an der Universität Passau

Hansen, Klaus
Dipl.-Vw., Dr. rer. pol., Universität Erlangen-Nürnberg, Betriebswirtschaftliches Institut, Lehrstuhl für Operations Research

Hanssmann, Friedrich
Dr. phil. nat. Professor für Systemforschung, Universität München, Fakultät für Betriebswirtschaft

Horváth, Péter
Dipl.-Ing., Dipl.-Wirtsch.-Ing., Dr. rer. pol. o. Professor für Betriebswirtschaftslehre, Universität Stuttgart, Lehrstuhl für Allgemeine Betriebswirtschaftslehre und Controlling

Krallmann, Hermann
Dipl.-Ing., Dr. rer. pol. o. Professor für Systemanalyse und EDV, Technische Universität Berlin, Institut für Statistik, Ökonometrie und Operations Research

Küpper, Hans-Ulrich
Dipl.-Kfm., Dr. rer. pol. Professor für Betriebswirtschaftslehre, Universität Essen – Gesamthochschule, Fachgebiet Produktion und Kosten

Lexa, Hans
Dipl.-Kfm., Dr. rer. comm. o. Universitätsprofessor für Betriebswirtschaftslehre mit besonderer Berücksichtigung der betriebswirtschaftlichen Steuerlehre, Universität Innsbruck, Institut für Revisions-, Treuhand- und Rechnungswesen

Meffert, Heribert
Dipl.-Kfm., Dr. oec. o. Professor für Betriebswirtschaftslehre, Universität Münster, Direktor des Instituts für Marketing

Mertens, Peter
Dipl.-Wirtsch.-Ing. Dr. rer. pol. Professor für Betriebswirtschaftslehre und Betriebsinformatik, Betriebswirtschaftliches Institut der Universität Erlangen-Nürnberg

Niedereichholz, Joachim
Dipl.-Ing., Dr. rer. pol. Professor für Betriebswirtschaftslehre, spezielle Informationssysteme und DV, Universität Frankfurt, Fachbereich Wirtschaftswissenschaften

Pfeiffer, Simone
Dipl.-Kfm., Dr. rer. pol. Wissenschaftliche Assistentin, Universität Münster, Institut für Marketing

Schmidt, Reinhart
Dipl.-Kfm., Dr. rer. pol. o. Professor für Betriebswirtschaftslehre, Institut für Betriebswirtschaftslehre der Universität Kiel, Lehrstuhl für Finanzwirtschaft

Schnellinger, Wolfgang
Mag. rer. soc. oec. Universitätsassistent, Institut für Industrie und Handel der Universität Innsbruck

Scholl, Wolfgang
Dr. phil., wissenschaftlicher Assistent, Universität München, Institut für Organisation, Lehrstuhl für betriebswirtschaftliche Planung

Szyperski, Norbert
Dipl.-Kfm., Dr. rer. pol. o. Professor für Betriebswirtschaftslehre, Direktor des Seminars für Allgemeine Betriebswirtschaftslehre und Betriebswirtschaftliche Planung, Direktor am Betriebswirtschaftlichen Institut für Organisation und Automation (BIFoA), Universität zu Köln

Uhlenbruck, Wilhelm
Richter am Amtsgericht Köln
Vorsitzender des Arbeitskreises für Insolvenz- und Schiedsgerichtswesen e. V., Köln

Witte, Eberhard
Dipl.-Kfm., Dr. rer. pol. o. Professor für Betriebswirtschaftslehre, Institut für Organisation der Universität München

Zentes, Joachim
Dipl.-Kfm., Dr. rer. oec. Privatdozent für Betriebswirtschaftslehre an der Universität des Saarlandes, Saarbrücken